PROFESSION D'AVOCAT.

PREMIÈRE PARTIE,

Contenant l'*Histoire abrégée de l'Ordre des Avocats*, par Boucher d'Argis, avec une *continuation*; le célèbre *Dialogue des Avocats* de Loysel; les *Lettres de Camus*; divers autres morceaux sur l'*Étude des principales parties du Droit*; par MM. Dupin aîné, Dupin jeune, Berville, Pardessus, Cormenin, Delacroix-Frainville, Armand Séguier, Carré de Rennes; les Décrets et Ordonnances sur la discipline du Barreau; le Commentaire de M. Daviel de Rouen, sur l'Ordonnance de 1822; l'analyse des Arrêts intervenus en matière de discipline, etc., etc.

I.

PARIS. — IMPRIMERIE ET FONDERIE DE FAIN,
RUE RACINE, N°. 4, PLACE DE L'ODÉON.

PROFESSION D'AVOCAT.

RECUEIL DE PIÈCES

CONCERNANT

L'EXERCICE DE CETTE PROFESSION.

Dédié au Roi,

Par M. DUPIN AÎNÉ,

AVOCAT A LA COUR ROYALE DE PARIS, BATONNIER DE L'ORDRE.

« Vous devez vous efforcer de conserver à notre Ordre le rang
» et l'honneur que nos ancêtres luy ont acquis par leurs mérites
» et par leurs travaux, pour le rendre à vos successeurs. »
Dialogue des Advocats.

TOME PREMIER.

PARIS.

B. WARÉE AINÉ,

LIBRAIRE DE LA COUR ROYALE ET DE L'ORDRE DES AVOCATS,
ÉDITEUR DES ANNALES DU BARREAU FRANÇAIS,
AU PALAIS DE JUSTICE.

1830.

PROFESSION D'AVOCAT

Au Roi.

Sire,

Si je n'avais pas eu déjà le désir de vous dédier cet Ouvrage, la pensée m'en serait venue le jour où VOTRE MAJESTÉ, recevant la députation de l'Ordre des Avocats, nous fit entendre des paroles qui pénétrèrent si profondément dans nos cœurs. Chacun de nous, SIRE, en a conçu les plus glorieuses espérances pour les futures destinées du Barreau; chacun de nous conservera gravée dans sa mémoire cette royale pensée : « Je vous promets que » dorénavant la justice sera rendue avec fer- » meté, et surtout qu'il y aura sincérité dans » l'application des lois. »

SIRE, Sur tous les points du royaume, l'Ordre

I.

a

des Avocats vous offre une pépinière de magistrats fidèles. Les mêmes voix qui, pendant quinze
années, ont disputé les victimes politiques à des
accusations passionnées, devenues les organes
légaux du pouvoir royal, vont se faire entendre pour proclamer les maximes libérales du
nouveau gouvernement

Votre règne commence une ère nouvelle,
une ère de sincérité, de droiture et de bonne foi,
où le Peuple et le Roi, unis par un même
contrat, et pareillement résolus à en observer
fidèlement toutes les conditions, ont fondé leur
alliance sur la plus solide de toutes les bases,
l'Ordre public et la Liberté.

SIRE, J'ai l'honneur de renouveler à VOTRE
MAJESTÉ l'hommage sincère de mon profond
respect et de mon inébranlable fidélité.

Dupin aîné.

Paris, ce 15 août 1830.

PRÉFACE.

J'ai voulu profiter de l'année où j'étais *Bâtonnier* de l'Ordre des Avocats, pour donner cette nouvelle édition. J'ai été invité à terminer ce travail entrepris depuis long-temps, par l'espèce de loisir que m'a procuré la prorogation des Chambres après notre Adresse; n'ayant eu, dans cet intervalle, à m'occuper, ni des affaires privées dont j'avais évité de me charger en vue des affaires publiques, ni de celles-ci, puisqu'elles se trouvaient ajournées.

Déjà l'édition que j'ai publiée en 1818 était double de la précédente. J'ai encore augmenté celle-ci, et je me suis efforcé de la rendre complète, afin qu'elle devînt, pour ainsi dire, le *Code de la profession d'Avocat*.

J'y ai fait entrer tout ce qui intéresse notre histoire, nos études, nos usages et nos maximes; voulant, après bientôt trente ans d'exercice de ma Profession, laisser ce monument de mon amour pour elle, de mon affection pour les Anciens dont l'exemple m'a soutenu, pour les contemporains dont les talens et les succès ont stimulé mes efforts, et pour les plus jeunes dont la naissante émulation m'a paru mériter que je leur rendisse les encouragemens que j'avais reçus.

M'adressant à tous, je leur dis, comme Loysel, aux avocats de son temps :

> *O vos ! ô Socii ! Prima utque novissima nostri*
> *Nomina Collegii discite, et historias.*

Ce volume est vraiment un ouvrage de famille, une

a.

œuvre de communauté. Ce n'est point un livre à moi ; c'est un recueil où chacun aura fourni son contingent. L'antiquité s'y trouve concourir avec les temps modernes ; les auteurs morts avec les auteurs vivans : mais c'est toujours la *profession d'avocat*, immuable dans ces vieilles maximes d'honneur au sein desquelles elle est née, et hors desquelles il ne serait plus possible de la concevoir.

Et tête du second volume, je rendrai compte du travail qu'a exigé la *Bibliothèque des livres de droit.*

Pour celui-ci, je me bornerai à donner une idée des pièces qu'il renferme, dans l'ordre où j'ai cru le plus convenable de les disposer.

PREMIÈRE DIVISION.

I. J'ai placé en tête le *Discours d'ouverture des Conférences de la Bibliothèque des Avocats*, que j'ai prononcé le 1er. décembre 1829. L'approbation avec laquelle il a été entendu par mes confrères, m'a fait espérer qu'ils le reliront avec le même sentiment de bienveillance. Par la généralité même des aperçus qu'il renferme, il devient une sorte d'*introduction* pour le reste de l'ouvrage.

II. *Histoire abrégée de l'Ordre des avocats*, par M. Boucher d'Argis (1).

Cette histoire n'est point parfaite ; elle est même assez mal écrite, quoique l'auteur appartienne aux temps modernes ; mais au mérite de l'exactitude elle réunit celui

_____

(1) Antoine-Gaspard Boucher d'Argis, avocat, naquit à Paris, le 3 avril 1708 ; il y est mort le 26 janvier 1791. Il était fort laborieux, et on lui doit plusieurs bons ouvrages de jurisprudence, qui sont indiqués dans la *Bibliothèque des livres de droit.*

de la brièveté (1). La table des chapitres indique assez le nombre et la variété des faits qui y sont rapportés.

III. *Appendice.* L'histoire de Boucher d'Argis est antérieure à la révolution. C'est, à proprement parler, l'*histoire ancienne* de notre Ordre. Pour y suppléer autant qu'il était en moi, j'ai ajouté quelques pages où je rends compte de la suppression des avocats en 1790, de leur rétablissement sous l'empire, du décret impérial de 1810, de l'ordonnance du 20 novembre 1822, et des espérances que l'Ordre a conçues d'obtenir un régime qui s'accorde mieux avec ses anciennes traditions.

J'ai consacré un chapitre particulier à la *Bibliothéque des avocats,* pour expliquer son origine, ses accroissemens, sa suppression, son rétablissement dû au legs de M. Ferey, et les développemens qu'elle reçoit chaque jour.

IV. *Dialogue des Avocats de Loysel.*

De tout ce que j'appelle nos titres, dit Camus, je n'en connais point de plus beau que le *Dialogue des Avocats* de Loysel.

Les principaux interlocuteurs de ce dialogue sont Loisel, Pasquier, Pithou et quelques jeunes avocats.

Chacun selon son âge, son humeur et le caractère qui s'attache à son nom, expose et raconte tout ce qui tient aux mœurs, aux usages et à l'histoire de la profession. C'est une *biographie* piquante de tous les avocats antérieurs à l'année 1602. Il n'y a pas d'écrit sur la profession d'avocat qui renferme autant de traits saillans, de mots heureux et d'exhortations utiles.

V. *Appendice au dialogue.* J'appelle ainsi le fragment d'un discours de M. de Lacroix-Frainville, notre vénérable doyen, qui, sans remonter au temps où finit le *Dialogue de Loysel*, renferme une brillante énumération des avocats qui ont illustré la fin du dernier siècle et le commencement de celui-ci.

DEUXIÈME DIVISION.

Tout ce qui précède est historique. Une seconde partie est consacrée à ce qui concerne *les études nécessaires à l'exercice de la profession d'avocat.* Cette seconde division est partagée en *sections*, sous lesquelles se trouvent rangées les différentes parties de la science.

Les sept premières sections contiennent les anciennes *lettres de Camus.*

1re. LETTRE. — On y traite *de la profession d'avocat.* Les qualités qu'elle exige, les devoirs qu'elle impose, l'honneur dont son exercice est accompagné : tels sont les objets par lesquels l'auteur entre en matière.

2e. LETTRE. — *Sur les études en général qui sont nécessaires à la profession d'avocat.* Humanités, littérature, histoire, droit, pratique, aucun genre d'étude et de science ne doit être étranger à l'avocat ; il faut qu'il ait ce que Cicéron appelle : *omnium rerum magnarum atque artium scientiam.*

Mais ces études générales ne suffiraient pas ; il faut surtout étudier à fond les diverses parties du droit.

3e. LETTRE. — *Étude du droit naturel et public, et du droit romain.* Le droit naturel est la source de tous les autres ; il faut donc commencer par celui-là. Cicéron, dans son *Traité des Offices*, Platon, dans sa *République*, tels sont les ouvrages dont un avocat doit d'abord se pénétrer. Sur le droit public, il lira Gro-

tius, Puffendorf, Cumberland, Montesquieu. En abor-
dant le droit romain, le cercle de ses études s'agrandira ;
les *in-folio* ne lui manqueront pas : la Glose, Cujas,
Pothier, Voët, Heinneccius, Godefroy, lui révéleront
les principes de ce droit que tous les peuples civilisés
ont salué du titre de *raison écrite*.

4ᵉ. LETTRE. — M. Camus trace ensuite un plan pour
l'étude du droit français. Il s'agissait de l'ancien droit,
de ce droit incohérent et versatile qui, au dire de
M. d'Aguesseau, « consistait plus en usages et déci-
» sions particulières, que dans des principes immua-
» bles, ou dans des conséquences directement tirées
» des règles de la justice naturelle » (tom. 1ᵉʳ. p. 395).
Aussi M. Camus renvoie son jeune confrère à l'étude
des arrêts, des ordonnances et des coutumes ; sur quoi
il est bon de rappeler qu'il y avait en France deux cent
quarante coutumes *générales*, non compris les coutumes *locales*.

J'ai joint à cette lettre un *post-scriptum* pour expliquer comment on doit étudier aujourd'hui le droit
français. Cette étude est plus simple qu'autrefois. Les
cinq Codes renferment sur chaque matière un corps de
principes qui ne dispensent pas sans doute de recourir
aux sources ; mais à des sources claires telles que le
droit romain, et non à des ouvrages demi-barbares,
enfantés au milieu des ténèbres de la féodalité, et
où l'on rencontre à chaque page la prééminence des
terres, la servitude des personnes et l'inégalité des
conditions.

5ᵉ. LETTRE. — *Droit ecclésiastique*. Ce droit semblait
tout-à-fait hors d'usage à l'époque où fut publiée la troisième édition (1805); mais M. Camus avait été avocat
du clergé ; il était savant canoniste ; il n'avait garde d'o-
mettre un pareil sujet ; et il ne faut pas lui savoir mau-

vais gré d'avoir tracé le plan d'une science qu'il possédait avec tant de supériorité.

D'ailleurs les temps sont changés, et, comme nous
avons vu récemment les prétentions ultramontaines se
réveiller avec une nouvelle énergie, il est de la plus
haute importance de se remettre sur la voie des maximes à l'aide desquelles nos pères ont préservé la France
des invasions de la cour de Rome.

Camus recommande l'étude de l'immortelle *déclaration* de 1682, de la *défense* de cette même déclaration
par Bossuet et du *Traité de l'autorité ecclésiastique et
de la puissance temporelle,* par Louis-Élie Dupin. Je
conseille aussi la lecture de l'excellent ouvrage de
M. Grégoire, ancien évêque de Blois, intitulé : *Essai
historique sur les libertés de l'Église gallicane et des
autres Églises de la catholicité pendant les deux derniers siècles.* J'y ajouterai, si l'on veut, le petit volume
que j'ai publié sur les *libertés de l'Église gallicane,*
et qui offre sur ce sujet le résumé de la doctrine parlementaire et canonique; c'est surtout aujourd'hui et
pour l'avenir qu'il importe de *séculariser la législation*
et d'affranchir l'ordre civil et politique de toute influence ambitieuse de la part du clergé.

6ᵉ. LETTRE. — Cette lettre traite assez succinctement
de l'étude du droit étranger. Les sciences gagnent par
les rapprochemens. L'anatomie comparée a conduit à
d'importantes découvertes pour l'anatomie de l'homme.
Il en est de même du parallèle entre les diverses législations. L'étude du droit étranger agrandit les idées
sur la législation de son propre pays. Et puis, à la
suite d'une révolution où tous les peuples se sont trouvés mêlés, confondus, et ont changé si souvent de maîtres, par don ou legs, vente, échange ou conquête;
les intérêts particuliers, souvent froissés au milieu de

ces commotions politiques., donnent sans cesse lieu à des questions mixtes où il ne suffit plus d'interroger la loi d'un seul pays. Deux Belges auront contracté en France, sous l'empire des lois françaises, et l'on doit aujourd'hui les juger en Hollande d'après ces mêmes lois ; des Français se sont mariés au delà du Rhin, en Espagne, en Italie, sur les bords du Nil ou de la Vistule : le débiteur anglais passe la Manche pour fuir son créancier qui vient le réclamer sur le continent : il faut connaître les lois de tous les pays, ou du moins savoir consulter à propos les livres qui les renferment.

7e. LETTRE.—Cette lettre a été ajoutée par M. Camus lors de sa troisième édition. Les changemens opérés par la révolution, les idées que la tribune avait fait éclore lui avaient révélé qu'il ne suffisait plus à un avocat de se renfermer dans le droit privé, et qu'il devait encore étudier *les principes de l'économie sociale, et les bases tant de l'administration intérieure que des relations extérieures.* M. Camus avait suivi la révolution de près ; il en avait l'expérience ; il avait vu l'ancienne monarchie, la monarchie constitutionnelle, l'anarchie révolutionnaire, le despotisme impérial. Écoutons ses leçons sur l'art de gouverner les hommes. « Songez, dit-il, »que les hommes dont vous demandez le concours, ont »leurs volontés aussi, qu'ils ne se réuniront avec vous »qu'autant que leurs volontés seront conformes à la »vôtre ; et qu'sil ont leurs motifs de détermination, »comme vous avez les vôtres. J'ai bien des fois entendu »l'amour-propre donner d'autres leçons, dire qu'on »maîtrisait les volontés, qu'un homme habile conduisait »les autres où bon lui semblait. J'ai vu, en effet, qu'a- »vec de l'adresse on se formait un parti ; qu'avec des »crimes on étouffait les plaintes ; qu'avec de l'effron-

»terie on obtenait des acclamations; mais j'ai vu aussi
»qu'à la longue tout s'usait, adresse, crimes, terreur,
»effronterie, et qu'alors on périssait misérablement,
»étouffé de remords et chargé de l'indignation publique.
»Les événemens m'ont convaincu qu'il n'y avait qu'un
»moyen d'administrer, savoir : d'employer les facultés
»de ceux qu'on gouverne, ou de ceux avec lesquels on
»est en relation, telles qu'elles existent, et dans le sens
»de leurs intérêts. »

Camus écrivait cela en l'an 12. Ce qui était vrai alors,
n'a pas cessé de l'être aujourd'hui.

Section VIII. — *Étude du droit public*, par M Berville. J'ai dû rechercher pour premier collaborateur
mon confrère et mon ami, M. Berville, dont j'estime
également le caractère et le talent, et dont les principes politiques éloquemment révélés dans ses belles
défenses, annoncent assez dans quel généreux esprit
il a conçu l'étude du droit public.

Section IX. — J'y ai joint mes propres réflexions sur
l'étude du *droit constitutionnel français*. Si cette partie de l'ouvrage n'eût pas déjà été imprimée, j'aurais
complété le tableau de nos libertés par l'histoire des
derniers changemens qui viennent de s'opérer sous nos
yeux. J'ai le plaisir, du moins, en relisant ce chapitre,
écrit et imprimé sous l'odieux ministère du 8 août, de
voir que j'ai parlé alors aussi librement qu'aujourd'hui.

Section X. — M. de Cormenin est le père du *droit
administratif* : de règles éparses il a fait un *corps de
doctrine* ; de faits isolés, il a déduit des *règles fixes*.
Ses ouvrages sur le droit administratif, avec ceux de
M. Macarel, sont les premiers où l'on ait pu prendre
avec exactitude quelques notions de ce droit. Son amitié pour moi n'a pas dédaigné la demande que je lui
ai faite de tracer quelques pages sur ce sujet, et j'en

ai enrichi mon recueil, en faisant toutefois observer, qu'il est quelques points sur lesquels mon avis
n'est pas tout-à-fait conforme au sien, en ce qui
touche le *conseil d'État* et les *appels comme d'abus.*
J'aurais pu mieux constater cette opposition en insé-
rant, à la suite, mon discours sur le conseil d'État
prononcé à la séance du 10 avril 1828; mais c'eût été
consacrer trop de pages au même sujet. Il me suffit
de consigner ici *mes réserves.*

Section xi. — Lors de l'édition de 1818, M. Pardessus
m'avait donné une lettre sur l'*Étude du droit commercial.* La différence qui sépare nos opinions politiques n'était pas un motif pour ne pas conserver une
rédaction qui ne touche qu'au droit privé. L'auteur a
pris lui-même le soin de la revoir et de la retoucher.

Section xii. — M. Carré de Rennes, habile professeur dans une ville où l'amour de la science et la sympathie de la liberté m'ont donné d'excellens amis, s'est
associé à mes désirs en me donnant une lettre sur
l'*Étude de la procédure*, sur laquelle ce laborieux auteur
a publié des ouvrages justement estimés.

Section xiii. — La restauration a entraîné tant d'accusations politiques, que le *Droit criminel* a pris parmi
nous une importance qu'il n'avait pas dans des temps
plus calmes et sous un gouvernement moins vindicatif.
Imbu des idées constitutionnelles qui sont pour nous
une religion de famille, exercé dans la défense de ces
nobles causes, mon jeune frère a payé sa dette au barreau, en traçant avec la fermeté qui le distingue, des
règles *sur l'étude et l'application du droit criminel.*

Section xiv. — J'y ai joint les réflexions sur la *libre
défense des accusés,* que j'ai publiées en 1815, à la
veille des cruelles accusations qui n'ont pas tardé à pe-
ser sur les têtes les plus illustres. J'étais alors avocat

de M. le maréchal Ney, dont la défense ne fut *ni libre*, *ni entière !* Ce qui, dans mon esprit, a toujours frappé sa condamnation d'irrégularité. (*Voyez* la note p. 87).

SECTION XV. — M. A. Séguier, qui à l'étude des lois joint l'amour des sciences qu'il cultive avec distinction, m'a remis une note fort intéressante sur l'*utilité des sciences physiques dans l'exercice de la profession d'avocat.* J'ai désiré fortifier mon livre par l'autorité d'un nom qui honore également et le barreau auquel il doit sa première illustration, et la magistrature sur laquelle il répand un si grand lustre.

SECTION XVI. — L'étude isolée ne suffit pas ; il faut aussi se communiquer aux autres, afin d'éprouver sa propre science dans le choc des discussions. De là l'utilité des *Conférences*, surtout dans la profession d'avocat, où, non content d'être savant pour soi, il faut surtout l'être au bénéfice d'autrui, et s'exercer de bonne heure au grand art de la parole.

SECTION XVII. — Après avoir parcouru ce cercle d'études et de travaux, on est en état de faire la profession d'avocat. Cette section traite de *la manière de l'exercer.* Plaidoieries, mémoires, consultations, arbitrages, tout ce qui compose le labeur d'un avocat, a ses règles propres qu'il importe de distinguer. — On ne doit pas abuser des *citations.* Ce sujet, traité à la fin de cette section, l'est aussi dans la dix-huitième. J'y discute la question de savoir « s'il est vrai qu'on ne doive pas citer » les auteurs vivans. »

SECTION XIX. — Enfin, cette partie se termine par un fragment de M. Berville *sur l'éloquence du barreau comparée à celle de la tribune ;* genres semblables à quelques égards, mais pourtant fort différens, à en juger par les orateurs qui ayant réussi dans l'un ont échoué dans l'autre.

TROISIÈME DIVISION.

Il ne suffirait pas de connaître les règles de sa profession, il faut l'*aimer* et savoir l'exercer avec une noble *indépendance*. Pour inspirer ce sentiment, j'ai cru ne pouvoir mieux faire que de donner deux des mercuriales de d'Aguesseau, l'une sur l'*amour de son état*, l'autre sur l'*indépendance de l'avocat*. Là se trouve le plus bel éloge que l'on ait fait de notre profession :

« Dans cet assujettissement presque général de toutes » les conditions, dit d'Aguesseau, *un Ordre aussi ancien* » *que la magistrature, aussi noble que la vertu, aussi* » *nécessaire que la justice*, se distingue par un caractère » qui lui est propre ; et, seul entre tous les états, il se » maintient toujours dans l'heureuse et paisible posses- » sion de son *indépendance.*

» Libre, sans être inutile à sa patrie, il se consacre » au public sans en être esclave ; et, condamnant l'indiffé- » rence d'un philosophe qui cherche l'indépendance dans » l'oisiveté, il plaint le malheur de ceux qui n'entrent » dans les fonctions publiques que par la perte de leur » liberté. »

Cet illustre chancelier nous félicite « d'être dans un » état où faire sa fortune et faire son devoir ne sont » qu'une même chose ; où le mérite et la gloire sont » inséparables, où l'homme, unique auteur de son » élévation, tient tous les autres hommes dans la dé- » pendance de ses lumières, et les force de rendre hom- » mage à la seule supériorité de son génie. »

Cependant si la profession d'avocat a ses honneurs, elle a aussi ses désagrémens. Le plus sensible, celui contre lequel les avocats de tous les temps se sont le plus récriés, et qui a parfois excité leur rancune et leur animosité contre les magistrats, c'est d'être interrompus mal à propos et *rabroués* à l'audience sans l'avoir mérité.

Ces interruptions sont d'autant plus fâcheuses, qu'elles amènent quelquefois entre l'avocat et le juge, ou le ministère public, des altercations au milieu desquels l'amour-propre joue, de part et d'autre, un si grand rôle qu'il est bien difficile que l'un ne manque de mesure en poussant le zèle trop loin ; et que l'autre n'abuse de son droit en devenant juge et vengeur dans sa propre cause.

Elles ont encore un autre inconvénient.

En matière civile, le client dont l'avocat a été interrompu croit toujours que si on l'avait entendu jusqu'au bout, il aurait gagné son procès, et souvent il n'a pas tort de le penser ainsi.

En matière criminelle, le public entier se soulève contre des interruptions qui tendent à favoriser l'accusation en affaiblissant la défense. *Une condamnation, surtout en matière politique, passe toujours pour injuste quand la défense n'a pas été libre ;* et l'on se refuse à croire à l'impartialité d'un juge qui n'a pas même eu la patience d'écouter.

Nous avons cru faire plaisir à nos lecteurs, en remettant sous leurs yeux une ancienne lettre (écrite en 1733), *où l'on examine si les juges qui président aux audiences peuvent légitimement interrompre les avocats lorsqu'ils plaident.*

Elle renferme des anecdotes piquantes qui intéresseront à la fois les avocats, les parties et les bons juges.

Le pouvoir disciplinaire n'est point exactement défini. De là ce conflit entre ceux qui cherchent à l'étendre outre mesure, et ceux qui s'efforcent de le réduire à rien. Une consultation donnée par M°. Dupin jeune, dans laquelle les règles avaient été posées avec sagesse et netteté, m'a paru très-propre à fixer sur ce point les idées de tous ceux qui ne cherchent que la vérité ; j'en ai donné un assez long extrait.

Le siége *du pouvoir disciplinaire actuel* se trouve dans le décret impérial de 1810, et dans l'ordonnance de 1822 ; j'ai joint à ces actes quelques notes historiques, pour montrer dans quel esprit ennemi de l'indépendance des avocats ils ont été faits, et en quoi ils blessent les maximes de la profession et la juste susceptibilité de ceux qui l'exercent.

Mais c'est surtout dans le commentaire de M. Daviel, docte et habile avocat du barreau de Rouen, qu'il faut chercher la douloureuse interprétation de plusieurs dispositions de ces actes secondaires de la législation dans ce qu'ils ont d'hostile contre les libertés du barreau.

Mais nous vivons sous un prince qui a promis de ne gouverner que par les lois et selon les lois ; sous un roi qui trouve dans son cœur l'inspiration de toutes les idées nobles et généreuses ; Dupont de l'Eure et Mérilhou sont au ministère de la justice ; Barthe, Bernard et Berville sont à la tête du ministère public ; j'ai la certitude que l'espérance, tant de fois déçue, d'obtenir un règlement plus équitable que ceux qui nous régissent ne sera plus trompée.

A la fin du volume, j'ai rejeté, sous le titre de *Mélanges et arrêts divers*, plusieurs fragmens arrêts et décisions que j'ai rangés par ordre alphabétique.

Les recherches sont facilitées par une table des matières fort détaillée, que j'ai faite moi-même avec le plus grand soin.

Tel est le 1er. volume ; le second contiendra la *Bibliothéque des livres de droit*.

J'aurai ainsi payé le tribut à ma profession, à une époque où le travail des sessions législatives me laissait déjà peu de place pour l'exercer, et où les circonstances

politiques qui viennent de se déclarer me forcent d'interrompre mes travaux habituels et mes études de
prédilection, pour donner tout mon temps aux affaires
de l'État.

Mais mon cœur et mes plus chers souvenirs me rap-
pelleront toujours au barreau ; je ne cesserai jamais de
faire des vœux pour sa gloire, et d'encourager tous
ceux qui voudront s'y dévouer.

Une belle est vaste carrière s'ouvre devant le jeune
barreau ! au moment où la nécessité des affaires publiques enlève partout les plus célèbres à leur profession ;
quand nous voyons Berville, Barthe et Bernard, illus-
trer le parquet, lorsque de telles places restent vacantes
au palais ! Jeunes avocats précipitez-vous sur leurs
traces pour remplir les vides que ces orateurs laissent
dans vos rangs. Au lieu de vous jeter prématurément
dans les sollicitations, pour obtenir des emplois pré-
caires où plusieurs risqueraient de n'apporter encore
que de l'inexpérience, travaillez, prenez de la peine,
c'est le fond qui manque le moins ; il n'y a pas de place
plus *inamovible* qu'un état honorable exercé honorablement. Efforcez-vous de former dans notre Ordre de nouvelles célébrités, de vous créer des titres à l'estime et
à la confiance de vos concitoyens ; et, après avoir été
long-temps les conseils et les défenseurs des intérêts
privés, vous deviendrez l'organe des intérêts publics.
C'est l'encouragement qu'adresse aussi Justinien aux
légistes, lorsqu'il leur dit au commencement de ses
Institutes : *Summâ itaque ope, et alacri studio, has le-*
ges nostras accipite : et vosmetipsos sic eruditos osten-
dite, ut spes vos pulcherrima faveat, posse etiam nostram
Rempublicam in partibus ejus vobis credendis gubernari.

15 août 1830.

TABLE

DES PIÈCES

CONTENUES DANS CE VOLUME.

PROFESSION D'AVOCAT.

I.   *a*

TROISIÈME DIVISION.

FIN DE LA TABLE DES PIÈCES CONTENUES DANS CE VOLUME.

PROFESSION D'AVOCAT.

DISCOURS

PRONONCÉ A L'OUVERTURE DES CONFÉRENCES DE LA BIBLIOTHÈQUE DES AVOCATS,
LE 1ᵉʳ. DÉCEMBRE 1829,

PAR M. DUPIN AINÉ, BATONNIER DE L'ORDRE.

Tout droit blessé trouvera parmi nous des défenseurs.

MESSIEURS ET CHERS CONFRÈRES,

Mon premier besoin, comme mon premier devoir, en ouvrant cette séance, est de renouveler ici l'expression de ma vive reconnaissance pour les *anciens de l'Ordre* qui m'ont honoré de leurs suffrages en me nommant *Bâtonnier.* Loin de le dissimuler, j'aime à le redire, cet honneur de famille déféré par mes égaux, par ceux au milieu desquels j'ai passé plus de la moitié de ma vie, m'a fait éprouver la joie la plus pure. J'y ai vu la plus belle récompense de mes travaux, le prix de mon attachement inaltérable aux maximes de notre profession, et le couronnement d'une carrière entièrement consacrée, comme le sera la vôtre, *à l'étude du droit de tous* et *à la défense du droit de chacun.* Puisse, Messieurs, mon élection trouver sa ratification auprès de vous, et devenir ainsi pour moi le gage le plus éclatant de l'estime et de l'amitié de tous mes confrères.

Messieurs, nous allons reprendre nos Conférences, et je dois en conserver le ton; celui de l'abandon, de la confiance et de la confraternité. J'ai à vous entretenir de notre profession, *des études qu'elle exige, des devoirs qu'elle impose.* Ce sujet a été maintes fois traité par des voix plus éloquentes que la mienne; mais je n'ai point à craindre d'en parler encore en présence d'un Ordre qui s'enrichit sans cesse par l'accession de nouveaux membres auxquels le devoir du bâtonnier est surtout d'expliquer nos usages et de transmettre

J.

nos traditions : devoir que mon honorable prédécesseur a su remplir avec tant d'assiduité et de dévouement.

Ce serait une erreur de croire que l'on sort des écoles de droit avec toutes les connaissances nécessaires à l'avocat. Sans doute, on y apprend tous *les élémens de la science*, et trop d'éloges ne sauraient être accordés aux savans professeurs qui en déduisent les préceptes dans leurs leçons, et qui les fixent dans leurs doctes écrits. Honneur surtout à ceux d'entre eux qui, s'affranchissant d'une marche trop routinière, savent quitter les gloses pour s'attacher aux textes, remonter aux sources, interroger l'histoire, user de critique, et emprunter à l'esprit du siècle une activité inconnue à leurs devanciers !

Mais en rendant un juste hommage aux profondeurs de la théorie, on ne niera pas qu'il reste à l'homme des écoles à se rendre capable d'appliquer ses abstractions aux affaires de la société.

S'il veut être avocat, juge, arbitre, homme utile à ses concitoyens ; s'il veut consulter, plaider, bien juger, tracer des conventions, diriger une procédure, faire valoir un droit ; de nouveaux exercices lui sont nécessaires pour donner à ses premières études tout le développement pratique que comporte la profession d'avocat.

L'orateur romain, que j'essaie ici de traduire, distinguait, avec une sorte d'orgueil quelque peu aristocratique, deux espèces de jurisprudence : l'une, pleine d'humilité et de simplesse, à l'usage des moindres citoyens, villageoise pour ainsi dire, et qu'on pourrait appeler, dans le langage moderne, la jurisprudence *de la petite propriété*; l'autre, au contraire, élevée, sublime, applicable aux plus grands intérêts de la cité, et digne d'être cultivée par les plus nobles esprits ; celle-ci, comme la nature elle-même, immense, universelle, dont il faut aller puiser les élémens, non dans l'édit du préteur, mais dans les intimités de la philosophie ; source féconde, qui, une fois découverte, nous laisse apercevoir sans peine l'origine de toutes les lois et le fondement de tous les droits (1).

_____

(1) Una, humilis, simplex, et ut ita dicam, villicana, ad viliorem

C'est sans doute à cette jurisprudence qu'il faut appliquer
la définition qu'en ont tracée les jurisconsultes romains,
lorsque, pour en donner la plus haute idée, ils l'ont appelée avec une sorte d'emphase, *divinarum atque humanarum
rerum notitia, justi atque injusti scientia :* vaste science,
en effet, qui s'applique à tout ce que les lois ont pour
objet de régler ; à tous les droits, à tous les devoirs, à toutes
les obligations ; à tout ce qui, sur la terre, peut s'appeler
juste ou *injuste.*

S'il y a deux espèces de jurisprudence, il y a aussi deux
classes de légistes : les uns n'aspirent qu'à se rendre capables
de la direction ou de la défense des intérêts privés ; d'autres
veulent réaliser, dans toute son étendue, l'idée qu'on se
fait du véritable jurisconsulte. Pour ceux-ci, de nouvelles
études, des études plus relevées et plus complètes sont indispensables. Si tel est le but que vous voulez atteindre, ne
vous contentez pas d'être *licenciés en droit :* étudiez encore
la philosophie, l'histoire et la haute littérature ; vous le
pouvez facilement aujourd'hui que ces cours sont professés,
près de vous, par des hommes aussi honorables par l'élévation de leur caractère, que distingués par l'éminence de
leur talent (1).

Étudiez la *philosophie ;* non cette scholastique obscure et
futile qui, se comprenant à peine elle-même, ne peut que
bien difficilement se communiquer à ses adeptes ; mais cette
philosophie morale et pratique (2) qu'anime et que rehausse
le sentiment religieux, qui est fondée sur la nature et l'orga-

---

usum plebis comparata : altera verò, excelsa, digna quæ à maximis
ingeniis coleretur ; nempè, ut ipsa natura, universalis, ingens : que
non à prætoris edicto, sed ex intimâ philosophiâ haurienda esset ; et
undè, semel explicatâ, fons legum et juris inveniri facilè posset.....
Et ailleurs :..... Quid enim est tantùm quantùm jus civitatis ? Quid
autem tam exiguum, quàm est munus hoc eorum, qui consuluntur,
quanquam est populo necessarium ? *De legibus,* lib. I.

(1) MM. Villemain, Guizot, et Cousin adjoint de M. Royer-Collard.

(2)..... Justitiæ sacerdotes..... veram philosophiam, non simulatam
affectantes. Loi Iʳᵉ., *ff. De justitiâ et jure.*

1.

nisation de l'homme, sa dignité propre, la connaissance éclairée de ses droits, et la conscience intime de ses devoirs, envers Dieu, envers la patrie, envers les autres hommes; cette philosophie que nous irions chercher encore à l'école de Platon et de Socrate, ou dans *les offices* de Cicéron, si elle n'avait pas trouvé son complément et sa sanction dans un livre plus parfait.

La *littérature* que je désire voir cultiver à l'avocat n'est point cette littérature bizarre et forcée qui, méprisant tous les modèles et dédaignant toutes les règles, se morfond à rechercher des effets extraordinaires, sous prétexte d'atteindre à de nouvelles beautés qu'elle est encore à produire! mais j'entends parler de cette littérature forte et raisonnable qui a pour base le naturel et le vrai, et qui, appliquée à l'art oratoire, se fonde sur l'imitation libre des grands écrivains que le suffrage des siècles éclairés a recommandés à notre juste admiration. C'est là et dans l'étude de la nature que vous irez chercher les grandes pensées, les belles images, les généreuses inspirations, et cette connaissance du cœur humain indispensable pour en déduire toutes les combinaisons et tous les mouvemens qui peuvent assurer le triomphe de la justice et de la vérité.

L'histoire, en tout temps et surtout à l'époque où nous nous trouvons, doit être l'objet des méditations de l'homme qui veut être orateur et publiciste. Voyez Cicéron : au Forum comme au Sénat, jamais il n'est plus fort, plus entraînant, plus beau, que lorsque s'interrompant tout à coup au milieu d'une discussion, d'une preuve, il appelle en témoignage la vie ou les maximes de quelqu'un de ces grands hommes qui avaient fait la gloire de Rome aux plus beaux jours de sa prospérité! Et Démosthène, fut-il jamais plus éloquent, plus sublime que dans sa harangue de la couronne, lorsqu'ayant à se justifier du reproche que lui adressait Eschine d'avoir conseillé des guerres fécondes en désastres, il adjura les mânes des guerriers morts à Marathon, à Salamine, à Platée, et leur demanda si la Grèce n'avait eu de couronnes que pour les victorieux, et si elle n'en avait pas aussi décerné à la valeur malheureuse et au patriotisme déçu dans ses plus légitimes espérances ? — Mais cette étude aussi doit recevoir une direction particulière appliquée à notre profession. Sans négliger la connaissance des faits, l'avocat doit principalement s'attacher à l'historique des institutions : il faut savoir en rechercher l'origine, découvrir les élémens de leur formation, les suivre dans leur perfectionnement et les observer jusque dans leur déclin. C'est au jurisconsulte qu'il convient, suivant le conseil de Montesquieu, « d'éclairer les lois par » l'histoire, et l'histoire par les lois. » Ayez donc toujours deux livres ouverts sous vos yeux, et conférez-les soigneusement : le livre des faits dans lequel vous chercherez à démêler le vrai d'avec ce que les apparences ont souvent de trompeur ; et le livre des lois que vous n'isolerez jamais des circonstances contemporaines qui ont influé sur les actes de la législation.

Approfondissez l'histoire de votre pays, de cette France si belle et presque toujours malheureuse, pour avoir été livrée aux factions et mal gouvernée. Lisez tant que vous le pourrez les relations et les actes des états généraux et les ordonnances rendues à leur sollicitation. Feuilletez les registres du Parlement (1) : là, vous trouverez, en parcourant les harangues de nos grands magistrats, des discours inspirés par le patriotisme le plus pur et le plus éclairé; des morceaux dignes de l'antiquité, dans ce qu'elle eut de plus vertueux et de plus grand ; et vous resterez convaincus de la vérité de ce qu'a dit un illustre écrivain : « Qu'en France, c'est la liberté qui est » ancienne et le despotisme qui est moderne. » C'est là que vous verrez, dans ce qui retrace le mieux leur image, puisqu'on y trouve l'empreinte de leur génie, les harangues de

(1) Outre les *minutes originales*, qui reposent aux *Archives judiciaires* et les recueils partiels qu'on a publiés, il en existe plusieurs *copies* fort belles dans les bibliothèques particulières, où il est toujours possible de les consulter. (Celles de M. Delessert, de M. Boissy-d'Anglas, de monseigneur le duc d'Orléans, confiée à la garde de M. Casimir Delavigne.) M. Delessert m'a promis de donner son exemplaire à notre bibliothèque.

L'Hôpital, de Servin, d'Omer Talon ; là, vous rencontrerez les noms glorieux des Lavaquerie et des Molé ; des de Harlay et de Malesherbes.....; Malesherbes, organe imposant des sages et véridiques remontrances de la magistrature, quand son prince était sur le trône ; et le consolateur assidu de ce roi malheureux (1) dans une prison où le secours du barreau n'a point manqué à la plus illustre des infortunes.....

Relisez aussi, croyez-moi, nos vieux jurisconsultes : ils sont trop négligés. Gardons-nous de les oublier, et de les laisser tomber en désuétude. Au mérite d'un style qui, dans sa franchise, a souvent toute l'énergie et la précision des langues anciennes ; à la naïveté qui n'exclut pas la finesse, et qui place plusieurs d'entre eux, tels que Loysel et Pasquier, sur la ligne de Montaigne et d'Amyot, ils joignent la solidité des principes, la rectitude des raisonnemens, une érudition, j'en conviens, excessive alors, comme elle est trop faible à présent ; mais, en tout, une connaissance approfondie des sujets qu'ils traitent, et une source féconde pour quiconque y saura puiser avec discernement. Dans cette partie de vos études, ne craignez pas de vous égarer en rebroussant chemin. Pour arriver aux mines d'or, il faut percer les entrailles de la terre. De même, traversez, s'il le faut, plusieurs siècles, et pénétrez jusqu'aux temps où écrivaient Bodin, Coquille, Loyseau et Dumoulin.

Bodin, il est vrai, malhabile à la plaidoirie et même à la consultation, mais savant publiciste, député indépendant aux états de Blois, et qui sut sacrifier à son devoir la faveur dont il jouissait à la cour de Henri II. Ce jurisconsulte connaissait à fond l'ancienne constitution de la monarchie

---

(2) On lit sur le monument élevé à Malesherbes dans la grande salle du Palais de Justice, cette inscription, qu'on prétend avoir été composée par Louis XVIII :

STRENUÈ SEMPER FIDELIS,

REGI SUO

IN SOLIO VERITATEM,

PRÆSIDIUM IN CARCERE,

ATTULIT.

française, et il a consigné, dans les six livres de sa *République*, des faits, des maximes et des recherches que l'on consultera toujours avec fruit.

Guy Coquille de Nivernais, son collègue aux mêmes états, animé du même amour de la patrie, jurisconsulte exact et profond, que d'Aguesseau n'appelle jamais que le *judicieux* Coquille; auteur également remarquable, soit qu'il explique les origines de notre droit dans ses *Institutes coutumières*, soit qu'il éclaircisse plusieurs points importans de notre *histoire politique* et de notre *droit public*, soit qu'il expose dans un traité *ex professo* les *Libertés de l'église gallicane* défendues par lui au milieu des fureurs de la Ligue (1), soit qu'il annote et commente les *édits* et *ordonnances* rendus à la demande des états généraux auxquels il avait assisté (2).

Loyseau, si profond, si net en traitant les matières les plus abstraites du droit; historien et publiciste autant que jurisconsulte, dans son Traité des *Offices* et des *Seigneu-*

---

(1) « Ce traité lui avait été dérobé de son vivant, et on ne le retrouva que vers le milieu du dix-septième siècle. » (*Biog. univ.*)

(2) Comme rapporteur des *Cahiers du tiers-état* aux seconds états de Blois, Coquille avait rassemblé des matériaux précieux que Guillaume Joly, éditeur de ses œuvres, a malheureusement retranchés de son édition : « Estant, dit cet éditeur, dans sa préface, des *matières d'estat* qui sont *au-dessus de la portée de notre jugement*, nous avons pensé qu'il valait mieux supercéder..... » Il en est résulté que ces manuscrits se sont perdus. Cette perte est d'autant plus à regretter que, dans l'avertissement placé en tête de ses *œuvres posthumes*, imprimées in-4°, en 1650, on lit que probablement Coquille « n'avait pas omis d'observer plusieurs choses *secrètes* et dignes d'être « sçues, et particulièrement les *artifices* que l'on apporta auxdits Estats, afin d'*éluder* l'effet pour lequel ils avaient été assemblés. » — Et en effet, Coquille a laissé percer dans une de ses épigrammes latines, le chagrin que lui causait la corruption à prix d'argent et de places, exercée au sein même des états, *où plusieurs avaient fait leurs affaires au lieu de faire celles de la France.*

Maxima pars terno quæ regnat in Ordine, nummos
Largita, ad summos pertigit usquè gradus.
Omnibus his Populi commissa est causâ; veremur
Ne pro re populi, rem sibi quisque gerat.

ries ; écrivain libéral et d'un style si piquant dans l'opuscule
où il attaque, par le ridicule, le criant abus des *justices de
village*, et des *juges guétrés* des seigneurs, avec une verve et
une liberté d'expressions qu'on n'eût pas tolérées du temps de
nos tribunaux de district.

Ayrault, lieutenant criminel au présidial d'Angers, con-
temporain des *immolations* de la Saint-Barthélemy, écrivait
sous Charles IX, mais avec indépendance, avec amour de
l'humanité, respect pour le malheur et pour la défense des
accusés. « Dénier cette défense, dit-il, serait un crime. La
donner, mais non pas libre, c'est tyrannie. » Qu'a-t-on dit
de mieux depuis cinquante ans?

Enfin, étudiez *Dumoulin*, le plus grand de tous les jurisconsultes français, non-seulement par sa profonde dialecti-
que et son immense érudition, mais aussi par l'élévation et la
force de son caractère; ayant pris pour devise *veritas vincit*,
luttant corps à corps avec une constance inébranlable en faveur de l'ordre civil et politique contre les entreprises des
ultramontains; défendant le roi et le royaume contre l'invasion du concile de Trente; résistant, comme à un *impôt il-
légal*, aux tarifs et aux exactions de la cour de Rome; bien
supérieur en cela au timide Cujas, qui, pour éluder de répondre sur ces matières épineuses, disait prudemment à ceux
qui le consultaient à ce sujet : *Nil hoc ad Ædictum prætoris*,
cela ne tient pas à l'édit du préteur. Dumoulin, il est vrai,
fut quelque temps calomnié et persécuté; (calomnie et persécution sont les compagnes inséparables du génie!) mais sa
gloire, achetée même à ce prix, n'en est demeurée que plus
éclatante aux yeux de la postérité; et, même de son vivant,
il mérita cet éloge que fit de lui le connétable de Montmo-
renci, en le présentant au roi Henri II : « Sire, ce que votre
» majesté n'a pu faire et exécuter avec trente mille hommes,
» de forcer le pape Jules à lui demander la paix, ce petit
» homme (car Dumoulin était de petite stature), l'a achevé
» avec son petit livret. » C'est son commentaire sur l'*Edit des
petites dates*, qui avait porté la conviction dans tous les
esprits contre les abus et les malversations qui se pratiquaient

alors dans la chancellerie romaine. Doit-on s'étonner après cela que les livres de ce jurisconsulte aient été mis à l'*index*?

Le souvenir de ce trait historique me fait insister auprès de vous sur la nécessité de reprendre une étude jadis fort cultivée, et qui, depuis, a malheureusement cessé de faire partie de l'enseignement universitaire : je veux parler du *droit canonique*. Sans doute il ne s'agit plus des *matières bénéficiales*, dont la connaissance serait aujourd'hui sans utilité. Mais ce qu'aucun avocat ne doit ignorer, ce qu'il ne lui suffirait pas de savoir imparfaitement, ce sont les principes sur la nature, le gouvernement, la hiérarchie de l'Église et sa discipline ; l'histoire des usurpations toujours croissantes de la cour de Rome, et l'histoire corrélative des obstacles et des barrières que nos pères y ont apportés. Il faut qu'il connaisse ce que la loi civile ne saurait entreprendre sans porter atteinte à la liberté religieuse ; et réciproquement qu'il sache bien ce qu'un roi, eût-il la piété de saint Louis, s'il a en même temps sa sagesse et sa fermeté, ne saurait négliger ni souffrir sans manquer à sa propre dignité, à l'indépendance de sa couronne, et à la protection qu'il doit à ses sujets. Ces principes importans, souvent controversés, rarement bien connus, doivent être étudiés, médités à l'égal de nos autres lois politiques sur lesquelles ils exercent tant d'influence. Une connaissance exacte du *droit* sera toujours le meilleur moyen de confondre l'*usurpation*, et de lui résister avec succès.

Je sais qu'une philosophie, qui en cela se montre avec trop de présomption, et dont, toutefois, je ne prétends point médire, croit suffire seule à repousser les attaques de l'ordre ecclésiastique contre l'ordre civil, et à maintenir la paix des religions dans l'état ; mais en cela évidemment elle s'abuse. Les argumens purement philosophiques, irrésistibles aux yeux des philosophes, n'ont pas la même puissance sur les hommes qui, par conviction, par habitude, ou même par respect humain, tiennent davantage aux croyances et aux pratiques de leur culte. L'ignorance ou la mauvaise foi accusent bientôt la philosophie d'*athéisme*, et ses seules doctrines ne font point *autorité*. En effet, je n'appelle *autorité* que ce qui est capable de faire impression sur l'esprit de ceux que l'on prétend convaincre. Or, tel est l'avantage que procure la doctrine toute faite des *libertés de l'Église gallicane.* Ces libertés ne sont pas une invention moderne ; elles sont aussi anciennes que le christianisme parmi nous : elles ne constituent pas un *privilége* ou une *exception*, elles ne sont qu'un vestige de ce qui, dans l'origine, formait le *droit commun* de la chrétienté : elles ont pour elles la sanction du temps et celle des plus grands rois et des plus grands hommes que la France ait produits. Loin d'être opposées à la religion, elles en font en quelque sorte partie. Sachez donc les connaître, afin de pouvoir les invoquer. Les tartufes ne pourront point vous appeler *athées*, ni même *hérétiques*, quand, démasquant l'hypocrisie et résistant à des entreprises menaçantes pour notre liberté et pour notre régime intérieur, vous pourrez dire à vos adversaires : Ce n'est pas un ennemi de la religion qui s'exprime ainsi, c'est Arnault et Pascal, c'est Nicole et Bossuet, c'est toute l'Église gallicane de 1682, qui vous dit : « Conservez *ces fortes maximes de nos pères*, que l'É-» glise a trouvées dans la tradition universelle. »

Sur cette ligne imposante, vous rencontrerez les plus saintes lois du royaume, tous les actes de la magistrature française, les réquisitoires des avocats généraux ; vous marchez avec la puissance qui s'attache à cinq siècles de *précédens !* Dans cette carrière, tel d'entre vous peut se montrer encore comme autrefois Pithou, Loysel et Pasquier, et réveiller parmi ses juges, avec l'ancien esprit parlementaire, le désir d'en continuer les nobles traditions. Entrez donc dans cette étude, je vous y convie. Elle est d'ailleurs pleine d'attrait, puisqu'elle se lie aux faits les plus curieux de notre histoire, aux questions les plus élevées de notre droit public, à celles qui influent le plus puissamment sur la marche politique des affaires, et sur la constitution de l'état.

Connaissez à fond la *législation criminelle*, afin de ne pas risquer, dans une défense mal présentée, la considération de votre Ordre, votre propre réputation et le sort de l'accusé, qui a cru prendre un avocat..... Cherchez dans cette étude les moyens de venger l'innocent, de soutenir le faible, d'adoucir le sort des malheureux : le criminel même a droit à votre pitié. Apportez à cette partie de votre profession tout le zèle que comporte le devoir de votre état, mais aussi toute la circonspection que peuvent réclamer les circonstances. C'est dans votre intérêt que je vous en avertis ; qu'un dévouement, louable dans son principe, ne dégénère point en une folle témérité ! En matière politique surtout, ne vous exposez point à être mal compris !.... Que sous la robe du défenseur on sente toujours battre le cœur du citoyen ! Patronage difficile, mais bien honorable. Source, hélas ! trop féconde de calomnies, de censures, et quelquefois d'inimitiés ! mais qui laisse après soi des souvenirs et des consolations. Regardez en arrière, et jugez. Les accusations passionnées....., les condamnations de circonstance....., ont bien souvent entraîné des remords ! La défense, jamais !

Aux études supplémentaires que je viens de vous recommander, il faut joindre, si je puis m'exprimer ainsi, *l'école d'application.* Soyez assidus aux audiences, surtout aux audiences solennelles, et à toutes celles où vous saurez que de graves questions doivent être agitées. Formez-vous à l'exercice de la parole, en vous attachant, à mesure que vous vous en sentirez capables, à ces réunions particulières de jeunes avocats, où, devant un tribunal simulé, et dans des causes fictives, vous essaierez vos forces contre des rivaux de votre âge. Enfin, venez à nos *conférences ;* elles sont instituées pour vous : apprenez à discuter nettement et brièvement, comme aussi à délibérer et à rédiger ces consultations que nous sommes en possession de donner aux indigens, en y apportant tout à la fois cette sollicitude qu'attend de nous le malheureux qui implore notre patronage, et cette attention que nous devons mettre à ce que nos consultations ne servent point à entretenir de vaines illusions.

Enfin, Messieurs, profitez de vos années de stage pour étudier les règles de notre profession, pour en prendre les mœurs, pour en recueillir les traditions. Vous les trouverez en partie retracées dans le dialogue des *Avocats*, de Loysel.

Cet historien de notre ordre nous montre les avocats tels qu'ils furent dans des temps bien anciens, et tels néanmoins qu'il importerait qu'ils fussent encore aujourd'hui. Vous y verrez leurs habitudes et leurs occupations décrites avec une attrayante simplicité ; comment ils passaient leurs *après-dîners*, se réunissant entre eux pour *deviser* sur les objets qui intéressaient leurs études et leur profession ; comment les jeunes y donnaient leur avis, et recevaient la leçon des anciens.

Les avocats vivaient principalement entre eux, et dans l'intimité de quelques magistrats sans morgue, mais non pas sans vertu et sans amour de la science, qui venaient se mêler à ces doctes entretiens dont la solidité rappelle ces graves dialogues que nous a transmis l'antiquité.

Dans cette vie commune et plus rapprochée, moins dissipée que celle d'aujourd'hui, on voyait se resserrer incessamment les liens de cette *confraternité* si justement célébrée au milieu de vous par un de mes prédécesseurs (1) ; doux sentiment, où chacun se trouve à l'aise, et qui a tant de charmes pour ceux qui savent s'y abandonner avec confiance, sans détour et sans vanité.

C'est la confraternité, Messieurs, qui nous impose le touchant devoir de jeter un dernier regard sur la tombe de ceux de nos confrères que la mort nous a ravis, et de payer un juste tribut d'éloges à ceux qui ont marqué leur passage au milieu de nous par une exacte observation des règles de leur profession. — Tel fut notre confrère Gautier, mort si jeune encore et si plein d'une dévorante activité. Je retracerais devant vous en cet instant les principaux traits d'une vie digne d'être racontée, si en me faisant, à la demande de sa famille, l'éditeur de l'ouvrage posthume qu'il nous a laissé sous le titre modeste d'*Etudes du droit commercial*, je ne lui avais déjà payé ce tribut de l'amitié.

Tel apparut encore au milieu de nous notre jeune confrère Vulpian, si tôt enlevé à sa profession, qu'il honorait également par les qualités de son cœur et par son talent ! Spiri-

_____

(1) M. Thévenin, bâtonnier en 1827.

tuel auteur d'ouvrages et d'écrits qui faisaient déjà pressentir jusqu'où son mérite aurait pu s'élever; *Vulpian aimé et regretté de tous!*

Nous confondrons dans les mêmes regrets Mérilhou (Xavier), dont l'émulation active marchait sur les traces d'un frère que les libertés publiques comptent au rang de leurs plus fermes défenseurs.

Je voudrais enfin vous retracer la vie si pure, si pleine de bonnes œuvres et de belles actions de M. Billecocq, mort après avoir fourni une noble carrière, laissant parmi nous un parfum de vertu qui rend l'ordre entier veuf de sa perte et père adoptif du plus jeune de ses fils. Ce parfait avocat nous a donné de beaux exemples et de bons écrits; il a été parmi nous le meilleur des confrères et le modèle des bâtonniers! On peut inscrire sur sa tombe, *Vir bonus!* — Ah! qu'il eut raison de choisir pour sujet d'un des discours qu'il vous adressait *la confiance que l'avocat doit avoir dans ses anciens!* Comme ses paroles sont empreintes d'un caractère de bienveillance, de justice, je dirai presque d'onction propre à inspirer le sentiment qu'il veut recommander! Relisez ce discours, Messieurs, abandonnez-vous aux paternelles inspirations qu'il contient; aimez vos anciens; sachez vous confier à eux : c'est un heureux moyen d'instruction pour ceux qui manquent d'expérience, et qui sentent tout le prix d'une bonne direction, d'un sage conseil et d'un généreux appui.

Je l'ai éprouvé à l'entrée de ma carrière, en m'attachant, dès que je l'ai pu, aux chefs de mon Ordre, à ceux dont la supériorité, objet de mon respect et de ma timide émulation, m'admit aux avantages d'une collaboration où j'ai trouvé instruction solide, avis sincères, heureux encouragemens. Ferey, Poirier, Delacroix-Frainville, qui tour à tour fûtes mes guides, et que j'aurais voulu prendre pour modèles, recevez ici l'hommage de ma reconnaissance! Elle vous serait acquise sans partage, si je ne devais la reporter d'abord sur un père qui fut mon premier et pendant long-temps mon seul maître (1).

_____

(1) Charles-André Dupin, reçu avocat au Parlement de Paris en 1778, trois fois député de la Nièvre.

J'en dois aussi l'expression vivement sentie à cet autre jurisconsulte qui m'honorait de sa bienveillante amitié, dont j'ose à peine me vanter d'avoir été pendant huit ans le collègue (tant ce titre laissa toujours de distance en nous), dans un Conseil (1) où son premier mouvement était toujours de plaider contre son illustre client, pour ne se rendre qu'après avoir épuisé toutes les objections. A ces traits vous reconnaissez M. Henrion de Pansey, ce vieillard vénérable, dès long-temps appelé le Nestor de la magistrature française ; le seul dans ces temps modernes qui n'ait redouté la comparaison avec aucun ancien ; ami de nos institutions, et qui savait les défendre ; digne organe de nos lois, leur plus sage et leur plus fidèle interprète ; jadis avocat en exercice ; n'ayant toutefois plaidé qu'une seule cause, mais ce fut une cause de liberté (2)! Admirateur de Dumoulin, docte abréviateur de son *Traité des fiefs*, et son panégyriste dans un discours prononcé devant une assemblée pareille à celle que nous tenons aujourd'hui (3). C'est dans l'éloge de ce grand jurisconsulte qu'on trouve ce magnifique portrait de l'avocat, tracé dans une seule phrase que l'auteur m'a souvent récitée *comme celle qu'il était le plus fier d'avoir écrite :* « Libre des » entraves qui captivent les autres hommes ; trop fier pour » avoir des protecteurs, trop obscur pour avoir des protégés ; » sans esclaves et sans maîtres, ce serait l'homme dans sa dignité originelle, si un tel homme existait encore sur la » terre. »

Cette haute estime que M. Henrion de Pansey accordait aux avocats, l'amitié qu'il avait conservée pour plusieurs d'en-

---

(1) Le Conseil d'apanage de S. A. R. Mgr. le duc d'Orléans, dont M. Henrion de Pansey était président.

(2) Celle d'un pauvre nègre esclave, que son maître avait amené en France en négligeant d'accomplir les formalités commandées alors par les lois pour le maintien de l'esclavage *en terre franche.* L'arrêt prononça la mise en liberté. *Annales du barreau*, tome VI.

(3) A l'ouverture des *Conférences*, après la rentrée de 1772. Ces assemblées se tenaient alors les samedis. Voyez cet éloge en tête du *Traité des fiefs*, analysé par M. Henrion, 1773, in-4.

tre eux ; ce puissant encouragement qu'il accordait aux plus jeunes , versant pour eux tous les trésors de son immense érudition , avec une sûreté de mémoire et une précision dans les dates qu'il a conservées jusqu'au dernier moment ; tant d'avantages que les plus habiles trouvaient dans le commerce aimable de cet homme supérieur, nous ramènent , à titre de réciprocité , à vous rappeler tout le respect que nous devons à nos magistrats.

Un de nos plus vieux auteurs français , Jean Desmares, qui écrivait en 1372 , et qui nous a laissé , sous le titre de *Décisions* , une suite d'adages et d'aphorismes du Palais, a mis au nombre de ses maximes , que *li advocats doivent acquérir et garder l'amour du judge.* En effet, tous gagnent dans cet heureux retour d'égards, de bienveillance mutuelle et de sentimens affectueux ; les hommes s'en trouvent bien , et les affaires aussi. Cette intimité réciproque existait surtout autrefois entre les avocats et messieurs les gens du roi. Ceux-ci s'honoraient d'être portés en tête de notre tableau, et le barreau conservera long-temps le souvenir de cet avocat général (1) , qui prétendait obligeamment ne s'appeler ainsi que parce qu'il était , disait-il , *le général des avocats.*

Cet accord si désirable , que nous nous efforcerons toujours de soigneusement entretenir entre la magistratnre et le barreau ; ce respect profond dont nous faisons si hautement profession pour elle , n'ont jamais empêché les avocats de faire valoir leurs prérogatives et de soutenir leurs droits avec vigueur quand ils les ont cru violés ou méconnus. Témoin l'émotion qui saisit l'Ordre tout entier à l'apparition d'un article de l'ordonnance de Blois qui blessait leur délicatesse, et qui donna lieu au *Dialogue des avocats,* de Loysel ; témoin encore la juste plainte que le bâtonnier, assisté d'une députation des anciens , alla porter au président de Thou , pour une insulte que ce magistrat s'était permise à l'audience contre Mᵉ. Charles Dumoulin , et dont ce grand magistrat n'hésita point à leur faire ré-

_____

(1) Antoine L. Séguier, père de M. le premier président.

paration (1). Enfin, jusque dans ces derniers temps, nous trouvons la preuve que l'ordre des avocats a toujours su réclamer contre ce qui lui faisait grief, sans s'écarter en rien de la vénération dont il demeure inviolablement pénétré pour les magistrats. C'est ainsi que le parlement savait quelquefois résister au trône même, sans cesser de demeurer dans les bornes du respect et de la fidélité.

Mes chers confrères, aimons notre état, c'est le moyen le plus assuré d'y réussir et de s'y trouver heureux. Efforçons-nous d'honorer notre profession, et pour cela ne craignons pas de nous en former une trop haute idée. Jamais nous ne dirons rien d'elle qui puisse égaler ce qu'en ont dit avant nous les plus illustres magistrats, d'Aguesseau surtout. Ce sentiment ne peut pas nous être imputé à vanité; car il n'engendre pour nous que des obligations. Exalter cette noble profession, c'est dire que nous ne pouvons que bien difficilement atteindre à tout ce qu'elle impose de devoirs et de sacrifices, à tout ce qu'elle exige de capacité, d'application et de dévouement. Du reste, si le barreau moderne reste inférieur à l'ancien, ce sera notre faute; car les grandes occasions de bien faire et de bien dire ne nous auront pas manqué!.... De nos jours, en effet, l'état d'avocat a acquis plus d'importance encore par le développement de nos institutions, par l'établissement du gouvernement représentatif, la publicité des débats judiciaires soutenue de la liberté de la presse, et cette tribune nationale dont le labeur, en variant seulement les formes de la discussion et du langage, n'est pour nous qu'une

---

(1) Dumoulin plaidait d'une manière peu agréable, au point que le premier président de Thou, fatigué de l'entendre lui dit un jour : *Taisez-vous, M^e. Dumoulin, vous êtes un ignorant.* L'ordre des avocats ressentit vivement cette injure, et il fut arrêté que le bâtonnier, avec une députation des anciens, irait s'en plaindre à M. le premier président. Admis à son audience, le bâtonnier lui dit avec toute la gravité du temps : *Læsisti hominem doctiorem quàm unquàm eris.* — « Cela » est vrai, dit avec autant de franchise que de modestie M. de Thou, » j'ai eu tort; je ne connaissais pas tout le mérite de M^e. Charles » Dumoulin. »

continuation de la profession d'avocat, puisqu'elle nous offre seulement *une cause de plus à défendre*, et la plus belle de toutes, *celle du pays!*

Un gouvernement constitutionnel est éminemment le gouvernement *du droit*. Le mot *légitimité* dans toute sa puissance n'a pas d'autre sens. *L'ordre légal* peut être raillé par les factieux ; il sera toujours ce qu'il y a de plus saint et de plus respectable à nos yeux. Interprètes de la législation, nous saurons en garder le langage en invoquant son appui ; amis de la règle, et par-là même ennemis irréconciliables de l'arbitraire, *tout droit blessé trouvera parmi nous des défenseurs*. Fidèles à notre serment envers le prince, envers le pays ; organes indéfectibles de la justice et des lois, et surtout de cette loi fondamentale, gage suprême de notre avenir, et à laquelle nous avons, comme au roi lui-même et avec lui, juré d'obéir ; le droit public comme le droit privé nous trouvera prêts à faire, en toute rencontre, le devoir de notre profession.

C'est au sein de notre Ordre que doit se trouver le type de ce *courage civil* qui, dans les grandes épreuves de la vie sociale, rend l'homme capable des plus généreux efforts et des sacrifices les plus rigoureux pour obéir à sa conscience et rester fidèle à sa conviction. Ce genre de courage n'exige point la vigueur du corps, mais uniquement celle de l'âme : il s'appuie sur des doctrines arrêtées, et dont on s'est bien rendu compte ; il lui faut une vue nette du droit à exercer ou du devoir à remplir ; il exige la fermeté de la vertu, la constance du sage, qu'aucun revers ne peut ébranler.

La profession d'avocat peut ainsi conduire à la gloire : elle offre de quoi suffire à la plus noble ambition ; mais elle veut du dévouement, du travail, de la persévérance ; elle suppose dans ceux qui l'embrassent une active émulation.

Puisse, Messieurs, cette émulation se développer de plus en plus au milieu de vous, mais sans jamais altérer le sentiment de la confraternité ! C'est assez vous dire qu'il faut se garder de l'envie, elle rend plus malheureux encore ceux qui l'éprouvent que ceux qui en sont l'objet. L'envie dégrade l'envieux ; car il ne fonde son élévation que sur l'abaissement ou l'humiliation d'autrui ; tandis que l'émulation, en laissant aux autres tout leur mérite, nous inspire seulement le louable désir de faire encore mieux.

Eh ! pourquoi se décourager ? Il n'y a parmi nous ni premier ni dernier. Aucun orateur ne réunit toutes les perfections ; la qualité qui manque à l'un se retrouve chez son confrère : tel est habile à plaider un ordre de questions, qui réussit moins bien dans un genre différent. Enfin le choix des causes sert encore, sous un autre point de vue, à rétablir l'équilibre des forces entre avocats d'ailleurs d'un mérite inégal ; car *je ne connais pas de bon avocat dans une mauvaise cause* ; et si l'on a su choisir la meilleure, il est bien difficile qu'on ne reste pas le plus fort.

Demeurez donc tous bien convaincus de la vérité de cette exhortation que Pasquier adresse aux fils de Loysel à la fin du *Dialogue des avocats*, et par laquelle je veux terminer aussi cette allocution :

« Vous devez tous prendre courage de travailler, et estimer que, de quelque province que vous soyez, *il y a place pour tous au barreau* ; — n'y ayant prince, seigneur, ni personnage de si grande étoffe et fortune qui n'ait affaire du conseil et de l'assistance de l'avocat à ses plus importantes affaires : — et non-seulement pour la conservation de ses biens temporels, mais aussi de son honneur et quelquefois de sa propre personne. — Vous exhortant surtout à servir de défense aux innocens, aux veuves et aux orphelins, contre l'oppression des puissans, selon le commandement de Dieu.

» Enfin, *vous devez vous efforcer de conserver à notre Ordre le rang et l'honneur que nos ancêtres lui ont acquis par leur mérite et par leurs travaux, pour le rendre à vos successeurs.* »

HISTOIRE

ABRÉGÉE

DE L'ORDRE DES AVOCATS;

Par M. BOUCHER D'ARGIS.

CHAPITRE PREMIER.

IDÉE GÉNÉRALE DE LA PROFESSION D'AVOCAT.

Cicéron, le prince de l'éloquence romaine, et qui en a donné tout à la fois les règles et le modèle, définit l'orateur, un homme de bien, habile dans l'art de bien dire, et qui emploie la parfaite éloquence pour défendre les causes publiques ou privées (1).

La profession d'avocat embrasse aujourd'hui, non-seulement la même fonction qu'exerçaient à Rome les orateurs, mais aussi celle des jurisconsultes, dont l'emploi, chez les Romains, était séparé de celui des orateurs. Les avocats sont même, en plusieurs occasions, associés au ministère des juges, de sorte que leur profession est beaucoup plus étendue que celle des orateurs romains.

On peut donc définir l'avocat un homme de bien, versé dans la jurisprudence et dans l'art de bien dire ; qui concourt à l'administration de la justice, soit en aidant de ses conseils ceux qui ont recours à lui, soit en défendant en jugement leurs intérêts de vive voix ou par écrit, soit en décidant lui-même leurs différends, lorsque la connaissance lui en est attribuée.

La première qualité de l'avocat est d'être homme de bien ; il doit faire profession de la plus exacte probité ; l'honneur et

---

(1) Orator, vir bonus dicendi peritus, qui in causis publicis et privatis, plenâ et perfectâ utitur eloquentiâ. *Cic. de claris oratoribus.*

2.

la délicatesse des sentimens doivent être la règle de toutes ses démarches ; autrement il ne peut espérer d'acquérir l'estime et la confiance des magistrats et du public.

Il doit être versé dans la jurisprudence, pour connaître ce qui est juste ou injuste, et n'employer son ministère qu'à soutenir ce qui est fondé sur le droit ou l'équité.

Enfin, il doit joindre à ces qualités l'art de bien dire, pour mieux persuader les vérités qu'il soutient.

Pour exercer dignement cette profession, il est nécessaire de sentir la noblesse et l'importance de ses fonctions, et de bien connaître toute l'étendue de ses engagemens.

Les avocats concourent d'une manière distinguée à l'administration de la justice, qui est un des premiers devoirs du souverain envers ses peuples, et la partie du gouvernement civil la plus nécessaire pour le bon ordre et la tranquillité publique.

On peut dire des avocats qu'ils rendent les premiers oracles de la justice, puisque les contestations leur sont ordinairement déférées avant d'être portées dans les tribunaux réglés. C'est à leurs lumières que l'on soumet les droits les plus sacrés, pour les abandonner ou les soutenir, selon leur sentiment. Leurs concitoyens, les habitans des provinces les plus éloignées, tout ce qu'il y a de plus grand dans les différens ordres de l'état, les étrangers même, viennent les consulter comme les sages interprètes du droit. Ils exercent chez eux une espèce de magistrature domestique, fondée sur la confiance et l'estime de leurs cliens, et l'on voit souvent les deux parties divisées d'intérêt se réunir en prenant leurs conseils pour arbitres, et se soumettre à leur décision.

Le ministère des avocats n'est pas moins glorieux, lorsque, portant la parole dans le sanctuaire de la justice, ils défendent avec zèle et avec fermeté les intérêts qui leur sont confiés, soit qu'ils aient à soutenir les intérêts des princes et des grands de l'état, soit qu'ils aient à défendre la veuve et l'orphelin, et à protéger le faible contre une puissance injuste qui l'opprime. Ils ont toujours l'avantage d'être choisis pour mettre au jour la vérité, pour instruire la religion des magistrats, défendre la vie, l'honneur et la fortune de leurs cliens, et pour faire triompher la justice et l'innocence.

S'agit-il de ces affaires majeures, chargées de faits ou de titres, ou de diverses questions et moyens dont le détail serait trop long pour être fait de vive voix, les avocats, par leurs écrits, fournissent à leurs cliens les mêmes secours que par le ministère de la parole, et les défendent de loin comme s'ils étaient présens.

Les avocats sont aussi associés en plusieurs occasions aux fonctions des juges, soit lorsqu'ils sont choisis pour arbitres par leurs cliens, ou qu'il s'agit de certaines affaires dont la connaissance leur est attribuée par les ordonnances de nos rois, soit enfin lorsque les juges ou le prince lui-même renvoient devant eux la décision de certaines contestations.

Cette qualité honorable d'avocat ne se donne point indifféremment à tous ceux qui voudraient s'ingérer d'en faire les fonctions; elle ne se donne présentement qu'à ceux qui, ayant pris successivement les degrés de bachelier et de licencié dans une faculté de droit, ont ensuite prêté serment dans une cour supérieure, telle que le parlement (et aujourd'hui la cour royale), ou dans quelque autre tribunal.

Quoique la fonction des avocats soit à peu près la même dans tous les tribunaux; cependant comme les fonctions sont plus ou moins honorables à proportion de la dignité du lieu où on les exerce, ceux qui ont prêté serment au parlement, ou dans quelque autre cour supérieure, tiennent un rang distingué de ceux qui n'ont prêté serment que dans un tribunal inférieur.

L'ordre des avocats est l'état de ceux qui ont embrassé cette profession. Dans quelques villes, les avocats réunis se qualifient de *Collége*; mais le titre d'*Ordre* est plus noble et plus convenable; c'est celui que les avocats au parlement de Paris ont toujours pris, et que le parlement même leur a donné dans toutes les occasions. Et en effet, les avocats, même en les considérant tous ensemble, ne forment point un corps politique, tel que les communautés et compagnies; c'est seulement un état, une classe de personnes qui ne sont liées que par une qualité qui leur est commune, et qui les distingue des autres ordres, tels que la cléricature et la noblesse, qui sont les deux premiers ordres généraux de l'état (1).

Ce n'est pas assez d'avoir obtenu le titre d'avocat, il faut posséder les qualités du cœur et d'esprit, nécessaires pour en remplir dignement les fonctions : et comme la meilleure manière de s'instruire à fond des choses, est de remonter jusqu'à leur origine, de les suivre dans leurs différens progrès jusqu'à leur état présent; pour bien connaître les règles qui doivent servir à former un avocat, il est à propos de remonter jusqu'à l'origine de cette profession, de remarquer les progrès qu'elle a faits jusqu'à nous, et quelle a été chez les différens peuples, et dans les différens temps, la discipline observée entre les avocats.

Tous les hommes en général sont curieux de connaître leur extraction, et de rechercher leurs ancêtres, jusque dans les temps les plus reculés. Ils ne sont pas moins jaloux d'établir l'ancienneté de leur noblesse, et de rapporter les marques d'illustration qu'elle a reçues en différentes occasions.

Il serait donc étrange que les avocats fussent seuls indifférens sur la connaissance de leur origine : outre que leur profession est presque aussi ancienne que la société civile, elle a reçu dans tous les temps des témoignages éclatans de l'estime et de la considération publiques.

On commencera donc par examiner comment cette profession a pris naissance chez les peuples les plus anciens, ce que l'on a pu apprendre de la discipline qui y était observée, et des récompenses et des honneurs qui y étaient attachés.

On verra que chez les Grecs cette profession acquit un nouvel éclat par le secours de l'éloquence.

Le barreau de Rome offre encore un champ plus vaste, et qui mériterait de faire seul l'objet d'une histoire particulière.

---

(1) Le mot d'*Ordre* s'appliquerait donc mal à propos à ceux qui, quoiqu'ils portent le titre d'*Avocats* sont cependant assujettis à un cautionnement, signent des requêtes, font taxer leurs frais et honoraires, et en exigent le paiement en justice ; toutes choses *incompatibles* avec la profession d'avocat.

Mais comme on n'entreprend point ici de donner une histoire complète du barreau d'Athènes et de Rome, ni même de celui de Paris, on ne fera que parcourir sommairement les différentes époques de l'origine et des accroissemens du barreau, et l'on ne s'attachera principalement qu'à ce qui peut avoir quelque rapport aux règles nécessaires pour former un avocat.

CHAPITRE II.

ORIGINE DE LA PROFESSION D'AVOCAT CHEZ LES ANCIENS.

La fonction d'avocat est beaucoup plus ancienne que le titre d'avocat.

En effet, chez toutes les nations policées il y a toujours eu des hommes zélés et vertueux, lesquels étant particulièrement versés dans les principes du droit et de l'équité, aidaient les autres de leurs conseils, et défendaient en jugement ceux qui n'étaient pas en état de se défendre par eux-mêmes, ou qui avaient moins de confiance en leurs propres idées, que dans les lumières de ces généreux défenseurs.

Sous la loi de nature, et sous celle de Moïse, il n'y avait point encore d'avocats, ni autres personnes établies en titre pour défendre les intérêts d'autrui.

Il y avait cependant dès-lors des Tribunaux réglés : mais chacun s'y défendait en personne ; ou bien ceux qui voulaient être appuyés de quelqu'un, appelaient avec eux quelques-uns de leurs parens et amis, de sorte que souvent, au lieu d'un défenseur, il en avait plusieurs.

Chez les Juifs il y avait des sages dont l'emploi ressemblait en quelque chose à celui de nos avocats consultans ; ils étaient établis pour résoudre les difficultés qui s'élevaient parmi le menu peuple, sur quelque point de droit. Leur ministère était gratuit, ayant pour récompense quelque portion des dîmes. Ils étaient considérés comme membres du corps des officiers de justice, et parvenaient à leur rang à remplir quelque place de judicature.

Les Chaldéens, les Babyloniens, les Perses et les Égyptiens avaient aussi leurs sages et leurs philosophes, qui éclairaient les autres hommes de leurs lumières. Ils parlaient souvent en public ; mais les plus diserts d'entre eux n'avaient que l'éloquence naturelle : le talent de la parole n'avait point encore été réduit en art et en principes ; c'est pourquoi l'histoire ne leur donne point le titre d'orateurs.

Les Égyptiens défendirent même que l'on n'admît plus personne à défendre aucune cause de vive voix dans leurs tribunaux, depuis qu'ils eurent trouvé l'art d'écrire. La crainte qu'ils avaient qu'un orateur ne séduisît les juges par le ton pathétique de sa voix, par l'air composé de son visage, même par des larmes feintes, et par des gestes propres à émouvoir, leur fit ordonner que toute défense serait proposée par écrit.

Mais comme beaucoup de gens n'avaient pas l'usage des lettres, surtout dans un temps où l'invention en était toute nouvelle, il fallait nécessairement que ceux qui étaient hors d'état de se défendre eux-mêmes, soit faute d'avoir l'usage de l'écriture, ou d'être versés dans la connaissance des lois, eussent recours à ceux qui possédaient ces talens, lesquels en cette partie faisaient la même fonction que font encore présentement les avocats, lorsqu'ils défendent une affaire qui s'instruit par écrit.

CHAPITRE III.

ÉTAT DU BARREAU CHEZ LES GRECS.

JAMAIS nation ne fut plus féconde que les Grecs en sages et en philosophes ; en législateurs, orateurs, et autres savans en tout genre.

On admira surtout la sagesse de leur gouvernement, fondé sur les lois que Cécrops, Dracon et Solon donnèrent à

Athènes; Lycurgue à Lacédémone; Nicodore à Mantinée; Zaleucus à Locre; et Minos dans l'île de Crète. Ces lois furent trouvées si judicieuses, que la république romaine envoya des députés en Grèce, pour y puiser, comme dans la source, les principes des nouvelles lois qu'elle voulait établir.

L'éloquence, qui avait été jusqu'alors négligée chez les autres nations, fut cultivée avec soin chez les Grecs; elle fut par eux réduite en art et en principes.

Les orateurs haranguaient le peuple dans les places et autres lieux publics, sur différens sujets.

Périclès, l'un des orateurs d'Athènes, fut, à ce que l'on tient, le premier qui fit entrer l'éloquence dans l'exercice du barreau.

Depuis ce temps il fut d'usage, tant dans l'Aréopage d'Athènes, que dans les autres tribunaux de la Grèce, de se faire assister à l'audience par des orateurs fameux (outre les amis que l'on avait coutume d'y amener) afin de donner plus de force et de poids à l'accusation ou à la défense.

Au commencement, ces orateurs prononçaient eux-mêmes les discours qu'ils avaient composés pour autrui; c'est ainsi qu'en usaient Thémistocle, Périclès et Aristides.

Antiphon fut le premier qui composa, pour quelques-uns de ses concitoyens, des oraisons qu'ils prononçaient pour soutenir leur droit en jugement.

Lysias, Isocrate et Démosthènes firent la même chose, quoiqu'ils prononçassent aussi quelquefois eux-mêmes leurs oraisons.

Quelque réputation que les deux derniers se soient acquise par leurs talens, ils ne furent pas exempts de reproche dans l'exercice de leur ministère.

Isocrate fut souvent cité en jugement, comme violateur des lois, pour avoir administré aux parties des moyens capables de surprendre leurs adversaires : ce qui fut cause qu'il cessa de composer ainsi pour autrui.

Démosthènes, dans une même cause, composa une oraison pour chaque partie.

Æschine fit un meilleur usage de ses talens, s'adonnant tout entier à composer des oraisons pour la défense de ceux qui étaient accusés injustement, et qu'il leur donnait pour les réciter en jugement.

Les lois que Dracon et Solon avaient faites pour la discipline du barreau d'Athènes, continuèrent d'y être observées depuis que l'éloquence y eut été introduite par Périclès, de la même manière qu'elles l'étaient auparavant.

La première de ces lois regardait la condition des orateurs.

Il fallait être de condition libre; un esclave ne pouvait pas se présenter en jugement pour défendre quelqu'un, sa condition étant trop au-dessous d'un si noble emploi.

On n'y admettait pas non plus les infâmes, tels que ceux qui avaient manqué de respect pour leurs parens; ceux qui avaient refusé de se charger de la défense de la patrie, ou de quelque fonction publique; ceux qui faisaient quelque commerce scandaleux et contraire à la pudeur, ou qui avaient été vus dans des lieux de débauche; enfin ceux qui vivaient dans le luxe, et avaient dissipé la fortune que leurs ancêtres leur avaient laissée.

Ceux qui touchaient les deniers publics n'étaient point admis à haranguer le peuple, qu'ils n'eussent auparavant rendu compte de leur gestion.

Enfin les femmes étaient exclues du barreau, à cause de la pudeur qui convient à leur sexe.

L'enceinte du barreau et de tout l'aréopage était un lieu réputé si saint, qu'avant l'audience on l'arrosait d'une eau lustrale, pour avertir les juges et les orateurs qu'il ne devait y entrer rien que de pur. Les orateurs avaient pour principe, que leur ministère ne devait servir qu'à faire triompher la justice et la vérité; c'est pourquoi Périclès étant pressé par un de ses amis de jurer faux dans une cause, lui répondit : *Amicus usque ad aras* (1).

Hyperides ne fit pas un si bon usage de son ministère, lorsque parlant pour la défense de la courtisane Phryné, qui était accusée du crime de lèse-majesté divine, et voyant

---

(1) Plutarque, *vita Periclidis.*

que ses juges étaient prêts de la condamner, il la fit avancer au milieu de l'aréopage, et déchirant le voile qui lui couvrait le sein, les juges furent attendris par la beauté de cette femme, et séduits par les discours touchans d'Hypérides, de sorte qu'elle fut absoute.

Depuis ce temps on fit une loi à Athènes et à Lacédémone, pour défendre aux orateurs de faire aucun préambule ni autre discours tendant à émouvoir la pitié ou l'indignation; on défendit aussi aux juges de jeter les yeux sur l'accusé, lorsque l'on s'efforcerait d'exciter en sa faveur leur commisération.

Au commencement de l'audience, un crieur public faisait souvenir les orateurs de se conformer à cette loi, afin que personne n'abusât de ces figures propres à émouvoir, pour gagner une cause injuste.

Ce réglement refroidit beaucoup l'éloquence des orateurs Grecs.

Comme il y en avait quelques-uns trop diffus dans leurs discours, le temps que chaque orateur aurait la liberté de parler fut limité à trois heures; et pour observer ce temps, il y avait dans l'auditoire des horloges d'eau, appelées *Clepsydres.*

Il était encore enjoint aux orateurs de se contenir dans les bornes de la modestie; de ne point faire de démarches auprès des juges, pour les prévenir en particulier; de ne point agiter en public deux fois la même question; de s'abstenir des injures et paroles amères, et de frapper des pieds; de ne point troubler les juges lorsqu'ils étaient aux opinions; enfin, après l'audience, de se retirer tranquillement, et de n'attrouper personne autour d'eux.

Ceux qui manquaient à quelqu'une de ces bienséances étaient mulctés d'une amende de cinquante drachmes, quelquefois même plus considérable, selon les circonstances.

Le ministère de ces orateurs était d'abord purement gratuit. On les récompensait de leurs services en les élevant à leur tour aux charges de la république.

Antiphon fut, dit-on, le premier qui reçut de ses cliens

une récompense, pour le soin qu'il avait pris de leur défense.

Les autres orateurs, à son exemple, reçurent également de leurs cliens des honoraires en argent et autres présens. Ils se conduisirent cependant toujours plutôt par un principe d'honneur que d'intérêt, et ceux en qui l'on reconnut un esprit mercenaire, en furent repris vivement, comme on voit dans les Oraisons d'Æschine et de Démosthènes.

Telle fut la discipline du barreau d'Athènes, qui servit de modèle à celui de Rome.

CHAPITRE IV.

ÉTAT DU BARREAU CHEZ LES ROMAINS.

A peine Romulus eut-il jeté les fondemens de la ville de Rome, qu'il comprit que sa domination ne pouvait subsister sans faire rendre à ses sujets une exacte justice. Il choisit pour cet effet dans le premier ordre des citoyens qu'on appelait les pères (*Patres*), un certain nombre d'hommes sages et remplis d'expérience dont il composa le sénat, et ordonna que les autres citoyens du même ordre seraient les patrons et défenseurs des plébéiens qui formaient le second ordre, et qui devinrent leurs cliens.

Les patrons furent ainsi appelés, comme tenant lieu de pères à leurs cliens; et pour faire entendre que les cliens devaient avoir pour eux le même respect que les enfans ont pour leur père, les esclaves pour leur maître, et les affranchis pour ceux qui leur avaient donné la liberté.

Il y avait plusieurs devoirs mutuels et réciproques à remplir de la part des patrons et des cliens.

La fonction des patrons ne se bornait pas, comme aujourd'hui celle des avocats, à donner conseil aux parties dans leurs affaires contentieuses, et à les défendre en jugement; la qualité de patron formait un engagement beaucoup plus étendu; c'était proprement un office de protection.

Dès que le patron avait accepté quelqu'un pour son client, et que celui-ci lui avait promis fidélité, le patron était obligé de le soutenir dans toutes les occasions, et d'y employer tout son pouvoir et son crédit; il était son conseil dans toutes ses affaires contentieuses ou autres affaires civiles, et son défenseur en jugement.

Ses cliens lui étaient plus chers que ses proches; il était même obligé de les défendre contre ces derniers. Il pouvait porter témoignage contre ses proches, et non pas contre ses cliens. C'était un crime grave pour un patron d'avoir tourné en dérision quelqu'un de ses clients.

Chaque patron avait fort à cœur de conserver ses clientèles, même d'en acquérir de nouvelles, et de les transmetttre à ses enfans; de sorte qu'elles étaient comme héréditaires, et qu'il les regardait comme un monument d'honneur et de l'ancienneté de sa famille.

Les cliens, de leur part, étaient obligés de garder partout l'honneur et le respect qu'ils devaient à leur patron; de lui donner en toute occasion des marques de leur zèle et de leur attachement, moins par nécessité que par estime et par reconnaissance. Ils étaient même obligés de lui fournir de l'argent pour marier ses filles, racheter ses enfans lorsqu'ils étaient prisonniers de guerre, payer les peines pécuniaires auxquelles il pouvait être condamné, ou pour acquitter d'autres dettes.

Ils accompagnaient leur patron au barreau et dans les cérémonies publiques, et formaient autour de lui un cortége nombreux et une espèce de cour.

Enfin le patron et le client ne pouvaient respectivement s'accuser ni porter témoignage l'un contre l'autre, ni faire aucun autre acte préjudiciable; en sorte que les devoirs du client envers son patron ressemblaient en quelque chose à ceux dont parmi nous le vassal est tenu envers son seigneur, ou plutôt à celui d'un affranchi envers son ancien maître.

Dans les premiers temps, où les Romains étaient occupés

à se maintenir dans leur nouvel établissement, ils étaient beaucoup plus adonnés à la profession des armes qu'à l'étude des lois et de l'éloquence ; ainsi ceux qui faisaient alors l'office de patron n'étaient par état ni orateurs, ni jurisconsultes.

Mais lorsque les rois eurent été chassés de Rome, que la république fut bien affermie, qu'elle eut étendu au loin sa domination, que l'on eut envoyé chercher des lois en Grèce, que le peuple se fut arrogé le droit d'en faire lui-même de nouvelles par l'organe de ses tribuns, alors l'administration de la justice étant devenue plus importante et plus difficile, on y apporta aussi plus d'appareil et de circonspection. On ne se contenta pas d'appeler pour sa défense les patrons ordinaires, qui n'avaient d'autre qualité que celle de protecteur, et dont le talent consistait au plus dans l'éloquence naturelle ; on eut recours à des orateurs en titre, dans l'espérance que leur art contribuerait à faire réussir la cause.

L'éloquence des orateurs l'emporta bientôt sur le style vulgaire des anciens patrons ; les orateurs eurent seuls toute la clientèle ; les rois mêmes et les patrices qui commandaient à des rois, recherchèrent leur appui.

Les premiers orateurs qui furent introduits dans le barreau de Rome n'étaient pas jurisconsultes, non plus que le premiers qui parurent au barreau d'Athènes. La science des lois était devenue d'autant plus difficile qu'elles étaient beaucoup multipliées ; l'ancien droit était presqu'entièrement abrogé par le droit prétorien ; il fallait concilier ces différentes lois, distinguer celles qui étaient observées de celles qui étaient tombées en non usage. Les orateurs s'étant appliqués à l'étude de la jurisprudence, l'on vit dans la suite les Ælius, les Caton et les Cicéron mériter le double titre d'habiles orateurs et de grands jurisconsultes.

Il ne faut pourtant pas confondre avec ceux-ci d'autres jurisconsultes appelés *Prudentes*, dont l'emploi était différent de celui des orateurs ou patrons. Il ressemblait plutôt à celui de nos anciens avocats consultans, si ce n'est que leur pouvoir était beaucoup plus étendu. Leur fonction était d'interpréter le droit; leurs réponses avaient elles-mêmes force de lois, et les juges étaient obligés de s'y conformer; elles étaient gardées soigneusement par les pontifes avec les autres lois; car toutes les lois étaient alors un mystère pour le peuple, jusqu'à ce que Flavius Scriba les exposa toutes en public, afin que chacun pût s'instruire de ses droits.

La fonction des orateurs ou patrons était de défendre leurs cliens de vive voix ou par écrit, dans les tribunaux.

Les Romains eurent toujours attention que cette fonction ne fût exercée que par des personnes choisies et distinguées par les qualités du cœur et de l'esprit, encore plus que par leur naissance.

Romulus avait ordonné que les patrons seraient choisis dans le premier ordre des citoyens, destinés à remplir un jour les fonctions du sacerdoce ou de la magistrature.

La loi des douze Tables adopta ce réglement; et pendant cinq siècles, la fonction de patron ne fut exercée que par des patriciens qui étaient les descendans de ces premiers sénateurs institués par Romulus, et qui formaient le premier ordre des citoyens.

Tant que subsista la république, le barreau fut le degré par lequel on arrivait aux plus grands honneurs. Le sénat et le peuple, chacun selon leur pouvoir, donnaient les dignités au mérite, et elles étaient la récompense de ceux qui s'étaient le plus distingués dans le barreau.

Ce fut ainsi que Caton le grand, le Démosthènes de son siècle, ayant passé du barreau à la magistrature, en remplit successivement tous les degrés, fut élevé à la dignité de consul, et enfin à celle de censeur, après avoir triomphé des ennemis de la république.

De même Cicéron, l'ornement du barreau de Rome, et qui comptait au nombre de ses cliens le roi de Galatie, étant parvenu au consulat, fut honoré de titres encore plus glorieux, je veux dire, ceux de père de la patrie et prince de l'éloquence.

Qui pourrait jamais compter combien de préteurs, de consuls, de patriciens, de dictateurs et de censeurs, le bar-

reau de Rome a fournis à la république ? Ces grands hommes,
quoique parvenus aux plus éminentes dignités, continuaient
à venir prendre place au barreau, et y faire leurs premières
fonctions ; en quoi il serait difficile de déterminer lequel
acquit par-là plus d'honneur, ou du barreau, par la présence
de ces orateurs, ou de ces orateurs en continuant leur emploi au barreau.

Jules-César lui-même, qui soumit peu après tout l'univers,
fut du nombre de ceux qui illustrèrent le barreau de Rome.

Mais lorsque le gouvernement de la république eut changé
de forme, on vit aussi bientôt un changement dans l'état du
barreau. Les empereurs disposant arbitrairement de tous les
emplois, et les donnant à la faveur plutôt qu'au mérite, il
n'y eut plus la même émulation parmi les patriciens pour se
signaler dans la fonction de patron ; ils ne paraissaient plus
que rarement au barreau. Leurs enfans s'y faisaient pourtant
toujours recevoir : mais ce n'était pas, comme autrefois,
dans le dessein de s'y attacher ; ce n'était plus que pour acquérir le titre de patron, qu'ils regardaient comme une formalité nécessaire pour être en état d'être promus aux honneurs de la magistrature.

Les plébéiens, au contraire, parurent depuis ce temps plus
fréquemment au barreau, et l'on en vit souvent servir de
patrons aux patriciens mêmes, dont peu auparavant ils se
faisaient honneur d'être les cliens.

Ce changement arrivé dans le barreau fut cause que l'éloquence y dégénéra peu après de son premier éclat ; le titre
même d'orateur fut presqu'oublié. Ceux qui plaidaient le
plus disertement furent appelés *causidici*, *advocati* et *patroni*; on leur donnait indifféremment l'un de ces trois
noms. Celui d'*advocati*, qui est l'origine du titre d'avocat,
signifie qu'ils étaient appelés pour la défense des parties.

Malgré le mélange qui se fit des plébéiens avec les patriciens dans le barreau, on ne pensa pas qu'il eût rien perdu
de la dignité de ses fonctions, toujours nobles par elles-
mêmes, encore plus que par l'illustration personnelle de ceux
qui les exercent.

D'ailleurs, si d'un côté l'on vit des plébéïens dans le barreau, on vit aussi les empereurs même l'honorer de leur présence. Dès qu'ils avaient pris la toge virile, ils se présentaient au barreau, comme pour y faire un apprentissage des fonctions d'avocat, et de l'administration de la justice.

Ils y faisaient de même recevoir leurs enfans, et les y conduisaient avec une pompe qui se ressentait de la magnificence des triomphes.

Auguste y vint pour la troisième fois demander le consulat, afin d'y conduire lui-même ses enfans en qualité de magistrat ; et Tibère y ayant pareillement conduit Néron et Drusus, fit des libéralités au peuple, afin de rendre le jour de leur réception plus solennel.

Titus, qui réunissait en lui toutes les vertus d'un grand prince, avant d'être empereur, venait quelquefois au barreau pour y prendre la défense de ceux qui étaient opprimés.

L'empereur Alexandre Sévère permit aux affranchis de faire la fonction de patrons, pourvu qu'ils fussent versés dans les lettres ; mais il n'est pas certain si cette permission leur fut donnée pour le barreau de Rome. Au surplus il ne serait pas étonnant que ceux qui y étaient déjà admis dans le rang des sénateurs eussent aussi obtenu la faculté de plaider devant le sénat. Et ce qui fait voir que Sévère n'avait rien diminué de la considération que ses prédécesseurs avaient pour le barreau, c'est qu'on rapporte de lui qu'il se plaisait à entendre répéter des causes qui avaient été autrefois plaidées devant lui ou devant le préfet de Rome. Il accorda même des marques de protection aux avocats qui étaient établis dans les provinces.

Constance ordonna que les pontifes des provinces seraient choisis entre les avocats. Valentinien et Valens déclarèrent expressément par une loi que ceux qui étaient parvenus aux dignités ne dérogeaient point en faisant la fonction d'avocat, et qu'il était aussi honorable d'être debout pour plaider que d'être assis pour juger.

Arcadius et Honorius ordonnèrent que les avocats qui n'étaient pas dans la classe des décuries ne pourraient, même volontairement, être chargés de la collecte des impositions publiques.

Honorius et Théodose accordèrent à ceux qui étaient encore sous la puissance paternelle, le privilége d'acquérir pour eux-mêmes, à titre de pécule quasi-castrense, tout ce qui leur proviendrait par l'exercice de leur profession, ou à son occasion; ce qui fut ainsi établi à l'imitation du pécule castrense, de ceux qui faisaient profession des armes.

Ces mêmes empereurs défendirent à tous juges, même au préfet du prétoire, sous peine d'une amende de cinquante livres d'or, de charger les avocats de la ville ou des provinces d'aucune commission, soit pour l'inspection sur les travaux publics, ou pour faire les rôles des impositions, ou pour faire rendre compte à ceux qui en faisaient la recette; ils exceptèrent seulement les arbitrages, dont les avocats pourraient être chargés dans le lieu de leur résidence.

Ils étendirent aussi aux avocats de la préfecture d'Illyrie tous les priviléges qui avaient été accordés à ceux de la préfecture d'Orient.

On voit par une autre loi de ces mêmes empereurs, que dans chaque préfecture le nombre des avocats était limité plus ou moins, selon l'étendue du ressort; qu'il ne pouvait être augmenté ni diminué; que dans ce nombre on choisissait les avocats du fisc, dont l'emploi ne durait d'abord qu'un an, et ensuite deux ans; que ceux qui étaient choisis pour cette fonction devenaient par-là exempts eux et leur enfans du service des cohortes et des autres emplois inférieurs; et que les avocats du fisc de la préfecture prétorienne, au bout de leur temps d'exercice, se retiraient de l'ordre des avocats avec la qualité de comtes du consistoire : ce que nous appelons présentement conseillers d'état.

Ce fut sans doute un des motifs pour lesquels l'empereur Léon ordonna que personne ne serait reçu avocat qu'il ne fût au moins d'une condition honnête, et non d'un condition vile et ignoble.

Ce même empereur et Anthémius firent encore une autre loi qui est fameuse en cette matière, par laquelle ils déclarèrent que les avocats qui se consacrent à la défense des intérêts du public ou des particuliers, soutiennent les fortunes chancelantes, relèvent celles qui sont tombées, et qu'ils se rendent aussi utiles au public que s'ils défendaient leur patrie et leurs parens au péril de leur vie : cette loi compare leurs fonctions aux exercices militaires, par la raison qu'ils défendent de toutes leurs forces l'honneur et la vie des citoyens.

Anastase accorda aux anciens avocats qui se retiraient le titre de *clarissimes*, pour récompense de leurs travaux.

Enfin, les empereurs Justin et Justinien confirmèrent les différens priviléges qui avaient été accordés aux avocats par leurs prédécesseurs, et y en ajoutèrent encore de nouveaux; et ce que l'on peut remarquer de particulier dans les lois faites par Justin à cet égard, c'est qu'en parlant des avocats en nom collectif, il les qualifie d'*Ordre*, qui est le titre que ceux du parlement de Paris et de plusieurs autres cours ont retenu.

L'énumération qui a été faite de tous les titres d'honneur et priviléges accordés aux avocats fait voir en quelle estime et en quelle considération cette profession était chez les Romains.

La première condition pour être reçu avocat était d'avoir l'âge compétent, qui était de dix-sept ans.

Il fallait avoir étudié le droit pendant cinq ans.

Le candidat devait être examiné par le gouverneur de la province, ou, en son absence, par le défenseur de la ville, lequel en présence du peuple s'informait de la condition du candidat, de ses mœurs et de sa capacité, qui devait lui être attestée par le témoignage des docteurs en droit.

Les empereurs Théodose et Valentinien défendirent d'admettre les samaritains, les juifs, païens et hérétiques dans aucun office civil : ce qui comprenait la profession d'avocat. Les empereurs Léon et Anthémius déclarèrent expressément que, pour être reçu avocat, il fallait être de la religion catholique, et que si on contrevenait à cette loi, non-seulement l'avocat, mais celui qui l'aurait reçu, seraient punis (1).

_____

(1) Si un empereur *païen* avait décidé qu'on ne pourrait recevoir

L'entrée du barreau était aussi interdite à ceux qui étaient notés d'infamie.

Ceux qui par zèle pour le salut public, ou pour faire preuve de leur valeur, avaient entrepris de chasser ou de combattre des bêtes féroces, même dans l'arène, n'étaient pas exclus de la fonction d'avocat; mais ceux qui s'étaient loués comme des mercenaires pour combattre ainsi en public, n'étaient point admis à parler en jugement pour autrui : on leur permettait seulement de parler pour eux-mêmes.

Les sourds étaient exclus du barreau, à cause des inconvéniens qui pouvaient arriver de ce qu'ils ne pouvaient entendre les décrets du préteur.

Les aveugles pouvaient être juges, mais ils ne pouvaient être avocats, ce qui fut ainsi ordonné, à cause de la risée qu'excita un certain Publius, qui était aveugle, lequel continua de plaider, quoique le juge eût levé le siège. On a cependant vu de nos jours un aveugle plaider avec applaudissement dans plusieurs des tribunaux de Paris.

La fonction d'avocat était chez les Romains un office viril, de même que chez les Grecs.

On vit cependant avec admiration à Rome deux femmes généreuses Amasie et Hortensie, s'acquitter avec éloges de cette fonction : mais une troisième nommée Afranie, qui plaidait continuellement pour elle-même, scandalisa tellement les juges par sa loquacité, son effronterie et ses emportemens, qu'il lui fut fait défenses de plus parler en public : et cette défense fut étendue à toutes les femmes en général, ce qui fut néanmoins modifié par une loi du Code Théodosien, qui permit aux femmes de parler en justice, mais seulement pour elles, et non pour autrui.

Les jeunes gens que l'on voulait faire recevoir au barreau y étaient conduits par leur père naturel ou adoptif, ou par quelqu'un qui leur en tenait lieu, avec le cortége le plus nombreux qu'il pouvait rassembler. Il présentait le récipien-

---

avocat que des *païens*, les catholiques exclus par cette loi l'auraient proclamée absurde et tyrannique.

daire au sénat qui l'admettait au nombre des jeunes avocats pour assister aux audiences, et s'instruire dans la science du barreau, afin de se rendre capable d'en remplir un jour les fonctions.

Les avocats ne prêtaient point de serment lors de leur réception; mais à chaque cause qu'ils plaidaient ils étaient obligés, en commençant, de prêter, de même que les juges, le serment que l'on appelait *Juramentum calumniæ*, ou serment de dire la vérité.

Le nom de ceux qui étaient reçus était écrit dans la matricule ou tableau, et l'on y marquait le jour de leur réception.

Le nombre des avocats était fixé dans chaque tribunal; on n'en recevait de nouveaux que quand il y avait quelque place vacante, et les fils des avocats étaient préférés aux autres surnuméraires.

Les cliens avaient d'abord le choix de leurs défenseurs; mais comme les talens ne sont pas donnés à tous également, et que chaque client voulait avoir pour lui tous les plus habiles avocats, ne laissant à son adversaire que des défenseurs dont les forces n'étaient point égales, les empereurs Valentinien, Valens et Gratien jugèrent à propos d'ordonner que les avocats seraient distribués aux parties avec égalité; que ceux qui seraient nommés ne pourraient refuser de se charger de la cause, à moins qu'ils n'eussent quelque excuse légitime, et que les cliens qui auraient fait quelque manœuvre pour empêcher leur adversaire d'avoir un défenseur d'égale capacité, seraient présumés avoir la mauvaise cause.

Les Romains, suivant la coutume des anciens, avaient quelquefois plusieurs avocats pour une même cause, surtout dans les affaires importantes. Avant la guerre civile de César, on ne trouve guères d'exemple que quelqu'un eût plus de quatre avocats; depuis les guerres civiles jusqu'à la loi *Julia*, il fut permis d'en avoir jusqu'à douze; il n'y en avait néanmoins qu'un seul qui portait le parole pendant tout le cours de la cause; les autres assistaient à l'audience pour l'aider de leurs conseils.

Il était aussi d'usage anciennement, dans les causes capitales, que l'accusé amenât avec lui à l'audience, outre ses avocats, au moins dix personnes pour faire son apologie : cet usage ridicule et incommode fut aboli par Pompée.

Les anciens orateurs romains avaient coutume d'invoquer les dieux au commencement de leurs discours; mais cet usage ne s'observait déjà plus du temps de Cicéron.

Le temps que chaque orateur ou avocat devait parler n'était point d'abord limité. Quelques avocats abusant de cette liberté, Pompée régla que dorénavant l'accusateur ne pourrait parler que pendant deux heures, et l'accusé pendant trois heures; on leur permettait cependant quelquefois de parler plus long-temps, lorsque l'étendue de la cause paraissait le demander.

Les empereurs Valentinien et Valens ordonnèrent que les avocats se tiendraient debout pendant tout le temps qu'ils parleraient; ils leur défendirent de proférer aucunes injures, de se livrer à des déclamations malignes contre leurs adversaires, et d'employer aucun détour pour prolonger la cause.

Lorsque l'avocat s'était acquitté dignement de son ministère, le sénat lui donnait quelquefois des éloges dans l'audience même, ou après.

Ceux, au contraire, qui plaidaient en style bas et rampant, qui se répandaient en invectives contre les parties, ou contre leurs confrères qui fatiguaient les juges par des clameurs indécentes; enfin, qui ne se conduisaient pas avec l'honneur qui convient à cette profession, tombaient dans l'avilissement et le mépris; on leur donnait dans le monde divers surnoms et épithètes ironiques.

Le ministère des patrons ou avocats était d'abord purement gratuit; mais comme il devint plus difficile et plus onéreux, à mesure que les lois et les affaires se multiplièrent, les cliens s'accoutumèrent à faire des présens à leurs patrons, afin de les engager à se charger de leur défense.

Dans la suite, cet usage fut regardé comme un abus, et le tribun Cincius fit une loi qui fut appelée de son nom *Cin-*

cia, par laquelle il défendit à tout patron ou orateur de recevoir de l'argent ni autre présent pour aucune cause.

Cette même loi cassait aussi les donations qui étaient faites aux patrons par les cliens.

Mais, comme elle ne prononçait aucune peine contre ceux qui y contreviendraient, elle fut mal observée, surtout depuis que les dignités, qui étaient ordinairement la récompense de ceux qui s'étaient distingués au barreau, furent données arbitrairement par les empereurs, sans avoir égard au mérite : il était juste que les avocats eussent quelque autre récompense de leur travail ; c'est pourquoi ils acceptèrent les présens que leur faisaient leurs cliens.

Cependant Auguste renouvela la disposition de la loi Cincia, et y ajouta une peine contre les contrevenans. Mais Silius, qui fut désigné consul vers la fin de son règne autorisa les avocats à recevoir un honoraire de leurs cliens ; il défendit même de les inquiéter, sous prétexte qu'ils auraient exigé d'eux des sommes trop fortes.

Tibère ayant donné aux avocats la même liberté, il y en eut quelques-uns qui en abusèrent au point que l'empereur Claude crut faire beaucoup de les réduire à ne prendre pas plus de dix grandes sesterces : ce que quelques-uns évaluent à dix mille livres de notre monnaie, d'autres seulement à trois ou quatre cents livres.

Il y en avait qui se faisaient payer d'avance cette somme, et qui ensuite abandonnaient la cause, à moins qu'on ne leur donnât tout ce qu'ils demandaient.

Ces désordres furent causes que Néron révoqua l'édit de l'empereur Claude.

Trajan révoqua la loi d'Auguste, rétablit celle de Claude, et y ajouta seulement que les avocats ne pourraient exiger les dix sesterces qu'après le jugement de la cause.

Enfin, Justinien supprima cette restriction, et permit aux avocats, comme avait fait l'empereur Claude, de recevoir de leurs cliens dix grandes sesterces pour chaque cause, sans attendre le jugement.

Constantin le Grand défendit aussi aux avocats de faire

avec leurs cliens aucune paction *de quotâ litis* ; c'est-à-dire,
de se faire céder par sa partie aucune portion de ce qui devait lui revenir par l'événement du procès, à peine contre
l'avocat d'être privé de son état.

Ces règlemens, et plusieurs autres semblables qui furent
faits pour maintenir la pureté que demande cette noble profession, ne diminuaient rien de l'estime et de la considération
que les magistrats et les empereurs avaient pour l'ordre des
avocats, puisque dans le même temps ils le comblaient d'honneurs et de priviléges.

On doit même dire à la louange des avocats de Rome,
qu'il ne se trouve aucun exemple qu'aucun d'entre eux ait été
destitué d'une cause pour quelque malversation.

Le plus grand nombre fit toujours profession de se conduire par des principes d'honneur et de vertu. On en vit
même plusieurs sacrifier tout intérêt à leur devoir ; témoin
l'illustre Papinien, qui aima mieux perdre la vie que d'entreprendre de justifier en plein sénat le fratricide détestable
commis par Caracalla.

Tels furent les principaux points de la discipline observée
chez les Romains, dans le barreau. Il y aurait bien d'autres
choses curieuses à rapporter à ce sujet, mais qui nous mè-
neraient trop loin ; il suffit d'en avoir donné cette idée,
pour faire connaître les progrès de la profession d'avocat.
Passons au barreau de Paris, qui fait notre principal objet.

CHAPITRE V.

ORIGINE DE LA FONCTION D'AVOCAT EN FRANCE

Nous apprenons de César, en ses commentaires, que les
Druides rendaient alors la justice dans les Gaules ; mais il ne
dit point si les parties proposaient elles-mêmes leur défense,
ou si elles avaient des défenseurs. L'obscurité des temps nous
dérobe la connaissance de ce qui se pratiquait alors ; on

peut seulement conjecturer que l'administration de la justice était fort simple, et que chacun plaidait soi-même sa cause.

Lorsque les Romains eurent fait la conquête des Gaules, ils laissèrent d'abord aux vaincus la liberté de suivre leurs anciens usages; mais les Gaulois, connaissant la sagesse des lois romaines, les adoptèrent volontairement. Ils reçurent favorablement les proconsuls et autres magistrats qui leur furent envoyés par les Romains ; la justice y fut administrée de même que chez les Romains; ainsi l'on ne peut douter que l'on n'observât aussi dans les Gaules, pour les avocats, la même discipline qui était observée à Rome.

Cette discipline changea totalement de forme, lorsque les Francs eurent fait la conquête des Gaules, pendant toute la première race de nos rois.

Ce n'est pas qu'il n'y ait toujours eu en France, dès le commencement de la monarchie, des jurisconsultes qui faisaient les fonctions d'avocats, quoique dans certains temps on leur ait donné divers autres noms; mais les Français étant alors beaucoup plus adonnés aux armes qu'à l'étude des lois, rendaient la justice militairement. Les nobles vidaient leurs différens par un combat en champ clos. La plus grande partie des peuples était esclave, et par conséquent n'avait rien en propre. Ceux d'entre le peuple qui étaient libres, embrassaient la plupart l'état ecclésiastique, et ne pouvaient être traduits dans le for civil, de sorte que l'administration de la justice dans les tribunaux séculiers était peu considérable. Les affaires y étaient en petit nombre, et la discussion en était fort simple; c'est pourquoi il était alors plus facile à chacun de plaider soi-même sa cause, et il est à présumer que l'on avait rarement recours à des avocats, du moins pour la plaidoirie, et encore moins pour des écritures qui n'étaient pas alors usitées.

Sous la seconde race de nos rois, l'administration de la justice changea de forme, et ceux qui y concouraient furent aussi désignés par des titres tout nouveaux.

Les églises métropolitaines et cathédrales, les abbayes, les grands monastères et autres églises demandèrent des défenseurs qui furent appelés *advocati*, ce que l'on traduit par le terme d'*avoués*.

Quelques-uns rapportent le premier établissement de ces avoués au quatrième siècle. Un concile de Carthage, tenu au commencement du cinquième siècle, suppose qu'ils furent institués aussitôt après le combat de Stilicon, qui fut en 405; d'autres rapportent leur institution au huitième siècle, mais il est certain qu'elle est plus ancienne. Il en est parlé dans les lois Salique et Gombette, dans la loi des Lombards et dans les Capitulaires.

Les avoués reçurent encore divers autres noms; on les appelait aussi *defensores ecclesiarum, tutores et actores, munburdi, pastores laïci, causidici.*

Ils étaient quelquefois nommés par le prince, quelquefois par l'abbé et les religieux; ils étaient aussi quelquefois nommés par les patrons et fondateurs des églises.

Cet emploi ne se donnait qu'à des laïcs. Une de leurs fonctions était de plaider les causes des églises auxquelles ils étaient attachés. Les églises n'avaient ordinairement point d'autres avocats; mais leur emploi embrassait encore bien d'autres fonctions; ils étaient les patrons, les protecteurs des églises; ils avaient l'administration de leur temporel; ils acceptaient les donations qui leur étaient faites, rendaient la justice dans les lieux où elle appartenait aux églises dont ils étaient avoués; ils défendaient toutes leurs causes, et même quelquefois se battaient en duel pour les monastères, pour vider leurs contestations, suivant la coutume barbare qui s'observait entre les nobles. Enfin, ils conduisaient à la guerre les vassaux des monastères, qui étaient obligés de fournir des soldats au roi.

Les grands seigneurs, et nos rois mêmes, prirent la qualité d'avoués de certaines églises, lorsqu'il fallut les défendre par les armes, ou les soutenir par leur autorité.

La plupart de ces avoueries furent érigées en fiefs, et devinrent héréditaires.

A l'imitation des églises, mais long-temps après, les villes, les communautés, les provinces voulurent aussi avoir des avoués. Il y en avait à Arras, à Therouenne, dans plusieurs villes du Brabant et des Pays-Bas, et ensuite en Alsace et autres pays. On en trouve des exemples vers la fin du douzième siècle, et dans le treizième.

Dans la suite, tous ces avoués, ayant abandonné leurs fonctions, n'ont plus été considérés que comme vassaux de ceux dont ils avaient la défense. En quelques endroits ceux des églises ont été nommés vidames, et il en reste encore quelques-uns qui portent ce titre; tels que les vidames d'Amiens, de Gerberoy, de Laon, de Rheims, de Chartres, etc.

Outre ces avoués, qui, dans l'origine, faisaient la fonction d'avocats pour les églises, villes ou provinces auxquelles ils étaient attachés, il y avait des particuliers qui faisaient la même fonction pour le public, pour tous ceux qui avaient recours à eux.

On les appelait en latin *clamatores*, du mot celtique *clam* ou *clain*, qui signifiait *action*, de sorte que *clamatores* étaient ceux qui exposaient l'action en jugement.

Dans le langage français de ce temps-là, on les nommait *plaidours*, c'est-à-dire *plaidans* ou *conteurs*, parce qu'ils racontaient le fait. Dans les établissemens de saint Louis, faits en 1270, ils sont nommés avocats ou avantparliers; on les nommait aussi *parliers*, *emparliers*, *amparliers*. Tous ces différens noms avaient pour objet d'exprimer que ce sont eux qui parlent avant le jugement. On les nommait aussi *docteurs*, ou *chevaliers de loi*, ou *des lois*, ou *ès-lois*.

Sous les deux premières races de nos rois, et même au commencement de la troisième, le barreau n'avait plus ce même éclat qu'il avait chez les Romains; c'était un temps de barbarie et d'ignorance, où l'éloquence était totalement négligée.

Il y eut cependant de temps en temps quelques avocats recommandables par leur érudition et par leur zèle.

Saint Germain, évêque d'Auxerre, qui mourut en 448, avait été avocat et savant jurisconsulte, en quoi il suivit l'exemple de saint Cyprien, saint Augustin, saint Athanase, saint Chrysostome et saint Ambroise, qui, dans les premiers siècles de l'Eglise, avaient aussi fait la même profession avec éloge.

Nous allons présentement considérer quelle a été la discipline de l'ordre des avocats depuis l'institution du Parlement, ce qui nous fournira une matière beaucoup plus riche et plus abondante que les temps qui ont précédé (1).

CHAPITRE VI.

ÉTAT DE L'ORDRE DES AVOCATS DEPUIS L'INSTITUTION DU PARLEMENT.

Ce serait une matière fort intéressante à traiter, à l'occasion de l'ordre des avocats, que de rapporter ici l'histoire du parlement. Mais comme elle a déjà été écrite par plusieurs auteurs, et que d'ailleurs ce serait s'écarter de notre objet, nous n'en rappellerons ici que les principales époques, nécessaires pour connaître *l'origine et les progrès de l'Ordre des avocats*, et quelle a été, selon les différens états du parlement, l'étendue et la discipline de la profession d'avocat.

Le parlement de Paris était, sans contredit, la cour du roi et la cour des pairs, le premier et le plus ancien de tous les parlemens du royaume.

Les historiens ne s'accordent pas sur l'époque de sa première institution.

Quelques-uns la font remonter jusque vers le commencement de la première race, du temps de Childebert.

Mais la première assemblée des grands du royaume, que l'on trouve qualifiée parlement, est celle qui fut convoquée en 722 par Charles Martel, qui n'était encore que maire du

_____

(1) En lisant les chapitres qui vont suivre, il ne faut pas oublier que l'auteur écrit une histoire, et se réfère par conséquent au passé. Pour le temps même où il parle des choses comme encore existantes, on ne doit pas perdre de vue qu'il écrivait en 1753.

Palais, au retour d'une victoire qu'il venait e remporter sur les Sarrasins.

L'opinion la plus générale est que ce fut Pépin qui, en 757, érigea le parlement en cour de justice, composée d'un certain nombre de prélats et de barons, auxquels dans la suite on joignit les pairs, lorsqu'ils furent institués.

Le Parlement n'avait alors aucun lieu fixe pour tenir ses séances ; il était ambulatoire à la suite du roi, et se tenait tantôt dans une ville, tantôt dans une autre.

Il connaissait beaucoup plus des affaires d'état que des affaires des particuliers ; on y délibérait sur les nouvelles ordonnances qui étaient proposées. C'est dans ces assemblées que furent faits les Capitulaires. Elles furent aussi quelquefois nommées synodes et conciles, parce qu'elles étaient composées en grande partie de prélats, et que l'on y traitait, avant toutes choses, des affaires ecclésiastiques.

Pepin avait fixé le jour de ces assemblées au 1er. mai. Depuis, le jour fut incertain, quoique l'assemblée se tînt régulièrement du moins une fois l'année, et quelquefois deux.

C'était toujours vers le temps des grandes fêtes ; tantôt à la Toussaint, tantôt à Noël, à la Chandeleur, à Pâques ou à la Pentecôte.

La justice était rendue dans les provinces par les officiers royaux, et par ceux des seigneurs, chacun dans leur district. Les officiers royaux qui rendaient la justice dans les villes étaient les ducs, les comtes, lesquels avaient sous eux des vicomtes, et pour assesseurs des échevins ; et dans les bourgs et villages, d'autres, d'un ordre inférieur, appelés centeniers.

Sous les deux premières races de nos rois, et au commencement de la troisième, la voie d'appel était déjà connue : on appelait des centeniers aux ducs et aux comtes, et quelquefois des ducs et comtes au parlement ; mais les exemples, dans ces premiers temps, en sont fort rares.

Depuis l'établissement du gouvernement féodal, qui commença sous les derniers rois de la seconde race, on ne pratiquait presque plus la voie d'appel. Les ducs, les comtes et les autres seigneurs empêchaient que l'on appelât de leurs jugemens; tout seigneur haut-justicier jugeait à mort sans appel. Les seigneurs qui avaient les droits régaliens jugeaient aussi sans appel au civil; les vassaux pouvaient cependant citer leur seigneur dominant devant le suzerain, lorsqu'ils prétendaient avoir sujet de se plaindre de lui. (*Voyez* Brussel, *De l'usage des Fiefs.*)

Philippe-Auguste ayant établi les baillifs et sénéchaux pour rendre la justice, au lieu des comtes, il donna à ces nouveaux officiers une autorité sur les juges subalternes, qu'ils pouvaient suspendre ou punir autrement; mais on ne pouvait se plaindre des jugemens de ces grands baillifs, qu'en les prenant à partie. Ils jugeaient en dernier ressort. Les parties qui n'étaient pas contentes de leurs jugemens demandaient justice par la voie du duel ou gage de bataille; ou bien elles s'adressaient au juge même qui avait rendu la sentence, et le suppliaient de la réformer. Il fallait ou prendre la voie de la plainte contre le juge, qui était une espèce de prise à partie, ou *fausser le jugement,* c'est-à-dire, l'attaquer comme faux et contraire à la loi.

La voie d'appel fut long-temps inconnue en cour laie, puisque saint Louis, en 1270, défendit les appellations au moins des jugemens rendus dans les justices royales.

Il y avait cependant dès lors au parlement une chambre des plaids, appelée depuis la grand'chambre, et deux chambres des enquêtes, qui furent peu après réduites en une seule, et dont le nombre a été dans la suite augmenté jusqu'à cinq, et depuis quelque temps réduit à trois : mais ces chambres des plaids et des enquêtes ne connaissaient alors des affaires contentieuses que par la voie des plaintes qui étaient adressées au parlement.

Peu de temps après on confondit la voie de la plainte avec celle de l'appel, et le parlement reçut tous les appels qui y furent portés des baillifs et sénéchaux : ce qui multiplia beaucoup les affaires contentieuses dont le parlement prenait connaissance.

On intimait alors le juge pour venir rendre compte des motifs de son jugement, et l'on ajournait seulement la partie, pour voir infirmer ou confirmer la sentence. Les baillifs et sénéchaux ont depuis été dispensés d'assister à l'appel du rôle de leur province : cette formalité ne s'observe plus qu'à l'égard du prévôt de Paris, et des autres juges du Châtelet de Paris, qui sont (1) encore obligés d'assister à l'ouverture du rôle de Paris, du moins ceux qui sont de service au Parc Civil ; mais on n'intime plus aucun juge en son nom, si ce n'est dans le cas de prise à partie : on intime seulement sur l'appel la partie, au profit de laquelle a été rendu le jugement.

Dès avant Philippe le Bel, le parlement tenait communément ses séances à Paris ; cette cour était déjà même appelée parlement de Paris : mais ce fut ce prince qui, en 1302, rendit le parlement sédentaire à Paris, et ordonna qu'il tiendrait deux fois l'année, à l'octave de Pâques, et à celle de la Toussaint ; chaque parlement durait deux mois. Quelques années après, ce même prince lui donna le palais, où il tient encore présentement ses séances, qui était l'ancien palais de nos rois, dès le temps de la première race (2).

A mesure que les affaires se multiplièrent, les séances du parlement devinrent plus fréquentes ; il y en eut jusqu'à cinq dans l'année.

Philippe V ordonna en 1319 que les prélats n'auraient plus entrée au parlement, à l'exception de quelques-uns en petit nombre, auxquels ce droit fut conservé. Comme il ne restait plus que les barons ou chevaliers qui faisaient tous profession des armes et qu'ils n'étaient point versés dans l'ordre judiciaire, qui fut introduit par les établissemens de saint Louis, ils furent obligés d'appeler avec eux des gens de loi, lesquels n'avaient d'abord que voix consultative ; mais vers la fin du règne de Philippe de Valois ils eurent voix délibérative, de même que les chevaliers ; on les créa même chevaliers en lois, afin qu'ils fussent assimilés et égaux aux

---

(1) L'auteur écrivait ceci en 1753.
(2) C'est ce que nous appelons *le Palais de Justice.*

chevaliers ou barons, auxquels seulement l'administration de la justice avait jusqu'alors été confiée dans le parlement. Ces chevaliers en lois portaient le même habit que les chevaliers d'armes, ainsi qu'on le remarque encore dans l'habillement des présidens à mortier, lorsqu'ils sont revêtus de l'épitoge ou manteau, qui est l'habit des anciens chevaliers; manteau qui est retroussé sur l'épaule gauche, comme cela se pratiquait alors, pour laisser libre le côté de l'épée. Ces chevaliers en lois siégèrent sans épée, parce que les barons eux-mêmes n'en portaient point lorsqu'ils siégeaient au parlement.

Le roi envoyait tous les ans le rôle de ceux qui devaient tenir le parlement pendant l'année. Mais vers l'an 1400, sous le règne de Charles VI, ce prince étant devenu infirme et hors d'état de pourvoir lui-même au gouvernement de son royaume, les rôles des officiers ayant cessé d'être envoyés à l'ordinaire, au commencement de la tenue des parlemens, les officiers, qui étaient la plupart gens de loi, se continuèrent d'eux-mêmes, et devinrent ordinaires.

A peu près vers le même temps, les barons ou chevaliers étant rebutés par la discussion des affaires contentieuses, dans lesquelles ils n'étaient point versés, cessèrent de venir au parlement.

Il ne resta plus que les pairs laïcs et ecclésiastiques, qui y venaient rarement, et les gens de loi qu'on appela magistrats, pour les distinguer des juges d'épée, quoique dans le principe ce titre fût commun aux uns et aux autres; ce terme désignant toute personne qui exerce quelque portion de la puissance publique.

Ces magistrats ou gens de loi furent amovibles jusqu'au temps de François Ier, qu'ils devinrent perpétuels par la vénalité des charges.

Dès que le parlement commença à connaître des affaires contentieuses, il y eut des avocats qui s'y attachèrent, et qui y prêtèrent serment.

Tandis que le parlement fut ambulatoire, ces avocats le suivaient dans les différens lieux où il tenait ses séances, pour y plaider les causes dont ils étaient chargés.

Les établissemens de saint Louis, faits en 1270, sont la plus ancienne des ordonnances de la troisième race qui fasse mention des avocats; le chapitre xiv contient plusieurs règles qu'ils devaient observer dans leurs fonctions. Cette ordonnance parle des avocats en général, et ne dit rien de particulier des avocats au parlement.

Il est cependant certain qu'outre les avocats au parlement, il y avait aussi dès lors des avocats attachés au Châtelet de Paris, et dans les bailliages et autres justices royales des provinces; et que les avocats au parlement étaient distingués de ceux qui s'attachaient aux autres tribunaux inférieurs.

C'est ce qui paraît par une ordonnance de Philippe III, du 23 octobre 1274, qui porte que les avocats, tant du parlement que des bailliages et autres justices royales, jureront sur les saints évangiles, qu'ils ne se chargeront que de causes justes; qu'ils les défendront diligemment et fidèlement, et qu'ils les abandonneront, dès qu'ils connaîtront qu'elles ne sont point justes; que les avocats qui ne voudraient point faire ce serment, seront interdits jusqu'à ce qu'ils l'aient fait. Cette même ordonnance règle que l'honoraire des avocats ne pourra excéder trente livres, somme qui était considérable pour ce temps-là, qu'ils jureront de ne rien prendre au delà, qu'ils feront ce serment tous les ans, et que cette ordonnance sera lue tous les ans aux assises.

Une ordonnance de Charles le Bel, du 25 mai 1325, fait mention des avocats au Châtelet.

Une autre ordonnance de Philippe de Valois, du mois de février 1327, donne à ces avocats du Châtelet la qualité d'avocats commis, apparemment parce qu'ils étaient reçus d'abord au parlement, qui les avait ensuite commis pour plaider au Châtelet. Cette ordonnance fait mention que ces avocats au Châtelet y prêtaient serment, et y étaient inscrits dans un rôle particulier.

Le même prince, dans une autre ordonnance du mois de septembre 1345, parle des avocats fréquentant les foires de Brie et de Champagne, c'est-à-dire qui plaidaient devant le conservateur des priviléges de ces foires.

I.   4

Depuis que le parlement eut été rendu sédentaire à Paris, les avocats qui y étaient attachés devinrent pareillement sédentaires à Paris, c'est-à-dire qu'ils n'allèrent plus plaider dans les provinces.

Un des premiers soins du parlement fut de faire une ordonnance vers l'an 1344, concernant les fonctions des avocats; afin de maintenir cette profession dans la pureté qui lui convient, et qu'elle fût exercée d'une manière honorable pour les avocats, et utile pour le public.

Cette ordonnance, qui est en latin, porte en substance, que les noms de tous les avocats seraient mis par écrit; que l'on choisirait ensuite ceux qui auraient la capacité nécessaire pour exercer cet emploi, et que les autres seraient exclus.

Une autre disposition détaille les articles compris dans le serment que doivent prêter les avocats plaidans et consultans. Elle donne à ces derniers le titre de conseillers, *consiliarii :* titre qui se réfère non-seulement à leur qualité de consultans, mais aussi à l'honneur que la cour leur a fait plusieurs fois anciennement, de leur demander leur avis; en conséquence de quoi, on leur a accordé une séance sur les fleurs de lis, aux bas siéges, lorsque messieurs sont sur les hauts siéges aux grandes audiences. Cette séance sur les fleurs de lis (1), était accordée par la cour à douze des plus anciens avocats. Cet honneur n'était pourtant pas dévolu de droit aux plus anciens; c'était la cour qui les choisissait entre ceux qui étaient les plus célèbres; ils étaient nommés par arrêt. L'usage de les nommer ainsi subsistait encore en 1582, ainsi qu'on le voit dans les registres du parlement. On faisait une liste particulière des avocats qui avaient droit de siéger sur les fleurs de lis. Le roi défendit aux jeunes avocats de s'y placer. Le droit de *committimus,* attribué aux douze anciens avocats, paraît venir de cette distinction.

Quoique la cour ne soit plus dans l'usage de nommer ceux qui doivent siéger sur les fleurs de lis, ce droit appartient

---

(1) Sur les bancs de la cour, dont l'étoffe est parsemée de fleurs de lis.

toujours au bâtonnier et autres anciens avocats qui y viennent prendre séance quand ils jugent à propos, ainsi que je l'ai vu encore pratiquer plusieurs fois dans des audiences solennelles. Nous rapporterons ci-après les articles qui ont rapport au serment des avocats en général.

L'ordonnance de 1344 défend qu'aucun avocat soit reçu à plaider, qu'il n'ait prêté serment, et qu'il ne soit inscrit dans le rôle des avocats.

Elle enjoint aux avocats de retrancher les faits et moyens, repliques et dupliques inutiles, et de ne point contrevenir à ce règlement par complaisance pour leurs cliens.

Elle leur ordonne de donner les faits et articles qu'ils auront avancés en plaidant, dans deux ou trois jours au plus tard, à moins que la cour ne leur accorde un plus long délai; ce qui est à remarquer, attendu qu'il y avait déjà des procureurs postulans pour les parties.

Enfin, elle porte que les avocats nouvellement reçus ne doivent point se presser d'en faire trop tôt les fonctions; qu'ils doivent pendant un temps suffisant écouter leurs anciens, afin de s'instruire du style de la cour; elle leur prescrit aussi d'avoir de la déférence pour leurs anciens.

CHAPITRE VII.

QUELLES PERSONNES SONT ADMISES A FAIRE LA FONCTION D'AVOCAT, ET DES FORMALITÉS DE LA RÉCEPTION.

La première qualité requise pour être admis dans l'ordre des avocats, est d'être de bonne vie et mœurs; c'est pourquoi Philippe le Bel, par un mandement du 23 avril 1299, adressé aux baillifs de Touraine et du Maine, leur défendit d'admettre les excommuniés à faire la fonction d'avocat, et même à former aucune action en justice.

Avant la révocation de l'édit de Nantes, on recevait des avocats, quoiqu'ils fussent de la religion prétendue réformée;

4

mãis, depuis la révocation de cet édit, on ne reçoit plus aucuns avocats ni juges qu'ils ne fassent profession de la religion catholique, apostolique et romaine; c'est pourquoi on oblige ceux qui se présentent de rapporter leur extrait baptistaire, et des certificats de leur curé, comme ils font profession de ladite religion et en remplissent les devoirs.

Il est même défendu aux avocats d'avoir des clercs protestans (1).

Tous ceux qui sont notés d'infamie sont exclus de la profession d'avocat; et, supposé qu'ils en eussent déjà le titre, ils ne sont plus admis à en faire les fonctions.

On en vit un exemple remarquable en la personne du chancelier Poyet, lequel, ayant été dégradé de la dignité de chancelier, tenta les moyens de rentrer au palais pour y faire la profession d'avocat, qu'il avait faite avant d'être chancelier; mais les avocats ne voulurent pas y consentir, disant qu'il avait déshonoré la robe : en sorte qu'il demeura comme un homme privé, et donnait des avis à ceux qui voulaient bien le consulter.

Quelque temps après, Jean Mosnier, qui avait été pendant plusieurs années lieutenant civil de la prévôté de Paris, fut, pour ses malversations, condamné à faire amende-honorable. S'étant ensuite présenté dans une assemblée de plusieurs anciens avocats, pour délibérer avec eux sur une affaire importante, Jacques Mangot, l'un d'eux, recommandable par toutes sorte, de belles qualités, dit hautement qu'il ne communiquerait jamais avec un infâme.

Les défenses qui ont été faites aux ecclésiastiques de se mêler des affaires séculières, n'ont jamais été étendues aux fonctions de la magistrature, ni à celles d'avocat, et même pendant plusieurs siècles, depuis l'institution du parlement, le barreau de Paris n'était presque rempli que d'ecclésiastiques, prêtres, curés, chanoines de Paris, officiaux et archidiacres. Comme, dans ces temps d'ignorance, ils étaient

(1) Aujourd'hui les cultes sont libres. (*Charte constitut.*, art. 5.)

presque les seuls qui eussent quelque teinture des lettres, il y en avait beaucoup qui s'adonnaient en même temps à la profession d'avocat : ce qui devint moins commun vers la fin du cinquième siècle. Les prélats ayant eu de nouveaux ordres de se retirer du parlement, comme on le leur avait déjà ordonné anciennement, furent obligés de s'y conformer, et il y a apparence qu'à leur imitation les autres ecclésiastiques abandonnèrent peu à peu le barreau ; il y en a cependant toujours eu quelques-uns, et il y en a encore présentement (1), mais en petit nombre. Il leur est libre de plaider dans toutes sortes de tribunaux, et de se charger de toutes sortes de causes, à l'exception seulement des causes criminelles, qui peuvent tendre à quelque peine emportant effusion de sang.

Pour ce qui est des religieux, ils ne peuvent être reçus au nombre des avocats, étant incapables en général d'exercer aucun emploi séculier.

Les femmes ne peuvent faire la fonction d'avocat. On en admet quelquefois à plaider pour elles-mêmes ; mais c'est comme parties, et sans qu'elles puissent avoir la qualité d'avocat.

Ceux qui sont pourvus de quelque office ou emploi incompatible avec la profession d'avocat, ne sont point admis à en faire les fonctions.

Autrefois l'âge, pour être reçu au serment d'avocat, n'était point fixé. Corbin, auteur du Traité des droits de patronage, plaida une cause à l'âge de quatorze ans. Dans la suite on a fixé l'âge auquel on peut commencer à étudier en droit, et le temps d'étude nécessaire pour être reçu avocat.

La déclaration du mois d'août 1682, concernant l'université de Caen, avait réglé que l'on ne pourrait s'inscrire en droit qu'à dix-huit ans ; mais présentement, suivant la déclaration du 17 novembre 1690, qui est générale pour toutes les universités, on peut s'inscrire en droit lorsqu'on

---

(1) En 1753, et encore aujourd'hui.

a seize ans accomplis, et que l'on est entré dans sa dix-septième année (1).

L'ordonnance du parlement, du 11 mars 1344, dit qu'on
n'inscrira sur le rôle des avocats que ceux qui auront la
capacité nécessaire, et que ceux qui ne seront pas idoines
en seront rayés.

Comme on n'est pas présumé capable d'exercer cette profession, sans avoir étudié pendant un temps suffisant, c'est
le motif qui a fait ordonner que ceux qui voudront être
reçus avocats, étudieront en droit pendant un certain temps,
et y prendront des degrés.

Charles VIII, par son ordonnance du 8 décembre 1490,
défendit de recevoir personne en l'office d'avocat, qu'il n'eût
étudié dans une université renommée pendant cinq ans, et
qu'il ne fût trouvé idoine et suffisant par cette université.

Ce temps d'étude avait été réduit à une année, par un
arrêt de règlement, du 7 septembre 1661.

Par la déclaration du mois d'avril 1679, il fut fixé à trois
années.

Par la déclaration du 17 novembre 1690, il fut réduit
à deux années.

Enfin, par celle du 20 janvier 1700, le temps d'étude en
droit a été fixé à trois années.

L'ordonnance de Charles VIII disait qu'il fallait avoir étudié dans une université *renommée.*

François Ier., par un règlement du 11 avril 1519, fait
pour le siége de Tours, ordonna, art. 18, que nul ne
serait avocat qu'il ne fût gradué dans une université *fameuse.*

Ces deux règlemens n'ayant point expliqué clairement
de quelles universités l'on avait entendu parler, le parlement
rendit, le 10 avril 1646, un arrêt, par lequel il ordonna que
les licences ne se prendraient que dans les universités qui
font exercice public; et M. le premier président Molé dit aux

---

(1) Voyez la loi du 22 ventôse an XII sur l'organisation des Écoles
de Droit.

avocats, de la part de la cour, qu'ils ne présentassent plus dorénavant de licenciés au barreau, qu'ils n'eussent pris leurs licences esdites universités.

La déclaration du roi, du 26 janvier 1680, veut que les sujets du roi ne soient reçus à prendre aucuns degrés ni lettres de licence dans les facultés de droit civil et canonique, en vertu de certificats ou attestations d'étude qu'ils auraient obtenus dans les universités situées en pays étranger, ni qu'ils soient reçus au serment d'avocat sur les degrés et lettres de licence qu'ils pourraient avoir obtenus dans les mêmes universités étrangères, mais qu'ils seront tenus de faire les années d'étude, soutenir les actes, et satisfaire à tout ce qui est porté par la déclaration de 1679.

Nos rois ont accordé à l'université d'Avignon les mêmes priviléges qu'aux universités du royaume; et, en conséquence, il y a quelques années qu'un avocat d'Avignon, licencié en l'université de la même ville, s'étant présenté au parlement pour y faire la profession d'avocat, il y fut admis. On lui fit seulement prêter un nouveau serment, dans lequel, outre la formule ordinaire, on lui fit jurer de ne rien faire et de ne soutenir aucune maxime contraire au droit canonique reçu en France.

On voit déjà, par ce qui a été dit ci-devant, qu'il ne suffit pas d'avoir étudié dans une université fameuse pendant le temps prescrit; qu'il faut aussi y avoir pris des degrés.

Suivant le règlement de François Ier., en 1519, dont on a déjà parlé, il fallait être licencié ou bachelier : mais, suivant tous les règlemens postérieurs, il ne suffirait pas d'être bachelier, il faut être licencié.

Il a été un temps qu'il n'était pas nécessaire d'être gradué en droit civil et canonique; il suffisait d'avoir été gradué en l'un ou l'autre de ces deux droits.

C'est ce qui paraît par l'ordonnance de François Ier., en 1535, chap. IV, art. 1, qui défend à tous gradués et avocats de s'ingérer, de postuler, ni patrociner en la cour de parlement, qu'ils ne soient gradués *in altero jurium*.

L'étude du droit civil était alors négligée; il fut même

défendu à l'université de Paris, par l'art. 69 de l'ordonnance de Blois, et par celle de 1629, art. 44, de donner des grades en droit civil.

Quoique ceux qui prenaient alors leurs grades en l'université de Paris, ne fussent licenciés qu'en droit canon, ils étaient reçus avocats, de même que ceux qui étaient gradués *in utroque jure*, comme il fut jugé par arrêt du 7 mai 1657, rapporté au Journal des audiences.

L'étude du droit civil fut rétablie à Paris par la déclaration du mois d'avril 1679, qui ordonna aussi que ceux qui voudront être reçus avocats, prendront les leçons du professeur en droit français pendant la troisième année, et qu'outre les examens et thèses de baccalauréat et de licence, ils subiront un examen public sur le droit français.

Ceux qui ont atteint l'âge de vingt-quatre ans et demi, sont dispensés des trois années d'étude; ils ont le privilége *ætatis beneficio*, de pouvoir prendre leurs degrés en six mois de temps, suivant la déclaration du mois d'août 1690.

Le roi accorde quelquefois, par des considérations particulières, des dispenses, soit pour s'inscrire au droit avant l'âge ordinaire, soit pour dispenser d'une partie du temps d'étude ou des interstices qui doivent être observés entre les degrés.

Celui qui a acquis les degrés nécessaires pour devenir avocat, doit prêter serment; c'est en quoi consiste toute la réception.

L'obligation de prêter ce serment est fort ancienne; elle se trouve prescrite par l'ordonnance du parlement, du 11 mars 1344, qui porte qu'aucun ne sera reçu à faire profession d'avocat, qu'il n'ait prêté serment, et ne soit inscrit sur le rôle des avocats.

Aucun licencié n'est reçu au serment d'avocat, que ses lettres de baccalauréat et de licence, et autres pièces justificatives de ses capacités, n'aient été visées par le plus ancien des avocats généraux.

Comme la réception au serment d'avocat est un acte solennel, elle doit être faite le matin, l'audience tenante, un des jours auxquels se tiennent les audiences solennelles.

Le licencié doit être présenté par un ancien avocat, lequel demande sur le barreau, l'audience tenante, qu'il plaise à la cour recevoir au serment d'avocat un tel, licencié de telle université, et il ajoute que *messieurs les gens du roi ont vu ses lettres.*

Autrefois la qualité d'ancien avocat, nécessaire pour présenter un licencié, s'acquérait au bout de dix ans d'exercice ; présentement il faut vingt années.

Il est néanmoins d'usage que l'un des avocats qui sont chargés de la cause qui doit être plaidée dans l'audience où se doit faire la réception, peut présenter le licencié, quoiqu'il n'ait pas encore vingt années d'exercice.

Le récipiendaire doit être debout, en robe et le bonnet carré (1) à la main.

Après que les gens du roi ont donné leurs conclusions pour la réception du licencié, celui qui préside à l'audience, lui fait lever la main droite, ou si c'est un ecclésiastique qui soit dans les ordres sacrés, il met la main *ad pectus* ; on lui fait jurer de garder les ordonnances, arrêts et règlemens de la cour (2) : et après la prestation de serment, le président lui dit de prendre place dans le barreau.

La réception du licencié est inscrite sur un registre du parlement, appelé registre des matricules, dont on délivre un extrait à l'avocat. Cet extrait, qui est en parchemin, est ce que l'on appelle la matricule de l'avocat. Il contient le nom de celui qui a été reçu, avec mention qu'il a été présenté par un tel : et au-dessous il est dit que cela est extrait du registre et matricule des avocats, reçus et jurés en la cour de céans au présent parlement, commençant le 12 novembre dernier, qui ont fait le serment accoutumé. Ensuite est la date de la prestation de serment. Enfin, cet extrait est signé du greffier en chef du parlement, et contresigné par le principal commis qui tient la plume à l'audience, lequel fait

---

(1) Aujourd'hui *la toque*, genre de coiffure beaucoup plus convenable.
(2) La formule actuelle du serment est différente Voyez ci-après, l'ordonnance du 20 novembre 1822, art. 38.

mention de la prestation de serment, au dos des lettres de licence de l'avocat.

S'il se trouve plusieurs avocats qui aient prêté serment en un même jour, le rang de leur matricule se règle, eu égard à leur naissance ou à la dignité des emplois dont leur père est revêtu (1).

Les enfans des magistrats sont ordinairement reçus avec quelque distinction.

Ceux des avocats ont aussi la prérogative d'être reçus avant les autres licenciés, à l'exception des enfans des magistrats.

Lorsque toutes choses se trouvent égales entre les licenciés, le rang de leur réception se règle, ou par le rang de l'université dans laquelle ils ont été reçus licenciés, ou par l'ancienneté des avocats qui les ont présentés : ou si c'est le même avocat, on suit l'ordre dans lequel il les a présentés.

Ceux qui ont prêté le serment dans un autre parlement, ou autre cour ou conseil supérieur, tels que les conseils souverains de Colmar et de Roussillon, ne sont point obligés de prêter un nouveau serment pour être admis à faire la profession d'avocat au parlement de Paris : il suffit qu'ils fassent viser leur matricule par le bâtonnier.

Voyez la loi sur le rétablissement des écoles de droit, le décret du 14 décembre 1810 et l'ordonnance du 20 novembre 1822.

~~~~~~

CHAPITRE VIII.

DE L'HABILLEMENT DES AVOCATS.

L'HABILLEMENT ordinaire des orateurs, patrons ou avocats chez les Romains, était la toge, *toga*, qui était commune à tous les citoyens romains. C'était un habit long, fermé par-devant et sans manche ; de sorte que quand on

---

(1) Bon pour autrefois ; aujourd'hui, les premiers vont devant.

voulait faire paraître les mains, il fallait hausser la toge par les côtés ou par-devant. Il y avait même anciennement une loi qui défendait de hausser la toge pendant la première année où on l'avait prise, qui était ordinairement à dix-sept ans.

En France, jusque vers le commencement du quatorzième siècle, on ne savait ce que c'était que des gens de robe ; les juges lais étaient tous d'épée.

Le parlement même n'était composé que de prélats et de barons ou chevaliers. Ces derniers portaient à la ville des habits longs, appelés d'abord saïes, et ensuite robes : mais ces robes n'étaient comme point celles que portent aujourd'hui les gens de justice ; c'étaient les habits ordinaires de toutes sortes de personnes de l'un et de l'autre sexe. Quelques auteurs ont cru que les gens de loi ne furent introduits dans le parlement que dans le quatorzième siècle ; mais il est certain que ce fut peu de temps après les établissemens de saint Louis. On voit dans une ordonnance, faite par le parlement, vers l'an 1297, qu'il y avait dès lors, outre les présidens et les prélats et conseillers clercs, dix-neuf chevaliers ès-lois, résidans en la chambre des plaids, lesquels sont nommés dans cette ordonnance, et dont les noms annoncent que c'étaient des personnages considérables. On les créa chevaliers en lois, pour les assimiler aux chevaliers d'armes, à cause du préjugé où l'on était que la justice ne pouvait être rendue que par des chevaliers.

Ils portaient l'habit long, comme les chevaliers d'armes, et par-dessus la robe un manteau assez long.

Vers les grandes fêtes, temps où le roi avait coutume de faire des *livrées d'habits* à ses officiers, il donnait aux barons ou chevaliers des robes, et aux autres gens du parlement des manteaux.

Le manteau long devint ainsi l'habillement des officiers de justice, et dont ils se revêtaient pour faire leurs fonctions, ou pour paraître dans les cérémonies : ils portaient dessous une saïe ou espèce de soutane.

A l'imitation des magistrats, les avocats portèrent la sou-

tane et le manteau long, de sorte qu'ils étaient habillés comme
le sont présentement les ecclésiastiques ; et la plupart l'étaient
en effet. Comme dans ces siècles d'ignorance, les ecclésiastiques étaient presque les seuls qui eussent quelque connaissance des lettres, le barreau n'était rempli, pour la plus
grande partie, que de prêtres, de curés, d'archidiacres et
d'officiaux.

Vers le milieu du quatorzième siècle, les Français quittèrent
l'habit long, et prirent des pourpoints courts ; mais les magistrats, les avocats, et autres officiers de justice, conservèrent long-temps l'usage de l'habit long et du manteau,
principalement dans l'exercice de leurs fonctions.

Le manteau ou cape se mettait par-dessus la saïe ou robe,
que l'on a depuis appelée soutane.

Il y avait encore, sur la fin du dix-septième siècle, un
avocat nommé M. le Vasseur, qui portait ainsi le manteau,
la soutane, et une petite perruque comme un ecclésiastique.
Il fut élu bâtonnier le 9 mai 1685.

Cependant les capes ou manteaux avaient déjà été convertis
depuis quelque temps en robes, qui avaient un collet et des
manches.

Ces capes, manteaux ou robes, n'étaient d'abord que de
camelot, étamine ou autre étoffe de laine ; mais bientôt le
luxe croissant, on les fit de soie : ce qui donna lieu aux
lettres-patentes de Charles IX, du 22 avril 1561, par lesquelles
il défendit à tous magistrats, officiers de justice et autres personnes, de porter des habits de soie, excepté les pourpoints
et saïes, et ordonna que les ministres de la justice ne pourraient doubler leurs robes, capes ou manteaux, si ce n'est
d'un lez ou demi-lez de velours, satin ou autre sorte de drap
de soie, par le devant desdites robes, et de trois doigts tout
au tour, si bon leur semblait.

Ce règlement n'a cependant pas toujours été bien observé :
car, au commencement du dix-septième siècle, il y avait plusieurs avocats qui portaient des robes de soie. On en a vu plusieurs dans le siècle dernier, entre autres M. Marais, lequel
se faisait porter la robe lorsqu'il venait au palais. Les avocats

en ont constamment eu le droit, ainsi que leurs femmes : mais ils n'en usaient pour l'ordinaire que dans les cérémonies.

A l'égard de la soutane, comme elle est embarrassante, les avocats ne la portent plus ordinairement, quoiqu'ils aient droit de la porter. Quelques-uns seulement en usaient encore dans les cérémonies : tels que Claude-Joseph Prévôt, décédé le 28 janvier 1753, et Louis Froland, décédé en 1746, qui parut plusieurs fois au palais avec la soutane pendant l'année 1734, en laquelle il était bâtonnier de l'ordre.

La robe ordinaire des avocats a toujours été de couleur noire, de même que celle des autres officiers de justice : mais il n'est pas douteux que leur robe de cérémonie était la robe rouge ou d'écarlate.

Cette tradition est établie par le témoignage de tous ceux qui se sont appliqués à l'étude de l'histoire, et singulièrement à ce qui concerne la discipline du palais. Ce droit des avocats doit d'autant moins surprendre, que, dans les universités, la robe rouge est un droit acquis au doctorat, et même à la simple licence, comme il se pratique encore dans les facultés de médecine, où les licenciés portent la robe rouge, et semblablement dans plusieurs facultés de droit, et notamment à Toulouse, où les licenciés portent aussi la robe écarlate.

M*. Jacques de Lescornay a fait un petit Traité de la Robe rouge, et du droit que les avocats ont de la porter. Cet ouvrage est devenu fort rare, tous les exemplaires en ayant été enlevés dès qu'il parut.

On voit dans différentes églises de Paris, plusieurs anciens portraits d'avocats peints avec leurs robes d'écarlate sur des vitres, dont apparemment ils avaient fait présent, ou qui avaient été faites dans les temps qu'ils étaient marguilliers d'honneur de ces églises.

Ces avocats sont représentés en robe rouge, avec un chaperon noir.

Tel était l'ancien usage. On portait le chaperon noir avec la robe rouge. Les présidens et conseillers au parlement ne le portaient pas autrement ; et c'est de là que M. le premier président ne porte encore que le chaperon noir avec la robe rouge, aux petites audiences les lundi, mardi et jeudi.

La possession des avocats à l'égard de la robe rouge, est constatée par les registres même du parlement; elle est d'ailleurs encore attestée par divers auteurs, tels que Husson, en son traité *de Advocato*; par M. Prévôt, en sa *Lettre sur les Substituts*; dans une *Consultation pour les Avocats d'Arc*, par M. Froland, en son *Recueil d'arrêts* concernant le parlement de Normandie; et par Loisel, en son *Dialogue des Avocats*, où il dit que le dernier d'entre eux qui a porté la robe d'écarlate était un nommé Raoul Spifame, qui avait coutume de la porter le jour de la rentrée du parlement, pour prêter serment. Ce Spifame mourut en 1563.

Les avocats assistaient en robe rouge aux cérémonies publiques, et singulièrement aux entrées des rois et des reines. Ils marchaient ayant à leur tête MM. les gens du roi, précédés de deux huissiers du parlement, pour montrer qu'ils faisaient un Ordre à part, distinct du Corps de la cour.

On leur ordonnait même de venir à ces cérémonies avec la robe rouge et le chaperon.

On trouve dans les registres du parlement un arrêté du samedi 4 novembre 1514, par lequel il paraît que la cour s'étant assemblée pour délibérer sur la forme qu'on devait tenir pour aller au-devant de la reine, qui devait arriver le lundi ou mardi suivant, il fut arrêté que MM. les présidens et conseillers s'assembleraient ledit jour en la grand'chambre, à dix heures du matin, vêtus de robes d'écarlate avec chaperons fourrés, pour ensuite aller au-devant de ladite dame reine jusqu'à la chapelle, selon l'ordre que la cour avait tenu à l'entrée du feu roi Charles, dernier décédé, qui fut en l'an 1484, à laquelle fin il fut enjoint aux huissiers d'en donner avis aux avocats de la cour, *et de leur signifier de s'y trouver ledit jour et à ladite heure, honnêtement montés, et vêtus de robes d'écarlate et chaperons fourrés, pour accompagner lesdits présidens et conseillers.*

Cet arrêt constate que, dès 1484, les avocats étaient en possession de porter la robe rouge dans les cérémonies, et qu'ils

étaient encore autorisés par la cour à en user ainsi en 1514.
Spifame, décédé en 1563, allait tous les ans au serment en
robe rouge, et l'on tient que les avocats en firent encore publiquement usage sous Henri IV, lequel mourut en 1610.

Enfin, le droit des avocats, par rapport à la robe rouge,
a été reconnu dans plusieurs harangues publiques de MM. les
premiers présidens et de MM. les avocats généraux, entre
autres par M. de Nesmond, premier président au parlement
de Bordeaux, dans sa onzième Remontrance, où il ne fait
aucune difficulté d'accorder la robe rouge aux avocats consultans. Il fait seulement une distinction des autres avocats,
et n'attribue aux avocats plaidans que l'écarlate blanche, et
aux avocats écoutans l'écarlate violette; mais il est constant
que, dans l'usage, on n'a jamais fait ces distinctions; que
tous les avocats faisant la profession, portaient sans distinction
la robe d'écarlate rouge aux jours de cérémonie, et qu'il n'y
a jamais eu aucun règlement qui les ait privés de ce droit.

M. Perrachon, célèbre avocat au parlement de Dauphiné,
dans le Mémoire qu'il fit pour les avocats consistoriaux de ce
parlement, contre le préposé à la recherche de la noblesse,
qui les inquiétait pour le titre de noble, dont ils sont en possession, dit que l'ordonnance donne aux anciens avocats
l'honneur de la séance sur les fleurs de lis; celui de porter
les mêmes robes et chaperons que les juges souverains; qu'elle
passe même si avant que de leur permettre l'usage des chaperons fourrés, qu'elle n'accorde pas aux conseillers des enquêtes (cette distinction à l'égard des enquêtes n'a plus lieu).
Il ajoute que l'ordonnance permet généralement à tous les
avocats de porter aux jours solonnels la robe d'écarlate,
comme on en a vu, dit-il, l'exemple sous le règne de Henri
le Grand. Tous ces honneurs, ajoute-t-il, et ces prérogatives leur appartiennent encore, et ne leur ont jamais été retranchés; et *s'ils s'en privent eux-mêmes, c'est par le peu d'affectation qu'ils y mettent*, et par un effet de leur modestie,
qu'ils ont toujours estimée le plus grand ornement de leur
profession. Ce Mémoire est rapporté au *Journal du Palais,*
sous la date du 25 janvier 1670.

C'est principalement depuis la vénalité des charges de magistrature, que les avocats ont commencé à s'abstenir de faire usage du droit qu'ils ont de porter la robe rouge.

Ils en ont cependant encore usé quelquefois, même depuis la vénalité des charges, et dans des temps encore récens. Quelques avocats ont encore été peints en robe rouge, entre autres le célèbre Claude Gaultier, dont le portrait est à la bibliothéque des avocats (1), avec la date de 1665, qui est un an avant son décès.

On voit aussi dans quelques maisons particulières des portraits d'avocats plus modernes, qui sont pareillement représentés en robe rouge.

Autrefois, les avocats n'avaient point d'autre habillement de tête que le chaperon, qui était l'habillement de tête commun dans ce temps à toutes sortes d'états.

Dans la suite, lorsqu'on quitta l'habit long, ce qui arriva sous le règne de Charles v, on quitta aussi les chaperons. Les gradués et les gens de robe les conservèrent néanmoins, comme une marque de leur dignité ; mais, au lieu de les porter sur la tête, ils les abattirent sur les épaules.

Aux grandes audiences et dans les cérémonies publiques, les avocats portent le chaperon fourré d'hermine ; aux petites audiences, ils doivent le porter simple, sans fourrure, comme le portent MM. les avocats généraux. L'usage de ce chaperon simple a été renouvelé plusieurs fois, et néanmoins il est encore négligé. Il serait cependant convenable qu'on le portât toujours, et que cela fût uniforme.

Du temps que les avocats portaient le chaperon sur la tête, ils avaient dessous une large calotte ; mais depuis que le chaperon fut rejeté sur l'épaule, ils portèrent des bonnets ronds. François Ier., par une ordonnance de l'an 1540, défendit à tous juges, avocats et autres gens de pratique, de s'entremettre à patrociner, et d'entrer aux prétoires et juridictions sinon en habit décent, robe longue et bonnet rond. La même

---

(1) Ce portrait a été enlevé dans le temps, avec la bibliothéque. On voit à la place le portrait litographié d'Ambr. Gautier, mort en 1829.

ordonnance leur défend de porter barbe, pourpoints, chausses et autres habits dissolus.

Les bonnets dont parle cette ordonnance, et qu'elle appelle *ronds*, étaient cependant déjà plutôt carrés que ronds, l'usage des bonnets carrés ayant commencé en 1520.

A l'égard des longues barbes, dont l'usage avait commencé en 1330, on les diminua peu à peu; de sorte que dans le dernier siècle on ne portait plus qu'une moustache, et vers la fin de ce même siècle on l'a supprimée tout-à-fait.

Le rabat n'était autre chose, dans son origine, que le collet de la chemise, que l'on rabattait autour du cou pour la propreté. On en a fait ensuite un ornement, et la forme en a varié plusieurs fois avant d'arriver à celle qui est aujourd'hui usitée. Au simple collet succédèrent les fraises ou collets fraisés : ensuite les collets plats en forme de rabats avec des glands : puis des rabats plissés, et finalement, depuis une trentaine d'années, les rabats plus petits et sans aucun pli.

De tous ces faits, il résulte que l'habillement des avocats a éprouvé, comme beaucoup d'autres usages, l'inconstance et le caprice des modes.

CHAPITRE IX.

DU SERMENT QUE LES AVOCATS PRÊTENT A LA RENTRÉE DU PARLEMENT.

Chez les Romains, les avocats étaient tenus de prêter serment à chaque cause qu'ils défendaient ; ils prêtaient ce serment sur les saints Évangiles. On les faisait jurer qu'ils défendraient leurs cliens de tout leur pouvoir, mais qu'ils ne défendraient point sciemment une mauvaise cause. Que si dans le cours de la plaidoirie ils découvraient quelque chose de vicieux ou d'injuste, il leur était permis d'abandonner la cause, et leur témoignage était dans ce cas d'un si grand poids, qu'aucun autre avocat ne pouvait se charger de la cause. *C. de judic.*, *l.* 6.

I.   5

Ce serment, que l'on appelait *juramentum calumniæ*, ainsi réitéré à chaque cause et par chaque avocat, était une formalité qui retardait l'expédition de la justice ; c'est sans doute la raison pour laquelle il n'a jamais été usité parmi nous au commencement de chaque cause. On se contente du serment que les avocats prêtent à leur réception, et de celui qu'ils renouvellent tous les ans à la rentrée du parlement.

Le serment que les avocats prêtent à la rentrée, paraît avoir été établi pour tenir lieu de celui que les avocats prêtaient chez les Romains au commencement de chaque cause. Il peut aussi venir de ce que, dans les premiers temps de l'institution du parlement, le roi envoyait tous les ans l'état de ceux qui devaient tenir le parlement, ce qui fit regarder ces commissions comme annales, et donna lieu de faire renouveler tous les ans, à la rentrée, le serment par les avocats et les procureurs.

L'ordonnance de Philippe III, du 23 octobre 1274, porte que les avocats, tant du parlement, que des bailliages et autres justices royales, jureront sur les saints Évangiles, qu'ils ne se chargeront que de causes justes, qu'ils les défendront diligemment et fidèlement, et qu'ils les abandonneront dès qu'ils connaîtront qu'elles ne sont point justes. Que ceux qui ne voudront pas faire ce serment seront interdits, jusqu'à ce qu'ils l'aient fait ; que leurs honoraires ne pourront excéder trente livres, et qu'ils jureront encore de ne rien prendre au delà ; enfin, qu'ils feront ce serment tous les ans, et que cette ordonnance sera lue tous les ans aux assises. Cette lecture se fait tous les ans à la rentrée, du moins en abrégé (1).

Philippe le Bel, par son ordonnance de l'année 1291, art. 11, ordonne que les avocats feront le serment prescrit par l'ordonnance de Philippe III, et qu'ils le renouvelleront tous les ans.

---

(1) Actuellement on se borne à faire prêter le serment par le bâtonnier et par les membres du conseil de discipline.

L'ordonnance du parlement, du 11 mars 1344, prescrit encore plus particulièrement la formule de ce serment, tant pour les avocats plaidans que pour les avocats conseillers, que nous appelons présentement avocats consultans.

Les avocats de la cour, dit cette ordonnance, feront serment d'observer les articles suivans.

SAVOIR :

Qu'ils exerceront leur office avec diligence et fidélité.

Qu'ils ne se chargeront point sciemment de causes injustes.

Que s'ils reconnaissent ensuite qu'elles sont injustes, ils les abandonneront aussitôt.

Que si, dans les causes dont ils seront chargés, ils trouvent quelque chose qui intéresse le roi, ils en donneront avis à la cour.

Que la cause étant plaidée, et les faits déniés, ils donneront dans deux ou trois jours leurs articles à la cour, à moins qu'elle ne leur accorde un plus long délai.

Qu'ils n'articuleront point sciemment des faits impertinens.

Qu'ils n'allégueront ni ne soutiendront point de coutumes, qu'ils ne les croient vraies.

Qu'ils expédieront les causes le plus tôt qu'il leur sera possible.

Qu'ils ne chercheront point malicieusement à y apporter aucun délai ni subterfuge.

Que, quelque grande que soit la cause, ils ne recevront pas plus de trente livres parisis pour leur salaire, et qu'ils ne recevront rien au delà en fraude ; qu'ils pourront cependant moins recevoir.

Que pour les moindres causes, et pour les plus petites, ils recevront beaucoup moins, selon la qualité de la cause et des personnes.

Qu'ils ne feront aucune paction pour avoir une portion de ce qui doit revenir du procès.

Cette même ordonnance porte que les avocats qui assisteront avec les proposans ou plaidans, en qualité de conseillers, c'est-à-dire de consultans, prêteront le même serment, et qu'on leur fera en outre jurer :

5.

Qu'ils viendront de bon matin, et feront venir de même leurs parties.

Qu'ils n'empêcheront point de plaider ceux à qui l'audience aura été donnée.

Qu'ils feront leur fonction debout, et derrière le premier banc.

Qu'ils ne pourront se mettre les premiers sur le premier banc.

Que lorsqu'il y aura plusieurs avocats dans une cause, un seul portera la parole.

Qu'ils ne proposeront pas de faits inutiles.

Qu'ils ne se retireront point tant que les maîtres (c'est-à-dire les juges) seront dans la chambre.

Cette ordonnance du parlement est rapportée dans le recueil des *ordonnances de la troisième race*, imprimé au Louvre, tom. 2, pag. 225.

Le jour de la rentrée du parlement, qui est ordinairement le lendemain de la Saint-Martin, à moins que ce ne soit un dimanche, auquel cas la cérémonie est remise au lendemain, le parlement assiste en robes rouges à une messe solennelle, après laquelle il retourne en la grand'chambre, où le greffier fait la lecture des anciennes ordonnances, et de la formule du serment : il appelle ensuite, suivant l'ordre du rôle, les anciens avocats qui doivent prêter serment.

M. le premier président, assis à sa place ordinaire sur les hauts siéges, tient en ses mains un tableau sur lequel est écrit l'évangile de saint Jean, et chacun de ceux qui viennent renouveler le serment approche de lui, fléchit le genou, met la main droite sur l'Évangile, et renouvelle ainsi son serment (1).

Les gens du roi passent les premiers pour prêter ce serment. Le second ne part de sa place pour aller au serment que lorsque le premier avocat général est de retour, et ainsi du troisième et du quatrième.

_____

(1) Ces cérémonies ne sont plus d'usage.

Après eux viennent les anciens avocats, chacun selon l'ordre de leur matricule.

Le bâtonnier qui est alors en place, et les anciens bâtonniers, n'ont point le pas dans cette cérémonie : ils ne passent chacun que suivant l'ordre de leur réception.

CHAPITRE X.

DU BATONNIER DE L'ORDRE ET DU TABLEAU DES AVOCATS.

L'ORDONNANCE de Philippe de Valois, du mois de février 1327, concernant les officiers du Châtelet de Paris, porte, art. 41, qu'aucun avocat ne sera reçu à y plaider s'il n'a prêté serment, et si son nom n'est écrit au rôle des avocats.

Il y a toujours eu au parlement un rôle des avocats, puisque l'ordonnance du 11 mars 1344 veut que personne ne soit admis à faire la profession d'avocat qu'il n'ait prêté serment, et ne soit inscrit sur le rôle, *in rotulo*.

Mais outre le rôle qui contenait les noms de tous ceux qui avaient prêté serment, rôle que l'on a depuis appelé le registre des matricules, il paraît que l'on faisait un rôle particulier de ceux qui étaient admis à faire les fonctions d'avocat. En effet, la même ordonnance dont on vient de parler veut que les noms des avocats soient mis par écrit, et qu'ensuite on rejette ceux qui ne sont pas idoines, et que l'on choisisse ceux qui auront la capacité requise pour cette profession.

Anciennement c'était le *doyen* des avocats qui en faisait la liste ou tableau. Il était le seul chef de l'ordre : c'était lui qui faisait, au nom des avocats, toutes les représentations au parlement ; il venait en la grand'chambre demander jour pour le Landit et pour la Saint-Nicolas, ainsi qu'il se voit dans plusieurs endroits des registres du parlement. On y lit que Jacques le Picard, qui plaidait encore en 1523, demanda le Landit le 8 juin 1546, et la Saint-Nicolas, le 7 mai 1548.

On s'accoutuma dans la suite à regarder le bâtonnier de la confrérie de Saint-Nicolas comme le chef de l'ordre.

Le titre de bâtonnier vient de ce que celui qui en est revêtu portait le bâton de la confrérie de Saint-Nicolas. Ce bâton, lors des cérémonies de la confrérie, est posé en face de la chapelle de la grande salle. Le bâtonnier le salue en allant à l'offrande et en revenant.

La première occasion où il soit parlé du bâtonnier, du moins relativement à l'ordre des avocats, c'est dans l'affaire de 1602, au sujet de l'art. 161 de l'ordonnance de Blois; il est dit que le bâtonnier des avocats fut mandé; mais son nom n'est pas marqué : ce ne fut pas lui qui porta la parole; ce fut Nicolas Duhamel, ancien et célèbre avocat.

Le plus ancien bâtonnier qui soit venu à ma connaissance, est Denis Doujat, en 1617. La plupart sont inconnus jusqu'à François de Montholon, en 1661; et l'on n'en trouve la suite que depuis Jacques Pousset de Montauban, qui fut bâtonnier en 1681; c'est un de ceux que le roi honora d'un brevet de conseiller d'état.

La fonction de bâtonnier ne dure qu'un an. Quelques-uns cependant ont été continués ou remis en place dans des conjonctures particulières qui demandaient que l'on en usât ainsi.

Cette fonction n'est pas dévolue de droit à l'avocat qui se trouve le plus ancien après le bâtonnier sortant : on remplace celui-ci par voie d'élection. L'assemblée se tient pour cet effet le 9 mai, dans la chambre de la Tournelle. Quand la Saint-Nicolas d'été arrive le dimanche, l'assemblée se tient en la grand'chambre.

Le bâtonnier et les anciens bâtonniers sont sur le banc qu'occupent les présidens sur les bas siéges.

Les autres anciens avocats sont sur le banc en retour, à la droite du bâtonnier.

Les procureurs de communauté sont sur le banc en retour, qui est à la gauche des anciens bâtonniers.

Le bâtonnier sortant, après avoir fait à l'assemblée un discours sur quelque point convenable à la profession d'avocat, finit par remercier la compagnie (la communauté) de l'honneur qu'elle lui a fait.

Il prend ensuite l'avis des anciens bâtonniers et des autres anciens qui le précédent ; après quoi il prend l'avis des procureurs de communauté ; et, étant remis en sa place, il dit tout haut : *Messieurs, la compagnie a élu pour bâtonnier, monsieur N.....* Cela fait, l'ancien bâtonnier sort de sa place ; celui qui vient d'être élu prend la première place et frappe de la main sur le pupitre qui est devant lui, pour marquer qu'il prend possession : après quoi tout le monde se retire (1).

Quoique pour cette élection l'on suive assez ordinairement l'ordre du tableau, cependant cela ne s'observe pas toujours exactement. Denis Doujat, qui fut élu bâtonnier en 1617, n'avait que trente-sept ans ; il était plus jeune que Mathias Maréchal et que Jean Amariton, qui remplirent après lui cette place en 1618 et 1619. Amariton était l'ancien de Maréchal (2).

On prévient ordinairement ceux que l'on a dessein d'élire pour bâtonniers, et plusieurs d'entre eux remercient, lorsque leur santé ou quelque autre circonstance les empêche de vaquer à cette fonction, qui est de la plus grande importance, par rapport à la police que l'ordre exerce sur ses membres.

Comme les anciens bâtonniers n'ont plus aucune fonction relativement à la confrérie de Saint-Nicolas, le doyen et le sous-doyen de l'ordre ont droit de les précéder dans les cérémonies de la confrérie. Cela fut ainsi décidé pour MM. Hervé et Gandouard, l'un doyen, l'autre sous-doyen, lesquels, quoiqu'ils n'eussent pas été bâtonniers, prirent place en la chapelle avant M. Pons, qui était le premier des anciens bâtonniers.

---

(1) Ce cérémonial n'est plus observé. La *communauté* dont parle Boucher d'Argis n'existe plus. Le bâtonnier est élu à la pluralité des voix par le conseil de discipline, et doit être choisi parmi les membres du conseil.

(2) En 1829, le bâtonnier élu n'avait que quarante-six ans, et comptait vingt avocats plus âgés que lui et plus anciens sur le tableau, qui n'avaient pas encore été revêtus de cette dignité.

Il est d'usage, depuis long-temps, que le bâtonnier fait le tableau des avocats avec les anciens bâtonniers, et un ou deux députés de chaque banc.

L'établissement de ces députés remonte jusqu'en 1662. M. Husson en fait mention dans la préface de son traité *de Advocato*, où il dit que l'on divisa les avocats par colonnes, et que de chaque colonne on devait élire chaque année des députés pour traiter avec le bâtonnier de la discipline qu'il convient de maintenir dans l'ordre.

Louis Nivelle, qui fut bâtonnier en 1707, ayant fait son tableau sans l'aveu de l'ordre, il fut désavoué, et le tableau supprimé, quoique déjà imprimé, on retira tous les exemplaires des mains de l'imprimeur.

Lorsque le tableau est rédigé et arrêté dans l'assemblée des anciens et des députés, le bâtonnier le porte au parquet de MM. les gens du roi, qui le vérifient ; et après qu'il a été paraphé par eux, le bâtonnier le porte au greffe où on en fait registre.

Le bâtonnier le fait ensuite imprimer, afin de le rendre public, et que chaque avocat puisse connaître ceux avec lesquels il peut communiquer en qualité de confrère.

Le plus ancien tableau qui soit connu est celui de l'année 1363, dont Loisel parle dans son Dialogue.

Je n'en connais point qui ait été imprimé avant celui de 1680, qui est à la bibliothèque des avocats, lequel doit être l'ouvrage de M. Pousset de Montauban, qui fut bâtonnier dans cette année.

On ne comprend point indistinctement dans ce tableau tous ceux qui ont prêté serment, dont le nombre serait immense ; mais seulement ceux qui exercent la profession, qui la font avec honneur, et qui n'exercent aucun autre emploi incompatible avec cette profession.

Ceux dont la conduite n'est point conforme à la pureté et à la délicatesse que demande cette profession, non-seulement ne sont point admis dans le tableau, lorsqu'ils n'y sont pas encore ; mais s'ils y sont, on les en raye : ce qui dans l'opinion publique emporte une note d'ignominie, fondée sur ce que ces sortes de radiations ne se font qu'en grande connaissance de cause (1).

Ceux qui sont pourvus de quelque emploi incompatible avec la profession d'avocat, ne sont point mis sur le tableau, ou, s'ils y sont, on en retranche leur nom, sans que cela emporte aucune note contre eux, parce que l'on considère la cause de ce retranchement.

Pour être admis sur le tableau, il faut avoir suivi les audiences et fait la profession pendant un certain temps. Anciennement on n'exigeait que deux années de stage; mais, depuis le réglement du 5 mai 1751, il faut avoir fréquenté le barreau pendant quatre années, et en rapporter un certificat signé de six avocats indiqués par le bâtonnier; il faut aussi avoir un domicile certain et connu.

Dans quelques parlemens on exige un temps d'épreuve plus long, comme à Grenoble, où il faut cinq années.

Ceux qui après avoir quitté la profession d'avocat veulent la reprendre, n'ont rang sur le tableau que du jour qu'ils ont repris l'exercice de la profession.

Les avocats des autres parlemens ou conseils supérieurs peuvent venir s'établir à Paris pour y faire la profession d'avocat, sans être obligés de prêter un nouveau serment : mais ils ne sont mis sur le tableau que du jour qu'ils ont présenté leur matricule au bâtonnier.

L'ordonnance de 1667, titre 31, des Dépens, art. 10, porte que toutes écritures et contredits seront rejetés des taxes de dépens, si elles n'ont été faites et signées par un

---

(1) Autrefois surtout, où ces radiations n'étaient prononcées que par un grand juri formé de l'Ordre entier réuni en assemblée générale. Aujourd'hui elles sont prononcées par le conseil de discipline, et sauf l'appel à la cour royale qui peut casser la décision et maintenir forcément sur le tableau l'avocat rayé. Ainsi la radiation a perdu son principal et ancien caractère, celui d'une simple *excommunication* prononcée par des hommes de la même profession contre un associé qui s'était écarté de leurs maximes. Voyez l'écrit de Target : intitulé *la Censure*

avocat plaidant, du nombre de ceux qui seront inscrits dans le tableau qui sera dressé tous les ans, et qui seront appelés au serment qui se fait aux ouvertures.

L'ordonnance ne dit pas par qui le tableau doit être fait ; mais il est certain que le bâtonnier était dès lors en possession de le faire.

Ainsi, aux termes de cet article, un jeune avocat qui n'est point encore sur le tableau, et ceux qui en ont été rayés pour quelque cause que ce soit, ne peuvent signer des écritures du ministère d'avocat : s'ils le faisaient, elles ne passeraient point en taxe.

On n'admet pas non plus à plaider un avocat qui est rayé du tableau ; il y en a plusieurs exemples rapportés dans le Dictionnaire des arrêts, aux mots *Avocats*, *Tableau*.

On ne recevrait pas non plus une consultation sur une requête civile, ou sur un appel comme d'abus, signée d'avocats qui ne seraient point sur le tableau.

Aux termes de l'ordonnance, on devrait tous les ans faire un nouveau tableau ; il arrive cependant quelquefois que l'on est plusieurs années sans en faire, soit que cela ne paraisse pas nécessaire, ou que l'on soit arrêté par quelque difficulté.

Le bâtonnier ne donne quelquefois son tableau que dans l'année qui suit celle où il était en place ; mais, en ce cas, il retient date au greffe du jour qu'il sort de place, et son tableau est enregistré sous cette date.

Quelques bâtonniers, pour encourager les jeunes avocats, avaient mis à la suite de leur tableau une liste de ceux qui n'avaient pas encore le temps requis pour faire la profession ; mais l'arrêt de réglement, du 5 mai 1751, a défendu de faire à l'avenir de semblables listes (1).

---

(1) En 1830, on a arrêté que dorénavant le tableau ne comprendrait que les avocats admis avant le 31 décembre de chaque année, lors même qu'il ne serait déposé que quelques mois plus tard.

CHAPITRE XI.

DU DEVOIR DES JEUNES AVOCATS.

On compte l'ancienneté des avocats par celle de leur matricule, et non pas par celle de leur âge ; de sorte que celui qui est le moins âgé se trouve quelquefois l'ancien.

Cette profession est si difficile, que ceux qui s'y destinent ne peuvent la commencer trop tôt.

Les avocats nouvellement reçus ont toujours été distingués des anciens, non-seulement par rapport à la différence d'âge qui se trouve ordinairement entre eux, et la date de leur matricule ; mais aussi par rapport au rang qu'ils doivent tenir entre eux, et pour l'exercice de la profession, qui appartient plus pleinement aux anciens avocats qu'aux jeunes.

L'ordonnance du parlement, du 11 mars 1344, distingue trois classes d'avocats. La première est celle des anciens avocats ou avocats consultans, qu'elle appelle *advocati consiliarii*, avocats-conseillers, parce que la cour leur demandait quelquefois conseil sur les affaires difficiles. La seconde classe est celle des avocats plaidans, que l'ordonnance appelle *proponantes*, parce qu'ils proposent le fait et la question qui est à juger. La troisième classe est celle des avocats nouvellement reçus, qui sont aussi appelés ailleurs avocats écoutans, *audientes*.

Il est dit par rapport à ces derniers, que comme l'expérience de fait et la pratique du style de la cour sert beaucoup dans l'exercice de la profession d'avocat, ceux qui sont nouvellement reçus en cette qualité ne doivent point s'ingérer témérairement de faire aussitôt les fonctions d'avocat ; qu'ils doivent s'en abstenir pour leur honneur, et pour ne pas exposer les parties à quelque dommage qui pourrait leur arriver par la négligence de tels avocats ; qu'ils doivent pendant un temps suffisant écouter avec attention les anciens avocats qui sont expérimentés, afin qu'en s'instruisant ainsi du style de la cour et de la manière d'exercer leurs fonctions, ils puissent un jour les remplir avec éloge et utilement pour le public.

Cette même ordonnance ajoute que les avocats nouvellement reçus doivent déférer aux anciens, tant pour l'ordre de la séance qu'en toute autre chose ; qu'ils ne doivent point se placer sur le premier banc, où les gens du roi, les baillifs et sénéchaux, les personnes de considération, et les nobles ont contume de s'asseoir.

On voit, par cette ordonnance, que le premier banc du barreau, qui est couvert de fleurs de lis, était pour les gens du roi et les anciens avocats, le second banc pour les avocats plaidans ; et le troisième pour les jeunes avocats écoutans : ce qui s'observe encore présentement, en ce que le premier banc, couvert de fleurs de lis, est la séance marquée que les anciens avocats ont aux grandes audiences ; les avocats plaidans se placent derrière ce premier banc, et les autres avocats occupent le surplus des autres bancs.

Le 18 janvier 1607, M. Godefroi, ancien avocat, entrant au matin en l'audience, et voulant prendre place sur le premier banc des avocats, qui est couvert de fleurs de lis, il trouva le siége rempli de jeunes avocats qui ne voulurent point lui faire place. M. l'avocat général Servin en fit sa remontrance à la cour, qui fit défense aux jeunes avocats de prendre séance sur les fleurs de lis.

Le 28 avril 1609, en la remontrance que fit M. Le Bret, avocat général, et après lui M. le président de Harlay, aux avocats et procureurs, chacun d'eux fit mention d'un ancien arrêt de 1523, qui défend aux jeunes avocats de s'asseoir au barreau et bancs des anciens, et des avocats plaidans, enjoint aux huissiers d'y tenir la main. Ces faits sont rapportés par Bouchel, en sa *Bibliothéque du Droit français*, au mot *Séance*. Cet ordre est présentement mal observé, soit parce que la cour n'est plus dans l'usage de nommer ceux qui doivent siéger sur les fleurs de lis, soit à cause du grand nombre des avocats, et que les anciens viennent rarement aux audiences.

Néanmoins il y a des exemples que dans les causes majeures, le bâtonnier et les anciens sont venus en corps occuper les places qu'ils ont dans l'enceinte du parquet, sur les bas siéges couverts de fleurs de lis (1). Je l'ai vu pratiquer entre autres en 1728, dans la cause de M. le duc de Luxembourg, contre M. le comte d'Évreux, au sujet du retrait de la terre de Tancarville.

Le temps au bout duquel un avocat peut commencer à plaider n'est point limité ; de sorte qu'un avocat peut plaider aussitôt qu'il est reçu ; mais la prudence veut qu'il s'en abstienne pendant quelque temps, jusqu'à ce qu'il soit un peu instruit des usages du barreau.

Le docte Pasquier, dans ses *Recherches*, liv. IV, chap. 27, loue la discrétion de Jacques Mangot, l'un des plus célèbres avocats au parlement, lequel, après le retour des Universités, se voua, pour ainsi dire, au silence, pendant quatre années entières, employant ce temps à s'instruire par un travail assidu, puis tout à coup parut au barreau avec éclat, et y fit reluire en lui le feu d'une jeunesse admirable.

Pierre Pithou, non moins célèbre que le premier, est loué de la même chose par Loisel, dans ses Opuscules. Étant revenu à Paris, dit Loisel, il se mit au palais vers le commencement de l'an 1560 ; mais d'une autre façon que le commun ; car au lieu que les autres *Cruda adhuc studia in forum deferunt*, se jetant incontinent au barreau ; celui-ci au contraire, continuant ses études, se commandait comme un silence pythagorique, se rendant assidu aux audiences, remarquant soigneusement les arrêts qui s'y donnaient, et prenant garde aux plus petites particularités et formalités.

Il y aurait aussi quelquefois de l'inconvénient d'attendre

_____

(1) Cela se voit encore aux audiences solennelles des lundis et samedis. L'appelant plaide dans la place qu'occupe l'avocat général aux petites audiences, et toute cette banquette fleurdelisée, ainsi que trois autres banquettes de l'enceinte, sont occupées par les avocats, la quatrième est réservée aux gens du roi, et la cour se place sur les hauts-siéges.

trop long-temps sans commencer à s'exercer à la plaidoirie. Il faut s'accoutumer de bonne heure à parler en public, de peur de contracter une certaine timidité qui augmente ordinairement avec l'âge. On écoute un jeune homme avec plus d'indulgence, et l'on n'exige pas de lui qu'il soit aussi parfait qu'un avocat déjà avancé en âge, et qui doit avoir plus d'expérience.

On ne peut donc pas blâmer un jeune homme, lorsqu'après avoir fréquenté pendant quelque temps le barreau, il profite d'une occasion favorable qui se présente pour essayer ses forces, et commencer à se faire connaître des magistrats, de ses confrères et du public.

Ce serait une grande présomption et une témérité bien dangereuse pour un jeune homme, qui va se présenter au barreau pour la première fois, si, se confiant en ses propres idées, il hasardait de produire au jour ses premiers essais, sans les avoir auparavant soumis à la critique de quelque ancien, homme judicieux et expérimenté. Il est bien plus doux pour lui d'être ainsi instruit en particulier, que de s'exposer à la censure et quelquefois à la risée du public. Il doit donc recevoir avec docilité les avis qu'un ancien voudra lui donner; et réformer, sans hésiter, tout ce qui aura paru puérile ou déplacé, et les autres défauts dans lesquels on tombe communément, faute d'expérience.

Il serait flatteur pour un jeune homme de commencer par quelqu'une de ces causes d'éclat qui excitent la curiosité du public; mais l'entreprise serait bien délicate et bien périlleuse; ces causes brillantes demandent d'autant plus de talens, qu'elles sont plus difficiles à traiter, et que le grand concours qu'elles attirent fait faire plus d'attention au plaidoyer de l'avocat.

Un jeune homme qui n'est point encore familiarisé avec le public, peut être intimidé par la majesté de l'audience, par l'affluence et le murmure des auditeurs, qui ont tous les yeux fixés sur lui. Ses premiers essais peuvent être trop faibles pour des sujets qui demandent beaucoup d'érudition et d'éloquence. S'il se trouble dans cette première action, ou si son plaidoyer n'est pas goûté du public, ce mauvais succès peut influer sur la suite de sa carrière ; car beaucoup de gens jugent souvent des talens de l'orateur par le succès de ses commencemens, quoique le bon ou le mauvais succès d'une première action ne décide pas toujours des talens d'un avocat.

Il est donc plus convenable pour les intérêts d'un jeune homme, et afin de ne pas compromettre la réputation qu'il cherche à acquérir, de commencer par quelque cause légère. Que ce soit, s'il se peut, une question intéressante par elle-même, mais qu'elle soit simple, et non pas chargée de faits ni de procédures.

Il ne convient pas non plus à un jeune homme qui arrive au barreau d'y débuter par des causes graves, qui attaquent l'honneur des personnes puissantes : son ministère chancelant n'imposerait point assez dans ces matières : il faut, pour les traiter, avoir déjà la confiance des magistrats et du public, et une certaine autorité que donne cette confiance, qui ne s'acquiert qu'avec l'âge et l'expérience.

Un jeune homme doit cependant se présenter avec une honnête assurance, et plaider avec fermeté ; mais que son maintien et son discours soient modestes.

Que son exorde soit noble, mais simple et sans emphase : qu'il n'affecte point de reprendre les choses de trop loin : il ne doit point s'écarter de son objet.

S'il demande aux juges une attention favorable, que ce soit toujours avec dignité, et non pas d'un ton rampant : il ne doit ni s'humilier trop, ni s'élever ; et le moins qu'il puisse parler de lui-même est toujours le mieux.

Si la mémoire lui manque en quelque endroit de son plaidoyer, quoique son amour-propre en souffre, il ne doit pas pour cela se décourager ; il en peut arriver autant aux plus grands hommes : il ne faut pour cela qu'une distraction causée par l'objet le plus léger : c'est une faute excusable, pourvu qu'on évite d'y retomber. Un jeune homme doit donc redoubler d'application, pour être plus sûr de sa mémoire.

Mais quand il lui échapperait quelque chose dans le style ou dans le fond du discours qui donnerait lieu à la critique, il doit la supporter patiemment. Les meilleurs ouvrages y sont exposés, et un jeune homme surtout ne doit pas se flatter d'être tout d'un coup au-dessus de ce tribut, tandis que ceux même qui ont vieilli dans la carrière n'en sont pas exempts.

Il ne doit donc pas se raidir contre la critique, mais la recevoir avec soumission et docilité. Il doit même après sa plaidoirie prier des amis judicieux, qui l'ont entendu, de lui dire sincèrement en quoi il peut avoir manqué, soit dans la prononciation, soit pour le ton de la voix, et pour le geste, soit pour le style et pour l'ordre et la discussion de sa cause.

Quelques-uns, en demandant ainsi des conseils, cherchent à s'attirer des éloges, car on ne manque pas de faux amis et de fades adulateurs : ou s'ils trouvent des gens assez fermes pour ne leur point déguiser la vérité, ils feignent de les écouter, tandis qu'intérieurement ils croient seuls avoir raison : ils s'applaudissent de ce qu'ils ont fait, et sont résolus de ne point déférer aux avis qu'on leur donne.

Celui qui demande des conseils, doit se dépouiller de tout amour-propre et de toute prévention. Loin de regarder comme censeurs fâcheux ceux qui ont la fermeté de lui faire observer ses défauts, il doit les regarder comme de véritables amis ; recevoir leurs avis avec soumission et reconnaissance, et en profiter, pour ne pas retomber dans les mêmes défauts que l'on a repris en lui.

Le premier témoignage que reçoit un avocat sur le mérite de sa plaidoirie, c'est la disposition de ceux qui l'écoutent. Il doit lire dans les yeux et la contenance des juges et des autres auditeurs, s'ils sont satisfaits de l'entendre ; et les différens murmures lui font connaître ce que l'on applaudit et ce que l'on improuve.

Il en est de même de ceux aux lumières desquels on a recours : s'ils n'osent dire en face leur véritable sentiment, dans la crainte de chagriner celui qui leur marque quelque confiance, l'air embarrassé de leur visage, la froideur avec laquelle ils s'expliquent, les applaudissemens même qu'ils donnent mollement, font sentir ce qu'ils n'osent dire ouvertement.

Un jeune homme trop prévenu en sa faveur ne se rendrait peut-être pas à la critique d'une ou deux personnes ; elle pourrait être mal fondée : quelques particuliers, même entre les plus habiles, peuvent se tromper ; mais le public se trompe rarement, et surtout un public éclairé, tel que celui qui compose ordinairement l'auditoire du barreau.

Lors donc que la voix publique du palais approuve ou condamne quelqu'un, on doit croire que c'est avec justice, et déférer à ce jugement.

C'est ainsi qu'un jeune homme doit éprouver ses talens, consulter ses dispositions, et déterminer la route qu'il doit prendre.

Si après avoir plaidé quelques causes, il ne peut surmonter sa timidité ; s'il a peine à s'énoncer librement, ou si ses forces ne lui permettent pas de soutenir ce pénible exercice, qu'il renonce à la plaidoirie : il vaut mieux s'en abstenir, que de ne pas s'en acquitter avec honneur.

Tous les talens ne sont pas donnés à tous également. L'un a celui de la parole ; l'autre celui d'écrire avec délicatesse ; un autre a la judiciaire en partage : il est rare de voir ces différens talens tous réunis au même degré dans un même sujet.

Tel s'est rendu fameux dans la plaidoirie, dont les écrits ne soutiennent pas de même sa réputation. Tel au contraire s'est acquis un nom célèbre par ses écrits, qui n'eût pas réussi dans la plaidoirie : tel enfin qui n'a ni le talent de la parole, ni celui d'écrire, est cherché pour la justesse de son discernement, et la sagesse de ses conseils ; mais ce dernier emploi est un fruit tardif, et qu'on ne peut espérer de cueillir de bonne heure.

Quelque parti que prenne un jeune homme, ou de s'attacher à la plaidoirie, ou de se consacrer à l'emploi du cabinet, il serait pernicieux pour lui d'être trop chargé d'un grand nombre d'affaires ; il n'aurait pas le loisir d'étudier, ni d'acquérir un fond de principes, et ne ferait jamais qu'un médiocre praticien. faut qu'un avocat travaille pour lui pendant dix années, afin d'être ensuite en état de travailler pour le public.

I.   6

Il ne suffirait pourtant pas à un avocat d'étudier pendant dix ans dans son cabinet ; il n'acquerrait que la théorie. Pour y joindre la connaissance de la pratique des affaires, il doit fréquenter assidûment le palais, assister aux audiences ; on y apprend mille usages différens qui ne sont point écrits. Il doit fréquenter les audiences du Châtelet et des requêtes du palais, pour y apprendre la procédure que l'on tient en première instance ; celle de la grand'chambre, pour y apprendre la procédure que l'on tient en cause d'appel, et la jurisprudence qui s'observe sur les questions majeures que l'on y traite.

Après l'audience, il doit converser avec ses confrères, profiter des observations qu'ils font, sur ce qu'ils ont entendu, leur proposer ses doutes et recueillir en rentrant chez lui ce qu'il a appris de nouveau ; marquer les arrêts qui ont fixé quelque point de jurisprudence, et ranger toutes ses notes, mémoires et recueils, par ordre alphabétique, afin de retrouver sans peine le point dont il voudra s'éclaircir.

Les conférences sont encore un des meilleurs moyens de s'instruire pour un jeune homme. Il doit chercher à s'associer dans quelques-unes de celles qui sont le mieux choisies, et composées de gens laborieux et sensés, avec lesquels on puisse raisonner paisiblement. C'est un grand avantage, surtout si quelque ancien avocat, homme judicieux et éclairé, veut bien prendre la peine de diriger ceux qui entreprennent ce travail ; car souvent sans ce secours, de jeunes gens qui sont encore tous sans expérience, courent risque de s'égarer, de donner dans de fausses idées, et de s'induire mutuellement en erreur sur des choses dont ils n'ont pas connaissance, et que l'on ne n'apprend que par l'usage des affaires.

Le principal objet des conférences doit être d'abord l'étude du Droit romain, que l'on a vu rapidement dans les écoles, et qui mérite d'être plus approfondi, étant la base de toute la jurisprudence.

La Coutume de Paris, qui forme le Droit commun du pays coutumier, doit faire l'objet d'une autre conférence.

· Il est bon d'en faire une troisième sur les ordonnances, pour bien apprendre les règles de la procédure.

On peut dans la suite en faire encore sur d'autres matières, telles que les matières bénéficiales, sur les matières criminelles, ou sur quelque partie de ces différentes matières que l'on a dessein d'approfondir.

On doit surtout dans ces conférences chercher à s'instruire de bonne foi; éviter tout ce qui sent l'entêtement et l'altercation; s'attacher aux matières qui sont d'un usage le plus journalier, et aux principes généraux les plus certains. On ne doit pas se jeter dans les questions controversées, ni dans une multitude d'espèces singulières : il n'en resterait dans l'esprit que du doute et de la confusion.

Outre les conférences particulières, il est bon d'aller aussi à celle qui se tient dans la bibliothéque que feu M. Riparfonds a léguée en 1704 à l'Ordre des Avocats; elle a depuis été augmentée, et contient actuellement plus de dix mille volumes, dont la majeure partie est de livres d'histoire et de jurisprudence (1).

Quelques personnes ont enrichi cette bibliothéque de leurs ouvrages. Feu M. Claude-Joseph Prévôt lui a légué tous ses recueils, qui sont considérables, et dans lesquels il y a beaucoup de choses curieuses.

L'ouverture de cette bibliothéque se fit au mois de mai 1708, par une messe solennelle du Saint-Esprit, célébrée par M. le cardinal de Noailles, archevêque de Paris. Elle ne commença à devenir vraiment publique pour toutes sortes de personnes, qu'au commencement de l'année 1710.

Les conférences de doctrines y furent commencées dans la même année, conformément aux intentions de M. de Riparfonds, et depuis interrompues en 1712 et 1713, pendant toute l'année 1717, et depuis le mois de mai 1719, jusqu'au 10 janvier 1722.

Cette conférence a toujours été célèbre, par l'émulation que les jeunes gens y font paraître, et par la bienveillance

_____

(1) Voyez le chap. xxii, intitulé *Bibliothèque des Avocats.*

des anciens qui viennent pour y communiquer leurs lumières.

Quoique les jeunes avocats soient moins consultés que les anciens, ils peuvent néanmoins donner des consultations de vive voix ou par écrit, lorsqu'on leur en demande; mais, avant de répondre, ils doivent se souvenir qu'ils font alors en quelque sorte l'office de juge; que leur consultation peut déterminer à entreprendre ou abandonner mal à propos une affaire : c'est pourquoi ils doivent bien prendre garde de n'en pas donner légèrement, pour leur honneur, aussi-bien que pour l'intérêt de leurs cliens, surtout s'ils font seuls leurs consultation, et sans le concours de quelque ancien; ils doivent, avant de la donner, examiner avec soin l'affaire et consulter eux-mêmes, pour leur instruction, quelqu'un qui ait plus d'expérience qu'eux, afin de ne pas tomber dans quelque erreur grossière.

Les jeunes avocats ne sont point admis sur le tableau, qu'ils n'aient fréquenté pendant un certain temps le palais et les audiences. Deux années de cette espèce de stage suffisaient ci-devant pour être mis sur le tableau; mais, suivant la dernière discipline, il faut quatre années de fréquentation du palais. Ceux qui ont ainsi suivi le palais pendant ce temps requis, sont mis ensuite sur le premier tableau, qui se fait depuis qu'ils ont acquis les quatre années d'exercice.

On a fait quelquefois au tableau un ajouté ou liste particulière, dans laquelle on a mis les jeunes avocats connus pour faire la profession, quoiqu'ils n'eussent pas encore deux années de palais; mais, par le dernier règlement, il ne doit plus y avoir d'ajouté.

Les écritures des avocats qui ne sont pas sur le tableau, ne passant pas en taxe, les jeunes avocats qui ne sont pas encore sur le tableau ne doivent point en faire, puisqu'elles seraient en pure perte pour leur partie.

Il est cependant d'usage, quand on est long-temps sans faire de nouveau tableau, que ceux qui ont suivi le palais pendant le temps requis prennent un certificat de quatre anciens de leur banc, pour être en état de signer les écritures qu'ils font, et afin qu'elles passent en taxe.

CHAPITRE XII.

DES AVOCATS PLAIDANS.

On a vu, dans le chapitre précédent, que le temps au bout duquel un avocat peut commencer à plaider, n'est pas limité ; qu'un avocat peut plaider aussitôt qu'il est reçu, de sorte que l'on est admis à plaider, même avant d'être sur le tableau, et quoiqu'on n'ait pas encore le temps de palais nécessaire pour y être inscrit.

Mais ceux que l'on a refusé d'inscrire sur le tableau pour quelque cause autre que le défaut du temps nécessaire, ou qui ayant été mis sur le tableau en ont été depuis rayés, ne sont point admis à plaider, et les avocats faisant la profession ne fraternisent point avec eux.

Les avocats ne doivent plaider qu'au barreau, et non à la barre du tribunal, qui est la place des procureurs.

Ils conservent leur place ordinaire au barreau, lorsqu'ils plaident devant les chambres assemblées, ainsi qu'on l'a vu en plusieurs occasions, et notamment dans la cause de M. de Berule, premier président du parlement de Grenoble, plaidée en 1729.

Ils ont aussi l'honneur de conserver la même place dans les lits de justice, lorsqu'ils y sont appelés pour plaider quelque cause, comme le fut Claude Gaultier, au lit de justice du 10 décembre 1635, où il conserva sa place au barreau.

L'avocat qui plaide doit être debout en plaidant, mais il peut s'asseoir pendant que son confrère plaide contre lui.

Les avocats ne doivent paraître au barreau qu'en robe et en bonnet.

Lorsqu'ils plaident en la grand'chambre du parlement, ils doivent avoir le chaperon herminé aux jours de grande plaidoirie ; aux autres audiences, ils peuvent porter le chaperon simple, sans fourrure, comme cela s'observait autrefois, et comme quelques-uns le portent encore habituellement.

Il est d'usage que les avocats, en plaidant, ne doivent avoir que la main gauche gantée, et non la main droite; ils peuvent seulement tenir à la main l'autre gant, ainsi que je l'ai vu encore pratiquer par quelques anciens, lorsque je commençais à suivre le barreau.

J'ai même ouï dire à quelques anciens que la main droite pourrait être gantée, pourvu qu'il y eût deux doigts du gant coupés ; ce qui ferait croire que l'usage de ne point mettre de gant à la main droite a été établi pour la commodité des avocats, et afin qu'en plaidant ils puissent feuilleter plus aisément les pièces de leur dossier ; et c'est aussi pour cette raison qu'ordinairement les avocats n'ont point du tout de gants, ni à la main droite, ni à la gauche.

On peut néanmoins présumer que l'usage observé par les avocats, d'avoir la main droite découverte, peut avoir été établi à l'instar de ce qui s'observe pour ceux qui prêtent serment en justice; la main droite qu'ils lèvent doit être nue. L'on sait qu'anciennement les avocats prêtaient, au commencement de chaque cause, le serment appelé *juramentum calumniæ*, au lieu duquel ils prêtent présentement un serment général à la rentrée des audiences ; et comme le principal geste des avocats, en plaidant, se fait de la main droite, et que cette main semble toujours levée pour attester à la justice la vérité de ce qui se dit en plaidant, c'est sans doute ce qui a pu introduire que les avocats eussent la main droite découverte en plaidant.

Autrefois les avocats ne prenaient point eux-mêmes à l'audience les conclusions, et n'y faisaient point la lecture des pièces ; c'était le procureur qui les assistait à l'audience, qui lisait la demande et les conclusions des requêtes, et faisait la lecture des pièces, lorsqu'elle était nécessaire : l'avocat expliquait seulement les faits et les moyens.

Mais comme le procureur ne pouvait quelquefois assister à l'audience, pour faciliter l'expédition des causes, l'usage a introduit que les avocats prennent eux-mêmes les conclusions

et lisent les pièces. On voit en plusieurs endroits des plaidoyers de Patru, que l'avocat demandait permission de
faire la lecture des pièces, et que le président prononçait :
Lisez.

Comme en cette partie les avocats suppléent le procureur
absent, et que les procureurs doivent toujours être découverts en parlant devant le juge, c'est la raison pour laquelle
les avocats se tiennent découverts en lisant les pièces et en
prenant conclusions, tant au commencement de la cause
qu'à la fin, lorsqu'on les leur fait reprendre.

Du reste, les avocats doivent toujours être couverts (1),
soit en plaidant ou en répliquant, même en faisant la lecture
des lois, ordonnances, édits, déclarations, coutumes, commentateurs et autres textes et autorités.

Quelques magistrats, ignorant la différence que l'on doit
faire entre ces sortes de lecture et celle des pièces, ont voulu
en divers temps obliger les avocats de se découvrir en lisant

---

(1) Le décret du 14 décembre 1810, en a une disposition expresse.
Malgré cela, dans l'affaire du maréchal Ney, plaidée devant la Chambre
des pairs, M. le chancelier ne permit pas aux avocats de se couvrir :
en cela il eut tort, car le *couvrez-vous* des anciens premiers présidens
ne veut pas dire, *mettez-vous à votre aise ; mais parlez librement.* Ce
n'aurait donc pas été manquer de respect aux pairs que de se couvrir
devant eux, comme cela se pratiquait autrefois devant le parlement
qui était aussi cour des pairs. Voyez à ce sujet un passage curieux
d'Omer Talon, appuyé sur l'autorité de Lhopital, dans les *Maximes
du droit public français*, tome 2, p. 41. C'est ce que M. le chancelier
Dambray ne voulut pas comprendre alors dans l'affaire Ney ; il avait
oublié son parlement : et, de fait, dans l'affaire Ney, à quoi bon dire
parlez librement, puisque la défense n'a été ni libre ni entière, et
qu'on a empêché de plaider un moyen capital et décisif, celui résultant de la capitulation de Paris (Voy. le vote de M. de Lanjuinais);
et cela, en vertu d'un arrêt *préjudiciel* rendu pendant la suspension
de la séance, sans que l'incident eût été plaidé, et lors duquel *les voix
furent prises, mais ne furent pas comptées.* (Je tiens le fait de M. Daligre,
après la mort de M. Dambray.) Ajoutons que, depuis, dans l'affaire
dite de la conspiration du mois d'août 1821, la cour des pairs, sans
doute éclairée par nos plaintes, a permis aux avocats de plaider *couverts.*

les textes et autorités ; mais ces difficultés ont toujours été décidées à l'avantage des avocats.

Il est d'usage au parlement qu'un avocat qui plaide pour lui en son nom, supplie d'abord la cour de le dispenser, ce qui lui est aussitôt accordé, et en ce cas il doit être découvert pendant tout le temps qu'il parle.

Dans les tribunaux inférieurs, et notamment au Châtelet de Paris, les avocats peuvent plaider pour eux, en leur nom, sans être assujettis à se tenir debout en plaidant.

Il est prudent, en général, à un avocat qui a une cause en son nom, de ne pas la plaider lui-même, soit parce qu'il peut y mêler trop de passion, soit parce que l'on est sujet à se prévenir dans ses propres affaires.

A la grand'chambre du parlement, l'avocat de l'appelant se met ordinairement du côté des conseillers laïcs, et celui de l'intimé du côté des conseillers clercs. Néanmoins, l'avocat qui plaide pour un duc et pair se met toujours *in loco majorum*, qui est du côté de l'appelant, soit que sa partie soit appelant ou demandeur, ou qu'il soit intimé ou défendeur.

Cette place est réputée la plus honorable, parce que c'est la place ordinaire de l'appelant ou du demandeur, qui saisit la cour, ou plutôt parce qu'elle est en face de MM. les présidens, et qu'elle forme le commencement d'une séance opposée à celle de messieurs.

Les avocats doivent éviter de s'interrompre les uns les autres en plaidant ; car toutes ces sortes d'interruptions en général sont fâcheuses pour celui qui parle ; elles blessent la dignité de l'audience, ôtent et diminuent beaucoup le feu de l'action dans les grandes causes. On ne doit donc point en faire sans nécessité.

Ceux qui plaident ne doivent pas non plus continuer à parler tout haut pendant que les juges sont aux opinions. Ces discussions, qui dégénèrent ordinairement en criailleries, loin de servir à l'instruction de la cause, ne font que troubler les juges qui opinent, et sont aussi peu décentes pour l'avocat que pour le tribunal.

Les avocats doivent être debout et découverts pendant que

le juge prononce, et ne doivent point l'interrompre dans sa prononciation, sous quelque prétexte que ce soit : ils doivent attendre qu'il ait achevé de prononcer, pour faire leurs représentations sur ce qui leur paraît devoir être ajouté ou réformé dans le jugement.

vvvvvvvvvvvvvvvvvvvvvvvvvvvvvvvvvvvvvvvvvvvvvvvvvvvvvvvvvvvvvvvvv

CHAPITRE XIII.

DES CAUSES GRASSES, ET COMMENT L'USAGE EN A ÉTÉ ABOLI.

C'était autrefois la coutume, dans la plupart des tribunaux du royaume, de faire plaider, le jour du mardi-gras, une cause dont la matière fût propre à s'égayer, telle qu'une accusation d'adultère ou d'impuissance, une question d'état, une demande en paiement de frais de gésine, et autres semblables questions, que l'on appelait *causes grasses,* soit à cause du jour auquel elles étaient plaidées, qui est le plus solennel de ceux qu'on appelle vulgairement *jours gras,* soit pour faire allusion au sujet de ces sortes de causes, et à la manière dont elles étaient plaidées.

Le jour destiné à la plaidoirie de la *cause grasse* semblant autoriser la licence, les avocats ne manquaient pas de s'étendre en propos folâtres, qui passaient bien souvent les bornes de la modestie, ce qui attirait un concours extraordinaire de peuple, toujours plus avide de ces facéties ridicules, que d'un discours modeste et sensé.

Cet usage scandaleux s'était introduit jusque dans quelques cours supérieures.

En effet, M. Expilly, qui fut d'abord avocat-général au parlement de Dauphiné, et ensuite premier président du même parlement, porta la parole en qualité d'avocat-général, dans une de ces causes grasses qui fut plaidée le jour du mardi-gras de l'an 1605, et qui est rapportée dans ses plaidoyers. (*Plaid. VIII,* intitulé *Cause grasse.*)

Il s'agissait de savoir si un enfant né six mois après le mariage consommé, étant viable, est tenu pour légitime.

M. Expilly observe que ce fut une cause grasse, où les
avocats s'étendirent assez avant selon le sujet et la saison, et
un peu trop licencieusement.

Lorsqu'il reprit sur eux la parole, il dit qu'en quelque
part, en quelque temps, et pour quelque sujet que cette honnête licence de plaider des causes grasses eût été premièrement introduite, on n'en pouvait blâmer l'invention et la
coutume ; que, pourvu que l'on ne s'échappe pas au delà de
la modestie, il est raisonnable de choisir quelquefois des
sujets joyeux et agréables, d'autant que les procès étant ordinairement ennuyeux pour les juges et pour les parties, il
paraît à propos de donner de temps en temps à l'esprit quelque délassement ; ce qu'il appuie de l'exemple des plus grands
hommes de l'antiquité, même des philosophes les plus sévères, qui prenaient quelquefois plaisir aux choses les plus
folâtres, pour se délasser des fatigues du travail.

Il présume que ces sortes d'audiences, destinées aux causes
grasses, pouvaient avoir pris leur origine des bacchanales ; que,
quoique ces fêtes eussent été défendues par arrêt du sénat,
il en était resté plusieurs vestiges, tels que de donner des
festins, d'aller en masques, et de faire plusieurs contes
joyeux ; que ces bacchanales avaient été changées en notre
Carnaval ; que de là pouvaient être venues les audiences
grasses, ou bien des jeux floraux, durant lesquels il était
permis de parler avec toute licence, ou bien encore des sa-
turnales, qui étaient aussi un temps de liberté, ou enfin de
l'ancienne comédie, dans laquelle, à l'ombre de quelque
sujet ridicule, on désignait ceux dont on voulait reprendre
les vices.

M. Expilly observe que, de tout temps, il a été permis aux
orateurs de dire quelque chose pour récréer les auditeurs, et
que souvent ces propos ont eu plus d'effet que des raisonnemens sérieux ; mais qu'il faut, comme dit Quintilien, en
user à propos et avec beaucoup de ménagement et de modestie, surtout devant une cour de parlement, en laquelle il

semble qu'il ne soit pas permis de rire, non plus qu'en l'aréopage d'Athènes.

Enfin, il ajoute que les avocats qui entreprenaient de plaider de telles causes, devaient suivre le conseil de Quintilien, garder l'honneur et le respect qui étaient dus à cet auguste tribunal, et faire en sorte que l'on ne jugeât pas des mœurs par les paroles, et qu'à l'avenir on devrait retrancher des causes grasses toutes ces paroles trop licencieuses, plus dignes d'un théâtre ou d'un cabaret que du temple de la justice.

On trouve encore une de ces causes grasses au nombre des plaidoyers faits par le célèbre M. Henrys, en qualité d'avocat du roi au bailliage de Forez. C'est le plaidoyer VI.

Il s'agissait de l'état des enfans nés d'une femme qui, sous prétexte de l'impuissance de son mari, s'était fait séparer de lui, étant même alors enceinte.

M. Henrys, dans son plaidoyer, compare le sujet de l'affaire avec le jeu de tric-trac ; toute l'affaire y est traitée dans ce goût d'une manière allégorique, et désignée par les termes qui sont propres au jeu de tric-trac.

M. Bretonnier, en ses Observations sur ce plaidoyer, dit que, quoiqu'il soit rempli d'esprit, il n'est pas du goût de ce temps, que c'est avec raison que l'on a aboli l'usage des causes grasses ; que cela n'était point convenable à la sainteté des lois, ni à l'honnêteté qui doit régner au barreau.

Il ne paraît pas que cet usage ait jamais été observé dans le barreau du parlement de Paris, mais seulement à la Basoche, qui est la juridiction des clercs de procureurs du même parlement, qui tiennent leur audience dans la chambre de la tournelle criminelle, appelée communément la chambre de saint Louis. On y plaide les causes au sujet des différens qui s'élèvent entre les clercs ; ils en plaident aussi de feintes et supposées, pour s'exercer à parler en public. L'on y plaidait tous les ans, le mardi-gras, une cause de cette espèce, qu'ils avaient soin d'égayer par des équivoques et des obscénités.

M. le premier président de Verdun, qui fut à la tête du parlement, depuis 1611 jusqu'en 1627, ne put souffrir un usage si contraire à la pureté de nos mœurs et au respect qui doit être gardé dans le temple de la justice. Il abolit l'usage des causes grasses, ainsi que le remarque Mornac sur la loi pénultième, au Code *ex quibus causis infamia irrogatur.*

M. Husson, dans son Traité *de Advocato*, donne à ce sujet de grands éloges à la mémoire de M. de Verdun; mais il remarque avec douleur, que l'abus des causes grasses s'était renouvelé peu à peu à la Basoche. Il exhorte les magistrats à renouveler les défenses qui avaient déjà été faites; ce qui est arrivé quelque temps après, sous M. le premier président de Lamoignon.

On plaide néanmoins encore à la Basoche (1), au commencement du carême une cause feinte et singulière; mais les choses se passent avec plus de retenue que dans les causes grasses qui s'y plaidaient autrefois

Il est encore fait mention de cet ancien usage et de son abolition dans les Opuscules de Me. Le Mée, procureur au parlement, et dans les notes de Me. Le Mée, son fils, avocat au parlement, sur les Opuscules de son père.

CHAPITRE XIV.

DE LA COMMUNICATION QUE LES AVOCATS SE FONT DE LEURS SACS ENTRE EUX.

Les avocats ne donnent jamais aucun récépissé des pièces qu'on leur remet pour les consultations, causes ou procès, quoiqu'ils soient tous les jours dépositaires de pièces importantes, desquelles dépendent l'honneur et la fortune des familles.

Il a toujours été d'usage au parlement de Paris, que les avocats qui sont chargés de quelque affaire l'un contre l'autre, se communiquent mutuellement leurs sacs, sans aucun récépissé ni inventaire: ce qui ne se pratique pas de même en bien d'autres tribunaux.

---

(1) Il n'y a plus de Basoche.

Cette facilité que l'on a de confier aux avocats toutes sortes de pièces sans récépissé, et qu'ils ont pareillement pour se les communiquer entre eux, est fondée sur leur droiture et leur exactitude qui sont connues, *et il n'y a pas d'exemple qu'il en soit jamais arrivé aucun inconvénient.*

La cour, bien convaincue des sentimens d'honneur avec lesquels les avocats se conduisent à cet égard, les a toujours soutenus, lorsque quelqu'un a eu la témérité de vouloir rendre leur fidélité suspecte. On en trouve un exemple célèbre dans l'arrêt du 3 juillet 1638, rendu en faveur de M. Richer, avocat, contre le Prieur de Regny, qui avait accusé faussement ledit M^e. Richer d'avoir soustrait une pièce importante de son sac lors de la communication. La cour, faisant droit sur la plainte de M^e. Richer, pour l'insolence commise par ledit Prieur, présent à l'audience, contre M^e. Richer, le condamne à 400 liv. parisis, applicables au pain des prisonniers, et en 100 liv. de réparation envers M^e. Richer.

L'avocat qui donne en communication son sac à son confrère, ne doit point user de ruse ; il doit y mettre toutes les pièces dont il entend se servir en plaidant : et quand une fois elles ont été ainsi communiquées, on ne peut plus les retirer du sac ; car la communication des sacs de même que la signification et la production, rend toutes les pièces communes aux deux parties, pour en tirer chacune de leur part telles inductions que bon leur semble.

Pour ce qui est du sac de la partie adverse, l'avocat qui l'a en communication, doit non-seulement le garder avec fidélité, mais aussi avec grand soin, pour empêcher qu'aucune pièce ne s'égare, et ne soit endommagée : il ne doit retirer aucune pièce du sac, *ni y faire aucune rature ou apostille ; en un mot, rien qui puisse altérer ou changer l'état des pièces.*

Mais s'il croit utile à sa partie de se procurer une copie authentique de quelques pièces, il peut les faire compulser entre les mains de son clerc.

Il n'est pas d'usage que les avocats communiquent leurs sacs aux procureurs, ni à aucune autre personne, lors même que le procureur se présente pour plaider la cause contre un avocat. Si le procureur veut avoir communication des pièces, il doit prendre le sac des mains de son confrère, qui le lui donne sous son récipissé, ou bien il doit charger un avocat, et alors les deux avocats se communiquent leurs sacs en la manière ordinaire.

CHAPITRE XV.

DE LA COMMUNICATION AU PARQUET.

Le parquet est le lieu où MM. les gens du roi s'assemblent pour délibérer entre eux des affaires publiques, et pour recevoir les communications qui leur sont faites.

Avant qu'il y eût des avocats du roi en titre au parlement, et lorsque l'on choisissait entre les avocats celui que M. le procureur-général chargeait de la cause du roi ou du public, il n'y avait point de parquet particulier pour MM. les gens du roi. MM. les avocats du roi, que l'on n'appelait point encore avocats-généraux, recevaient les communications en se promenant dans la grande salle.

M. le procureur-général avait sa place marquée dans le parquet des huissiers : ce qui n'a été détruit que depuis peu de temps, lorsque l'on a reconstruit ce parquet. Il y venait de grand matin en hiver avec sa lanterne, et pointait les conseillers qui arrivaient tard à l'audience de sept.

Les anciennes ordonnances ne font point mention d'un parquet pour les gens du roi.

Ce ne fut que dans le siècle précédent que l'on construisit le bâtiment où est présentement le parquet. L'entrée en était toujours ouverte aux avocats, et la tradition du palais est qu'il n'y avait point de serrure, mais simplement un loquet.

Les avocats vont à ce parquet, pour y plaider les causes dont MM. les gens du roi sont juges : telles que les appellations comme de juge incompétent et déni de renvoi; les demandes en nullité et autres incidens sur la procédure, tant qu'il n'y a pas de défenses fournies au fond, et les autres affaires qui leur sont renvoyées par la grand'chambre, pour en passer par leur avis. Toutes ces causes sont plaidées devant un de MM. les avocats-généraux, qui juge seul (1).

Ils sont aussi tous trois ensemble juges des conflits entre deux chambres du parlement, et des conflits entre le parlement et la cour des aides. Dans ce dernier cas, le parquet de la cour des aides se réunit avec celui du parlement, pour se concilier, s'il est possible. En cas de partage, l'affaire est portée au conseil du roi, où l'on procède en règlement de juges.

C'est aussi au parquet que les avocats vont pour communiquer leurs pièces et leurs moyens, dans les causes où MM. les gens du roi doivent porter la parole.

Cette communication n'est néanmoins que de bienséance : les avocats n'y sont pas obligés : ils pourraient se contenter de remettre leur sac ; mais ils vont ordinairement expliquer eux-mêmes leurs moyens pour le bien des parties et de la justice.

En communiquant au parquet, MM. les gens du roi et les avocats se traitent mutuellement de *monsieur ;* mais en parlant aux procureurs, on les appelle *maîtres.*

Les avocats ont le droit d'être couverts en communiquant, de même qu'en plaidant, quoiqu'ils affectent rarement de se couvrir au parquet, où MM. les gens du roi sont ordinairement découverts. Dans les causes où M. le procureur-général est partie, s'il a quelques pièces, il les donne en communication à l'avocat qui est chargé contre lui.

_____

(1) Tout ceci n'a plus lieu.

~~~~~~

CHAPITRE XVI.

QU'ANCIENNEMENT LES AVOCATS DU ROI AU PARLEMENT ET AUTRES
JUSTICES ROYALES ÉTAIENT CHOISIS PARMI LES AVOCATS, ET CONTI-
NUAIENT A EN FAIRE LES FONCTIONS POUR LES PARTIES. — QUEL EST
A PRÉSENT L'USAGE A CET ÉGARD.

Le premier de ceux qui ont rempli la fonction d'avocat du
roi au parlement, dont il soit fait mention dans les anciens
manuscrits, est Jean Pastoureau, sous Philippe le Bel,
en 1301.

Cette même fonction fut remplie peu de temps après par
le célèbre Pierre de Cugnières, lequel, en 1329, introduisit
la voie d'appel comme d'abus.

Dans les lettres de Charles V, alors régent du royaume,
du 28 mai 1359, il est parlé de Me. Regnaud Dacy, vivant
général-avocat en parlement, et spécial-avocat du roi. On
voit par-là que les avocats du roi, même au parlement, ne
prenaient point, à cause de cet emploi, le titre d'avocats-
généraux ; c'était au contraire le titre que l'on donnait aux
avocats des parties, à cause qu'ils peuvent se charger pour
toutes sortes de personnes, au lieu que les avocats du roi ne
sont chargés que des intérêts du roi.

Cet usage est encore confirmé par un registre du parlement du 11 juillet 1373, où il est dit que Me. Guillaume
des Dormans, chancelier de France, avait été long-temps
avocat *général* en parlement, puis avocat *du roi* audit parlement ; qu'ensuite le roi le fit chancelier de Dauphiné, et
enfin chancelier de France.

Dans un autre registre du parlement, du 9 septembre
1478, Me. François Hallé est qualifié avocat *civil* du roi :
ce qui indique qu'il y avait un avocat du roi pour les matières criminelles ; et en effet, anciennement il y en avait
un qu'on appelait avocat *criminel* du roi.

Comme, suivant l'institution, le premier avocat qui fut établi pour le roi au parlement, était clerc, il en fut établi un second qui était laïc, pour porter la parole dans les affaires criminelles. M^e. Jean Rabateau, président lai des comptes, qui prêta serment en la cour, comme conseiller d'état, en 1433, avait été avocat criminel du roi.

Il y en eut même en certain temps un troisième, auquel on donna le titre d'avocat du roi extraordinaire ; mais ce dernier office fut supprimé en 1491, et les avocats du roi réduits au nombre de deux : la troisième charge qui subsiste aujourd'hui, n'a été créée qu'en 1690.

Le premier avocat du roi au parlement, qui prit le titre d'avocat général, fut Gabriel de Marillac, lequel mourut en 1551.

Il est même encore d'usage, dans les arrêts, que l'avocat général qui porte la parole, et qui fait quelque discours ou réquisitoire, est simplement qualifié avocat dudit seigneur roi ; et après la mention qui est faite du nom des avocats des parties, lorsqu'un de MM. les avocats généraux a porté la parole, on ajoute ces mots : *Oui N..... pour le procureur général du roi.*

A l'égard des avocats du roi des bailliages, et autres justices royales, la plus ancienne ordonnance qui en fasse mention est celle de Philippe de Valois, du mois de juin 1338, art. 12.

Avant la vénalité des charges, tous les avocats du roi, soit aux bailliages ou au parlement, étaient choisis parmi les avocats des parties : on commettait un avocat pour le roi, à chaque cause où le roi avait intérêt. Dans la suite cet emploi fut fixe et donné en titre d'office ; mais ce n'était pas à prix d'argent : c'était la *récompense du mérite* jusqu'en 1573, qu'un avocat célèbre *acheta cet office, au milieu des réclamations de tout l'Ordre des Avocats.*

Il y eut encore cependant, depuis, plusieurs occasions où l'on commit des avocats pour faire les fonctions d'avocats et procureurs généraux au parlement. On en trouve plusieurs exemples : entre autres dans des lettres-patentes du 27 mars

I.

7

1594, portant commission à Antoine Loisel et Pierre Pithou, avocats au parlement de Paris, pour faire les fonctions d'avocat et de procureur généraux du roi au parlement de Paris, jusqu'à ce que les avocats et procureurs généraux du roi, qui étaient à Tours, fussent présens.

Au commencement, ceux qui étaient chargés des causes du roi, ne se plaçaient au barreau que suivant le rang de leur matricule, comme il paraît par les premières listes du parlement. Lorsqu'ils furent en titre d'office, ils se placèrent, aux grandes audiences, les premiers sur le banc des baillifs et sénéchaux, qui est le premier des bas siéges, couverts de fleurs de lis, qui est à droite en entrant dans le parquet par la barre.

Les anciens avocats nommés pour siéger sur les fleurs de lis, qui ne pouvaient trouver place sur le premier banc, en face de messieurs, se mettaient sur le banc des baillifs et sénéchaux, au-dessous de MM. les gens du roi. Ce banc des baillifs et sénéchaux est encore un de ceux où les anciens avocats ont droit de se placer au-dessous des baillifs et sénéchaux, lorsqu'il s'en trouve quelqu'un ; ce qui arrive aujourd'hui très-rarement.

MM. les gens du roi conservèrent la coutume de siéger aux grandes audiences, sur le banc des baillifs et sénéchaux, jusqu'au 9 février 1589, qu'ils se mirent sur le banc des secrétaires de la cour, pour être à portée de se faire entendre de M. le premier président de Harlay, lequel *tardè audiebat*; et depuis ce temps ils ont toujours conservé cette même place.

Anciennement la plupart des avocats du roi, même au parlement, continuaient à plaider, écrire et consulter pour les particuliers ; ce qui a donné lieu à plusieurs règlemens.

L'ordonnance de Blois, du mois de mars 1498, art. 34, défend aux avocats et procureurs du roi des bailliages et sénéchaussées, de ne plaider ni consulter pour les parties contre le roi, à peine de suspension de leurs offices, et privation de leurs gages ; et, au surplus, il est dit que les or-

donnances précédentes, touchant les procureurs et avocats
du roi ès cours souveraines, demeureront en leur force et
vertu.

On trouve, néanmoins, dans les registres du parlement,
que le 11 août 1483, Robert Thibout fut reçu avocat du roi,
avec pouvoir de postuler pour autres, et de prendre pension
comme il faisait auparavant.

Ces mêmes registres contiennent des lettres-patentes
accordées le 30 juillet 1526, à Pierre Lizet, avocat général au Parlement de Paris (il paraît le premier qui ait
pris ce titre), qui lui permettent de consulter pour les
parties dans les matières dans lesquelles le roi n'avait point
d'intérêt.

Du Moulin, dans sa Note sur la question 160 de Joannes
Galli, dit que Poïet étant devenu avocat du roi, en 1531,
continua de plaider pour les parties; que les autres avocats
généraux en firent autant; qu'il y avait même quelques maîtres des requêtes qui faisaient la même chose; que cela leur
fut défendu en 1546.

François Ier., par son ordonnance du mois d'octobre 1535,
chap. II, art. 3, défendit à ses avocats et procureurs au
parlement, qu'ils n'eussent à prendre aucune charge, soit
de judicature, ni pension d'autres personnes, et de plaider
aucunes matières, soit civiles ou criminelles, autres que
ses causes, à peine de suspension de leurs offices pour la
première fois, et de privation et de peine arbitraire pour
la seconde.

L'ordonnance de Moulins, de 1566, art. 20, permet aux
avocats du roi dans les bailliages et autres justices royales, de
postuler et consulter ou écrire pour les parties dans les causes
où le roi n'a point d'intérêt.

L'ordonnance de Blois, du mois de mai 1579, art. 115,
défend à tous juges de postuler et consulter en leurs siéges
pour les parties, en quelque cause que ce soit, encore que
le roi n'y ait point d'intérêt, nonobstant tout usage ou dispense contraire.

La même défense est faite aux avocats et procureurs généraux des cours souveraines, et à leurs substituts ès siéges inférieurs.

Quant aux avocats du roi de ces mêmes siéges, l'ordonnance leur permet de postuler et consulter dans les affaires où le roi n'aura aucun intérêt, et ce par provision seulement, jusqu'à ce qu'il leur ait été pourvu de gages suffisans.

Présentement les avocats généraux ne plaident plus que pour le procureur général, dans les causes où le roi, l'Église ou le public sont intéressés ; ils ne font aucune autre fonction.

A l'égard des avocats du roi dans les siéges inférieurs, il y en a plusieurs qui plaident et consultent pour les parties dans les causes où le ministère public n'est point intéressé.

Mais il y a plusieurs arrêts des années 1629, 1630 et 1694, qui ont jugé qu'ils ne peuvent pas le faire lorsqu'ils ont une charge de conseiller unie à celle d'avocat du roi, parce qu'en ce cas ils ont en même temps la qualité de juges.

Il leur est aussi défendu de quitter la fonction du ministère public dans les affaires où il est nécessaire pour faire celle de juge, quand même ils se feraient substituer par un tiers pour la fonction du ministère public.

Il était autrefois d'usage, tant au parlement que dans les siéges inférieurs, que quand les avocats du roi ne se trouvaient pas à l'audience pour porter la parole, on nommait un avocat pour remplir leur place.

Cet usage continua d'être observé, même depuis l'institution des avocats du roi en titre d'office.

C'est ce que l'on voit dans les registres du parlement, au 15 juillet 1452, où Pierre de Tourcy, ou Torcil, avocat, est qualifié de substitut de Me. Jean Simon, avocat du roi, quoique Jacques Ferrand comparût comme substitut du procureur général.

De même, en 1550, les deux avocats du roi étant hors d'état de porter la parole, on commit Me. Jacques Aubery, fameux avocat, qui fut depuis lieutenant civil, et qui parla pour le procureur général en la même place où les avocats du roi ont coutume de se mettre.

Les avocats ont encore continué de porter la parole en l'absence des avocats généraux, même depuis que les substituts eurent été créés en titre d'office par l'édit du mois de mai 1586. Cet édit ne leur attribuait point encore le droit de porter la parole en l'absence des avocats généraux.

Il s'est encore présenté depuis cet édit une occasion où, tout le parquet étant absent, la cour s'étant servie du ministère des substituts, lesquels alors étaient avocats, prêtaient tous les ans le serment et étaient sur le tableau, elle leur distribua à chacun leur fonction; savoir : à deux celles des deux avocats généraux, et les établit, non dans l'ordre de leur substitution ou de leur réception en leur office, mais dans l'ordre de leur matricule d'avocat.

Dans la suite, le droit de porter la parole pour M. le procureur général, tant en la chambre des vacations que lors des séances de la cour aux prisons, a été attribué aux substituts de M. le procureur général en l'absence de MM. les avocats généraux. L'on a vu plusieurs fois feu M. Joly de Fleury, procureur général, porter lui-même la parole à toutes les audiences du matin et de relevée, et même en la Tournelle.

Les substituts de M. le procureur général ont acquis en corps l'office d'avocat général aux requêtes du palais, dont ils font exercer les fonctions par l'un d'entre eux.

CHAPITRE XVII.

DES AVOCATS CONSULTANS.

De même que chez les Romains, les anciens avocats étaient honorés des titres de nobles, de clarissimes, et de la qualité de comtes; de même en France, les anciens avocats ont été gratifiés de plusieurs titres et priviléges.

C'était parmi les anciens avocats que l'on choisissait anciennement ceux qui devaient remplir les places de conseillers qui étaient vacantes dans le parlement. On en présentait trois des plus célèbres, entre lesquels le roi en choisissait un : c'est ce que marque Pasquier en ses Recherches, liv. ii, chap. iii, et liv. iv, chap. xvii.

L'ordonnance du parlement, du 11 mars 1344, donne spécialement le titre d'avocats à ceux qui plaident, et aux anciens simplement le titre de *conseillers,* qui sont ceux que nous appelons *avocats consultans.*

Les anciens avocats ont l'honneur de siéger sur les fleurs de lis, et personne ne doit prendre leur place. Il y a un ancien arrêt de 1523, qui fait défenses aux jeunes avocats de se seoir aux siéges des anciens, ni de prendre au barreau les places des anciens et des plaidans; et enjoint aux huissiers d'y tenir la main. Bouchel en rapporte un exemple arrivé le 18 janvier 1607, où, sur les conclusions de M. l'avocat général Servin, la cour renouvela les mêmes défenses. Ces règlemens furent encore rappelés par M. Le Bret, avocat général, et par M. le premier président de Harlay, aux harangues du 28 avril 1609. Il arrive cependant que les jeunes avocats occupent les places des anciens lorsqu'elles sont vacantes; mais il est d'usage qu'ils les cèdent lorsque les anciens se présentent; ce qui se pratique encore de temps en temps, surtout lorsqu'il y a quelque cause solennelle.

M. de Montholon, bâtonnier en 1661, fut prié par M. le

premier président de Bellièvre, d'inviter les anciens de venir souvent prendre au barreau les places qu'ils ont sur les fleurs de lis. Il serait à souhaiter qu'ils y vinssent plus souvent; leur présence fait partie de la célébrité des audiences; les jeunes gens apprennent à les connaître et à les respecter, ils servent de conseils à ceux qui plaident, et d'interprètes pour les arrêts qu'ils entendent prononcer.

La cour même a plusieurs fois fait l'honneur aux anciens de les appeler pour lui donner conseil, comme il paraît par un règlement de 1319, du samedi de la chaire de Saint-Pierre, dont Corbin fait mention. Dumoulin fut consulté aux requêtes du palais, Canaye en la première des enquêtes, et Chopin sur un procès parti en la cinquième.

Il arrive encore souvent que la cour renvoie des contestations devant un ancien avocat, pour en passer par son avis, lequel est reçu par forme d'appointement; et il est rare qu'on soit reçu à s'y opposer, à moins qu'il n'y ait de fortes raisons.

Le roi fait aussi souvent l'honneur aux avocats de renvoyer devant eux des contestations importantes, pour les juger comme commissaires du conseil; ce qui se fait ordinairement sur de simples mémoires, et sans frais pour le soulagement des parties.

Les anciens avocats sont même constitués juges de certaines contestations, par l'ordonnance de 1667, tit. vi, art. 4, qui porte que les folles intimations et désertions d'appel seront vidées par l'avis d'un ancien avocat, dont les avocats ou les procureurs conviendront.

Cette même ordonnance, tit. xxxv des requêtes civiles, art. 13, veut qu'il soit attaché aux lettres de requête civile, une consultation signée de deux anciens avocats, et de celui qui aura fait le rapport, laquelle contiendra sommairement les ouvertures de requête civile, et que les noms des avocats et les ouvertures soient insérés dans les lettres.

Il était autrefois d'usage que les avocats qui avaient été consultés sur une requête civile, étaient obligés d'assister à l'audience pendant toute la plaidoirie de la cause; mais l'article 3o du même titre abroge cet usage, et veut seulement que l'avocat du demandeur, avant que de plaider, déclare les noms des avocats par l'avis desquels la requête civile a été obtenue.

Cette matière n'est pas la seule où la justice exige que les parties soient munies d'une consultation d'avocats ; la même chose s'observe pour les appels comme d'abus. Henri IV ordonna, par un édit de 1606, qu'aucun ne serait reçu à plaider un appel comme d'abus, que son avocat ne fût assisté de deux autres, pendant la plaidoirie ; mais le clergé s'étant plaint au roi, en 1635, de la multitude des appellations comme d'abus, le roi ordonna que l'appelant rapporterait une consultation des anciens avocats du même parlement, pour reconnaître si l'abus était tel qu'on le présupposait. Il suffit que ces sortes de consultations soient signées de deux anciens avocats, et de celui qui a fait le rapport, de même que pour les requêtes civiles.

Il est aussi d'usage, dans la plupart des provinces, que l'intendant ou commissaire, départi par le roi, n'autorise aucune communauté d'habitans pour intenter un procès, que le syndic ne lui rapporte une consultation signée de deux ou trois anciens avocats, afin de connaître si l'action que les habitans veulent intenter est bien fondée.

Quoique les consultations se donnent en particulier, elles sont néanmoins considérées comme une des principales fonctions de l'avocat, dans laquelle il n'est pas permis de le troubler ni de l'insulter. Un avocat que j'ai connu particulièrement, ayant donné une consultation par écrit, dans une affaire qui était pendante en la cour des aides de Paris, contre un conseiller de l'élection de ...., cet officier, ayant eu communication de la consultation, mit en marge que le conseil était un ignorant. L'avocat en ayant porté ses plaintes à M. Bose, procureur général de la cour des aides, ce magistrat écrivit au conseiller à l'élection, qu'il eût à faire excuse à l'avocat ; ce que le conseiller à l'élection fit aussitôt, par une lettre qu'il écrivit à l'avocat, par laquelle il lui demanda excuse.

C'est par une suite du même principe qu'il n'est pas permis

à un huissier de faire aucune signification en parlant aux cliens qui sont dans le cabinet d'un avocat, comme il fut jugé par arrêt du 7 septembre 1742.

Les anciens avocats sont aussi choisis pour être du conseil des princes et autres grands du royaume, et de certains corps et communautés considérables, qui ont un conseil ordinaire pour l'administration de leurs affaires.

Quoiqu'il soit libre à tous les avocats de donner conseil à ceux qui leur en demandent, néanmoins, dans l'usage, on ne donne le titre d'avocat consultant qu'aux anciens avocats qui ont au moins vingt années d'exercice de la profession, et que l'âge et l'expérience rendent les plus propres à cet emploi.

Il n'en est guère, en effet, de plus important, ni qui demande plus de capacité, puisqu'un avocat consultant est en quelque sorte constitué juge des affaires qu'on lui présente. C'est sur la foi de son avis que l'on se détermine à les suivre ou à les abandonner. Il se trouve même souvent obligé de donner son avis sur le mérite d'une sentence, d'un arrêt; ce qui exige beaucoup de prudence et de circonspection.

CHAPITRE XVIII.

DE L'HONORAIRE DES AVOCATS.

En parcourant la discipline du barreau de Rome, nous avons vu plusieurs variations dans les règlemens qui furent faits par rapport à l'honoraire des avocats; il en a été à peu près de même en France.

Les établissemens de saint Louis, faits en 1270, portent, chap. xiv, que l'avocat ne doit faire nul marché avec celui pour qui il plaide, le plaid pendant, suivant la loi *quisquis*, au code *de postulando*.

Philippe le Hardi, par une ordonnance de 1274, régla que les salaires ou honoraires des avocats seraient proportionnés au procès et au mérite de l'avocat, sans pouvoir néanmoins excéder 3o livres, qui était une somme considérable en ce temps-là, attendu que le marc d'argent ne valait alors qu'environ cinquante sols ; de sorte que ces 3o livres revenaient environ à 600 livres de notre monnaie, suivant la valeur actuelle. L'ordonnance de Philippe III ajoutait encore que les avocats, en prêtant serment tous les ans, jureraient de ne rien prendre au delà de ces 3o livres, directement ni indirectement, et que ceux qui auraient violé ce serment, seraient notés de parjure et d'infamie, et exclus de plein droit de la fonction d'avocat, sauf au juge à les punir suivant la qualité du méfait.

Philippe de Beaumanoir, dans ses Coutumes de Beauvoisis, écrites vers l'an 1283, où il traite les matières suivant l'ordre judiciaire qui s'observait alors, chap. v, pag. 33, dit que les avocats peuvent prendre de la partie le salaire *convenu*, pourvu qu'ils ne passent pour une querelle, c'est-à-dire une cause, 3o livres suivant l'établissement du roi Philippe ; que, s'ils ne font point de marché avec ceux pour qui ils plaident, ils doivent être payés par journées, selon leur état, et que la cause est grande ou petite ; car il n'est pas raisonnable, dit-il, qu'un avocat, qui va à un cheval, ait aussi grande journée que celui qui va à deux chevaux, ou à trois, ou à plus ; ni que celui qui fait peu, ait autant que celui qui fait assez ; ni que celui qui plaide une petite cause, ait autant que pour une grande. Que si le salaire n'a pas été convenu, et qu'il y ait à ce sujet contestation entre l'avocat et la partie, l'estimation doit être faite par le juge, selon ce qui lui paraît raisonnable.

Philippe le Bel, par une ordonnance de l'an 1291, défendit aux avocats de commettre aucune fraude au sujet de leurs salaires, et même d'exiger à l'occasion d'une affaire difficile, un paiement plus considérable pour d'autres causes, afin d'éviter la taxe.

Dans les lettres du 19 mars 1314, par lesquelles Louis Hutin confirma les priviléges de la province de Normandie ; il ordonna qu'aucun avocat ne recevrait pour la plus grande cause au plus de 3o livres ; que, dans les moindres causes, le salaire serait réglé par le juge, selon la qualité de la cause, l'usage du tribunal, les facultés du client et le mérite de l'avocat, et que chaque année les avocats feraient serment d'observer ce règlement.

Le même prince rappela ce règlement dans d'autres lettres qu'il donna l'année suivante pour la même province.

L'ordonnance ou règlement fait par le parlement, en 1344, concernant les avocats, porte, entre autres choses, que pour leur salaire, quelque grande que soit la cause, ils ne recevront pas plus de 30 livres parisis, qu'ils ne pourront recevoir au delà en fraude de cette taxe, mais qu'ils pourront recevoir moins; que pour les causes de moindre importance, et pour les plus petites, ils recevront beaucoup moins, selon la qualité de la cause et la condition des personnes; enfin, qu'ils ne feront aucune paction avec leurs cliens, pour se faire céder quelque portion de ce qui fait l'objet du procès.

Le même règlement défend aux procureurs de faire aucun marché ou forfait, pour conduire une affaire, au préjudice du salaire des avocats.

Du Moulin, dans la compilation qu'il a faite des anciennes ordonnances et règlemens, en rapportant celui-ci, suppose que l'honoraire des avocats ne pouvait excéder 10 livres tournois. Bouchel, en sa Bibliothèque, au mot *Avocat*, dit aussi que, par l'ancien serment que faisaient les avocats, ils promettaient de ne pas prendre plus de 10 livres, quelque grande que fût la cause.

Charles VII, dans une ordonnance du mois d'avril 1453, art. 45, pour obvier aux fraudes, feintes et recélement, que pourraient faire les procureurs, tant pour le salaire des avocats, qu'autres dépenses......, ordonne que les parties ou procureurs ne feront paiement aux avocats pour écritures, salvations ou contredits, avant la cause plaidée ou dûment introduite...., et que les salaires des avocats, tant pour plaidoiries, écritures, qu'autrement, seront modérés honnêtement eu égard aux ordonnances et observances anciennes, et pauvreté du peuple, de sorte que personne n'ait sujet de s'en plaindre.

Cependant Brodeau, sur l'article 125 de la Coutume de Paris, fait mention d'un règlement du parlement, en 1463, qui ordonnait, conformément aux précédens règlemens, que les avocats ne pourraient recevoir plus de 30 livres pour la conduite d'une cause.

On trouve même plusieurs exemples que l'honoraire des avocats a été arbitré en justice à des sommes plus fortes, eu égard au mérite du travail.

M⁰. Charles Du Moulin, en son Commentaire sur la règle *de verisimili notitiâ*, n. 53, rapporte que, du temps de Charles VII, la cour taxa à M⁰. Maréchal, ancien avocat, la somme de 60 livres parisis pour des salvations très-brièves.

Dans la taxe des dépens au parlement, la plaidoirie de l'avocat ne passe que pour 3 livres sur une demande, et 6 livres sur un appel. Si la cause dure plusieurs audiences, on augmente la taxe de 3 livres pour chaque audience. Les écritures passent aussi en taxe sur le pied de 20 sols le rôle. Mais ce règlement, observé pour la taxe des dépens, n'empêche pas que les avocats ne puissent recevoir davantage, selon l'importance de la cause.

Les anciennes ordonnances ont qualifié de salaire la récompense que l'on donne aux avocats ; c'est ainsi que l'on qualifiait alors la récompense de tous les arts libéraux ; mais dans la suite on a donné le nom d'honoraire à ce que les avocats reçoivent pour récompense de leur travail.

Il y en a un exemple mémorable rapporté par Bouchel, en sa Bibliothéque du Droit français, au mot *Avocat*. Il rapporte qu'en 1579 il assista à une plaidoirie qui se faisait à huis-clos au parlement de Paris, en laquelle il s'agissait de la sentence du duché de Bretagne. M⁰. Claude Mangot, interrompu par M⁰. Pierre Versoris, lui dit dans la chaleur : « Monsieur Ver- » soris, vous avez tort de m'interrompre, vous en avez assez dit » pour gagner votre avoine. » Versoris offensé demanda réparation. La plaidoirie s'acheva, et après l'arrêt prononcé, M. le premier président de Thou dit : «M⁰. Claude Mangot, la cour » m'a donné charge de vous dire que ce qui se donne aux avo- » cats pour leur labeur, n'est point par forme d'avoine, mais « c'est un honoraire. » M. Mangot fut si outré, que depuis il n'eut point de santé, et mourut peu de temps après.

L'article 161 de l'ordonnance de Blois, qui fut faite dans

la même année, ordonna que les avocats et procureurs seraient tenus de signer les écritures qu'ils feraient pour les
parties, et au-dessous de leur seing d'écrire et parapher de
leur main ce qu'ils auraient reçu pour leur salaire, et ce sur
peine de concussion.

Cet article n'ayant point été fait à la réquisition des États,
n'a jamais été observé.

Aux mercuriales de 1602, le parlement rendit un arrêt
portant que les avocats seraient tenus d'observer cet article.
Il fut enjoint à ceux qui n'y voudraient pas obéir de le déclarer, pour être rayés de la matricule, et interdits des fonctions d'avocat.

Cet arrêt causa un grand trouble dans le palais, car les
avocats se sentirent vivement blessés en l'honneur de leur
profession, de ce que l'on traitait comme un gain limité et
mercenaire l'honoraire qu'on leur offre pour un travail honnête, au lieu de le laisser à la discrétion des parties.

S'étant assemblés en la chambre des consultations, au
nombre de 307, ils résolurent tous, d'une commune voix, de
renoncer publiquement à leur profession, et allèrent deux à
deux en faire la déclaration au greffe, de sorte que l'exercice
de la justice fut aussitôt interrompu (1).

Le roi y interposa son autorité, et envoya de Poitiers, où
il était pour lors, des lettres-patentes, en forme de déclaration, du 25 mai 1602, par lesquelles l'arrêt fut confirmé, en-
joignant aux avocats d'y obéir, et néanmoins *il rétablit les
avocats qui avaient été interdits de leurs fonctions, leur
donnant le pouvoir de les exercer comme ils faisaient auparavant.*

Au moyen de cette déclaration, que chacun interpréta à
sa manière, tout le monde parut content; les avocats re-
tournèrent peu à peu au palais, et l'on ne parla plus du règlement.

Quelque temps après est intervenu le règlement du 26 août

---

(1) Voyez, la préface du *Dialogue des avocats*, de Loisel.

1665, pour la taxe des dépens, qui fixe ce qui doit passer en taxe pour l'honoraire de l'avocat, mais il n'y est pas parlé de reçus.

L'ordonnance de 1665, tit. xxxi, des dépens, art. 10, ordonne encore que les avocats seront tenus de mettre le reçu au bas de leurs écritures. L'art 28 de l'édit du mois d'août 1669, concernant les épices, vacations et autres frais de justice, ordonne la même chose que l'ordonnance de 1667, et ajoute même la peine de restitution et de rejet de la taxe des dépens ; mais ces dispositions ne sont pas observées (1), surtout au parlement de Paris. Les avocats ne doivent même pas prendre de cédules et obligations pour leurs honoraires, suivant un arrêt du parlement de Bretagne, du 17 novembre 1609, rapporté par Sauvageau, liv. ii, chap. 172.

Les lois et les docteurs, les anciennes ordonnances et plusieurs anciens arrêts donnent aux avocats une action pour le paiement de leurs honoraires ; mais, suivant la dernière jurisprudence du parlement de Paris et la discipline actuelle du barreau, on ne souffre point qu'un avocat intente une telle action, et c'est ce qui résulte d'un arrêt du 7 septembre 1737, rapporté sur l'art. 73 de la coutume d'Artois. Les avocats ne peuvent point retenir les pièces de leurs cliens faute de paiement de leurs honoraires, ainsi que l'observe Mornac, liv. i, *ff. de pigoribus.*

Charles V fit, en 1364, un règlement pour les requêtes du palais, par lequel il ordonna que tous les avocats et procureurs fréquentant le siège des requêtes, aideraient gratuitement de leur ministère les pauvres plaideurs qui auraient quelque affaire en ce siége.

Henri IV, mû d'une affection charitable et paternelle envers son pauvre peuple, et voulant procurer les moyens d'obtenir justice aux veuves, orphelins, pauvres gentilshommes, marchands, laboureurs, et généralement à tous ceux qui se-

---

(1) Il en est de même du décret du 14 décembre 1810, qui n'a jamais été exécuté dans la disposition qui oblige les avocats à quittancer leurs consultations.

raient dépourvus de conseil ou d'argent, ou de l'un et l'autre, ordonna, par un arrêt de son conseil d'état, du 6 mars 1610, que dans toutes les cours, tant souveraines que subalternes, il serait commis des avocats et procureurs pour les pauvres, en tel nombre qu'il serait avisé en son conseil, selon la grandeur et nécessité de chaque cour ou siége, lesquels seraient tenus d'assister de leur conseil, industrie, labeur et vacation tous ceux de la susdite qualité, sans prendre d'eux aucune chose, tant petite fût-elle, et sous quelque prétexte que ce fût, à peine de concussion, se contentant de leurs simples gages, salaires et prérogatives qu'il plairait à S. M. attribuer auxdits avocats et procureurs qui seraient mis et choisis, comme plus capables et gens de bien, et entretenus auxdites charges, tant qu'ils y feraient leur devoir.

La mort imprévue de Henri IV, qui survint le 10 mai suivant, arrêta l'exécution d'un si louable dessein, lequel, jusqu'à présent, est demeuré sans effet.

Les avocats y ont suppléé, chacun en leur particulier, par le zèle et le désintéressement avec lequel ils ont toujours soutenu les intérêts des pauvres.

Il y a même un jour de la semaine auquel ils donnent publiquement des consultations à tous les pauvres qui se présentent, sans en recevoir aucun honoraire. Ces consultations de charité, ainsi qu'on les appelle vulgairement, se font dans la bibliothéque que feu M. de Riparfonds a laissée à l'Ordre des avocats (1). Il y a chaque jour six anciens avocats nommés pour donner à leur tour ces consultations, et un d'entre les jeunes qui leur rend compte des mémoires et rédige les consultations, ce qui est très-propre à former les jeunes gens, lorsqu'ils s'acquittent de ce travail avec attention.

_____

(1) Voyez ci-après, chap. XXII, *de la Bibliothéque des Avocats.*

CHAPITRE XIX.

DES PRIVILÉGES ANCIENNEMENT ATTACHÉS A LA QUALITÉ D'AVOCAT.

LE plus beau de ces priviléges est sans doute que la qualité d'avocat est un grade nécessaire pour parvenir à toutes les places de magistrature.

L'exercice de cette noble profession, pendant un certain temps, équivaut même à celui de la magistrature, pour passer à une dignité supérieure, tellement que l'édit du mois de février 1622 déclare qu'un avocat qui a plaidé pendant vingt ans peut être reçu maître des requêtes sans avoir été conseiller, et il y en a plusieurs exemples, aussi-bien que pour des charges de président de cour souveraine.

On a aussi étendu l'obligation d'être avocat à tous les offices de bailli, prévôt, châtelain ou autres chefs de justice seigneuriale qui sont tenus en pairie, ou dont l'appel ressortit nuement aux cours de parlement en matière civile; c'est la disposition d'une déclaration du 26 janvier 1680, rendue en interprétation de l'édit du mois d'avril 1679.

Les avocats ne sont point sujets à désaveu, c'est-à-dire que l'on ne peut instruire contre eux un désaveu, ni prétendre contre eux de dommages et intérêts.

Toutes les fois que quelque avocat a été insulté dans ses fonctions, soit en plaidant ou hors de l'audience, à l'occasion de sa plaidoirie, ou bien au sujet de ses écritures ou de quelque consultation, soit par la partie adverse de son client, ou par quelque autre personne, on lui a toujours accordé une réparation authentique et proportionnée à la qualité de l'injure. Il y en a plusieurs arrêts rapportés dans divers auteurs.

Suivant les lois romaines, les avocats jouissaient de tous les priviléges accordés aux nobles. La loi *suggestionem* place au rang des comtes et des clarissimes les avocats qui ont fourni glorieusement leur carrière ; ils étaient ainsi placés dans le rang des sénateurs, et au-dessus des chevaliers.

Dans les pays ou le droit romain est encore observé sans aucune altération, les avocats jouissent encore, non-seulement de titre de noble, mais même d'une noblesse réelle et transmissible : tel est l'usage en Savoie, en Italie, à Venise et en Espagne.

En France, tous les avocats jouissaient aussi anciennement de la noblesse ; ils prenaient en conséquence le titre de noble, titre qui équivalait alors à celui d'écuyer. Ce titre de noble a été long-temps usité partout. Un avocat de Chartres fut maintenu dans ce titre de noble, par arrêt de la cour des aides, du 19 juin 1610.

Aux parlemens de Dijon et de Grenoble, les avocats sont encore en possession de prendre le titre de noble. Il en est de même dans les provinces de Lyonnais, Forez et Beaujolais ; et ces derniers, par arrêt du conseil, du 4 janvier 1699, furent déchargés des demandes des traitans, qui les inquiétaient pour raison de cette qualité ; mais cette noblesse n'est que personnelle, et non pas héréditaire.

Cependant les avocats consistoriaux de Grenoble jouissent encore de quelques-unes des prérogatives de la noblesse réelle. Ces avocats représentent ceux qui exerçaient au conseil delphinal, auquel a succédé le parlement. Ils avaient droit de monter au siége, pour suppléer le nombre nécessaire de juges. Ils jouissaient anciennement de la noblesse transmissible ; mais en 1556, on réduisit le titre et les priviléges des avocats consistoriaux, à vingt-un, qui était le nombre de ceux qui exerçaient alors la profession dans ce parlement. Depuis l'édit de 1600, on leur a contesté la noblesse transmissible, mais ils jouissent encore, outre le titre de noble, comme les autres avocats, de l'exemption des francs-fiefs ; ils font la foi et l'hommage à la chambre des comptes, comme les nobles de Dauphiné, et jouissent du droit de chasse, comme les nobles mêmes, sans avoir de fiefs. En 1756 ou 1757, le nombre en a été fixé à quarante ; ils sont inscrits sur une liste particulière, que le syndic met au greffe. On n'acquiert pas ce titre par ancienneté ; mais par désignation des syndics et anciens avocats, agréés des gens du roi et du premier président. Les six anciens ont droit de *committimus.*

Les avocats non-seulement ont, par leur profession, le titre de noble, qui emporte cette noblesse personnelle dont on vient de parler ; mais ils sont susceptibles de tous les degrés de la noblesse transmissible, qui sont compatibles avec leur profession (1).

Ils peuvent acquérir la noblesse, soit par l'échevinage dans les villes où cette fonction donne la noblesse, soit en possédant un office de secrétaire du roi ; ce qui est compatible avec la profession d'avocat.

Il peuvent aussi passer du barreau à toutes les places de magistrature, qui donnent la noblesse. Avant la vénalité des charges, le barreau était le séminaire des dignités ; et pour parvenir aux plus hauts degrés de la magistrature, il faut encore avoir prêté le serment d'avocat.

On exige même ordinairement que ceux qui se présentent pour être reçus dans un office de conseiller au parlement, aient plaidé auparavant quelques causes.

François de Montholon, II du nom, fils de François de Montholon, Iᵉʳ. du nom, garde-des-sceaux de France, préféra l'emploi d'avocat au parlement de Paris, à des charges considérables. Le roi Henri III, en 1588, l'honora de la charge de garde-des-sceaux. Quand on présenta ses lettres au parlement, M. Séguier, procureur-général, dit que c'était *une déclaration publique, que le roi voulait honorer les charges par les hommes, et non les hommes par les charges.*

Après la mort funeste de Henri III, Montholon remit de lui-même les sceaux au cardinal de Vendôme, quoique le roi Henri IV lui eût écrit de les garder. Il retourna au palais, et exerça la profession d'avocat jusqu'à sa mort, arrivée en 1590.

Les avocats au parlement, qui ont exercé la profession pen-

(1) Quel misérable état social, que celui où l'on était obligé de célébrer toutes ces petitesses comme de graves *privilèges !*

dant dix ans, sont ordinairement dispensés de l'examen, lorsqu'ils se font recevoir dans quelque charge de magistrature.

Ils ont aussi le privilége, au bout de dix années d'exercice,
d'être reçus *de plano* dans une charge de président de cour
sonveraine, et maître des requêtes, sans avoir été auparavant
conseillers. Il y en a plusieurs exemples, et même quelques-
uns assez récens.

Ceux qui ont la noblesse d'extraction, et qui descendent de
l'ancienne chevalerie, ou qui peuvent prouver que leurs ancêtres étaient en possession de prendre le titre de chevalier,
sont en droit de prendre le même titre, ainsi que j'en ai vu
plusieurs exemples, entre autres, pour M. le Poupet, ancien
bâtonnier de l'ordre des avocats au parlement de Paris, et j'ai
un procès verbal très-récent, fait à Bordeaux, dans lequel
deux avocats de ce parlement sont qualifiés de chevaliers.

Les avocats sont aussi idoines à être décorés de tous les ordres de chevalerie, qui sont compatibles avec leur profession,
tels que l'ordre de Saint-Michel, dont plusieurs avocats, tant
du parlement de Paris que des autres parlemens, sont actuellement revêtus.

Ceux qui possèdent des baronnies, vicomtés et autres fiefs
de dignités, érigés pour eux ou pour leurs ancêtres, ou dont
le titre est transmissible aux ayans-cause, sont en droit de se
qualifier barons, vicomtes, etc., et de jouir des honneurs attachés à ces titres.

Nicolas Chippard, chevalier, seigneur du Chippard et de
Laas-Saint-Andéol et autres lieux, fils d'autre Nicolas Chippard, conseiller au parlement, fut un célèbre avocat au parle-
lement de Paris. Après avoir été employé en qualité de rési-
dent et d'envoyé en divers lieux d'Italie et de Suisse, où il
s'acquitta de ces emplois à la satisfaction des rois Henri IV et
Louis XIII ; au retour de ses négociations, il revint au barreau
et plaida même quelques causes. Quand il vint à vaquer une
place des douze anciens avocats, que l'on inscrivait alors dans
un tableau particulier, Chippard se présenta pour y être inscrit. L'avocat qui le suivait en réception s'y opposa, préten-
dant qu'il en devait être exclus, pour sa longue absence du

8.'

Palais. Chippard soutint qu'on devait le réputer toujours présent, son absence n'ayant eu pour cause que le service de l'Etat. MM. les gens du roi ayant pris connaissance de ce différend, en parlèrent à MM. de la grand'chambre. Chippard fut inscrit, par ordre de la cour, le douzième avocat sur le tableau, et depuis il se présenta toujours à la Saint-Martin, au serment. Il mourut le 19 août 1640, âgé de 79 ans, étant le troisième ou quatrième des avocats. Son corps fut inhumé dans le tombeau de ses ancêtres, à Saint-André ; et à son convoi, qui se fit de la maison où il demeurait à la paroisse Saint-Nicolas-des-Champs, quatre anciens avocats portèrent le poêle. On mit sur une ceinture de velours noir ses armes dans le chœur de Saint-Nicolas-des-Champs ; et sur son cercueil on posa un coussin de velours noir, avec une couronne de vicomte couverte d'un crêpe noir, à cause d'une vicomté qu'il possédait.

Les avocats ne sont point commissaires des pauvres, ni marguilliers-comptables. Ils précèdent les anciens marguilliers-comptables aux processions et autres cérémonies publiques. Cela fut ainsi jugé en la paroisse de Saint-Severin, par arrêt du 15 juin 1686, contre les notaires, procureurs, marchands et autres marguilliers-comptables. Il y a aussi eu un pareil arrêt provisoire en 1717, pour la paroisse de Saint-Etienne-du-Mont.

Les avocats, faisant actuellement la profession, sont exempts de la collecte des tailles et autres impositions publiques. Il y en a plusieurs arrêts de la cour des aides, entre autres, un du 3 septembre 1627, et un du 8 juillet 1672.

On ne peut pas non plus les obliger d'être commissaires au régime et gouvernement des biens saisis. Arrêt de la cour de Montpellier, du 22 septembre 1628.

Lorsque quelque artisan, dont le métier occasione un bruit incommode, vient demeurer auprès d'un avocat, celui-ci peut obliger l'artisan de s'éloigner.

Un arrêt du parlement de Toulouse, du 20 avril 1570, rendu sur la plainte d'un avocat, enjoignit à un boucher d'aller tuer et écorcher les bœufs et moutons aux lieux à ce destinés, avec inhibitions d'en tuer dans des maisons particulières.

Un autre arrêt du parlement d'Aix, du 1er. février 1577, fit défenses à un cardeur de laine et à ses domestiques, de chanter et faire du bruit qui pût troubler l'exercice d'un avocat voisin.

Un autre arrêt du même parlement, du 6 février 1654, jugea pareillement qu'un avocat pouvait expulser un artisan de sa boutique, à cause du bruit.

Chorier, en sa Jurisprudence de Guy-Pape, pag. 340, rapporte un arrêt du parlement de Grenoble, du 7 septembre 1668, qui jugea que l'on ne doit exercer aucune contrainte par corps contre un avocat allant au palais en robe ou en revenant. Un avocat qui avait été ainsi emprisonné, fut élargi, et l'arrêt fut enregistré et affiché sur la requête de leur syndic.

Bruneau, en la préface de son Traité des Criées (troisième édition), fait mention d'un édit de l'an 1299, qui défendait, entre autres choses, d'exécuter et arrêter, en quelque manière que ce fût, les livres des avocats.

Cette ordonnance n'est cependant pas rapportée dans le Recueil des Ordonnances de la troisième race, et ce privilége n'est pas rappelé dans l'ordonnance de 1667, titre 33 des Saisies et exécutions, dont l'article 15 défend de saisir les livres des personnes constituées aux ordres sacrés, jusqu'à concurrence de 150 livres.

On trouve pourtant quelques vestiges de ce privilége dans un arrêt du parlement d'Aix, du 8 mars 1636, rendu entre deux avocats, rapporté par Duperier, par lequel il fut jugé que les livres d'un avocat ne pouvaient être saisis, sans discussion préalable de ses autres biens. (V. Code de Procédure, art. 592, 3°.)

Le cabinet d'un avocat est un asile sacré, dans lequel un huissier ne peut pas venir faire des significations aux cliens qui y sont pour consulter avec leur avocat. Un huissier s'étant introduit, en 1742, jusque dans le cabinet de Me. Pothuin d'Huilet, avocat, pour y faire une signification à la personne d'un client qui venait conférer avec lui, M. Pothuin, instruit de ce qui se passait dans sa maison, fit venir un commissaire, auquel il rendit plainte de cette entreprise. Le commissaire dressa son procès-verbal. Le bâtonnier des avocats ayant remis ce procès-verbal à M. le procureur-général, ce magistrat obtint, sur son réquisitoire, arrêt, le 7 septembre 1742, qui lui permit de faire informer; mais l'huissier ayant rendu l'original de la signification lors du procès verbal, la plainte ne fut pas suivie,

Les avocats sont capables de recevoir des legs universels et particuliers de leurs cliens, même des donations entre-vifs, lorsque ces dispositions ont pour principe la parenté ou affi-nité, l'amitié ou quelque autre circonstance, et que l'avocat donataire ou légataire n'a point abusé de son ministère pour se procurer de telles libéralités.

Il y a plusieurs arrêts qui les ont confirmés : un du 7 mars 1637, au profit de M°. Philippe Gorillon, rapporté dans le tome 1ᵉʳ. du Journal des Audiences; un du 29 mai 1663, en faveur de M°. Edme Didier ; un autre rendu pour M°. Abra-ham : il s'agissait de legs testamentaires. Il y en a aussi deux qui ont confirmé des donations entre vifs, l'un en 1685, au sujet d'une donation de 30,000 livres faite à M°. Soulet; l'autre du 4 mars 1692, en faveur de M°. Adam.

CHAPITRE XX.

DE LA COMMUNAUTÉ DES AVOCATS ET PROCUREURS (1).

Quelques personnes peu versées dans la discipline du pa-lais, entendant parler de la communauté des avocats et pro-cureurs s'imaginent que ce terme de communauté signifie que les avocats et procureurs ne font qu'une seule et même com-pagnie : c'est une erreur que j'ai déjà relevée dans un mémoire historique, dont il est bon de donner ici le précis.

L'origine des avocats au parlement de Paris est beaucoup plus ancienne que celle des procureurs *ad lites*.

En effet, il y avait des avocats en France dès le commen-cement de la monarchie. Depuis la création du parlement,

(1) Tout ce chapitre n'est qu'historique.

en 757, ils le suivaient dans les différens lieux où il allait tenir ses séances; et lorsqu'il fut rendu sédentaire à Paris, en 1302, il y en eut qui s'y attachèrent uniquement, et cessèrent d'aller plaider dans les provinces.

L'institution de procureurs *ad lites*, ne remonte pas à beaucoup près si haut. Les établissemens de saint Louis, en 1270, sont la plus ancienne ordonnance qui en parle. Il fallait même alors une dispense pour plaider par procureur. L'ordonnance des États, tenue à Tours en 1484, fut la première qui permit à toutes sortes de personnes d'ester en jugement par procureur. Ils furent érigés en titre d'office, par un édit de Charles IX, du mois de juillet 1572, qui fut révoqué en 1576, aux États de Blois ; mais, par des lettres-patentes et arrêts des années 1585, 1597 et 1609, ils furent rétablis en titre d'office par tout le royaume, ce qui subsiste encore dans le même état.

Les fonctions des avocats et des procureurs ont toujours été différentes.

Celles des avocats consistent à donner conseil aux parties, à plaider des causes de toutes sortes de nature, et à faire seuls certaines écritures, telles que les griefs, causes d'appel, moyens de requête civile, réponses, contredits, salvations, avertissemens et autres semblables, et par concurrence avec les procureurs, les débats de compte, soutenemens, moyens de faux, de nullité, reproches et conclusions civiles.

Les procureurs, au contraire, ne sont établis principalement que pour faire la procédure. Il leur est défendu de faire aucunes écritures du ministère d'avocat, même par requête : telle est la disposition de l'arrêt de règlement du 17 juillet 1693.

Il est vrai que les procureurs peuvent plaider sur les demandes concurremment avec les avocats ; mais ils ne peuvent plaider sur un appel : et même sur les demandes, lorsqu'il s'agit de quelque question de droit ou de coutume, on ordonne communément que les parties en viendront par avocats.

Les avocats, considérés tous ensemble, ne forment point

un corps, mais un Ordre qui a son chef et sa discipline, ses droits et ses prérogatives qui lui sont propres.

Le bâtonnier des avocats, qui est élu tous les ans le 9 mai, n'était d'abord, comme on l'a dit ci-devant, que le chef de la confrérie établie en la chapelle de Saint-Nicolas, où les avocats tiennent le premier rang et les procureurs le second.

Dans la suite, le bâtonnier est aussi devenu le chef d'une juridiction économique, exercée conjointement par les avocats et les procureurs, appelée la communauté des avocats et procureurs.

Les procureurs de communauté ont part à l'élection du bâtonnier, à cause qu'il est le chef de la confrérie et de la juridiction qui leur sont communes.

Le bâtonnier est aussi le chef de l'Ordre des avocats.

Les procureurs de leur part forment une communauté ou compagnie à part, distincte et séparée de l'Ordre des avocats. Cette compagnie a pour chefs les procureurs de communauté, et elle a sa discipline particulière.

Il y a une chambre au palais, appelée la *communauté*, dans laquelle les procureurs s'assemblent pour délibérer entre eux des affaires de leur compagnie ; mais cette chambre ni l'assemblée que l'on y tient ne sont pas ce que l'on entend par la communauté des avocats et procureurs.

Cette *communauté* n'est autre chose qu'une assemblée, composée des chefs et des anciens des deux compagnies, qui se tient en salle de Saint-Louis, ou la chambre de la Tournelle criminelle, tous les lundis et jeudis, depuis midi jusqu'à deux heures.

Le bâtonnier des avocats a droit d'y présider, lorsqu'il le juge à propos, avec les anciens bâtonniers et autres anciens avocats qui y sont appelés.

Les procureurs de communauté actuellement en exercice, et les anciens procureurs de communauté, ont séance et voix délibérative en cette assemblée. Un procureur y fait la fonction de greffier.

Ce tribunal paraît avoir été établi par un arrêt du 18 mars 1508, rendu sur les remontrances faites à la cour, par le procureur général du roi, qui enjoint aux procureurs de la communauté, de faire assemblée entre les avocats et les procureurs, pour entendre les *plaintes* et chicaneries de ceux qui ne suivent les formes anciennes et contreviennent au style et ordonnances de la cour, et de faire registre, le communiquer au sieur procureur général, pour en faire rapport à la cour, et procéder contre les coupables par suspension, privation ou autre voix de droit.

Les requêtes que les procureurs présentent à la communauté contre quelqu'un de leurs confrères, au sujet de sa mauvaise procédure, sont qualifiées de plaintes et commencent en ces termes : *Sur la plainte faite en la communauté, etc.*

Les jugemens qui interviennent sur ces plaintes sont intitulés : *Extraits des registres de la communauté des avocats et procureurs.* Le dispositif est rédigé par forme d'avis, en cés termes : *Appointé et sous le bon plaisir de la cour, etc.*

Quand les procureurs refusent d'obéir à cet avis, les procureurs de communauté en charge vont en porter leur plainte au parquet de MM. les gens du roi, qui, après avoir examiné l'avis, s'il leur paraît juste, vont en la grand'chambre prendre des conclusions contre le procureur réfractaire, qui est puni sévèrement lorsqu'il se trouve en faute.

Le bâtonnier et les anciens bâtonniers et anciens avocats vont rarement présider à la communauté, parce que la plupart des affaires qui s'y traitent ne concernent que la discipline particulière des procureurs. En l'absence du bâtonnier et autres anciens avocats, c'est le plus ancien des procureurs de communauté qui y préside ; c'est pourquoi ils l'appellent entre eux le président de la communauté ; mais le bâtonnier et les anciens bâtonniers ont le droit d'y aller présider, toutes les fois qu'ils le jugent à propos comme quelques bâtonniers l'ont fait plusieurs fois.

On voit dans le Code Gillet une délibération de la communauté, du 9 janvier 1690, dans laquelle il est dit que M. le bâtonnier prit sa place.

MM. Nivelle, Froland, bâtonniers, y allèrent plusieurs

fois de leur temps, et chaque bâtonnier y va au moins une fois ou deux.

Il y a même des occasions où il doit y avoir des avocats dans l'assemblée de la communauté, comme lorsqu'il s'agit de régler les comptes de la confrérie, établie en la chapelle de Saint-Nicolas du palais, et des aumônes de ladite confrérie, où les avocats tiennent le premier rang et les procureurs le second.

Il y eut à ce sujet une délibération faite en la communauté, en 1710, dont le résultat fut que l'état de ditribution des aumônes de la communauté serait arrêté dans la chambre de la communauté, en présence et de l'avis, tant du bâtonnier que de quatre anciens avocats qui y seront invités par le bâtonnier, dont il y en aura deux au moins anciens bâtonniers; et au cas qu'il y eût un plus grand nombre de procureurs, que le bâtonnier se fera assister d'avocats, en nombre égal à celui des procureurs.

Cette délibération porte encore, qu'il est avantageux que M. le bâtonnier ait connaissance du compte qui se rend à la Saint-Hilaire; que cela contribue à fortifier l'union qui doit être *entre les deux compagnies,* pour le bien de la justice et pour leur intérêt particulier. Ces termes, *entre les deux compagnies,* confirment bien que les avocats ne font point corps avec les procureurs.

En effet, lorsqu'il s'agit de quelque point qui n'intéresse que l'Ordre des avocats, le bâtonnier et les anciens en connaissent seuls; les procureurs n'ont aucune part à ces délibérations.

Par exemple, le bâtonnier et les anciens font entre eux le tableau des avocats, de même que les procureurs font de leur côté leur liste particulière.

S'il s'élève entre les avocats quelque différend sur un point de discipline, c'est au bâtonnier et aux anciens que l'on en réfère.

Nota. Ici finit l'Histoire de Boucher d'Argis, à laquelle j'ai cru devoir ajouter les deux chapitres suivans pour lui servir de complément.

CHAPITRE XXI.

APPENDICE.

(DUPIN aîné.)

L'OPUSCULE auquel Boucher d'Argis a donné le titre d'*Histoire abrégée de l'Ordre des avocats*, ne doit pas empêcher de lire l'ouvrage plus étendu que M. Fournel a composé sous le titre d'*Histoire des Avocats au parlement et du Barreau de Paris*, *depuis saint Louis jusqu'au* 15 *octobre* 1790, 2 vol. in 8°. Boucher d'Argis fait mieux connaître l'histoire ancienne du barreau, son régime intérieur, sa constitution et sa discipline ; mais M. Fournel est plus anecdotique ; il suit l'ordre chronologique pour les faits, la législation, la publication des ouvrages de jurisprudence, les procès fameux ; avec les événemens, on apprend aussi à connaître les personnes, non-seulement des avocats les plus célèbres qui ont illustré chaque époque, mais aussi des grands magistrats dont l'histoire s'allie à celle du barreau. Cette histoire n'est pas d'un homme profond, mais elle est d'un homme qui ne manquait pas d'esprit, quoique avec beaucoup de préjugés : on la lit avec plaisir, et elle est assez nourrie de faits pour ajouter qu'on la lit avec fruit.

Il faut du moins s'en contenter jusqu'à ce qu'on en possède une meilleure. Elle serait à faire en même temps que celle du parlement ; car il est bien peu de grands événemens où l'histoire du barreau ne se confonde avec celle de la magistrature. Cela est vrai des personnes, puisque, dans les premiers siècles, il n'est presque point de magistrats qui n'aient commencé par la profession d'avocat : et jusqu'au temps d'O-mer Talon, on voit que ce grand magistrat, après *dix-huit* années d'exercice au barreau, craignait encore de n'être point assez expérimenté pour accepter la charge d'avocat général.

La même connexité de rapports existe pour la législation, les procès célèbres, et les événemens les plus marquans auxquels le parlement fut appelé à prendre part.

Les coutumes et les usages ont été recueillis par les jurisconsultes avant d'être sanctionnés officiellement par le législateur et enregistrés dans les parlemens. Les arrêts les plus célèbres ont été précédés de plaidoiries qui ne l'étaient pas moins.

Dans les grandes questions agitées à l'occasion du concordat, pour la réception du concile de Trente, dans le procès de l'université contre les jésuites, pour les démêlés relatifs à la bulle *Unigenitus*, lors de l'expulsion itérative des jésuites en 1762, sous Meaupou lors de l'exil des parlemens, et après leur retour; dans toutes ces grandes et mémorables occasions, on a vu le barreau, intimement lié à la cause de la magistrature, soutenir les mêmes doctrines, défendre devant elle et avec elle les franchises du pays, les libertés gallicanes, et fournir à toutes les époques des hommes qui surent répondre aux besoins publics, et se tenir à la hauteur des circonstances.

A la biographie des hommes célèbres (1), au récit matériel de chaque événement, il faudrait joindre des considérations politiques, morales et littéraires, sur l'organisation de la magistrature et du barreau, les principes et les maximes qui dirigeaient ces deux grands corps vers un même but de gloire et d'utilité publique; leur influence sur la constitution de l'état, le développement des mœurs et des institutions; comment ils contribuèrent les uns par leurs livres, leurs consul-

---

(1) Je voudrais qu'on refît la biographie de tous les jurisconsultes célèbres. Les mêmes faits, racontés aujourd'hui, apparaîtraient sous un nouveau jour, et donneraient lieu à des rapprochemens curieux. On verrait que les plus recommandables ont appartenu à la cause des idées généreuses contre les idées serviles, et que ces hommes d'érudition et d'éloquence ont été aussi, avant tout, des hommes de patriotisme et de liberté.

tations et leurs plaidoyers; les autres par leurs arrêts, leurs remontrances et leurs règlemens, à alléger la condition des serfs, à faire respecter les chartes des communes contre les seigneurs, à affermir le droit de propriété, à protéger l'état civil des personnes, à restreindre l'abus des juridictions féodales, à établir, étendre et fortifier le principe que *toute justice émane du roi*; à défendre le clergé français contre le despotisme des légats, à préserver la France de l'inquisition, à contenir ensuite le clergé lui-même vis-à-vis des fidèles, dans les bornes de la modération, en sévissant contre les exactions simoniaques, les levées de deniers non autorisées, les testamens surpris, les excommunications outrées, et les censures injustes, trop souvent appelées à l'appui d'iniques et révoltantes prétentions! On verrait se produire et se développer la doctrine, si heureusement introduite et si habilement pratiquée, *des appels comme d'abus*, avec *saisie du temporel*, qui, sans porter la plus légère atteinte au dogme et aux croyances, réprimait, avec une merveilleuse efficacité, les entreprises des clercs contre *l'ordre civil et politique*.

On aimerait à voir décrire avec fidélité les mœurs de ces vieux temps; la retraite, le travail, l'étude, la méditation, ces doctes entretiens, délicieuses récréations du moyen âge! une érudition immense avec le faux goût; plus tard, un goût plus épuré avec moins de doctrine; plus de politesse et d'urbanité, mais avec moins de franchise, et un amour du bien public, qui, s'il existait au même degré, se montrait avec plus de précaution, éclatait avec moins d'énergie.

Le Dialogue des Avocats de Loisel est un cadre heureux dans lequel il a fait entrer très-habilement toute *l'histoire ancienne* de l'Ordre. Il s'agirait de la continuer pour les temps plus modernes.

On arriverait ainsi à ce dernier terme, où les parlemens ayant rempli leur destinée, qui semble avoir été dès l'origine d'abattre le gouvernement féodal et fractionnaire, pour tout centraliser dans les mains du pouvoir royal; ces grands corps durent tomber eux-mêmes sous le poids de l'édifice qu'ils avaient élevé, ayant dépassé toute mesure, en amenant les choses à ce point, que le prince, devenu, par leurs soins, maître de tous les pouvoirs, pût dire : *L'État, c'est moi.*

C'est alors que, ne se sentant plus assez forts pour résister au torrent ministériel, ils appelèrent à leur aide les *États-généraux,* sur le pouvoir desquels ils avaient long-temps empiété, s'intitulant eux-mêmes *États-généraux au petit pied,* et, à ce titre, enregistrant des impôts que les cours de justice n'eurent jamais le droit de voter.

Les parlemens ayant ainsi reconnu, proclamé et invoqué l'autorité des *états généraux,* ne purent se plaindre, lorsque ceux-ci, remis en possession de leur pouvoir constitutionnel, *par une convocation régulière et généralement désirée,* les mirent d'abord en vacance, et puis les remplacèrent tout-à-fait par des tribunaux étroitement réduits à l'unique mission de rendre la justice aux citoyens.

L'Ordre des avocats, qui était né avec les parlemens et qui avait grandi avec eux, ne devait pas leur survivre.

Il fut aboli implicitement par le décret du 2 septembre 1790, qui, après avoir réglé le costume que devraient porter à l'avenir les membres du *nouvel ordre judiciaire,* dit, dans son article 10, que « les hommes de loi, *ci-devant* appelés *avocats,* » ne devant former *ni ordre, ni corporation,* n'auront au- » cun costume particulier dans leurs fonctions.

Suivant M. Fournel, dans son *Histoire des Avocats,* tome II, page 538, cette abolition de l'Ordre des avocats était précisé- ment ce qu'ils désiraient, et cela, dit-il, explique pourquoi aucun des avocats qui siégeaient alors dans l'assemblée consti- tuante n'éleva aucune contradiction.

Voici ce qu'il raconte à ce sujet, tome II, page 540. « Pen- » dant que les comités s'occupaient de l'organisation judi- » ciaire, et après que l'abolition des parlemens et des cours » d'appel eut été arrêtée, il fut question du sort des avocats » et de l'espèce d'existence qu'on devait leur conserver.

» Plusieurs membres du comité penchaient pour les main- » tenir dans leur *possession d'état* sans rien innover à leur » manière d'être, et à transporter dans les tribunaux de nou- » velle création les mêmes droits et prérogatives dont ils

» avaient joui devant les parlemens et autres cours souve-
» raines.

» Mais une autre partie du comité était d'avis *d'anéantir*
» *l'Ordre des avocats*, et d'abolir même jusqu'au nom d'*avocat*.

» Or, sachez que cette proposition n'était pas le produit
» d'une intention hostile, mais celui d'un dévouement exalté
» pour la gloire et la mémoire de la profession d'avocat.

» Cette singulière idée ayant partagé le comité, plusieurs
» de ces membres la communiquèrent à un certain nombre
» d'avocats de Paris, dont le suffrage était de quelque poids
» en pareille matière.

» Après que la question eut été approfondie sous toutes ses
» faces, le parti de l'abolition absolue fut adopté à l'una-
» nimité.

» Ceux qui étaient connus pour être le plus engoués de l'es-
» prit de corps, et pour attacher une grande importance
» au nom d'avocat et à l'honneur de l'ordre, furent ceux qui
» se prononcèrent le plus vigoureusement.

» On doit, disaient-ils, nous considérer sous deux rap-
» ports ; sous celui *d'avocats*, et sous celui *d'avocats au par-
» lement.*

» La dissolution des parlemens nous enlève celui-ci. A l'é-
» gard du premier, il ne pourrait être de quelque prix qu'au-
» tant qu'il y aurait encore des cours souveraines où nous
» transporterions notre nom, nos attributs et nos prérogati-
» ves ; mais la nouvelle organisation judiciaire ne laisse pas de
» place à de pareilles cours. On n'y connaît que des tribu-
» naux chétifs de première instance, qui se relaient les uns les
» autres pour les causes d'appels ; ce sont ces tribunaux qui
« donneront l'investiture de la qualité d'avocats ; or, chacun
» de ces nombreux tribunaux, qui couvriront la surface de
» la France, deviendra le foyer d'un nouveau barreau.

» Ces barreaux seront meublés d'une quantité prodigieuse
» d'hommes, qui, sans aucune idée de nos principes, de notre
» discipline, aviliront nos fonctions honorables, et les dégra-
» deront de leur noblesse. Cependant ces mêmes hommes
» s'obstineront à s'honorer du nom d'avocats, ils en usurpe-

» ront la décoration, ils voudront aussi former un ordre;
» et le public abusé par la similitude du nom, et qui, dans
» sa malignité naturelle, est toujours porté à généraliser ses
» imputations, confondra ces avocats de circonstance avec
» ceux de l'ancien régime. Le seul moyen d'échapper à cette
» postérité dangereuse est de supprimer sur-le-champ la dé-
» nomination d'*avocats*, d'*ordre*, et les attributs qui en dé-
» pendent; qu'il n'y ait plus d'avocats dès que nous aurons
» cessé de l'être.

» Seuls dépositaires de ce noble état, ne souffrons pas qu'il
» soit altéré en passant par des mains qui le flétriraient; ne
» nous donnons pas des successeurs indignes de nous, exter-
» minons nous-mêmes l'objet de notre affection, plutôt que
» de le livrer aux outrages et aux affronts.

» Les membres du comité, émus jusqu'aux larmes de ce
» dévouement héroïque digne de l'ancienne Rome, embras-
» sèrent à l'unanimité la même opinion, et firent passer
» quelques jours après l'article 10 qui anéantit le nom d'a-
» *vocat*, supprime l'Ordre, et interdit l'usage de leur costume
» à quiconque remplira désormais leurs fonctions.

» Telle est, dit en finissant M. Fournel, l'histoire au vrai
» du décret du 2 septembre 1790, qui causa tant d'étonne-
» ment dans le public, et qui donna lieu à tant d'interpré-
» tations diverses. »

Depuis ce temps, ceux qui continuèrent à suivre les audiences et à plaider dans les tribunaux civils et criminels reçurent le titre de *défenseurs officieux*. Mais ils vaquaient à
cet office isolément, comme de simples mandataires de leurs
cliens, sans aucun lien de confraternité qui les unît entre
eux, et sans aucun droit de discipline les uns à l'égard des
autres.

Dans cet état purement précaire, où chacun n'était rien que
par soi-même, plusieurs anciens avocats continuèrent de se
conformer individuellement aux anciennes traditions de leur
Ordre, conservant leur genre de vie, leurs mœurs, leurs habitudes, principalement les avocats *du Marais*.

Les uns se bornèrent à la consultation; d'autres se livrèrent à la défense de leurs concitoyens devant les tribunaux ; ce fut une carrière pénible, mais bien honorable, que celle qui s'ouvrit devant eux lorsque la révolution ayant rompu toutes les digues, on vit l'anarchie instituer sur tous les points du territoire des accusations sanguinaires.

Depuis la défense à jamais célèbre de Louis XVI, à qui ses généreux avocats demeurèrent fidèles quand tout avait fui autour de lui, il n'est pas un accusé à qui le barreau, même au milieu de la dispersion de ses membres, n'ait offert un conseil et un défenseur.

Vainement une législation cruelle avait dit que « la loi » donne aux accusés pour défenseurs des jurés patriotes, elle » n'en doit point aux conspirateurs. » Chaque fois que les *hommes de loi* l'ont pu, toutes les fois qu'il n'y a pas eu pour eux impossibilité de le faire, ils se sont livrés avec ardeur, avec courage et dévouement à la défense des accusés !

L'image toujours présente de la puissance des parlemens avait inspiré à la Constituante l'idée de remplacer ces grandes cours de justice par les tribunaux les plus petits et les plus mesquins.

En l'an VIII, l'homme qui présidait aux destinées de la France, sentit le besoin de relever un peu l'administration de la justice, et la loi de ventôse, en plaçant des cours d'appel au-dessus des tribunaux de première instance, fut une véritable restauration de l'ordre judiciaire.

De ce moment, on vit des hommes plus capables accepter des places de juges et les fonctions du ministère public. Mais le barreau, épuisé par ces choix et depuis long-temps appauvri par l'ardeur avec laquelle la plupart de ses membres s'étaient lancés dans les carrières politiques, comptait à peine quelques noms anciens que l'on pût citer ; et la suppression des écoles de droit, presque contemporaine de la dissolution de l'Ordre des avocats, n'avait pas permis à de nouveaux sujets de se former.

On remarquait seulement quelques jeunes gens, échappés aux réquisitions et conscriptions militaires, qui, doués d'une facilité d'esprit naturelle, avaient contracté l'habitude des affaires,

I.

mais dont les connaissances presque toutes pratiques ne rap-
pelaient ni la doctrine ni l'éloquence des beaux siècles du
barreau.

Ajoutons qu'à cette époque le barreau n'étant retenu par
aucun lien de discipline, on n'y trouvait plus cette fleur de
délicatesse qui avait fait jadis l'honneur de la profession.

Un tel état de choses ne pouvait se perpétuer sans danger
pour la société...

Le besoin de rétablir l'enseignement du droit se faisait si
impérieusement sentir ; celui qu'on pouvait puiser auprès des
professeurs de législation dans les écoles centrales était si loin
de suffire, qu'à Paris, plusieurs hommes d'état, renommés
pour leur science, et constitués en dignités, jugèrent indispensable de fonder, sous le titre d'*Académie de législation*,
un établissement où des professeurs, pris parmi les hommes
les plus habiles (car on vit figurer à leur tête, MM. Lanjuinais, Daniels, Pigeau, etc.), se mirent à enseigner les diverses parties de la jurisprudence avec autant d'éclat que de
désintéressement.

A l'enseignement de la théorie vint se joindre l'utilité de la
pratique dans un tribunal fictif où les élèves les plus forts
remplissant tour à tour les fonctions de président, de juges,
du ministère public et d'avocats des parties, s'exerçaient à
traiter judiciairement des espèces fictives, dans des improvisa-
tions d'abord timides, mais qui s'élevèrent par degrés au point
d'attirer le plus brillant auditoire, dans certaines audiences
qui prirent le nom de *solennelles* avant même que ce titre eût
été rendu à celles des tribunaux.

L'Université de jurisprudence, autre espèce d'association
libre, vint rivaliser avec *l'Académie de législation*; et de
ces deux écoles sont sortis de nombreux sujets distingués par
la solidité de leur esprit, quelques-uns par l'éclat de leur éloquence, et qui ont honorablement comblé le vide qui s'aug-
mentait chaque jour dans les rangs de l'ancien barreau (1).

_____

(1) Parquin, Hennequin, Bourguignon, Marchangy, Champanhet,
Sauzey, etc., etc., étaient élèves de l'Académie de législation.

Le 22 ventôse an XII (1804), parut une loi relative aux *Écoles de droit.* Cet enseignement fut rétabli. Le cours ordinaire des études devait être de trois ans; mais on eut égard au passé. On créa des exceptions pour ceux qui avaient étudié isolément, rempli certaines fonctions judiciaires, suivi les cours de *l'Académie de législation* et de *l'Université de jurisprudence,* et ceux qui se trouvaient en possession et en exercice auprès des tribunaux depuis le laps de trois ans.

Cette même loi rétablit le titre d'*avocat.* Le titre v, intitulé : *du Tableau des avocats près les tribunaux,* contient les dispositions suivantes :

« Art. 29. Il sera formé un *tableau des avocats* exerçant » près les tribunaux.

» Art. 30. A compter du 1er. vendémiaire an XVII, les avocats, selon l'ordre du tableau, et, après eux, les avoués, selon la date de leur réception, seront appelés, en l'absence des suppléans, à suppléer les juges, les commissaires du gouvernement et leurs substituts.

» Art. 31. Les avocats et avoués seront tenus, à la publication de la présente loi, et à l'avenir, avant d'entrer en fonctions, de prêter *serment,* « de ne rien dire ou publier, » comme défenseurs ou conseils, de contraire aux lois, aux » règlemens, aux bonnes mœurs, à la sûreté de l'État et à la » paix publique, et de ne jamais s'écarter du respect dû aux » tribunaux et aux autorités publiques. »

» Art. 32. Les avoués qui seront licenciés, pourront, devant le tribunal auquel ils sont attachés, et dans les affaires où ils occuperont, plaider et écrire dans toute espèce d'affaires, concurremment et contradictoirement avec les avocats.

» En cas d'absence ou refus des avocats de plaider, le tribunal pourra autoriser l'avoué même non licencié à plaider la cause.

L'art. 38 ajoute : « Il sera pourvu par des *règlemens d'administration publique* (cela signifiait alors des décrets rendus en conseil d'état) à l'exécution de la présente loi, et notamment à ce qui concernera *la formation du tableau des avocats, et la discipline du barreau.* »

Déjà la robe avait été rendue au barreau par un décret du 2 nivôse an XI (1802), portant, art. 6 : « Aux audiences » de tous les tribunaux, les gens de loi et les avoués porteront » la *toge* de laine, fermée par devant à manches larges ; *toque* » noire (qui heureusement a remplacé le bonnet carré) ; cravate » pareille à celle des juges ; cheveux longs ou ronds. »

Enfin, le 14 décembre 1810, parut, sous le titre de DÉCRET, le règlement *sur l'exercice de la profession d'avocat et la discipline du barreau*, annoncé par la loi de ventôse an XII. Ce décret, dont les articles sont précédés d'un pompeux préambule en l'honneur de la profession d'avocat, restitue l'ancien titre *d'Ordre des avocats* (art. 19), mais ne rétablit que très-imparfaitement les avocats dans l'exercice de leur *ancienne discipline*. Aussi ce décret, dès son origine et toujours depuis, n'a pas cessé d'être l'objet des protestations de l'Ordre (1), et d'une émission constante du désir de le voir réformer (2), surtout en ce qui touche le mode de nomination du bâtonnier et du conseil de discipline, et la suppression des assemblées générales où l'Ordre entier était appelé à prononcer sur la radiation de ses membres et sur les questions qui intéressaient toute la profession.

Napoléon était extrêmement prévenu contre les avocats. Il détestait leur indépendance et leur esprit de controverse. Un premier projet lui avait été présenté, il le repoussa avec colère, et le renvoya à l'archi-chancelier avec une lettre que j'ai vue lors de la levée du scellé administratif apposé au domicile de M. de Cambacérès en 1824, et sur laquelle j'ai copié cette boutade plus digne d'un dey d'Alger que du chef d'une nation civilisée : « Le décret est absurde ; il ne laisse aucune » prise, aucune action contre eux. Ce sont des factieux, des » artisans de crimes et de trahisons ; tant que j'aurai l'épée au » côté, jamais je ne signerai un pareil décret ; je veux qu'on

---

(1) Voyez ce que j'ai dit de ce décret dans mon Opuscule *des Magistrats*, imprimé en 1814, in-8°.

(2) Le préambule de l'ordonnance du 20 novembre 1822, et le rapport qui a précédé cette ordonnance, en font foi.

» puisse couper la langue à un avocat qui s'en sert contre le
» gouvernement. »

Pour plaire à ce grand homme, il fallut ajouter diverses
entraves, par exemple : le droit d'empêcher un avocat d'aller
plaider sans permission hors du ressort de sa cour; la faculté
au grand-juge, ministre de la justice, de priver un avocat
de son état en le rayant du tableau (1), et de lui appliquer,
de son autorité, telle autre peine de discipline que bon lui
semblerait (2).

Aussi le serment qu'il établit ne fut ni l'ancien serment des
avocats, ni celui qu'avait exigé la loi du 22 ventôse an XII.
Afin de lier plus étroitement le barreau à sa personne, il leur
imposa un serment *politique*.

Entre une foule d'exemples de son aversion contre les hommes qui tenaient au barreau, il en est un que l'on peut
surtout rappeler, et que M. Poncelet a consigné dans sa notice
sur M. Bellart. Lorsque Napoléon créa la Légion-d'Honneur,
il déclara que cet ordre était destiné à récompenser « les ci-
» toyens qui, par leur savoir, leurs talens, leurs vertus, ont
» fait respecter la justice et l'administration publique. » (Loi
du 19 mai 1802, tit. II, art. 2). Et cependant il eut grand
soin de n'y admettre aucun avocat. Tous les autres genres
d'illustrations eurent part à cette récompense honorifique,
excepté les membres de cet Ordre, attendu apparemment,
selon son interprétation, *qu'ils ne faisaient pas respecter la
justice*. A cet égard, la rigueur fut portée à un tel point,
qu'il n'y eut, sous tout l'empire, qu'un seul avocat qui fut

(1) Voyez le discours de Manuel à la chambre des députés, séance
du 29 décembre 1821, sur la pétition d'un avocat ainsi rayé de propre
mouvement, par M. de Serres, alors garde des sceaux.

(2) « Les avocats, dont ces mesures inusitées blessaient la fierté et
» offensaient tous les souvenirs, se plaignirent dès le jour même
» de la publication du décret, et n'ont cessé, depuis cette époque,
» de renouveler leurs réclamations. » (*Rapport au roi*, par le garde
des sceaux, en proposant à S. M. l'ordonnance du 20 novembre 1822.
Adde le préambule de cette ordonnance, ci-après, page 135.).

décoré, sans qu'on exigeât de lui, pour obtenir cette faveur, de renoncer à sa profession : c'était le savant M. Ferey. Mais on craignit même tellement de blesser Napoléon, en lui faisant signer la nomination d'un avocat, qu'on eut grand soin d'exprimer, dans le décret, qu'on ne lui accordait cette faveur que comme *membre du conseil des Ecoles de droit*.

Les avocats avaient mérité cette animadversion de la part d'un homme qui aspirait à se rendre absolu, et qui ne voulait rencontrer ni obstacle à ses désirs, ni contradiction à ses volontés. Bellart avait défendu mademoiselle de Cicé, Bonnet avait défendu Moreau ; vingt autres eussent brigué l'honneur de défendre l'infortuné duc d'Enghien, s'il n'eût été sacrifié à huis-clos.... Le chef de l'empire savait que tous étaient prêts à faire leur devoir en toute occasion, et que le pouvoir arbitraire n'avait pas de plus rudes adversaires que des hommes accoutumés à tout ramener aux principes de la justice et du droit.

Toutefois son aversion n'existait que pour ceux qui voulaient rester *avocats* au service du public ; car, pour tous ceux qui voulurent entrer au sien, il eut grand soin de les accueillir ; il en fortifia son ministère, son conseil et son administration, et c'est au soin qu'il eut d'appeler ainsi à lui les plus hautes capacités parmi les jurisconsultes, que l'on doit cette législation des *cinq Codes*, qui, malgré les justes reproches que l'on peut adresser à quelques-unes de ses parties, est restée comme le plus grand service qu'il ait pu rendre à la France, et son plus beau titre de gloire aux yeux de la postérité.

La restauration trouva les avocats favorablement disposés pour elle ; elle se présentait à eux avec l'idée du *droit*. La Déclaration de Saint-Ouen et la Charte constitutionnelle garantissaient, avec le gouvernement représentatif, un *ordre légal*, parfaitement d'accord avec leurs idées et leurs principes : ils furent généralement bien vus, et plusieurs d'entre eux très-honorablement traités.

L'occasion leur sembla propice pour obtenir ce que le décret de 1810 leur avait si imparfaitement restitué, ou plutôt pour faire effacer de ce décret plusieurs dispositions dont leur délicatesse n'avait pas cessé d'être blessée. On parut s'empresser de vouloir les satisfaire. Un rapport au roi, œuvre du garde des sceaux Peyronnet, flétrissait le décret de 1810, en rappelant ce qu'il avait d'offensant pour les avocats (*Voy.* ci-devant, pag. 133). Dans le préambule même de l'ordonnance du 20 novembre 1822, on lisait : « Que S. M. ayant résolu de prendre en considération les *réclamations* qui ont été formées contre les dispositions du décret du 14 décembre 1810, et voulant *rendre* aux avocats la *plénitude* du droit de discipline, qui jadis élevait au plus haut degré l'honneur de cette profession, et perpétuait dans son sein l'invariable *tradition* de ses prérogatives et de ses devoirs..... » Mais en réalité, et en pénétrant au fond de la chose, *d'autres motifs* (1) donnèrent lieu à l'ordonnance du 20 novembre 1822. Malgré l'emphase du rapport et les promesses du préambule, l'ordonnance, bien loin de rendre aux avocats la liberté de leur ancienne discipline, maintient les gênes offensantes imposées par le décret de 1810, qui ne permettait pas à un avocat d'aller plaider hors du ressort sans la permission du ministre de la justice, et soumet les décisions du conseil à des appels et à des infirmations inconnues même sous le décret de 1810. Enfin, sur le point capital, sur le droit de l'Ordre entier, l'ordonnance de 1822, loin de rétablir les avocats dans la plénitude de leur ancien droit électoral, tel qu'ils l'avaient exercé de toute antiquité, leur ôte même le droit d'élire de simples *candidats*, que le décret de 1810 leur avait accordé. C'était peu de chose en apparence que ce droit ! Mais on pensa que c'était encore trop, parce que si le droit de présenter une *candidature* concédé aux avocats ne leur procurait pas la satisfaction d'élire ceux qu'ils auraient préféré, il leur offrait du moins la consolation d'éconduire ceux qui ne leur convenaient pas du tout.

Cette ordonnance a donc, comme le décret lui-même, ex-

(1) Voyez Isambert, Recueil des lois et ordonnances du royaume, volume de 1822, page 343.

cité, à son apparition, de vives réclamations; les uns ont pro-
testé, comme le fit M°. Coffinières, dans une requête adressée au conseil de l'Ordre. D'autres publièrent divers écrits.
M. Legouix fit une brochure intitulée : *Mes idées sur l'Ordre
des avocats, par un licencié qui n'a pas encore prêté serment.* (In-8°. de 61 pages.)

Le barreau de Paris n'a pas réclamé seul ; d'autres voix se
sont jointes à la sienne. L'opinion du barreau de Rouen a
trouvé un docte interprète dans M. A. Daviel, alors fort jeune
avocat, qui a publié sur l'ordonnance de 1822 un commentaire remarquable, qu'il a revu depuis, et qu'on trouvera à
la fin de ce volume.

En 1828, une attaque plus directe fut dirigée contre l'ordonnance. M. de Peyronnet, son auteur, venait de quitter
le ministère, et le barreau pensa que le moment était venu
de réclamer auprès de son successeur.

Dans une requête adressée à M. le comte Portalis, les avocats, au nombre de cent vingt-trois, ont exposé leurs griefs
contre l'ordonnance, et conclu en ces termes :

« Dans ces circonstances, le barreau s'adresse à vous, monseigneur, pour obtenir de votre bienveillante justice le redressement de ces nombreux griefs, et des institutions qui
soient en harmonie avec les principes de la loi, avec les principes de la défense. Confiant en vos lumières, il n'entreprendra point de spécifier dans leurs détails les vices du règlement
de 1822, non plus que les mesures propres à les faire disparaître; il appellera seulement votre attention sur quatre
points principaux :

1°. L'élection directe de son conseil. Cette demande ne paraît susceptible d'aucune difficulté. C'est à l'Ordre à régler
lui-même sa discipline intérieure, et c'est à l'élection à manifester les vœux de l'Ordre ; elle seule, d'ailleurs, peut donner
la sanction nécessaire à une autorité toute morale, toute
d'opinion ; elle est le mode adopté pour la formation des conseils dans toutes les compagnies ; les avocats de cassation, les
avoués, les notaires, les commissaires priseurs élisent leur
conseil ; les boulangers même, et... les loueurs de voitures

nomment leurs syndics et leurs délégués. Les avocats seuls, dont un ministre a si hautement proclamé les titres à l'indépendance, seront-ils hors du droit commun? seront-ils, en matière de discipline, soustraits seuls à leurs juges naturels ?

2°. La faculté de plaider hors du ressort : cette faculté n'est pas seulement dans l'intérêt de l'avocat, elle est surtout dans l'intérêt des citoyens, dont les lois doivent favoriser la libre défense, loin d'y mettre des obstacles. Pourquoi ces entraves multipliées? Pourquoi priver le client du patron que sa confiance aurait choisi, si, attaqué par de redoutables influences, il a besoin de trouver dans son défenseur, non une fermeté commune, mais un grand caractère; si le barreau dont il est entouré ne lui offre point le genre de talent qui conviendrait à sa cause ; si, craignant d'être inégalement défendu dans un autre barreau où dominera un talent unique, il veut chercher au dehors un poids qui rétablisse la balance ; si une renommée lointaine, si une intime amitié détermine sa confiance, si enfin, placé sur le banc des accusés, il voit sa vie dépendre peut-être du choix qu'il va faire, de quel droit lui refuseriez-vous le défenseur qu'il désire, le secours qu'il appelle ? De quel droit vous placeriez-vous entre lui et ses juges, et restreindriez-vous arbitrairement pour lui les garanties de la défense ?

» Relativement à l'avocat, le droit que nous réclamons est celui de toute profession libérale. L'officier ministériel est attaché à son ressort ; là est la limite de ses fonctions, de son caractère et de ses pouvoirs : le médecin, l'artiste, l'homme de lettres, l'avocat, exercent librement leurs talens partout où l'emploi en est réclamé.

» Ne considérât-on la triple autorisation que comme une affaire de forme, il faudrait encore abolir une formalité qui humilie l'avocat, consume en démarches vaines un temps réclamé par de graves devoirs, fatigue et trouble le client, et entrave le cours de la justice.

» 3°. L'abrogation des dispositions exorbitantes qui donne le droit d'appel au ministère public en matière de discipline, qui suppriment la publicité, et qui autorisent l'aggravation de la peine même en l'absence de tout appel de la part publique.

» L'Ordre seul, encore une fois, est juge de ses propres convenances. Les délits qualifiés sont du ressort des tribunaux ; les fautes commises à l'audience sont réprimées par les juges tenant l'audience. Le pouvoir disciplinaire de l'Ordre n'est donc institué que dans l'intérêt de sa dignité, de sa pureté ; dès lors c'est l'outrager, et l'outrager gratuitement, que de lui donner sur ce point d'autres censeurs que lui-même.

» 4°. La suppression des restrictions injurieuses relatives aux avocats stagiaires, et portées dans l'article 34 de l'ordonnance.

» Les stagiaires sont avocats, ils exercent sous la surveillance de leurs anciens. On les voit toujours pleins de zèle se dévouer incessamment à la défense gratuite des indigens et des accusés. Pourquoi donc les humilier par des précautions *excessives* que ne renfermait point le décret impérial, et qu'aucun abus n'a provoquées?

» Les soussignés osent se flatter, monseigneur, que votre grandeur, prenant en considération leurs justes demandes, voudra bien les mettre sous les yeux de S. M., ainsi que les mesures qu'elles semblent appeler. Ils osent penser qu'en protégeant la défense, qu'en honorant le barreau, elle honorera en même temps son ministère (1). »

Sur cette requête, M. Portalis a répondu qu'il avait chargé ses bureaux de lui faire un *rapport....* M. Bourdeau, qui lui succéda, avait promis formellement une *ordonnance de réformation*, conforme, avait-il dit, à un vœu qu'il partageait avec les signataires de la requête ; mais rien n'a paru.....

_____

(1) Voyez, dans la *Gazette des tribunaux*, du 4 décembre 1828, la requête suivie des cent vingt-trois signatures et de l'adhésion motivée de MM. Tripier et de Lacroix-Frainville, ce dernier ancien bâtonnier et doyen de l'Ordre.

Voyez aussi, dans la *Revue encyclopédique* de mars 1830, un article de M. Ch. Comte, *sur l'état du barreau en France au commencement du* XIXᵉ. *siècle*. Cet article contient des réflexions critiques sur la nature et l'exercice du *pouvoir disciplinaire*.

Quoi qu'il en soit, l'Ordre, tel qu'il est constitué, a conservé, autant qu'il était en lui, les honorables traditions de ses prédécesseurs. A aucune époque il n'a été plus nombreux. Le jeune barreau a rivalisé de zèle avec l'ancien : les causes politiques ont offert à son activité de nombreuses et brillantes occasions de se distinguer où il est entré avec ardeur.

L'étude du droit est en honneur ; toutes les classes de citoyens en reconnaissent l'utilité ; aux travaux de l'école succède la pratique des affaires : on compte plusieurs conférences où les jeunes avocats préludent aux combats sérieux de l'audience. L'émulation est dans tous les esprits, et le barreau moderne promet de n'être point inférieur à l'ancien.

CHAPITRE XXII.

BIBLIOTHÉQUE DES AVOCATS.

La bibliothéque des avocats fut entraînée dans l'abolition de l'Ordre, et dispersée dans les dépôts du gouvernement. (Décret du 12 juillet 1793.) Elle existait depuis quatre-vingt-deux ans dans les hautes salles du palais de l'archevêché.

Les premiers fonds en avaient été fournis, en 1708, par M. de Riparfonds, célèbre avocat. (Journal de Verdun, 1708, page 69).

Ce fut vers la même époque que s'ouvrirent dans le local de cette bibliothéque les *conférences* de doctrine établies par le fondateur, et qui depuis devinrent célèbres par l'assiduité et l'émulation des jeunes avocats, et par la bienveillance des *anciens,* qui se faisaient un plaisir de les encourager par leur présence (1).

Elles avaient lieu le *samedi ;* on y discutait oralement des questions de droit ; on y lisait aussi quelques compositions sur

_____

(1) Dans le cours de ce volume, il sera parlé plus amplement de ces *conférences.*

des sujets dignes d'intéresser la profession, par exemple, l'*éloge* de quelques jurisconsultes ; c'est ainsi que M. Henrion de Pansey, alors jeune avocat, fut admis, en 1772, à y lire son éloge de Dumoulin.

En 1786, M. Bonnet y lut son discours sur les conférences, dont je donnerai un fragment.

Le parlement vint au secours de cette bibliothéque, par son arrêt du 13 août 1712, en lui attribuant cinq livres tournois par chaque réception d'officiers.

En 1715, M. le chancelier Voisin (Daniel-François) accorda à cette bibliothéque un exemplaire de tous les livres qui s'imprimeraient avec *privilége du roi.* (*Voyez* Journal de Verdun, 1715, page 341).

Depuis 1708 jusqu'en 1790, cette bibliothéque, enrichie considérablement par les dons, legs et acquisitions de livres et manuscrits, était montée à près de quarante mille volumes qui en avaient fait une des bibliothéques les plus précieuses de la capitale. (*Voyez* le *catalogue* imprimé in-8°.).

Quoiqu'elle ne fût pas au rang des bibliothéques publiques, elle était ouverte trois jours de la semaine aux savans qui venaient y consulter des *manuscrits* qu'ils auraient inutilement cherché ailleurs.

La plupart de ces livres (c'est-à-dire les livres de droit) reposent aujourd'hui dans la bibliothéque du conseil d'état et dans celle de la cour de cassation, où chacun de MM. les conseillers, lorsqu'ils les consultent, peuvent lire sur le titre que ces *livres sont à nous.* TITULUS PERPETUÒ CLAMAT.

Les choses étaient dans ce triste état lorsque M. Ferey a eu la généreuse pensée de recommencer l'œuvre de M. de Riparfonds.

En 1806 (le 26 septembre), ce vénérable jurisconsulte légua ses *livres de droit* à l'*Ordre des avocats*, non encore rétabli, mais dont un doux espoir lui faisait entrevoir la future résurrection. Les termes de ce testament, écrit en entier de la main du testateur, méritent d'être consignés ici :

« Je donne et lègue, sous le bon plaisir du gouvernement, » à l'*Ordre des avocats*, sous quelque nom que sa majesté

» l'empereur et roi jugera à propos de le rétablir, les *livres*
» *de droit* que j'ai à Paris, en quoi je comprends les douze
» volumes in-folio et les vingt-neuf in-4°. des mémoires et
» consultations que j'ai réunis avec le plus grand soin, ainsi
» que la table manuscrite par ordre alphabétique de matières
» qui forment un volume in-folio, laquelle table j'ai faite
» moi-même, et ensuite fait mettre au net, pour mon in-
» struction et me servir dans les différens travaux de mon
» état. Les minutes de mes consultations, et la table par
» ordre alphabétique de matières, resteront à ma famille; il
» en sera de même des livres d'histoire et de littérature, et
» de seize ou dix-sept volumes en carton in-folio, dont douze
» par ordre alphabétique de matières, contiennent des extraits
» de quatre ou cinq cents volumes imprimés de mémoires, que
» mes confrères m'ont prêtés successivement, et le surplus
» en copies de consultations que j'avais données avant qu'on
» m'eût déterminé à venir à Paris.

» Je donne en outre, à l'*Ordre des avocats*, la somme de
» 3,000 francs une fois payés, pour aider à acheter d'autres
» livres qui seront jugés nécessaires; à ajouter à 600 francs
» de rentes sur l'état, en tiers consolidé, à prendre dans les
» rentes de pareille nature qui m'appartiennent; à l'effet de
» quoi mes héritiers passeront un transfert à qui il faudra jus-
» qu'à due concurrence; lequel transfert une fois opéré, ma
» succession sera libérée en cette partie.

» Le legs que je viens de faire n'est qu'une faible marque de
» la reconnaissance dont je suis pénétré pour les bontés et l'at-
» tachement que mes chers confrères n'ont cessé de me témoi-
» gner dans tous les temps, et que l'acquit d'une dette sacrée
» de ma part envers un ordre auquel, à l'aide d'un travail
» assidu de plus de cinquante ans, et toujours borné au
» cercle des connaissances requises pour ma profession, faute
» de santé et de dispositions naturelles, j'ai été redevable de
» l'estime dont ceux mêmes dont je n'ai pas eu l'avantage de
» partager la confiance, ont bien voulu m'honorer, et qui,
» sur le rapport des personnes distinguées par les grandes
» places auxquelles leur mérite et leurs lumières les ont ap-

» pelées auprès du monarque, a porté en outre sa majesté
» l'empereur et roi à donner à l'*Ordre des avocats*, dans l'un
» de ses plus anciens membres, une décoration pour laquelle
» la plupart de mes confrères m'étaient préférables. »

M. Ferey mourut le 5 juillet 1807. L'Ordre des avocats
n'étant pas constitué, il fallut attendre pour accomplir les
intentions du testateur. Le 5 février 1810, son *éloge* fut prononcé par M. Bellart, dans la bibliothéque du lycée Charlemagne, après le service que les avocats firent célébrer dans
l'église de Saint-Paul. Tous étaient présens en robe ; et l'archi-chancelier Cambacérès, toujours soigneux de se rappeler
qu'il avait été *avocat*, présidait à cette cérémonie. Le devoir
de l'orateur était d'exprimer la reconnaissance des avocats
pour le legs de M. Ferey ; retracer cette partie de son discours, est la meilleure manière de nous associer aux sentimens qu'il exprime.

« Parler du testament de M. Ferey, mes chers confrères,
c'est réveiller en nous la gratitude dont nous pénètre la disposition qu'il contient. Gardons-nous cependant de supposer
que notre respectable confrère, en léguant à l'Ordre des
avocats, non-seulement sa bibliothéque, mais encore la somme
consacrée à son entretien annuel, ait exclusivement écouté la
bienveillance qu'il nous portait. M. Ferey, sans doute, aimait les compagnons de ses travaux ; mais telles étaient les
affections de ce cœur pur, qu'il n'en ressentait aucune où ne
se mêlât l'amour du bien public.

» Jadis, sous le titre de *Bibliothéque des Avocats*, existait
un établissement dédié au double culte de la science et de
l'honneur.

» C'était là que, dans des réunions hebdomadaires, de
jeunes émules venaient apprendre à régler leur bouillante
ardeur à la voix de ces vieux chèfs, qui expliquaient comment
il fallait tempérer le zèle par la modération, et ployer sa
fierté au joug d'une discipline salutaire.

» C'était là que la gloire et la probité, les qualités brillantes et les modestes vertus, confondues dans la fraternité la plus touchante, apportaient l'hommage de leurs suc-

cès divers, dont chacun était orgueilleux, dont personne n'était jaloux, parce que c'était comme *le bien de tous.*

» C'était là que le talent lui-même n'eût pas tenté de se faire absoudre d'avoir violé la loi du devoir : là, que la licence ou la cupidité redoutaient de se laisser deviner par ces hommes vieillis dans les voies de la justice, et que nous contractions de bonne heure cette honte de mal agir, qui devenait la règle du reste de la vie.

» Dans ces réunions s'offrait le respect attendrissant de ces rivaux amis, suspendant leurs querelles pour se prodiguer une mutuelle estime; de ces champions illustrés par tant de victoires, traitant d'égal à égal avec la médiocrité même, qu'ils élevaient jusqu'à eux par une familiarité consolante.

» On y voyait, spectacle plus doux encore aux bons cœurs ! ces orateurs chargés des plus grands intérêts, ces jurisconsultes livrés aux travaux les plus savans, oublier et leur grande clientelle et leurs graves études, pour écouter avec simplicité, pour débrouiller avec patience les récits diffus et souvent inintelligibles de villageois, de femmes du peuple, de pauvres, tous sortant d'auprès d'eux, éclairés sur leurs droits, mieux disposés à la paix, souvent même assistés dans leurs besoins.

» M. Ferey regrettait cet établissement détruit par la révolution ; sa passion était de le relever. Par son testament, il nous le rend autant que cela fut en lui. Il a fait davantage, et soumettant, comme il le devait, à l'approbation du souverain le legs dont il gratifiait « l'*Ordre des avocats*, sous quel- » que nom, dit-il dans son testament, qu'il plaise à sa ma- » jesté l'empereur et roi de le rétablir; » il a déposé ainsi aux pieds du monarque, qui l'honora de ses bontés, le vœu d'en obtenir, à ses derniers momens, une de plus dans le rétablissement de l'Ordre dont il conserva soigneusement les maximes.

» Dernières paroles d'un mourant, vous ne serez pas oubliées ! Celui qui, veillant avec sollicitude sur toutes les parties de l'harmonie sociale, a déjà rétabli la discipline dans un grand nombre de professions diverses, jettera, quand le temps en sera venu, un coup d'œil sur la nôtre. Elle n'est pas indigne des regards du héros, puisqu'il aime la gloire, ni des regards du législateur, puisqu'elle est consacrée au culte des lois. Le vœu de M. Ferey, auquel nous osons joindre le nôtre, sera exaucé...... »

Il le fut en effet, puisque, avant la fin de l'année, fut porté le décret du 14 décembre 1810 (1), qui rétablit *l'Ordre des Avocats.*

Un autre décret autorisa le bâtonnier à accepter le legs ; et les *livres de droit* de M. Ferey (au nombre de 1199 volumes, suivant le catalogue que j'en ai dressé moi-même (2)), furent transférés au Palais de Justice, dans le local qui nous fut assigné à la suite de notre vestiaire.

En juillet 1811, les 3,000 francs légués par M. Ferey furent retirés de la caisse d'amortissement et employés à acheter les *livres nouveaux* dont le besoin se faisait vivement sentir.

Plus tard, nous obtînmes du gouvernement la permission de chercher, dans le dépôt de l'Arsenal, les livres de droit à notre convenance qui pouvaient s'y trouver. Je fus chargé de cette mission avec MM. Popelin et de Belleyme, alors avocat. Mais ce dépôt avait été tellement appauvri par les prises de livres qu'y avaient exercées les bibliothécaires des divers établissemens publics, que nous n'y trouvâmes presque rien. A défaut des meilleurs livres, nous prîmes un certain nombre des plus lourds, que l'on céda au poids au libraire Nève, en échange de quelques ouvrages de *droit moderne ;* car la bibliothéque de M. Ferey ne comprenait guère que du droit ancien, principalement du *droit coutumier* et des *arrétistes.*

Depuis, la bibliothéque s'est accrue successivement par les dons des auteurs, par des achats faits avec les 600 francs de

(1) Voyez ce que nous avons dit de ce décret dans le chapitre précédent, pages 132 et suivantes.

(2) Voyez, à notre bibliothéque, le volume in-fol. intitulé : *Catalogue de la Bibliothéque des avocats.* Toute la première partie, contenant l'indication des *livres légués par M. Ferey*, est écrite en entier de ma main ; la suite est de la main de notre confrère Millelot, mort si jeune, et si vivement regretté! Le bibliothécaire actuel est chargé de la continuation.

revenu annuel, légués par M. Ferey, et avec le produit d'une portion du droit de 25 francs sur chaque prestation de serment, dont un décret du 3 octobre 1811 avait autorisé la perception, pour être employés, entre autre choses, *aux dépenses de la bibliothèque* (1). Elle compte déjà près de sept mille volumes.

La salle de la bibliothèque étant devenue trop étroite pour contenir ce nombre de volumes qui s'accroît tous les jours, et surtout pour recevoir le nombre considérable de jeunes gens qui se pressent à la *Conférence*, l'Ordre a sollicité et obtenu la construction d'une salle supplémentaire qui va s'élever cette année, en équerre de la salle actuelle, et qui, pour long-temps du moins, suffira à loger nos richesses bibliographiques (2). Elle aura, en outre, l'avantage d'offrir une retraite au *conseil de discipline* pour la tenue de ses séances, qui jusqu'ici, ne pouvant avoir lieu que dans l'unique salle destinée aux travailleurs de la bibliothèque, les forçait à la retraite à chaque tenue du conseil.

Cette construction une fois terminée, il ne restera plus qu'à compléter successivement la bibliothèque, non en achetant *au hasard* des livres *tels quels*, mais en procédant sur un *plan fixe* dont j'ai posé les bases dans le rapport que j'ai fait au conseil au mois de mai de cette année, et où j'insiste, entre autres choses, sur les points suivans :

1°. Commencer par les livres de l'usage le plus habituel, et qui sont le plus généralement demandés par les jeunes gens. Il est même certains ouvrages dont il serait bon d'avoir des exemplaires doubles; par exemple, le *Corpus academicum*, les *Pandectes* de Pothier, le *Répertoire* de jurisprudence;

_____

(1) Un autre décret, du 29 juin 1813, en autorisant le bâtonnier à accepter un legs de 20,000 francs fait à l'Ordre, « pour fournir le » supplément de fonds nécessaires, pour rétablir la jouissance de deux » lits aux incurables, *anciennement fondés au profit des avocats*, dit que » le surplus sera employé *à l'entretien de la bibliothèque*. »

(2) Je dois consigner ici les remercîmens de l'Ordre pour l'empressement qu'ont mis à seconder nos désirs, M. de Chabrol, préfet de la Seine, et M. Peyre, architecte.

2°. Compléter les parties de la jurisprudence les moins fournies, avant d'ajouter à celles qui offrent déjà le nécessaire;

3°. Se procurer principalement les *grands ouvrages* et les *collections* qu'on n'a point ordinairement dans les bibliothèques particulières;

4°. Par la même raison, avoir le plus qu'on pourra des livres de *droit étranger*, principalement celui des nations avec lesquelles la France a le plus de relations;

5°. Préférer toujours les *grands formats* aux *petits*;

6°. Pour les reliures, songer à la durée; et, sans y mettre aucun luxe, exiger la solidité.

A la suite du *Tableau* qui s'imprime chaque année, se trouve le *règlement de la bibliothèque.*

Un des articles les plus importans est de ne permettre aucun déplacement de livres. Pour obliger celui à qui l'on prête un volume, on en prive tous ceux qui, pendant le même temps, auraient consulté l'ouvrage, et l'on s'expose à le perdre ou à le décompléter.

Nota. Pour entrer à la bibliothèque, il faut être en robe, ou du moins en habit noir.

PASQUIER,

ou

DIALOGUE DES ADVOCATS

du

PARLEMENT DE PARIS;

Par M. Ant. LOISEL,

ADVOCAT EN PARLEMENT.

O vos, o socii, prima utque novissima nostri
Nomina collegii discite, et historias.

Argument. — L'occasion qui a donné lieu à ce Dialogue, fut la division qui arriva dans le Palais au mois de may de l'an 1602, auquel temps la cour ayant resolu en une Mercuriale de faire garder aux advocats l'art. 161 de l'ordonnance de Blois, qui n'avoit jamais esté observé, par lequel il est dit en ces termes, que *les advocats et procureurs seront tenus signer les deliberations, inventaires et autres escritures qu'ils feront pour les parties, et au-dessous de leur seing, escrire et parapher de leur main ce qu'ils auront receu pour leur salaire, et ce sur peine de concussion;* les advocats s'offencerent si fort de l'arrest qui fut alors rendu en conséquence de cet article de l'ordonnance, par par lequel il fut enjoint à ceux qui n'y voudroient pas obeyr, de le declarer, pour estre rayez de la matricule, et fait défenses de plus exercer les functions d'advocats; que s'estans assemblez jusqu'au nombre de trois cent sept, en la chambre des consultations, ils résolurent tous d'une voix de renoncer publiquement à leurs charges. Et pour cet effet s'en allerent à l'instant deux à deux au greffe de la cour faire leur déclaration, qu'ils quittoient volontiers la fonction d'advocat, plustost que de souffrir un reglement qu'ils estimoient si préjudiciable à leur honneur. Car ils disoient hautement qu'il estoit tout-à-fait indigne de leur profession, de soumettre à un gain limité et mercenaire, l'honoraire qu'on leur offroit volontairement en recognoissance de tant de vertus et d'eminentes qualitez, nécessaires à un bon advocat, et principalement de l'éloquence.

10.

INTERLOCUTEURS OU PERSONNAGES

DU DIALOGUE SUIVANT DES ADVOCATS.

M. Estienne Pasquier, conseiller et advocat du roi en la chambre des comptes, et ancien advocat en la cour de parlement.

M. François Pithou, sieur de Bierne, advocat en parlement.

M. Antoine Loisel, pere, advocat en parlement.

M. Antoine Loisel, son fils aisné, advocat en parlement, et depuis conseiller.

M. Guy Loisel, son second fils, conseiller clerc en la cour de parlement.

Le sieur d'Hibouviler, son neveu, advocat en parlement.

M. Theodore Pasquier, fils aisné de M. Estienne Pasquier, advocat en parlement.

M. Nicolas Pasquier, son fils puisné, maistre des requestes.

Nota. On n'a réimprimé que le *Dialogue des advocats*, tel qu'il a été composé par Loisel, et non l'espèce de continuation ou de supplément publié par M. Claude Joly, qui ne présente pas à beaucoup près le même intérêt, n'étant véritablement qu'une chronique surchargée de longues notes.

PASQUIER,

OU

DIALOGUE DES ADVOCATS

DU PARLEMENT DE PARIS.

~~~~~~

PREMIERE CONFERENCE.

Monsieur Pasquier, conseiller et advocat du Roy en la chambre des comptes, et ancien advocat en la cour de parlement, m'estant venu voir un dimanche du mois de may, de l'année 1602, nous trouva mes enfans et moy dans ma salle avec les sieurs de Bierne Pithou, et d'Hibouviler, mon neveu, aussi advocats, qui nous avoient fait l'honneur de disner avec nous. Et apres nous estre saluez, et assis les uns sur le lict vert, les autres en des chaires, et avoir tenus quelques propos particuliers, chacun de sa disposition, les paroles nous eussent manqué quasi tout aussi-tost, n'eust esté que M. Pasquier vint dire : Ie voy bien ce que c'est, messieurs; maintenant que les advocats se sont interdits d'eux mesmes de leurs charges, ils sont devenus muets. Mais en bonne foy, adjousta-t'il, que pensez vous avoir fait par cette belle levée de boucliers, ayans ainsi franchement renoncé à vos chapperons, et par vostre secession fait cesser les plaidoiries et la plus part des actions du palais? Que deviendrez vous maintenant, et à quoy passerez vous vostre temps? Ie ne le dis pas pour vous deux, regardant M. Pithou et moy, qui ne plaidez plus, mais pour ces deux ieunes messieurs et plusieurs autres de leur volée, plus ou moins advancez qu'ils ne sont. A quoy passeront-ils le reste de leurs iours? — A quoy? respondit

mon aisné, nous nous ferons conseillers comme les autres : et
puisqu'on ravale si bas nos charges, il nous faudra mettre au
nombre de ceux qui font les arrests. — Tout beau, mon fils,
dis-ie, tout beau : pensez vous que cecy puisse durer longuement? Et que feront messieurs les conseillers en leurs
estats, s'il n'y a des advocats et des procureurs qui leurs
taillent de la besongne? Il est impossible que les choses en
puissent demeurer là. M. le procureur general a envoyé vers le
Roy pour l'en advertir, afin d'y pourvoir. — Vous dites vray,
dit M. Pasquier, et croy que vous en aurez bien-tost des nouvelles. Mais cependant et en attendant les lettres du Roy, à
quoy passerez vous le temps; car vous estes maintenant de
loisir, la plaidoirie ne vous estant pas seulement interdite,
mais aussi les escritures, les consultations, et toutes les autres fonctions d'advocat? — A revoir nos livres, dit M. Pithou, et estudier plusque iamais. Ie le dis pour ces ieunes
gens, et ceux de leur âge, lesquels estans venus un peu cruds
au barreau, doivent faire fonds et provision d'estude, pour
s'en servir cy-apres. — Nous en sommes maintenant trop
desbauchez, dit mon fils; et desja beaucoup de mes compagnons sont resolus de les quitter : aussi bien l'honneur en
est-il du tout banny. N'est-ce pas une honte, qu'il faille que
nous soions contraints de faire comme les sergens, qui sont
tenus de mettre au bas de leurs exploicts ce qu'ils reçoivent
des parties, pour le salaire qui leur est taxé par les ordonnances? Car encores que le nostre ne soit point borné, ains
remis à nostre discretion, si est il honteux non seulement de
l'escrire, mais aussi de le dire. Et quand nostre taxe viendrait
de la pure liberalité de la partie, si serions nous tousiours
subiects à la censure ou mal-veillance d'un rapporteur, qui
ayant fait mander l'un de nous en sa chambre pour rendre
un ou deux escus qu'on luy auroit donné de plus qu'il n'estimera nostre labeur, sera bien aise de nous faire condamner à
les rendre, et par là nous faire recevoir une si grande honte,
que i'aymerois mieux n'estre iamais entré au palais, que cela
me fust advenu. Et d'ailleurs, où est l'honneur que i'ay entendu de vous, mon père, avoir esté autresfois au palais, et

la faveur que messieurs les présidens portoient aux ieunes advocats de vostre temps, les escoutant doucement, supportans
et excusans leurs fautes, et leur donnans courage de mieux
faire : au lieu que maintenant il semble à quelques-uns, que
nous soions d'autre bois ou estoffe qu'eux, et quasi des géns
de néant, nous interrompans et rabroüans à tout bout de
champ, nous faisans par fois des demandes qui ne sont nullement à propos ; et non seulement à nous autres ieunes gens
qui le pourrions quelquesfois avoir merité, mais bien souvent
aux anciens, et à ceux qui entendent si bien leurs causes, que
l'on voit par la fin et la conclusion, que ceux qui leur avoient
fait ces interrogatoires et interruptions, avoient eux-mesmes
tort, et non les advocats plaidans, qui se trouvoient n'avoir
rien dit, qui ne fut pertinent et necessaire à leur cause. Non,
mon père, non : il ne faut plus esperer que la dignité qui a
esté jadis en l'ordre des advocats y demeure, au moins tant
que ce beau reglement durera. Car quant à ce qu'on le veut
fonder sur un article de l'ordonnance de Blois (1), l'on sçait
que cet article y ayant esté couché sans la requisition des
estats, il ne fut jamais observé.

Ce n'est pas cela, mon fils (et dont vous avez par adventure occasion de vous plaindre), qui a fait ravaler nostre Ordre, où il se voit maintenant. Il y a long-temps qu'il commence à descheoir du rang auquel i'ai autresfois oüy dire à
M. l'advocat Du Mesnil, vostre oncle, qu'il estoit ; et luy-
mesme s'en plaignoit desja de son temps, nous disant que
quand il vint au palais, toutes les affaires des princes et seigneurs du royaume passoient par les mains des advocats, iusqu'à estre et prendre qualité de chancelliers de leurs maisons,
nous nommant feu M. Brinon, président à Rouen, lequel
estant simple advocat estoit chancellier d'Alençon ; M. de
Mesme, chef du conseil de Navarre et d'Albret, qui depuis
fut lieutenant civil et maistre des requestes, pere et grand
pere de ceux que nous avons veus et voyons à present ; et
auparavant eux M. Pierre l'Orfevre, chancellier d'Orléans, du

(1) C'est l'art. 161, rapporté ci-devant, page 147.

temps du roy Charles VI ; M. Jean de la Riviere, chancelier du duc de Bretagne, et M. Nicolas Raulin, chancellier de Bourgongne, tous advocats en parlement, et plusieurs autres dont il avoit oüy parler à M. le president Raimond, son oncle et le vostre, disant que les advocats, conseillers des maisons des princes conduisoient et manioient toutes leurs affaires non seulement du palais, mais aussi celles qu'ils avoient au conseil du Roy et ailleurs, tant dedans que dehors le royaume. Mais les officiers du Roy se sont depuis emparez de cet employ, et s'en entremettent maintenant plus que iamais. Ce qui commençant desia en quelques uns du vivant de feu monsieur vostre oncle fut cause de luy faire adjouster à l'ordonnance les défenses aux conseillers et officiers du Roy, de s'entremettre des affaires des seigneurs (1), laquelle ordonnance neantmoins ne sera iamais gardée, tant que les offices seront venaux, et qu'ils en seront dispensez, comme ils le sont incontinent qu'ils en font la moindre requeste au Roy, ou à ceux qui ont du credit auprés de Sa Maiesté. Car auparavant l'estat d'advocat estoit la pepiniere des dignitez, et le chemin de parvenir aux offices de conseillers, advocats du Roy, presidens et autres. C'est cela, mon fils, qui est la cause du ravalement de l'honneur des advocats, n'y ayant maintenant seigneur qui n'aie un president, un maistre des requestes, ou un conseiller pour chef de son conseil, lequel quelquesfois n'y entendant rien s'il n'a premierement esté advocat, ou n'en voulant pas prendre la peine, est contraint d'employer sous soy un advocat qui se soumettant à luy pour quelque petit salaire, gages ou pensions qu'il lui fait ordonner, fait comme ceux qui se vendent *ad pretium participandum :* car il est luy mesme cause de ce que l'honneur de son Ordre est ainsi desrobé, et transporté ailleurs. Ie connois un de messieurs les maistres des requestes, et des meilleurs de son quartier, lequel m'a dit tout franchement qu'il avoit eu volonté de continuer l'exercice de la charge d'advocat, mais que voyant le peu de compte que l'on en faisait au prix des officiers du Roy, il s'estoit jetté aux offices,

---

(1) Orléans, art. 44; Moulins, art. 19; Blois, art. 112 et 269.

et par ce moyen fait chef du conseil de la maison d'un grand, au lieu que s'il fust demeuré en la salle du palais il y eut esté des derniers.

Cela est vray, dit M. Pasquier, et ce mal a principalement commencé en mes iours, et vous en pourray dire autant qu'homme de ma robbe. Car estant venu au palais des l'an 1549, messieurs maistres Christophle de Thou et Pierre Seguier defuncts y tenoient les premiers rangs d'advocats, dont ils furent bien tost apres advancez aux estats, mesmément feu M. Seguier en celuy d'advocat du Roy, et puis tous deux faits presidens par l'erection du semestre (1). Et pour monstrer que la dignité d'advocat du Roy ne donnoit aucun advantage pardessus c'elle d'advocat du commun, c'est que M. de Thou fut receu president avant M. Seguier, qui estoit deslors advocat du Roy, et depuis il fut premier president par le decez de feu M. le president le Maistre. Mais pour revenir à ce que vous disiez tantost, il est certain que les principales affaires du palais passoient par les bouches et les plumes de ces deux, pendant qu'ils estoient advocats, et principalement de M. Seguier qui estoit du conseil de madame de Ferrare, de M. de Nevers, de feu M. le connestable de Montmorency, du seigneur de Nantouillet, prevost de Paris, fils de M. le chancellier du Prat, et de plusieurs autres; des affaires desquels ils ne put s'exempter du tout pour estre officier; mais fut comme contraint de prendre dispense de Sa Majesté pour demeurer du conseil de madame de Ferrare, fille de France, et à son exemple de M. de Nevers et de M. le connestable. Ce fut donc M. le president Seguier, qui le premier de ma connoissance continua d'estre du conseil des princes et seigneurs, desquels il avoit esté advocat. Et comme nous sommes *au royaume des conséquences*, et que souvent les mauvais exemples procedent de bons commencemens, ceux qui sont venus depuis ont voulu faire le semblable; mais non avec pareille suffisance, honneur, ny retenuë; car il n'en faisoit point de monstre, et ne s'employoit qu'aux affaires d'importance;

(1) En l'an 1554.

comme en quelques arbitrages, contracts de mariage, grandes acquisitions, et partages de maisons, et non aux affaires ordinaires ny aux procez, et sans que les advocats s'y trouvassent, comme l'on fait maintenant, que les princes et seigneurs ont estimé ne pouvoir estre dignement servis en leurs affaires, s'ils n'ont en leur conseil quelque president, maistre des requestes ou conseiller. — C'est donc pour cela, dit mon aisné, qu'il faut essaier de l'estre. — Mais les advocats, dit, M. Pasquier, ont esté et sont mal advisez de se ranger en telles assemblées, et se doivent prendre à eux-mêmes et non à d'autres, si le principal honneur de leurs charges leur a esté par ce moyen soustrait ; car s'ils ne s'y trouvoient point, on n'y pourroit quasi rien faire sans eux. Voila donc ce qui a principalement fait descheoir l'honneur de l'estat d'advocat ; et c'est aussi l'une des causes qui a fait tant rechercher et encherir les offices ; ioint que maintenant on évoque du parlement une grande partie des causes qui luy appartiennent, au lieu qu'on les y renvoyoit de toutes parts, qui est un autre discours lequel seroit trop long pour cette heure. — Je suis fort aise, dis-je à M. Pasquier, d'avoir entendu ce propos, et vous en remercie, tant pour moy qui ay entendu des choses que ie ne sçavois pas, que pour cette ieunesse, que ie voy toute desbauchée par ce nouvel arrest. Mais puisque nous en sommes venus si avant, nous voudriez vous faire ce bien, vous qui avez esté si long-temps et avec tant d'honneur au barreau, et si soigneux de *rechercher les antiquitez et singularitez de nostre France*, de prendre la peine de nous dire ce que vous avez pû entendre et connoistre de l'ordre des advocats du parlement ? l'entends de leur premiere institution et progrez, de l'honneur et dignité de leurs charges, et particulièrement nous dire leurs noms, et remarquer ceux qui ont paru et tenu quelque rang entre eux, et chacun d'eux en leur temps : non que ie veuille vous prier de parler de ceux qui sont vivans, ny pareillement de vous ; estimant l'un aucunement importun, et l'autre un peu trop curieux, et par adventure perilleux et sujet à envie ; en iugeant peut-estre autrement d'eux qu'ils ne voudroient, ou que d'autres n'estimeroient. Ie vous prie donc d'aggréer qu'à cette fin nous nous rendions demain chez vous à pareille heure, pour apprendre ce que vous en sçavez. Aussi bien n'estes-vous point tenu d'aller les aprés disnées en la chambre des comptes, et n'en craignez point les picqueures ; et vous voyez aussi que nous sommes icy tous de loisir.

Vous me prenez de bien prés, dit-il, en remettant la partie à demain. Car encores que i'aye esté soigneux de sçavoir, voire d'escrire non seulement ce que i'ai veu et entendu, mais aussi ce que i'ai leu de plus memorable en nos histoires et registres, tant du parlement que de la chambre des comptes, selon ce que vous avez pû voir par mes recherches, et que i'aye esté curieux iusques-là, que de faire un roole des advocats qui ont eu quelque nom en leur temps, et de cotter ce que i'ai connu de bien et de mal en chacun d'eux ; si ne me seroit-il pas possible de m'en rafraichir en si peu de temps la memoire : mais il vaudroit mieux remettre la partie à une autre fois. — Ie vous en prie, dit mon puisné, et que i'en sois aussi, s'il vous plaist ; il n'y a procez de commissaires, quand bien i'en serais, que ie ne quitte tres-volontiers pour estre participant de ce discours, y ayant long temps que i'avois prié mon pere de nous en dire ou laisser quelque chose par escrit. Et m'a tousiours semblé que nous avions occasion de nous plaindre de nos ancestres, d'avoir esté si peu soigneux d'apprendre à leur postérité les qualitez, noms, vices, et vertus de ceux de leur temps ; qui est le plus beau miroir et la meilleure leçon que l'on puisse laisser aux siens. — Et moy, dit mon neveu d'Hibouviler, i'en seray pareillement, s'il vous plaist ; car estant resolu de demeurer en cette vacation comme mon oncle, si quelque autre meilleure fortune ne m'en tire, il m'importe davantage de l'entendre qu'à personne, et particulièrement plus qu'à mon cousin qui semble estre resolu de quitter le barreau. — Nous en serons donc tous ensemble, dis ie, et continuerons l'assignation à tel iour, heure et lieu qu'il plaira à M. Pasquier nous donner. Ie vous prie aussi, dis ie à M. Pithou, de vous y rendre, et de penser cependant à nous y apporter ce que vous en savez de plus singulier et notable : il n'est pas que vous n'en ayez fait quelques remarques. — Ie le veux, dit-il, et regarderay non seulement parmy mes papiers, mais aussi entre ceux de feu mon frere, où i'espere trouver quelque chose ; car vous sçavez qu'il a esté soigneux de toutes choses vertueuses. — Il vaut donc mieux, dit M. Pasquier, que ce soit pour dimanche prochain, afin que i'aye du temps pour me recueillir, et vous en dire ce que i'en sçauray. Mais aussi veux-ie que chacun m'y aide, et s'apreste de ce qu'il sçaura de sa part, et que tous ensemble nous y apportions nostre talent. Surquoy, et aprés avoir devisé d'autres choses, nous prismes congés les uns des autres.

Doncques le dimanche en suivant nous nous rendismes tous à une heure de relevée au logis de M. Pasquier, où nous trouvasmes la salle préparée de chaires ; et deux de ses enfans qui nous y attendoient, sçavoir est son aisné (1), et M. le maistre des requestes (2), lesquels voulurent estre de la partie. Mais quant à M. Pasquier, sans lequel nous ne pouvions rien faire, il demeura longuement en haut enfermé dans sa chambre, n'en pouvant quasi sortir, quoy que son homme de chambre l'eust adverty par deux fois, que la compagnie estait en bas, et l'attendoit il y avoit prés d'une heure. Finalement estant descendu, et ayant salué la compagnie, et pris sa place en la chaire du bout d'en haut, qui luy avoit esté laissée, il commença à nous dire avec un front refrongné, qui faisoit paroistre qu'il estoit encores tout esmeu d'une méditation bien profonde : Vrayment, messieurs, vous m'avez bien taillé de la besongne, ou plustost ie m'en suis bien taillé moy-mesme ; car ie n'en pouvois quasi sortir : ce qui a esté cause de vous faire attendre icy plus que ie n'eusse voulu ; non pas que ie me sois trouvé beaucoup empesché à vous parler en general de la dignité des advocats, et de l'honneur que

---

(1) M. Théodore Pasquier, advocat en Parlement.
(2) M. Nicolas Pasquier.

nos ancestres portoient iadis à leur ordre. Car ce champ nous
ayant esté si souvent battu par les remonstrances que messieurs les gens du roy, et messieurs les presidens nous font
aux ouvertures des parlemens, ie ne vous en pourrois gueres
dire d'avantage, puis que vous avez souvent pû entendre
d'eux, que par les ordonnances qui se lisent ordinairement,
nous sommes appelez conseillers et advocats generaux du parlement; qu'en cette qualité nous avons seance sur les fleurs
de lys, au moins les anciens; et portons les *mesmes* robbes et
chapperons que messieurs; voir avons cet adventage sur les
conseillers des enquestes, de porter des chapperons fourrez,
comme messieurs de la grand'chambre, ce qu'ils n'ont pas,
et non seulement ceux qui siéent sur les fleurs de lys, mais
aussi les advocats plaidans. Aussi que jadis nous avions la
prérogative de porter aux bons iours la robbe d'escarlatte,
violette ou rouge, selon qu'il se voit encores aux anciennes
representations qui sont aux eglises; et encores, qu'il ne se
jugeoit gueres de causes de conséquence où la cour se trouvast empeschée, qu'elle n'en prist l'advis de nos anciens,
lesquels aussi estoient par eux nommez au roy pour estre pourveus des estats d'advocats et procureurs generaux, et de
conseillers, lorsqu'ils venoient à vacquer. Qui sont toutes
remarques d'honneur qui se voient par les registres de la
cour, que nous avons pour la plus part peu à peu perduës,
autant par nostre faute et negligence, qui dedaignons, ou,
comme parloient nos anciens, contrededaignons de nous
rendre aux audiences, et de porter non seulement les chapperons, mais aussi nos bonnets; que par le mespris qu'aucuns
de messieurs, et principalement les plus ieunes, et ceux qui
n'ont iamais passé par le barreau, font de ceux qu'ils esti-
ment estre au dessous d'eux. Ce n'est pas, dit-il, cela qui m'a
retenu si long-temps là haut, vous ayant fait attendre si longuement; mais la difficulté de vous representer comme i'eusse
bien desiré l'ordre et le temps des advocats : dont à la verité
i'avois il y a long-temps fait un amas, mais cela estoit en
grande confusion. Neantmoins pour essayer de m'acquitter
de ma promesse, ie vous diray qu'ayant entrepris de vous

parler des advocats de la cour, ie penserois faillir, si ie vous allois rechercher les anciens retheurs ou orateurs, qui sont jadis sortis, ou ont fleury quasi de tout temps en nostre France qu'on appelait la Gaule. Car outre que cela a esté cy devant si doctement discouru, tant par M. Pithou vostre frere en sa preface sur les declamations de Quintilian, que par M. le president du Vair en son traitté de l'eloquence françoise, qu'il ne s'y pourroit rien adjouster; de plus il m'a semblé qu'en parlant des advocats de la cour, il me seroit mal seant de passer plus avant que n'est l'establissement du parlement en cette ville de Paris (1), qui n'est que du roy Philippes le Bel (2), comme ie l'ay monstré en mes recher- ches, ou comme d'autres tiennent du roy Louïs Hutin (3). — Ie croy, dis ie, qu'il ne fut arresté à Paris qu'en ce temps- là, voire sous Philippes de Valois (4), Mais il y a grande ap- parence que la caue de l'y establir fut dés le temps du roy Philippes Auguste (5). Car vers l'année 1190, il avoit esté or- donné qu'on tiendroit une forme de parlement dans Paris trois fois l'année, afin d'y ouïr et terminer les differents des subjects du roi, ainsi que nous lisons dans Vincent de Beau- vais, qui n'estoit gueres esloigné de ce temps-là. Et si nous lisons en messire Iean seigneur de Ioinville, que le roy S. Louïs (6) assigna certains seigneurs qui avoient quelque different entr'eux, en son parlement à Paris. Et consequem- ment l'on pourroit reprendre la source et l'origine de nostre parlement de plus haut que vous ne dites, voire dés le temps du roy Louïs le Gros (7), qui en avoit quasi autant ordonné. — Cela, dit-il, pourroit bien estre : mais si trouvons nous, qu'encores depuis le temps des rois dont ie vous ay parlé, nos parlemens changeoient souvent de lieu et de seance,

---

(1) Establissement du parlement
(2) Philippe IV, en l'an 1286.
(3) Louis X, en l'an 1314.
(4) Philippe VI, en l'an 1328.
(5) Philippe II, en l'an 1180.
(6) Saint Louis IX, en l'an 1226.
(7) Louis VI, en l'an 1109.

selon la volonté des rois, et la commodité des affaires ; ainsi qu'il appert par les dattes des arrests donnez, les uns à Paris, aucuns à Vincennes, à S. Germain en Laye, au Louvre, en l'hostel de S. Paul, à Conflans, et à Melun, les autres au camp et ailleurs, où les advocats n'estoient gueres requis, ny leur eloquence. Voire mesme maistre Alain Chartier tesmoigne, comme le roy Charles VII tint son parlement à Bourges pour le faict du pape et du concile, où fut ordonnée la Pragmatique Sanction. Ce n'est pas que ie pense qu'il n'y ait eu longuement auparavant, voire quasi de tout temps des advocats en France ; car comme un estat ne peut subsister sans iustice, aussi la iustice ne peut se poursuivre ny s'exercer sans l'assistance et le conseil de ses ministres, dont les advocats sont les principaux : et de faict vous voyez qu'il en est fait mention en trois ou quatre lieux des Capitulaires de Charles-magne.

Ne le prenez pas là, dit M. Pithou, car ceux qui y sont nommez *advocati* (1), ne sont pas nos advocats ; mais ce sont ceux que nous appellons advoüés ou advoyers, procureurs et défenseurs des ecclésiastiques ou des communautez. Les advocats y sont plustost nommez *clamatores* (2), de *clamor* ou de *clain*, qui est à dire procez ou plaid, lesquels on a depuis nommé emparliers, conteurs, plaideurs, et quelques fois docteurs ou chevaliers de loi ou de loix.

Appelez les comme vous voudrez, dit M. Pasquier, si est-il impossible de faire ny rendre iustice sans le secours de personnes qui conseillent les parties aux différens qui naissent naturellement entre les hommes, et qui les assistent de leur parole ou de leur plume, en la poursuite ou défense de leurs droicts. Encores passeray-ie plus avant ; c'est que ie ne me puis persuader qu'il n'y ait eu tousiours en nostre France quelque art oratoire ou d'éloquence, aussi bien qu'en l'ancienne Gaule, tant celebrée pour ce regard par les Romains.

---

(1) Lib. iv, art. 3, et lib. vii, art. 308. Voyez les Mémoires de Beauvaisis de nostre autheur, chap. v, de la pairie de Beauvais et Vidamé de Gerberoi, art. 11, p. 152, où il traite des vidames.

(1) Lib. ii, art. 12, et lib. iii, art. 7 et 59.

Car nous sommes le mesme peuple que nous estions, sous le mesme ciel et climat, et sur la mesme terre qu'estoient nos ancêtres. J'entends de l'éloquence dont parloit Caton il y a prés de deux mille ans, quand il disoit, que les Gaulois s'estudioient principalement à deux choses, au faict de la guerre et à parler subtilement : *rei militari, et argutè loqui.* Car j'estime que c'est de nos Gaulois desquels il entendoit parler, puis qu'il mesle la guerre avec l'éloquence ; et non de ces Transalpins, qui estoient neantmoins si eloquens, que Ciceron les mesle entre ses orateurs dans son Brutus : et qui est cette eloquence que le grand Homere donne à Menelaüs en ces mots (1) :

Πᾶυρα μὲν, ἀλλὰ μάλα λιγέας,.....

Aussi ne seroit-il pas croyable, que nostre estat eust pû estre formé et entretenu si longuement, sans que quelques gens de conseil et d'éloquence y eussent esté employez ; mesmément aux assemblées ecclesiastiques et seculieres des prelats et barons, aux synodes, et tenuës d'estats ou parlemens, et aux sieges des comtes établis par les villes, envoyez par les provinces pour y rendre la iustice, qu'ils appeloient *missos dominicos*; comme pareillement aux sermons de nos evesques et prescheurs, et principalement depuis la derniere race de nos rois, qui a esté plus iusticiere et plus civile que les deux autres. Et ie ne doute point que cette eloquence n'ait esté mise en œuvre, non seulement aux estats tenus lorsque la couronne de France estant *querellée par l'Anglois contre nostre ancienne loy*, elle fut maintenuë, et asseurée par la plume, la langue et la lance de nos ayeuls, en la personne du roi Philippes de Valois ; mais aussi deslors que Hugues Capet fut appellé à la couronne par la noblesse de France, ou plustost par une benediction de Dieu, qui a reluy sur luy, et sur un grand nombre de ses successeurs, sans aucune resistance, et, s'il faut ainsi dire, sans coup ferir, en remonstrant par ces bonnes gens, et faisant entendre

---

(1) Iliade, γ. vers 214. *Id est Pauca quidem, sed valdè acutè.*

aux evesques et barons , et a tous les Estats du royaume, qu'il
estoit plus expedient d'avoir un roy de l'ancienne nation françoise, qui nous avoit defendu set nous defendoit encore contre
les Normans qui estoient lors sur le poinct de ruiner nostre
estat, que de s'attendre à ceux qui pouvoient rester d'une race,
lesquels s'estant retirez en Allemagne , s'estoient esloignez de
nous , voire nous avoient abandonnez. Et encores a esté cette
eloquence employée aux assemblées qui se sont faictes en plusieurs et diverses occasions, aux disputes de la paix, de la
guerre et de la religion. Mais nos ancêtres ont esté jadis aussi
peu soigneux d'escrire que nous en sommes maintenant prodigues. De sorte que ne se trouvant rien par escrit de ces personnages, il me seroit impossible de vous les nommer. Ce qui
me reduit à commencer l'histoire de nos advocats au temps de
Philippes le Bel seulement , lorsque nostre parlement fut
reglé et arresté, en m'aidant des registres que l'on commença
deslors à faire , ensemble de certains escrits, et de quelques
historiens du temps, et autres memoriaux que i'ay pû recouvrer çà et là, ainsi que vous connoistrez parce que ie vous
en diray.

Ne nous direz-vous donc rien, dit mon aisné, de ces advocats qui se trouverent en l'assemblée tenuë dans la sale de
l'eveschè de Paris, en la présence du légat du pape, sur la
validité ou nullité du mariage du roy Philippes Ier. de ce nom,
en laquelle le roy ayant fait proposer par ses advocats les
causes qu'il avoit de répudier Berthe, fille de Florent Ier.,
comte de Hollande, et de retenir Bertrade, femme de Foul-
ques, comte d'Anjou ; l'on dit qu'il se présenta sur le champ
un advocat, qui plaida si bien sa cause, que le roy fut esmeu
de reprendre sa première femme, et d'abandonner l'autre,
comme sa concubine? Ne faut-il pas conclure de là qu'il y
avoit des lors des advocats et de la plaidoierie en France? Car
ie croy que vous avez leu *l'inventaire de Serres*, lequel raconte ce que dessus assez particulierement.

I'ai leu, dit M. Pasquier, ce que vous dites, et au livre que
vous alléguez; mais ie n'en ay point voulu parler pour deux
raisons, la première, qu'il ne nomme point ces prétendus

advocats : l'autre et la principale, que ie ne sçay où il peut
avoir pris le conte qu'il en fait. Car il n'y a personne de ceux
qui ont escrit de ce divorce, qui sont en bien grand nombre,
qui disent ce qui est raconté en ce lieu : et neantmoins vous
sçavez que i'ai esté assez curieux de faire recherche de tout
ce qui s'est passé de singulier en nostre France, et croy que
cette action tant remarquable, si elle eust esté veritable, ne
me fut point eschappée, sans que ie l'eusse relevée : ce qui
me fait croire qu'il y a beaucoup d'autres choses en cet inventaire, qu'il ne faut croire que sous benefice d'inventaire.
— Mais que direz-vous, dis-ie, de maître Pierre de Fontaines,
auteur du *livre de la reyne Blanche*, mere du roy saint Louïs,
auquel sont contenues plusieurs regles de nos pandectes, et
de nostre code, tournées en vieux françois, et accommodées
aux us et coustumes du temps ? Il se voit par-là qu'il avoit
esté du mestier d'advocat ; c'est celuy duquel le sire de Ioinville escrit (1) qu'il estoit souvent appellé avec messire Geof-
froy de Villette, par le roy saint Louïs, pour lui aider à rendre iustice à ses subjects. — Il est vray, dit M. Pasquier, mais
il appert aussi par-là, qu'il estoit du conseil du roy et non
pas advocat. — Si ne pourrez vous donc refuser, dis-ie, de recevoir en ce nombre M. Guy Foucault, natif de Saint-Gilles,
vers Narbonne, lequel ayant esté premierement advocat en
parlement, fut fait evesque du Puy, en Auvergne, puis archevesque de Narbonne, et evesque de Saincte - Sabine, et
encore cardinal, et finalement pape de Rome, nommé Clément IV, du temps de nostre saint Louïs. Car Guillaume de
Nangis escrit qu'il avoit esté advocat et conseiller en la cour
de France, qui estoit le parlement de Paris ; et Platine dit (2)
qu'il y estoit advocat. — L'on en dira et escrira ce que l'on
voudra, repliqua M. Pasquier, mais m'estant proposé suivant

---

(1) Chap. dernier

(2) Platine en parle ainsi, *Is enim jurisconsultus totius Galliæ sine
contentione primarius, in curiâ regiâ causas integerrimè agens, uxorem et
liberos habuit, quâ mortuâ, primò Podiensis, deindè Narbonensis episcopus,
postremò cardinalis omnium consensu creatus*, etc.

ce que i'ay par vous esté requis, de parler des advocats de la
cour, ie ne me suis point mis en peine de ceux qui estoient
auparavant que le parlement tînt et fust sedentaire et arresté
à Paris. Partant, ie me suis borné à ne point outrepasser le
regne du roy Philippes-le-Bel ; encores ay-ie esté empesché
de vous trouver des advocats de son temps. Car bien qu'il y
eust deslors des hommes sçavans en droict civil et canon, signamment ceux que le roy fit appeler avec les prelats et
maistres en theologie, pour respondre à cette belle bulle du
pape Boniface VIII, par laquelle il s'estoit donné la souveraineté de ce royaume, dont l'histoire est celebrée tant par
par nos livres que par les Italiens et autres ; si est-ce que ie
n'en trouve aucun auquel nous puissions donner le titre
d'advocat en ce parlement, sinon que nous voulussions le
donner à deux ou trois, dont l'un seroit M. Raoül de Presle (1),
qu'on dit avoir esté comme principal advocat du roy, en
l'an 1315; l'autre M. Pierre du Bois, qui donna conseil et
advis contre cette bulle. Mais quoy qu'il fust advocat et bien
habile homme, si n'estoit-il point de ce parlement, ains advocat du roy au bailliage de Constantin, et partant il sera icy
mis hors d'œuvre ; l'autre pourroit, par adventure, estre
messire Guillaume de Nogaret, lequel quelques uns appellent *chevalier de loix*. Et si les temps se pouvoient facilement accorder, i'y adjousterois volontiers M. Pierre de
Cugnieres (2) qui fut employé vingt-six ou vingt-sept ans
apres par le roy Philippe de Valois à la défense des droicts
des rois et des barons contre les ecclesiastiques ; si ce n'est
que l'on voulust dire que ledit sieur de Cugnieres estant
encores ieune advocat, et en la fleur de son âge, il fut
appellé avec du Bois, pour faire la réponse à cette bulle ;
car il est veritable que le *Sciat fatuitas tua*, etc., ressent
aucunement la gaillardise de Pierre de Cugnieres et l'argutie
de l'éloquence françoise catonnienne, dont ie vous ay parlé

---

(1) Miraumont en son livre des Iustices royales estans dans l'enclos
du Palais, titre du Parquet, l'appelle Paul de Prayeres, p. 220.

(2) Cugnieres ou Congnieres. Voyez Miraumont, pages 220 et 221.

cy-devant ; et il y deux choses qui pourroient faire croire
que M. Pierre de Cugnieres y auroit mis la main ; l'une, que
le greffier du Tillet escrit que du Bois (1) fut aidé en ce
que dessus, par un personnage de grande *litterature legale*,
qui estoit à mon advis plus grande en de Cugnieres qu'en
Nogaret, lequel en recompense avoit meilleure espée que
luy ; l'autre, que l'un des principaux argumens de la response envoyée au pape Boniface, et fondée sur le mesme
passage de l'Evangile que de Cugnieres prit pour son theme
contre les ecclesiastiques du temps de Philippe de Valois :
*Reddite quæ sunt Cæsaris, Cæsari ; et quæ sunt Dei,
Deo* (2). Partant si ie n'estois point asseuré de faillir en
nommant icy pour un des advocats de ce temps-là M. Pierre
de Cuignieres, ie le proposerois pour le premier advocat
celebre de mon discours.

M⁰. Pierre de Cugnieres, dit mon neveu, où nous mettez-
vous ? N'est-ce pas ce M⁰. Pierre de Cugnet, duquel on a
mis un portraict, ou plustost un marmot en un coing et
dehors le chœur de l'église de Nostre-Dame de Paris, contre
lequel les bonnes femmes et les petits-enfans vont attacher
des chandelles, afin de luy brusler le nez par derision ?
Vrayement vous nous faictes un bel honneur de vouloir commencer à parler des advocats de la cour par un tel galand. —
Que dites-vous ? dit Pasquier. C'est par adventure un des
plus vertueux et des plus sages personnages que la France
ait produit, et duquel la memoire vous doit estre cherement
recommandée, comme estant celuy qui le premier s'enhardit
d'entreprendre la defense des droits du roy et des barons
du royaume, contre les entreprises et usurpations que faisaient les ecclesiastiques sur les subjects par tant d'inventions
de citations, monitions, censures et excommunications contre
les personnes layes, qu'il n'y avoit homme durant sa vie ou
apres sa mort, qui s'en pust exempter. Ie ne vous en particu-

_____

(1) Voyez *Acta inter Bonifac.*, etc., p. 177.
(2) Pasquier en ses Recherches, liv. IV, chap. 27, et Miraumont
titre du Parquet, sous l'an 1328, p. 221.

lariseray rien davantage, pour en avoir faict un chapitre (1) exprès au III°. livre de mes Recherches.

Nous le sçavons, dis le, et i'ay leu ce chapitre là tout entier depuis peu de iours, et y ay pris plaisir, signamment en ce que vous y avez soigneusement et clairement representé, ce qui est assez confus et difficile à comprendre par les articles qui nous ont esté conservez de son latin, imprimé en l'an 1551, car ie n'ay rien veu de son oraison entiere. — Ie l'ai aussi leu, dit M. Pithou ; mais ie ne sçay pourquoy vous mettez le seigneur de Cugnieres au nombre, et pour le conducteur ou capitaine des advocats, veu qu'en toutes les disputes de luy et de messire Pierre Bertrand, evesque d'Authun, il est appellé chevalier du roy, et non point advocat. — Ne trouvez point, respondit-il, ces qualitez estranges ; car en ce temps là et encores depuis une bonne partie des gens laiz du parlement estoient appellez chevaliers, ainsi qu'il se voit, tant par les anciens registres de la cour, et par l'exemple d'un messire Alain Houdry, que par l'epitaphe de messire Pierre de Neufville, chevalier seigneur de Mourry, qui est en l'église de Saint-Estienne-des-Gres, de l'an 1380, et encores par quelsques anciens escrits latins, qui donnent à nostre Guillaume de Nogaret, lequel estoit de mesme temps, la qualité de *miles*, qui est à dire chevalier, selon le langage du temps ; et pour le regard de celle d'advocat, voire d'advocat du roy, que i'ai aussi donnée en mes recherches au sieur de Cugnieres, l'on ne peut faillir de l'appeler ainsi, puisque, comme advocat, il defendoit la cause du roy. — Vous parlez correctement, dis ie, quand vous dites qu'on ne peut faillir de luy donner la qualité d'advocat du roy, puisqu'il defendoit la cause du roy ; car il n'y avoit point encores d'office d'advocat du roy, mais on prenoit, pour la défense et remonstrance des droicts et causes du roy, l'un des advocats generaux de la cour, selon que l'occasion s'en presentoit, ainsi que nous voyons aux registres du parlement du 18 février 1411, où il est parlé d'un M. Iean Perier, cha-

---

(1) C'est le chap. 33.

noine de Chartres, qui parla comme un advocat du roy ; et
dans les arrests et questions de M. Iean le Cocq, dit *Gally*,
lequel vivoit beaucoup plus bas, sçavoir, et du temps du roy
Charles VI, où luy et plusieurs autres advocats sont employez
à plaider pour le procureur general, lesquels ne laissoient de
plaider pour les parties. Mesme en l'histoire du roy Louïs XI,
il y a que le roy de Portugal, estant venu en France en
l'an 1476, et ayant assisté aux plaidoiries de la grand'chambre,
M. François Halé, advocat et archidiacre de Paris, plaida
pour un regaliste, contre maistre Pierre de Breban, aussi advocat et curé de Saint-Eustache, encores que ledit Halé y soit
nommé comme advocat du roy (1) : ce qui nous apprend deux
choses ; l'une, que l'estat d'advocat du roi en titre d'office est
moderne, en ce que les advocats du commun plaidoient pour
le procureur general ; l'autre, que les advocats du roy plaidoient et consultoient aussi pour les parties, lorsque le roy
n'y avoit point d'interest ; ce qui est mesme remarqué par
M. Iean Boutillier en sa Somme rurale ; et cela s'est continué
iusques au temps du roy Louïs XII, pour le regard de la plaidoirie, et iusques à celuy du roy François Ier., pour le regard
des consultations. Car lors que M. Robert Thiboust (2) fut
receu advocat du roy au parlement, au lieu de M. Iean
de Ganay (3), lors premier president, et depuis chancelier de
France ; ce fut avec permission de plaider et consulter pour
les parties, pourveu que le roy n'y eust point d'interest. Et
longuement apres, maistre Pierre Lizet (4), Guillaume
Poyet (5), et François de Monthelon (6), estans faits advo-

---

(1) En effect M. Pasquier, liv. 11 de ses Recherches, chap. 3, dit:
qu'il fut fait troisiesme advocat du roy le penultième fevrier 1465,
sous Louis XI ; et Miraumont, titre du Parquet, dit, que ce fut du
consentement du procureur general et des deux avocats du roy, à
cause des merites du personnage.

. (2) Miraumont dit qu'il fut fait advocat du roy en 1483.

(3) Miraumont l'appelle Guillaume, receu en 1461.

(4) Fait advocat du roy en 1517 ; Miraumont.

(5) En 1530, *id*.

(6) En 1534, *id*.

cats du roy, furent dispensez de consulter ; ce qui a esté depuis discontinué à cause que leurs gages et pensions ont esté augmentés ; et si est remarquable que lors qu'ils ont esté establis en titre d'office, on y en a mis deux, à l'exemple de ce qui est en la loy *Binos* 10, *de advocatis diversor. iudicior.* au code ; et mesme que le premier estoit d'eglise, comme estoit aussi jadis le greffier civil, et quasi la moitié des conseillers du parlement. Encores auiourd'huy le premier advocat du roy prend lettres de dispense pour tenir son office laïquement. Mais, pour revenir à nostre propos, l'on ne se doit point esbahir, si l'on appelle M. Pierre de Cugnieres, tantost chevalier, tantost advocat du roy, et par fois simplement advocat, ny le refuser pour nostre capitaine et premier advocat du parlement. Et de ma part ie le tiens à honneur, sinon que vous aymiez-mieux que nous prenions pour nostre patron ce M. Guy Foucault ; duquel vous avez parlé cy-devant, qu fut le pape Clement IV, qui seroit encores un plus grand honneur à notre ordre, d'avoir pour chef celui qui est monté au premier degré de la chrestienté.

A la vérité vous montez bien haut, dit M. Pithou en nous nommant des advocats du parlement dès le temps du roy saint Louïs, trois cents ans, il y a et plus. Car i'ay remarqué que Cicéron, qui a si soigneusement recherché les orateurs de Rome, ne passe point sept-vingts ans avant son consulat, nommant pour le premier et plus ancien d'iceux M. Cornelius Cethegus. — N'attendez point aussi de moi, respondit M. Pasquier, un grand nombre d'autres advocats de ce premier siecle ; car, outre que les registres du parlement nous défaillent, il est certain que le nombre n'en estoit pas grand, n'y ayant lors gueres de procez és cours laïques, pour deux raisons ; l'une, que i'ay touchée ci-dessus, que la iurisdiction ecclésiastique entreprenoit quasi tout, ou que presque tout se renvoyoit pardevant eux en vertu de privilege de clericature. L'autre, que ce qui estoit de leur demeurant, savoir, est les procez criminels et de sang, comme on parloit lors, voir souvent les procez civils, se iugeoient et déterminoient entre les seigneurs par guerres ; et entre les autres, soient communautez ou particuliers, et mesmément entre personnes ecclésiastiques par gage de bataille, à faute de preuve testimoniale suffisante. En quoy les advocats n'estans requis que pour l'observance de quelques formalitez, il falloit plus de champions de bataille aux plaids, que d'advocats; car encores que les rois saint Louïs et Philippes le Bel eussent défendu les duels, mesmément celuy-cy par son ordonnance de l'année 1303, si fut il contraint de les remettre trois ans apres, pour eviter de plus grands inconveniens. Vray est que pour y apporter quelque temperamment, il fut enfin ordonné, sçavoir est en l'an 1409, que nul ne seroit receu à gage de bataille, qu'il n'y eust gage iugé par le roy, ou sa cour de parlement (1). De sorte que ces combats ont esté fort long temps en pratique, ainsi qu'il se voit tant par l'ancien stile du parlement, composé par M. Guillaume du Breüil, que par nos histoires et livres coustumiers, lesquels i'ay soigneusement rapportés au commencement du IVe. livre de mes Recherches.

I'ai veu, dis-je, ce que vous et Pierre Iacobi, ancien docteur et praticien de ce royaume, Guy Pape, l'autheur du livre de *la Salade*, du *Moulin*, et les autres en avez escrit, et tout ce qui en est és coutumes de Normandie et de Béarn (2), lesquelles en parlent plus formellement que les autres. Mais puis que vous estes entré au propos des duels,

---

(1) Des Ursins, en l'Histoire de Charles VI, escrit sur la fin de l'an 1385, que le seigneur de Courtenay, Anglois, appela au combat le seigneur de la Trimoüille qui l'accepta. Mais le roy luy défendit; dont l'Anglois s'en retourna tout glorieux, disant qu'il n'y avoit François qui l'osast combattre. Ce que le seigneur de Clary, qui estoit homme de petite monstre mais de grand courage, ayant entendu, il s'alla présenter contre luy et le combattit. Mais parce qu'il l'avoit fait sans congé du roy, on luy voulut faire son procez, dont il se défendit, disant que veritablement il n'estoit pas loisible à un subject du roy de combattre un subject d'un autre roy, sans sa permission; mais que c'estoit un autre chose en un Anglois, qui estoit ennemy perpetuel de France. Toutefois il fallut que le roy luy pardonnast.

(2) Les regles du duel sont telles en la coutume de Bearn, *rubrique des batailles*.

I. Que le defendeur a le choix des armes et de la forme de combattre.

ie vous prie me pardonner si ie vous dis qu'il me semble que vous ni tous les autres qui en avez traisté n'avez point, sous correction, pris la peine de rechercher la source et l'origine de nos champions, ni les différences qui s'en pourroient recueillir de l'antiquité ; signamment en ce que vous ne touchez rien de la différence, qui estoit pour ce regard entre la vieille loy Gombette et nostre loy Salique, ni entre celle des François et des Normans.

Quelle? dit M. Pasquier. — Quant à l'origine, dis-ie, i'ai autrefois appris du sieur Savaron, advocat en parlement, maintenant conseiller et garde des sceaux en la cour de Montferrand, que les anciens Allemans, dont nos François sont venus, pratiquoient ces combats pour la vidange de leurs différens. Et c'est ce que Velleïus Paterculus remarque quand il dit, au second livre de son histoire, parlant de la sédition qui se fit contre Quintilius Varus, *solita armis decerni iure terminabantur ;* comme voulant dire qu'on iugeoit lors leurs querelles par la iustice, aulieu qu'auparavant ils les desmesloient par les armes. Et par les extraicts que nous avons de l'histoire grecque de George Pachymère, il se voit que dès long-temps les empereurs avoient accoustumé de commettre au duel le iugement des crimes dont la preuve estoit douteuse et incertaine. Et pour le regard des différences qu'il y avoit jadis en ces duels, nous les apprenons d'Agobard, archevesque de Lyon, et de Guillaume le Breton. Du premier, par la plainte qu'il en fit en l'une de ses

---

II. Que le defendeur est tenu le mesme iour qu'il a receu le cartel, d'advoüer ou denier le faict.

III. Que celuy qui ne combat apres la bataille assignée, et jurée és mains du seigneur, pert les armes, et sera puny à l'arbitrage du juge.

IV. Qu'aucun n'est tenu prendre ny accepter champion, ains de combattre et entrer en champ.

V. Que si celui qui est appelé traistre, desment celuy qui l'appelle ainsi, offrant se défendre avec connoissance de la cour, conserve et garde son honneur.

VI. Qu'en choses qui se peuvent prouver, n'eschet gage de bataille.

epistres au roy Louïs le Debonnaire , disant que par la loy Gombette (1) ou de Gondebaud , roy des Bourguignons (2), l'on ne recevoit aucune preuve par tesmoins , mais que toutes causes se desmeslaient par combats , bien que le faict eust esté commis en la presence de plusieurs , voire en plain marché , et suffisait à celuy qui vivoit selon cette loy, de desnier le faict (3), et d'offrir le combat contre celui qui se plaignoit. Ce que l'on dit estre encores observé en Danemarck et chez d'autres nations septentrionales ; qui estoit une extrême barbarie , beaucoup plus grande que celle de la loy salique , laquelle ne recevoit ces duels que par faute de preuve legitime. Et pour le regard des Normans , c'estoit chose estrange , que si l'appelant estoit vaincu , il en estoit quitte pour soixante sols et un denier d'amende (4), et au contraire l'appellé encouroit la perte de la vie et de ses biens. Ce que le roy Philippes Auguste corrigea après qu'il eut conquis la Normandie , en y mettant la loi du talion , qui s'observoit entre les François, ainsi qu'il y a au huitième livre de la Philippide , escrite par Guillaume le Breton , dont les vers meritoient bien d'estre enchassez dans vos Recherches, car ie les ai trouvez si beaux

---

(1) Il l'appelle *Gondebadam.*

(2) *Cujus extitit autor,* dit-il , parlant de ce Gondebaud , *homo hereticus et fidei catholicæ vehementer inimicus , etc.*

(3) Suger en la vie de Louïs le Gros, dans le Recueil de M. P. Pithou , p. 110. *Si quid horum vestrates aut dedixerint , aut dicere simulando noluerint , pleno duorum aut trium testimonio Baronum , lege duelli parati fuimus approbare :* et peu après , *lege duelli verborum exaggerationem refutando , cui justicia cedere debeat confligendo aperiant.*

(4) Lucian , dans son Toxaris , dit qu'en Scythie le vaincu avoit la main coupée; et Saint-Bernard en son Epit. 39 , à Thibauld , comte de Champagne, en escrit ainsi : *In manu Barrensis Præpositi dudum facto duello , qui victus fuit , statim ex vestrâ iussione oculos amisit. Insuper quoque , quasi parva hæc mala essent , et quòd victus , et quòd oculis orbatus fuerat , res ei omnes suæ , à ministris vestris , sicut ipse conqueritur, ablatæ sunt. Iustum est , si placet vobis , ut ei vestrâ pietate restituatur, unde misera eius vita possit utcumque sustentari. Sed et filiis eius innocentibus patris iniquitas non debet imputari , quò minùs , si quæ sunt , paterna herediten ædificia.*

pour le temps , et ils nous apprennent une chose si notable, laquelle nos historiens ont oubliée, que ie les ai appris par cœur :

Constituit pugiles , ut in omni Talio pugnd,
Sanguinis in causis ad pœnas exigat œquas,
Victus ut appellans, sive appellatus eddem
Lege ligaretur; mutilari, aut perdere vitam.
Moris enim extiterat apud illos hactenùs, ut si
Appellans victus in causd sanguinis esset ,
Sex solidos decies cum nummo solveret uno,
Et sic impunis amissd lege maneret ;
Quòd si appellatum vinci contingeret , omni
Re privaretur, et turpi morte periret.
Iniustum iustus hoc iustè rex revocavit ,
Reque pares Francis Normannos fecit in istd.

Ie reverray ces vers. dit M. Pasquier, et les inseresray volontiers en mes *recherches* lorsque ie les feray r'imprimer, et vous en remercie.

Là dessus M. Pithou prit la parole en disant, me sera t'il aussi loisible d'apporter icy mon mot ou symbole, puis que vous m'en avez convié? — Vous me ferez plaisir, respondit M. Pasquier, et le tiendray à obligation. — Lisez ce que i'en ay remarqué, dit M. Pithou, en mes notes ou glossaire sur les Capitulaires, et le xlvi chapitre du iiie livre (1). Vous y verrez que dès le temps de Charle-magne, non seulement les causes criminelles , mais aussi aucunes des civiles se termi-noient par champions; car il y a ces mots, si bien il m'en souvient, *Si auctor venerit et rem intertiatam recipere re-nuerit, campo vel cruce contendant;* qui me semble un lieu singulier et notable sur ce subject. Car le liv. iii des Capi-tulaire dont cet article est tiré , est tout des ordonnances de Charles-magne, ainsi qu'Ansegise qui les a recueillies nous en advertit dans sa preface (2).

---

(1) Sur le mot *Campus.*

(2) *Illa autem,* dit Ansegise, *quæ dominus Carolus in diversis fecit temporibus ad mundanam pertinentia legem, in tertio adunavi.*

Il me semble, dis-ie, que c'est assez parler de nos duels;
ie vous prie revenons à nos advocats, qui est ce qui nous a
icy assemblez. — Ie le veux, dit M. Pasquier, et passeray à
ceux du temps des enfans de Philippes le Bel (1), Louïs Hutin (3), Philippes le Long (4), et Charles le Bel (5). — Oublie-
rez vous, dis-ie, le patron des advocats, qui vivoit du temps
de Philippes le Bel? — Quel? dit M. Pasquier. — M. Yves de
Kaermartin, dis-ie, lequel fut si grand et si sainct personnage,
qu'il a esté canonisé, et surnommé Saint-Yves. — Il n'estoit
pas des nostres, dit M. Pasquier, ains Breton. — Si peut-il,
dis-ie, estre mis au nombre de nos advocats; car encores qu'il
fut official et archidiacres de Rennes, et depuis de Triguier,
si ne deloissoit-il pas d'exercer par charité l'estat d'advocat,
pour les veufves, orphelins, et autres personnes misérables,
et non seulement és cours d'eglise et autres de Bretagne,
mais aussi aux bailliages du parlement de Paris, poursuivant
leurs procez, mesmes iusques à la cour, ainsi qu'il est récité
au deuxiesme livre du *Miroir historial* ou *rosier des guerres*,
iadis composé par le roy Louïs xi, où il se lit une histoire
notable qui a esté oubliée dans la vie ou legende de ce sainct,
du tout semblable à ce que Valere Maxime (5) r'apporte de
Demosthène, disant : que deux galands ayant déposé une
somme d'argent entre les mains d'une pauvre femme, à la
charge de ne la rendre qu'à eux deux ensemble; quelque
temps apres l'un d'eux s'estant presenté à elle avec une mine
fort triste, feignit si bien que son compagnon estoit mort,
qu'elle se laissa persuader de luy rendre la somme toute en-
tiére. Toutesfois l'autre survint depuis; et s'adressant à elle
luy redemanda parcillement ce dépost : de sorte que cette
pauvre femme se voyant esgalement empeschée à se resoudre,
comme elle pourroit trouver de l'argent, ou se défendre en ius-

---

(1) 1286.
(2) 1312.
(3) 1316.
(4) 1331.
(5) Liv. vii, chap. iii.

tice, estoit sur le poinct d'entrer en désespoir et de se de-
faire. Mais cet orateur ayant embrassé sa cause, la tira de
peine, en déclarant pour elle, qu'elle estoit preste de s'ac-
quiter de ce dont elle s'estoit chargée envers luy, pourveu
que, suivant ce quil reconnoissoit luy-mesme avoir esté
convenu entre eux, il amenast son compagnon. Ainsi cette
histoire porte que deux hommes qui estoient arrivez ensemble en une hostellerie de la ville de Tours, ayans baillé
une bougette en garde à l'hostesse qui estoit une femme veufve
et luy ayant recommandé qu'elle ne la rendist à personne,
qu'à eux deux ensemble : cinq ou six iours apres l'un d'eux
la luy vint redemander tout seul, sous pretexte d'un paye-
ment qu'il supposa, qu'ils avoient tous deux à faire dans la
ville. L'hostesse ne se souvenant plus ou ne pensant pas à
ce qui avoit esté dit, ne fit aucune difficulté de la luy bailler :
et celuy-cy l'ayant incontinent emportée, ne retourna plus
au logis. Cependant l'autre s'y rendit sur le soir, et n'y trouvant point son compagnon, il s'enquit de l'hostesse où il
estoit. L'hostesse luy respondit ingenuëment, qu'elle ne l'avoit
point veu depuis qu'elle luy avoit rendu leur bougette. Alors
cet homme faisant de l'estonné, s'escria qu'il estoit perdu ;
et qu'il y avoit dans cette bougette une grande somme d'argent. Puis se tournant vers elle, il lui remonstra que c'estoit
au prejudice de ce qui avoit esté resolu entr'eux, qu'elle l'a-
voit remise entre les mains de l'un en l'absence de l'autre ;
et luy déclara qu'il se pourvoiroit contre elle en iustice. Et
de faict il la fit adiourner pardevant le bailly de Touraine,
à ce qu'elle eust à lui rendre ce depost : et elle, ayant com-
paru à l'assignation, demeura ingenuëment d'accord de tout
ce qui s'estoit passé. Surquoy il afferma, qu'il avoit dans
cette bougette cent pieces d'or, outre plusieurs scedules et
autres papiers de conséquence : de sorte que cette pauvre
veufve estoit sur le poinct d'estre condamnée. Mais le bon
Saint-Yves estant survenu fort à propos, la delivra de cette
peine par un expedient non moins certain que prompt, dont
il s'advisa. Car apres qu'il se fut instruit de l'affaire, il lui
donna advis de remonstrer qu'elle avoit trouvé moyen de

recouvrer la bougette, et qu'elle estoit preste de la representer : mais qu'aux termes de la reconnaissance du demandeur, il estoit obligé de faire comparoir son compagnon, afin
qu'elle la put rendre à eux deux : ce que le iuge ayant trouvé
raisonnable, il l'ordonna ainsi. A quoy le demandeur n'ayant
voulu ou pu satisfaire, non seulement la bonne veufve fut
renvoyée absoute, mais aussi s'estant découvert que ces
galands estoient des pipeurs qui colludoient ensemble pour
ruiner leur hostesse, le demandeur en fut puny extraordinairement. N'est-ce pas là un chef-d'œuvre d'advocat, suivant
la décision que nostre Accurse fait d'une pareille question sur
l'un des paragraphes de la loy première *Depositi*, au digeste?
Et cette histoire ne merite t'elle pas d'estre r'accontée, et
nostre Saint-Yves canonisé, mis au nombre de nos advocats?

Voilà, dit M. Pasquier, une belle closture des advocats du
règne de Philippes le Bel, et suis bien aise de l'avoir entenduë. Il y a peu d'advocats de ce temps-cy, auquel nous pensons en être bien fournis, qui se fussent advisez d'un si prompt
remede pour sauver la simplicité et l'innocence de cette femme.
Venons donc maintenant aux advocats du temps des trois enfans du roi Philippes le Bel, cy-devant nommé. Ils ne regnerent que treize ans, et pendant leur regne ils ont eu plus de
soldats que d'advocats, car ils furent quasi continuellement
en guerre. Et neantmoins pendant leur regne la plaidoirie
commençoit desia à estre si ordinaire et si assiduë, qu'il ne se
donnoit point de vacations ny de remises, mais on y expédioit les causes, mesmes és iours de festes, ainsi que remarque
Guillaume Durand, *in speculo*, sous le titre *de Feriis*. Et si
firent-ils plusieurs ordonnances et règlemens concernant,
tant le faict de la iustice en general, que le particulier du
parlement de Paris. Comme en ce que Louis Hutin affranchit
plusieurs personnes main mortables. Philippes le Long défendit de se pourvoir par appel contre les iugemens donnez
en son grand conseil, qui estoit lors le parlement ; essaya de
réduire à une les mesures, poids et monnoies de ce royaume ;
fit l'ordonnance de la revocation du domaine aliené, et celle
des defenses de recevoir les nobles de Champagne à faire preuve

par tesmoins des corvées et autres redevances extraordinaires par eux prétendues en leurs terres. Charles le Bel fit celle par laquelle il introduisit aux païs coustumiers la regle de *Victus victori*, du droict escrit, pour le regard de la condamnation des despens; car lors notre usage ne rendoit aucuns despens de plaid, ainsi que remarque messire Pierre de Fontaines, en son livre de la reyne Blanche. Mais le droict escrit, tant civil que canonique ancien, commençoit lors à prendre pied par la France, laquelle aussi consequemment commença à se peupler d'advocats, iusques-là que les parties en amenoient ordinairement de leur païs à Paris, par crainte de n'en trouver pas de bien instruits et prests au parlement, y ayant ordonnance, que si l'advocat failloit à se trouver à l'huys lors que la cause s'appelloit, il estoit condamné en dix livres d'amende tout secs, qui est à dire, sans deport, ainsi qu'il y a en l'ordonnance latine; et toutesfois ie me trouve encores empesché de vous nommer les advocats de ce temps-là, et n'en ay remarqué que trois ou quatre. L'un, M. Iean de Meheye (1), qui fut employé au procez fait au bois de Vincennes en l'an 1315, à Enguerrand de Marigni, lequel commença son accusation à la façon du temps par ce verset : *Non nobis, Domine, non nobis, sed nomini tuo da gloriam.* Poursuivant le fil de sa harangue devant les pairs et barons de ce royaume, sur ce qu'Enguerrand s'estoit attribué les prérogatives royales. L'autre, M. Iean d'Orléans, desnommé au récit d'un arrest donné en l'an 1325, entre la comtesse d'Artois d'une part, et Louïs Mereschis d'autre, r'apporté par l'Autheur du grand Coustumier de France, où il parle des exemptions par appel. Le troisiesme, M. Guillaume du Breuil, autheur du stile du parlement qui cite des arrests qu'il a veu donner en l'an 1327, qui est de Charles IV, dit le Bel; et le quatriesme, Guillaume de Balagny, auquel on donne qualité d'advocat en une sentence du bailly de Senlis du samedy après *Quasimodo* de l'an 1330. Est aussi à remarquer que la plus part des advocats et gens de loy de ce temps-là prenoient volontiers d'autres qualitez que

---

(1) Pasquier en ses *Recherches*, liv. iv, chap. xxvii.

d'advocats, estant communement gens d'eglise, personnages pourveus de dignitez et benefices; et, entre autres, M. Pierre de Belle-Perche (1), qui fut depuis si grand docteur en droict civil et canon, que Cynus, Bartole, Balde et autres, le citent souvent avec honneur. Aussi en avoit il fait profession en l'université d'Orléans, et fut depuis doyen de Paris, et apres evesque d'Auxerre; ayant mesme auparavant esté employé par le roy Philippes le Bel à prester le serment de reverence et dévotion au pape Benoît XI, et *recommandé* luy, son royaume, et l'église gallicane aux faveurs de sa saincteté : car lors on ne parloit pas au nom de nos rois de *serment d'obedience*, nostre royaume n'estant point de cette qualité, mais de liberté et franchise suivant les anciens decrets. Mais pour retourner aux advocats de ce siècle là, il se trouvera que la plus part et les meilleurs d'iceux estoient, comme i'ay dit, personnes ecclesiastiques, instruits au droict canon et civil, apprenans la pratique principalement par les Decretales, signamment depuis que les papes eurent transferé leur siege à Avignon, qui fut en l'an 1306, sur la fin du regne de Philippes le Bel. *Et c'est de là que nous avons appris la chicane,* s'il m'est loisible d'en parler ainsi; ou plustost que les duels n'ont plus esté si fréquens en France. C'est aussi pourquoi le nombre de nos advocats commença lors à provigner, mesmément sous le regne du roy Philippes de Valois; voire dès l'an 1330, auquel M. Guillaume du Brueil, que i'ay nommé cy-dessus, composa son livre du parlement, lequel commençoit à s'augmenter tellement en pratique, qu'il y fallust faire plusieurs reglemens qui y sont inserez, et pareillement augmenter le nombre des iuges; car il se trouve en un ancien registre du criminel, que le 21e. iour de mars 1345, deux chambres commencerent à seoir; l'une, des auditeurs de droict, en laquelle presidoit messire Simon de Bucy; et l'autre des auditeurs du païs coustumier, où presidoit le seigneur de Chastelus. Et ce

(1) Blanchard, en son *Catalogue des conseillers*, dit qu'il fut conseiller en l'an 1298, et depuis chancelier de France. *Idem*, Miraumont, en son *Recueil des chanceliers*.

qui est notable pour l'establissement de cette compagnie, est que, dès l'an 1348, on commença à y exercer la iustice bien severement ; car messire Alain de Ourdery (1), chevalier, conseiller du roy en l'une de ces chambres, fut condamné par iugement de la Cour (2), a estre pendu et estranglé, pour s'estre mal conduit en la confection d'une enqueste, et falsifié la deposition de quelques tesmoins qu'il avait ouis avec messire Iean Touronde, aussi chevalier et conseiller, contre M. Gervais le Comte, advocat en Normandie, et fut l'arrest executé. Nous avons veu nous et nos peres quelque semblable condamnation, eux en la personne de M. Pierre Ludet (3), qui fut privé par arrest de l'estat de conseiller, dont il estoit pourveu ; et nous, en la personne d'un autre ; mais dieu mercy nous ne lisons rien de semblable d'aucun advocat de ce parlement.

Remarquez cet exemple, dis-ie, *vous autres ieunes gens*, et non seulement ceux d'entre vous qui sont ou desirent estre conseillers et officiers du roy, mais aussi ceux qui doivent demeurer advocats ; *et vous souvenez de conserver et transmettre à vos successeurs l'honneur que vos anciens vous ont acquis, d'estre fidels en la communication de vos sacs, sans y rien receler, deguiser, n'y retenir ; qui seroient autant d'especes de faussetez.* — C'est à la vérité un grand honneur, reprit M. Pasquier, que les advocats de cette Cour meritent pardessus ceux des autres Parlemens et Compagnies souveraines, lesquels ne se communiquent leurs pieces que par inventaires, comme se desfiant les uns des autres ; au lieu qu'en ce parlement les advocats s'entrecommuniquans leurs pieces, s'en reposent absolument sur leur simple foy : *et il n'en est point encores iamais advenu faute.* Mais revenant à

---

(1) Il semble que c'est celuy que M. E. Pasquier, en la premiere de ses lettres, liv. xix, à M. Molé, conseiller, appelle messire Adam de Houdam.

(2) Du 11 juillet 1447, porte la lettre ; mais il faut 1347, ou bien ce n'est pas celuy dont parle nostre autheur.

(3) Ou Laydet, receu le 18 iuin 1522. (Blanchard.)

nos advocats, ie trouve qu'en ce temps-là il y avoit un nommé Celo, un M. Iean de S. Germain, un Hugues de Fabrefort, qui estoient des plus celebres advocats de leur temps. Et de ce Fabrefort ie vous veux faire un conte assez plaisant. Vous avez autresfois appris au livre des Rheteurs romains de Suetone, qu'un Caïus Albutius Silusse de Novarre, rheteur, plaidant à Rome contre un fils qui estoit accusé d'impiété contre ses pere et mere, ayant usé par forme de rhetorique de ces mots, *iura per patris matrisque cineres qui inconditi iacent*, etc., celuy qui plaidoit pour l'enfant acceptant la condition, comme si l'accusateur s'en fust r'apporté à son serment, iura sur le champ en la forme qu'il se faisoit à croire que le serment lui avoit esté deferé : ce qui fut cause que l'accusé estant absous, l'advocat de l'accusateur en fut si fort mocqué, qu'il se déporta de plus iamais plaider. Il advint quasi de mesme à nostre Fabrefort, lequel plaidant une cause de duel, et ayant proposé pour Armand de Montaigu contre Emery de Durefort, qu'il feroit preuve de son faict par son corps en champ de bataille, sans dire expressement que la preuve s'en feroit par le combat de sa partie, il fut en danger d'entrer luy-mesme en combat, et mocqué par la compagnie, tant on estoit alors formaliste en telles causes. Mais il nous faut maintenant venir aux advocats du temps du roy Iean, lequel vint à la couronne en l'an 1350.

Vous en oubliez donc deux, dit Theodore Pasquier à son pere, car lisant le commentaire que M. René Choppin a n'agueres fait sur la coustume de Paris, où il fait un roole de messieurs les advocats du roy du Parlement, il y met maistre Iean Pastourel et Pierre de la Forest (1), et place l'un en l'an 1301, et l'autre en l'an 1340. — Ie n'en ay vrayment point parlé, dit M. Pasquier, d'autant que ie ne les trouve point en mes papiers, ny aucun autre Advocat de ce temps-là que ie vous puisse remarquer ; d'autant mesmément que ce regne fut tellement troublé de guerres quasi continuelles

---

(1) Miraumont met la Forest devant Pastorel, et dit que la Forest fut archevesque de Rouen, chancelier de France et cardinal.

entre les Anglois et le roy qu'ils avoient pris en la iournée
de Poictiers et qu'ils retindrent si longuement prisonnier,
que l'on fut prés de deux ans sans tenir le parlement autrement qu'en une seule chambre, encores ce n'estoit pas tant
pour iuger les procez, que pour adviser au faict de la guerre,
et des émotions des peuples qui advinrent lors quàsi par tout
ce royaume, et mesmément à Paris. A quoy ceux du parlement estoient ordinairement employez et principalement
M. Simon de Bucy, lors premier président (1), qui fut tué
par la commune de Paris, lequel Froissard appelle chevalier
és-loix, ce qui me fait penser qu'il avoit aussi esté auparavant
advocat ; *car c'estoit lors le chemin pour parvenir aux plus
hautes dignitez.* Et de faict M. le duc de Normandie, qui
fut depuis le roy Charles V, ayant pris la regence du royaume,
employa lors en son conseil M. Iean des Mares (2), advocat,
duquel nous parlerons cy-apres : comme aussi il eut M. Ar-
nauld de Corbie (3), lequel fut pareillement advocat, et depuis chancellier de France. Ie ne dois non plus oublier
M. Renauld Dacy (4), advocat en parlement, qui s'en retour-

---

(1) Miraumont, titre *du Parlement*, page 68, dit que le peuple voulait qu'on luy fit son procez pour avoir donné mauvais conseil au roy
Iean, toutesfois qu'il fut employé au traitté de Bretigny.

(2) Il est ainsi nommé par M. J. Iuvenel des Ursins, en l'Histoire
de Charles VI ; d'autres l'appellent des Marets.

(3) Miraumont, titre *du Parlement*, dit qu'il estoit de Beauvais, fut
premier président en 1373, fit serment de ne prendre pension d'aucun
seigneur ou dame ; et, en son Traité de la chancellerie, pages 152 et
153, il dit, qu'il fut fait chancellier de France, l'an 1388, et que ce
fut luy lequel en l'an 1406, le 12 novembre, à l'ouverture du parlement qu'il tint, ordonna que doresnavant chacun nouvel advocat
receu au serment d'advocat, payeroit deux escus, et chacun procureur
un escu, pour dire les messes accoutumées en la salle du palais.
Nostre autheur, en ses Mémoires de Beauvoisis, chap. *des personnes
de renom de Beauvais*, art. 16, luy fait un ample éloge ; dit *toustesfois
qu'il estoit bastard.*

(4) Miraumont, titre *du Parquet*, l'appelle Iean Day, et selon les
Annales d'Aquitaine Pierre Dacy : dit qu'il fut receu advocat da roy en
l'an 1375. Pasquier en parle en ses *Recherches*, liv. 11, chap. 111, p. 51.

nant du Palais chez luy fut tué par la populace de Paris dedans la maison d'un patissier proche la Magdelaine, le mesme
iour que les sieurs de Conflans, mareschal de Champagne, et
Robert de Clermont, mareschal de monseigneur le dauphin
duc de Normandie, furent massacrez, et que monsieur le
dauphin mesme fut contraint de prendre le chapperon du
prevost des marchands pour se sauver, qui fut le deuxiesme
jeudy de caresme, 11 fevrier 1357, fut l'advocat Dacy enterré
à Saint-Landry dont il estoit, selon ce qui est escrit en la Chronique de Saint-Denys. C'est aussi celuy qui par une lettre de
M. le regent, du 28 may 1359, enregistrée en nostre chambre
des comptes, est appellé *advocat general*, et *de monsieur*, et
de nous, qui sont termes lesquels doivent tous estre pesez.
Premierement, en ce qu'on luy baille pour premiere qualité
celle d'*advocat general*, qui est celle que les ordonnances
qui se lisent aux ouvertures des parlemens donnent aux advocats de la cour, y adioustant celle de conseillers, en les
appellant *advocatos et consiliarios generales parlamenti*.
Secondement, en ce qu'il est denommé *advocat de monsieur*,
qui est à dire du roy (car c'est monsieur le duc de Normandie regent qui parle). Et finalement, *advocat de nous*,
c'est à dire de monseigneur le regent. Et consequemment il
estoit advocat general *du commun*, advocat *du roy*, et advocat *de monsieur* le regent; et faut remarquer que le titre
d'advocat general du commun précéde les deux autres qualitez, qui n'est pas un petit honneur à l'ordre des advocats.
Il est encores fait mention en la mesme Chronique de Saint-
Denys d'un autre advocat du parlement nommé M. Pierre
du Puyset, qui fut executé avec d'autres en l'an 1358, non
pour aucun crime qu'il eust commis, mais à cause de la
mesme mutinerie des Parisiens. M. Guillaume-des-Dormans
estoit aussi lors advocat en parlement, lequel en l'année suivante fut employé en qualité d'advocat du roy pour mondit
seigneur le dauphin à faire entendre au peuple de Paris assemblé au palais, les grandes et desraisonnables demandes
que faisoit le roy d'Angleterre pour la delivrance du roy Iean
son pere. Il fut depuis chancellier de France par la demission

de messire Iean-des-Dormans (1), son frere, evesque de Beauvais et cardinal. Et a duré la postérité de Guillaume-des-Dormans iusques en notre temps, qu'elle est finie en filles. Furent aussi lesdits Guillaume et Iean-des-Mares cy-dessus mentionné, employés au traitté fait avec le roy d'Angleterre le 7° iour de may 1360, à Bretigny, auquel ils sont dénommez. Depuis monsieur le dauphin, qui fut Charles V, que nous avons surnommé le Sage, ayant esté appellé à la couronne en l'an 1364, par le decez du roy Iean, son pere, la iustice commença à bon escient à reprendre sa vigueur, et à regner plus que devant. Car comme il estoit vrayment sage et vertueux, tant en la conduite de ses armes contre les ennemis de ce royaume, que pour appaiser les divisions et émotions qui estoient advenuës pendant son gouvernement et son regne, aussi estoit-il grand zelateur et amateur des lettres, sciences et disciplines. Tellement que de son temps une grande partie des bons livres furent tournez en nostre langue ; et non seulement la Bible et autres divers livres de la saincte Escriture et des principaux docteurs de l'eglise, comme les livres de Sainct Augustin de la Cité de Dieu, mais aussi une grande partie de ceux d'Aristote, et notamment ses Politiques et OEconomiques, la plus part d'iceux par M. Guillaume Oresme, docteur en theologie, lequel en outre et par le commandement du mesme roy translata les livres de Ptolomée, avec le commentaire de Hali sur iceux, concernant les plus hauts secrets de l'astrologie iudiciaire. Et se monstra fort roide conservateur des droits de sa temporalité et iustice, iusques à avoir fait composer en latin et en françois le songe du Verger. Et avoit si grand soin que la iustice fust sincerement administrée par tout son royaume, qu'il ne faisoit quasi rien

---

(1) Miraumont, en son *Traitté de la chancellerie*, au Recueil des chanceliers, pages 144 et suivantes, ensemble nostre autheur en ses *Mémoires de Beauvoisis*, chap. III des Eveschés et Evesques de Beauvais, nombres LXVIII et LXX, descrivent assez amplement les vies de ces messieurs des Dormans, et d'un Milo des Dormans, aussi evesque de Beauvais et chancelier de France, fils dudit Guillaume.

sans le communiquer à son parlement, qui estoit lors remply de gens de bien et de savoir. Et ainsi il conduisoit ses affaires avec grande prudence et iustice ; et si sçavoit fort bien faire executer ses iugemens par la force de ses armes, ny pourvoyant pas moins puissamment dans son cabinet, d'où il ne bougeoit, par le ministere de ses capitaines, que le feu roy son pere par sa presence.

Ce r'establissement du parlement, fait aprés la deslivrance du roy Iean, fut cause que le nombre des advocats s'accrut tellement, qu'il y fallut apporter un reglement (1). Car ce fut lors, sçavoir en l'an 1363, qu'il fut ordonné qu'en prestant le serment aux ouvertures des parlemens, on feroit un roole des principaux advocats qui en feroient la charge pendant sa séance ; *qu'ils seroient brefs en leurs plaidoyers* et escritures ; *qu'ils n'useroient de redittes*, qu'ils ne parleroient que *deux fois*, sçavoir est en replique et duplique aprés leur premier plaidoyer ; qu'encores qu'ils fussent plusieurs au conseil d'une partie, toutesfois il n'y en auroit qu'un qui porteroit la parole ; qu'ils signeroient leurs escritures ; que pour la conduite d'une cause, ils ne receveroient point plus de trente livres tournois qui estoit une assez grande somme ; car par la mesme ordonnance on ne taxe à un conseiller allant en commission à six chevaux, que soixante sols par jour, de quelque qualité qu'il fust ; ce qui monstre le compte et l'estat que l'on faisoit lors du labeur d'un advocat, les trante livres valans en ce temps-là cent escus d'auiourd'hui. Ce fut aussi le mesme roy qui fit recevoir en son parlement les appellations des comtes d'Armaignac, d'Albret, de Perigort et des barons et nobles de Guyenne, contre le prince de Galles duc de ce païs, ayant à cette fin fait assembler les principaux seigneurs, tant ecclésiastiques que seculiers, ses officiers et gens des bonnes villes de la France ; qui fut un *exploit de iustice qui a autant profité à ce royaume, qu'eust pu faire une grande bataille.*

Ie viens donc à vous parler maintenant de M. Iean-des-

---

(1) Ancien reglement concernant les advocats.

Mares, et particulierement de M. Pierre de Fontebrac, pour vous dire que ces deux coururent des fortunes grandement différentes, en ce que l'un, sçavoir est des-Mares qui avoit esté l'un des principaux conseillers du roy Charles-le-Sage, et par luy employé au conseil qu'il prit en son parlement le 28 décembre 1366, et qui depuis encores avoit esté son advocat, et en cette qualité avoit parlé pour le prevost des marchands et eschevins en la presence de monseigneur le regent, lorsqu'il proposa à la Cour le traitté qui se devoit faire avec le roy de Navarre, se voulant retirer de l'alliance des Anglois ; ce qu'il fit avec si grande liberté, qu'il nomma tout haut ceux qui ne devoient estre receus à r'entrer dans Paris comme estant traistres au roy et à la ville : et encore depuis fit une remontrance sur la majorité du roy Charles VI, et sur le faict de la regence et du gouvernement du royaume (1) : ce des-Mares, dis-ie, parla avec si grande hardiesse, que les ducs d'Anjou, de Berry et de Bourgongne s'en estant offensez, trouverent moyen de lui faire faire son procez sous pretexte de la mutinerie de la populace de Paris ; et fut mené si chaudement, qu'ils le firent iniustement decapiter aux halles. Et neantmoins vingt-quatre ans aprés ses os furent enterrez (2) en l'eglise Saincte-Catherine du Val-des-Escholiers, avec son espouse, où sont encores de présent leurs effigies relevées en bosse à la main gauche du chœur. *Ce qui nous apprend combien il est perilleux de s'entremettre des affaires publiques pendant les troubles, dont nous n'avons que trop d'exemples tragiques de nostre temps.* Et au contraire l'autre qui estoit M. Pierre de Fontebrac, aussi advocat en ce mesme temps, et simple chanoine de Chartres, ne s'entremettant que des affaires communes du Palais, et principalement pour la defense des causes des ecclesiastiques, fut fait cardinal par le pape Clement VII, qui lors séoit à

---

(1) V. Pasquier, en ses *Recherches*, liv. ii, chap. xviii, p. 143 et 144.

(2) Suivant la permission donnée à ses parens par arrest du parlement, du 11 mars 1405, ainsi qu'a remarqué Miraumont, titre *du Parquet.*

Avignon, selon que disent nos annales, car il n'est pas dénommé entre les cardinaux recueillis par Onufre.

Ce que i'ay dict de des-Mares et de Fontebrac advint sous le regne de Charles VI ; de sorte que ces deux advocats peuvent estre nommez entre les advocats des regnes de Charles V et Charles VI. comme reciproquement il y en a du temps de Charles VI, qui pourroient estre mis entre ceux des rois Charles VI et Charles VII. Or sous le regne de Charles VI, ie trouve un bien grand nombre d'advocats, comme maistre Iean Filleul, Iean de Rumilly, Gilles le Noir, Raoul d'Ulmones, Iean le Coq dit Galli, Iean de Neuilly, Raoul d'Amiens, Denys de Mauroy, Pierre l'Orfévre, Iean Coüard, Iean Perier, Iean Iuvenel des Ursins, Clement de Reillac, Raoul Pimont, Martin Doublé, Oudard Bertine, et Iean de la Riviere ; tous fameux advocats de leur temps, mais principalement le Coq, lequel ayant longuement plaidé pour le roy (1), et pour plusieurs parties, nous a conservé les noms de la plus part des sus nommez, et laissé beaucoup de notables arrests et decisions (2) du droict civil, canon, coustumier et françois. Pour le regard de M. Pierre l'Orfévre, ie ne vous en diray que ce qui a esté touché cy-dessus, qui est qu'il fut chancellier de Monsieur d'Orleans. M. Iean de la Riviere fut envoyé pour procureur du roy au concile de Constance ; et depuis fut fait chancellier de Bretagne. Quant à maistres Iean

---

(1) En effect, Miraumont le met parmy les advocats du roy, en l'an 1392, et dit que celuy-cy est peut-estre le M. Iean le Coq, qui est nommé entre les presens au conseil tenu pour le roy en la chambre du parlement le dixième iour d'avril 1396, immédiatement aprés le procureur-general.

(2) Pasquier, liv. II, de ses *Recherches*, chap. IV, p. 59, cite ce Iean le Coq sur une de ses decisions ; et nostre autheur r'apporte cette-cy de luy en ses Institutes coustumieres, ou Regles du Droict français, liv. II, tit. v, art. 17 de la premiere edition et 18 des autres. *Par la plus part des coustumes*, dit-il, *les parens conjoints d'un seul costé succedent avec ceux qui sont conjoints de double ligne, suivant les advis de maistres Iean le Coq, Pierre le Sec, et autres anciens sages, sur ce ouïs par tourbe.*

Filleul, et Martin Doublé qui estoit aussi conseiller au Chastelet, ils coururent tous deux fortune au mesme temps de M. Iean des-Mares, ayant esté lors emprisonnez avec messire Guillaume de Sens, mais on ne les nomme point entre ceux qui furent executez. Ce M. Martin Doublé est allegué par nos coustumiers pour aucteur d'une maxime en faict de bastardise (1) sçavoir est que *les bastards ne peuvent recevoir legs de leur pere ou mere;* ce que l'on doit entendre des legs excedans leur nourriture. Et pour le regard de M. Iean de Neuilly, il se remarque parce que Galli en r'apporte, qu'il estoit homme violent, cholere, et courageux en ses plaidoyers, ainsi qu'il se peut voir en sa question XCVII, où il y a qu'il fut condamné en l'amende, plaidant pour quelsques particuliers d'Orleans. Ce qui me fait penser que feu M. Estienne de Neuilly qui se fit premier president en la cour des aydes, lors que le feu sieur de la Place qui avoit aussi esté advocat fut tué à la S. Barthelemy, (2) et encores un autre de Neuilly maistre des requestes qui donna un soufflet à un officier de l'empereur Charles V, estans en conference comme deputez de leurs maistres ; cela, dis-ie, me fait croire qu'ils estoient de la race de ce maistre Iean de Neuilly, ayans tous esté d'un naturel fort prompt, hauts à la main, et hutins, s'il m'est loisible de parler en l'ancien langage de ce temps-là, c'est à dire mutins et querelleux. Ie diray aussi un mot de M. Iean Coüard qui semble ne devoir estre mis en oubly, qui est que c'est luy duquel l'advis fut suivy par l'arrest r'apporté par Galli et depuis aussi confirmé par nostre coustume de Paris (1), sçavoir est que l'argent destiné pour estre

---

(1) Nostre autheur a r'apporté cette maxime en ses *Regles du droict françois*, liv. 1, tit. 1, art. 35 de la premiere édition, et 42 des autres.

(2) Miraumont, titre *de la Cour des aides*, dit que le sieur de Neuilly fut pourveu de cet estat de premier president, le 11 janvier 1569, qu'il exerça depuis par l'absence de M. Pierre de la Place, et toutesfois Pasquier, au XVIe. liv. de ses lettres escrivant à M. Theodore Pasquier, son fils aisné, page 245, dit qu'il fut fait premier president par M. de Mayenne, c'est-à-dire pendant la ligue.

(3) Art. 39, etc.

employé en achapt d'heritages doit estre reputé immeuble, ainsi qu'il y a en sa premiere question, où il est r'apporté qu'il estoit un tres-grand advocat. Nous apprenons encore du mesme autheur que M. Oudard Bertine, chanoine de Paris estoit advocat du roy et de l'eglise de Paris tout ensemble; et pareillement que la cour avoit lors telle confiance en la preud'ommie des advocats, que M. Clement deReillac (1) estant poursuivy par le prieur de Nostre-Dame-des-Champs pour la restitution d'une piece qui lui avoit esté baillée, il fut crû de la luy avoir renduë, et absous sur sa simple parole.

Mais sur tous il nous faut parler de M. Iean Iuvenel des Ursins dont vient la maison de la Chapelle aux Ursins, laquelle s'estant habituée en France dés le temps du roy Iean, y a acquis beaucoup de bien, et encores plus d'honneur, tant en conseil qu'en faict de guerre. Car ie trouve par l'histoire qui a esté escrite par messire Iean Iuvenel archevesque de Rheims, l'un de ses enfans (2) que messire Neapolin des Ursins, natif du mont Iourdain au royaume de Naples, evesque de Mets, venant en France y avoit amené Pierre des Ursins son nepveu, vaillant chevalier, qui fit de grands exploits de guerre contre les Anglois du temps des rois Philippes de Valois, et Charles V. et que les guerres estans finies, il s'en alla contre les Sarrasins en Espagne, laissant en ce royaume M. Iean Iuvenel son fils, qui fut si fameux advocat en parlement, que pour sa vertu et prudence il fut eslu garde de la prevosté des marchands, lors qu'elle fut restablie par le roy Charles VI. qui l'avoit auparavant abolie et reünie à la prevosté de Paris à cause de la mutinerie des Maillotins, et en osta messire Iean de Solleville, qui de conseiller

---

(1) *Quæst.* 369.
(2) Sous l'an 1388 et les suivantes, pages 87, 121, 124, 129, 168, etc. Voyez aussi au commencement des annotations de M. Theodore Godefroy sur cette Histoire, pages 571, 572, 573, l'Extraict du Discours de l'office de chancelier de France, faict par le mesme Iean Iuvenel des Ursins, lors evesque de Laon, où il descrit plus au long ce qui concerne ce Iuvenel, son pere, lequel il appelle par tout Iuvenal.

en parlement avoit esté fait prevost de Paris, lequel requit luy-mesme estre déchargé de la prevosté des marchands, disant qu'il ne pouvoit gouverner seul toute la iustice de Paris. Et c'est ce messire Iean Iuvenel, qui pendant sa prevosté des marchands fist en un iour ce que les officiers de maintenant ne feroient pas en un an. Car voyant que la navigation de la riviere de Marne venant à Paris estoit empeschée par les moulins et gords que les seigneurs y avoient fait bastir pendant les guerres ou autrement, et que la longueur que l'on y pourroit pratiquer par procez, empescheroit qu'il n'y fust promptement pourveu, obtint lettres du roy pour les faire abattre, à la charge de recompenser les propriétaires de dix deniers pour un de revenu qu'ils en avoient : ce qu'il executa si dextrement, que sans appeler ny advertir autres, que trois cens compagnons qu'il mit tout soudain en besongne, il les fit demolir en un seul iour. C'est aussi luy qui fut esleu advocat du roy au parlement en l'an 1400 (1) et qui en cette qualité proposa en la présence des princes du sang, de plusieurs prelats, et foison de peuple, qu'il estoit moins mal que la reine Ysabeau de Baviere presidast au conseil, et prit le gouvernement des affaires du royaume pendant la maladie et indisposition du roy, et minorité de monsieur le dauphin, division et discord des princes du sang, ainsi qu'il fut lors arresté ; et qui se monstra roide et vertueux pour soustenir l'authorité du roy, de pouvoir assembler les ecclesiastiques de son royaume touchant le faict de l'eglise, et d'y presider en attendant un concile general ; reprimer et rembarrer ce qui avoit esté dict au contraire par M. Guillaume Fillastre doyen de Rheims ; et encores sur la substraction de l'obeïssance à Pierre de la Lune soy disant Benoist XIII, pape, en se remettant aux anciennes libertez, franchises, et pouvoir des

---

(1) Miraumont escrit qu'il fut advocat du roy en l'an 1406, et partant il se seroit trompé en la date, qui est pareille dans l'histoire de Charles VI à celle-cy. Il dit qu'ès registres de la cour il est nommé comme icy M. I. Iuvenel, et par Bouchet, en ses *Annales*, messire Iean Iuvencel.

ordinaires, suivant et adherant à l'Université de Paris (1);
et encores contre le duc de Lorraine pour le soustenement
de l'hommage de Neufchatel, et de deux cens villages qui
en dependent. Mais sur tout il fit monstre de sa vertu, prudence, eloquence, courage, et dexterité de son esprit, lors
qu'ayant oüy (2), ce luy sembloit, par trois nuicts une voix
qui lui disoit ces paroles du psaume CXXVI, *Surgite post-
quam sederitis, qui manducatis panem doloris*, qui l'admo-
nestoient de pourvoir à soy, et aux seditions des Cabochiens
et bouchers qui regnoient, ou plustost tyrannisoient en la
ville de Paris les princes, monsieur le dauphin, le roy et la
reyne, et, s'il faut ainsi dire, toute la France, estans appuyés et supportés du duc de Bourgongne, il eust la hardiesse
et le credit d'y faire recevoir malgré eux les articles de la paix
d'Auxerre; deslivrer les ducs de Baviere et de Bar detenus
prisonniers au Louvre, qu'on vouloit executer le lendemain(3);
et mettre la Bastille és mains de monsieur le dauphin qui la
bailla au duc de Baviere en depossedant le duc de Bourgongne; deschargea la ville de la plus part de ces seditieux, leur
ayant à cette fin fait laisser les portes ouvertes afin de s'en-
fuir; changea et remua la plus part des officiers qu'ils y avoit
mis, et en establit d'autres en leurs places; deslivra en ce
faisant la ville de la captivité en laquelle elle estoit, *sans que
personne eust esté frappé, pris, ny pillé*; et si eust la hardiesse de tirer le roy des mains du duc de Bourgongne, qui
sous pretexte de le mener à la volerie le vouloit enlever, afin
de commander en son nom, ainsi qu'il avoit fait auparavant.
Bref, il fit luy seul en une sepmaine plus que dix mille
hommes de guerre, et cent des meilleurs conseillers de la
France n'eussent sceu faire. Ce fut en la premiere sepmaine

---

(1) Pasquier, liv. iv, chap. xxvii, de ses *Recherches*, dit qu'il commença le discours qu'il fit alors devant les prelats de France, assemblez pour la deposition de Benoist XIII, par ces mots du psal. 30,
viriliter agite, confortetur cor vestrum, omnes qui speratis in Domino.

(2) En l'Histoire des Ursins, sous l'an 1413, page 324.

(3) Pages 330, 331, etc.

du mois d'aoust de l'an 1413, auquel temps il fut aussi faict chancellier de monsieur le dauphin duc de Guyenne. Et s'il eust esté creu en ce qu'il proposoit de l'oubliance et amnestie des injures passées, et de toutes choses qui avoient esté dites et faites auparavant ce temps tant d'une part que d'autre, les maux et desolations du royaume qui ensuivirent peu aprés, ne fussent iamais advenues.

Mais puisque nous en avons tant dit, comme on ne sçauroit trop parler d'un si noble personnage, il faut encores que vous sçachiez qu'il fut aussi pere de messire Iean Iuvenal des Ursins, seigneurs de Traignel, chancellier de France du temps du roy Charles VII, et de messire Iean Iuvenel, evesque et comte de Beauvais, et depuis evesque et duc de Laon, et encore après archevesque de Rheims (1), et de plusieurs autres enfans, iusques à unze, tous grands et bien pourveus, selon qu'il se voit en leur chapelle derriere le chœur de l'eglise Nostre-Dame de Paris, où il y a qu'il mourut à Poictiers le iour de Pasques premier d'avril l'an 1431. Ce qui monstre qu'il s'estoit rendu au parlement de Poictiers, abandonnant celuy de Paris, lequel estoit lors en la puissance des Bourguignons et des Anglois. Au surplus ne trouvez point estrange, si ie ne vous ay pas parlé de M. Iean Andriguet, lequel fut pris pour advocat du Roy au procez que l'on voulut faire à

---

(1) C'est l'autheur de l'Histoire de Charles VI, cy-devant alléguée. Il a fait plusieurs autres œuvres, dont M. Th. Godefroy, advocat en la cour, nous a donné quelsques fragmens en ses annotations sur cette histoire ; mais il y a un manuscrit dans la bibliotheque du roy, d'une remonstrance qu'il fit au roy Charles VII, où se trouvent ces mots remarquables. *On m'a r'apporté,* dit-il, *qu'il y a en vostre conseil un qui en vostre presence dit, à propos de lever argent du peuple, duquel on alleguoit la pauvreté ; que* peuple tousiours crie et se plaint, et tousiours paye ; *qui fut mal dit en vostre presence, car c'est plus parole qui se doit dire en présence d'un tyran inhumain, non ayant pitié et compassion du peuple, que de vous qui estes roy tres-chrestien. Quelque chose qu'aucuns dient de vostre puissance ordinaire, vous ne pouvez pas prendre le mien. Ce qui est mien, n'est point vostre, peut bien estre qu'en la iustice vous estes souverain, et va le ressort à vous.* Vous avez vostre domaine, et chacun particulier le sien.

nostre messire Iean Iuvenel ; d'autant que les advocats et procureur du Roy, tant du parlement, que du chastelet, sça-
chans son innocence, ny voulurent point prendre conclusions ; car cet Andriguet n'est memorable, qu'en ce seul acte.
Ie doute aussi, si ie dois mettre au nombre de nos advocats
deux hommes fort renommez au mesme temps, maistres Iean
Rapiout et Nicolas Raulin (1), tous deux ayans exercé la fonction d'advocat en ce parlement, mais qui s'advencèrent aux
estats et aux biens, par les fonctions et divisions qui régnaient
lors. Rapiout en celuy de président de la cour (2), par la faveur de la reyne et du duc de Bavière, son frère, lequel avoit
auparavant fait monstre de son bien dire en une assemblée
tenue en l'hostel de ville sur le faict de la paix d'Auxerre
d'entre les princes ; et fut depuis commis contre Raulin pour
la dispute de la plus grande question qui se présenta lors,
sçavoir, lequel il valait mieux, ou que le roy s'accordast avec
le roy d'Angleterre qui lors envahissoit quasi tout ce royaume,
afin d'en conserver une partie et le titre au roy ; ou bien de
se joindre avec monsieur le dauphin son fils, qui fut depuis
le roy Charles VII, lequel estoit tellement chassé de toutes
parts, qu'il ne possedoit quasi rien. Raulin qui estoit du conseil du duc de Bourgongne, soustenant qu'il estoit plus expedient d'avoir paix avec l'Anglais, voir en luy quittant beaucoup du domaine du royaume qu'il demandoit : et l'autre
soustenant au contraire, que non seulement le roy ne pouvoit rien aliener, voire mesme quand il seroit en son bon sens ;
mais aussi qu'il n'y avoit aucune seureté en ce que l'Anglois
promettroit, n'estant point vray ny legitime roy d'Angle-

---

(1) Miraumont dit qu'il fut commis par la cour à l'office d'advocat
du roy, le 19 iuillet 1420.

(2) Miraumont et Blanchard escrivent qu'il fut fait tiers-president
en l'an 1418, Philippes de Morvilliers, dont est parlé cy-apres estant
fait premier président. Par apres il fut bailly, ou, comme dit Blanchard, lieutenant general de Sens, puis receu advocat du roy le 3 fevrier 1421 au parlement tenant lors à Poictiers, à 400 livres de gages,
et à la charge qu'il n'auroit pension, et ne seroit és consultations
que du roy.

terre (1), alleguans l'un et l'autre plusieurs autres raisons dis-
couruës en nos histoires. Et c'est ce Raulin qui estant chancelier du duc de Bourgongne se combla de tant de biens, que
son maistre fut enfin contraint de luy dire, *c'est trop, Raulin:*
laquelle parole fut si bien relevée par M. le chancelier de
l'Hospital, quand il dit en une sienne harangue, *qu'il aime-*
roit mieux la pauvreté du president de La Vacquerie, que
d'avoir les biens du chancelier Raulin. Et d'ailleurs ce
mesme Raulin fut si impudent que de requerir devant le roy
d'Angleterre, qui se portoit lors regent du royaume, que
monseigneur le dauphin fust privé et exheredé du royaume,
et d'en faire donner un iugement, estant en ce assisté de
M. Pierre de Marigny soy disant advocat (2), et de Iean
Aguenin, procureur du Roy (3), qui estoient aussi lors ad-

---

(1) Il entend parler de Henry V de la maison de Lancastre, duquel
le pere, comme enseigne Monstrelet, en son 1er. volume, chap. ci,
sous l'an 1412, *pour venir,* dit-il, *à l'honneur de possession de la cou-*
ronne du royaume d'Angleterre, avoit jadis par certains moyens assez
estranges et peu honorables debouté d'iceluy royaume son propre cousin
germain Richard, roy d'Angleterre, apres qu'il en avoit possedé paisible-
ment l'espace de vingt-deux ans. Et peu apres, le fils qui avoit emporté
la couronne de son pere, luy en voulant faire ses excuses sur ce qu'on
luy avoit dit qu'il estoit mort, apres quoy sa couronne et le royaume
luy appartenoient, le mesme autheur fait ainsi parler le pere au fils :
Beau fils, comment y auriez vous droict, car ie n'en y eus oncques point ?
et savez-vous bien, monseigneur, respondit le prince, *ainsi que vous*
l'avez tenu et gardé à l'espée, c'est mon intention de la garder et défendre
toute ma vie. Et adonc, dit le roy, *or en faites comme bon vous semblera,*
je m'en rapporte à Dieu du surplus, auquel ie prie qu'il ait mercy de moy.

(2) Miraumont dit qu'il fut advocat du roy par nouvelle ordonnance,
du 22 iuillet 1418, lors de la faction de Bourgogne, et fut depuis
maistre des requestes et garde de la prevosté de Paris, le 3 may 1421.

(3) Miraumont et Blanchard disent qu'il fut esleu procureur general
par le parlement, du consentement de M. le dauphin, et du duc de
Bourgogne, par le decez de M. Denys de Mauvoy. Depuis, en 1420,
il fut receu second president en parlement. La Roche-Flavin, en son
Traitté des parlemens, page 129, escrit que son eslection en la charge
de procureur-general se fit, comme il se faisoit lors, le chancelier
present et les presidens tenans le scrutin.

vocats en ce parlement, et fut depuis Aguenin, president.
C'est aussi ce mesme Raulin qui fit bastir ce bel hospital du
Beaune, lequel par un iuste iugement de Dieu sert maintenant de retraitte à quelsques uns de sa posterité; tant est
grande la pauvreté et necessité à laquelle ils sont reduits.

Outre les susnommez il y avoit encores en ce temps-là
M. Philippes de Morvilliers, qui fut envoyé à Paris par la
mesme reyne et le duc de Bourgongne avec messire Iean de
Neufchastel, seigneur de Montaigu, peu auparavant la prise
et le massacre du comte d'Armagnac, connestable, de messire Henry de Marle, chancelier de France (1), de plusieurs
prelats, officiers du roy, et autres infinis, dont nos histoires
sont r'emplies; et qui sont choses si horribles pour ce regard,
que ie ne sçavois si ie devois mettre au nombre de nos advocats une partie des susnommez. Mais ie n'en puis oublier
quatre ou cinq autres qui sont environ du mesme temps,
c'est à sçavoir M. Guillaume Cousinot (2), que M. Iean Iuvenel en son histoire dit avoir esté un notable advocat, lequel
proposant en parlement pour les veufves et enfans du duc d'Orléans contre le duc de Bourgongne, prit pour son theme (3),
*Hæc vidua erat, quam cùm vidisset Dominus, misericordiâ
commotus est super eam* (4); ny M. Benoist Gentian, aussi
advocat, lequel proposant aux estats assemblez à Paris pour
le secours de la guerre contre les Anglois, après la pacification
faite entre les princes, commença par ces mots (5): *Imperavit
ventis et mari, et facta est tranquillitas* (6). Ie vous nomme-
ray aussi M. Iean Rapoüel ou Rapiout, que l'on voulut faire

---

(1) Le 8 aoust 1413. (Miraumont.)

(2) Miraumont escrit qu'il fut fait president de la cour en 1458;
Blanchard remarque qu'à cause qu'il avoit esté pourveu par le roy
de cette charge sans eslection de la cour, il fut receu, à condition
que ses lettres seroient reformées *in forma debitâ et consuetâ.*

(3) En l'an 1407. V. Pasquier, liv. iv de ses *Recherches*, ch. xxvii,
page 407.

(4) *Luc.*, cap. vii.

(5) Pasquier, au mesme endroit.

(6) *Marc.*, cap. iv, et *Luc.* cap. viii.

procureur general, lors que ce M. Iean Aguenin fut esleu en l'action dont nous avons parlé cy-dessus, en la place duquel fut depuis commis par la cour M. Guillaume le Tur (1). Et si il y avoit encore M. Denys de Mauvoy qui fut advocat du Roy (2), et M. Iean de Valliy, lequel à la mesme faveur de la royne, et du duc de Baviere fut fait chancelier de monsieur le dauphin duc de Guienne ; et en l'année suivante, il fut constitué prisonnier avec d'autres personnages de qualité, avec lesquels il fut en danger de sa vie, et cottisé à de grosses sommes de deniers par les mutins, bouchers et cabochiens de cette ville ; et neantmoins il fut depuis president (3) en ce parlement. I'ay encores remarqué un M. Pierre la Gode, advocat, qui fut decapité comme estant Armagnac ; et pareillement M. Aignan Viole desnommé tesmoin au procez de la iustification de la Pucelle d'Orleans, André Cotin, archidiacre d'Angers (4), Pierre le Cerf (5), Michel du Puy, qui fut procureur general (6) et Iean Boileau (7), tous advocats celebres et fameux en leur temps.

Mais aprés les susnommez il faut que ie revienne à nostre messire Iean Iuvenel, comme au plus celebre d'entre eux tous. Car de verité c'etoit un tres-noble et vertueux seigneur, digne de la maison de laquelle il estoit yssu, et de celle qui iusques à present est demeurée en grand honneur en ce royaume,

---

(1) En 1417 il estoit lors advocat du roy dès l'an 1413. Depuis fut president de la cour en 1436, employé en de grands emplois avec reputation de grande suffisance et probité. (Miraumont et Blanchard.) Aucuns l'ont appellé le Turc.

(2) Miraumont dit qu'il fut advocat du roy en 1400, et depuis procureur general en 1404.

(3) Le mesme dit qu'il fut faict quart-president en 1413.

(4) Miraumont, sous l'an 1415, dit qu'il fut advocat du roy, et depuis retenu advocat general du roy avec M. Pierre de Marigni, dont a esté parlé cy-devant.

(5) Procureur general en 1389. (Miraumont.)

(6) Le mesme l'appelle M. Michel de Pons, et le met procureur general sous l'an 1479.

(7) Miraumont nomme un Henry Boileau advocat du roy sous l'an 1408.

possedant encores la mesme seigneurie de Traignel, dont il estoit seigneur, qui valoit deslors deux mille livres de revenu, ainsi qu'il y a en cette histoire, qui n'estoit pas peu de chose en ce temps-là.

Sur ce M. Pithou vint à dire : Hé, messieurs, ne prendrons-nous pas courage et exemple sur ce messire Iean Iuvenel qui de simple advocat de la cour a acquis tant d'honneur, a esté employé en de si belles charges, et finalement a laissé une memoire si honorable de son nom, que l'estat d'advocat en sera à tout iamais recommandable ? — Il ne se faut plus attendre à telles eslections et advancemens, dit M. le maistre des requestes Pasquier, au moins tant que la venalité et cherté des offices durera, laquelle nous voyons croistre et augmenter de iour en iour. — Ie le crois, dit mon frère, et pense que ie demeureray perpetuellement en la salle du palais, si mon pere ne me delaisse son estat d'advocat du Roy en la chambre des comptes qu'il m'a resigné en survivance. — Quant à moy, dit mon puisné, i'ay tout au contraire quasi regret d'avoir esté pourveu de mon estat de conseiller, estimant que si ie fusse demeuré simple advocat, ie me fusse plus advancé, et eusse plus servy au public, que par adventure ie ne feray en mon office. — Ie ne suis point de cet advis, dit son frère ; et voy bien que nous ne sommes plus au temps auquel on recherche les hommes pour leurs mérites et valeur ; mais il faut qu'ils s'advancent aux estats d'eux-mesmes, et par argent ; autrement, ils croupiront en la poussiere du palais.

Vous m'avez fait plaisir, dit M. Pasquier, d'estre entrez en cette contestation, ayans cependant donné autant de relasche à mon discours ; car de verité i'estois hors d'haleine d'avoir parlé si longuement. Et neantmoins si faut-il que ie vous adiouste, que vous ne devez pas seulement faire estat de messire Iean Iuvenel, pour avoir esté esleu advocat du roy et prevost des marchands, et pour avoir esté pere d'un chancelier, et d'un evesque et archevesque, pair de France, et autheur d'une si grande et notable maison en ce royaume : ie ne fonde pas sa grandeur sur cela seulement, mais sur ce qu'il est nommé par nos histoires un grand preud'homme, de grand

sens, et de tres-bon conseil. Car afin que vous ne mesuriez pas
son merite par ses bonnes fortunes seulement, il faut que
vous sçachiez qu'il n'a pas esté exempt des mauvaises, ayant
esté calomnieusement accusé (1) par de faux tesmoins favorisez
et supportez par le duc de Bourgongne, lequel s'estoit offensé,
tant des remonstrances cy-dessus recitées, que des faux r'ap-
ports qui luy avoient esté faits qui le touchaient; et à cause
de l'affection que messire Iuvenel avoit monstrée, en appaisant
la mutinerie des Parisiens. Et sans les advertissemens qu'il
receust quasi comme par un miracle (2) de ce qui se tramoit
contre luy, il eust couru la mesme fortune qu'avoit faict
M. Iean des-Mares, son devancier en l'estat d'advocat du roy.
Encores ne pût-il eschapper qu'il ne fust mis prisonnier au
Chastelet par l'ordonnance des mutins qui commandoient à
Paris, en l'an 1413, à faute de payer la somme de deux
mille escus, à laquelle ils le cottiserent, dont il fallut payer
une partie comptant, et leur donner asseurance du demeurant (3); et si tous ses meubles furent pillez lors qu'il s'en-
fuit de Paris, lesquels montoient bien à seize mille escus; et
outre il avoit esté desappointé de la presidence de Languedoc, et de l'estat de chancelier de monseigneur le dauphin
*pour l'avoir trop bien servy, ayant refusé de sceller des dons
excessifs qu'il faisoit.* Mais il porta ses pertes et infortunes
de si grand courage qu'il monstra avoir lors, qu'il trouva en
un instant quatre ou cinq cens chevaux dans Paris, pour
empescher que le duc de Bourgongne n'emmenast le roy avec
luy. Et lors encore il fit porter parole au mesme duc, qu'on
le trouveroit à la barriere de la porte Bordele qui est celle
qu'on appelle à présent de Sainct-Marcel, pour avoir raison
de celuy qui avoit mis le feu en sa belle et plaisante maison
de Ruel : qui monstre qu'il estoit homme non seulement de
parole et de conseil, mais aussi de main, de hardiesse, d'effect
et d'execution, quand il en estoit besoin. Ie veux donc dire

---

(1) En l'Histoire de Charles VI, sous l'an 1393, p. 122, 123 et 124.
(2) Sous l'an 1394, pages 129 et 130.
(3) Page 320 de l'Histoire de Charles VII.

que les hommes ne se doivent pas seulement estimer pour les bonnes fortunes qui leur adviennent, ny mespriser pour les mauvaises. Et de faict a t'on fait moins de compte de Marc Antoine, l'orateur, de Ciceron, de Seneque et de nostre Papinian, pour avoir esté iniustement et iniurieusement traittez et massacrez par leurs ennemis, et par des tyrans? de Demosthene, de Socrate et d'infinis autres que ie vous pourrois representer de l'antiquité? *Non, mes enfans, non, il ne faut point faire seulement estat de la vertu pour les bonnes rencontres qui arrivent, mais il la faut cultiver, principalement à cause d'elle-mesme, quoy que souvent elle soit accompagnée ou suivie d'accidents malfortunez selon l'opinion du vulgaire, mais honorables, quand l'innocence et la bonne vie sont connuës de tous, et principalement de Dieu qui est le iuste iuge de nos actions.*

Vous avez raison, dis-ie, d'en parler ainsi, et suis bien aise que vous ayez fait cette leçon à cette ieunesse. Mais n'estes vous point las d'avoir tant et si longuement parlé en l'aage où vous estes ? Car encores que vous ayez fait preuve en cette action comme en beaucoup d'autres, de la force et vigueur de vostre esprit, et de vostre memoire, et que tant s'en faut que nous soyons ennuyez de vous ouïr, qu'au contraire le temps ne nous a quasi rien duré, si est-ce qu'il y a prés de trois heures que nous sommes icy. Partant il est desormais temps que vous vous reposiez, et qu'on se pourmene un peu avant soupper, en remettant la partie à une autre fois. A la verité, dit M. Pasquier, ie suis encores bien loin du bout de mon roolet, n'ayant parlé que des advocats du temps des rois Philippes le Bel (1) et de ses trois enfans (2), de Philippes de Valois (3), de Iean (4), de Charles V (5), et de

---

(1) 1326.

(2) Les trois enfans de Philippes le Bel furent Louis X, dit Hutin, qui commença à régner en 1314, Philippes V, dit le Long, en 1316, et Charles IV, dit le Bel, qui regna en 1321,

(3) 1328.

(4) 1350.

(5) 1364.

Charles VI (1), m'estant advancé de dire quelque chose de ceux qui ont atteint le temps de Charles VII, et conséquemment me restant tous les autres des regnes de Charles VII, de Louïs XI, de Charles VIII, de Louïs XII, de François I., de Henry II, et ses trois enfans, et de nostre Henry IV, qui sont six fois en plus grand nombre, que ne sont tous ceux desquels ie vous ay parlé, et dont ie pourray faire plus certain iugement que des susnommez, au moins de ceux que i'ay veüs et ouïs de mon temps. Cela, dis-ie, merite bien une autre iournée entière. Ce sera donc, dit-il, pour une autre fois, dont ie vous feray advertir en vos maisons; et ce sera, si vous le trouvez bon, en ce mesme lieu; et cependant ie reverray encores mes memoires. — Nous vous en prions tous, luy dit la compagnie quasi d'une voix.

SECONDE CONFERENCE (2).

Le sabmedy ensuivant M. Pasquier nous envoya prier de disner le lendemain en sa maison, nous mandant qu'il desiroit s'acquitter de sa depte, et y employer la iournée toute entière, dont ie fus bien marry. Car m'estant trouvé mal les iours precedens, les medecins m'avoient fait prendre medecine ce iour là, et m'avoient defendu de sortir de deux iours: ce qui fut cause que ie fus obligé de garder la maison la matinée du dimanche sans me pouvoir trouver avec les autres. Mais i'y envoyay mes enfans, leurs tesmoignant que ie desi-

---

(1) 1380.

(2) En cette seconde conference l'autheur n'a fait que passer legerement pardessus les principales actions des advocats qui y sont nommez; ce qu'il a fait industrieusement et à dessein, pour ne pas faire repeter à M. Pasquier en ce dialogue, toutes les particularitez qu'il avoit desia dites du parlement et des advocats en divers endroits de ses *Recherches*, et particulièrement aux chap. ii; iii et iv du liv. ii et aussi dans ses lettres.

rois qu'ils me fissent part à leur retour de ce qu'ils y auroient entendu.

Cependant comme ie pensois me mettre à table pour disner, ie vis entrer l'un de mes enfans qui avoit laissé la compagnie, pour me venir conter une partie de ce qui s'y estoit passé. En effect, il me dit que M. Pasquier leur avoit rapporté plusieurs belles actions, tant de messieurs les presidens de la cour, que des advocats, procureurs generaux, et d'autres qui avoient esté advocats au parlement pendant les regnes des rois Charles VI (1), Charles VII (2), Louïs XI (3), Charles VIII (4), Louïs XII (5), et François I (6), nommant entre autres les presidens (7) de Cambray, de Nanterre, Dauvet, de la Vacquerie, et de Carmonne, le procureur general Iean de Saint Romain (8), M. Iean Barbin, et M. Pierre de Marigny (9), maistres Iacques Barme, Pierre Remon et Iacques Cappel advocats du roy (10), les advocats Haslé et Breban, l'un archidiacre de Paris et l'autre curé de saint Eustache, lesquels avoient plaidé une regale en la presence du roy de Portugal, qui estoit venu au palais. Qu'il avoit parlé d'une consultation celebre faite pour les enfans et heri-

---

(1) Il commença à regner en l'an 1380.

(2) En 1423.

(3) En 1461.

(4) En 1484.

(5) En 1498.

(6) En 1515.

(7) Miraumont, titre *du Parlement*, escrit qu'Adam de Cambray fut premier president en 1436; Matthieu de Nanterre en 1461 disant qu'il fut par apres translaté du parlement de Paris en celuy de Toulouse; Iean Dauvet en 1465, disant qu'il fut par apres premier president à Toulouse, dont il revint, puis apres à Paris, où il fut receu second president; Jean de la Vacquerie, en 1481; et Guillaume de Carmonne receu quart-president en 1503, Blanchard appelle celuy-cy Christophle.

(8) Miraumont dit qu'il fut fait procureur general en 1461, et qu'il se nomma garde de la prevosté de Paris, le siege vacant, le 4 juin 1465.

(9) En 1410 et 1418. (Miraumont.)

(10) Le premier en 1510, les deux derniers en 1534. (*idem.*)

tiers de Iacques Cœur par de Reauté, Bezançon, l'Huyllier (1),
et quatre autres advocats fameux du temps des roys Charles VII et Louis XI. Et comme ce roy Louis XI estant sur
la fin de ses iours en ses dernieres et melancholiques pensées,
voulant pourvoir au faict de la iustice, coustumes, poids et
mesures de son royaume, voulut aussi pourvoir au reglement des advocats, se plaignant de leur cautelles, et de l'ex-
cez de leurs salaires : adjoustant neantmoins que M. Iacques
Mareschal, chanoine de Sainct-Thomas-du-Louvre et advocat, qui estoit le vray auteur du Commentaire de la Pragmatique Sanction, quoy qu'il porte le nom de M. Cosme
Guymier conseiller et president aux enquestes ayant fait des
salvations assez breves, la cour luy en avoit taxé trente livres
parisis, et que feu M. Charles du Moulin l'avait ainsi entendu de ses anciens.

Qu'il leur avoit en outre parlé d'un M. Pierre Bataille advocat, employé par le roy Louis XI, aux plus grandes affaires du royaume, lequel on tenoit estre le plus grand legiste
de la France, decedé à l'âge de quarante-quatre ans. De plus,
qu'il leur avoit fait recit de l'opposition formée à la revocation de la Pragmatique Sanction par le procureur general
de Sainct-Romain (2), contre la volonté du roy Louis XI, et

---

(1) M. Philippes l'Huillier, advocat du roy en 1471. (Miraumont.)
(2) L'autheur de l'Histoire de Louis XI, intitulée la Chronique
scandaleuse sous l'année 1467, a fait un recit particulier de cette action
remarquable du procureur-general de Sainct-Romain, qui mérite d'estre
icy rapporté. *Audit temps, au mois de septembre,* dit-il, *le roy bailla
ses lettres à un legat venu de Rome de par le pape, pour la rompture de
la Pragmatique Sanction : lesquelles lettres furent leuës et publiées au Chastelet de Paris, sans y avoir aucun contredit ou opposition. Et le premier
iour d'octobre en suivant maistre Iean Baluë, fut à la salle du Palais-Royal
à Paris, la cour de Parlement vacant, pour illec aussi faire publier lesdites
lettres, où il trouva maistre Iean de Sainct-Romain, procureur general du
roy nostre sire, qui formellement s'opposa à l'effet et execution desdites
lettres, dont ledit Baluë fut fort déplaisant. Et pour cette cause fit audit
de Sainct-Romain plusieurs menasses, en lui disant que le roy n'en seroit
point content, et qu'il le desappointeroit de son office : de quoy ledit Sainte-
Romain ne tint pas grand compte ; mais lui dit et respondit que le roy luy*

d'une autre opposition formée à la publication du concordat,
tant par maistre Iean le Lievre (1) et Guillaume Roger (2)
advocat et procureur generaux, que par l'Université de Paris,
et par les eglises du royaume, pour lesquels M. Iean Bouchard avoit plaidé *si vertueusement* (3), *qu'il en fut envoyé*
prisonnier au Louvre, avec un si grand honneur, que sa
posterité s'en ressent encores auiourd'huy.

Qu'il les avoit encores entretenus d'un chambellan advocat de l'Université de Paris, qui plaidant l'opposition qu'elle
avoit formée à la verification des lettres de legation du cardinal d'Amboise le 27 de mars 1503, monstra comme elle avoit
tousiours contredit à la puissance absoluë du pape (4). Et
d'un Dix-hommes qu'on disoit estre celuy qui avoit apporté
le premier les bonnes lettres au barreau, et qui estoit l'autheur du distique latin qui se lit sur la porte de derriere de

---

avoit donné et baillé ledit office, laquelle il tiendroit et exerceroit et ius-
qu'au bon plaisir du roy. Et quand son plaisir seroit de la lui oster,
que faire le pourroit; mais qu'il estoit du tout deliberé et bien resolu
de tout perdre avant que de faire chose qui fust contre son ame,
ne dommage au royaume de France, et à la chose publique; *et dit*
audit Baluë qu'il devoit avoir grand'honte de poursuivre ladite expedi-
tion. Et en apres le recteur de l'Université de Paris et les supposts d'icelle
allerent pardevers ledit legat, qui de lui appelerent et desdites lettres au
saint concile, et par tout ailleurs, où il verroit estre à faire, et puis vin-
drent au Chastelet, ou pareillement autant en dirent, et firent illec enre-
gistrer leur opposition.

(1) Miraumont dit qu'il fut receu en l'office d'advocat du roy en 1510.

(2) En la mesme année 1510, et fut garde de la prevosté de Paris,
1512 et 1526. (Miraumont.)

(3) Pasquier en ses *Recherches*, liv. IV, chap. XXVII, dit qu'il commença son plaidoyer par ce verset adressant à Dieu sa parole. *Domine*
scis quia dilixi, scis quia non tacui, scis quia ex animo dixi, scis quia
flevi, cùm dicerem et non audirer. Et dit entre autres choses que les eslections estoient de droict divin, soustenant qu'on ne pouvait les supprimer.

(4) M. Guy Coquille, aux Mémoires pour la reformation de l'estat
ecclesiastique, nouvellement imprimés, page 12, tesmoigne la mesme
chose de ce chambellan.

la maison et jardin du sieur de Villeroy prés Charenton, appartenans jadis à nostre Dix-hommes,

> *Consequor ex hoc rure, senex quod comicus olim,*
> *Ut ne agri aut urbis me satias capiat.*

distique qui montre bien qu'il n'estoit pas ignorant, et qu'a bon droict la reyne de Navarre entendant parler de luy en ses contes disoit qu'il valoit plus de neuf hommes. A quoy mon fils adjousta en outre, qu'il leur avoit parlé de cette grande et celebre plaidoirie (1) qui fut faite en la cause de madame la regente, mere du roy François, contre feu monsieur de Bourbon, connestable de France, en laquelle maistres Guillaume Poyet, François de Monthelon, Pierre Lizet, et Iean Bouchard principaux advocats de leur temps, avoient desployé le plus beau de leur sçavoir.

Qu'il leur avoit representé les remonstrances faites à nos rois de la part de la cour, par la bouche de messieurs les presidens susnommez et autres, sur le faict des schismes et divisions des papes et de la religion, de la Pragmatique et concordats, des decimes et autres affaires concernans l'estat, la police et la iustice du royaume. Et particulierement de M. Iean le Maistre, dit *Magistri* (2) advocat du roy Charles VIII, qui proposa (3) vertueusement en sa presence, et de ses pairs, du duc de Bretagne, et du duc d'Orleans qui fut depuis le roy Louis XII. Et m'adiousta que M. Pasquier leur avoit dit plusieurs autres choses, desquelles il ne se ressouvenoit pas, et dont toute la compagnie avoit receu un si grand contentement, qu'il desiroit s'en retourner incontinent, afin d'ouïr ce qu'il diroit du temps des rois Henry II, François II, Charles IX, Henry III et Henry IV, où il s'atten-

---

(1) Les plaidoyers ont esté imprimez chez Thomas Blaise, in-8°., avec le *Traité du droict de patronage* de M. Jacques Corbin.

(2) Receu advocat du roy en 1482. (Miraumont.)

(3 Ce fut peut estre au conseil tenu par le roy en la chambre des comptes, le 6 avril 1491, dont M. Pasquier parle en ses *Recherches*, liv. ii, chap. iii, page 50.

doit qu'il diroit quelque chose du devoir des advocats, et
apporteroit de plus belles choses qu'il n'avoit encores fait,
d'autant qu'il parleroit des advocats qu'il avoit cognûs, et
dont il pourroit faire un iugement plus certain, que des autres.
Ce qui me donna une telle envie de l'ouïr, que ie me resolus d'y aller, nonobstant le conseil des medecins, qui m'a-
voient defendu de sortir. Et de faict, m'y estant rendu sur
le poinct d'une heure de relevée, ie trouvay toute la compagnie desia assemblée en la salle, ainsi que M. Pasquier
commençoit à parler en cette sorte.

TROISIEME CONFERENCE.

Ie veux m'expedier cette apres-disnée d'une autre façon que
ie n'ay fait ce matin, et en nostre premiere iournée : car i'y
suis tout autrement empesché ; pource qu'au lieu que i'estois
cy-devant en peine de nommer la plus part des advocats qui
avoient fleury pendant les regnes des rois dont nous avons
parlé, maintenant que ie suis venu aux regnes du roy Henry II (1), et de ses enfans (2) et du roy Henry IV (3), qui
est le temps que i'ay esté au palais, i'en trouve un si grand
nombre que la multitude m'y apporte de la confusion. Toutesfois pour m'en démesler plus aisement, i'ay pensé qu'il
vaudra mieux que ie les divise en trois classes, s'il m'est permis de parler ainsi ; sçavoir en ceux qui estoient au palais lors
que ie prestay le serment ; en ceux qui y vinrent de mon
temps ; et en ceux qui ont esté receus depuis moy. Et ie me
donneray plus de hardiesse sur tous ceux cy, que ie n'ay fait
sur les precedens, et par adventure plus que ie ne devrois.
Mais puis que vous m'en avez requis, ie vous diray librement
et ingenuement, mais fort sommairement, et par forme d'une

(1) Henry II commença à regner en 1546.
(2) François II, en 1559; Charles IX, en 1560; en Henry III,
en 1574.
(3) En 1589.

brefve histoire, le iugement que ie faisois de ceux dont ie
vous parleray : vous priant de m'excuser si ie me trompe en
quelques-uns, d'autant que la plus part d'entr'eux n'ayans
pris la peine de revoir ny de publier leurs plaidoyers, il est
difficile d'en bien iuger. Vous excuserez aussi, si en un si
grand nombre d'advocats, i'en oublie quelques-uns qui meriteroient peut-estre mieux d'estre nommez, que d'autres dont
ie vous parleray ; vous sommant derechef de me secourir en
cet endroit au defaut de ma memoire, et de me faire resouve-
nir de ceux dont vous vous adviserez à mesure que ie parleray.
Au reste ie vous demande par advance congé de pouvoir en
quelques endroits changer l'ordre que ie me suis prescrit, en
parlant des uns des autres, selon que les occasions s'en pre-
senteront.

Quand ie vins donc au Palais, qui fut, comme ie vous ay
dit en nostre premiere iournée, en l'an 1549, sur le commencement du regne du roy Henry II, l'estat d'advocat estoit
principalement en honneur, comme estant l'eschelle par laquelle on montoit aux plus grands estats et dignitez du
royaume. Car messire François Olivier, qui lors estoit chancelier (1), avoit esté advocat, et depuis premier president ;
comme auparavant messire Antoine du Prat (2) et Guillaume
Poyet (3), chanceliers de France, et messire François de
Monthelon, garde des sceaux ; messire Pierre Lizet estoit
aussi lors premier president (4), lequel avoit esté advocat du
roy, et grand advocat du commun, au lieu duquel fut mis
messire Iean Bertrand, quart-president (5) ; et en son lieu

---

(1) Il fut fait chancelier en 1545, renvoyé en sa maison par Henry III,
en 1551, et rappelé par François II, tint les sceaux iusques au 26 avril
1560 qu'il mourut. (Miraumont, au *Recueil des chanceliers.*)

(2) Fut fait chancelier le 7 ianvier 1514.

(3) En 1538, Miraumont descrit en cet endroit la forme avec laquelle
la cour luy fit prononcer l'arrest qui fut rendu contre luy, etc.

(4) En 1529. (Miraumont.)

(5) En 1550, et avant que d'estre receu, la cour deputa vers le president Lizet pour sçavoir sa volonté sur la reception dudit sieur Bertrand, son successeur. (Miraumont.)

messire Gilles-le-Maistre (1). Messire Antoine Minard estoit
pareillement president (2), qui avoit aussi esté advocat. Ledit
sieur le Maistre (3), et M. Gabriel Marillac (4), advocats du
roy, et M. Noël Brulard, procureur general (5); tous auparavant advocats des parties. Comme aussi M. Pierre Remon,
premier president à Rouen, et depuis president à Paris (6).
M. Iacques de Ligneris, fait president lors du semestre (7),
et messieurs Vialar, aussi president, et de Longuejoue, advocat du roy à Rouën. Bref l'estat d'advocat estoit alors si
honorable, que toute la ieunesse la mieux instruite, voire
des meilleures maisons de la ville, tendoit à faire montre de
son esprit en cette charge, avant que de se mettre aux offices
de conseillers ou autres; *et n'y avoit quasi que ceux qui se
deffioient de leur industrie et capacité qui en acheptassent :*
car de verité on commençoit deslors à les vendre, ou pour le
moins à prester de l'argent au roy, qui puis apres le rendoit.

Or, entre les advocats, celuy qui tenoit le premier lieu
des consultans estoit feu M. Matthieu Chartier, pere de feu
M. Chartier, qui mourut doyen des conseillers du parle-

---

(1) En 1551, Miraumont. V. *ibid.* son epitaphe en vers latins.

(2) En 1544, *id.* Blanchard rapporte au long ses emplois, et comme
il fut tué en 1559, retournant du Palais. Surquoy fut faite l'ordonnance appelée la Minarde, pour sortir du Palais à quatre heures du
soir en hyver.

(3) En 1540, *idem.*

(4) En 1543, il est appelé Marlhac par Miraumont et par Coquille
qui rapporte de lui en ses Commentaires sur la coutume de Nivernois,
chap. 1, art. 5, une maxime de Droict françois avec eloge en ces termes
*Et comme disoit ce tres-sçavant et tres-homme de bien, M. Gabriel Marl-
hac, advocat du roy en parlement, bon regent des ieunes advocats qui
assistoient aux plaidoiries dudit parlement. TOUT dol merite punition
extraordinaire et corporelle en France, ores qu'il en soit traité en matiere
civile.* Laquelle regle nostre autheur a inserée dans ses Institutes
coustumieres du Droict françois, liv. vi, tit. 11, art. 10.

(5) En 1541, il se nomma aussi garde de la prevosté de Paris, par
le decez de messire Iean de Touteville. (Miraumont.)

(6) En 1545, *idem.*

(7) En 1554, *idem.*

ment, et qui pendant la ligue ayant esté fait premier president par M. de Mayenne, suivant l'eslection qui en avoit
esté faite par la Cour, se bannit volontairement du Palais,
sans y vouloir retourner, iusqu'à ce que Dieu nous ayant fait
la grace de reduire la ville en l'obéissance du roy, il reprit
plus volontiers sa place de conseiller (1), que l'honneur de
premier president, qui luy avoit esté ainsi deferé. Son pere
donc estant, en mon ieune âge, fort ancien advocat, ne ve-
noit plus gueres au Palais, mais le Palais, s'il faut ainsi dire,
alloit chez luy; car il estoit comme l'oracle de la ville, à cause
tant de son sçavoir, experience et long usage, que de sa
preud'hommie et integrité de sa vie. On disoit de luy qu'il
donnoit tous les mois cent francs à la boiste des pauvres,
du gain qu'il faisoit en sa vacation (2); aussi n'y avoit-il lors
gueres d'autres consultans que luy, et M. Goyet, advocat du
roy au Chastelet, et pareillement advocat en la Cour, son
voisin, lequel il faisoit quelquesfois appeller en sa maison;
car maistres Iean de Briou, François Brodeau, Quichy,
Boivin, Michon, Bodin, Guédon, Ravel, Spifame, Danquechin, le Faure, le Selier, Boileau, Piedefer, Rapouël, Bariot, et autres anciens advocats de ce temps, n'y estoient pas

(1) Pasquier, liv. xvi, de ses *Lettres*, page 243, racontant à M. Th.
Pasquier, son fils, ce qui se passa au restablissement du parlement à
Paris, apres la reduction de la ville en l'obeissance du Roy Henry IV,
où il parle du serment que renouvellerent messieurs de la cour devant
M. le chancelier. *Le premier*, dit-il, *fut M. Chartier, non en qualité de
president, dont il avait esté honoré par M. de Mayenne, ains de plus
ancien conseiller.*

(2) M. Guillaume Ioly, lieutenant general de la conestablie, gendre
de l'autheur, a remarqué semblable chose de M. Guy Coquille, sieur
de Romenay, advocat en parlement, et procureur fiscal du Nivernois,
dont il a escrit la vie, imprimée au commencement de ses Commentaires sur la Coustume de Nivernois, disant, *qu'il decimoit son gain
mis en bourse, pour les pauvres honteux, dont il s'enquestoit bien soigneusement, ne manquant point de leur payer cette disme, ainsi qu'une chose
deuë, par sepmaine ou par mois.* Ainsi M. Mauguin, aussi advocat en la
cour, decedé depuis nostre autheur, donnoit aux pauvres tout ce qu'il
gagnoit aux festes et dimanches.

beaucoup employez. Et quant à ceux qui tenoient le barreau, et paroissoient plus en la salle du Palais, c'estoient maistres Pierre Seguier, Christophle de Thou, Denis Riant, Iacques Aubery, Anne de Chappes, Iean des Vaux, Guillaume Boucherat, Pierre Rebours, Charles du Moulin, François de la Porte, Iean de Sainct-Mesloir, Pierre Robert, Leonard Goulas, Baptiste du Mesnil, Laurens Bechet, Clement du Puy, François Moulac, Iacques Canaye, Claude Mangot, Iean Gillot, Iournée, Regnard, des Ombres, de la Vergue, Malet, et autres en si grand nombre, que ie crains d'en avoir oublié, qui meriteroient par adventure mieux d'estre nommez qu'aucuns de ceux qui sont en ce roole. Ceux de mon temps furent maistres François de Monthelon, Pierre Versoris, Iean de Villecoq, Iacques Broussel, Pierre Rigolet, Louis Aleaume, Iean David, Louis Desportes, Iacques Dennet, Iean Bacquet, Corbie, Breban, et Manchevelle. Ceux qui vindrent depuis moy sont maistres Barnabé Brisson, Renaud, Loiseau, Pierre Airaud, Claude du Buisson, René Bautru, dit des Matras, Pierre Pithou, Iacob du Val, Theroude, Martine, Buchape, Asseline, les Amelots, Escorchevel, et quelsques autres qui sont tous decedez; car quant à ceux qui sont vivans en assez bon nombre, ie n'en veux et n'en puis rien dire pour le present, ny pareillement d'un grand nombre qui se retirerent du Palais pour s'en aller en leur païs ou ailleurs, à cause de l'erection des sieges presidiaux aux principaux bailliages et se nechaussées de ce royaume, ou qui furent pourveus de divers offices; ce qui donna courage à ceux qui demeurerent icy, et mesmement à moy, pour l'esperance que i'eus d'y estre plus employé que devant, comme de faict il m'advint. I'entends donc vous parler le reste de cette apres disnée de tous ceux qui estoient lors au Palais et y demeurerent et de ceux qui y sont venus depuis, et vous en dire franchement le iugement que i'en faisois, dont vous penserez ce que vous voudrez, car vous en avez veu et connu une bonne partie : et en ce subjet il est loisible à un chacun de dire librement ce qui luy en semble, sans que personne s'en doive offenser.

Premierement, quant à ceux de la premiere classe, puis que

j'ay fait cette division, ie vous ay desia parlé de M. Matthieu Chartier, que i'ay mis pour le premier de nostre ordre; car pour ce qui est de M. Noël Brulart qui avoit aussi esté advocat, il estoit lors comme ie vous ai dit procureur general; et comme *le magistrat fait cognoistre l'homme*, aussi fit-il paroistre en cet estat quel il estoit, et plus beaucoup qu'il n'avoit fait en celuy de simple advocat, car il l'exerça avec une telle integrité, preud'hommie et authorité, et a rendu sa mémoire si recommandable, qu'elle a servy et servira d'exemple et de patron à tous ses successeurs procureurs generaux, particulierement en ce que venant de bon matin au Palais, il alloit par les chambres voir si chacun faisoit son devoir; et s'il trouvoit aucuns de messieurs hors d'icelles, causans ou allans de chambre en chambre, il les regardoit de tel œil, que sa seule contenance et gravité les faisoit retirer et contenir en leur devoir; aussi semble-t'il qu'il y a eu de la benediction de Dieu en sa maison, non pas qu'il y ait acquis de grands biens, comme ont depuis fait ses successeurs (car i'ay appris qu'il mangeoit son bien en cet estat), mais en ce que tous ses enfans depuis son decez ont esté advancez aux plus grands offices et benefices de ce royaume, l'aisné ayant esté chanoine de Paris, abbé de trois abbayes, conseiller en parlement, et depuis maistre des requestes; le deuxiesme, premier president au parlement de Dijon; et le troisiesme, secretaire d'estat.

Il y avoit aussi M. Pierre Brulart qui estoit lors advocat des parties et substitut de M. le procureur general son cousin, qui fut bien tost apres pourveu d'un office de conseiller, et puis de president en la 3e. chambre des enquestes, laquelle il regla si bien en la discipline de la Cour, qu'encores auiourd'huy elle a le renom d'une des meilleures chambres du parlement. Néantmoins avant que de quitter la fonction d'advocat, il s'estoit employé aux plaidoiries; et m'est tousiours souvenu d'une cause solennelle que luy et M. des Ombres plaiderent, laquelle on appella la cause du *Te Deum laudamus.* — Quelle espece de cause estoit-ce que votre *Te Deum laudamus*, dit mon aisné? ie vous prie apprenez-nous cela en passant, vous reprendrez bien tost aprés le fil de vostre discours. —Ie vous le diray, dit-il, car le conte est assez plaisant, et recueillera quelqu'un, auquel le rôole de tant d'advocats que i'ay nommez pourroit avoir esté ennuieux. Un chanoine de Chartres avoit ordonné, par son testament, qu'on chantast le *Te Deum* en l'eglise, aux iour et heure de son enterrement; ce que l'evesque Guillard trouva non seulement nouveau, mais aussi si scandaleux, qu'on luy refusa ce qu'il desiroit, alleguant que c'estoit un hymne de loüange et de resioüissance non convenable au service des trepassez. L'autre au contraire soustenoit qu'il n'y avoit rien que de bon et de devot en cet hymne; et pour le monstrer il parcourut tous les versets dont il est composé, avec de belles recherches et interpretations dont il les orna, adioustant qu'il contenoit mesme une priere formelle pour les trespassez, en ces mots : *Te ergo quæsumus, famulis tuis subveni, quos pretioso sanguine redemisti. Æterná fac cum sanctis tuis gloriá numerari.* Bref, la cause fut si bien et si solennellement plaidée, que le testament et le *Te Deum* ordonné par icelui furent confirmez par arrest, qu'on baptisa du nom de *Te Deum laudamus,* dont ces messieurs les advocats r'emporterent beaucoup d'honneur.

Le sieur Brulart, dont ie vous parle maintenant, estoit pere de M. Brulart de Syllery qui a aussi esté advocat en la cour, substitut au parquet, puis conseiller au parlement et president aux enquestes au lieu de feu M. son pere, dont il a esté tiré pour estre ambassadeur vers les Suisses et Grisons, et depuis à Rome : et à son retour a esté fait grand president en la cour (1), employé par le roy aux traitez de la paix de Vervins, et de son mariage, et en tant de grandes et importantes affaires du royaume, qu'il semble estre destiné à l'estat de chancelier de France (2), ayant passé par tous les degrez de la iustice et des affaires d'estat.

---

(1) En 1596. Miraumont.

(2) Il l'a esté depuis, en l'an 1607, apres avoir esté garde des sceaux, dès le mois de decembre 1604, comme il se voit par les lettres pa-

Or pour revenir à nos advocats, feu M. Denys Riant estoit aussi lors un grand personnage, et plus chargé de causes qu'aucuns des autres, et fort rompu aux affaires du
palais, mais il ne sembloit pas estre tant versé aux bonnes
lettres; néantmoins il estoit assez éloquent et tres-affectionné
envers la ieunesse du palais. Il fut bien-tost après pourveu
de l'estat d'advocat du roy (1) au lieu de M. de Marillac, et
depuis de president de la cour, où il deceda n'estant pas
grandement âgé. Comme moururent aussi M. Guillaume Boucherat, et Pierre Rebours, qui estoit si fort chargé de
causes, à raison de la dexterité et facilité de son esprit et de
sa langue, qu'on disoit par commun proverbe du palais, que
tout alloit à rebours. Maistres Clement du Puy, Iean Boüer,
Iean Gillot, et Lormier, afin de despescher ceux-cy en cette
rencontre, decederent aussi tous en la fleur de leurs âges, ayant
la plus part d'eux laissé une heureuse memoire de leurs noms.
Vous avez encores à present M. Rebours, president en la
cour des aydes, les conseiller et advocat Gillots, enfans des
dits Rebours et Gillot. Feu M. le conseiller du Puy, grand
homme de lettres et d'intégrité en sa charge (2), estoit aussi
fils de M. Clement du Puy, et pere de ceux qui commencent
maintenant à paroistre. Boucherat et Boüer ont pareillement
laissé deux assez bonnes et honorables familles; et tous les
eussent encores laissées plus grandes, si la mort ne les eust
prevenus avant le temps. Ie faisois lors grand estat de M. Iean
des Vaux, et remarquois en luy qu'il prenoit peine à bien

---

tentes de l'erection de sa commission de garde des sceaux en estat et
office, comme un titre, r'apportée par Miraumont, en son *Recueil des
chanceliers.*

(1) En 1551, Miraumont et Pasquier, liv. vii de ses *Lettres à M. de
la Bile*, iuge de Mayenne, page 425.

(2) Receu conseiller le 7 febvrier 1576. (Blanchard.) Il y a de luy
quantité d'éloges, dont il a esté imprimé un recueil à part. Ie me
contenteray de mettre icy les epithetes que lui donne M. Cujas. *Claudius Puteanus*, dit-il, *senator et disciplinâ omni instructissimus, et ingenio
prudentidque acutissimus.* Observat., lib. xvii, cap. xx.

I.   14

parler françois, dont i'estois assez curieux : ie crois que personne de vous ne l'a connû.

Mais ceux qui avoient plus de vogue et de bruit en ce temps-là, estoient, comme ie vous ay tousiours dit, maistres Pierre Seguier, et Christophle de Thou : pardonnez-moi si ie parle encores d'eux, comme nous faisions lors. Ces deux estoient corrivaux, s'advançans esgalement aux premiers degrez de la robbe, mais par divers chemins ou moyens. L'un estoit court et nerveux, neantmoins clair et intelligible en ses plaidoiers, et ne se mettant point tant à tous les iours ; l'autre avec une douceur et facilité plus commune et agréable, plaidoit plus souvent et plus long-temps : de sorte que l'on disoit de l'un, *Multa paucis*, et de l'autre, *Pauca multis*. L'un ne se presentoit iamais que bien appresté, apportant des authoritez de droict et de docteurs plus elaborées ; l'autre avoit l'esprit et la parole plus prompte, et le plus souvent ornée de quelques lieux d'humanité, et par fois de vers de poëtes latins, et autres passages assez vulgaires, mais toutesfois plaisans et agreables aux auditeurs : de manière que tous deux par divers sentiers marchoient quasi d'un pas esgal. M. Seguier fut bien-tost apres advocat du roy (1) en la place de M. le Maistre, qui fut fait president au lieu de Bertrandi pourveu de l'estat de premier president, duquel M. Lizet fut deschargé et fait abbé de Sainct-Victor ; de sorte que le palais fut quasi renouvellé par la faveur de la duchesse de Valentinois. Et me souvient que l'une des premieres causes qui y fut lors plaidée, fut pour elle touchant la terre d'Anet, M. l'advocat Seguier plaidant pour le procureur general, et M. Christophle de Thou, assisté de M. Anne de Chappes, Iean de Sainct-Mesloir et Iournée pour la Duchesse. Et par ce que la cause estoit grande, l'audience fut renforcée de deux ou trois presidens de la cour qui n'avoient point accoustumé de s'y trouver : sur quoy M. de Thou prit le commencement de son plaidoyé, disant que cette nouvelle

---

(1) En 1550, et fut receu en l'office d'advocat du roy clerc, à la charge de prendre dispense, pource qu'il estoit marié. (Miraumont.)

face de justice extraordinaire l'estonnoit quasi à l'imitation ou
façon de Ciceron, quand il commença à parler pour Milon.
A quoy M. Seguier Aduocat du Roi respondant sur le champ
dit, qu'à la vérité Ciceron avoit occasion d'avoir peur, d'autant qu'en ce temps-là l'audience estoit bordée de gens de
guerre ; au contraire que chacun devoit alors esperer plus de
justice, puisqu'elle avoit esté renforcée par un plus grand
nombre de gens de cet estat.

Or le parlement fut bien-tost apres fait semestre, et messieurs Seguier et de Thou pourveus en mesme temps d'estats de
presidens. Mais bien que M. Seguier eust esté advocat du roy
avant que l'autre sortist du barreau, si est ce que M. de Thou
fut receu le premier en l'estat de president, ainsi que ie vous
ay dit cy devant. En somme ils ont esté tous deux tres-grands
personnages, tant en l'estat d'advocat qu'en celuy de president, comme il paroist maintenant en leur postérité. Ie vous
adjousteray encores un mot que l'on r'acontoit lors de monsieur Seguier et de maistre Charles du Moulin, lequel comme
chacun sçait estoit *le plus docte de son temps en droict civil
et coustumier, et* toutesfois *malhabile en la fonction d'advocat, principalement au barreau ;* ce qui faisoit qu'il n'estoit
*gueres employé, ny tant estimé à beaucoup prés pendant
sa vie, qu'il a esté depuis son decez par ses escrits,* par lesquels il a tellement marié et approché le droict romain avec
celuy de la France, que tous ceux qui sont venus depuis
l'ont suivy comme leur maistre. Or feu M. Seguier connois-
sant cela mieux qu'homme de son temps, il s'en aidoit fort à
propos aux plus grandes affaires esquelles il estoit employé,
prenant bien la peine de dresser luy-mesme un memoire de
ce dont il desiroit s'instruire, et de le bailler à du Moulin (1)
avec quatre ou cinq escus qu'il advançoit de sa bourse, sur

---

(1) Papirius le Masson, en la Vie de M. Charles du Moulin, fait
mention de cette remarque : *Petrus Seguierius*, dit-il, *tunc advocatus et
prudentissimus vir ad Carolum (Molinæum) mittere solebat honorarium
aliquot aureorum, ut ex facto proposito, sententiam suam scripto mitte-
ret, majori, ut ferè fit, consulentis emolumento, quàm consulti.*

14.

lequel M. Charles du Moulin donnoit son advis par escrit raisonné et fortifié d'authoritez de droict, de doctrine, de docteurs et d'arrest, lesquels M. Seguier sçavoit si bien mesnager, qu'avec ce qu'il y apportoit de sa forme et de son iugement qu'il avoit excellent, il se rendoit admirable en ses plaidoiers et escritures, ainsi que i'ay entendu de nos anciens.

M. Pierre de la Place qui fut depuis premier president aux generaux, estoit lors aussi du nombre des bons advocats. Mais entre tous ceux de mon temps, ie iettois principalement l'œil sur M. Baptiste du Mesnil lors advocat du commun ; car c'estoit celuy que i'escoutois plus volontiers, et auquel ie desirois plus de pouvoir ressembler, à cause de la pureté et fluidité de son langage, de la grace et douceur de son eloquence, de sa voix et de son action, et de l'ordre et perspicuité de ses plaidoiers, lesquels il divisoit tousiours en parcelles, puis les reprenoit, poursuivoit, et achevoit si adroitement, les fortifioit de raisons et d'authoritez si précises, qu'à mon iugement il surpassoit tous les autres, rien ne luy defaillant à mon advis de ce qui est requis pour faire un bon advocat. Il me souviendra toute ma vie de la plaidoirie qu'il fit pour M. Bourdin, secrétaire d'estat, adjudicataire de la terre de Villaines, venduë sur ce bon mesnager M. Brinon, conseiller, que nous appellions *Ruina bonis*, par un anagramme admirable de son nom *Ianus Brino*, pour lequel M. François de la Porte, plaidant, se plaignoit entre autres choses de ce qu'il avoit esté despoüillé de sa terre par un sien parent ; ce que M. du Mesnil rabattit si doucement, si adroittement, et avec tant d'eloquence, qu'il fit croire à un chacun, que l'on avoit fait beaucoup pour M. Brinon, de l'avoir deschargé de sa terre, pour essayer à le nettoier d'une partie des debtes dont il estoit accablé, et que c'estoit la seule ressource qu'il pouvoit espérer pour se remettre à son aise ; comme de faict il gaigna sa cause. Et de ce iour là, ie m'adonnay tellement à l'oüir, que ie le pris pour patron et miroir de mes actions ; car il ne plaidoit iamais cause qu'il n'y apportast quelque point remarquable, dont ie faisois mon profit. Aussi fut-il

bientost aprés advancé en l'estat d'advocat du roy, au lieu
de M. Séguier. Et depuis qu'il fut advocat du roy, il fit en-
cores paroistre ce qu'il estoit, plus qu'il n'avoit fait auparavant; et vous puis dire qu'il faisoit quasi tous les arrests. *Ce
fut le premier qui fit des remonstrances publiques au commencement des parlemens* (1) : et a laissé une si bonne mémoire de ses actions et comportemens en cette charge, que
quand on veut encores aujourd'huy parler d'un bon advocat
du roy, l'on allegue M. l'advocat du Mesnil. — Ne nous en
dites point davantage, dis-ie; car l'ayant frequenté les six
dernières années de sa vie plus que personne, pour avoir
espousé sa niepce et pupille, i'ai pris plaisir à dresser un
recueil de ses principales actions de mon temps, que i'ai
baillé à mes enfans qui pourront, si vous le trouvez bon, le
communiquer un iour au public : partant revenons aux autres advocats.

Trouverez-vous pas bon, dit-il, qu'à l'occasion de M. du
Mesnil, nous parlions tout d'une suitte de M. Gilles Bourdin,
et de M. Aymon Boucherat, l'un procureur general, et l'autre advocat du roy au même temps (2)? C'estoient deux
hommes bien dissemblables; car quant à M. Aymon Boucherat, beaucoup de gens estimoient qu'il n'y avoit n'y eloquence
ny sçavoir qui l'eust rendu recommandable pour entrer en
l'estat d'advocat du roy, mais seulement quelque routine du
palais; la réputation qu'il y avoit acquise, procedant plus de
la suffisance et du renom de M. Guillaume Boucherat, son
frere, qui estoit decedé, que de luy. Ils estoient Champenois, et tous deux du conseil de la maison de Guise, laquelle

---

(1) Voyez en ses éloges, page 198 et 199 *des Opuscules de Loisel;* ce
qui en a esté remarqué des recherches de M. F. Pasquier, lequel
aussi en ses *Lettres,* liv. VII, escrivant à M. de la Bite, r'apporte que
M. le premier president de Thou voulant bannir des plaidoyers les
repliques et dupliques des advocats qui consommoient beaucoup de
temps, il y fut aidé par M. du Mesnil, lequel en fit, à quelques
ouvertures du parlement, des remonstrances, quoy *qu'il n'y pust rien
gaigner, sinon pour les causes de poix,* ce sont ses mots

(2) En 1557. (Miraumont.)

estant lors en crédit, voulut faire un advocat du roy, comme
on disoit que M. du Mesnil, l'avoit esté par la faveur de
feu M. le connestable. Mais c'estoit toute autre chose de
M. Gilles Bourdin : car il estoit très-docte en toutes bonnes
lettres et sciences; il entendoit parfaitement les langues
grecque et latine ; il n'estoit point ignorant en l'hebraïque,
lisant ordinairement les auteurs en leurs langues ; il estoit
sçavant en theologie, en medecine, aux mathematiques; il
avoit bien estudié en droict, et de bonne façon ; car il avoit
les textes fort en main, et lisoit quasi tous les ans le corps
de droict, et pareillement les ordonnances, lesquelles il tenoit ordinairement en ses mains, les lisant tant en l'audiance,
qu'au parquet. Aussi avoit-il fait un commentaire grec sur
une comedie d'Aristophane, et un latin (1) sur l'ordonnance
de l'an 1539, qu'il fit imprimer, estant encores jeune advocat, qui monstre la pureté de son esprit, et la suffisance qu'il
avoit deslors, et laquelle augmenta depuis qu'il fut procureur general : pendant lequel temps il faisoit aussi quelquesfois la charge d'advocat du roy, l'ayant desia euë (2) et
exercée auparavant, aprés avoir esté advocat des parties, et
lieutenant general des eaux et forest. De sorte qu'il n'estoit
point aprentif à plaider quand ses compagnons étoient absens,
malades ou empeschez, ainsi qu'il fit paroistre une aprés-
disnée que l'on plaida la cause d'une horloge, en laquelle
il monstra sur - le - champ ce qu'il sçavoit sur ce subjet,
n'oubliant rien à alleguer d'Archimede, de Vitruve, de Cas-
siodore et d'autres ; dont un chacun fut fort estonné, car
personne ne s'y attendoit ; et disoit-on que les advocats qui
plaiderent la cause, ne luy en avoient point communiqué;
et mesme l'on pensoit qu'il dormist. Car le plus souvent il
sommeilloit tellement, que ceux qui n'y estoient point accoustumez, estimoient qu'il dormoit à bon escient. Mais
comme l'on cessoit de parler, il se recueilloit soudain, disant

(1) Depuis mis en françois avec des additions, en 1578.
(2) En 1554. (Miraumont.).

qu'on continuast (1), et monstroit qu'il n'avoit rien perdu de ce que l'on avoit dit. l'oubliois à vous dire qu'il peignoit elegamment en toute sorte de lettres, françoise, italienne, latine et grecque; iouoit du luth et de l'espinette; chantoit sa partie. Bref, il n'y avoit aucun deffaut en luy que cet assoupissement dont il deceda, sa femme qui estoit couchée avec luy, et qui l'avoit oüy ronfler selon selon sa coustume, l'ayant trouvé le lendemain mort à ses costez.

Cette mort, dis-ie, fut estrange, et est perilleuse à un chrestien, qui doit souvent prier Dieu de le préserver de mort soudaine et non preveuë; car quant aux payens ils l'estimoient la plus heureuse, tesmoin celle de ces deux Cleobis et Biton, tant celebrés pour leur pieté par Herodote et les autres. Aussi me souvient-il avoir leu en Tertullian (2), que Platon estoit ainsi mort dormant, et pour ce deslors du decez de M. Bourdin, ie fis ces deux vers sur luy :

In somnis animam Burdini è corpore raptam
Quid luges? et in hoc par debuit esse Platoni.

Et si i'adjousteray volontiers à ce que vous avez dit de la diversité de ces trois derniers qui estoient en un même temps au parquet, ce que l'on en disoit communément au palais, que ie pensois que vous nous deussiez dire, qui est, que *l'un disoit plus qu'il ne sçavoit,* c'estoit M. l'advocat du Mesnil; l'autre, sçavoir est M Bourdin, *sçavoit plus qu'il ne disoit,* et le troisiesme, qu'*il ne sçavoit ny ne disoit;* mais reprenez vostre propos.

Ie suis d'advis, continua-t'il, de vous parler tout d'un fil de feu MM. Guy du Faur S. de Pibrac, collegue de MM. du Mesnil et Bourdin, pour vous dire que le parquet ne fut iamais, et par adventure ne sera si bien fourny, qu'il estoit de ces trois. Car M. Boucherat estant decedé pendant

---

(1) Aujourd'hui on se réveille en disant : *c'est entendu.*

(2) Tertullianus versus finem libri de Animâ : *Nam et si prœ gaudio quis spiritum exhalet, ut Chilon Spartanus, etc., et si per somnium, ut Plato, et si per risum ut P. Crassus, etc.,* page 351, editionis 1641 N. Rigaltij.

que le roy Charles et la reyne sa mere estoient à Toulouse,
pour le voyage de Bayonne, feu M. le chancelier fit envers
elle, que M. de Pibrac fut tiré de sa ville en laquelle il estoit
iuge mage, pour le faire advocat du roy en ce parlement (1),
auquel il fit incontinent monstre de sa plus vive eloquence
et erudition par plusieurs grandes et belles actions, et singulierement és harangues des ouvertures du parlement dont
ie ne vous parleray point, d'autant qu'elles sont imprimées,
ny pareillement de ce qu'il fit depuis estant president (2) et
principal conseiller de Monsieur, frere du roy, lorsqu'il fut
esleu roy de Pologne, où il l'accompagna avec beaucoup
d'honneur, et de bonnes et de mauvaises fortunes, et depuis
chancelier de feu Monsieur d'Anjou, aussi frere du roy, et
l'un des premiers et plus suffisans conseillers d'estat qui ait
esté en France, fort aimé et estimé de feu M. le chancelier
de l'Hospital, lequel l'ayant voulu avoir pour son gendre,
et ne l'ayant point eu, ne delaissa pourtant de l'aymer et
desirer son advancement. Et puis que M. du Mesnil nous a
menés si avant, ie veux par mesme moyen depescher deux
autres advocats, sçavoir est maistre Denys du Mesnil, son
frere, et Augustin de Thou, son successeur, en l'estat d'advocat du roy (3), lequel à la verité n'approchoit pas du bien
dire, ny de la suffisance de son devancier, et neantmoins
estoit si rompu et si resolu aux causes du palais, que ie ne
l'ay gueres veu desdire en ses conclusions ; il a depuis esté
president de la cour, comme son pere (4) et son frere (5), et
depuis resigna l'estat à M. le president de Thou, son nep-

---

(1) Il le fut en 1565. Miraumont et Pasquier, en ses *Recherches*,
liv. IV, chap. XXVII.

(2) En 1577. Miraumont. *Idem*, Blanchard lequel escrit sa vie assez
amplement.

(3) En 1585. Miraumont. Blanchard.

(4) Portant le mesme nom, qui le fut en 1544. Miraumont et Blanchard, lequel escrit sa vie.

(5) Messire Christophe de Thou, premier president en 1562. Miraumont et Blanchard qui ont fait son eloge.

veu (1), qui est le quatrieme president de ce nom, tous lesquels avoient esté advocats fors le dernier. Quant à M. Denys
du Mesnil, encores qu'il n'eust pas l'eloquence ny la grace
de son aisné, si disoit-on qu'il avoit bien autant de lettres
que luy; aussi luy succeda-t'il aux meilleures affaires du palais, principalement à celles des maisons de Navarre et de
Vendosme, dont il estoit advocat; qui fut cause que l'on
n'admit point la resignation, que son frere avoit faite en sa
faveur de l'estat d'advocat du roy, et fallut en changer la
procuration au profit de M. de Thou : ce maistre Denys fut
pere de M. du Mesnil, conseiller (2), qui reste seul et unique
de ce nom.

Vous m'avez fait plaisir, dit mon fils puisné, de parler ainsi
de messieurs de Pibrac et de Thou; ce me sera un aiguillon
d'essayer à bien faire à leur exemple, estant tous deux mes
parrains, M. de Pibrac m'ayant donné le nom que ie porte. —
Mais puis que le propos de M. l'advocat du Mesnil, dit mon
aisné, vous a fait entrer aux discours de messieurs Bourdin,
de Pibrac et de Thou, ses collegues, et de M. Denys du Mesnil son frere, qui estoit aussi mon parrain, ie vous prie, par
mesme moyen, de nous dire ce que vous sçavez de feu M. Leonard Goulas, nostre ayeul maternel, qui avoit espousé damoi-
selle Philippes du Mesnil leur sœur.

Ie veux, dis-ie, soulager M. Pasquier de cette peine; aussi
bien a-t'il besoin de reprendre haleine, et i'en sçay peut-estre
plus que luy, car encores que ie ne l'aye gueres veu ny connû,
si est-ce qu'ayant espousé sa fille après son decez, ie m'en suis
voulu enquerir, et ay appris de M de Thou, duquel on vient
de parler, qu'il estoit si docte en droict, que quand feu M. le
premier president son frere, estant advocat du commun, es-

---

(1) Messire Iacque Auguste de Thou, qui fut president en 1595.
Miraumont et Blanchard, qui ont fait l'abregé de sa vie. C'est l'autheur de l'Histoire de France, ouvrage qui le rend digne de l'immortalité, sans parler de ses autres œuvres, ny de quantité d'actions qui
ont rendu sa vie glorieuse.

(2) Il s'appeloit Denys comme son pere, fut receu conseiller le
4 may 1596.

toit en doubte de quelque poinct, il n'y avoit personne entre
ses compagnons duquel il desirast plus avoir l'advis que de
M. Leonard Goulas, auquel il avoit ordinairement recours;
qui n'est pas un petit tesmoignage, puisqu'il procede d'un si
grand premier president. Et encores qu'il ne fust *pas tant*
employé au palais que ses beaux freres, parce qu'il estoit
d'une plus grande liberté, ne pouvant endurer, non seulement les inepties et importunitez des parties, ou *des procu-*
reurs que nous sommes souvent contraints de digerer, mais
non pas mesme les reprehensions que font quelquesfois messieurs les presidens, lesquels nous devons respecter et reblan-
dir, si estoit-il employé aux meilleurs affaies des grands, et
principalement du feu admiral d'Ennebault, qui gouvernoit
lors le roy François. Et de faict il luy donna sa maison de la
ruë sainct Antoine, en laquelle vostre mere a eu sa part. C'est
aussi luy qui a fait le premier juger au palais, que quand on
allegue pardevant un official, qu'une disme est infeodée, il en
doit delaisser la connoissance au iuge lay, sur cette simple allegation, sans entrer plus avant en connoissance de cause;
autrement qu'il y auroit abus. L'arrest en est remarqué par
ceux qui ont esté soigneux d'en faire des recueils, au lieu
qu'auparavant on iugeoit qu'il falloit faire sommairement ap-
paroir de l'infeodation pardevant l'official avant qu'il en fit le
renvoy, comme il se voit par l'ancien coustumier de France.
En somme c'étoit un sçavant et docte personnage, et non
seulement en droict, mais aussi en théologie, et autres bonnes
lettres, ainsi que i'ay pû reconnoistre par le reste qui s'est
sauvé de sa bibliothéque, et sur tout tres homme de bien, et
fort dévot en vers Dieu; ce qui doit servir d'exemple et de
consolation à sa posterité, laquelle dure à present avec honneur : revenons ie vous prie à vos autres advocats.

Les plus renommez de mon premier temps, poursuivit
M. Pasquier, outre les sus-nommez, estoient maistres Anne
de Terrieres, seigneur de Chappes, François de la Porte
Poictevin, Iean de Sainct-Mesloir Manceau, Pierre Ro-
bert Parisien, Pierre Renard, Iacques Aubery, Laurens
Bechet, Iacques Canaye, Claude Mangot, Antoine du Lac,

Iean Chippart, François de Marillac, et quelques autres.
Pour le regard de Terrieres seigneur de Chappes, on le tenoit
pour bien sçavant en droict, et disoit-on qu'il avoit fort
plaidé en son temps, mais il s'adonna sur la fin de ses iours
à plaider en son nom assez peu heureusement, ce qui le recula du palais. Et ce qui le recula encores davantage, ce fut
la religion pretenduë reformée dont il fist profession, laquelle
fut cause de sa mort; car ayant esté mis prisonnier au petit
Chastelet avec d'autres à la malheureuse iournée de la Sainct-
Barthelemy, il y fut miserablement estranglé.

Quant à la Porte et à de Sainct-Mesloir (1) qui plaidèrent en
la cause de Cabrieres et Meriadol, ils se faisoient plus valoir,
celuy-là par sa confidence et hardiesse, et par des allegations
qu'il faisoit de quelques arrests qu'il avoit remarqués, et
celuy-cy par de certaines petites gloses singulieres ou brocards
de droict, qu'ils n'avoient de vray fonds en droict ou d'éloquence, au moins selon mon iugement. M. Laurens Bechet
estoit plus sçavant qu'eux, mesmement aux bonnes lettres,
ainsi qu'il paroissoit par son discours, lequel estoit plus paré
que celuy des autres; neantmoins il n'estoit pas tant employé
que les deux susnommez, ny tant appellé aux consultations.
Quant à M. Pierre Renard, il n'estoit gueres recherché que
pour les matieres beneficiales, non plus qu'un petit homme
chantre et chanoine de la Saincte-Chapelle, nommé Rousseau; comme aussi maistres Iean Chippart, Pierre Mallet, et
depuis Martin Menard, et Iean Ramat (2), afin de vous despescher nos beneficialistes tout d'un fil. Il me souvient mesme
qu'un nommé Guetard se vouloit mesler de cette matiere,
mais ce fut en son nom et à ses despens; car il perdit un be-

---

(1) Pasquier, en sa premiere lettre du liv. xix, à M. de Saincte Marthe,
page 673, parle d'un Sainct-Melouard qu'il appelle *Arc-boutant des
consultations*, qui vraisemblablement est le Sainct-Mesloir de notre
autheur.

(2) Il est croyable que ce Chippart est celuy qui est nommé Chippoit
avec Ramat, dans la premiere lettre de Pasquier du liv. xxi, page 671,
lesquels il appelle *personnages de poix*.

nefice qu'il plaidoit contre M. Seguier, qui fut cause de luy faire tellement quitter le palais, qu'on ne l'y a point veu depuis. Maintenant cette science est quasi esteinte au palais, et n'y a gueres qu'au grand conseil, qu'on s'y estudie; et n'eust esté que M. Pierre Rebuffe en a escrit plusieurs Traitez qui sont encores plus estimez à Rome qu'en France, la science en seroit quasi perduë; qui est cause qu'il ne doit estre oublié entre nos advocats; car il en prenoit la qualité aussi bien que de docteur en droict canon, comme il estoit l'un et l'autre; mais il ne faisoit quasi rien de celle d'advocat, encores qu'il se presentast au Palais. Tous ces derniers n'ont laissé aucun portant leur nom que ie sçache, si ce n'est Chippart.

Ie ne vous ay point parlé d'un autre du mesme nom de Renard, qui vivoit en ce temps-là; car il estoit plus advocat du Chastelet que de la Cour. M. Pierre Robert se faisoit plus valoir que les susnommez, non qu'il fust par adventure plus sçavant que ses compagnons, car ie croy qu'il n'en sçavoit pas tant; mais il estoit homme d'une belle presence, voix et action, disoit assez heureusement, et se faisoit plus estimer par son sens naturel, que par son estude et son travail. Il s'advança principalement par deux actions : l'une, et la premiere, fut la plaidoirie qu'il fit pour le président d'Oppede, en cette cause de Cabrieres et Merindol, dont l'histoire est si bien descrite par M. de Thou, que ie n'ay que faire de vous en parler davantage. Feu M. Clement du Puy avoit esté premierement chargé de cette cause, mais estant devenu malade, de la maladie dont il décéda, le président d'Oppede eut recours à Robert, lequel il instruisoit de iour en iour de ce qu'il avoit à dire. L'autre cause de l'advancement de Robert vint de ce que s'estant fait de la religion pretenduë reformée, il fut employé par feu monsieur le prince de Condé, ayeul de monsieur le Prince, au faict de la declaration de son innocence; depuis lequel temps il fut tousiours recherché par ceux de cette religion, ce qui luy cousta la vie; car il fut tué le iour de la Sainct-Barthelemy. La mesme cause de Cabrieres et Merindol fut aussi l'advancement de M. Iacques Aubery Angevin, en ce qu'ayant esté créé advovocat general (1) en cette cause, il en fut fait lieutenant civil (2); car dés auparavant il avoit acquis le bruit d'un grand et loüable advocat, subtil, et bien agreable.

C'estoit au temps, dit M. Pithou, que la vertu estoit en prix et recompensée. Feu mon frere (3) et vous, parlant à moy, qui avez si fidelement et si dignement exercé les charges d'advocat et procureur du roy en la chambre de iustice en Guyenne, vous débauchans du Palais deux ans et demy entiers, n'en avez eu aucune recompense.

Passons outre, dis-ie, et oublions cela; par adventure a-t'on beaucoup fait pour nous, de nous laisser vivre en paix privement et doucement en nos maisons : *nous nous fussions peut-estre abismez pendant les troubles de la ligue, si nous eussions esté recompensez de quelque office qui nous eust obligez de sortir d'icy.* Encores le roy nous a-t'il fait beaucoup d'honneur de s'estre souvenu de cette commission, lors qu'il nous commanda de faire la mesme charge au restablissement de son parlement à Paris. Achevez donc, s'il vous plaist, les advocats de vostre premiere classe.

Il y avait encores, continua M. Pasquier, Danquechin et Millet, qui plaidoient aussi en la mesme cause de Cabrieres; mais les principaux de ce temps là estoient maistres Iacques Canaye, Parisien; Claude Mangot, Loududunois, et François de Marillac, Auvergnac, duquel on faisoit plus d'estime que des deux autres, en ce qu'il estoit fort en la replique; mais il fut ravy au milieu de son aage; de sorte que sa maison a esté réduite à neant, au moins au prix de celle de Canaye et de Mangot, l'un ayant délaissé le sieur de Fresne son fils, conseiller au grand conseil, et depuis au conseil d'estat et privé, et ambassadeur vers la seigneurie de Venise;

---

(1) M. de Thou escrit que Iacques Aubery parla pour ceux de Merindol, et M. Denis Riant pour M. le procureur general. M. de l'Hospital dit la mesme chose dudit Aubery, en la septième du liv. xi de ses epistres à M. le chancelier Olivier.

(2) Pasquier, en sa premiere lettre à M. de la Bite, liv. vii, page 425.

(3) M. Pierre Pithou.

l'autre, M. Jacques Mangot, advocat, depuis procureur general en la chambre des comptes, et enfin advocat du roy au
parlement (1), lequel fut le plus accomply personnage en tout
ce que l'on pouvoit desirer, qui fust en son aage : il n'avoit que
trente six ans lors qu'il deceda, et n'eust eu son pareil, soit
en probité et intégrité, soit en science et connoissance de
toutes bonnes lettres, s'ils eust vescu aage d'homme. Il fut si
grand usmosnier, qu'il ne s'estoit pas contenté de donner tous
les ans sa vie, durant la disme de son revenu aux pauvres,
mais il commanda qu'on en fit de mesme du bien de sa fille,
qu'il laissa sa seule héritière. Pour preuve de sa suffisance
il ne faut que voir une remonstrance qu'il fit à l'ouverture
d'un parlement, qui court és mains de plusieurs, et les registres des plaidoiries, esquelles il a parlé pour M. le procureur
general. L'on trouvera qu'en un corps qui sembloit assez
fresle, il y avoit des muscles et des nerfs bien forts, et un tres-
bon sang. Je ne vous parleray point de ses autres freres,
d'autant qu'il sont vivans. Mais pour retourner aux peres, ie
me trouve empesché à vous dire, lequel ie dois préférer à
l'autre, tous deux ayans de grandes perfections et suffisances
en leurs estats; car si Canaye estoit docte en droict (2), comme
certainement il l'estoit, aussi estoit Mangot (3); si Mangot
estoit sçavant aux bonnes lettres et sciences, aussi estoit Canaye; si Canaye estoit employé aux affaires des grandes maisons de la France, aussi estoit Mangot. Ie remarquois une
différence entr'eux; c'est que Mangot parloit plus subtilement,
plus facilement, et plus doucement, et estoit plus riche et
plus prompt en inventions, ayant un esprit transcendant, au
lieu que l'autre estoit plus lent et plus pesant; mais il sembloit avoir plus de force, *marchant quasi comme à pas de*

---

(1) En 1585. Miraumont et Pasquier, liv. iv de ses *Recherches*,
chap. xxvii, page 409, qui fait son éloge en cet endroit.

(2) Pasquier en sa première lettre à M. de Sainte-Marthe, liv. xxi,
page 673, l'appelle *Arc-boutant des consultations.*

(3) Le mesme, en ses *Recherches*, liv. iv, chap. xxvii, page 409.
M. Claude Mangot, dit-il, *l'un des premiers advocats de nostre temps.*

bœuf, et consequemment imprimant plus avant ce qu'il disoit au cœur des escoutans ; ce qu'ils ont fait paroistre en une infinité d'actions, mais principalement en la cause de la preference des roses qui se presentoient lors par les pairs de France, Canaye plaidant pour M. le duc de Nivernois, et l'autre pour M le connestable de Montmorency, en laquelle chacun d'eux desploya sur un sujet qui sembloit petit, le meilleur de son sçavoir et eloquence ; car on n'oublia rien, de part ny d'autre, de ce qui estoit de l'origine, dignité, et excellence des pairries, de l'antiquité et noblesse des comtes de Nevers, et des barons de Montmorency, ni de leurs maisons et alliances, de leur vaillance et proüesse, tant contre les ennemis de la foy és voyages d'outre-mer, que pour la deffence de la couronne contre ses ennemis, ny de leur fidélité et service envers nos rois.

Mais il y avait une particularité en Mangot, qui n'estoit pas en Canaye ni en aucun autre advocat que i'aye connû ; c'est qu'il avoit un esprit si universel et si prompt pour toute sorte d'affaires, qu'estant chef du conseil de la maison de Longueville, il ne s'entremettoit pas seulement des procès du palais, mais aussi de ceux d'Allemagne et de Suisse, et encores des baux à ferme qu'il convenait faire, ensemble de l'audition des comptes, et généralement de toutes les affaires du conseil des finances et d'estat, signamment en ce qui concernoit la souveraineté du comté de Neufchastel, en quoi il se rendoit admirable, estant en effect le vray chancelier et surintendant de cette maison.

Ayant dépesché ceux que ie trouvai au palais, lorsque i'y vins, ie passerai maintenant à ceux de nostre volée. — I'estime, dis-ie, que vous en obmettez quelques-uns qui méritoient bien d'estre mis au rang des precedens. Car encores que ie sois venu au palais longuement après vous, si me semble-t'il que Matthieu de Fontenay, Iean Filleul, Pierre de Rochefort, Iean Durand, Antoine Dulac, Iean le Gresle, Thomas Sibilet, Louis Galoppe, Louis Bernage, la Faïe, de Larche, Amelot, Tielment et plusieurs autres dont il ne me souvient pas pour le present, estoient vos anciens.

Vous dites vray, et suis bien aise que vous m'en ayez fait

souvenir, au moins de Fontenay, Filleul et Rochefort. Car, quant à de Larche et Amelot, qui estoient d'Orléans, Galoppe, de Paris, et Iean le Gresle, de Dammartin, ie les avais industrieusement passez, les uns pource qu'on n'en faisoit pas beaucoup d'estat, estant un peu paresseux et négligens, ou s'adonnans à quelque autre vacation, comme de Larche, lequel s'employait plus au bureau des enfans de la Trinité, qu'à son estat d'advocat. I'attendois à parler d'Amelot, en parlant cy-après de ses enfans. Pour le regard de M. Antoine du Lac, Auvergnac, il estoit un peu *trop ventart, luy semblant qu'il n'y avoit personne au palais qui entendist la matiere des substitutions comme luy*, dont ses compagnons se rioient ; neantmoins, il y estoit employé plus qu'en d'autres affaires. Il y avoit encores un autre du Lac, qui estoit aisné de M. Pierre du Lac (1), qui vit à present avec plus d'honneur et de reputation que ne faisoit son aisné. Et pour le regard de M. Thomas Sibilet, il s'amusoit plus à la poésie française qu'à la plaidoirie ; c'est lui qui m'en a mis le premier la plume en la main, dont ie lui suis obligé. M. Louïs Bernage plaidoit plus souvent et assez doucement, mais il avoit le bruit de se charger indifferemment de toutes les causes, bonnes ou mauvaises, ce qui lui faisoit tort ; il ne fut gueres appelé aux consultations. Quant à M. Iean Filleul, i'estois present à la plaidoirie qu'il fit contre la legitimation d'un bastard, laquelle le rendit si recommandable, que s'il eust continué, ou si deslors et depuis il se fust presenté aux consultations, comme faisoient ses compagnons, il y eust indubitablement eu bonne part ; mais il se tenoit perpétuellement en son banc, ainsi que faisoient nos anciens. Comme faisoit aussi M. Matthieu de Fontenay, lequel plaida en la presence du roy Charles, pour le commun tresor de l'ordre de Saint-Iean de Ierusalem, contre le chevalier de Seure, duquel le testament fut cassé, ores qu'il eust eu dispense du pape de pouvoir tester contre les statuts de leur ordre. On tenoit qu'il

---

(1) Voyez ce qui est dit de luy par M. A. Mornac, en la note suivante.

estoit grand coustumier et bon feudiste, et fut, sur la fin de son âge, souvent appelé aux consultations.

Comme aussi estoit M. Pierre (1) de Rochefort, mais il s'arrestoit plus à son office de bailly de Saint Germain-des-Prés, qu'à son estat d'advocat, lequel, comme vous sçavez, desire son homme tout entier. J'avois oublié M. Iean du Boisle, lequel n'avoit rien de recommandable que la force et hauteur de sa voix, semblable en cela à ce Trachallus, duquel parle Quintilian, et neantmoins il estoit bien esloigné des perfections qu'on remarquoit en cet orateur. On l'oyoit de la chapelle de la salle du palais, quand il plaidoit aux requestes, ce qu'il faisoit assez souvent sur la fin de ses iours, en quoy il se rendoit ridicule ; car en ses ieunes ans il avoit esté plus estimé, ayant fait un commentaire sur la Somme rurale de Boutillier. Quand ie vins au Palais, on faisoit un conte de luy et de feu M. le président de Harlay (2), pere de M. le premier président, lequel ne se pouvoit garder de dire quelque mot de gausserie en quelque lieu qu'il se trouvast. C'est que du Boisle, plaidant un iour devant luy, et prenant son ton fort haut dés le commencement de son plaidoyer, contre ce qu'on a de coustume, il ne se peut tenir de luy dire ces mots : *Couvrez-vous, du Boisle, et parlez haut, dont toute la compagnie se prit à rire.*

---

(1) M. A. Mornac, en son observation sur la loy 14˚, au Digeste, *de iure iurando,* parle d'un Rochefort qui pourroit bien estre celuy-cy, mais il l'appelle François. Il escrit de luy une chose remarquable qui est que la cour vouloit abolir le droict que les advocats pretendoient avoir de ne pouvoir estre contraints de déposer ny descouvir en iustice la vérité du secret de leurs parties, *amolitus est apprimè,* dit-il, *tenaci proposito insuetum illud Franciscus de Rochefort antè annos plus minus quinquaginta, ut accepi ab antiquioribus, postea Lud. Buissonius, Petrus du Lac, Annœus Robertus, et alii plures, causantes, inveteratum morem Curiœ, quo semper patronis indultum fuerat, ne occulta clientum suorum seu bona, seu mala proderent : sed quidquid obniti potuerint, decrevit semper ordo ampliss:ssimus ut responderent de eo cuius esset quisque sibi conscius, etc.*

(2) En 1555 ou 1556, il s'appeloit Christophe. (Blanchard et Miraumont.)

Ie ne vous parleray point de M. Raoul Spifame, qui estoit des anciens de mon temps ; car encores qu'on dise qu'il avoit esté du commencement assez fameux, comme estant d'une des bonnes maisons de la ville, si est-ce qu'il declina tant sur la fin de ses iours, qu'il n'estoit remarquable que d'une chose. C'est que voulant reprendre ou tenir *l'ancienne marque* d'honneur des advocats et conseillers generaux du parlement, il se présentoit à prester le serment aux ouvertures qui s'en faisoient à la Saint-Martin, avec une robbe d'escarlate, ce que ie n'ai veu faire qu'à luy, encores que, comme ie vous ay dit cy-devant, aux anciennes representations qui se voient aux églises, les avocats se trouvent en pareils et semblables habits que les conseillers.

Ie viens donc maintenant aux advocats de ma volée, qui estoient Mᵉ. Iean le Maistre, Iean de Villecoq, Iean David, François de Montelon, Pierre Versoris, Louis Aleaume, Iacques Broussel, Manchevelle, la Vergne, Taverny, Breban et quelques autres, qui ne pouvans ou ne voulans continuer le travail du palais, se mirent aux estats, les uns du parlement, les autres de la chambre des comptes ou des autres cours souveraines, d'autres aux siéges presidiaux qui furent lors erigez. Desquels partant ie me dispenseray de parler fors de huict ou dix, dont le premier sera M. Guillaume Bailly (1), president des comptes, père de M. le president qui vit à present ; l'autre, M. Pierre de la Place, premier president en la cour des aydes, dont i'ay touché quelque chose ci-devant ; M. Pierre de Sailly, lieutenant general au bailliage de Senlis ; Gelée, lieutenant criminel ; M. Georges Faguet, lieutenant de Chaumont ; de la Ruë, president au presidial d'Abbeville ; Iacques de Montiers, sieur de Bois-Roger, lieutenant à Pontoise, et M. Gontier, qui, s'estant fait pourvoir d'un estat de conseiller au presidial de Senlis, fut depuis lieutenant au bailliage du palais, qui tous eussent eu quelque part au barreau, s'ils ne s'en fussent pas retirez ; et sur tous M. Iean de la Ruë, lequel par adventure devoit estre mis entre les ad-

_____

(1) Receu en 1549. (Miraumont.)

vocats du premier rang, car il estoit mon ancien de quélsques
années. C'estoit bien un des beaux esprits qui fust au barreau,
bien disant, docte competemment, de tres-bon iugement, et
qui avoit du suc et du sang en son discours, avec une grande
lumière naturelle et sans fard ; mais il estoit si suiet au ieu et à
ses autres plaisirs, que la goutte et les autres indispositions qu'ils
lui causèrent luy firent quitter le travail, et finalement retourner en son païs de Picardie, se faisant pourvoir de l'estat
de president au presidial d'Abbeville, où il mourut.

Celuy-cy m'a fait presentement ressouvenir de trois autres
Picards qui plaidoient assez souvent aux rooles d'Amiens et de
Senlis, maistres Germain Martine, Gamard et Asseline. Mais
ils n'approchoient pas du bien dire de la Ruë, et sentoient
plus le ramage de leur païs, combien qu'Asseline eust par adventure plus de lettres. Il y avoit encore M. N. le Feron,
mais il s'adonna plus à escrire des genealogies et armoiries
qu'à son estat d'advocat. Bocheron avoit aussi esté advocat et
solliciteur de feu M. le connestable, qui le fit procureur general aux generaux des aydes, où il prit pour substitut de
Corbie, lequel y plaidoit souvent.

Quant à M. Iean le Maistre, il fut advocat du roy pendant
la Ligue, et depuis président en la cour, et y fut confirmé (1)
par le roy à cause de l'arrest de la loy salique, auquel il
avoit presidé, arrest qui fut en partie cause de faire ouvrir les
portes de Paris au roy. C'estoit de verité un fort et puissant
advocat, resolu en points de droict, de coustumes et de pratique, fort prudent et advisé en ses causes, selon qu'il a fait
paroistre tant au barreau qu'en l'exercice de ces estats. Depuis ayant resigné celuy de president à M. de Sillery, il
voulut vivre et mourir privé en sa maison, en laquelle il consultoit sans aller au palais, et estoit souvent employé aux arbitrages. Ce qui n'estoit pas tout à fait de mesme en M. Pierre
Versoris ; car encores que l'on allast à luy, c'estoit principa-

---

(1) En 1594. (Miraumont et Blanchard qui fait son eloge.) M. E.
Pasquier en sa Lettre à M. Théodore Pasquier, son fils, liv. xvi, p. 244
et 245, recite plus amplement ce que dit icy l'autheur.

lement pour r'habiller les fautes qui se font quelquesfois en l'instruction des procez, comme de verité il estoit plain de belles et subtiles inventions, et si fort entendu aux affaires du palais; qu'encores qu'il l'eût par maniere de dire quitté, .toutesfois le palais ne le quitta iamais, sa maison estant un autre palais; iusques-là qu'il luy falloit demander non seulement les iours, matinées ou apresdisnées, mais aussi les heures, lesquelles il distribuoit tellement aux uns et aux autres, qu'il y avoit perpetuellement des attendans en sa grande salle, pendant qu'il consultoit en la petite. Et comme il estoit ainsi recherché sur les dernieres années pour les consultations, aussi avoit-il esté employé en ses ieunes ans plus que nul autre de son temps aux plaidoiries, comme celuy qui parloit avec une eloquence vive, prompte et naturelle (1), et avec une grande facilité et persuasion; ce qui le faisoit charger des plus grandes et plus belles causes de son temps, comme de celle des iesuites (2), que nous plaidasmes ensemble, luy pour eux (3), et moy pour l'Université de Paris, dont ie ne vous diray rien, d'autant que chacun en peut faire iugement, nos deux plaidoiers estant imprimez, sinon qu'ayant leu le sien depuis quelques annees en çà, ie ne l'ay pas tant estimé à beaucoup prés, que i'avois fait lors que nous plaidasmes; ce

---

(1) M. du Vair le compare ainsi avec M. Mangot au commencement de son Traité de l'eloquence françoise. *Nous avons oüy*, dit-il, *au mesme temps MM. Mangot et Versoris; mais l'un estoit plustost un subtil iurisconsulte qui s'expliquoit aisement avec une parole pressée et aiguë, que non pas un grand orateur. L'autre ne manquoit pas d'une parole pleine et aisée, d'un grand et beau iugement; mais ayant donné tout son esprit aux procez, il n'estoit pas à beaucoup près parvenu jusques où sa nature cultivée par l'art et sollicitude l'eust peu aisement porter.*

(2) Pasquier, en sa premiere lettre du liv. xxi, à M. de Sainte-Marthe, descrit amplement, comment il fut chargé de cette cause, et tout ce qui s'y passa.

(3) *M. Pierre Versoris*, dit-il, sur la fin de cette lettre, p. 675, *grand advocat, plaidoit contre moy pour les iesuites, aidé des memoires que luy administroit Caignard, iesuite, né natif du pays d'Auvergne, l'un des plus braves solliciteurs que iamais le palais ait eu, et pour tel l'ay-ie veu assurer par feu M. le cardinal de Lorraine.*

qui vient de la grace et de la force et poids qui est donné au
discours par la voix et par l'action, mesmement par la sienne
qui estoit belle et agreable, au prix d'une simple lecture
morte, muette et inanimée. Vray est qu'il avoit un vice,
qui est, qu'il prononçoit ordinairement un A pour un E, et
un E pour un A ; et si connoissoit-on en ce qu'il alleguoit
des auteurs d'humanité, qu'il n'y estoit gueres versé : neantmoins à tout prendre c'estoit un grand advocat, et qui se
passionnoit pour ses parties, particulierement pour la maison
de Guise, dont il estoit le principal conseil : et de faict il
mourut en moins de quatre ou cinq heures, de regret et de
deuil qu'il eut après avoir entendu la mort de M. de Guise
qui fut tué à Blois.

Le plus attrempé et moderé advocat de mon temps fut
M. François de Montelon, fils de feu M. le garde des sceaux
de Montelon (1), et qui fut aussi depuis garde des sceaux, et
tous deux auparavant advocats, lequel plaidoit si doucement,
et, s'il faut ainsi dire, avec tant de défiance, qu'encores que
sa cause fust tres-bonne, comme il ne s'en chargeoit iamais
gueres d'autres, toutesfois il la rendoit douteuse par sa len-
titude. Tout au contraire M. Iean Villecoq plaidoit avec une
telle asseurance, qu'encores que bien souvent sa cause ne va-
lust rien, toutesfois il sembloit qu'on luy faisoit grand tort
de la luy faire perdre. Et ce qui l'advança principalement fut
une plaidoirie qu'il fit pour un appelant du lieutenant civil
Aubry, qui avoit corrigé une sienne sentence ; en laquelle il
parla si librement, ie n'ose dire aigrement, qu'Aubry s'en tenant offencé presenta sa requeste au parlement pour en avoir
reparation, et y vint luy-mesme plaider sa cause ; à quoy de
Villecoq respondit sur-le-champ si pertinemment, que les
parties furent mises hors de cour et de procez, et depuis ce
temps il fut assez recherché. Mais quant à Montelon, auquel

---

(1) Ce fut pendant que l'on fit le procez au chancelier Poyet, et
estoit lors aussi president, ainsi qu'il a esté remarqué par Miraumont ;
qui est peut-estre le seul exemple que l'on puisse cotter d'homme qui
soit demeuré president et garde des sceaux tout ensemble.

ie retourne, il avoit acquis une telle reputation de probité, qu'on le croyoit sur ce qu'il disoit, non comme advocat, mais comme s'il eut esté rapporteur d'un procez, sans lui faire lire aucune piece. Aussi estoit-il un tres-homme de bien, vivant honorablement, sans avarice, ny ambition, venerable, et craignant Dieu : ce qui le fit appeler par le roy Henry III, pour luy donner la garde des sceaux de France (1), lors qu'ils furent ostez à M. le chancelier de Chiverny, lequel fut depuis r'appellé, M. de Montelon les ayant volontairement rendus, d'autant que le roy n'estoit lors catholique (2), dont on parla diversement, les uns à son advantage, les autres à son desavantage.

M. Iean David estoit tout d'un autre naturel, car estant peu soigneux de son honneur, il se chargeoit indifferemment de toutes causes, et le plus souvent de mauvaises ; ce qui le faisoit bien souvent condamner en l'amende : à raison de quoy nous l'appellions l'advocat du roy, d'autant qu'en cela il faisoit plus gaigner au roy que ne faisoient ses advocats. Et me souvient que se plaignant un iour à la fenestre, à laquelle les advocats plaidans se retirent en attendant que leurs causes s'appellent, il disoit que l'on ne pouvoit faire estat des causes, d'autant qu'on perdoit souvent celles qu'on pensoit gaigner, et au contraire l'on gaignoit celles que l'on pensoit perdre ; sur quoy de la Vergne, advocat, qui estoit de son païs (car ils estoient tous deux Gascons) luy respondit qu'il falloit qu'il y eust de la faute du iugement de la cour ou du sien. Et comme il estoit coustumier de parler latin en ses plaidoiers, et du latin assez mauvais, le mesme la Vergne qui estoit facetieux disoit ordinairement de luy, que, quelque meslange qu'on pust faire du latin de David avec celuy de Ci-

---

(1) Ce fut en 1588, en laquelle qualité *il fit l'ouverture par harangue publique, aux derniers estats de Blois,* comme remarque Miraumont, qui l'appelle *virum probæ et integerrimæ famæ.*

(2) Voyez en la page 57 *des Opuscules de Loisel,* l'observation de l'autheur du Zele de religion, et de l'Office de questeur ou chancelier, où il parle de cette renonciation faite par M. de Montelon aux sceaux.

ceron, il discerneroit tousiours l'un d'avec l'autre. Ce David estoit d'ailleurs fort factieux et turbulent ; car ce fut luy qui apporta de Rome les premiers memoires de la ligue, dont on a tant parlé, et qui ont produit et produiront tant de maux à la France.

A ce David ressembloit aucunement M. Berthe, au moins en ce qu'il estoit souvent condamné en l'amende, à raison de quoy on l'appeloit par raillerie *le petit Amendier*, car il estoit de petite stature ; comme aussi estoit un autre qui se fit prestre, de peur de payer ses debtes, lequel ie fis un iour condamner en l'amende sur son plaidoyer, l'ayant emploié pour toute response, plaidant pour l'intimé, et me semble qu'il se nommoit Granger ; qui sont des exemples que ie vous recite afin que vous vous en gardiez et que vous ne vous chargiez point de mauvaises causes, mais que vous soyez soigneux de vostre honneur et reputation.

De la Vergne fut celuy qui commença à faire imprimer des factums au procez qu'il eut contre M. le premier president le Maistre, son beau-pere, lequel il gaigna quasi d'une voix, iusqu'à faire dire par le rapporteur à M. le premier president, qu'il acquiesçast à son appel, autrement qu'il seroit condamné en l'amende : ce qui monstre combien on estoit lors severe en iustice pour ce regard, et combien les plus advisez plaideurs se trompent souvent en leur faict. Il ne fit pas grand chose depuis au palais au prix de ce qu'il avoit fait auparavant à cause qu'il devint malade, et mourut jeune estant travaillé de la pierre. M. Iacques Broussel, natif de Pontoise, y profita beaucoup plus ; aussi plaidoit-il plus souvent, et si fluidement et aisement que cela ne luy coustoit rien, et escrivoit de mesme, et, comme l'on disoit sans aucune rature (1), tant il avoit l'esprit facile, la parole et la

---

(1) Cela a esté vérifié par le registre des minutes de ses escritures du palais, communiqué par M. Broussel, advocat en la cour, son petit-fils, et fils aisné de M. Broussel, conseiller en la grand'chambre. Car en effect il y a peu de ratures dans ce registre, mais la lettre en est menuë et difficile à lire.

plume coulante, et à commandement. Ce qui le faisoit fort
employer (1) aux causes communes tant au parlement que singulierement en la cour des aydes. Aussi a-t'il fait une si bonne
maison par sa diligence et espargne, que deux de ses enfans
se sont fait conseillers, l'aisné premierement au grand conseil, et maintenant aux requestes du palais, et le second au
parlement (2).

M. Louïs Alcaume eust esté grand advocat, s'il se fust
assuietty au barreau, comme il fit paroistre en une cause que
ie plaiday contre luy pour un appellant d'un neant, qu'on
avoit respondu sur une requeste, qui fut une plaidoirie assez
nouvelle et celebre; mais il estoit homme de livres et de liberté, se contentant de son bien, et de la place de substitut
au parquet de messieurs les gens du roy, comme faisoient
maistres Ange Coignet, Laurens Descroisettes, Philbert de
Longueioue, Iean le Breton, Iean de Luynes, Buchage, Gras-
seteau, Mosac, Automne, Matarel, le Vest et Maurile de
Lorge. Matarel plaidoit bien quelques-fois, et le Vest encores plus souvent, mais non pas tant qu'ils eussent fait,
s'ils ne se fussent point tant amusés au parquet. — Cela est
vray, dis-ie, et me souvient que la premiere leçon que me
donna feu monsieur l'advocat du Mesnil, quand il me mit au
parquet, fut de ne m'y point arrester, disant ce mot que i'ay

---

(1) Pasquier, en sa dernière lettre, liv. xxii, page 801, racontant
comme il n'estoit plus quasi connu au Palais, y retournant apres une
maladie de deux ans qu'il eut l'année 1559. *Ie fus*, dit-il, *l'espace de
deux mois entiers sans qu'aucun procureur me demandast mon nom : et
cependant ie voyois un Briston, Broussel et quelques autres de ma volée,
qui avoient empieté grande vogue.*

(2) C'est M. Broussel, qui s'est si bien souvenu de la tres-sage et
chretienne leçon de M. Pybrac, *de ne rendre iustice au gré des courtisans,* lesquels emploient la plus part du temps le sacré nom et l'authorité du roy contre luy-mesme, en la faisant agir contre son peuple,
pour l'entretenement de leur lustre et de leur grandeur particuliere; et
qui par sa probité et vertu inflexible aux attaques de la faveur et de
l'interest, s'est rendu si illustre iusques aux pays estrangers, qu'il
n'est pas besoin d'en dire icy davantage, puis que l'histoire conservera assez sa memoire, et la rendra venerable à la posterité.

tousiours retenu, que *le Parquet trompoit son maistre.* Aussi
ne m'y suis-ie gueres amusé, dont ie ne me suis point mal
trouvé. Aquoy i'adjoustay : vous ne dites pas aussi que le
sieur Alcaume fust bien tost pourveu de l'estat de lieutenant
general d'Orleans, lequel il exerça avec beaucoup d'honneur
et de plaisir, s'adonnant aux bonnes lettres, et singulierement
à la poesie latine, dont il estoit tres bon ouvrier, ainsi qu'il
appert par un livre que son fils (1) a fait imprimer depuis
son decez, et singulierement par un enigme d'une chan-
delle (2), qui se pourroit esgaler aux meilleurs poëmes latins
qui ayent esté faits de ce siecle.

Buchage, continua M. Pasquier, estoit aussi sçavant en
droict, et entendoit fort bien la langue grecque. Brebart
n'estoit point mauvais advocat, et fit une belle action contre
moy, lors que les Polonois vinrent au parlement, et tenoit-on
aussi qu'il estoit sçavant en grec et en latin; au demeurant,
il estoit assez commun. Comme aussi estoient maistres Philippes le Lievre, Iean Doujat, Pierre Bossu, Roguenan,
Maurile de Lorge, Fiacre Guedon, Desfontis, Raphaël Gail-
laudun, Claude Fresle, Claude Mondin, Iean de Villiers,
Claude Foucault, Iean Cointerel, Forest, Hunault, Pierre
André qui avoit charge des affaires de M. de Montpensier,
Iean Durand qui estoit gendre du procureur le Coigneux, et
estoit natif d'Orleans, Claude Maté, Gervais Giroust, et
pareillement M. Christophle Chauvelin Vendosmois, oncle de
ceux qui sont à present advocats fameux, de la Barre, le
Iuge, et autres, qui revivent la plus part en leurs enfans
les uns dans leurs vacations, les autres dans d'autres charges,
et aucuns par leurs plumes et escrits.

Il y avoit aussi M. René Baudart, Iean d'Auvergne sieu
Dampon, Augustin le Prevost, seigneur de Brevant, les deu
Mesmins et quelsques autres, qui ne faisoient pas grand
profession de leurs estats, et encores M. Iean Bacquet, du

---

(1) *Ægidius Alealmus*, comme porte le titre de l'Espistre liminaire.
(2) Intitulée, *Obscura claritas.*

quel on n'a pas tant parlé de son vivant (1), qu'apres son
decez ; car il plaidoit fort peu souvent, se rendant neantmoins assidu aux audiences où il se tenoit derriere les barreaux, et remarquoit soigneusement ce que l'on disoit, et les
arrests qui s'y donnoient, iusques à demander aux advocats
les noms des parties, et les principaux poincts de leurs causes,
dont il a si bien fait son profit, que vous en voyez les fruicts
par ses livres qui sont bien recueillis, mesmement ceux du
domaine de la France, des droicts d'aubeine, de bastardise
et autres, qui estoit son vray sujet, car il estoit advocat du
roy en la chambre du tresor. Et faut que vous sçachiez la
response qu'il fit un iour à nostre compagnon M. René Choppin, lequel se plaignoit que Bacquet luy avoit pris une
bonne partie de ses livres *de Domanio*, qui sont en un langage latin assez rude et ferré : *Ie vous promets*, dit-il, *qu'il*
n'en est rien. De verité, ie les ay voulu lire, mais il faut
que ie vous confesse, que ie n'entends pas vostre latin ; le
voulant blamer, de ce qu'il sembloit affecter d'escrire rude-
ment et obscurement.

Nous avions aussi M. Iean du Vair, natif d'Aurillac, qui
tenoit beaucoup de son Auvergnac, et ne pût iamais bien
parler françois, encores qu'ayant esté fait procureur general
de la reyne, et du roy en la cour des aydes, et depuis
maistre des requestes, et en ces charges conversé avec toute
sorte de personnes, et mesmement avec les courtisans, il
eust eu moyen de changer son ramage ; et toutesfois il a
esté pere de M. du Vair, premier president de Provence, qui
parle et escrit si nettement en françois, que nous n'avons
point de livres composez en nostre langue, qui soient estimez à l'esgal des siens. Ie vous nommerois bien encore le
Noir, Tusan, de Villars et quelques autres. Mais l'un qui
fut le Noir, se retira bien tost du palais, ayant esté pourveu de la cure de Sainct-Iean. Medard Tusan ne s'y emploia
iamais gueres, et estoit plus cognu par la renommée de feu

---

(1) La mesme chose a esté remarquée cy-devant de M. Charles du
Moulin.

maistre Iacques Tusan, son oncle, lecteur du Roy en la langue grecque, qu'il n'estoit de son chef. Et pour le regard de Villars, il plaidoit nettement, mais bien peu souvent; et si mourut-il jeune, délaissant un fils qui avoit si bien estudié és bonnes lettres grecques et latines, et en droict, que feu M. le president Brisson le retira chez luy pour s'en servir en ses estudes; mais il ne fit du tout rien au palais, et si estoit-il plus solliciteur et recommendeur de procez, qu'il n'estoit advocat.

Voilà donc tous ceux dont il me souvient qui vinrent environ de mon temps au palais.

Vous en avez, dis-je, oublié quelques-uns que i'ay veus et qui estoient à mon advis de vostre temps, et valoient bien aucuns de ceux que vous avez nommez. C'est à sçavoir maistres Pierre Rigolet, Louys Desportes, Iacques Denuet, Teroude, et Taverny.

Vous avez raison, dit-il, pour le regard de Rigolet; car à la verité il estoit de mon temps. Mais quant à Denuet, Teroude et Desportes, ils vinrent depuis moy, et les reservois à mon dernier ordre; neantmoins puis que vous m'en faites souvenir, ie parleray d'eux en cet endroit. Teroude avoit un langage figuré et nombreux, et estoit un roide jousteur, ainsi qu'il monstra plaidant la cause du sieur de la Curée contre M. Brisson. Il plaidoit souvent pour la feue reyne de Navarre mere du roy, laquelle indubitablement l'eust advancé, s'ils eussent vescu iusques à present. Il fut en danger de sa personne à la Sainct-Barthelemy, parce qu'il faisoit profession de la religion pretenduë reformée, dont se retirant il revint à l'Eglise. Ce que ne fit point Taverny; car il y fut tué: et tient-on que nul ne se deffendist si vaillamment que luy, en ce qu'ayant fermé et barricadé sa maison, luy et son clerc en tuerent plusieurs à coups d'arquebuses avant leur mort (1);

---

(1) Pasquier escrivant à nostre autheur, liv. v de ses Lettres, p. 309, parle ainsi de cette action de Taverny. *Un homme de robbe longue seulement, nommé Taverny, lieutenant de la mareschaussée à la table de marbre du Palais, accompagné d'un sien serviteur, a acculé la populace*

en quoy il se monstra digne de l'estat qu'il tenoit ; car il estoit aussi lieutenant general de la connestablie et marechaussée de France ; et si il ne laissoit de plaider, mais peu souvent. M. Pierre Rigolet plaidoit plus frequemment et mieux, et avec un assez bel ordre, et une douceur agreable, pureté de langage, lumiere et clairté d'esprit, et sans fard. M. Iacques Denuet estoit un chasseur ordinaire, et neantmoins favorisé de feu M. le president de Thou qui estoit cause qu'il plaidoit souvent, quoy qu'il fust chanoine de l'eglise de Paris. M. Louys Desportes, Champenois estoit employé par le procureur Brucher, duquel il avoit espousé la niepce, comme aussi Gourion estoit employé par le procureur Feydeau, duquel il avoit espousé la fille. Mais ie vous diray une particularité de Desportes, qui doit bien faire esperer les advocats qui n'auroient pas tant estudié que d'autres. C'est qu'ayant esté quelque temps clerc chez un procureur, il s'y fit si bon patricien, qu'ayant un peu auparavant estudié au college, un sien frere qui estoit aussi advocat, mais que ie n'ay gueres connu, parce qu'il mourut ieune, luy conseilla d'aller aux universitez de droict ; ce qu'il fit : puis retournant au palais en qualité d'advocat, il y fit si bien ses affaires, qu'il a laissé une bonne maison, s'estant aussi fait secretaire du roy. Mais son premier et plus grand advancement vint de la pratique de Brucher dont ie vous ai parlé. Comme en general i'ay remarqué (et souvenez-vous de cecy), que plusieurs sont devenus fameux advocats par la connoissance et alliance des procureurs, qui ont en cela plus de pouvoir que n'auroient les faveurs des conseillers, gens du roy, ny presidens, au moins quand d'ailleurs ils en sont aucunement capables ; car *les grands advocats s'advancent assez d'eux-mesmes.*

I'en puis avoir oublié quelques-uns pour ne m'en par res-

---

devant sa maison l'espace de huict ou neuf heures ; ayant cette ferme résolution en soy, apres que les balles lui furent faillies, d'user de poix. Iusques à ce qu'estant destitué de tout aide, il fut tué combattant vaillamment, apres avoir fait sentir aux uns et aux autres, combien son bras estoit pesant, etc.

souvenir à present, et obmis industrieusement d'autres qui sont denommez au procez verbal de la nouvelle redaction de la Coustume de Paris : car plusieurs s'y sont presentez en qualité d'advocats de la cour, qui n'en firent iamais aucun ou gueres d'exercice. Et si ie ne vous ay point voulu nommer un plus ancien advocat que ces derniers, lequel estant d'assez belle taille et apparence, s'alla loger pres de la maison d'une bonne femme qui avoit une fille à marier : et il alloit au palais avec un clerc qui portoit apres luy un gros sac commun (1) comme s'il eust esté fort chargé de pratique, afin de se faire regarder. Il fit donc si bonne mine durant quelques mois, qu'on luy parla de se marier avec cette fille; à quoy il entendit fort volontiers, car il ne tendoit à autre fin. Les nopces faites, il continua à faire porter ce sac apres soy, mais il ne rapportoit rien du palais que les sacs qu'il y faisoit porter, dont on commença à se fascher. Pour pourvoir à cela, il s'advisa de prendre d'un de ses amis vingt cinq ou trente livres de rente, le sort principal de laquelle il fit tellement filer, qu'il en r'apportoit à sa femme tantost un escu, tantost un demy, et continua à faire ainsi, tant que son credit dura. Mais enfin ne trouvant plus de fats qui luy en voulussent prester, sa pratique faillit tout à coup ; de sorte qu'estant decouvert par sa femme, desja chargée d'enfans et de debtes, elle fut contrainte de faire cesser la tromperie de son mary, et de le nourrir du mieux qu'elle pût à ses despens ; car elle avoit du bien competemment, et estoit d'assez bon lieu ; ce qui sera dit en passant par risée, et *pour monstrer qu'en toutes vacations et estats il y a des happelourdes.*

Il me semble, dit M. Pithou, que vous avez oublié beaucoup d'advocats qui pourroient estre compris en ce roolle, puisque vous y avez mis non seulement ceux qui ont fait continuelle profession de cet estat, mais aussi d'autres qui s'en estant retirez, se sont advancez aux offices. — Qui, dit M. Pasquier? — Messieurs Damours, repliqua M. Pithou, advocat du roy, et Pericard procureur general au parlement de

---

(1) Advocat qui se maria faisant semblant d'avoir de la pratique.

Rouën, messieurs les Bariots presidens au grand conseil, et un autre Bariot conseiller au parlement, Iean Foullé, Antoine de Vignolles (1), Pierre de Pardessus (2), Iean le Bourguignon, et autres, aussi conseillers ; car i'ay trouvé aux papiers de feu mon frere, qu'ils avoient esté tous advocats. — Vous avez raison, dit M. Pasquier, au moins pour le regard des conseillers Foullé, de Vignolles, et Pardessus, car ie les ay ouy plaider, mais ie les avois passés, d'autant qu'ils ont plus paru en leurs offices de conseillers qu'en celuy d'advocat, particulierement Foullé qui y fut assez peu heureux ; en ce que s'estant oublié en une cause qu'il conduisoit pour l'evesque de Sainct-Flour, prieur de Gournay, il luy fut deffendu par la cour de s'en plus entremettre, et encores me souvient-il de quelque autre chose que ie ne veux point dire : ce qui fut neantmoins cause de son advancement ; car ayant quitté l'estat d'advocat, il en achepta un de conseiller en Bretaigne, et depuis en ce parlement (3), où ayant esté connu par la feuë reyne mere hors de service, elle l'employa au mesnage de sa maison et principalement au reglement de ses bois et forests, où il fit fort parler de luy.

Quant à messieurs les Bariots, ils ont esté peu de temps advocats, s'estans faits pourvoir, sçavoir est maistre Philbert de l'estat de maistre des requestes et de president au grand conseil, Claude de celuy d'advocat du roy en Bretaigne, puis de maistre des requestes, et depuis de president aussi au grand conseil. Et pour le regard du conseiller Bariot, ie ne l'ay iamais veu advocat, estant desia conseiller en la grand' chambre (4) quand ie vins au palais. Mais puis que vous m'en avez fait ressouvenir, ie vous veux faire part de deux contes que l'on faisoit de luy, l'un du temps qu'il estoit advocat ;

---

(1) Blanchard dit qu'il fut receu le 8 fevrier 1565, lequel estoit peut-estre fils de M. Iean de Vignolles receu en 1536.

(2) Receu le 5 decembre 1567. (*Idem.*)

(3) Receu le 25 novembre 1567. (Blanchard.)

(4) M. Pasquier estant venu au Palais dès l'année 1549, il ne peut pas entendre icy Philbert Bariot, qui ne fut receu que le 26 avril 1553, selon Blanchard.

c'est qu'estant fort employé à faire des escritures, desquelles il se faisoit payer à raison de cinq sols pour roolle ; comme l'on a esté long-temps que l'on n'outrepassoit point cette somme, il se trouva un Normand, qui ayant baillé un double ducat à son clerc pour une paire d'escritures, voyant qu'il s'en falloit cinq ou dix sols que les roolles ne revinsent à ce qne valoit son double ducat, il en demanda le reste au clerc, qui le vint dire à son maistre, lequel voyant la tacquinerie de cet homme, luy dit qu'il avoit oublié un des meilleurs moyens de sa cause, qu'il luy falloit adiouster ; et de faict, luy dicta sur le champ un feuillet ou deux de plus, afin de luy en donner pour son argent. Le conte est vrayment ridicule, et par adventure indigne de l'estat d'advocat ; mais si sert-il à monstrer la naïfveté du temps, esloignée neantmoins des demandes excessives, et rançonnemens qu'on dit que font à present quelques advocats, qui ont donné cause à l'arrest dont on s'est plaint sur le commencement de nos devis.

L'autre conte est que Bariot s'estant depuis fait conseiller, estoit si amoureux de procez, qu'il prenoit plaisir à faire attacher ses sacs par ordre en l'une de ses chambres, lesquels il alloit souvent visiter et compter avec autant de contentement que fait un laboureur ses troupeaux de moutons ; ce que feu M. le chancelier de l'Hospital prist plaisir de representer par ces vers,

Nam memini quemdam plenum gravitatis, et annis,
Burgundd de gente senem, cui mille ligatis
Inclusæ saccis pendebant ordine lites :
Has omnes animi causd semel omnibus horis
Ille recensebat, minimumque putabat ad assem.
Quid tandem lucri numero speraret ab illo ;
Ut pastor, cui mille boves in montibus errant,
Quem ferat ex vitulis fructum, quem lacte reportet
Presso vel liquido, quem denique matribus ipsis,
Subducit tacitus : nummo nec fallitur uno.

I'ay voulu apprendre ces vers par cœur, car ils le meritent bien : et veux que vous sçachiez que c'est de luy qu'ils doivent estre entendus.

Et quant au president Vialart, fils du president de Rouën, duquel ie vous ay parlay, ie ne l'ay iamais veu, ny oüy dire qu'il ait fait la charge d'advocat, d'autant que si-tost qu'il en eust presté le serment, il fut pourveu de l'office de lieutenant conservateur des privileges royaux au Chastelet, et peu apres de lieutenant civil, puis se fit conseiller, maistre des requestes, president au grand conseil, et finalement premier president de Rouën. M. Iean le Bourguignon fut pourveu de l'estat d'advocat du roy au Chastelet. Pour le regard de Damours et Pericard, ie les ay veus à la verité advocats en cette cour, et ils y furent employés, mesmement Pericard à cause du procureur Martin, son beau-pere, lequel estant procureur de feu M. le connestable, le fit pourvoir de l'office d'advocat du roy, et depuis de procureur general à Rouën. Comme Damours y fut depuis advocat du roy, s'estant retiré du palais par un desdain de ce qu'ayant esté condamné en deux amendes de fol appel en une audiance, et s'estant excusé de plaider une troisiesme cause qui fut appellée incontinent apres, et son excuse n'ayant esté trouvée raisonnable, il n'y voulut plus retourner. Et quand tout est dit, ces derniers nommez ont plus paru en leurs offices qu'en la charge d'advocat, à raison dequoy ie n'en avois rien dit, n'y ce matin parlant des advocats du temps de François Ier, ny cette apresdinée continuant à parler de ceux qui ont plus approché de mon temps, à quoy il est besoin que ie revienne.

Ceux donc que i'ay veu venir au Palais depuis moy sont maistres Barnabé Brisson, Guillaume Aubert, Renaud Loiseau, Pierre Airaud, Louïs Chandon, Thierry Cochon, Raoul Parent, Iean de Siruingues, les presidens du Faur, Faye, et Iacques Mangot, advocats du roy, Iean Bodin, Pierre Escorchevel, Claude du Buisson, les Amelots, Pierre Pithou, René Bautru, sieur des Matras, Iacob du Val, et quelsques autres que vous me ramenteverez; car ils ont quasi tous esté de vostre temps comme du mien; mais ie vous prie, dis-ie, avant que de passer plus outre, nous expliquer ce que vous entendez quand vous dites si souvent, un tel estoit bon, ou n'estoit gueres bon advocat (1), comment on le peut devenir, et à quoy il se doit principalement estudier; car c'est ce que i'attendois long-temps y a de vous, et en quoy ces ieunes hommes pourront plus profiter; comme aussi i'ay entendu de mon fils que vous leur en avez promis quelque chose ce matin.

Comment, dit M. Pasquier, vous en dirois-je les vraies marques ou preceptes, veu que Ciceron n'a iamais osé entreprendre de dire resolument en quoy consistoit la perfection de son orateur? De verité i'ay autresfois escrit quelque chose sur ce sujet, mesmement en une lettre (2) envoyée à mon fils que voilà (3), laquelle est imprimée avec les autres, et à laquelle on pourroit avoir recours. — Ie l'ai leuë, dis-ie, mais il y a si long-temps que vous l'avez escrite, que ie croy que vous y pourriez adjouster quelque chose, et nous vous en prions tous ensemble tres instamment. — Ie le feray donc, respondit-il, puisque vous m'en priez en si bonne compagnie, non pas pour vous en donner les preceptes, mais seulement pour monstrer à quoy on se doit principalement estudier; car ie ne suis point si difficile, que ie desire en notre advocat toutes les perfections que Ciceron, Quintilian, et les autres requierent en leur orateur, ou Galien en son medecin; comme un naturel si heureux, un esprit si clair voyant, une grande institution ou exercitation és bonnes lettres et sciences, un choix des meilleurs maistres et precepteurs, une estude si

---

(1) Preceptes ou marques d'un bon advocat. A quoy il est bon d'adjouster l'advis que donne M. Grotius au liv. 1er. de ses Epigrammes en ces vers :

DE OFFICIO ADVOCATI.

Qui sancta sumis arma civilis togæ ,
Cui se reorum capita, fortunæ, decus,
Tuenda credunt, nomini præsta fidem
Iuris sacerdos; ipse dic causam tibi,
Litemque durus arbiter præjudica ;
Voto clientum jura metiri time ,
Nec quod colorem patitur, id justum puta.
Peccet necesse est sæpè , qui nunquam negat.

(2) C'est la sixième du liv. IX de ses Lettres.
(3) Theodore Pasquier.

I.

continuelle qu'il y employe le iour et la nuict, une recherche
si exacte du bien et du mal, pour sçavoir aisement discerner
le vray du faux; car ie n'estime pas que cette grande et haute
eloquence populaire que l'on recherche tant, soit la principale partie de nostre advocat. C'en est bien une, et des plus
requises, mesmement és grandes plaidoiries; mais ce n'est pas
la plus necessaire pour un barreau. Ce que ie desire donc en
mon advocat, est qu'il apprenne à bien conduire un procez
intenté ou à intenter, à dresser succinctement une demande,
et à libeller un exploit, à minuter des requestes, des lettres
royaux, des requestes civiles, et d'autres lettres tant de la
petite que de la grande chancellerie; qu'il puisse faire un bon
advertissement, des contredits, et autres escritures; et lors
qu'il faudra plaider, qu'il examine et mesnage toutes les particularitez et circonstances de sa cause; qu'il en prenne bien
le poinct et s'y arreste, et le represente en termes bien
choisis et intelligibles, et neantmoins plus serrez et renforcez-
que redondans ny superflus, en les fortifiant de raisons per-
tinentes, d'authoritez formelles et precises, de textes de droict,
d'ordonnances, d'articles de coustumes, ou de decisions de
docteurs, sans l'obscurcir ou noyer d'allegations superfluës,
quelsquesfois l'embellir d'un trait d'humanité, voire de grec
ou de latin *comme en passant*, et qu'il soit *si à propos et si
significatif, qu'il ne se puisse si bien exprimer en françois*;
car ie ne suis point de ceux qui voudroient du tout bannir
le grec et le latin du barreau, comme feroient volontiers
quelsques-uns de nos delicats ou ignorans, puis que nous
avons à parler devant des iuges et des advocats, la plus part
doctes en l'une et l'autre langue, *pourveu que ce soit sobre-
ment, et sans en faire monstre ny parade.* — Au surplus, il
est besoin qu'il sçache dresser des contracts de mariage et
d'acquisitions, des transactions, et, si besoin est, des testamens, ce qui ne se peut faire sans avoir à bon escient estudié
en droict civil et canon, sans sçavoir les coustumes de ce
royaume, les ordonnances de nos roys, ensemble les arrests
generaux et decisifs des questions difficiles et douteuses, et
sans une longue pratique, experience et usage des affaires; à

ce qu'il puisse enfin non seulement bien conseiller ses parties, mais aussi fournir aux jeunes advocats des armes offensives et deffensives pour le soustenement de leurs causes.

Que s'il m'estoit loisible de passer plus avant, et que nostre advocat fust un iour honoré de l'estat d'advocat du roy (1), comme c'en estoit iadis le chemin, ie desirerois en luy qu'il sceust d'abondant les droicts du domaine, des appennages, et assignats de messeigneurs et mesdames les enfans de France, des regales, des admortissemens, et autres droicts de la couronne, les genealogies et alliances de nos roys et des principales maisons de la France, et nos histoires, signamment celle de la derniere race de nos roys, mieux beaucoup que des Grecs ny des Romains, et sur tout qu'il eust esté longuement employé au barreau, qu'il eust manié les affaires du commun, et qu'il fust bon praticien ; et quand il seroit question de faire des remontrances publiques, qu'il ne s'estudiast pas tant à apprendre par cœur de longues harangues relevées et faites à perte de veuë, ou farcies de tant de grec et de latin, qui sont souvent aussi peu à propos en une chaire de prescheur, ou en quelque declamation de college, qu'en un barreau et en l'audiance d'une chambre dorée, mais qu'il prist peine de remonstrer et de reprendre les fautes que les advocats et procureurs pourroient avoir faites au parlement passé ; et quand il seroit question de plaider à l'ordinaire, qu'il reprist sommairement ce qui auroit esté diversement dit par les advocats des parties, pour en oster et dissipper les nuages, et l'esclaircir tellement que la verité et equité apparoissant, la Cour en peust estre soulagée pour y donner promptement son arrest, ainsi que faisoit fort bien feu Monsieur l'advocat du Mesnil, vostre oncle.

En somme, ie desire en mon advocat le contraire de ce que Ciceron requiert en son orateur, qui est l'eloquence en premier lieu, et puis quelque science de droict ; car ie dis tout au rebours, que l'advocat doit surtout estre sçavant en droict et en pratique, et mediocrement eloquent, plus dialecticien

_____

(1) Qualitez et parties d'un bon advocat du roy.

que rheteur, et plus homme d'affaires et de iugement que de grand ou long discours. I'en parle par adventure trop librement, mais puis que vous m'y avez poussé, i'en ay dit entre nous ce que i'en pense.

Et comme il vouloit reprendre le cours de ses advocats, ie luy dis : puis que vous en estes venu si avant, ie vous prie vouloir aussi dire à ces ieunes gens une chose de laquelle ils m'ont souvent requis, qui est, s'ils se doivent accoustumer à escrire leurs plaidoiers (1).

Ie vous diray, dit M. Pasquier, non pas ce que vous devez tous faire, car chacun a son talent, et divers naturel, mais ce que i'ay fait pendant que i'ay esté employé au palais, vous en retiendrez et ferez vostre profit, ainsi que vous adviserez. Quand ie vins premierement au barreau, i'escrivois entierement ce que ie pensois devoir dire, et l'apprenois par cœur, et m'en trouvois bien, et l'ay pratiqué depuis aux plus grandes causes dont i'ay esté chargé, *et trouve que c'est ce qui m'a fait mon style de parler et d'escrire.* Es moindres causes ie me contentois de faire un *bon et fidele extraict tant de mon sac que de celuy de ma partie adverse,* et d'y remarquer le principal poinct, en y adjoustant quelque ornement dont ie m'advisois, pour ietter l'œil dessus, quand ma cause s'appelloit ; car de parler sur le champ sur ses pieces, comme j'en ay veu aucuns de mes compagnons, *ie l'admire plustost que ie ne l'approuve,* d'autant que quelque bon esprit que l'on ait, en plaidant ainsi tumultuairement et sans y avoir pensé, l'on ne peut trouver si promptement ce que l'on desireroit, et eschappent souvent des choses que l'on voudroit retenir.

Voilà de bonnes leçons, dis-ie, pour nos enfans, et aime bien autant cette digression que le recit que vous nous avez si soigneusement fait d'un si grand nombre d'advocats ; car vous en avez nommé plusieurs, dont il me semble que vous vous fussiez bien passé, et croy qu'il y en a auiourd'huy de vivans qui voudroient estre morts pour estre mis en ce

---

(1) Quel est le meilleur d'escrire ou d'apprendre par cœur ses plaidoiers ?

compte ; toutesfois vous reprendrez vostre fil quand il vous plaira.

Ie vous diray pourquoy ie l'ay fait, respondit M. Pasquier : Ie sçay que i'en ay nommé plusieurs qui estoient non seulement mediocres, mais aussi assez mauvais advocats ; mais outre que ie me suis estudié à n'oublier personne de ceux qui ont esté employez de mon temps, i'ay pensé d'en donner par là plus de lustre aux meilleurs, en ce que dans un si grand nombre, i'en ay remarqué si peu de loüables pour les plaidoiers, consultations et escritures de consequence ; ioint qu'il ne va pas ainsi de l'estat d'advocat comme des poëtes, desquels on dit qu'ils sont tous bons ou tous mauvais, sans qu'il y en ayt de moyens ou mediocres, au lieu qu'entre les advocats il y en a des premiers et des seconds rangs, et, comme l'on dit communement, de la premiere, seconde et troisiesme douzaine ; et encores les uns qui plaident, les autres qui escrivent, et d'autres qui consultent, et mesme aucuns qui conduisent simplement des affaires, qui ne laissent pourtant d'estre bien employez. I'en ay connu un que ie ne veux point nommer, qui ne plaidoit ny ne consultoit, ny n'escrivoit que fort peu et assez mal, lequel n'a pas laissé de faire une bonne maison en qualité d'advocat, ayant une telle adresse, qu'estant chargé des affaires de plusieurs maisons, il sçavoit choisir un bon advocat plaidant, quand il en estoit besoin ; un autre pour escrire et consulter ; et conduisoit si bien son faict, qu'il estoit plus recherché que beaucoup d'autres meilleurs advocats que luy.

Ie suis donc maintenant aux advocats qui ont esté receus depuis moy, entre lesquels ie ne parleray point de Messieurs du Faur et Mangot, advocats du roy, m'estant advancé d'en parler cy-devant ; mais ie commenceray par M. Iacques Faye, qui fut aussi advocat du roy, homme de grand sens et sçavoir, et puissant en son parler ; mais ie ne le puis, sous correction, appeller grand homme de palais, d'autant qu'il se mocquoit des formalitez de iustice ; en quoy il me semble qu'il s'abusoit : car encores qu'on ne doive point s'arrester aux formalitez, quand la iustice de la cause apparoist d'ailleurs, toutesfois il ne les faut non plus mespriser que les ceremonies en faict de religion, car *ce sont comme les cerceaux du muid qui retiennent le vin*, et empeschent qu'il ne se repande, ou comme le ciment qui colle et retient les pierres du bastiment; et il importe grandement de conserver les formes, bien conclure, soit par un exploit, soit en plaidoirie, et bien former une conclusion pour dresser et prononcer un arrest ou autre iugement, et parler en termes accoustumez, sans se licentier de les changer ou alterer, selon ce qui nous vient en fantaisie; mais M. Faye avoit tant d'autres belles parties, que ce deffaut se pouvoit couvrir ou supporter en luy, car il estoit d'ailleurs un grand homme d'estat, ainsi qu'il fit paroistre au voiage de Pologne, en l'exercice de son office de president, lors que le parlement estoit à Tours, et aux affaires esquelles il fut employé sur la fin de ses iours au conseil du roy pendant le plus fort de nos derniers troubles, où il mourut de regret de ce que les affaires du roy n'eurent point lors le succez que luy et tous les bons François desiroient. Quant à son eloquence, ie m'en remets au iugement de ceux qui ont veu ou verront les dix remonstrances qui ont esté imprimées, les unes de son vivant, les autres après son decez, par la lecture desquelles il se verra qu'il estoit tres-riche et abondant en belles pensées, et principalement en similitudes et comparaisons inimitables.

Ie viens maintenant aux advocats de mon temps, qui sont en bien grand nombre, mais ils sont la plus part vivans, desquels partant ie ne puis parler; mais ceux qui sont decedez sont en premier lieu M. Guillaume Aubert Poictevin, lequel ne plaidoit pas mal, mais il se trompoit assez souvent en ses causes, ce qui le fit aucunement reculer, au moins retirer de nostre barreau, pour se mettre à la cour des aydes, où il fut advocat du roy. M. Renaud Loiseau fut employé aux affaires de la duchesse de Valentinois et de M. le duc d'Aumale son gendre, mais ce fut au temps que la duchesse estoit hors de credit, à cause dequoy il ne fut pas si advancé qu'il eust esté, ioint qu'il entreprit un procez pour une succession qu'il estimoit estre escheuë à son fils, par le decez d'un sien plus proche parent maternel, contre des parens paternels plus esloignez, lequel il perdit par la regle commune, *paterna paternis*, que l'on iugea devoir avoir lieu en la coustume de Chartres, quoy qu'elle n'en portast rien, comme par tout le royaume, de laquelle regle il s'estoit mocqué par ses escritures et factums, en ces mots qui ont depuis couru au palais, *paterna paternis, lanterna lanternis;* aussi ne vescut-il pas long-temps apres, delaissant son fils fort jeune, qui fait maintenant si bien parler de luy par ses escrits, que l'on peut dire d'eux sans que le pere s'en offençast, s'il estoit vivant,

Tytides melior patre.

Sur cela i'adjoustay que la mesme chose se pouvoit dire de deux que ie ne pouvois oublier, maistres Iean Amariton et Nicolas Bergeron, l'un pour avoir esté mon regent, l'autre mon coexecuteur du testament de feu M. Ramus, tous deux doctes aux bonnes lettres et en droict, mais non si bons advocats, au moins pour le regard de la plaidoirie, en laquelle les Amaritons paroissent plus que ne faisoit leur pere.

Quant au fils de Bergeron, il n'a point tant suivy la vocation de son pere, mais une autre qui luy vaudra mieux par advanture.

Sur quoy i'adioustay encores que i'avois remarqué au barreau que la plus part de ceux qui avoient regenté au college, venans au palais, quelsques sçavans qu'ils fussent, n'y avoient pas ordinairement si bonne part, que ceux qui y venoient plustost, bien qu'ils ne fussent pas si doctes qu'eux; tesmoin M. Iean Pougeoise qui y vint long-temps apres ces deux, lequel s'estant rendu admirable en ses leçons et declamations, ne respondoit nullement à ces premieres monstres, quand il vint à plaider, mais s'y rendoit aucunement ridicule; ce qui advient à mon advis pour deux raisons; l'une qu'ils veulent trop faire les sçavans, au lieu *qu'il faut cacher son jeu;* l'autre, que quand un jeune homme se met de bonne heure à plaider, chacun le favorise tellement, que s'il fait quelque faute, on l'excuse facilement, et luy donne t'on courage de mieux faire une autre fois, au lieu que l'on rebute ces mais-

tres és arts, s'ils font la moindre faute du monde; qui est.
cause qu'ils se retirent et se débauchent quasi d'eux mesmes,
voyans que ceux qui ont esté leurs disciples, sont bien souvent plus favorablement escoutés qu'eux; ie vous prie ne vous
tenés pas pour cela interrompu.

Non, dit M. Pasquier; ie suis bien aise que vous m'ayez
prevenu en ce discours : car i'avois deliberé d'en dire quelque
chose. M. Pierre Ayrault, poursuivit M. Pasquier, fut aussi
pourveu de l'estat de lieutenant criminel à Angers dont il
estoit, et s'y retira sur la fin des grands iours de Poictiers de
l'an 1567, encore qu'il plaidast assez bien et doctement,
mieux beaucoup que ne faisoit M. Iean Bodin Angevin, quelque grande et exquise doctrine qui fust en luy; car il ne luy
succeda iamais en plaidoirie qu'il ait faite. L'on ne peut pas
faire iugement des plaidoiers de feu M. Pierre Pithou vostre
frère, d'autant qu'*il ne plaida iamais qu'une seule cause;*
et neantmoins il semble qu'il n'eust pas mal fait s'il s'y fust
assuietti; mais sa pudeur et ses estudes le retenoient et pos-
sedoient du tout. Il escrivoit assez souvent pour ses amis, et
tousiours *si exactement et si doctement, qu'il en faisoit
peu,* et il y fut plus employé depuis qu'il fut revenu de la
chambre de Guyenne, qu'il n'avoit esté auparavant. Il commença deslors à entrer aux consultations, et s'il ne fust sitost
decedé, il y eust eu bonne part; car outre qu'il estoit tres
docte en droict, il avoit un si grand iugement en toutes choses, qu'il ne s'y trompoit gueres, et entendoit fort bien le
palais.

N'en dites pas davantage, dis-ie; i'espere faire voir à ces
ieunes hommes, et à vous aussi, si vous en voulez prendre la
peine, ce que i'ay escrit de sa vie; aussi bien que de celle de
M. l'advocat du Mesnil.

Ie viendray donc, continua M. Pasquier, à M. Iean Chandon Masconnois, lequel avoit une voix et parole fort douce et
agréable, prenoit bien le poinct de sa cause, et la faisoit fort
bien entendre. Il avoit premierement esté conseiller au presidial de Lyon, dont estant venu à Paris, il se mit à plaider,
et bientost apres fut appelé aux affaires de M. le duc de Ne-

vers pour lequel il plaidoit souvent, et en consequence pour
ses officiers, domestiques et sujets, et conduisoit leurs principales affaires du palais, dont M. de Nevers receut un tel
contentement, qu'il le fit pourvoir d'un estat de maistre des
requestes, comme son predecesseur avoit fait recompenser
d'un estat de conseiller de la cour M. Iean de Lamoignon son
advocat, duquel i'avois oublié cy-devant de parler, et qui fut
depuis maistre des requestes. Et c'est ce qui fait, qu'en la
corruption du siècle où nous sommes, ils sont aucunement
excusables d'avoir continué à s'entremettre des affaires de la
maison de Nevers, à laquelle ils sont tant obligez. Le sieur de
Lamoignon estoit pere de M. de Lamoignon, à present conseiller. M. Chandon fut depuis premier president de la cour
des aydes, lorsque de Neuilly fut renvoyé en sa maison, et en
a exercé l'estat, iusques à ce que l'ayant quitté à M. de Seue,
son gendre, qui avoit aussi esté advocat aussi bien comme
son pere, il s'est retiré en une sienne maison des champs
pour y vivre et mourir en repos ; qui a esté une belle resolution et closture de sa vie. Restent les .... Sirvinges, Escorchevel, Chauveau, Poncet, le Breton, Bautru, du Buisson
et du Val. Entre lesquels les ... . estoient plus recherchez par
les procureurs, estant fort ardens à la pratique, comme aussi
avoit esté leur pere, que ie vous ay nommé cy-devant, et sur
tout le second des deux freres, qui estoit bien le plus hardy.
ie n'ose dire davantage, que i'aie connu au palais. C'est celuy
qui mourut assez jeune aux grands iours de Troyes ; car son
aisné ayant espousé une riche heritiere, et se voyant plein
de biens, se fit assez tost maistre des requestes, comme fit
aussi M. Iean du Vair, dont i'ai parlé en son rang ; lesquels ne
pouvoient oublier le mestier d'advocat ; car ce sont eux qui
ont commencé les premiers à attirer la pratique au siege des
requestes de l'hostel. Quant à M. Thierry Cochon sieur de
Condé, il estoit assez bon advocat, et toutesfois du commun ;
aussi ne faisoit il pas estat du gain du palais, ayant d'ailleurs
du bien competemment, et notamment la seigneurie de Condé
près de Rheims, dont il estoit natif ; et pour ce il estoit aucunement employé aux affaires de feu M. le cardinal de Lor-

raine, archevesque de Rheims, qui le fit aussi bailli de Sainct-
Denis en France, dont il estoit abbé. Pour le regard de Poncet, il n'estoit pas si bon advocat qu'il s'estimoit ; aussi s'oc-
cupoit-il plus à son estat de lieutenant au baillage du palais,
qu'en celuy d'advocat. Et quant à M. Raoul Parent, ie le
pouvois passer, d'autant qu'encore qu'il eust fait profession
de l'estat d'advocat, si est ce qu'il le quitta du tout, s'estant
mis si avant dans la devotion, qu'il estudioit plus en theologie,
qu'il ne s'employoit aux affaires du palais. Sirvinges ne paroissoit gueres qu'au roole de Lyon où il plaidoit souvent contre
M. Louis Buisson, estans tous deux du pays de Beaujolois,
ou Forest, qui sont du droict escrit : ie dis Buisson nostre
compagnon qui vit encore en grande reputation, ce qui fait
que ie ne diray rien de luy. Mais il me fait souvenir de
M. Claude du Buisson natif de Molins en Bourbonnois, qui
estoit un sçavant et honneste homme, et bon advocat ; mais
il a peu vescu. Comme aussi M. Pierre Escorchevel, fils de
M. Escorchevel, conseiller au parlement. Que si ces deux
estoient auiourd'huy vivans, ils seroient des principaux consultans entre leurs compagnons ; car ils estoient doctes en
droict, en pratique et usage du palais, et en toute sorte de
bonnes lettres. Chauveau, fils de M. Iulian Chauveau, procureur, n'eût pas esté mauvais advocat, encores que tout
petit qu'il estoit, il eust une voix de prescheur, comme il le
devint bien tost apres, ayant esté pourveu de la cure de
Sainct-Gervais ; et eust fait parler de luy, si la mort ne l'eust
prevenu, le roy lui ayant donné l'evesché de Senlis.

I'ay aussi veu venir en ce temps maistre Iean de la Barre,
Guillaume le Normand, René Bautru, Denis Sachot, Char-
pentier et plusieurs autres. Mais Bautru voloit d'une plus
grande aisle qu'eux tous ; ie ne diray point qu'il fust plus
docte qu'aucun d'eux ; mais il avoit la langue mieux pen-
due, et, s'il le faut dire, plus angevine. Quand il vint premierement au palais, il usa d'une belle ruze, en ce qu'ayant
plaidé à Angers une cause des esprits revenans en une maison
louëe, il la vint plaider à Paris avec un tel artifice, l'ayant
apprise par cœur, qu'il se rendit incontinant admirable, si

qu'on disoit de luy ce qu'on escrit de l'image ou signe de Phidias, *simul aspectum et probatum est.* Ie luy ay veu faire d'autres belles, longues et eloquentes actions, et il s'advanceoit sans doubte aux plus hauts degrés de sa profession, si la mort ne l'eust prevenu au milieu de son esté. Comme aussi faisoit M. Iacob du Val qui vint tost apres au palais, où il fut assez longuement sans se monstrer ; mais enfin il y eust si bonne part, qu'il tenoit quasi tout le barreau, et se mit tant au travail, qu'il ne dura pas longuement; qui fut une grande perte, tant pour le palais que pour sa maison.

Ie ne vous ai pas mis au nombre de nos advocats plusieurs de ma connoissance, qui s'estans faits conseillers, y ont acquis du renom et de l'honneur : comme MM. Iacquelot, Anroux, et autres qui sont auiourd'hui des premiers conseillers du parlement. Car encores que M. Iean Iacquelot eust acquis quelque nom pour avoir plaidé en la cause de Cabrieres et de Merindol, de laquelle ie vous ay cy-devant parlé, si n'estoit il que du commun, non plus qu'Anroux et les autres: de sorte que l'on a quasi tousiours connu estre veritable ce que l'on dit communement, que *d'un mediocre advocat on en fait un bon conseiller.*

Sur ce que ie luy dis : vous ne devriez pas pourtant avoir passé sous silence M. Charles de Marillac; car il avoit acquis autant d'honneur en peu de temps qu'il fut au barreau, que d'autres qui y ont esté toute leur vie.

Il est vray, respondit M. Pasquier; c'estoit un des plus forts et abondant en bon sens et en sçavoir qui y fust lors; mais vous sçavez le temps où nous sommes, et le peu de compte que l'on fait des advocats au prix des conseillers, comme l'on s'en est plaint au commencement et non sans cause. En effect, ses parens ne luy donnerent pas le loisir de faire monstre de sa suffisance, ny de la force de son esprit en l'estat d'advocat, ny la mort, de ce qu'il promettoit en son office de conseiller; car il fut ravy en la fleur de son âge; i'en dirois davantage s'il n'eust point esté ma nourriture. — Et sur ce il se teut, comme s'il eust eu achevé son propos, n'eust esté que ie luy dis : Vous en avez oublié un de vostre derniere volée, qui meritoit bien d'y estre remarqué. — Et qui? dit-il. — Feu M. Antoine Hotman, luy dis-ie, fils de feu M. Hotman, conseiller. — Vous avez raison, respondit-il, mais vous l'avez mieux connu que moy, d'autant que i'ay quitté le palais, au moins le barreau, depuis que i'ai esté pourveu de mon estat d'advocat du roy en la chambre des comptes : et pour ce ie vous prierois volontiers de dire pour moy ce que vous en sçavez. Tres-volontiers, dis-ie; c'estoit un tres suffisant homme, et qui chassoit, comme l'on dit, de race, estant fils d'un bon conseiller, et frere d'un grand iurisconsulte assez connu par ses escrits, tenant de la prud'hommie de l'un et du sçavoir de tous les deux, n'ignorant rien du droict civil ou canon, ni des bonnes lettres requises en sa charge, comme il a fait paroistre, tant par ses escrits qui sont doctes et iudicieux, que par les remonstrances et plaidoiers qu'il fit en parlement, lorsqu'il fut éleu advocat du roy durant la ligue (1). Aussi commençoit-il d'entrer aux consultations, et d'y tenir dignement sa place, ayant les

---

(1) Il ne fut point pourtant si fort ligueur, qu'il ne rendist dans cette charge un fort bon service au roy Henry IV, mesme au plus fort de la faction d'Espagne, lorsqu'il fut question de la loy salique; comme aussi son frère François Hotman avoit fait auparavant, ayant escrit en faveur du mesme roy Henry IV, contre le cardinal de Bourbon, son oncle, pour la succession de la couronne. M. de Saincte-Marthe en cet eloge de François parle ainsi de cette action d'Antoine. *Sed et alterum eius familiæ decus Antonium Francisci fratrem, quis silentio preterire ferat! Hic enim ille est, qui furente Lutetiâ, cùm ad ipsum advocati regij munus ab henoticis esset evectus, in ed functione sic se gessit, ut clusis factiosorum inanibus consiliis, in supremo senatu legitimam regis potestatem, et Salicæ legis auctoritatem, nec sine vitæ periculo tueretur ac defenderet; non minori certè merito, quàm si regias partes ab initio secutus esset.* Pour raison de quoy le roy lui voulant faire quelque reconnaissance, il luy envoya deux mille livres, ne pouvant le conserver dans cette charge, pour ce qu'il y avoit deux autres advocats du roy titulaires. C'est pourquoy, comme dit Pasquier, au liv. xvi de ses Lettres, escrivant à Theodore Pasquier, son fils, *il s'en retourna apres les troubles en son ancien rang d'advocat simple, qu'il exerçoit auparavant* Sa femme nommée Ieanne Absolu a esté reputée saincte, de laquelle le sieur Auvray a fait la vie.

les textes de droict et les decisions communes du palais en main , et sur tout le iugement bien certain. Il estoit en effet meilleur advocat qu'il ne sembloit à le voir, ressemblant aux Silenes d'Alcibiade; car il avoit assez peu de façon, et, si ie l'ose dire, peu de grace, et la mine désagreable, mais tres-bonne, lors qu'il parloit. Il mourut pulmonique, et avant que de mourir, il prit la peine d'aller voir et prendre congé de ses compagnons, comme pressentant sa mort : pour le moins me fist-il l'honneur de venir chez moy, et deceda bien tost après.

Sur ce il sembla que M. Pasquier voulut se taire tout à fait, et mettre fin à nostre iournée ; mais nous luy dismes : Vous oubliés le principal de vostre compte , et le premier de vostre dernier roole, n'ayant rien dit de feu M. Brisson. — Hélas , dit-il, ie ne l'avois point , et ne le sçaurois iamais oublier, ie traisnois mon propos, et le reculois tant que ie pouvois, dautant que ie n'en sçaurois parler que le cœur ne me creve et m'en fusse volontiers dispensé ; mais puisqu'il a esté nommé le premier (comme il le meritoit bien), il faut finir par luy. Bourreaux coniurés , avez vous esté si cruels et si barbares que de mettre la main sur la personne sacrée d'un president de la cour (1) , la lumiere de la science et de la literature de la France, la perle et l'ornement de l'Europe, un homme de si grande et admirable memoire, accompagnée d'un iugement si certain en toutes choses, fors en celle qui l'a conduit à la destinée de son malheur (2)? Au surplus ,

---

(1) Il fut fait president en 1580.

(2) Il semble que nostre autheur veuille icy entendre ce que M. le president de Thou a dit dans le liv. cii de son Histoire, pages 194 et 195, sous l'année 1591, où il descrit comme M. le president Brison , pensant s'entretenir pendant la ligue avec les deux partis , en condes- cendant et s'accommodant à quelsques entreprises des factieux, et cependant tenir le premier rang avec authorité dans le parlement en l'absence de ses confreres, dont plusieurs avoient esté emprisonnez dans la Bastille par Bussi le Clerc et autres de sa faction , et d'autres s'estoient retirez en divers lieux, s'estoit trompé dans son dessein, qui avoit reussi tout au contraire de son intention, lui ayant causé

qui estoit d'un travail si infatigable, qu'il eust fait luy seul (1) plus que trois des plus suffisans hommes de son temps n'eussent peu faire dans les lettres, dans les procés et dans toute sorte d'affaires. O que M. de Mayenne et les conseillers qui l'ont assisté ont acquis d'honneur et de gloire, quand ils ont fait une iustice si exemplaire de ses meurtriers et sacrileges ; et la cour de parlement encores plus, quand estant retournée de Tours, elle a receu la recherche qui s'en est faite, et puni de mort tous ceux qui s'en sont trouvés coupables (2),

---

la mort violente dont il est icy parlé. Car voicy ce que M. de Thou tesmoigne en cet endroit de M. Brisson, lui donnant d'ailleurs les eloges qu'il meritoit : *Barnabas Brissonius*, dit-il, *felicissimo vir ingenio, sive literarum studia, sive negotia forensia tractaret, ex advocato admodum famoso primùm fisci patronus post Vidum Fabrum, dein post Pomponium Belleureum curiæ præses creatus, non solùm inter literatos scriptis plerisque editis, sed in republicd ac præcipuè in foro magnum nomen meruerat. Verùm ambitio in eo erat immodica, adeò ut impotenti primas in senatu tenendi desiderio, cùm cœteri præsides collegæ aut fugd sibi consuluissent, aut Bastiliù inclusi essent, abrogatd à rege defuncto curiæ ob rebellionem urbis auctoritate, facilè sibi persuadere passus sit, ut in ed nihilominùs maneret, ratus se eddem facilitate, quam in explicandis causis forensibus experiebatur, plebis efferatæ animos moderaturum, et urbem, ut aiebat, regi legitimo servaturum, neve in externorum manus deveniret, prudentid sud et ingenii dexteritate impediturum. Posteà tamen homo in litium tricis, quàm in republicd administrandd magis versatus serò sensit, se involutos in errores delapsum, quibus extricare se numquàm citrà capitis periculum posset ; auditusque est sæpiùs cum amicis non sine gemitu et ductis ex imo pectore suspiriis dicere, se à VI decimanus ad macellum servari ; nec tristi de se augurio eventus defuit, etc.* Et peu après il descrit sa mort. M. E. Pasquier, en la 1re., 2e. et 3e. du liv. XVII de ses Lettres, escrivant à M de Saincte-Marthe, recite plus au long ce qui est cy-dessus, et particulierement tout ce qui se passa à cette mort.

(1) M. Scevole de Saincte-Marthe en l'eloge qu'il a fait de cet homme illustre, remarque cette grande facilité qu'il avoit à faire toutes choses, disant de luy, lorsqu'il parle de la commission que le roy Henry III luy donna pour rediger en un, et faire le Code de nos loix de France, *Unum maxime inter togatos*, dit-il, *idoneum iudicavit, cui gravem istum laborem committeret : quem tamen intrà paucos menses admirabili celeritate perfecit.*

(2) Les arrests qui furent rendus par la cour de parlement contre

nonobstant les pardons et remissions portées par les edicts
de paix! car cet acte estoit inexpiable, sinon par l'extinction
de tous ceux qui y avoient participé ou presté consentement.
Bon Dieu! ne permettrez vous pas que le reste de ces tigres,
qui s'estans bannis du royaume, se sont rendus vagabonds
parmy les païs estrangers, soient apprehendez, afin d'en
achever la vengeance? Ie vous prie, messieurs, me par·
donner si ie ne dis autre chose d'un si grand personnage,
que des maledictions et des imprecations contre ces barbares.
Vous avez la plupart autant veu et connu sa suffisance et
valeur que moy, et qu'outre son naturel admirable il avoit
une doctrine tres-exquise, une apprehension et iugement incomparable, avec une industrie non pareille. Sans en dire
davantage, les livres qu'il a composez et qui sont imprimez (1), ses plaidoiers, et les arrets generaux par luy pro-
noncez (2), et les eloges que les plus doctes de ce temps ont ·

les coupables des assasinats et meurtres de MM. Brisson, Larcher et
Tardif, sont imprimez ensemble à la fin d'un petit discours faict sur
la mort dudit sieur Brisson, imprimé à Paris en l'année 1595, chez
Claude de Montreil et Iean Richer, qui contient aussi son origine,
ses estudes, et les principales actions de sa vie.

(1) M Cujas l'appelle quelque part *Præsidem formularium*, à cause
de son livre *de Formulis*, duquel en outre il dit quelque part, *duos
infelicissimos partus edidit, Formularum librum, et filium primogenitum.*

(2) M. du Puy a dans son cabinet un manuscrit in-4, coté 18,
intitulé *Perroniana*, qui sont des Recueils ou Mémoires de la conver-
sation domestique et familière de M. le cardinal du Perron avec
diverses personnes, où il y a au feuillet 41 verso, ce qui suit : *M. le
president Brisson estoit un assez mauvais harangueur. Il avoit la parole
fort laide, la presence et l'action tout de mesme. Un iour faisant une harangue au roy, il dit que pour quelque affaire qu'il proposoit, il estoit besoin
d'une grande indagation..... M. de..... luy demanda ce que vouloit dire
indagation Il dit que c'estoit à dire recherche. M. de..... luy dit sur
cette response; si bien donc, monsieur, qu'au lieu de dire, il faut chercher
le roy et la reyne, il faut dire, il faut indaguer le roy et la reyne.* Et en
effet, quoy que le tesmoignage que donne M. du Vair de M. Brisson
au commencement de son Traitté de l'Eloquence française, luy soit
un eloge glorieux de sa haute suffisance, et tres-conforme à ce que
nostre autheur a icy allegué des qualitez excellentes qui estoient en

fait de luy dans leurs escrits, tesmoignent assez ce qu'il estoit : et la douleur qui me perce le cœur me contraint de
m'en taire, et me fait perdre la parole.

Me permettez vous donc, dis-ie, de la reprendre, et pour
closture de cette iournée, de vous faire ouverture d'une
observation que i'ai faite sur ce grand nombre d'advocats
que vous nous avez r'apportez. M'ayant fait signe qu'il le desiroit, et la compagnie pareillement, ie leur dis que i'avois
remarqué par ces discours, que les plus excellens advocats
de la cour avaient tousiours esté Parisiens : et encores que
MM. Riant, Terrieres, Aubery, Mangot le pere, Marillac,
de Sainct-Mesloir, de Faur, Bechet, la Ruë, Brisson, Chau-
don, Bautru et autres, fussent des premiers de leur temps;
toutes-fois ie voyois que MM. Seguier, de Thou, Bou-

---

luy, si est-ce qu'en ce qui est de son parler, il revient à ce qu'en disoit
M. du Perron. *Apres ceux-là nous estoit resté*, dit-il, *M. Brisson, qui
depuis fut president, personnage certes incomparable, et qui a monstré à
nostre siècle, combien un seul esprit peut concevoir de toutes les sciences
ensemble. Ce serait le trop louër, que de le louër par mon iugement ; mais
je puis apres celuy de tous les plus grands hommes du siecle, soit de nostre
France qui en a porté beaucoup, soit aussi des nations estranges, luy
donner cette louange, qu'*il ne s'est trouvé homme de son temps qui
ait sceu plus de choses ensemble. *C'estoit un estrange travail, une
incroyable memoire, une merveilleuse vivacité, un grand iugement à ce
qui estoit des lettres et du palais. Plust à Dieu qu'il eust veillé à rendre
au reste sa fortune meilleure, et éviter la calamité qui nous l'a osté. Qu'il
n'eust beaucoup de parties d'hommes eloquent, il ne se peut nier : car il avoit
donné du temps et de l'estude. Cela se monstroit assez en ses actions plus
elabourées ; és communes mesmes son langage estoit orné, et s'y voyoit un
ordre, ei une suite d'un homme qui parle avec art. Mais aussi y avoit-il
plusieurs choses* qui le reculoient bien loin à mon advis, de la perfection. *L'une, qu'il aymoit mieux* paroistre sçavant qu'eloquent : et pour
ce ne se doit il pas plaindre, s'il a rencontré ce qu'il cherchoit. Ses discours
estoient si remplis de passages, d'allegation: et d'authoritez, qu'à peine
pouvoit-on bien prendre le fil de son oraison. Car vous sçavez combien cela
l'interrompt. Davantage il affecloit de dire tout ce se pouvoit sur un
sujet, de sorte que l'abondance l'empeschoit, ei la multitude ostoit à ce
qu'il avoit de beau, sa grace et venusté. Beaucoup desiroit de luy en cela
plus de iugement.*

guier, du Moulin, du Mesuil, Bourdin, Canaye, Versoris, de Montelon, Robert, le Maistré, Faye, Mangot, advocat du roy, Escorchevel, Hotman, du Val, et plusieurs autres Parisiens, estans mis en contrepoids, feroient pencher la balance de leur costé, tant pour leur grand et eminent sçavoir, que principalement *pour leur bon sens et iugement naturel, et pureté du langage françois;* au lieu qu'en la pluspart des autres on recounoissoit du picard, de l'auvergnac, du lyonnois, et de leur jargon naturel et estranger.

I'eusse peust estre eu raison de vous adiouster au nombre de ces Parisiens, d'autant qu'ayant survescu non seulement tous vos compaignons, mais aussi par maniere de dire vous mesme, lorsque vous avez cessé de venir au Palais, et quitté les affaires plustost qu'elles ne vous eussent quitté, on vous pourroit quasi compter parmy ceux qui sont decedez. Mais puisque vous vous estes donné ce commandement de ne parler d'aucun vivant, ie suivray vostre loy, et me déporteray d'en dire davantage. Un iour pourra venir auquel quelques-uns reprenant nos devis, les commençans par vous comme par nostre doyen, et continuans iusques à leur temps, nommeront ceux qui vivent à present, qui à mon advis ne cedent en rien à leurs devanciers, soit en sçavoir ou doctrine profonde de droict et des bonnes lettres, connoissance et intelligence des langues et de l'antiquité, soit en memoire, en fermeté de iugement et resolution, en inventions, pureté de langage, eloquence, action, ou en quelque autre partie qu'on puisse requerir en l'advocat; ie prie Dieu aussi que ce soit en prud'hommie et fidelité.

Cependant vous devez tous prendre courage de travailler, et estimer que de quelque païs ou nation que l'on soit, *il y a place pour tous au barreau,* du moins pour avoir part à ce beau et fertile champ du palais; et esperer de vous rendre capables d'estre un iour appellez aux plus hautes charges du royaume, y acquerir des commoditez et des biens de ce monde, pour en faire part à ceux qui en ont besoin, et principalement de l'honneur et du contentement, n'y ayant prince, seigneur, ny personnage de si grande estoffe ou fortune, qui n'aist affaire du conseil et de l'assistance de l'advocat en ses plus importantes affaires, et non seulement pour la conservation de ses biens temporels, mais aussi de son honneur, et quelquefois de sa propre personne; vous exhortant sur tout a servir de deffense aux innocents, aux veufves, et aux orphelins, contre l'oppression des plus puissans, selon le commandement de Dieu. Enfin vous devez vous efforcer de conserver a nostre Ordre le rang et l'honneur que nos ancestres luy ont acquis par leurs merites et par leurs travaux pour le rendre a vos successeurs.

Sur ce, nous estans tous levés, nous remesciasmes M. Pasquier, et nous prismes congé les uns des autres, et chacun s'en retourna assez tard dans sa maison.

APPENDICE

AU DIALOGUE DES AVOCATS DE LOISEL.

Le Dialogue des avocats, de Loisel, contient l'éloge des avocats qui avaient précédé les temps où il vivait.

J'ai exprimé le vœu que cette histoire biographique fût reprise, et continuée pour les avocats des dix-septième et dix-huitième siècles, et je regrette vivement de n'avoir pu trouver le loisir d'y travailler.

Ici, du moins, et pour des temps qui se rapprochent davantage de nous, j'appellerai à mon aide le fragment d'un Discours que M. *Delacroix-Frainville*, aujourd'hui notre *Doyen*, a prononcé, comme *bâtonnier*, le 10 novembre 1812, à la première ouverture des *Conférences* de la Bibliothèque, après le rétablissement de notre Ordre, et dans lequel ce vénérable jurisconsulte, auquel la profonde estime de ses contemporains garantit celle de la postérité, passe en revue les principaux avocats qui avaient illustré la fin du dernier siècle, et paie un juste tribut d'éloges à leur mérite et à leurs travaux.

Voici ce fragment, qui terminait le discours :

« N'oublions pas, mes chers confrères, que, dans notre ancien barreau, l'un des objets les plus intéressans de cette réunion fraternelle a été d'offrir à la mémoire des confrères qui ont honoré notre profession, le tribut de notre estime et de nos regrets.

» Mais quelle vaste carrière s'ouvre devant moi ! Que de pertes accumulées dans le long intervalle écoulé depuis qu'il a été satisfait pour la dernière fois à ce triste devoir ! Comment pourrais-je suffire à l'expression de tant de regrets ? Ah ! que du moins ceux qui ont laissé les traces les plus profondes dans notre souvenir, recueillent le témoignage des sentimens qu'ils y ont gravés !

17.

» Qu'ils reçoivent notre premier hommage, ces vénérables chefs de l'Ordre, MM. *Caillau, Sanson, Rouhette, Laget-Bardelin*, qui, pendant si long-temps, l'ont éclairé de leur savoir, et orné de leurs vertus ! Le nom de M. Laget-Bardelin vient aussi se placer à côté de ceux de MM. *Piales, Vulpin, Abbé-Mey* et *Courtin*, qui, comme lui, s'étaient acquis une haute réputation dans la science du droit canonique, science si inutile aujourd'hui, et si importante de leurs jours. C'est à elle que se rattachaient les grands intérêts des prélats, des ordres monastiques, de tous les corps ecclésiastiques, et du clergé, comme étant alors un ordre dans l'état. Vaste champ de débats et d'érudition dont le souvenir ne doit pas être entièrement perdu pour le barreau, parce qu'il consacre à la mémoire l'inviolable attachement que notre Ordre fit éclater dans tous les temps pour les lois, le gouvernement et le souverain. On n'a pas encore oublié ces fameuses libertés de l'Eglise galliacane, qui protégeaient la monarchie contre les entreprises d'une puissance usurpatrice, et l'on sait que les avocats s'en montrèrent toujours les plus intrépides défenseurs.

» A côté des canonistes, je vois une autre classe de jurisconsultes, dont la science plus vaste encore, utile à tous les ordres de citoyens, embrassait toute l'étendue de la législation civile, contemporains des plus célèbres noms, des *Mallart*, des *Loyseau de Mauléon*, des *Guéau de Reverseaux*, des *Cochin*, quelques-uns ayant été leurs émules dans la plaidoirie. Là, je distingue M *Doutremont*, qui avait donné son fils à l'ancienne magistrature ; M. *Collet*, dont l'urbanité égalait le savoir ; M. *Clément de Mallereau*, qui occupa si long-temps avec distinction la chaire du droit français ; M. *Leroy*, digne de revivre dans un fils trop tôt ravi à nos espérances, et M. *Aved de Loiserolles*, ce tendre et généreux père, qui, pour sauver la vie du sien, trompant l'œil incertain des bourreaux de l'anarchie, marcha pour lui à l'échafaud. Dévouement héroïque, qui mérite de consacrer son nom à la postérité ! Que l'histoire cesse de nous vanter la farouche vertu de ce Brutus qui, pour l'amour de sa république, condamna lui-même ses deux fils à la mort! A ce trait, qui révolte la nature, j'opposerai notre héros de l'amour paternel; et si l'on me dit qu'il y a bien plus de force d'âme à condamner ses enfans pour l'intérêt de la patrie qu'à se sacrifier soi-même pour ses enfans; si l'on me demande ce que devait faire Brutus, placé entre les siens et la république, je répondrai : Que n'a-t-il, en mourant le premier, laissé à d'autres le barbare office de livrer ses deux fils aux bourreaux! S'il n'a pas été inspiré comme Aved de Loiserolles, c'est qu'il a préféré sa propre vie à celle de ses enfans.

» Je reviens à mon sujet

» Oublierons-nous MM. *Camus* et *Bayard* : Camus, si remarquable par ses grandes connaissances, par sa studieuse opiniâtreté, par son attachement à notre profession, qui lui a dicté ces lettres remplies d'une si utile instruction pour les élèves du barreau; Bayard, son estimable coopérateur à la nouvelle rédaction de la Collection de Denisart, ouvrage qu'il ne faut pas tout-à-fait confondre avec ces dictionnaires qui tuent la science sous prétexte de la simplifier, et contre lesquels M. le premier président de notre cour réclamait, il y a peu de jours, avec une éloquence pleine de raison. Celui-là était destiné à retracer, dans toute leur pureté, les monumens de la jurisprudence moderne. Sous leur plume exacte, il serait venu se placer à côté des doctes recueils de Louet, de Brillon et Dufresne, et de tous nos bons arrêtistes.

» J'arrive à ceux qui, dans les temps voisins de la clôture du temple de la justice, y soutenaient l'honneur de la plaidoirie. Là, nous apercevons le judicieux *Hutteau*, ami ferme des bons principes; le délié *Rimbert*, qui se montra si habile dans l'art de l'escrime judiciaire; l'élégant et doux *Blondel*, qui sut répandre le charme de l'urbanité française jusque sur les sujets acerbes de la défense criminelle; l'estimable *Vermeil*, qui quelquefois parut avec honneur au milieu des plus illustres athlètes; ce vigoureux *Martineau*, qui posséda à un degré si éminent la force de la logique et la puissance de raisonnement; et ces deux orateurs si connus, MM. *Target* et *Treillard*, qui, pour avoir porté dans d'autres carrières la renommée qu'ils avaient acquise parmi nous, ne doivent pas moins trouver place dans notre souvenir.

» Vous y occupez aussi un rang distingué, jeunes rivaux, émules de gloire, trop rapidement arrêtés dans votre course brillante, et dont la diversité de talens ne fut marquée que par une égalité de succès. L'un semblait né pour sa profession, qu'il aimait avec ardeur; la nature lui avait départi les plus heureux dons. Une douce élocution coulait de ses lèvres comme d'une source féconde; les discussions les plus arides et les plus compliquées prenaient dans sa bouche une tournure plus facile et des couleurs gracieuses; il n'étonnait point, mais il plaisait, et plaire est souvent un puissant moyen de persuasion. L'autre, avec des moyens plus énergiques, avait préparé, dans le silence, l'essai de ses forces; son talent, mûri par la culture, était revêtu des formes nerveuses qui rendent l'éloquence propre aux plus grands efforts, et déjà un vol ferme et hardi l'avait fixé aux premiers rangs. A ces traits vous reconnaissez sans doute, MM. de *Bonnières* et *Hardouin*, tous deux d'autant plus dignes de nos regrets, qu'ils étaient destinés, par le cours ordinaire de la nature, à faire encore en ce moment l'ornement du barreau.

» J'arrête avec vous mes regards sur les ombres révérées de MM. *Tronchet* et *Ferey*. Mais comment exprimer les sentimens qu'elles réveillent dans nos cœurs? Déjà deux de mes confrères en ont été les éloquens interprètes, dans ces pompes solennelles où ils leur ont rendu un hommage si digne d'eux et de vous. Que pourrait ma faible voix auprès des accens de ces deux orateurs? De quels traits pourrais-je orner leurs riches tableaux? Non, Messieurs; je craindrais d'en ternir les couleurs. Il ne peut plus m'être permis que de vous parler d'un seul sentiment, celui de la reconnaissance, que nous devons à ces deux illustres confrères. Cette enceinte sera toujours un témoignage de celle que nous avons vouée à la mémoire de M. *Ferey*, et le nom de M. *Tronchet*, transmis à la postérité, avec ce Code immortel dont il fut un des premiers créateurs, retracera à tous les âges celle qu'ils lui devront après nous.

» Faut-il vous rappeler une douleur toute récente, en vous parlant de M. *Porcher*, qui naguère siégeait avec nous dans cette enceinte, et y développait cette sagesse de conseils et ces sentimens de confraternité qui nous le rendaient si estimable et si cher ? Vous avez entendu le juste éloge que les chefs de la magistrature en ont fait, il y a peu de jours, et cette expression de nos sentimens n'a été que l'écho des regrets que nous avons déposés sur sa tombe.

Cette perte avait été précédée d'une autre qui ne nous a pas été moins sensible, celle de M. *Poirier*, ce digne ami de l'illustre Tronchet, dépositaire de sa confiance, objet de l'estime et de la vénération publiques; ce confrère si doux, si modeste, si éclairé, si ami de l'honnête et du juste, qui nous retraçait dans toute sa vérité l'image des anciens patriarches du barreau, modèle comme eux de lumières, de sagesse et de vertus! Pourquoi nous fut-il enlevé à l'époque de la restauration d'un Ordre dont il méritait, à tant de titres, d'être le chef!

» Maintenant, revenant sur mes pas, toutes mes pensées viennent se fixer sur un grand nom; c'est celui de notre illustre *Gerbier*. Cinq lustres sont bientôt écoulés sur sa tombe, depuis que notre dispersion a privé sa cendre du dernier tribut de nos honneurs.

» O Gerbier, la génération de ceux qui eurent le bonheur de te voir et de t'entendre n'est pas périe tout entière! Reçois-le en ce jour, notre hommage; reçois-le de tes profonds admirateurs, de ceux dans la mémoire desquels les sons éloquens de ta voix retentissent encore.

» Mais comment t'en offrir un digne de toi? Il faudrait ravir une étincelle de ton génie pour en exprimer les effets et la puissance; pour te peindre à ce barreau, où tu n'apportais d'autre préparation qu'une âme remplie des plus ravissantes inspirations; pour retracer les mouvemens de cette âme sublime, tantôt excitant les plus touchantes émotions, tantôt, par ses élans rapides et impétueux, subjuguant et entraînant; pour dire comment, toujours maître de toi et de tes auditeurs, tu suivais dans leurs yeux les impressions que

tu produisais, pressant ou resserrant à ton gré tes magnifiques développemens, jusqu'à ce que le triomphe de la conviction fût obtenu ; pour décrire le pouvoir magique qui résidait sur tes lèvres et sur toute ta personne ; l'enchantement
de cette voix harmonieuse, l'heureux accord de cette action
noble et pure, car tout, dans toi, était éloquent. Ton front,
siége de la sérénité, tes regards, animés du feu de ton génie,
tes gestes, tes mouvemens, et jusqu'à ton immobilité !

» Quel autre réunit jamais à un degré plus éminent le mer-
veilleux assemblage de tout ce qui constitue le parfait orateur ? S'il est vrai que la nature, avare de ses bienfaits, ne
reproduise qu'à de longs intervalles les grands modèles en
tous genres, il faut croire qu'elle voulut faire revivre dans
Gerbier, pour la France, le Démosthène de la Grèce et le
Cicéron de Rome. Un grand orateur du barreau avait manqué
au siècle de Louis XIV, il fut réservé pour notre âge.

» Quels regrets que d'un si admirable talent il ne reste que
des souvenirs, souvenirs destinés à périr avec ceux qui en sont
les dépositaires ! Pourquoi, par sa sublimité même, ce riche
trésor, disparu sans laisser aucunes traces, échappe-t-il à
l'admiration de nos successeurs ? Ah ! que du moins la mémoire en soit impérissable parmi nous ! Qu'une heureuse tradition, triomphant des injures du temps, la reporte d'âge en
âge ; qu'à l'exemple des Appelle et des Phidias, son nom soit
à jamais célèbre, sans autre témoignage que celui de son
siècle et de sa renommée ; que le récit de ce qu'il fut échauffe
les âmes, allume le feu du génie, et qu'après avoir jeté sur
le barreau français un si bel éclat, il soit encore dans l'avenir
le germe et l'instrument de sa gloire ! »

ÉTUDES

NÉCESSAIRES A L'EXERCICE

DE LA

PROFESSION D'AVOCAT.

~~~~~~

SECTION PREMIÈRE.

DE LA PROFESSION D'AVOCAT.

(Première lettre de CAMUS.)

J'APPRENDS avec une vraie satisfaction, monsieur, les succès de M. votre fils : vous êtes récompensé du soin que vous avez apporté à son éducation. Je suis sensiblement touché de ce que vous me dites de son caractère, de ses mœurs, de ses sentimens d'honneur et de probité. On ne saurait annoncer des dispositions plus heureuses pour la profession à laquelle vous le destinez. Vous me demandez, monsieur, mon senti- ment sur cette profession : vous ne craignez donc pas qu'une sorte d'amour-propre m'aveugle sur mon état, et m'engage à ne vous le montrer que sous des apparences séduisantes, mais trompeuses ?

Je ne vous dissimulerai pas, monsieur, que lorsque j'entends M. le chancelier d'Aguesseau appeler l'ordre des avocats *un ordre aussi ancien que la magistrature, aussi noble que la vertu, aussi nécessaire que la justice* (1), mon amour-propre est flatté de ce que je suis compté au nombre de ses membres : peu s'en faut que je ne mette ma profession au-dessus des autres; mais bientôt la raison et l'expérience me rappellent à

---

(1) *OEuvres de M. d'Aguesseau*, Discours sur l'indépendance de l'avocat, tome 1, page 3.

une manière de penser plus sage : je vois qu'ici, comme à tous les autres états de ce monde, il faut appliquer le mot d'Horace : *Nihil est ab omni parte beatum.* Je me restreins donc alors à penser que la profession d'avocat a des avantages assez considérables pour attirer à elle des personnes qui ont des talens, du patriotisme et de l'élévation dans l'esprit.

Voulez-vous inspirer le goût de cette profession à M. votre fils ? Commencez par lui en exposer la dignité. Sans archives, sans registres, nous avons cependant nos titres. Ces titres sont les discours des magistrats célèbres qui ont relevé souvent, avec les expressions les plus magnifiques, la beauté de notre profession (1). Ce sont des arrêts solennels qui attestent la haute estime que les premiers magistrats ont pour un état si voisin du leur (2). Des exemples fameux, puisés dans l'histoire, ajouteraient, s'il était besoin, aux preuves de la considération dont la profession d'avocat a été honorée. Rymer nous a conservé un traité du 1er. juin 1546, par lequel le roi de France et le roi d'Angleterre nomment quatre jurisconsultes arbitres d'une question importante qui s'élevait entre eux, et promettent de s'en rapporter à leur décision (3).

Mais de tout ce que j'appelle nos titres, je n'en connais point de plus ample ni de plus beau que le *Dialogue des Avocats, par Loisel* (4). Il est imprimé dans le recueil de ses opuscules : c'est un écrit assez court, qui occupera agréablement M. votre fils, en même temps qu'il l'instruira de sa dignité future, et qu'il lui montrera des exemples à suivre. Pasquier, si connu par ses *Recherches sur la France*, est le principal interlocuteur du dialogue. Loisel, qui était fort lié avec lui, a mis dans sa bouche l'histoire du barreau de Paris,

---

(1) Voyez les harangues faites aux rentrées des cours, et, en particulier celles de M. d'Aguesseau.

(2) Voyez les arrêts du 22 avril 1761, et du 2 avril 1762.

(3, *Actes de Rymer*, tome XV. Il s'agissait d'une somme de 512,022 écus que le Roi d'Angleterre prétendait lui être due par le Roi.

(4) C'est ce qui m'a déterminé à le faire réimprimer.

depuis que le parlement a été sédentaire dans cette ville, jusqu'au commencement du dix-septième siècle. Une multitude d'anecdotes intéressantes y sont recueillies. Elles ne sont pas moins précieuses à l'Ordre des avocats, dont elles établissent la grandeur, qu'elles le sont aux maisons anciennes de la robe, dont elles montrent l'origine dans les avocats célèbres de ces époques reculées. Il n'en est presque aucune aux chefs desquelles l'exercice de la profession d'avocat n'ait servi de degré pour monter aux premièrees dignités : les alliances entre ces maisons et des avocats en réputation sont fréquentes.

Mais c'est assez vous entretenir de ce qui a été dit sur la noblesse de la profession d'avocat : la vraie manière de montrer combien une profession est recommandable, est, à mon avis, de développer les qualités qu'elle exige, les devoirs qu'elle impose. L'élévation de ces qualités, la sublimité de ces devoirs, sont, selon mon sentiment, la juste mesure de la considération qui lui est due. Pour que ma proposition soit exacte, il faut que je commence par vous rendre compte, monsieur, de l'idée que me présente le nom d'avocat.

L'état d'un homme qui ne se serait livré à l'étude des loix que dans la basse espérance de multiplier ses richesses aux dépens des victimes infortunées de la chicane, l'état de celui qui n'aurait cultivé l'art oratoire que pour vendre à plus haut prix l'usage de talens souvent dangereux et perfides, sont, l'un et l'autre, deux états diamétralement opposés à celui d'un avocat. L'exercice de la profession d'avocat doit mener à l'honneur plutôt qu'à la fortune ; et dans l'ordre des idées que je me suis faites sur cette profession, un premier titre pour mériter, à celui qui l'embrasse, la considération des gens sensés, c'est de voir qu'il dédaigne les professions lucratives, la plupart moins pénibles et moins laborieuses, pour se dévouer à des fonctions qui ne promettent guère que de l'honneur, après un dur travail, à ceux qui les exercent avec le plus de succès.

Qu'est-ce donc, monsieur, que j'entends par un avocat? Un homme de bien, capable de conseiller et défendre ses concitoyens. Caton définissait l'orateur, un homme de bien qui sait parler : *Vir probus dicendi peritus.* J'ajoute au talent de *parler*, celui de *conseiller*. En même temps que l'avocat parle et écrit comme un orateur, je veux qu'il pense et raisonne comme un jurisconsulte ; mais j'établis ma définition sur la même base sur laquelle Caton fonde la sienne : la qualité d'homme de bien en est toujours la première partie. L'importance des affaires dont on dépose le secret entre les mains de l'avocat ; la confiance qu'il lui est nécessaire de mériter ; la certitude qu'il doit inspirer, qu'en s'adressant à lui on sera toujours fidèlement conseillé, jamais trompé, encore moins trahi, exigent qu'il joigne les qualités du cœur à celles de l'esprit. Une probité scrupuleuse, une décence toujours soutenue, parce qu'elle n'est que la conséquence des principes profondément imprimés dans l'âme, sont ici des qualités essentielles.

C'est cet homme, tel que je viens de vous le décrire, qui paraît à mes yeux infiniment estimable. Il est beau, sans doute, de voir Démosthènes arracher le masque aux pensionnaires de Philippe ; échauffer les Athéniens et les animer à la défense de la patrie ; se défendre, lui et son ami, des calomnies d'un envieux et d'un traître : Cicéron ouvrir sa carrière par la défense d'un innocent accusé de parricide ; dénoncer à la justice un gouverneur coupable d'avoir dépouillé les provinces confiées à sa vigilance et à ses soins ; poursuivre tantôt Catilina, tantôt Marc-Antoine : mais, dans tout ceci, c'est l'orateur seulement que vous apercevez. Voici ce qu'il faut y ajouter pour rendre complète l'idée d'un véritable avocat.

Se sacrifier, soi et toutes ses facultés, au bien des autres ; se dévouer à de longues études, pour fixer les doutes que le grand nombre de nos lois multiplie ; devenir orateur pour faire triompher l'innocence opprimée ; regarder le bonheur de tendre une main secourable au pauvre, comme une récompense préférable à la reconnaissance la plus expressive des grands et des riches ; défendre ceux-ci par devoir, ceux-là par intérêt : tels sont les traits qui caractérisent l'avocat.

Toutes les personnes qui s'adressent à lui sont écoutées

indistinctement ; mais il ne défend pas les causes de tous sans distinction. Son cabinet est un tribunal privé ; il y juge les causes avant de se charger de les défendre. Ce serait faire un usage criminel de ses talens, que de les employer à pallier l'injustice ; en manquant à son devoir, on s'exposerait à perdre sa réputation. Celui-là même qui entreprend de réussir par des voies criminelles sait quelle distance il y a entre lui et la probité ; il méprise quiconque s'éloigne de la probité pour se rapprocher de l'injustice. Si l'avocat se trompe dans ce jugement particulier qu'il prononce sur les prétentions de son client, que son erreur ne soit pas une suite de l'éblouissement que cause aux yeux vulgaires l'éclat, ou de la dignité, ou du rang, ou des richesses ; qu'elle soit l'effet de la compassion qu'avaient excitée dans son cœur les larmes d'un malheureux : en s'annonçant comme opprimé, il faisait oublier qu'il pouvait être coupable.

L'examen des demandes du nouveau client lui est-il favorable ? ses intérêts deviennent, dès ce moment, plus chers à son avocat qu'ils ne le sont au client lui-même. En lui déclarant que ce qu'il demande est conforme à la raison et aux lois, on s'est rendu, en quelque manière, garant du succès. D'ailleurs, la passion dominante de l'avocat étant l'amour de ce qui est juste, droit et honnête, comment pourrait-il ne pas réunir tous ses efforts pour faire triompher ce qu'il regarde comme juste, droit et honnête ?

Le zèle avec lequel l'avocat se livre à la défense d'une cause dont il s'est chargé deviendrait bientôt stérile ; son courage pour attaquer de front l'injustice, lorsqu'elle marche à découvert ; son adresse pour dévoiler des passions qui, honteuses d'elles-mêmes, s'enveloppent des apparences de la vertu, seraient inutiles, s'il n'avait pas la liberté entière de parler. En Lorraine, une ordonnance expresse assure aux avocats, sous la protection du souverain, une liberté absolue d'employer leur ministère, soit en plaidant, soit en écrivant, soit en consultant contre toute personne de quelque rang, qualité, naissance ou dignité qu'elle soit. L'ordonnance ajoute que, si aucune partie puissante ou autres, venaient, par ressentiment, à insulter un avocat, ou à commettre à son égard quelque voie de fait, il sera procédé extraordinairement contre les coupables, et il en sera fait une punition exemplaire, à la satisfaction de la partie offensée et du public (*Ordonnance de 1707, pour l'administration de la justice*). Nous n'avions pas besoin, en France, d'une ordonnance semblable. Les magistrats devant lesquels nous défendons les intérêts des citoyens sont trop convaincus de la liberté qu'exige notre ministère, pour ne pas la maintenir sans qu'une ordonnance le leur enjoigne. Loisel rapporte quelques arrêts dont il avait été témoin, et qui prononcèrent des peines sévères contre des parties puissantes, pour les punir d'avoir menacé de se venger de la liberté d'un défenseur généreux. Il a été rendu, de nos jours, des arrêts aussi favorables à notre liberté. Dans les cas mêmes où il a paru qu'il y avait lieu de se plaindre de quelques faits trop légèrement avancés par un avocat, sur le témoignage de sa partie, on a reçu la plainte contre cette partie ; *jamais on n'a permis de comprendre dans la plainte le nom ou la personne de l'avocat.*

Comme c'est uniquement la vérité et la justice que les avocats cherchent à faire triompher, il s'est établi entre eux un usage constant, de ne point plaider sans s'être communiqué toutes les pièces qui doivent appuyer leur défense. On ne combat que parce qu'on est assuré de la justice de sa cause, et on n'emploie des titres que parce qu'on les croit authentiques et légitimes, puisqu'on donne au défenseur de celui contre lequel ils sont produits le loisir de les examiner. Cette communication est même avantageuse pour les parties. Quelquefois l'avocat y découvre des faits qu'on lui avait dissimulés ; il n'emploie alors son éloquence que contre son propre client, il le dissuade de la poursuite d'un procès injuste.

La manière dont la communication des pièces se fait entre les avocats est bien, ainsi que l'a qualifiée un de nos anciens, *un apanage d'incorruptibilité sublime.* Il n'est question ni de *récépissé*, ni d'inventaire des pièces communiquées. Les titres originaux les plus précieux sont remis sans formalités, parce qu'ils sont toujours rendus tels qu'ils ont été donnés, et à la première réquisition de l'avocat qui les a communiqués. Cet usage, le même depuis plusieurs siècles, *et dont il n'est point encore jamais advenu faute*, pour me servir des expressions de Pasquier, dans le *Dialogue des avocats*, suffirait pour attester les sentimens d'honneur qui sont l'âme de leur profession.

Mais les fonctions de l'avocat ne sont pas seulement de parler ou d'écrire pour la défense des droits, de l'honneur ou même de la vie de ceux qui se sont adressés à lui; son ministère n'est pas moins important, lorsque, d'une main prudente, il trace la route qu'on doit suivre pour assurer des conventions justes; ou lorsque, par des réflexions adroitement amenées, il fait passer dans ses cliens l'esprit de paix qui l'anime. Quelles actions de grâces ne lui doit pas une famille, où la guerre commençait à naître, où le feu des divisions allait embraser le patrimoine commun, fruit des travaux d'un père économe, lorsque, rappelée à des sentimens plus raisonnables par les sages conseils de l'avocat, elle voit ses membres s'embrasser et se jurer une amitié éternelle!

J'ai mis sous les yeux de M. votre fils, monsieur, les principaux devoirs de l'avocat; il faudrait maintenant lui faire voir des modèles à imiter, dans la personne de ceux auxquels la pratique exacte de ces devoirs a acquis des droits à l'estime de la postérité. La fréquentation du palais lui en fera connaître plusieurs : à l'égard de ceux qui ne sont plus, il serait à souhaiter que l'on eût conservé, je ne dis pas leur nom (leurs vertus empêchent qu'il ne périsse), mais quelque détail de leurs actions. Ce serait le sujet d'une continuation du dialogue de Loisel; on y inscrirait les noms des Leschassier, de Lemaître, de Patru, d'Erard, de Gillet, d'Auzanet, de Duplessis, de Fourcroi, de Duhamel, de Nouet, de Tartarin, de Laurière, de Secousse; et, pour nous rapprocher de notre âge, ceux de Capon, de Cochin, de Lenormand, des deux Aubri, le père et le fils, de Bretonnier; enfin, ceux de d'Héricourt, de Reverseaux, de Lamonnoye, de Mallard, de Doulcet, de Lalourcé, de Dorigny, de Mey; ou dans des

temps plus modernes encore, ceux de Tronchet, Ferey, De-
sèze et Poirier. A ce que l'on dirait sur chacun de ces avocats,
et sur nombre d'autres qui ont été leurs émules, on joindrait
des anecdotes relatives au barreau ; on y parlerait des témoignages de considération que ses membres ont reçus en différens temps. On y rappellerait, par exemple, l'invitation que
M. le premier président Portail faisait en 1707 aux anciens
avocats, *de venir prendre leurs places sur les fleurs de lis*,
je veux dire, d'assister aux audiences de la cour, en qualité
de conseillers. C'est une remarque historique, dont il est bon
de faire part à notre jeune avocat. Les anciennes ordonnances
donnent aux avocats le titre de *conseillers* ; cela vient de ce
que, chaque année, l'on choisissait les plus recommandables
par leur savoir et leur expérience, pour prendre leur avis sur
les affaires importantes. Il subsiste encore aujourd'hui des
vestiges de cet usage mémorable. A la rentrée du parlement,
le greffier lit, d'après le *Tableau*, le nom de plusieurs anciens avocats qui doivent s'asseoir, les uns au-dessous des con-
seillers-laïcs, les autres au-dessous des conseillers-clercs. C'é-
tait ainsi que l'on indiquait, le jour de la rentrée, les avocats qui seraient consultés sur les jugemens pendant le cours
de l'année.

Faire le bien, soutenir les lois, défendre les opprimés, guider ceux qui ont besoin de conseils, telles sont donc les fonctions auxquelles les avocats se consacrent. Leur activité aug-
mente-t-elle ? c'est lorsqu'il s'agit de soutenir le faible contre
le puissant ; l'accusé contre un parti formidable. Le crédit,
qui fait trembler leurs cliens, élève leur courage. La terreur,
qui abat les âmes vulgaires, met en action les ressorts de
leur âme élevée. Plus il y a de péril à résister aux factieux,
plus ils mettent de gloire à les braver.

La récompense de ces nobles fonctions est la même que
celle de la vertu. J'ai déjà eu l'attention d'en avertir M. votre
fils ; elle ne consiste point dans la fortune. Il recevra des
honoraires ; mais certainement il estimera trop son zèle et ses
veilles, pour croire qu'on puisse les évaluer à prix d'argent, et
qu'une certaine quantité d'or en soit une digne récompense.

Les honoraires sont un présent par lequel un client reconnaît les peines que l'on a prises à l'examen de son affaire ; il n'est pas extraordinaire de manquer à le recevoir, parce qu'il n'est pas extraordinaire qu'il se rencontre un client sans reconnaissance ; dans quelque cas que ce soit, jamais ils ne sont exigés. Une pareille demande serait incompatible avec la profession d'avocat ; et au moment où on la formerait, il faudrait renoncer à son état.

L'étendue de la loi que nous nous sommes imposée à nous-mêmes, de ne point exiger d'honoraires, est développée en ces termes, par un de nos anciens bâtonniers : « Ceux, dit-il, » qui auraient la témérité de demander des honoraires, se- » raient retranchés du *Tableau*. Mais il ne doit point nous » suffire de ne pas former des demandes en justice ; nous de- » vons éviter d'obliger nos cliens, par nos manières envers » eux *pendant qu'ils ont actuellement besoin de nos secours*, » à nous récompenser au delà de ce qu'ils ont résolu. » (*Discours du bâtonnier, le 9 mai* 1723.)

L'idée que les avocats attachent aux honoraires qu'on leur présente, ne permet pas qu'ils en donnent des quittances. Je veux laisser à M. votre fils la satisfaction d'apprendre lui-même, dans le *Dialogue des avocats*, ce qui se passa en 1602, lorsqu'on voulut forcer les avocats à donner des quittances de ce qu'ils auraient reçu : je suis bien assuré qu'il y admirera la conduite ferme qu'ils tinrent dans cette occasion ; mais je ne saurais vous taire les motifs sur lesquels M. Husson, cé- lèbre avocat, qui a écrit en latin un traité curieux sur sa pro- fession, fonde leur refus. Si un client n'a pas le moyen de té- moigner sa reconnaissance par cette voie, il faudra donc dé- couvrir son état, dit M. Husson, et publier ainsi le service qu'on lui aura rendu ? S'il ne peut rien donner sur-le-champ, faudra-t-il faire connaître qu'on lui a accordé du temps (1) ?

---

(1) Si solvere nequeant clientes, nostramne in eos charitatem, illorumne unâ egestatem, vel vano, vel nocivo exarabimus calamo ? Si præsens aliquibus non erit pecunia, proprianne contestabimur syngrapha terminum solvendi datum ? (*De Advocato*, lib. iv, cap. 32.)

Au reste, les avocats ne furent pas les seuls qui se plaignirent de la loi qu'on voulait leur imposer en 1602 : M. Servin, avocat général, avait refusé de donner des conclusions dans cette affaire, et M. de Thou montre, dans son histoire, qu'il pensait à cet égard comme M. Servin.

Contraindre les avocats à ne point travailler, sans reconnaître, par écrit, ce qu'ils auraient reçu de leurs parties, c'était porter atteinte à la liberté de leur profession ; liberté précieuse, absolument nécessaire pour conserver dans cet ordre les sentimens d'honneur et de courage qu'il est si important au bien des parties elles-mêmes d'y maintenir. Les talens, ceux de l'esprit surtout, ne sauraient s'accommoder avec la gêne et la contrainte. Et quelle pourrait être d'ailleurs, je vous prie, la sanction de la loi qui enjoindrait, ou à l'orateur d'être éloquent, ou au jurisconsulte de développer les principes des lois ?

Ce sont là les véritables avantages de la profession d'avocat : ils consistent à exercer une profession libre. Quiconque se sent des talens peut prétendre à la concurrence. D'un autre côté, la considération, qui est la récompense que le public accorde à ceux qui se dévouent à son service, n'est point attachée au titre, mais à la profession d'avocat. Il faut être réellement utile à ses concitoyens, ou par ses conseils, ou par ses discours, ou par ses écrits, pour mériter leur estime. On se donne ses cliens à soi-même ; et comment se les donne-t-on ? Une personne dont l'honneur, la vie, les biens sont attaqués, ne se déterminera à remettre de si grands intérêts entre les mains d'un jeune avocat, que sur la réputation que lui aura déjà acquise sa manière de vivre, son zèle pour l'étude, son ardeur pour le travail, sa prudence, sa probité. Ces qualités, dont l'exercice est, si je puis parler ainsi, journalier, doivent donc former un nom au jeune avocat, avant que des affaires considérables aient fait connaître ses autres talens : et de même que les corps dont les membres sont titulaires de charges vénales, se perpétuent par l'acquisition que font de ces charges ceux qui se succèdent les uns aux autres, ainsi l'ordre des avocats se perpétue par l'admission de nouveaux sujets qui annoncent les mêmes talens que leurs prédécesseurs, et qui font vœu de pratiquer les mêmes vertus.

Le droit de n'être jugé que par ses confrères, est d'ailleurs le seul privilége de notre ordre que je connaisse. On cite, il est vrai, des arrêts qui nous ont accordé certaines prérogatives, certaines préséances sur différens officiers de justice : ces objets ne méritent pas d'occuper une personne de sens. D'autres arrêts ont déclaré que les avocats domiciliés en province ne pouvaient pas être assujettis à la collecte des impositions : c'est un privilége (1), sans doute; mais ce qui me paraît le plus digne d'attention dans ces arrêts, ce sont les éloges que de grands magistrats ont, à cette occasion, donnés à notre ordre (2). Le parlement de Rennes vient de rendre un arrêt de ce genre; il est du 13 mars 1775, et défend, à peine de 50 livres d'amende contre les délibérans, « de nommer au- » cun avocat exerçant la profession noblement, sans mélange » d'aucune autre profession dérogeante, à la collecte des im- » positions, ni, sans leur consentement, aux fonctions de » marguilliers comptables. » Le discours de M. l'avocat géné- ral Duparc-Porée, qui a précédé la prononciation de cet arrêt, contient les réflexions les plus flatteuses pour l'ordre des avo- cats. M. Duparc-Porée emploie les expressions de M. d'Agues- seau, que j'ai transcrites au commencement de cette lettre, pour relever la dignité de notre ordre; il exprime l'étendue de nos devoirs en peu de mots, lorsqu'il dit que « tous nos » jours doivent être marqués par les services que nous rendons » aux citoyens et à la patrie; que nos occupations doivent » être un exercice continuel de droiture, de probité, de jus- » tice et de religion. »

---

(1) Les avocats avaient autrefois quelques priviléges qu'il faut bien se garder de regretter aujourd'hui. Ces priviléges ou exemptions étaient utiles jadis, sous une forme de gouvernement qui admettait des distinc- tion de *caste*, et où l'on attachait beaucoup de défaveur à l'acquit des charges de l'état. Actuellement chacun doit se féliciter d'être rentré sous l'empire du droit commun qui proclame l'*égalité devant la loi*.

(2) Voyez les arrêts de la cour des aides, du 8 juillet 1672, et du 11 juillet 1760.

Mais je reviens, monsieur, au privilége (1) de n'être jugé que par nos confrères, sur tout ce qui a trait à l'exercice de notre profession. Dans l'impossibilité où la faiblesse humaine nous met de nous croire impeccables, c'est une consolation d'avoir ses confrères pour juges souverains. Telle était l'ancienne police de la France, que chaque citoyen y était jugé par ses pairs. Les droits de l'ordre des avocats sur leurs membres ont été assurés depuis peu par des arrêts solennels : on a développé, dans le même temps, les principes sur lesquels portent les jugemens d'un ordre auquel on reprochait de n'avoir ni lois ni règlemens (2). Il n'est pas besoin d'avoir des statuts écrits, lorsque l'on fait profession de ne suivre d'autres lois que les principes innés de l'honneur.

Je m'arrête ici, monsieur, et je crois en avoir assez dit pour donner à M. votre fils une idée de la profession que vous désirez qu'il embrasse. Sa manière de penser, que vous m'avez fait connaître, doit le rendre sensible aux avantages qu'elle promet. De longues études, des détails fastidieux, des discussions épineuses, auxquels on est obligé de se livrer, et pour se rendre capable de la profession d'avocat, et pour l'exercer, ont leur désagrément sans doute ; mais ces peines me paraissent compensées, compensées bien abondamment, par l'obligation d'être vertueux. Notre profession en impose la nécessité.

J'ai l'honneur d'être, etc.

---

(1) Je n'appelle pas *privilége*, mais *droit*, d'être jugé *par ses pairs*.

(2) Voyez l'écrit intitulé *la Censure*, petite brochure in-8°., publiée à l'occasion des plaintes de Linguet contre l'Ordre des avocats. J'avais d'abord eu l'idée de faire réimprimer cette pièce ; mais, en la relisant, j'ai reconnu que, fondée principalement sur le droit qu'avait alors l'*Ordre entier* de s'assembler *en corps* pour prononcer en dernier ressort, comme un *grand jury*, sur la conduite de ses membres, elle ne s'appliquait plus à un état de choses où l'Ordre n'a pas même la nomination de son conseil de discipline, et où les décisions de ce conseil sont portées par appel devant la juridiction ordinaire.

SECTION II.

SUR LES ÉTUDES EN GÉNÉRAL QUI SONT NÉCESSAIRES A LA PROFESSION D'AVOCAT; L'ORDRE DE S'Y LIVRER; LE PLAN D'UNE CONFÉRENCE; ET LA MANIÈRE DE SE FORMER UNE BIBLIOTHÈQUE.

(Seconde lettre de CAMUS.)

Vous me marquez, monsieur, que ma dernière lettre a achevé de vous déterminer à engager M. votre fils à la profession d'avocat, et qu'elle l'a décidé lui-même à l'embrasser; vous voulez maintenant que je lui indique les études auxquelles il doit se livrer.

Si vous voulez bien vous rappeler, monsieur, l'idée que je vous ai donnée de l'avocat, en le définissant un homme de bien qui aide les autres de ses conseils et de son éloquence, qui les conduit par des avis sages, et qui les défend par ses écrits et par ses discours, vous concevrez facilement que le *plan d'étude*, capable de former un tel homme, est très-vaste. Je me propose d'abord de jeter un coup d'œil rapide et général sur les connaissances nécessaires à l'avocat, d'indiquer à M. votre fils quelques vues sur l'ordre que l'on peut mettre dans l'acquisition de ces connaissances, sur la manière d'abréger ses études, et de se les rendre plus utiles par des *conférences;* enfin, de dire un mot sur le soin qu'un jeune avocat doit avoir de se composer une *bibliothèque.*

L'éloquence est une partie essentielle à l'avocat; il faut que dès sa jeunesse il l'étudie et s'y forme. Pour lui montrer le but et l'objet de son étude, j'emprunterai les expressions du sage abbé Fleury. « Je n'entends pas ici, par éloquence, ce » qui fait faire ces harangues de cérémonie et autres discours » étudiés qui chatouillent l'oreille en passant, et ne font le » plus souvent qu'amuser. J'entends l'art de persuader effecti- » vement, soit que l'on parle en public ou en particulier;

» j'entends ce qui fait qu'un avocat gagne plus de causes qu'un
» autre, qu'un magistrat est le plus fort dans les délibéra-
» tions de sa compagnie ; en un mot, ce qui fait qu'un
» homme se rend maître des esprits par la parole. » (*Du
choix des études*, n°. 31).

Comment acquérir ce talent précieux ? Donner à sa parole
ou à ses écrits cette douceur qui persuade, cette clarté qui
ne laisse aucun doute dans l'esprit de l'auditeur, cette précision qui ne l'entretient jamais au delà du moment où son attention va cesser ; cette adresse qui saisit le faible des objections pour les réduire en poudre ; enfin, cette force qui
subjugue, entraîne, et ne permet pas de résister ? Peu de
préceptes, beaucoup de modèles : tel est mon avis, monsieur.
Je m'explique. Les règles de l'éloquence ne sont ni arbitraires
ni factices ; ceux qui les ont recueillies ont observé, dans les
discours auxquels ils avaient vu produire les effets de l'éloquence, les principes qui avaient pu être la cause de ces effets ;
leurs réflexions ont formé ce que nous appelons l'art de la
rhétorique. Il est nécessaire de connaître cet art, pour lire
avec plus de fruit les mêmes ouvrages d'après lesquels les préceptes ont été rédigés ; mais puisque ces ouvrages sont encore
entre nos mains, ce sont eux surtout que nous devons lire et
méditer. Ainsi le sculpteur apprend de ses maîtres les règles
des proportions, et la manière de tenir le ciseau ; l'étude des
modèles fameux et son génie le mènent à la perfection.

Dans le cours ordinaire des classes, on s'instruit de quelques-uns des préceptes de l'éloquence, on apprend les termes
de l'art ; pour en faire une étude plus particulière, relisez le
second volume du *Traité des études*, le *Traité du sublime*,
et les deux traités de Cicéron, intitulés, l'un, *De l'Orateur*,
l'autre, *L'Orateur*. Cicéron y traite des règles de l'éloquence
en orateur parfait : en même temps qu'il apprend à devenir
éloquent, il inspire la passion de l'être, par les éloges sublimes qu'il fait de l'éloquence (1). Voulez-vous quelque chose

---

(1) Quid est tam potens tamque magnificum, quàm populi motus,
judicum religiones, senatûs gravitatem, unius oratione converti ?

qui se rapproche davantage de nos mœurs et de notre temps, lisez la préface qu'un avocat estimable (M. Besnard) a mise à la tête de la collection des œuvres de M. Cochin (1). Joignez aux préceptes de l'éloquence ceux du raisonnement; remplissez-vous des principes de la *Logique*, connu sous le nom de *Port-Royal* (2).

Vous vous êtes mis en état de sentir les beautés de l'art oratoire, vous connaissez ses ressources, ses mouvemens, ses figures; lisez Démosthène, et après l'avoir lu, relisez-le encore. Comparez ce plaidoyer célèbre où il défend Ctésiphon contre Eschine, avec le discours où Eschine accuse Ctésiphon; suivez la marche des deux orateurs; appliquez-vous à découvrir ce qui constitue la supériorité de Démosthène sur Eschine. Méditez ensuite Cicéron; n'ignorez aucun de ses discours. Étudiez d'Aguesseau, mais que Cochin ne sorte jamais de dessous vos yeux. Je vous indiquerais d'autres orateurs; mais pourquoi, lorsque l'on tend à la perfection, ne pas s'attacher uniquement à ceux que nous croyons y être arrivés? La vie est bien courte pour l'employer à des études qui ne soient pas de la première utilité. Lemaître, Patru, Erard, Gillet, nous ont laissé des plaidoyers dont la lecture peut être utile, sans doute; mais lisez plutôt trois ou quatre fois Cochin (3).

Quid porrò tam regium, tam liberale, tam munificum, quàm opem ferre supplicibus, excitare afflictos, dare salutem, liberare periculis, retinere homines in civitate? Quid autem tam necessarium quàm tenere semper arma, quibus vel tectus ipse esse possis, vel provocare improbos, vel te ulcisci injuriâ lacessitus? (*De Oratore*, lib. 1, n°. 8.)

(1) Cela ne suffit pas. Lisez aussi les *Intitutions oratoires* de M. Delamalle.

(2) *Adde* celle de Condillac. Elle est plus courte et plus philosophique: Elle repose sur cette règle fondamentale: *La liaison des idées.*

(3) Trois ou quatre fois Cochin! Six volumes in-4°. C'est beaucoup à une époque surtout où il y a tant à lire. Cochin peut être le modèle d'une discussion sage. Ses compositions sont en général bien ordonnées et ramenées à un point unique et central autour duquel il groupe les moyens secondaires. Mais elles sont aussi sans couleur,

Appréhenderez-vous de n'avoir qu'une manière, de ne ressembler qu'à un seul homme ? Et plaise à Dieu que vous n'ayiez jamais que la manière de Cochin, que vous ne ressembliez jamais qu'à lui !

Il n'est pas possible de prendre du goût pour l'éloquence sans en avoir pour la littérature. Elle est utile pour perfectionner l'éloquence, elle orne le discours, elle y apporte des richesses et des grâces ; mais ce n'est pas le seul point de vue sous lequel je la considère. La littérature est utile même au jurisconsulte qui ne se destine point à parler en public ; elle adoucit l'âpreté des autres études. Les traités de la plupart des auteurs de droit, écrits d'un style dur et pesant, donnent une manière de composer désagréable et ennuyeuse ; l'aménité, la politesse se perdent, lorsque l'on demeure constamment enfoncé dans des matières abstraites et sérieuses : la littérature corrige ces défauts ; elle forme le style, entretient ses agrémens, et répand de la douceur et de l'urbanité dans les paroles comme dans le caractère. Enfin, n'est-ce pas un délassement nécessaire pour celui qui s'est fatigué à suivre les querelles et les petites discussions qui agitent les hommes, de les voir quelquefois moins tristes, moins fâcheux, et tels qu'ils ont été dépeints par des génies aimables ? Ce délassement est à l'esprit ce que la campagne est au corps, lors-

---

généralement dépourvues de tout mouvement oratoire. Beaucoup de gens pensent que ce qu'on appelle ses *plaidoyers* ne sont que des *esquisses* qu'il animait à l'audience du feu de sa déclamation. Le style est fort inférieur pour le brillant et le poli à celui de d'Aguesseau, dont les connaissances littéraires et philosophiques sont d'ailleurs beaucoup plus relevées et plus étendues, et en font un modèle plus parfait que Cochin. Ajoutez à cela que la plupart des questions que Cochin a traitées (matières bénéficiales) sont si éloignées de nos usages et de notre jurisprudence moderne, qu'ils ont beaucoup perdu de leur intérêt. On lira plus volontiers et avec plus de fruit, *les Annales du Barreau français*, édition de Warrée, qui offrent des modèles pris du barreau *ancien* et du barreau *moderne*, avec des *notices* en général fort soignées, et qui font connaître le caractère et le genre de talent de chaque orateur, en suivant l'ordre des temps.

qu'aux approches de l'automne nous fuyons le sombre séjour des villes.

L'étude des lettres a d'autres avantages encore. Des événemens imprévus peuvent rendre tout à coup inutiles de longues et sérieuses études. Il n'est pas sans exemple que, dans des momens de trouble, les lois soient réduites au silence, et que la science du droit devienne presque inutile. Les lettres sont de fidèles compagnes qui n'abandonnent point alors celui qui leur a consacré autrefois quelques-unes de ses veilles; elles lui fournissent plus d'un moyen de consolation; elles charment au moins ses ennuis. Nos prédécesseurs connaissaient bien ces avantages précieux de la littérature. Les lettres n'étaient nullement étrangères aux Pasquier, aux Chopin, et aux autres avocats célèbres de ce temps; les langues savantes leur étaient familières; et si on leur a reproché avec justice d'avoir quelquefois prodigué leur érudition sans assez d'économie, il faut aussi éviter l'extrémité opposée. L'abus de l'érudition doit cesser par un effet du goût, et non par l'effet de l'ignorance.

Cicéron exigeait de l'orateur qu'il fût instruit de tout ce qu'il peut y avoir d'important; qu'il connût même les arts. Il voulait qu'il se procurât ainsi l'abondance et la fécondité qui lui sont si essentielles, et qu'en même temps il se mît en état de défendre toutes sortes de causes, même celles où le point de difficulté peut dépendre des principes de différentes sciences (1). Mais Cicéron ne parlait que de l'orateur; et combien l'étendue de connaissances qu'il lui croyait nécessaire, l'est-elle davantage à l'avocat que nous voulons former; à l'orateur jurisconsulte, auquel on s'adressera pour être éclairé sur tous les objets qui divisent les hommes? Aucun genre d'étude et de science ne doit lui être étranger; il faut qu'il ait ce que Cicéron appelle *omnium rerum magnarum atque artium scientiam.* Les affaires qui se présentent font sentir l'utilité de ses connaissances. Je ne demande pas qu'on soit

---

(1) Voyez ci-après la section intitulée : *De l'Utilité des connaissances physiques dans l'exercice de la profession d'avocat.*

instruit des détails relatifs aux arts; mais il faut savoir en général comment les arts sont utiles à la société, et la manière dont ils procèdent. Prenons pour exemple le commerce. Il n'est pas question de s'instruire journellement du prix du change sur les différentes places, de la rareté ou de l'abondance actuelle de telles et telles marchandises; si ces détails sont nécessaires, on les apprendra de la bouche du négociant: mais quelle idée ce négociant concevra-t-il de l'avocat auquel il viendra s'adresser, si celui-ci ne sait pas même ce que c'est qu'une *lettre de change*, qu'un *ordre*, qu'un *aval*, que l'*escompte* (1); s'il ne met aucune différence entre le commerce dans l'intérieur du royaume et le commerce avec l'étranger, entre le commerce de terre et le commerce de mer; s'il ignore ce que c'est qu'un *contrat à la grosse*, comment on fait *assurer un chargement*, ce qu'on entend par *une charte-partie*, un *connaissement*, etc.? Il pensera qu'un homme, novice sur tous ces points, n'a pas même lu l'ordonnance du commerce, et il confiera ses intérêts à quelqu'un plus instruit. Il en est de même des autres sciences pratiques, dont les objets peuvent donner lieu à des contestations (2); il faut que l'avocat soit en état d'entendre le client, qui vient lui exposer le sujet de ses demandes.

Un autre genre d'étude indispensable à l'avocat, c'est l'étude de l'histoire, au moins dans la partie qui se rapporte à la législation. Les lois humaines ne sont pas des décisions abstraites, de morale et d'équité, qui déterminent théoriquement ce qui est juste et injuste. Toutes leurs dispositions sont pratiques, et la plupart ont été écrites telles que nous les lisons,

---

(1) Et les négociations de la Bourse! *marchés à termes*, *transferts*, *reports*, *différences*, etc., etc.! Voyez le *Manuel des agens de change*.

(2) Cela est vrai, surtout depuis que l'industrie a fait chez nous de si rapides progrès. Les *brevets d'invention*, les *machines*, donnent lieu chaque jour à des questions de propriété dans lesquelles l'avocat a besoin de connaître, au moins d'une manière générale, les procédés des *sciences physiques* et des *arts*, d'abord pour comprendre son client, et ensuite pour expliquer sa cause aux magistrats.

eu égard à certaines circonstances dont il faut s'instruire, si l'on veut saisir le sens de la loi. L'étude est même d'autant plus nécessaire sur ce point, qu'il n'est pas question de principes que le bon sens découvre seul, ou de conséquences auxquelles un raisonnement exact puisse conduire; il s'agit de faits qu'on ne saurait apprendre qu'en feuilletant les écrits dans lesquels ils se trouvent consignés. Dumoulin, qui vit le goût des bonnes études se renouveler, insiste fortement, dans la préface de son Traité des fiefs, sur l'utilité de l'histoire. Comment entendre les lois romaines, si l'on ne connaît pas le gouvernement des Romains et les révolutions qu'il a éprouvées ? les lois françaises, si l'on ne connaît pas ce que les Français ont été dans les divers âges ?

Peut-être êtes-vous surpris, monsieur, que je n'aie parlé jusqu'ici que d'éloquence, de littérature, de connaissances générales et d'histoire, sans avoir encore dit un mot de l'étude du droit. Ne croyez cependant pas, ou que j'aie oublié que la science du droit est l'étude capitale de l'avocat, ou que je veuille faire de l'avocat que je désire former, un savant universel; ce serait une chimère. J'ai commencé par indiquer toutes les connaissances que je crois nécessaires ou utiles à un avocat, et deux raisons m'y ont déterminé : l'une, est que ce n'est point un espace de temps fixe que le jeune avocat doit y donner ; cette étude lui servira, ou d'occupation dans les momens dont il pourra disposer, ou de délassement pendant tout le cours de sa vie. La seconde raison est que, le jeune avocat ayant un plus grand nombre d'intervalles libres, c'est dans ces premières années surtout qu'il amassera des connaissances accessoires à celles du droit.

Je devrais maintenant m'occuper, monsieur, de tracer à monsieur votre fils un plan d'étude du droit; mais c'est une matière trop importante pour ne pas exiger un peu plus de réflexions de ma part, et une discussion particulière. Le droit peut se distribuer en plusieurs parties : droit naturel et public, droit romain, droit français, droit étranger, droit ecclésiastique, etc., etc. Je ferai des deux premières parties de cette distinction le sujet d'une lettre; du droit français, le sujet

d'une seconde, et je parlerai dans une autre du droit ecclésiastique et du droit étranger (1). Voyons seulement ici de
quelle manière nous ordonnerons les études de notre jeune
avocat.

Je suppose monsieur votre fils parvenu à la fin de son cours
de philosophie : une première question est de savoir s'il se
donnera, dès ce moment, à l'étude du droit, ou si vous com-
mencerez par l'envoyer chez un procureur (2), pour y apprendre comment les procès s'instruisent, quelle est la forme
de l'attaque et de la défense.

La connaissance de ce qu'on appelle *la Pratique* est indispensable à un avocat. La sanction des lois prononce, en
plusieurs cas, la nullité de ce qui est contraire à leur disposition, et c'est pourquoi il arrive quelquefois, comme on le
dit, que la forme l'emporte sur le fond. Ignorer la forme, ce
serait donc courir le risque de laisser ses cliens tomber dans
des fautes irréparables, ou se réduire à l'impossibilité de les
défendre, s'ils sont attaqués par des moyens de forme. Il semblerait qu'on dût connaître la procédure et ses règles, en mé-
ditant les ordonnances qui les ont fixées, en y joignant la
lecture d'un de ces recueils imprimés que l'on appelle des
Styles, dans lesquels on trouve des modèles de différens actes
de procédure. Cette voie néanmoins n'est pas tout-à-fait suf-

---

(1) Ce plan d'étude, quelque vaste qu'il soit, n'est pas encore complet. Camus lui-même s'en est aperçu ; car, aux six lettres qui composaient sa première édition, il en a ajouté, en 1805, une septième sur
l'*économie sociale*, *l'administration intérieure et les relations extérieures*.
Mais cette lettre elle-même, trop superficielle sur ces grands objets
d'étude, m'a paru insuffisante, et je l'ai fortifiée par un article de
M. de Cormenin, sur le *droit administratif;* un autre de M. Berville,
sur le *droit public*, auquel j'ai joint quelques pages sur l'étude du
droit constitutionnel; mon frère m'a communiqué ses réflexions sur le
droit criminel; j'ai également réuni plusieurs *fragmens* qui m'ont paru
intéresser au plus haut degré la *profession d'avocat*, telle qu'on doit la
concevoir aujourd'hui.

(2) Ce n'était pas l'avis de Pothier. Voyez ma *Notice sur sa vie*, en
tête de ses œuvres, page cxxvi, et la lettre sur la *procédure*.

fisante, soit parce que tous les cas particuliers n'ont pas pu
être prévus, soit parce que certains articles ont été interpré-
tés et d'autres abrogés par l'usage. La vraie manière de connaître parfaitement la procédure est de fréquenter les études
des procureurs, où elle se fait.

Il est imposible, d'un autre côté, monsieur, de vous dissimuler le danger qu'entraîne la société de quelques-uns des
jeunes gens avec lesquels on contracte des liaisons dans ces
études, et qui, étant la plupart éloignés de leur patrie, n'ont
souvent à répondre de leur conduite qu'à eux-mêmes. Je n'ai
pas besoin de vous développer cette réflexion, pesez-la mûrement ; et si elle vous fait un trop forte impression, il ne sera
pas impossible de trouver des moyens qui pourront suppléer,
en partie, à ce que monsieur votre fils apprendrait dans l'é-
tude d'un procureur.

Supposé que vous ayiez parmi les procureurs un ami sûr,
il faut lui envoyer monsieur votre fils, aussitôt après sa philosophie. Vous trouverez peut-être surprenant que je vous
propose de mettre un jeune homme au milieu des procès,
avant de connaître un seul principe de droit ; mais, outre que
cet inconvénient n'est pas aussi réel qu'il semble d'abord, voici
les raisons qui m'empêchent de m'y arrêter. Si un jeune
homme qui doit entrer chez le procureur, n'y va pas aussitôt
après la fin de ses études, on lui fera donc commencer d'a-
bord son cours de droit ; qu'on l'interrompe ensuite pour
l'envoyer chez un procureur, il oubliera une partie de ce qu'il
aura appris ; d'ailleurs, s'il est une fois livré à l'étude des
questions de droit, il aura de la peine à s'appliquer à la procédure, dans un temps où, n'en concevant pas encore l'importance, il n'en sentira que la sécheresse. Lui fera-t-on
étudier le droit, tandis qu'il est chez le procureur ? c'est
l'exposer à n'apprendre ni le droit ni la pratique. L'étude de
la procédure ne lui laissera pas assez de loisir pour suivre celle
du droit ; et l'étude du droit sera un prétexte pour se débar-
rasser, toutes les fois qu'il le voudra, d'un travail ordinairement fastidieux. L'étude de la procédure a des dégoûts, qu'il
faut être contraint de dévorer.

Mon idée n'est pas, au reste, qu'on envoie un jeune homme chez un procureur sans rien savoir qui le prépare à ce qu'il doit y apprendre. Il faut lui mettre entre les mains l'ordonnance de 1667, avec le commentaire de M. Jousse, et le Dictionnaire de droit et de pratique de Ferrière. L'ordonnance de 1667 est la loi de la procédure, et à la tête du commentaire de M. Jousse, on trouve une introduction qui donne des idées générales, mais nettes et précises, sur la nécessité des différentes parties de la procédure (1). A l'égard du Dictionnaire de droit et de pratique, on doit, dans ses commencemens, l'avoir en quelque façon perpétuellement ouvert, pour y chercher la définition des termes dont on ne connaît point encore la valeur. On peut lire ensuite le Traité des obligations, de M. Pothier, et l'Institution au droit français, par Argou. Ces deux ouvrages fournissent d'excellens principes de droit, et autant qu'il en faut dans ces commencemens ; le surplus du temps sera absolument employé à travailler à la procédure. Avec de la bonne volonté et de l'assiduité, deux ans passés chez le procureur, apprendront tout ce qu'on doit savoir de procédure.

Dans le cas où vous ne placeriez pas monsieur votre fils chez un procureur, ce n'est plus par l'étude de la procédure que je suis d'avis qu'il commence, mais par l'étude du droit. C'est en partie par l'assiduité aux audiences, qu'il s'instruira de la procédure (2). Or, à l'audience, les questions de procédure sont souvent mêlées avec les questions de droit ; ainsi ce serait perdre son temps que de suivre les audiences avant de rien entendre aux matières de droit.

Lorsque monsieur votre fils sera arrivé au moment de com-

_____

(1) Pour l'étude de la procédure moderne, voyez ci-après l'article de M. Carré.

(2) Ce n'est point aux audiences qu'on apprend la procédure ; mais si l'on a déjà étudié le droit et qu'on soit en état de suivre la discussion, on apprend à traiter les affaires, à les discuter oralement, à connaître les bienséances oratoires par la double attention que l'on apporte, en écoutant les orateurs, aux qualités que l'on veut acquérir et aux défauts qu'il importe d'éviter.

mencer l'étude du droit, soit après avoir été chez le procureur, soit, dans le cas où il ne prendrait pas ce parti, après avoir terminé son cours de philosophie, le premier livre qu'il doit lire, est le *Traité des Devoirs* de Cicéron. Ce conseil est celui que M. Fourcroi, célèbre avocat, donna à M. Bretonnier, dans le temps où celui-ci commençait à s'attacher au barreau. (*Préface des Questions de Droit, par Bretonnier.*)

Pline l'ancien dit quelque part, en parlant des *Offices* de Cicéron, que c'est un ouvrage qu'il ne suffit pas d'avoir tous les jours dans la main, mais qu'il faut apprendre par cœur : *Quæ volumina ediscenda, non modò in manibus habenda quotidie.* Monsieur votre fils sait où il doit puiser les maximes d'une morale incomparablement plus parfaite et plus sublime que celle de Cicéron; mais ce qui lui est nécessaire dans ce moment, c'est une morale développée par le raisonnement, qui lui rappelle ces principes du juste et de l'injuste, que la nature a gravés dans le cœur des hommes, et qui lui fasse voir comment ces principes généraux, s'appliquant aux cas particuliers, décident que telle action est juste ou injuste. Le *Traité des devoirs* sera pour lui une institution au droit naturel.

Cicéron a souvent profité, dans ses ouvrages philosophiques, des écrits de Platon. Monsieur votre fils ne serait-il pas en état de lire quelques-uns de ses dialogues dans leur langue originale, surtout ses dialogues sur le *Juste*? Ces derniers sont les mêmes que l'on défigure assez mal à propos sous le titre de la *République*, tandis que Platon n'y parle de république que comme d'un terme de comparaison, et que son objet principal, réel, unique même, est de former et de régler le cœur de l'homme. Avec quelle urbanité, quelle douceur, quelle grâce, quels charmes, Platon fait parler Socrate! Que n'est-il possible de présenter toujours aux jeunes gens la sagesse sous un extérieur aussi aimable? Elle les séduirait.

Le plan de l'étude du droit n'est pas absolument libre; il est déterminé en partie par des circonstances auxquelles il faut avoir égard : 1°. On est obligé de prendre des degrés dans la faculté de droit avant d'être reçu avocat, et de soutenir différens actes académiques , dans lesquels il est question , non-seulement du droit romain, mais aussi du droit canonique et du droit francais ; 2ᵒ. un jeune avocat ne peut être inscrit sur le *Tableau*, qu'après avoir fréquenté les audiences; son propre intérêt doit le rendre exact à remplir cette obligation ; et il lui est impossible de profiter de ce qu'on dit aux audiences, s'il n'a quelques notions des matières qu'on y traite; 3ᵒ. comme le temps des études est long, on ne doit pas négliger les occasions qui peuvent se présenter de plaider quelques causes ; et il est incertain si les premières questions qu'on aura à traiter appartiendront au droit romain , ou au droit coutumier, ou au droit ecclésiastique.

D'après ces réflexions , je pense que la première année des études d'un avocat doit être employée en entier à l'étude des institutions du droit romain , du droit français et du droit ecclésiastique. Les notions générales acquises sur ces trois espèces de droits, faciliteront l'étude approfondie de celui auquel on se livrera dans les années qui suivront.

Pour le droit romain , on ne peut rien étudier de meilleur que les *Institutes de Justinien ;* c'est le titre d'un livre élémentaire, composé par l'ordre de Justinien, sur le modèle de pareils ouvrages , dressés par les anciens jurisconsultes, et en particulier sur les institutions de Gaïus. On étudiera assidûment les explications du professeur, et, de retour chez soi, on lira le commentaire de Vinnius (1). Les Institutions de M. Fleuri donneront les principes fondamentaux du droit ca-

(1) Dans mon opinion, les traités d'*Heineccius* sont préférables au commentaire de *Vinnius*, comme ouvrages élémentaires. La forme de commentaire est lourde et diffuse. La méthode d'Heineccius, qui procède systématiquement par définition et avec des divisions qui reposent l'attention en la partageant, est plus rationnelle, plus claire, plus facile à saisir et à retenir. Lisez ses *Antiquités* pour l'histoire du droit, ses *Elementa* pour les principes, ses *Recitationes* pour les développemens et les explications , ses *Pandectes* enfin, pour avoir une idée sommaire, mais exacte, de tout le corps de droit. Il faut aussi mettre au rang des *livres élémentaires actuels ,* les *Institutes de Gaius.*

nonique et de la discipline ecclésiastique : celles de Lancelot
mettront au fait des matières traitées dans le corps du droit.
On peut se servir utilement de la traduction qui a été donnée
par M. Durand de Maillane, et dans laquelle il a remarqué
la différence qui se trouve sur plusieurs points importans,
entre notre droit ecclésiastique et le droit établi par les décrétales. Le premier volume de cette traduction est intéressant; il contient une notice des différentes parties qui composent le droit canonique, et des compilations de canons qui
ont précédé ou suivi celles qui sont comprises dans le corps
de droit. Enfin, à l'égard des principes du droit français, c'est
dans l'Institution d'Argou, et dans les Règles du droit français de Pocquet de Livonnières, qu'on doit les puiser. Ces
deux ouvrages renferment les principes les plus sûrs, exposés
de la manière la plus précise.

Je considère les autres études accessoires à celle du droit
comme un délassement; ainsi le repos dont l'esprit a besoin,
après s'être livré à des méditations profondes et abstraites,
fournit de lui-même une place à ces études. On peut, dans la
matinée, donner une heure à l'histoire, et l'après-midi, le
même espace de temps à la littérature; on lui consacrera les
premiers momens où l'on rentre dans le cabinet après le re-
pas; il y aurait quelque danger à se livrer alors à des objets
plus sérieux. Si l'on suit exactement cette méthode, jusqu'à ce
que le temps vienne où l'on n'aura plus le loisir de disposer de
deux heures, *sur douze ou treize que l'on peut habituellement
donner au travail* (1), on connaîtra insensiblement ce qu'il y a
de plus excellent dans l'histoire de la littérature.

Comme le droit romain est celui que l'on étudiera le premier, il est à propos de commencer aussi par la lecture de
l'histoire romaine. Tite-Live est l'historien de ce qui s'est
passé dans la république : Tacite peint les premiers empereurs, leurs ministres, et quiconque, sous leur règne, a eu
quelque emploi dans le gouvernement. Après ces deux livres

(1) Douze ou treize heures de travail par jour, entendez vous, jeunes
gens ?

essentiels, il faut, pour abréger, prendre les auteurs qui ont formé un corps d'histoire sur les mémoires des écrivains contemporains. L'Histoire des Empereurs, par M. Crévier, et du Bas-Empire, par MM. le Beau et Ameilhon, mérite une application particulière, parce que c'est celle des temps où ont régné les princes auteurs des lois recueillies dans le Code, et où les jurisconsultes, dont les ouvrages ont fourni les extraits qui composent le Digeste, ont vécu.

La lecture de l'histoire romaine se trouvera terminée avant que l'étude du droit romain soit finie; ainsi l'histoire de France précédera en partie l'étude du droit français. Nous avons plusieurs historiens, mais la plupart sont diffus; et d'ailleurs ils n'ont pas traité l'histoire d'une manière analogue à l'objet que doit se proposer un avocat. Il lui est peu intéressant de savoir comment telle bataille était rangée, quel corps de troupes était ou à la droite, ou à la gauche; mais il lui est important de connaître les usages et les coutumes anciennes, les premières lois des fiefs, les détails des assemblées de la nation, connues sous le nom de *Parlemens*, l'origine des affranchissemens, celle de l'établissement des communes, et d'autres objets semblables. Mon sentiment serait qu'on lût d'abord l'histoire des deux premières races de nos rois, dans l'abbé Velly, en y joignant les dissertations du P. Griffet sur cette partie de l'histoire de France du P. Daniel; on prendrait ensuite une idée sommaire de l'histoire des trois races, dans l'abrégé de M. le président Hénault; et on se mettrait ainsi en état de voir les savantes dissertations que les bénédictins ont insérées dans la collection des Historiens de France. On finirait par lire de suite nos principaux historiens, Mézerai dans son abrégé, le P. Daniel, et les continuateurs de l'abbé de Velly. J'ai jeté quelquefois les yeux sur un autre de nos historiens qui me paraît trop négligé, et dont je crois qu'on pourrait tirer beaucoup d'avantage pour connaître les anciens usages de la nation; c'est M. de Cordemoy : je suis persuadé que l'abbé de Velly l'avait lu attentivement (1).

---

(1) Adde *Observations sur l'Histoire de France*, par Mably, avec les

Par rapport à la littérature, il est difficile de marquer ici
en détail tous les livres dont un jeune avocat peut s'occuper.
Les poëtes et les orateurs, les écrivains de l'ancienne Rome,
ceux du siècle de Louis XIV, quelques-uns de nos contemporains, doivent varier ses lectures : mais les orateurs auront la
préférence sur les poëtes ; et, dans le nombre des orateurs,
j'ai indiqué ceux auxquels il doit particulièrement se fixer.
Plusieurs auteurs de notre siècle se sont fait admirer dans
différens genres, par la richesse de leurs pensées, le coloris
nouveau qu'ils donnent aux idées communes, la rapidité du
style, en un mot, par tous les agrémens extérieurs et propres à séduire ; mais il est à craindre qu'en voulant y ramasser
des fleurs on ne cueille des herbes empoisonnées.

Je demande les premières vacances libres pour l'histoire ecclésiastique. C'est une étude indispensable ; et il est impossible de réussir jamais dans le droit canonique, si on ne connaît
parfaitement l'histoire de l'Église. Or, je ne vois pas, dans
le cours de l'année, d'intervalle assez considérable pour s'y
livrer avec l'attention et la continuité qu'elle exige. J'imagine
que deux vacances suffisent pour lire les vingt volumes de
M. Fleuri. Par rapport aux seize volumes du P. Fabre, son
continuateur, c'est assez de les parcourir : on peut en abréger
la lecture des deux tiers, en passant tous les récits étrangers
à l'histoire ecclésiastique. Il vaut mieux se ménager le temps
de lire les histoires des conciles de Pise, de Constance, de
Bâle, par Lenfant ; et du concile de Trente, par Fra-Paolo.
L'histoire de ces quatre conciles renferme les faits les plus intéressans de l'histoire ecclésiastique des derniers siècles. Il y
a à se défier de quelques réflexions de Fra-Paolo ; mais je
trouve plus de danger encore dans les faux systèmes de Pa-
lavicini. Pour ce qui s'est passé depuis 1600, c'est l'auteur de

---

additions de M.Guizot. L'*Histoire des Français*, par M. Sismondi ; les
Lettres de *Thierry* ; l'*Europe au moyen âge*, de Hallam ; l'*Histoire des
institutions judiciaires*, de Meyer ; les *Histoires de la révolution*, par
Thiers, Mignet, etc.

l'Abrégé de l'histoire ecclésiastique , M. Racine, qu'on doit
consulter.

Les discours sur l'histoire ecclésiastique, compris dans l'ouvrage de M. Fleuri, sont des morceaux qu'il faudrait savoir
en entier, avant de parler de droit ecclésiastique. Il n'y a
pas une de ses réflexions qui ne naisse de la chose, et qui ne
soit de la plus grande vérité. Non-seulement tout ce qui y est
dit est bien, mais je ne crois pas même qu'on pût y ajouter
un seul mot qui ne fût superflu. Je ne parle point d'un discours que l'on trouve imprimé le dernier, dans quelques éditions seulement : je ne saurais me persuader qu'il soit de
M. Fleuri (1).

Les vacances qui suivront l'étude de l'histoire ecclésiastique
seront employées à acquérir successivement d'autres connaissances de tout genre. Il faut prendre, dans chaque matière,
un livre élémentaire, et le lire avec attention. S'il n'y a
point de livre de ce genre, choisissez un de ceux qui ont le
plus approfondi et le plus exactement traité l'objet dont vous
voulez vous instruire, et le parcourez. Par exemple, pour le
commerce, rien n'est plus propre à donner des idées justes et
générales, que le *Parfait négociant* de Savari, et son *Dictionnaire de commerce* (2). Le nom de dictionnaire n'annonce
point ici un ouvrage superficiel, c'est un recueil de dissertations. Outre les observations générales et particulières sur le
commerce, on y trouve encore une idée de la constitution de
chacun des corps de métiers.

Si vous trouvez des occasions de confier monsieur votre fils
à un ami, pour lui faire parcourir, pendant quelques vacances, soit une partie des départemens de la France, soit même

---

(1) Dixième lettre. Le pape y est traité trop vivement , mais plutôt
dans les notes que l'éditeur y a ajoutées , que dans le texte. Car le
texte est réellement de Fleuri , de l'aveu même de feu M. Éymery
supérieur de Saint-Sulpice, qui en a donné une édition *rectifiée*, qu'il
dit être la *véritable*. (*Opuscules de Fleuri* , 1 vol. in-12.)

(2) Ces indications sont insuffisantes. Il faut y suppléer par l'article
de M. Pardessus, *sur le droit commercial*.

quelques provinces étrangères, c'est un avantage que vous ne négligerez pas. Les voyages sont utiles, et pour le corps, et pour l'esprit. L'exercice qui les accompagne rétablit et assure, pour le corps, l'équilibre des différentes parties qu'une vie toujours sédentaire altérerait : ils dégagent l'esprit d'une sorte de mélancolie, que le jour sombre des cabinets peut faire naître; ils l'ornent d'une multitude de connaissances, que l'on n'acquiert pas auprès de son foyer. La fréquentation d'hommes dont le caractère varie autant que le sol qu'ils habitent, augmente l'expérience et apprend à les connaître.

Les idées que l'on a prises des sciences dont on n'a pas journellement occasion de faire usage, se perdraient infailliblement, si quelque lecture ne les rappelait. Celle d'un ou deux journaux les plus estimés, conservera des traces prêtes à s'effacer : il y est question indifféremment de tous les objets de sciences : c'est d'ailleurs un moyen de se mettre au courant de la littérature, et d'être averti des nouveaux ouvrages qu'on fera entrer dans sa bibliothéque.

Il me semble, monsieur, que de la manière dont je dispose les études accessoires de monsieur votre fils, elles ne nuiront en rien à son étude capitale, à l'objet premier d'un jeune avocat, qui est la connaissance du droit : elles ne feront au contraire que l'aider, la rendre plus parfaite, et entretenir le courage nécessaire pour s'y livrer, en procurant à l'esprit des délassemens qui l'instruiront en même temps qu'ils renouvelleront son ardeur.

La première et la seconde année de ses études, monsieur votre fils peut travailler seul, en fréquentant néanmoins les cours publics de droit. Il n'est point encore question d'approfondir, mais seulement de prendre une idée générale du droit et de ses différentes parties. Vers la troisième année, il est avantageux de se réunir plusieurs, pour faire les mêmes études; c'est un moyen de les abréger, et d'y mettre une sorte d'émulation.

Ces assemblées de jeunes avocats sont connues depuis longtemps au palais, et elles ont été très-utiles, toutes les fois qu'elles se sont formées entre des jeunes gens également amis de l'étude. Si chacun n'y remplit pas exactement la partie dont il s'est chargé, les conférences ne sont plus qu'une occasion de dissipation, et il vaut mieux étudier seul.

Une conférence (1), où l'on rendrait compte de son travail, de ses recherches et de ses découvertes, en présence d'un ancien jurisconsulte, capable de suppléer à ce que les jeunes gens auraient manqué de découvrir, de les ramener au point précis des difficultés dans leurs disputes, et de les empêcher d'être séduits par de faux systèmes, serait sans doute le meilleur moyen pour faire produire à leurs études des fruits aussi parfaits qu'abondans; mais il est difficile de se promettre cet avantage dans une ville où les occupations croissent sans bornes, en raison de la réputation qu'on acquiert, et où, quelquefois avec des connaissances médiocres, on a cependant à peine un instant libre. Les conférences, quoique entre jeunes gens seuls, ne laissent pas d'être encore utiles pour se rapprocher de la vérité. Lorsqu'on est absolument isolé, on est exposé à s'égarer; et si cet accident arrive, comment et quand s'en apercevra-t-on? Il est plus difficile que la même erreur séduise cinq ou six personnes : au moins, les erreurs ne sauraient être alors ni aussi grossières, ni aussi communes, ni d'une aussi longue durée.

Pour former une conférence sur les différentes parties du droit, je serais d'avis qu'on se partageât les meilleurs auteurs qui ont traité la matière dont on se propose l'étude, et que chacun fît des extraits de ce qui lui est échu en partage. S'il y a un texte à examiner, comme dans l'étude du droit romain ou des coutumes, chacun lira avec attention le texte en son particulier, pour préparer ses réflexions ou ses objections:

---

(1) Camus entend parler ici des *conférences particulières* de quelques jeunes avocats qui se groupent entre eux pour travailler en commun. Il ne faut pas confondre ces conférences avec celle qui se tient à la *Bibliothèque des avocats.* Voyez ci-après la section où nous traiterons spécialement *des conférences.* On trouve en tête des *Arrêtés de Lamoignon* le plan de la conférence dans laquelle ces arrêtés furent discutés.

au jour de la conférence, on lit le texte en commun, chacun rend compte de son travail. Se présente-t-il une question importante, ou une difficulté qui mérite un examen sérieux? celui des membres, auquel les livres qui forment son partage laissent plus de loisir pour la prochaine conférence, sera obligé d'examiner la question et de la discuter.

J'ai été membre d'une conférence où ces sortes de questions faisaient le sujet de causes, que deux des avocats de la conférence plaidaient l'un contre l'autre, à un jour indiqué. Mais il faut pour cela qu'une conférence soit un peu nombreuse, et ce n'est pas toujours dans celles où l'on est un plus grand nombre, que le travail est plus vif. Après un traité particulier terminé, on doit faire la rédaction du résultat des conférences; sans cela, on perdrait le fruit de ses recherches. Il serait à souhaiter que chacun rédigeât à part pour soi-même : néanmoins, comme il faut un certain loisir pour composer une rédaction avec soin, on peut en charger celui qu'on jugera le plus capable : il aura à étudier un auteur moins volumineux que les autres; mais il ne s'exemptera point de la lecture des textes. L'honneur qu'il aura reçu, par le choix de ses confrères, doit lui inspirer une plus grande ardeur pour l'étude. Avant de rien mettre par écrit, il vérifiera tout ce que les autres ont dit, reverra leurs citations, s'assurera de leur exactitude. La rédaction étant lue et réformée publiquement dans la conférence, chacun pourra compter sur ce qu'elle contient, comme sur son propre ouvrage.

Notre jeune candidat sait ce qui doit faire l'objet de ses études; il sait l'ordre dans lequel il doit les disposer; il ne lui faut plus que des livres, ce sont les instrumens de sa nouvelle profession. S'il a du goût pour l'étude, il en aura certainement aussi pour les livres. Laissez-le, monsieur, se satisfaire un peu à cet égard : le goût des livres n'est pas ruineux, lorsqu'on ne les achète que pour étudier; et c'est sur ce plan qu'un avocat doit former sa bibliothéque. Je distingue trois sortes de bibliothéques dans le nombre de celles dont un particulier peut concevoir le projet. Où l'on réunit un grand

nombre de livres en tout genre : c'est la bibliothéque de celui
qui, aidé d'ailleurs de la fortune, est assez heureux pour
pouvoir se donner librement aux sciences. Où l'on recherche
les livres rares, soit par la beauté des caractères, soit par la
date de l'édition, soit par la matière dont ils traitent : c'est
la bibliothéque d'un curieux. Où enfin l'on rassemble les
meilleurs livres dans un genre de connaissances, auquel on
s'est entièrement donné, et quelques livres de choix sur les
connaissances accessoires : c'est de cette dernière espèce que
doit être la bibliothéque d'un avocat. Peu considérable d'a-
bord, elle s'étendra toujours sur le même plan : les livres de
droit en formeront la base : il faut y joindre un peu d'histoire et de littérature.

Le corps de droit, les Institutes de Vinnius, et les autres
livres que j'ai nommés dans le cours de cette lettre, seront
les premiers livres de la bibliothéque de celui qui se destine
au barreau. On acquiert après cela Duplessis, les ordonnances de Néron, d'Héricourt, Van-Espen, les recueils de jurisprudence civile et canonique par Lacombe, Dumoulin et Cujas. Mais il serait trop long d'entrer ici dans le détail de tous
les livres qu'un avocat doit se procurer successivement. J'aime
mieux envoyer à monsieur votre fils un catalogue, qui lui
formera le plan d'une bibliothéque de droit complète, du
moins suivant mes idées. Je ne lui donnerai pas le titre de
tous les ouvrages de droit, parce que, dans le nombre, il y
en a plusieurs qui ne lui seraient d'aucune utilité ; il suffit de
lui indiquer les meilleurs, ou ceux qui passent pour tels : je
joindrai au titre de plusieurs livres quelques notes ; et, autant qu'il me sera possible, je lui marquerai dans quelle année le livre a paru pour la première fois, et quelle édition
est préférable.

Voilà, si je ne me trompe, monsieur, tous nos préliminaires établis. La première fois, nous nous occuperons sérieu-
sement de l'étude du droit, d'abord de l'étude du droit naturel et public, et du droit romain.

J'ai l'honneur d'être, etc.

SECTION III.

SUR L'ÉTUDE DU DROIT NATUREL ET PUBLIC, ET SUR CELLE DU DROIT ROMAIN.

(Troisième lettre de CAMUS.)

LES lois les plus sages, celles dont l'application est plus universelle, ne sont, monsieur, que le développement de la loi naturelle, écrite dans nos âmes par le souverain législateur : de là la nécessité d'étudier le droit naturel ; les conséquences de principes que l'on aura médités se saisiront beaucoup plus facilement. Avant d'arriver de la considération des lois naturelles, dictées à tous les hommes sans distinction, aux dernières conséquences qui déterminent les devoirs de chaque citoyen, il y a des nuances qui rendent insensible, en quelque manière, la dégradation de ces principes, depuis leur origine jusqu'à leurs conséquences les plus reculées ; ainsi l'on peut examiner les règles du droit de nation à nation. Dans ce premier état, l'application des principes du droit naturel est plus générale et plus libre ; elle n'est point encore limitée par cette multitude de lois particulières que des nations différentes n'ont pas le droit de s'imposer l'une à l'autre ; c'est cette partie du droit que l'on appelle le droit des gens, et quelquefois aussi le droit public. L'appellation propre de droit public me paraît cependant mieux convenir au droit général de chaque nation, aux lois qui règlent sa constitution. Sous ce point de vue, le droit public formera encore une nuance entre le droit des gens et les lois qui gouvernent chaque particulier, qui règlent ses propriétés et ses actions.

Enfin, on peut considérer les lois en général, abstraction faite de toute loi écrite, examiner quelles sont les meilleures lois, et quels inconvéniens doivent résulter de telle loi particulière établie ou à établir. Cette étude forme, à proprement parler, la théorie des lois.

La méditation du droit naturel n'a point été étrangère aux auteurs anciens. Qu'est-ce que traiter de la distinction du juste et de l'injuste, ainsi que Cicéron l'a fait dans son livre *des Devoirs*, et Platon dans sa *République*, sinon développer les principes du droit naturel, en les appliquant à la morale? La théorie des lois ne leur a pas été plus inconnue? N'a-t-on pas un traité des lois, de chacun des auteurs que je viens de nommer? Enfin, ils ont parlé aussi des lois qui doivent s'observer de nation à nation, et des principes constitutifs des gouvernemens.

Dans des siècles moins heureux, ces belles connaissances, si dignes d'intéresser, ne fût-ce que par la vaste étendue de leur objet, ont été négligées. Des docteurs uniquement occupés à écrire des commentaires, des gloses et des distinctions prétendues philosophiques sur des lois qu'ils n'entendaient point, faute de lumières suffisantes relativement à la partie historique de ces lois, ne pouvaient pas s'élever à la contemplation sublime, ou du droit naturel, ou de la législation en général.

Grotius doit être regardé comme le restaurateur de ce genre d'étude. Son *Traité du droit de la guerre et de la paix* fut reçu avec un applaudissement presque général ; il devint un livre classique que d'abord on se borna à commenter. Bientôt d'autres savans s'élevèrent à la même hauteur que Grotius, et quelques-uns l'ont surpassé. L'ouvrage de Montesquieu suffirait pour autoriser à dire que la théorie des lois a été traitée avec un succès égal. On a pareillement assez bien développé les principes du droit de nation à nation. Le droit public seul, tel que je l'ai défini, demeure couvert encore, en grande partie, d'un voile qu'il est difficile de lever. Indépendamment de l'étude exacte des monumens fastidieux du moyen âge, qui serait nécessaire pour y parvenir, on conçoit que de grands intérêts s'opposent à ce que le voile soit absolument levé (1), ou au moins qu'il est aisé de persuader qu'on ne doit pas permettre de le tirer en

_____

(1) Ces raisons pouvaient être alléguées sous un gouvernement ar-

tièrement. Les hommes puissans ont tant d'intérêt à entretenir dans l'ignorance les hommes d'une classe inférieure!
Voyons, dans les différentes espèces de droit dont je viens
de parler, ce qu'il peut être utile à un jeune avocat de
connaître.

Il est à propos qu'il prenne une idée du droit naturel. Je
crois en avoir donné une raison suffisante, en observant
qu'un grand nombre de lois ne sont que le développement
des principes de ce droit. Par une suite de la même réflexion, je pense qu'il est avantageux d'acquérir de bonne
heure ces connaissances; l'étude, au reste, peut n'en être
pas longue. Le *Traité des devoirs*, de Cicéron, dont j'ai déjà
conseillé la lecture, servira d'introduction à cette partie.
Qu'on lise ensuite le Traité de Grotius, *du Droit de la
guerre et de la paix*; celui de Puffendorff, *des Devoirs de
l'homme et du citoyen*; puis le *Traité philosophique des
lois naturelles*, par Cumberland (1). Je crois que ces études
seront suffisantes pour commencer : elles donneront du goût
pour d'autres livres de même genre. On peut aujourd'hui
choisir, dans cette matière, entre un assez grand nombre
d'auteurs ; j'indiquerai leurs noms à monsieur votre fils, dans
le catalogue que j'ai promis de lui envoyer.

Le droit des gens doit moins l'occuper ; ce n'est ni un ministre, ni un publiciste que nous cherchons à former (2). Le

---

bitraire et absolu : elles ne signifient plus rien à présent que *tout est
à jour.*

(1) J'indiquerai de préférence encore les *Principes du droit de la nature et des gens* de Burlamaqui. Cet ouvrage est plus méthodique,
plus clair, plus moderne, d'une érudition mieux choisie. On en a fait
un *abrégé.* (Voyez la *Bibliothèque du droit.*)

(2) Eh! pourquoi pas? Le barreau est la pépinière de toutes les
dignités. Tous les hommes qui aspirent aux places font leur droit.
Un avocat peut avoir en perspective, après quelques années d'exercice,
une carrière politique qui exige une connaissance approfondie du
droit des gens. Sans cesser d'être avocat on peut être député. En général, ces lettres de Camus se ressentent trop de l'ancienneté de leur
date. Voyez les sections suivantes.

droit public, toujours dans le sens que je l'ai défini, serait plus digne de ses études, sinon quant à la considération d'un gouvernement quelconque, au moins quant à l'étude de celui sous lequel il vit; mais l'obscurité dont j'ai dit qu'il était enveloppé (1), le détournerait trop, dans ces premiers momens, d'autres études plus urgentes, et d'un plus grand usage.

Je retranche encore de ces premières années, ce que j'ai appelé la théorie des lois. Il y aurait, sans difficulté, beaucoup de réformes à faire dans un grand nombre de lois, et ce sont précisément ces vices de la législation qui font que je ne permets pas à un jeune homme de trop s'occuper de leur théorie. Imbu de principes, dont quelques-uns sont d'une vérité sensible, il se croira en état de tout réformer; il n'étudiera plus les lois, il les jugera à son tribunal (2); vous ne l'entendrez parler que de projets et de changemens : ils ne vaudront rien, parce qu'un jeune homme n'a ni le sens assez parfait, ni une expérience assez consommée pour être législateur; *mais tandis qu'il se sera occupé à faire des lois qui n'existeront jamais, il aura oublié de s'instruire de celles qui existent.* Tout occupé à gouverner une république idéale, il ne sera pas en état de répondre à ses concitoyens sur les lois qui les gouvernent (3).

La théorie des lois ne doit nullement être dédaignée, elle fournit, dans l'application des lois particulières, des réflexions judicieuses, mais c'est l'étude d'un jurisconsulte déjà instruit. Remettons donc à un autre temps la lecture de l'*Esprit des*

---

(1) Cette obscurité existait sous l'ancienne monarchie, où tout était disputé, parce que rien n'était clairement défini. On n'avait que des traditions incertaines et contradictoires. La *loi salique* elle-même repose sur une pratique inexacte bien plus que sur un texte positif ; mais il en est autrement sous le régime constitutionnel de la Charte, où les droits du prince, comme ceux de la nation, sont *écrits dans la loi*, et assujettis, dans leur exercice, à des règles certaines, sanctionnées de part et d'autres par d'immuables sermens.

(2) Il se fera *doctrinaire!...*

(3) C'est le reproche qu'on fait à l'école philosophique. Tout occupée d'idées *spéculatives*, elle méprise la *pratique;* tout entière à ce

lois, et des livres qui traitent de la même matière. Attachons-
nous aux sciences pratiques, et, après avoir pris des élémens
du droit naturel, livrons-nous à l'étude du droit romain.

Le nom de droit romain annonce, monsieur, un corps de
lois étrangères, mais ce nom ne doit pas en imposer, ni faire
croire qu'il ne s'agisse ici que d'un objet de curiosité ou d'érudition. Sans entrer dans la question de savoir si le droit romain est le droit commun de la France, pour les cas où les
coutumes sont muettes, j'observe seulement que le droit
romain est *la loi* de la plupart des provinces méridionales
de la France (1) ; et que même dans les pays coutumiers, c'est
là que l'on puise des principes exacts, soit sur les conventions, soit sur les questions testamentaires ; matières importantes, dont les coutumes ne disent ordinairement rien, ou
presque rien. La connaissance des lois romaines est donc
essentielle, soit parce qu'elles sont encore aujourd'hui en
vigueur dans les provinces que nous appelons de droit écrit,
soit parce qu'elles fournissent à un jurisconsulte des axiomes
certains, des principes constans, qui feront un jour la base
de démonstrations savantes dans les questions les plus abstraites. Il semblerait, pour me servir des expressions de
M. d'Aguesseau, que la justice n'ait dévoilé pleinement ses
mystères qu'aux jurisconsultes romains. (13. *Merc.*, *tome* I*er*.
de ses œuvres, pag. 157.)

Le corps du droit romain est composé de quatre parties :
les Institutes, les Pandectes ou le Digeste, le Code, et les
Novelles. L'étude des Institutes est entrée dans le plan des

---

qui *devrait être*, elle dédaigne de s'instruire *de ce qui est*. Aussi elle
passe pour être inhabile aux affaires. Au contraire, l'avocat doit avant
tout être un homme *utile et pratique* ; et, sans négliger l'étude et la
considération du mieux, il doit connaître le positif, s'y attacher, et
dire avec autorité aux théoriciens : « Faites changer la loi, j'y consens,
« mais en attendant sachez vous y soumettre : *Dura lex, sed lex.* »

(1) Cela n'est plus vrai depuis la promulgation du Code civil (loi du
30 ventôse an XII, art. 7). Le droit romain n'est plus appliqué
comme loi, il est seulement invoqué comme *raison écrite* ; on le suit,
non ratione imperii, sed rationis imperio.

études de la première année, et je vous ai parlé de ce livre dans ma seconde lettre; mais il est à propos de le reprendre ici, à cause des éclaircissemens et des additions qu'il contient à quelques décisions des autres parties du droit romain.

Les Pandectes, suivant leur étymologie, devraient comprendre l'universalité du droit romain; c'est une compilation d'extraits des ouvrages des jurisconsultes les plus célèbres qui ont vécu sous les empereurs, à laquelle Justinien a donné force de loi. Chaque extrait d'un jurisconsulte est appelé une *loi :* ces lois sont rangées sous différens titres, et les titres sont distribués sous cinquante livres. Le Code est une autre compilation, ayant également force de loi, et dans laquelle on a fait entrer les rescrits émanés de l'autorité impériale, dont Justinien a jugé à propos de conserver les dispositions. Ils sont rangés, sous différens titres, comme les lois du Digeste, et le total des titres est partagé en douze livres. Enfin, les Novelles sont des édits de Justinien, qui changent et interprètent les décisions du Digeste et du Code, ou qui ont été donnés sur des matières dont il n'avait été fait mention dans l'un ni dans l'autre de ces recueils. On trouve ordinairement, dans le corps de droit, à la suite des Novelles de Justinien, d'autres novelles ou édits des empereurs Justin, Léon, etc.; mais ces édits méritent par eux-mêmes peu d'attention; on ne les regarde pas comme faisant partie du droit romain, et ils n'ont point force de loi dans les provinces où le droit romain est suivi. Il en est de même du traité des fiefs que l'on joint au corps de droit, et qui n'est que l'ouvrage d'un particulier, écrit dans le XIIe. siècle, par *Obert de Orto*. On peut prendre une notice plus détaillée des différentes parties qui forment le corps du droit romain, de la manière de les citer, des titres qui composent le Digeste et le Code, et de leur rapport, dans le *Manuel* de Jacques Godefroi (1).

_____

(1) Cela ne suffit plus. Il faut, pour les découvertes plus modernes, consulter les ouvrages indiqués dans *la Thémis*, et les nouvelles éditions du *Corpus juris*. (Voyez la *Bibliothèque du droit*.)

La science du droit romain est donc la connaissance parfaite des Institutes, des lois du Digeste, du Code, et des Novelles. Or, monsieur, qu'est-ce que connaître les lois ? Elles l'ont elles-mêmes défini : ce n'est pas avoir retenu dans la mémoire leurs expressions, mais en avoir pénétré l'esprit et le sens ; autrement on s'écarterait de leur disposition, dans le moment même où l'on s'imaginerait la suivre le plus scrupuleusement. Saisir l'esprit, le sens, l'ensemble des lois, voilà le but que l'avocat doit se proposer.

Le Digeste est le recueil où le droit romain est traité avec le plus d'étendue, et où les principes abondent davantage ; il doit donc être la base de l'étude du droit romain, et l'on y rapportera les autres parties du droit, c'est-à-dire, que l'on joindra à chaque titre du Digeste ce qui peut y être relatif dans le Code, dans les Novelles et dans les Institutes. On ajoutera, en leur lieu, les questions qui se trouvent décidées, soit dans les Institutes, soit dans les Novelles, et qui ne sont pas dans le Digeste. Par exemple, après ce qui est dit, dans ce livre, sur les contrats que le consentement suffit pour rendre parfaits, et sur ceux qui exigent de plus, ou la tradition, ou une certaine formule de paroles, on verra dans les Institutes ce qui est dit sur les contrats qui ne deviennent parfaits qu'après avoir été rédigés par écrit.

L'ordre du Digeste a été souvent critiqué ; il a été sévèrement condamné, même par des personnes qui, suivant les apparences, le connaissaient peu. On a blâmé l'arrangement des matières, la forme des extraits des jurisconsultes ; enfin, la disposition des lois sous les différens titres. Un grand nombre de lois ont paru hors de leur place, et on a attribué à ce désordre la difficulté que l'on avait à les entendre. D'autres ont prétendu que certains endroits n'avaient de l'obscurité, que parce que les extraits dont ils étaient formés étaient trop décousus, de façon que ne connaissant ni ce qui précédait, ni ce qui suivait, il était impossible de saisir le sens du jurisconsulte. Une observation, qui peut-être vous surprendra, monsieur, c'est que les deux Français qui ont le mieux connu le droit romain, ont suivi une méthode diamétralement opposée, pour en faciliter l'étude. Cujas, en expliquant les lois dans ses écoles, réunissait tous les extraits du même jurisconsulte, qui sont dispersés dans le Digeste : ce n'était pas, à proprement parler, le Digeste qu'il faisait lire, c'était Ulpien, Paul, etc. Au contraire, M. Pothier, dans ses Pandectes, a multiplié les divisions; il a conservé la même distribution et la même suite de livres et de titres, mais il a changé l'ordre des lois rapportées sous ces titres; souvent il a coupé ce qui ne fait qu'une loi dans le Digeste, et il en a distribué les différentes parties sous plusieurs ti.res. La manière de Cujas est plus propre à faire saisir le vrai sens des jurisconsultes; celle de M. Pothier réunit, sous un seul point de vue, tout ce qui est relatif à la même question. Il faut, dans la pratique, profiter des avantages de l'une et de l'autre.

Comme Tribonien a eu des accusateurs, il a eu des défenseurs. L'ordre qu'il a suivi peut n'être pas exempt de défauts, mais il a son utilité. Je pense que dans une profession où l'on n'aurait d'autre étude à faire que celle du droit romain, et dans une province dont le droit romain serait la seule loi, on ferait bien de suivre exactement l'ordre des titres du Digeste; mais, par rapport à un avocat, je ne lui donne pas absolument le même conseil : 1°. parce qu'il est difficile qu'il prenne le temps nécessaire pour voir, avec la même étendue et avec une égale attention, toutes les parties du droit romain; 2°. parce qu'il n'est pas possible qu'il attende que ses études soient entièrement achevées pour en faire usage. Il faut donc qu'il commence par les matières les plus importantes et d'un usage plus fréquent.

Toutes les lois se rapportent à la conservation et à la tranquillité de la société pour laquelle elles sont établies. La société s'entretient par les engagemens que ses membres contractent entre eux : elle se perpétue par les successions, qui transmettent sans cesse à de nouveaux possesseurs les différentes portions de la masse de biens dont la société jouit.

L'ordre de la société est troublé par les délits de ceux qui la composent; il est rétabli par la punition de ces délits.

Enfin, dès que l'on suppose des lois, il faut nécessairement des juges qui soient chargés de leur exécution, et devant lesquels on puisse agir, soit pour faire punir ceux qui violent la tranquillité publique, soit pour contraindre ceux qui refusent de se soumettre d'eux-mêmes aux lois qui règlent les conventions, et qui déterminent l'ordre des successions.

Ainsi, tout ce qui est recueilli dans le Digeste et dans les autres parties du droit romain, se rapporte, ou aux engagemens qui se forment entre les hommes, ou aux successions qui font passer à de nouveaux membres de la société les biens des membres que la mort lui enlève, ou aux juges devant lesquels on porte les actions relatives à ces différens objets, ou enfin, aux délits dont la punition fait rentrer les coupables dans l'ordre qu'ils avaient interrompu.

Tel est le plan général que je concevrais pour l'étude du droit romain, et suivant lequel les traités les plus considérables et les plus essentiels occuperaient le temps où un jeune avocat peut se livrer plus librement à l'étude, sans être encore détourné par les affaires. A l'égard des différens tribunaux de l'empire romain, de la forme dans laquelle on y suivait les actions qu'on avait intentées, et des peines qu'on y prononçait contre les délits, ces matières seraient étudiées successivement. Elles ne sont point indifférentes ; on en aurait même pris une notice, soit dans les Institutes, soit dans quelques autres livres dont je.parlerai ; mais on ne s'y livrerait qu'après avoir commencé par se faire un fonds de principes, sur les parties du droit romain les plus analogues aux questions qui se présentent parmi nous.

Il sera facile de subdiviser ce plan général, et de ranger, sous les subdivisions, chacun des titres du Digeste. Ainsi, pour connaître les lois relatives aux engagemens, on commencera par traiter des engagemens qui naissent des contrats ; après cela, des engagemens qui sont la suite de ce que les Romains appelaient des *quasi-contrats*: on s'occupera ensuite des engagemens que l'on contracte par d'autres, puis des accessoires des obligations ; enfin des causes qui annulent les obligations, et des différentes manières de satisfaire à celles qui ont été contractées conformément aux lois.

Ce qui regarde les successions sera divisé en deux parties : car, ou l'ordre des successions est réglé par la volonté de l'homme, suivant le pouvoir que lui en donne la loi ; ou bien, la volonté de l'homme demeurant muette, cet ordre est déterminé par la loi seule. On commencera par discuter ce qui est nécessaire pour avoir la capacité de tester, et les conditions requises pour le faire d'une manière valable : ensuite viendra l'examen de ce que les lois romaines décident sur les différentes clauses des institutions, des substitutions et des legs particuliers. La seconde partie sera relative aux successions *ab intestat.*

On se formera un plan pareil pour ce qui regarde les actions, les juges, les délits. On disposera, suivant cet ordre, tous les titres du Digeste et du Code ; et l'on parviendra ainsi méthodiquement à voir les différentes parties du droit romain, en commençant par ce qui est le moins difficile, savoir, les principes des conventions : passant de là aux questions abstraites, mais importantes, de l'interprétation de la volonté des testateurs, et finissant par les objets qui, quoique d'un usage moins fréquent parmi nous, doivent néanmoins être connus, pour savoir parfaitement le droit romain.

Le Digeste contient deux titres : l'un, *du Sens des Expressions, de Verborum Significatione* ; l'autre, *des Règles du Droit, de Regulis juris*, qui paraissent être des titres généraux. On demandera peut-être pourquoi je n'en recommande pas d'abord la lecture. L'ordre dans lequel Tribonien les a placés suffirait pour me justifier, car ce sont les deux derniers titres du recueil : et voici, monsieur, pourquoi ils ont été placés à la fin. Il est dangereux, en droit, de vouloir poser des règles générales. Ce sont les circonstances qui décident de l'application des lois. On s'exposerait à prendre des idées fausses, si l'on commençait par charger sa mémoire des principes renfermés dans les deux derniers titres du Digeste, en les regardant comme des axiomes toujours également susceptibles d'application. Il faut d'abord étudier les principes, mais en voyant en même temps leurs exceptions, et le détail des circonstances dont le concours est nécessaire pour en faire usage. Lorsqu'on est ainsi parvenu à saisir le vrai sens des principes, il est bon alors de les faire repasser sous ses yeux, et de les recueillir comme des maximes importantes; c'est ce qui a été exécuté en partie dans les deux titres du Digeste : *De Verborum significatione*, et *De Regulis juris*. Mais ce recueil est bien plus complet dans les Pandectes de M. Pothier, surtout par rapport au titre : *De Regulis juris*. Un avocat peut terminer l'étude du droit romain par la méditation de cette partie de l'ouvrage de M. Pothier ; ce sera pour lui un résumé de tout ce qu'il aura vu d'essentiel dans le corps du droit.

Après avoir donné à M. votre fils, monsieur, une idée générale de tout ce qui compose le droit romain, parlons-lui de la manière d'étudier. Se bornera-t-il au texte des lois? Feuilletera-t-il tous les commentateurs? En choisira-t-il un certain nombre? Auxquels s'attachera-t-il? En un mot, par quelle route parviendra-t-il au but qu'il connaît déjà?

Je le suppose instruit, en général, de l'histoire de la république et de l'empire romain ; mais il y a certains traits particuliers, des usages anciens, utiles à l'intelligence des lois, et dont les auteurs qu'il aura lus n'ont point parlé, ou sur lesquels ils ont passé trop légèrement. Il faut encore être bien au fait des révolutions que le droit romain a éprouvées, et de tout ce qui regarde les jurisconsultes, leur autorité, leurs différentes sectes, le fond de leur système. Plusieurs auteurs ont recueilli les *Antiquités romaines*, relativement à l'étude des lois; d'autres ont donné l'Histoire du Droit romain; mais personne ne me semble avoir rempli ces deux objets avec autant de succès, et en même temps avec plus de brièveté que Heineccius. Ce célèbre professeur allemand, qui s'était nourri de la lecture des plus savans jurisconsultes, et particulièrement de celle de Cujas, a réuni dans ses doctes écrits les plus importantes de leurs observations ; il y a joint ses propres réflexions, toujours intéressantes.

Nous avons, de M. Terrasson, une Histoire du Droit romain en français : elle contient d'excellentes choses ; mais elle forme un volume *in-folio*. C'est trop pour un ouvrage qui n'est destiné qu'à une étude préliminaire. A la vérité, les préliminaires sont essentiels ; et je désirerais qu'on pût faire de telles études préliminaires, qu'ensuite on entendît les lois aussi facilement que les entendaient ceux qui les ont écrites : mais si les préliminaires sont trop longs, il ne restera plus de temps pour l'étude à laquelle on se sera trop longuement préparé.

Les Antiquités romaines et l'Histoire du Droit romain, de Heineccius, ne sont cependant pas les seuls préliminaires dont je voudrais faire précéder l'ouverture du Digeste ; il me semble qu'il est à propos de lire encore l'introduction que Domat a placée à la tête de ses lois civiles : elle rappellera des principes généraux, qui ne sauraient être trop profondément gravés dans l'esprit.

Enfin, avant d'étudier une partie quelconque du Digeste, n'est-il pas à propos de prendre une idée générale des matières contenues dans ce recueil, et de la disposition des lois romaines ? Il suffit pour cela de lire la partie du *Manuel* de Jacques Godefroi, intitulée : *Series Digestorum et Codicis*. On consultera aussi avec beaucoup de fruit Heineccius sur le Digeste ; c'est une espèce d'abrégé du Digeste, très-méthodique. L'auteur y procède, autant qu'il est possible, à la manière des géomètres. Il établit, soit sur un axiome de droit, soit sur le texte d'une loi, un petit nombre de principes féconds, desquels il fait naître, comme autant de corollaires, toutes les décisions que renferme le titre qu'il analyse.

Vous vous êtes mis en état, par ces premières lectures, d'entendre les lois ; prenez leur texte, et étudiez. Les auteurs qui ont écrit sur le texte n'ont eu pour objet ni de le changer, ni d'y ajouter, mais seulement d'en faciliter l'intelligence ; c'est-à-dire d'en éclaircir les obscurités, de mettre dans un plus grand jour des principes qui ne sortent pas suffisamment ; de concilier les décisions qui paraissent contraires. On ne doit consulter les auteurs qu'en suivant les vues qui les ont déterminés à écrire : seulement lorsqu'on a quelque difficulté à entendre le texte, ou lorsqu'on veut s'assurer si l'on en a pris le vrai sens, ou enfin lorsqu'on craint de n'avoir pas assez bien senti, soit la force des expressions, soit l'étendue des décisions qu'elles prononcent.

Une multitude de jurisconsultes ont donné, les uns des commentaires généraux, les autres des traités particuliers sur le droit romain. Il y en a plusieurs dans les ouvrages desquels on profitera beaucoup ; chez les autres même, il n'est pas que l'on ne trouvât dans leurs écrits volumineux quelque découverte utile. Mais, à l'égard de ces derniers, ce serait payer trop chèrement les avantages modiques qu'ils peuvent apporter, que de lire leurs ouvrages immenses ; il suffit de connaître leurs noms pour les consulter dans des cas extrêmement difficiles. Je mets dans la classe de ceux auxquels il suffit qu'on sache recourir dans l'occasion, tous les anciens jurisconsultes qui ont précédé Cujas. Plusieurs avaient un esprit propre à interpréter les lois ; mais le goût des études et de la science était mauvais lorsqu'ils ont écrit : la moindre décision est accablée sous un fatras de citations et de passages, rapportés souvent mal à propos : les meilleures réflexions sont enveloppées d'une multitude d'inutilités. Le temps est trop précieux et trop court pour le prodiguer à lire et Bartole, et Balde, et Jason, et Decius, et Alciat même, quoique son érudition ne soit pas d'un genre commun.

Le siècle de Cujas est l'époque d'un nouvel âge dans la jurisprudence. On voit venir après lui les deux Godefroi, Jacques et Denis ; Duaren, Fabrot, Mornac, Vinnius, Perezius, J. Voët, Binkershoëck, Wisembach, Heineccius, Averanius, Noodt, Schultingius. Je pourrais allonger cette liste, mais j'en ai déjà nommé un trop grand nombre, pour qu'il soit possible de lire en même temps les ouvrages de tant d'auteurs ; il faut choisir et se fixer à quelques-uns, au moins pour les cas ordinaires.

Cette multitude de commentateurs, des lumières desquels leur nombre excessif nous met hors d'état de profiter, me fait naître une réflexion. C'est que les gens de lettres ont montré plus de désintéressement et moins d'amour-propre, lorsqu'ils

ont voulu procurer l'intelligence de leurs livres classiques,
que nos jurisconsultes, lorsqu'ils se sont proposé d'éclaircir
les difficultés qui se trouvent dans les sources du droit romain. Les gens de lettres, voyant que leurs auteurs com-
mençaient à être accablés sous une multitude de commentaires difficiles à réunir, et, en grande partie, inutiles
à lire, ont cessé de faire de nouveaux commentaires;
ils ont extrait ce que chacun des commentateurs avait dit
de plus nécessaire et de plus sensé; ils en ont composé
un commentaire continu, qui présente, sur les différentes
parties du texte, des éclaircissemens commodes, et qui expose sur les endroits douteux le sentiment opposé des savans.
C'est là ce qui a donné naissance à cette collection d'auteurs,
connue sous le nom de *Variorum*, qui cependant promettait
peut-être mieux qu'elle n'a donné; et dans la suite, à l'édition si estimée des ouvrages de Cicéron, par l'abbé d'Olivet.
Au contraire, nos jurisconsultes, sans s'effrayer du nombre
des commentateurs qui les avaient précédés, ont voulu en
grossir le nombre; ils ont été jaloux de donner des ouvrages
qui portassent leur nom, et qui fussent regardés comme leur
appartenant. Souvent néanmoins une grande partie n'était
que l'extrait ou même la copie exacte de ce qu'ils avaient lu
ailleurs. De là il résulte que, quoique le Corps de Droit soit
un des livres sur lesquels on ait le plus écrit, ce ne serait
pas un ouvrage immense que le résultat de la collection des
commentateurs réunis sur le plan des *Variorum*. Mais combien de temps, et même combien de dépense un pareil
choix épargnerait - il aux jurisconsultes? Leur bibliothéque
pourrait diminuer d'un millier de volumes, sans rien perdre
pour le fond des choses. Au reste, ce n'est pas ici le lieu de
faire des projets, encore moins d'attendre, pour étudier,
qu'ils soient exécutés.

Cujas est le plus sûr interprète des lois romaines, et en
même temps il est facile à entendre. Il ne serait pas mal,
dans les premiers temps surtout, de l'avoir toujours, autant
qu'il est possible, ouvert à côté du texte. On commencerait
par lire le texte seul, et ensuite on s'assurerait, en voyant

l'interprétation de Cujas, si l'on a saisi le sens de la loi, et si l'on a fait attention à tous les principes qu'elle contient ; on saurait en même temps quels sont les textes à opposer à celui qu'on a lu, et la solution qu'on peut y donner. Je crois que le commentaire de Cujas doit suffire pour les lois qu'il a expliquées ; on peut seulement jeter encore les yeux sur les notes de Godefroi, qui indiquent exactement les textes semblables à conférer, et les textes contraires à concilier.

Par rapport aux lois qui ne sont pas commentées par Cujas, si les réflexions que l'on est en état de faire soi-même ne suffisent pas pour en saisir le sens, on peut avoir recours d'abord à la glose, pour y voir l'espèce de la loi, c'est-à-dire l'exposition du cas auquel la réponse du jurisconsulte s'applique. Ces espèces sont souvent bien faites, et elles facilitent l'intelligence de la loi ; mais c'est là à peu près tout ce qu'il faut chercher dans Accurse. Autrefois l'autorité de sa glose était exclusive : elle l'emportait sur le texte. Depuis, elle est tombée dans un discrédit total : on y trouve des contradictions perpétuelles. Quelques personnes ont cherché à disculper Accurse de ces contradictions : on prétend qu'elles viennent de ce qu'en rapportant le sentiment de ceux qui l'avaient précédé, il s'était contenté d'y joindre les lettres initiales de leur nom, lettres qui par suite ont été oubliées, et sont ainsi disparues de l'impression ; mais il n'en est pas moins vrai que les contradictions existent. C'est un mauvais guide que celui qui vous conduit sans cesse à la tête de deux chemins, sans vous indiquer les motifs de préférer l'un à l'autre.

Après avoir vu l'espèce de la loi, on consultera les notes de Denis Godefroi ; elles sont bonnes, quoiqu'il y ait quelques inutilités ; elles seraient bien plus importantes, si Godefroi avait concilié les textes qu'il cite comme opposés. Le sens de la loi reste-t-il encore douteux, ou bien cite-t-on une loi contraire qui paraisse diamétralement opposée? il faut avoir sous la main Perezius : dans son ouvrage sur le Code, il interprète souvent les lois du Digeste comme celles du Code ; Averanius, jurisconsulte italien, qui a travaillé

assez heureusement à concilier plusieurs textes qui semblaient contraires ; et Noodt, jurisconsulte allemand : celui-
ci a souvent des solutions savantes et adroites, mais parfois
trop subtiles. Nous lisons dans le Digeste plusieurs lois relatives aux peines qui furent prononcées par les empereurs
contre les célibataires, et qui sont devenues difficiles à entendre, parce que les jurisconsultes y parlent des moyens et
des fraudes que l'on employait alors pour se soustraire aux
lois, moyens dont il est difficile de se former actuellement
des idées bien nettes : Heineccius a beaucoup aidé l'explication de ces lois, sur lesquelles il a donné un ouvrage particulier. Les questions choisies de Vinnius fournissent des lumières abondantes sur les objets particuliers qu'il a traités.
Si les textes dont on cherche l'interprétation sont tirés, ou
des institutions de Gaïus, ou des maximes de Paul, ou des
fragmens d'Ulpien, on consultera Schultingius. Son ouvrage
est un recueil de commentaires sur Gaïus, Paul et Ulpien, à
peu près dans le goût des *Variorum*, dont je vous parlais il
y a un moment. Enfin on peut lire avec fruit Bynkershoëk,
J. Voët, Mornac, Duaren et Gundeling sur les Novelles.
Mais si, après avoir feuilleté ces auteurs, on n'y trouve point
la solution de ces difficultés, je serais assez d'avis qu'on ne
la cherchât pas ailleurs. Ces difficultés insolubles sont en
fort petit nombre ; et il est bon de savoir que les plus savans
jurisconsultes conviennent qu'il y a dans le Corps de Droit
des textes inconciliables.

Lorsqu'on aura médité en particulier chaque loi du titre
que l'on étudie, soit dans le Digeste, soit dans le Code, avec
ce qui y est relatif dans les Institutes et dans les Novelles,
on doit relire de suite tous ces textes, et voir dans les Pandectes de M. Pothier le même titre, afin de rassembler
toutes les décisions qui s'y peuvent rapporter, et qui sont
répandues sous des titres étrangers. Enfin, pour se fixer
dans l'esprit les principes qui résultent des lois, on ter-
minera l'étude des différens titres par la lecture de Perezius
sur le Code, ou de J. Voët sur les Pandectes. L'un et l'autre
de ces auteurs ont fait sur chaque titre, l'un du Code, l'au-

tre du Digeste, des traités dans lesquels ils ont réuni et développé tous les principes qui ont rapport à l'objet du titre. Perezius est plus connu et plus ancien que J. Voët, mais on a un reproche à lui faire : c'est qu'il est très-facile de le mettre en contradiction avec lui-même, en rapprochant ce qu'il dit sur les Institutes de ce qu'il dit sur le Code. J. Voët est un peu plus étendu, mais il a beaucoup de clarté.

M. Pothier, ce profond jurisconsulte d'Orléans, que je vous ai déjà nommé bien des fois, nous a donné d'excellens traités sur plusieurs parties du droit : sur les obligations en général, sur la vente, le louage, la société, le prêt, etc. Lorsque M. votre fils étudiera ces matières, il peut fermer ses autres livres, excepté toujours son corps de droit et Cujas : la lecture attentive des traités de M. Pothier suppléera à tout le reste, et ne lui laissera rien ignorer de ce qu'il doit savoir. Quand il sera arrivé aux titres *des Servitudes*, il étudiera le traité que M. de la Laure a donné sur ce sujet. Il faut encore qu'il trouve le moyen de placer dans le cours de ses études la lecture de certains traités particuliers, très-importans : par exemple, celui de Hauteserre *sur les fictions de droit*; et celui de Dumoulin *sur la différence des obligations dividuelles et individuelles;* ce dernier vient naturellement à l'occasion du titre du Digeste *de obligationibus.*

Voilà, monsieur, un plan d'étude étendu. Le zèle de M. votre fils, son assiduité au travail, me répondent qu'il le remplira facilement. J'avoue que pour un jeune homme qui veut prendre part à tous les plaisirs, être de toutes les sociétés, ne donner au travail que les restes d'une matinée, dont la plus grande partie a été absorbée par la paresse ou par le délassement de la fatigue de la veille, mon plan ne vaut rien ; mais aussi je ne saurais me persuader qu'avec de pareilles dispositions on parvienne jamais à être bon orateur et savant jurisconsulte. Je compte environ quatre ans de travail modéré (1),

---

(1) Quatre ans pour le seul droit romain ! c'est beaucoup trop. Le cours de droit entier est renfermé dans l'espace de trois ans. Sans doute

mais réglé et constant, pour parcourir, de la manière que je l'ai conçu, toutes les parties du droit romain. Un jeune avocat, qui, après quatre années d'étude, saurait parfaitement le droit romain, aurait fait de grands pas dans la carrière qu'il se propose de parcourir.

Laissez-moi, monsieur, quelques jours de réflexion, et je vous exposerai mes vues sur l'étude du droit français. Je croirai avoir employé les vacances plus utilement qu'aucune portion de l'année, si les observations qu'elles me laissent le loisir de rédiger contribuent à faire fructifier les talens que M. votre fils consacre à une si belle profession.

J'ai l'honneur d'être, etc.

SECTION IV.

SUR L'ÉTUDE DU DROIT FRANÇAIS.

(Quatrième lettre de CAMUS.)

L'ÉTUDE du droit français comprend, monsieur, la connaissance des coutumes, des ordonnances, et de la jurisprudence établie par les arrêts (1). Non-seulement elle a pour objet le droit qui a lieu de particulier à particulier, mais même une partie du droit public du royaume ; la distribution des différens tribunaux, leur compétence, leur subordination, l'étendue de leur ressort. Cette étude a des difficultés qui lui sont propres. Nous n'avons aucun recueil complet qui renferme

---

il est nécessaire de prolonger ces premières études, de les étendre, de les compléter ; mais à moins de se destiner au professorat, il n'est plus nécessaire de donner autant de temps à l'étude d'un droit étranger, qui ne devrait même être enseigné *que dans ses rapports avec le droit français.*

(1) Le lecteur ne doit pas perdre de vue que cette lettre de Camus a été composée en 1772. Il ne s'agit donc ici que de l'*ancien droit français.* Dans un post-scriptum, à la fin de cette lettre, j'ajouterai quelques réflexions sur l'*étude du droit actuel.*

toutes les parties dont est composé le droit français : ce recueil serait néanmoins d'autant plus nécessaire, que, suivant l'observation judicieuse de M. d'Aguesseau, « le » droit français consiste plus en usages et en décisions par- » ticulières, que dans des principes immuables, ou dans » des conséquences directement tirées des règles de la » justice naturelle. » (*Quatrième instr., tome Ier, pag.* 3g5.) Les ordonnances sont éparses ainsi que les arrêts, dans une multitude de volumes : chaque province a sa coutume particulière, quelquefois diamétralement opposée à celle d'une province voisine, et la même variété a lieu, jusqu'à un certain point, pour les ordonnances. Tel édit enregistré à Paris, ne l'aura point été ou à Toulouse ou à Rouen, et n'y fera point loi par conséquent ; ou bien, il n'aura été enregistré qu'avec des modifications qui en restreignent les dispositions.

Comme *il n'existe point de collection qui renferme toutes nos lois* (1), nous n'avons pas non plus de traité général où toutes les parties de notre droit soient discutées de suite, et où la variété de jurisprudence, dans les différentes provinces, soit indiquée. On a, par conséquent, besoin ici, et de plus de recherches, et de plus de lecture que dans l'étude du droit romain ; mais comme le temps que l'on peut donner à l'étude du droit français a nécessairement des bornes, il faut en mettre aussi aux connaissances que l'on se propose d'acquérir.

Qu'exige-t-on d'un avocat, même de celui qu'on regarde déjà comme savant, quoiqu'il lui manque encore cette habitude et cette connaissance de détails que l'expérience seule, fruit d'une longue pratique, peut acquérir ? Ce n'est pas qu'il soit en état, sur la première question qu'on lui proposera, de citer toutes les dispositions différentes des coutumes, de

(1) Incroyable négligence d'une administration qui pose en principe que *nul ne peut ignorer la loi*, et qui ne fournit pas aux citoyens le moyen de la connaître ! Depuis la révolution, on a publié un *Bulletin des lois*: pour les temps antérieurs, la Collection d'Isambert et Decruzi, quoiqu'incomplète, sera d'un immense secours.

rapporter le sentiment de chacun des commentateurs, et tous les préjugés donnés sur la question. De même pour les ordonnances, on ne demande pas qu'il cité de mémoire les articles des ordonnances sur les aides, sur la marine, sur le commerce, et tous les règlemens particuliers du conseil sur ces matières. Ce que l'on attend d'un avocat, c'est qu'il connaisse en général les différences que les coutumes, dont le ressort est étendu, ont entre elles; qu'il n'ignore pas qu'il existe des règlemens, soit généraux, soit particuliers, sur telles et telles matières, et quel est leur objet. A l'égard des détails, on veut qu'il sache *dans quel lieu les trouver*, et qu'ensuite il soit en état, au moyen des principes dont il s'est pénétré, d'en saisir et d'en établir le vrai sens. Ainsi pour étudier les coutumes, par exemple, il n'est pas question de lire de suite le coutumier général, ou la conférence des coutumes, et de noter toutes les dispositions dans lesquelles ces coutumes diffèrent d'avec celle de Paris, ou toute autre que l'on aura prise pour terme de comparaison; il faut réduire la multitude des dispositions des coutumes à des points principaux, qui seront la base d'autant de traités distincts : c'est ce que Duplessis a fait sur la coutume de Paris : ensuite bien méditer les principes généraux relatifs à chaque traité, et finir par noter les différences des coutumes dont le ressort est le plus étendu.

Si M. votre fils n'a point travaillé dans l'étude d'un procureur, il doit commencer l'étude du droit français par la partie de la procédure, étudier l'ordonnance de 1667, qui règle la procédure civile, et celle de 1670, qui règle la procédure criminelle. Les commentaires de M. Jousse me paraissent les plus commodes, pour faciliter l'intelligence de ces deux ordonnances; mais il faut avoir soin de consulter le procès-verbal de leur rédaction lorsqu'il y renvoie, et les règlemens dont il a fait imprimer le recueil pour être joint à son commentaire. Comme l'ouvrage de M. Jousse est récent, on y trouve les interprétations et même les changemens que l'usage a apportés à la disposition littérale des ordonnances. Les *committimus* et les évocations ont donné lieu à deux ordonnances particulières, l'une de 1669, l'autre de 1737 : elles sont une suite et un accessoire de l'ordonnance de 1667. De même il faut réunir à l'ordonnance de 1670 celle du mois de juillet 1737, sur l'instruction du faux, tant principal qu'incident. Je ne vois pas de moment plus propre pour prendre une idée générale des matières criminelles, que celui où on étudiera l'ordonnance de 1670. Ainsi il sera bon de parcourir en même temps le *Traité de la justice criminelle* de M. Jousse, et le *Code pénal* (1).

Ce n'est pas assez de savoir les règles à suivre dans les actes de procédure; il est à propos, pour les bien appliquer, d'en voir des modèles. Mais, lorsqu'on n'a pas à les rédiger soi-même, je pense qu'il est inutile de lire les *styles* où l'on trouve tous les actes possibles, et dont par cette raison le volume est trop considérable : on peut se contenter des formules de procédure que M. Sallé a placées à la fin de chaque titre des ordonnances, dans le commentaire intitulé *Esprit des ordonnances*, ou de celles qui se trouvent dans un volume *in-12*, imprimé plusieurs fois, sous le titre d'*Instruction pour les procédures*.

Dans le temps où un jeune avocat se livre à l'étude du droit romain, il lui suffit de suivre les grandes audiences. C'est même alors plutôt pour se former à la plaidoirie, que pour s'instruire de la jurisprudence (2), que je lui conseille de le faire. Les questions que l'on traite aux autres audiences auraient rarement du rapport avec ses études; et son assiduité à ces audiences ne lui serait pas aussi profitable qu'elle le sera lorsqu'il aura commencé à s'appliquer au droit français.

---

(1) Voyez ci-après, la section spécialement consacrée à ce qui regarde l'étude *de la législation criminelle*.

(2) Autrefois les arrêts n'étaient pas *motivés* : ce n'était donc qu'en suivant les plaidoiries qu'on pouvait connaître l'espèce et les circonstances particulières qui avaient influé sur la décision. A présent, les arrêts portent eux-mêmes l'exposé des motifs ; et, si l'on suit les audiences, c'est pour écouter les avocats et prendre modèle sur les bons.

La jurisprudence fera alors une partie de ses études, et on ne saurait la connaître plus sûrement qu'en assistant soi-même à la prononciation des arrêts, et en s'instruisant, par la lecture des mémoires, des moyens qui ont été capables de faire pencher la balance.

Si l'on veut profiter de ce que l'on entend aux audiences, on ne doit pas manquer de noter exactement l'espèce des questions qui sont plaidées, le sommaire des moyens, et les jugemens. Autrement la multitude des causes, à la plaidoirie desquelles on assiste, ne laissera que des idées confuses.

L'assiduité aux audiences remplit une partie de l'étude du droit français; déterminons l'ordre selon lequel on s'appliquera aux autres parties.

J'ai déjà dit que le droit français comprenait trois objets, les coutumes, les ordonnances et les arrêts. Les coutumes sont plus générales que les ordonnances, dans ce sens, que leurs dispositions embrassent plus de questions de notre droit. Les ordonnances, sous le nom desquelles je comprends les édits, déclarations et lettres-patentes peuvent être divisées en trois classes : celles qui statuent sur des matières dont il est parlé dans les coutumes, par exemple, sur les donations, les testamens, etc.; celles qui sont relatives à des objets généraux, appartenans, soit au droit public, soit au droit particulier, telles que les ordonnances d'Orléans et de Blois; enfin celles qui concernent des matières que l'on peut dire, en quelque sorte, isolées : telles que l'ordonnance de la marine, du commerce, des eaux et forêts. Les ordonnances de la première classe doivent être étudiées en même temps que les coutumes : celles des deux autres classes viendront chacune à leur rang. A l'égard de cette partie de la jurisprudence, qui s'apprend dans les recueils d'arrêts, elle accompagnera chaque objet particulier auquel ces décisions peuvent avoir rapport.

L'étude des coutumes doit passer la première, par la raison que j'ai touchée, qu'elles s'appliquent à un plus grand nombre de questions, et parce que d'ailleurs l'étude d'une partie considérable et des ordonnances et des arrêts peut y être rapportée. En concevant les dispositions des coutumes distribuées en plusieurs traités, suivant le modèle que fournit l'ouvrage de Duplessis sur la coutume de Paris, on étudiera d'abord le traité des fiefs ; c'est le plus important, soit parce qu'il tient à tous les autres traités, soit parce qu'il donne lieu à des questions très-multipliées et très-fréquentes, soit enfin parce que les principes que l'on y apprend sont la clef d'un très-grand nombre d'articles de coutumes. Au traité des fiefs succédera celui des censives ; celui des retraits féodal, censuel et lignager ; des meubles, des immeubles et de leur différente nature ; des hypothèques, de la communauté, des donations, des successions, etc.

On peut consulter deux genres d'ouvrages sur notre droit français. Les uns sont des traités singuliers sur un objet unique ; les autres, au contraire, sont des traités que l'on peut appeler généraux, en ce qu'on y réunit les principaux objets que le droit renferme. La plupart des auteurs qui ont donné de ces derniers traités, au lieu de se rendre maîtres de leur plan, pour le disposer selon l'ordre qui leur paraîtrait le plus naturel, ont, je ne sais à quel propos, préféré d'écrire des commentaires sur le texte d'une coutume. Ils ont été, par cela même, gênés, et engagés soit à des redites, soit à des inutilités : néanmoins, faute d'auteurs plus méthodiques, on est forcé d'avoir recours à leurs livres : seulement on évitera d'en lire un trop grand nombre ; car, vrais commentateurs en ce point, ils se sont souvent copiés les uns les autres.

Cela posé, voici la marche que je propose pour l'étude de chaque matière en particulier. Lire d'abord un traité exprès sur cette matière : autant qu'il en existera dont les principes soient assez sûrs, et qui ne soient pas trop diffus pour servir d'introduction. Il serait à désirer qu'il y en eût sur toutes les matières de pareils à ceux de Poquet de Livonnières *sur les fiefs* ; de Basnage *sur les hypothèques* ; de Pothier *sur la communauté* ; de Loyseau *sur les seigneuries, sur les offices, sur les rentes, sur le déguerpissement.* Ensuite on prendra le texte de plusieurs coutumes, pour l'étudier avec leurs commentateurs ; on verra en général, dans la conférence des coutumes par Guenois, les différences qu'il y a entre les disposi-

tions des coutumes; enfin on y joindra les ordonnances relatives au même objet.

Je parle d'étudier plusieurs coutumes; parce qu'un avocat
n'est pas consulté, ou obligé de plaider et d'écrire, seulement
sur les questions relatives à la coutume de Paris : mais aussi,
et très-souvent, sur des questions qui appartiennent à d'autres
coutumes. Cependant, comme il est impossible d'étudier en
même temps toutes les coutumes, il faut nécessairement faire
un choix dans lequel on aura égard à l'étude du ressort des
coutumes, à l'importance des objets sur lesquels elles diffèrent,
soit entre elles, soit avec la coutume de Paris, enfin à la réputation de ceux qui les ont commentées. Ainsi, on peut avec
la coutume de Paris, prendre celle de Normandie commentée
par Basnage; celle de Bretagne, par d'Argentré; celle d'Anjou,
par Dupineau, avec les observations de Poquet de Livonnière;
celle de Bourgogne, par le président Bouhier; enfin l'une
des coutumes d'Amiens, d'Abbeville ou d'Artois, avec son
commentateur. On réunira ainsi les lois des provinces les plus
considérables de la France, celles qui diffèrent le plus entre
elles, et, en y ajoutant le commentaire de M. Pothier sur la
coutume d'Orléans, on connaîtra les meilleurs commentateurs.

La coutume de Paris a eu beaucoup de commentateurs :
il n'est pas nécessaire de les étudier tous, mais il faut en
réunir plusieurs, parce qu'ils ont des parties qui leur sont
personnelles, et qu'il n'est pas possible de négliger. Dumoulin, le premier d'entre eux, est au droit français ce que
Cujas est au droit romain. Son commentaire sur les fiefs et
les censives nous fera à jamais regretter ceux qu'il avait, dit-on,
écrits sur les autres titres de la coutume : il ne nous reste à
cet égard que ses apostilles, qui formaient un ouvrage séparé, dans le plan duquel toutes les coutumes sont comprises.
Au reste, le commentaire sur le titre des fiefs, en même
temps qu'il rend la perte du surplus de l'ouvrage plus sensible, nous en dédommage en partie. Ce traité est si profond,
qu'il contient tous les principes du droit français : c'est une
mine inépuisable, qui devient plus riche à mesure qu'on la

fouille ; et, des différens auteurs que j'ai à indiquer sur le droit français, je consentirais presque qu'on oubliât les deux tiers, pourvu que le temps destiné à leur lecture fût employé à méditer le traité des fiefs de Dumoulin.

On a reproché à Dumoulin qu'il est prolixe ; que ses périodes sont interminables, ses distinctions et ses limitations sans fin : de là naît, ajoute-t-on, la difficulté de l'entendre. Ces reproches, le dernier surtout, annoncent des gens qui se sont contentés d'ouvrir Dumoulin, et qui l'ont condamné, peut-être après l'avoir parcouru, mais avant de l'avoir lu. Pour l'étudier avec fruit, il faut être au fait de sa manière. Ce profond jurisconsulte, instruit de toutes les parties de notre droit, ne concevait pas un principe, sans apercevoir en même temps les restrictions auxquelles il est sujet. D'ailleurs, de son temps c'était encore une gloire de traiter savamment les différentes questions pour et contre ; et on peut bien penser qu'un homme tel que Dumoulin ne manquait pas de briller dans cette partie. Lors donc qu'il veut ou exposer un principe, ou développer une question, il commence par mettre ce principe, ou la question en thèse : il semble, dit-il ensuite, qu'on peut d'abord décider de telle manière ; et il expose les motifs qui mènent à cette décision : au contraire, on opposera, continue Dumoulin, telles et telles raisons, dont la déduction suit aussitôt. Le pour et le contre étant discutés, Dumoulin prononce ; et il le fait ordinairement dans le sens des moyens qu'il a développés en second : après quoi il répond à ceux qu'il avait présentés d'abord ; et comme il n'y a point en droit de règle générale sans exception, Dumoulin a soin de limiter sa décision, par le détail de toutes les exceptions dont elle est susceptible. En observant ainsi la marche de Dumoulin, et en la suivant avec quelque attention, rien n'est si facile que d'entendre ses ouvrages, et d'y trouver des décisions nettes et précises. On peut d'ailleurs se servir avec fruit de la traduction que M. Henrion de Pansey a donnée du traité des fiefs. La manière de Dumoulin n'est pas sans doute la plus méthodique, mais on peut dire aussi qu'elle n'est pas sans quelque avantage. Dans les raisons alléguées pour ou contre, réfutées ou développées ensuite, on voit quelle est l'étendue des principes, où il faut en arrêter les conséquences, et quelle est leur véritable application. C'est un des motifs qui doit engager à étudier d'Argentré sur la coutume de Bretagne, en même temps que Dumoulin. D'Argentré a pris en quelque sorte à tâche de le contredire; Hevin lui reproche de *s'être séparé de lui, plus par émulation et par jalousie que par raison.* (Arrêts de Frain, tome 1er., page 167.) On trouve dans le quatrième volume des OEuvres de Henrys, une table des points principaux sur lesquels ces deux jurisconsultes célèbres ont un système différent. Quelquefois l'avis de d'Argentré doit être préféré; mais plus souvent les raisons qu'il emploie contribuent à persuader de la vérité du sentiment adopté par Dumoulin : on s'aperçoit que d'Argentré conduit trop loin les conséquences des principes dont il argumente. Ces exemples sont utiles à remarquer pour celui qui veut devenir jurisconsulte. Lorsqu'on lui proposera des questions nouvelles, il s'offrira à lui une multitude de motifs de décisions contraires : les principes se croisent à force de s'étendre. Il faut être accoutumé à les considérer dans le seul point de vue où ils sont vrais, et à saisir le lieu précis où leurs rayons divisés s'unissent et se confondent pour former un foyer de lumière.

Après Dumoulin, on peut consulter Brodeau avec fruit : les principes de celui-ci ne sont pas aussi féconds que ceux du premier, ses raisonnemens ne sont pas aussi développés, mais on y trouve beaucoup, soit de notre ancien droit, soit de jurisprudence; il est fâcheux que nous n'ayons son commentaire que sur portion de la coutume.

Auzanet et Duplessis sont encore deux auteurs à étudier. Le commentaire d'Auzanet, indépendamment du mérite qui lui est propre, renferme les projets de réformation du droit français, connus sous le nom d'*arrêtés* de M. le président de Lamoignon. Ils étaient le résultat de savantes conférences tenues en présence de M. de Lamoignon par d'anciens avocats, du nombre desquels était Auzanet. Les principes de notre droit y sont exposés d'une manière claire et précise ;

mais il ne faut pas oublier, par rapport à l'application qui en est faite dans les détails, que l'on n'a pas eu intention de montrer comment la loi subsistante devait être entendue, mais plutôt comment elle pourrait être utilement réformée.

A l'égard de Duplessis, c'est dans son ouvrage, et dans les savantes notes de Berroyer et de Laurière, qui l'accompagnent, que l'on peut s'instruire le plus exactement de l'interprétation donnée par l'usage aux différentes dispositions de la coutume de Paris. On y trouve l'application des principes à la pratique. Les consultations, imprimées à la suite du commentaire, renferment des discussions profondes sur les questions les plus importantes. Plusieurs de ces consultations sont le résultat de conférences célèbres qui ont été tenues autrefois dans la salle de la bibliothèque léguée par M. de Riparfond. Les autres commentateurs, tels que Carondas, Tronçon, Chopin, Lemaître, Tournet, etc., seront consultés dans les occasions. On se servira de la compilation de Ferrière comme d'un répertoire pour ce que les autres ont dit; il n'y a d'estimé dans son livre que ce qui n'est pas de lui.

Le terme même de *coutume*, qui désigne les lois particulières de nos provinces, indique que ce ne sont pas des lois établies par la volonté absolue et le propre mouvement du souverain, mais des usages auxquels une pratique continue a, par la succession des temps, donné force de loi. En général, pour bien connaître ce qui n'a été établi que par l'usage, il faut remonter à l'origine, et tâcher de découvrir ce qui s'est pratiqué dans le commencement. Il est donc très-avantageux de connaître les monumens qui nous restent des anciens usages et des premiers statuts qui ont précédé nos coutumes; ils ont fait naître une partie de leurs dispositions.

Ces monumens sont les *Capitulaires* ou ordonnances de nos rois de la première et de la seconde race ; les *établissemens de saint Louis*, les statuts rédigés par les Français dans la terre sainte, sous le nom d'*Assises de Jérusalem;* les *anciennes Coutumes de Beauvoisis*, par Philippe de Beaumanoir; la *Somme rurale*, de Bouteiller; les *Décisions de Jean*

Desmares (1), imprimées à la fin du commentaire de Brodeau sur la coutume de Paris. On trouve encore plusieurs
observations sur ces anciens usages et statuts, dans le *Traité
du franc-alleu*, de Galland, dans le *Glossaire du droit
français*, augmenté par de Laurière, et dans le *Glossaire
de Ducange*. Ces deux derniers ouvrages ne sont pas faits
pour être lus de suite ; il n'en devrait pas être de même des
premiers : néanmoins, comme il ne faut pas rendre les études
sans fin, en cherchant à les perfectionner, ce serait peut-être
trop d'exiger une lecture assidue et suivie de tous ces anciens
recueils, mais il est essentiel de les connaître, de les avoir
parcourus, et de savoir combien il est utile d'y avoir recours
dans des questions importantes.

Vous n'ignorez pas, monsieur, que la Normandie a été
assez long-temps occupée par les Anglais ; ils y apportèrent
plusieurs de leurs usages, qui ont ensuite passé dans la
coutume de cette province. Ils y prirent aussi, et ils conservèrent ensuite dans leurs pays d'anciens usages, soit de la
Normandie, soit même des autres provinces de la France.
Ainsi on peut mettre au nombre des monumens à consulter
sur l'origine de nos coutumes, les coutumes anglaises, recueillies par Littleton, et celles de Bracton. M. Houart,
avocat à Dieppe, a donné, il y a quelques années, l'édition
du texte, et une traduction des Institutes de Littleton. Le
recueil de M. Houart est particulièrement utile pour l'intelligence de la coutume de Normandie, mais il fournit aussi des
observations générales sur notre droit coutumier.

Les principales ordonnances dont on doit joindre l'étude à
celle des coutumes, sont l'ordonnance des donations, en 1731,
des testamens, en 1735, et des substitutions, en 1747. Leur
texte est clair, surtout pour une personne qui sait le droit

---

(1) Peu de jeunes avocats auront aujourd'hui le courage ou la curiosité d'aller interroger ces vieux monumens de notre antique législation. Peut-être au moins voudront-ils en avoir une idée. Pour cela,
ils n'auront qu'à lire les *Notices bibliographiques* que j'ai jointes à la
présente édition.

romain ; je serais d'avis, par cette raison, qu'on les lût sans autre commentaire que le recueil des *Questions de jurisprudence proposées à tous les parlemens par M. d'Aguesseau, avec la réponse du parlement de Toulouse*; c'est en quelque façon une partie du procès-verbal de ces ordonnances. Dans des cas qui sembleront difficiles, on consultera les commentaires de Boutaric ou ceux de Furgole. Le dernier n'est pas autant estimé à Toulouse, sa patrie, qu'il l'est à Paris ; on le regarde comme un homme qui avait plus de connaissances que de logique, et j'ai ouï dire que souvent à Toulouse ses confrères le consultaient sous des noms empruntés, pour se faire indiquer tout ce que l'on pouvait citer sur une question. La consultation de M. Furgole était pour eux une table de matière; ils vérifiaient les citations, et raisonnaient ensuite (1). Lorsque la première édition du commentaire sur l'ordonnance des donations parut, M. Damours, avocat aux conseils, publia des observations sur ce commentaire ; plusieurs firent impression sur M. Furgole; mais, en corrigeant son ouvrage, il ne put se résoudre à abandonner tout-à-fait ses premiers sentimens : de là il est arrivé que quelques endroits de sa

---

(1) Loisel nous a conservé une anecdote à peu près semblable sur Dumoulin ; « Il était, dit-il, comme chacun sait, le plus docte de
» son temps en droit civil et coutumier, et toutefois mal habile en la
» fonction d'avocat, principalement au barreau ; ce qui faisait qu'il
» n'était guère employé, ni tant estimé, à beaucoup près, pendant
» sa vie, qu'il a été depuis son décès, par ses écrits, tels..... que ceux
» qui sont venus depuis l'ont suivi comme leur maître. Or, feu
» M. Seguier connaissant cela mieux qu'homme de son temps, il s'en
» aidait fort à propos aux plus grandes affaires, èsquelles il était
» employé ; prenant bien la peine de dresser lui-même un mémoire
» de ce dont il désirait s'instruire, et de le bailler à Dumoulin avec
» quatre ou cinq écus qu'il avançait de sa bourse, sur lequel M. Charles
» Dumoulin donnait son avis par écrit, raisonné et fortifié d'autorités
» de droit, de doctrine, de docteurs et d'arrêts ; lesquels M. Seguier
» savait si bien ménager, qu'avec ce qu'il y apportait de sa forme et
» de son jugement, qu'il avait excellent, il se rendait admirable en
» ses plaidoyers et écritures, ainsi que je l'ai entendu de nos anciens. »
(*Dialogue des avocats*, page 510.)

seconde édition sont embrouillés, et que ses idées paraissent
obscures et incertaines : voilà du moins la manière dont on
en parle à Toulouse. On a encore d'autres auteurs sur les
mêmes ordonnances : du Rousseaud de la Combe, Sallé,
Aymar sur l'ordonnance des testamens, Claude de Sersel
sur celle des substitutions; mais je pense que les deux premiers doivent suffire.

Il reste à s'instruire de la jurisprudence relative au droit
coutumier. Nos recueils d'arrêts forment un nombre considérable de volumes. Qu'il serait à souhaiter que plusieurs
n'eussent jamais existé! Des compilateurs ineptes ont rapporté, sans exactitude, des jugemens qui ne peuvent donner
que des idées fausses, ou jeter des nuages sur les principes.
En général, les arrêts n'ayant pas pour objet de décider un
point de droit isolé, mais de prononcer ce qui doit avoir lieu
dans certaines circonstances particulières, sont susceptibles
de variations infinies. On ne devrait jamais citer que des arrêts de règlement; en alléguer d'autres, simplement comme
des exemples et des préjugés, c'est un abus que les gens
sensés devraient bannir, parce qu'un exemple ne saurait être
concluant qu'autant que les circonstances sont entièrement
semblables; or, en supposant la possibilité de cette similitude parfaite, il reste à l'établir, ce qui est ordinairement
une chose impossible; mais le mauvais usage d'invoquer des
arrêts subsistera long-temps, à cause de la facilité qu'il donne
d'étayer par des exemples, bien ou mal rapportés, des systèmes contraires aux principes, et il devient dès lors absolument nécessaire de connaître la jurisprudence, pour écarter
les préjugés que l'on oppose mal à propos, pour combattre
par des armes pareilles celles que nos adversaires emploient.
Il convient qu'après avoir exposé à ceux qui consultent, les
vrais principes, on les avertisse des arrêts qui paraissent s'en
écarter, et qui peuvent leur inspirer quelque défiance sur le
succès que les principes seuls leur assureraient.

L'étude de la jurisprudence supposée nécessaire, la seule
manière de parvenir à une connaissance parfaite de cette
partie serait de réunir sur chaque question tous les arrêts

anciens et modernes qui y sont relatifs. On les comparerait les uns avec les autres, on les interpréterait réciproquement, on saurait quelle a été la jurisprudence ancienne, quand elle a changé, par quels degrés ce changement s'est opéré, et enfin quelle est la jurisprudence actuelle (1) : mais de pareilles recherches emporteraient un temps immense ; c'est assez de les faire dans des occasions importantes, où des questions épineuses exigent un travail extraordinaire.

Les commentateurs des coutumes citent beaucoup d'arrêts : ils enseignent ainsi une partie de la jurisprudence. Il est bon de chercher encore dans le *Journal du Palais*, dans les derniers volumes du *Journal des Audiences*, et dans le *Recueil d'Augeard*, les arrêts qui ont rapport aux matières que l'on étudie. Presque tous les chapitres du *Journal du Palais* forment une dissertation particulière sur les questions jugées par les arrêts : les derniers volumes du *Journal des Audiences*, la collection d'Augeard, instruisent de la jurisprudence moderne, ordinairement d'une manière fort exacte. Le recueil de Denisart indique des arrêts plus modernes, mais il y a quelquefois des inexactitudes dans son récit ; on les a corrigées dans une dernière édition, mais en partie seulement, l'édition n'ayant pas été terminée. Ces collections suffisent pour se mettre passablement au fait de la jurisprudence. On aura les autres *recueils d'arrêts* dans sa bibliothèque, pour les consulter au besoin. Il faut en distinguer quelques-uns dans la foule ; par exemple, celui qui a été donné par Berroyer, d'après les mémoires de Bardet : il contient beaucoup d'extraits intéressans des plaidoyers de deux magistrats célèbres : Omer Talon, et Jérôme Bignon ; les arrêts de Bretagne, par Frain, à cause des dissertations d'Hévin, dont ils sont accompagnés, et le recueil des nouveaux arrêts du même parlement, par M. Poulain du Parc, qui contient un grand nombre de plaidoyers d'un magistrat célèbre à juste titre, M. de la Chalotais.

_____

(1) Tel est le but que s'est proposé M. Dalloz, dans sa *Jurisprudence générale du royaume.*

L'étude des coutumes, et de la partie soit des ordonnances, soit de la jurisprudence, qu'on peut y rapporter,
étant terminée, il faut passer à la seconde classe des ordonnances; celles-ci sont plus importantes en un sens que les
premières, elles règlent en général l'état du royaume, l'ordre
des tribunaux, leur compétence, leur juridiction; elles assurent les droits des citoyens et leur tranquillité; en un
mot, elles forment le droit public de la France. Je vous ai
annoncé pour exemple, monsieur, les ordonnances d'Orléans et de Blois, elles concernent l'une et l'autre les trois
états des citoyens; elles fixent les prétentions du clergé,
déterminent les priviléges de la noblesse, conservent les
droits du tiers-état; elles parlent ensuite des cours de justice, de l'abréviation des procès, de la punition des crimes.
De pareilles matières sont bien intéressantes pour un avocat;
il n'est pas toujours renfermé dans le cercle étroit des procès
qu'un particulier suscite à un autre particulier; il peut avoir
à défendre des corps, des villes, des tribunaux, des communautés; quelquefois il s'élève, même à l'occasion de particuliers, des questions qui tiennent au droit public : il faut
donc en connaître les sources.

J'ai déjà parlé des capitulaires, et j'ai conseillé d'y chercher l'origine de quelques-uns de nos anciens usages; c'est
un trésor plus abondant encore pour les principes de notre
droit public. On feuilletera ensuite le grand *Recueil des ordonnances* des rois de la troisième race, commencé par de
Laurière et Secousse (1); mais cette savante compilation,
qui exige des recherches et un travail infini, n'a pas encore
atteint les derniers siècles : on y suppléera par le *Recueil de
Néron*, où l'on trouve, quoique sans beaucoup d'ordre, les

_____

(1) Ce recueil *in-folio* restait, pour ainsi dire stationnaire, et n'a-
vait pas dépassé le règne de Louis XI, lorsque MM. Isambert, De-
cruzy, Jourdan et Armey, ont formé la courageuse résolution de le
reprendre, format in-8°., et de l'amener depuis le commencement de
la monarchie jusqu'à 1789, époque à laquelle on trouve la collection
in-8°. de Baudouin, et ensuite le *Bulletin des lois*.

principales ordonnances, telles que l'édit de François Iᵉʳ., en 1530, l'édit d'Amboise, les ordonnances de Moulins, d'Orléans et de Blois, l'édit de Melun, etc. On a joint à quelques-unes de ces ordonnances, des commentaires inutiles; il faut excepter celui de M. le procureur-général Bourdin, sur l'ordonnance de 1539, qui renferme d'excellens principes.

Dès que l'on se propose d'acquérir des notions de notre droit public, il est indispensable de connaître les principales remontrances que le parlement a portées en différens temps au pied du trône, et les réponses dont elles ont été suivies (1). Ces remontrances sont des mémoires dictés par l'amour de la patrie à des magistrats toujours pénétrés de respect et de soumission pour leur roi, mais fidèles défenseurs des lois qu'ils ont juré de conserver. Il est aussi un livre que l'on doit consulter, soit comme le seul, pour ainsi dire, qui ait traité de notre droit public, soit à cause de l'immensité et de l'exactitude des recherches qu'il contient, c'est les *Maximes du droit public français.*

Les ordonnances qui composent la troisième classe, et dont il me reste à parler, sont relatives à des objets particuliers, à des matières isolées, que l'on ne saurait rapporter à aucun des traités qui partageront l'étude des coutumes. Je comprends dans cette classe les ordonnances et les règlemens qui regardent le domaine, les aides, les tailles, la marine, le commerce, les eaux et forêts, les chasses, les commensaux, etc. Chacune de ces matières forme un sujet d'étude distinct et séparé; quelques-unes d'elles sont même assez étendues pour occuper des personnes qui s'y livrent en entier, à l'exclusion des autres parties de notre droit. Mais l'avocat que j'ai pour but de former, n'est pas celui qui a projeté de se fixer à une seule partie, en renonçant aux autres. J'écris en ce moment pour un avocat qui se propose de connaître également *toutes les branches du droit français,* et de traiter indifféremment les questions qui appartiennent à chacune de ces branches. C'est dans ce point de

---

(1) Quand aurons-nous une bonne histoire du Parlement?

vue que j'indique seulement les principaux ouvrages où l'on peut s'instruire, soit des lois qui concernent des matières isolées, soit des principes qui conduisent à l'intelligence de ces lois, et qui règlent leur application.

Sur le domaine, c'est le premier des objets particuliers que j'ai nommés; nous avons quatre traités principaux : celui de Chopin, celui de Bacquet, un troisième dont j'ignore l'auteur, et le dernier qui est de M. le Fèvre de la Planche; l'édition en a été donnée par M. Lorry, avocat du roi à la chambre du domaine. Les ouvrages de Chopin et de Bacquet sont déjà anciens : c'est celui de M. le Fèvre de la Planche que je conseillerais de lire, sauf à consulter les autres.

La partie des aides est aujourd'hui d'une étendue sans bornes, par la multitude des règlemens particuliers que les traitans ont obtenus. C'est une matière trop vaste pour être bien connue par ceux qui ne veulent pas s'y arrêter et s'y fixer; il est impossible de l'approfondir, si l'on ne consent à se livrer aux détails les plus minutieux, et en même temps les plus fastidieux. Hors le cas où des circonstances particulières déterminent à ce genre de travail, il suffit d'avoir lu les ordonnances de 1680 sur les aides et gabelles, de savoir en gros les principaux règlemens contenus dans le mémorial des tailles, et d'avoir suivi quelques audiences de la cour des aides, pour ne pas ignorer tout-à-fait les principes et les usages de cette cour, si digne de nos respects par son zèle pour le bien public.

L'ordonnance de la marine, donnée en 1680, a été commentée par M. Valin, procureur du roi à l'amirauté de la Rochelle. Les fonctions de M. Valin, le lieu même de sa résidence, le mettaient à portée de connaître la jurisprudence maritime, ou les lois du commerce de mer : d'ailleurs il a souvent interrogé, avant de donner des décisions, un jurisconsulte de Marseille, qu'il assure avoir été fort instruit dans la même matière. Le livre de M. Vallin est donc composé avec soin; il a cependant des défauts. Dans quelques endroits, l'auteur n'est pas tout-à-fait clair; dans d'autres, il semble se contredire lui-même; mais il serait plus imparfait encore, qu'il faudrait nécessairement y avoir recours : je le crois unique sur cette portion de notre droit. Le recueil intitulé : *les Us et Coutumes de la mer,* n'est pas tant un traité sur le commerce maritime qu'une collection de règlemens et d'usages relatifs à ce commerce, et en particulier aux assurances. M. Jousse a donné un commentaire assez abrégé sur l'ordonnance du commerce, de 1673 ; Boutaric en a publié un beaucoup plus étendu ; mais le véritable interprète de cette ordonnance doit être Savari, auquel la rédaction en avait été confiée. J'ai déjà indiqué ses ouvrages : le *Parfait négociant,* et les *Parères.*

Tout ce qu'il y a d'important à savoir pour un avocat, sur les eaux et forêts, se trouve dans l'ordonnance de 1669 ; elle a été interprétée d'abord par une conférence dans laquelle on a rapproché de ses dispositions celles des lois plus anciennes qui y sont conformes ; ensuite par un commentaire de M. Jousse.

La jurisprudence des chasses est réglée par un titre particulier de l'ordonnance des eaux et forêts ; on a réimprimé ce titre à part, avec les règlemens qui servent à l'expliquer : c'est ce qu'on appelle le Code des chasses. Nous avons des codes pareils, ou collections de règlemens, sur les priviléges des commensaux, sur les questions de police, etc. La voie la plus simple pour s'instruire de ces matières est de parcourir ces codes ou recueils de règlemens, et de faire l'extrait le plus court et le plus méthodique qu'il sera possible, des principaux points qui s'y trouvent décidés.

La multitude des parties dont le *droit français* est composé, a exigé, monsieur, plus de détails que le plan de l'étude du *droit romain.* Cependant, je ne crois pas qu'il faille beaucoup plus de temps pour apprendre le droit français. Lorsqu'on commence à étudier le droit romain, on n'a encore que très-peu de notions sur le droit : on trouve à chaque pas des difficultés. Quand on passe du droit romain au droit français, on connaît les principes généraux et même les principes particuliers d'un grand nombre de matières. D'ailleurs, j'ai déjà indiqué à M. votre fils le moyen d'abréger ses études par des conférences. Plus il y a d'auteurs qui ont traité une même matière, plus ces conférences sont utiles. Six personnes qui étudient chacune deux auteurs, et qui se réunissent pour se rendre compte de leur travail, connaissent parfaitement douze auteurs dans le même temps qu'une personne seule emploierait à en lire deux seulement.

J'ai l'honneur d'être, monsieur, etc.

P. S. Le plan tracé par Camus pour l'*Étude du droit français*, s'appliquant au droit *ancien*, ne peut plus convenir pour l'étude du droit *nouveau*.

Ce n'est pas à dire qu'il ne faille absolument étudier que celui-ci, et négliger l'autre tout-à-fait. Il faut, au contraire, les étudier tous les deux, mais avec cette différence : que l'ancien droit, au moins pour tout ce qui a cessé d'être en vigueur, ne doit plus être étudié que d'une manière générale, et principalement sous le point de vue historique; tandis que le droit nouveau doit être étudié à fond dans toutes ses parties.

Cette dernière étude est aujourd'hui devenue plus facile.

Autrefois, le droit français se divisait en *droit écrit*, qui n'était autre que le droit romain; et *droit coutumier*, le seul, à proprement parler, qui fût national.

Le droit coutumier variait dans chaque province ; on comptait environ cent quarante coutumes, dites *générales*, non compris un nombre encore plus grand de coutumes purement *locales*.

A côté des coutumes écrites, il fallait consulter des usages traditionnels, qu'on était obligé de faire attester jadis par des *enquêtes par turbes*, et plus tard par des *parères* et des *actes de notoriété*, ou en consultant les auteurs et les praticiens les plus accrédités.

La *jurisprudence des arrêts* s'apprenait difficilement, 1°. parce que les arrêts n'exprimant pas leurs motifs, on était, le plus souvent, réduit à les conjecturer ; 2°. parce que la variété qui existait dans les coutumes produisait la même bigarrure dans la jurisprudence des diverses juridictions ; 3°. enfin, parce que tous les parlemens jugeant au souverain et d'une manière indépendante les uns des autres, il n'y avait aucun moyen de ramener leurs décisions à un centre commun d'uniformité.

Aujourd'hui ces inconvéniens n'existent plus. Les lois romaines, même dans les provinces du midi, ne sont plus suivies comme lois, mais consultées seulement comme *raison écrite.* Les coutumes ont été abolies ; les questions, jadis controversées, ont reçu leur décision ; les règles de chaque matière éparses dans les divers élémens de la jurisprudence ont été réunies et classées dans plusieurs codes rédigés avec méthode et clarté. La procédure a été simplifiée, et beaucoup de matières difficiles ont été retranchées, les fiefs, les dîmes, les matières bénéficiaires, les retraits, etc.

La nouvelle législation a deux caractères essentiels qui manquaient à l'ancienne; 1°. elle n'a plus rien d'incertain, elle est fixe, elle repose sur un *droit écrit*; 2°. elle est *générale*, et constitue un droit *uniforme* pour toutes les parties du royaume.

Cependant, l'étude des Codes promulgués jusqu'à ce jour ne suffirait pas pour avoir une connaissance complète du *droit français.*

Il y a plusieurs matières importantes que le législateur moderne n'a point encore révisées, et d'autres qui, réglées par des lois particulières, ne sont point entrées dans les Codes actuellement promulgués. Ainsi, par exemple, le Code de commerce règle ce qui concerne les *assurances maritimes,* mais aucune loi n'a encore statué sur les *assurances terrestres* contre la grêle et l'incendie. On est réduit, à cet égard, à invoquer les règles de l'analogie ou celle de l'équité naturelle. Les *brevets d'invention* auraient besoin d'un bon règlement. Les destinées de la *propriété littéraire* ne sont point encore fixées à la satisfaction des libraires et des auteurs, de leurs veuves et héritiers. Le *Code rural* est encore à faire....

En attendant ces lois, lisez les bons auteurs; Quenault, sur les Assurances; Renouard, sur les Brevets d'invention;

les Lois rurales de Fournel, et son *Traité du voisinage*,
dans l'édition dont le mérite a singulièrement augmenté, par
les nombreuses corrections et additions qu'y a faites M. Tardif.
D'autres sujets plus fugitifs et moins étendus n'ont point encore été travaillés *ex professo*, et ne se trouvent traités que
dans des *dictionnaires* qu'il faut consulter. Tels sont les *ré-
pertoires* de MM. Favart et Merlin.

Etudiez chaque Code dans son texte ; la loi d'abord, les
auteurs après. Lisez les meilleurs, les plus justement estimés.
Toullier et Duranton sur le Code civil, Carré, Boncennes et
Berriat Saint-Prix sur la procédure ; Pardessus et Boulay-
Paty sur le Code de commerce ; Carnot, Legraverend, Bourguignon sur le Code criminel ; mais, après cette étude, re-
venez toujours aux textes.

La *jurisprudence des arrêts* est devenue bien facile à connaître. 1°. Les arrêts sont motivés ; 2°. la Cour de cassation
est un centre commun qui maintient l'uniformité dans l'application et dans l'interprétation doctrinale de la loi ; 3°. enfin, il existe des recueils nombreux, mieux rédigés qu'autrefois, et armés de tables particulières ou générales qui les rendent commodes à consulter.

J'ai dit que l'étude du droit nouveau ne dispensait pas
tout-à-fait d'étudier l'ancien ; cela est indispensable pour tout
avocat qui voudra s'élever, dans l'exercice de sa profession,
au-dessus de ce qu'exige le simple maniement des dossiers et
des affaires ordinaires. Il faut rechercher l'origine des lois,
suivre les changemens et les progrès de la législation ; s'étudier à en découvrir les motifs ; coter les analogies et les différences. Nous sommes encore trop près de l'ancien droit pour
nous dispenser d'y recourir, ne fût-ce que pour l'appliquer à
ce qu'on a nommé les *questions transitoires*, parce qu'elles
sont nées du *passage* d'une législation à l'autre. Enfin, dans
tous les temps, l'étude du passé sera indispensable pour la
complète intelligence du présent : *Non est novum ut priores
leges ad posteriores trahantur ; sed et posteriores leges ad
priores pertinent, nisi contrariæ sunt.* (Lois 26 et 28 ff., *De
Legibus.*)

Ainsi, parmi les ordonnances de nos rois, il faudra du moins parcourir les principales, celles de Moulins, de Blois et d'Orléans. L'ordonnance de 1629, ou Code-Marillac, que Pothier appelle *la belle ordonnance*, si belle en effet qu'elle resta sans exécution; elle corrigeait trop d'abus. On devra lire, au moins une fois, les ordonnances les plus célèbres de Louis XIV; celle des *eaux et forêts*, en 1669; *criminelle*, en 1670; *de la ville*, en 1672; *du commerce*, en 1673; *de la marine*, en 1681; *le Code noir*, publié par les blancs en 1685. Les ordonnances de Louis XV sur les *donations*, en 1731; *les testamens*, en 1735; *les substitutions*, en 1739; le règlement du conseil, en 1738; l'*Edit* de 1771, *sur les hypothèques*, pour prendre une idée de ce système; les ordonnances de Louis XVI, celles-là surtout qu'il a portées par les généreux conseils de Malesherbes et de Turgot.

Il faut ensuite connaître au moins deux coutumes; 1°. celle de sa province, par amour du pays natal; 2°. celle de Paris, *coutume généralissime*, qui, dans le silence des autres, faisait le droit commun du pays coutumier.

Il y a aussi quelques parties de l'*ancien droit français*, qui, quoique totalement abrogées par le nouveau, méritent de fixer l'attention de l'avocat; même dans les choses qui sont le plus hors d'usage, dans les matières qui sont, pour ainsi parler, démonétisées, l'homme jaloux de s'instruire et de mériter dans toute son étendue le titre d'*avocat* ne négligera point d'acquérir ces notions, qui, sans être la science même, suffisent au moins pour dire qu'il n'est rien d'utile à quoi l'on ait voulu rester étranger : *Etiam quod scire supervacuum est, id prodest cognoscere*. Je désire donc que le jeune avocat lise quelque bon ouvrage sur les *fiefs*, qui occupent une si grande place dans l'histoire de notre droit public et privé. Le Traité des *offices*, de Loyseau, est aussi une mine féconde de faits et de principes, toujours curieux à connaître, lors même qu'ils ne prêtent plus à aucune application directe.

Pendant long-temps encore l'avocat aura besoin de feuilleter la législation *intermédiaire*. On nomme ainsi tous les actes compris au *Bulletin des Lois*, depuis 1789 jusqu'à la promulgation des *Codes*. Il faut, de toute nécessité, savoir qu'il y a eu une loi du 17 nivôse an 11, sur les successions ; une du 11 brumaire an VII, sur les hypothèques ; en un mot, connaître toutes celles qui, ayant fondé un système et conservé quelque durée, ont par-là même créé des intérêts et fait naître des droits dont l'exercice doit se faire sentir encore pendant un assez grand nombre d'années.

SECTION V.

SUR L'ÉTUDE DU DROIT ECCLÉSIASTIQUE.

(Cinquième lettre de CAMUS, première partie.

Les lois dont je vous ai jusqu'à présent entretenu, monsieur, concernent la société purement civile ; elles considèrent les hommes comme membres d'un état politique, dans lequel ils doivent jouir paisiblement des droits qui leur sont acquis ; elles n'ont d'autre objet que de régler des intérêts temporels. Mais les hommes ne sont pas unis seulement par les rapports qu'établissent ces intérêts. La nécessité de rendre un culte à la Divinité, et l'identité de ce culte forment entre eux d'autres liens ; en même temps qu'ils appartiennent à une société civile, ils appartiennent aussi à une société religieuse. Or il est impossible de concevoir une société quelconque sans lois. La religion, étant la base d'une société, a donc nécessairement des lois qui lui sont propres et essentielles.

L'état a reçu dans son sein la société formée par la religion : c'est-à-dire que le souverain en a reconnu publiquement l'existence et la légitimité. Il faut dès lors, et par le fait seul de cette admission, qu'il ait permis l'exécution publique des lois fondamentales, par lesquelles la société religieuse qu'il a reçue doit subsister. La plupart des princes, les nôtres en particulier, ont été plus loin; ils n'ont pas seulement laissé à la société, formée par la religion, le pouvoir de faire exécuter les lois fondamentales; ils y ont ajouté différentes concessions, qu'ils jugeaient, sinon essentielles, au moins utiles à son maintien et à son agrandissement. Le premier n'eût été que l'effet d'une simple *tolérance*: le second est la conséquence de la *protection* qu'un souverain doit à la religion qu'il croit la seule véritable (1).

Ainsi, dans cette société dont la base est la religion catholique, et que nous appelons l'Église, les pasteurs ont une juridiction qu'ils ne tiennent que de Jésus-Christ. Mais c'est une juridiction purement spirituelle, dont les effets n'ont lieu que sur les âmes; ceux qui l'exercent ne sauraient forcer de s'y soumettre extérieurement, parce qu'ils n'ont pas, par eux-mêmes, le pouvoir de prononcer des peines temporelles. Nos rois ont ajouté un appareil extérieur à cette juridiction; ils ont accordé aux ecclésiastiques des tribunaux dans lesquels ils connaissent de plusieurs questions (2); ils ont même ordonné aux juges séculiers de venir au secours des juges ecclésiastiques, pour forcer l'exécution de leurs sentences; et pour contraindre à rentrer dans l'ordre, par l'appréhension de la puissance séculière, ceux que les avertissemens des pasteurs ne suffiraient pas pour y ramener.

C'est encore par les bienfaits de nos princes, que les pasteurs et les corps particuliers qui se sont formés dans l'Église, jouissent des priviléges dont nous les voyons en possession. La religion catholique, loin de soustraire ceux qui l'embrassent aux lois de l'état, les oblige à les observer, plus par l'amour du devoir, que par les craintes des châtimens; et les ministres de cette religion demeureraient soumis, eux

---

(1) Camus était janséniste. Suivant l'article 5 de la Charte de 1814, « chacun professe sa religion avec une *égale liberté*, et obtient pour » son culte la *même protection*, »

(2) La loi du 7 septembre 1790, tit. xiv, art. 13, a aboli les *officialités*, et aucune loi subséquente ne les a rétablies. Il ne reste donc à l'Église que le *tribunal de la pénitence*.

et leurs biens, à toutes les lois établies par les souverains dont ils sont nés sujets, s'ils n'en eussent été exemptés par des grâces spéciales.

En même temps qu'on loue les princes de la protection qu'ils accordent à l'Église, il ne faut pas perdre de vue le motif qui les a déterminés à l'admettre dans leurs états, à s'en déclarer les protecteurs, et à multiplier ses priviléges. Ils ont voulu procurer le plus grand bien des sujets dont ils sont les pères en même temps que les souverains ; et il est certain que les lois établies par Jésus-Christ et par l'Église, n'ont rien en elles-mêmes qui ne contribue à la tranquillité des états, au bien des peuples, à l'avantage et au bonheur de chaque particulier. Mais les ministres, auxquels l'exécution en est confiée, sont hommes ; par conséquent sujets à des faiblesses, à des erreurs, à des préjugés, à des passions. De là, ce qui a eu pour objet, dans son institution, le bien des peuples, peut, dans des cas particuliers, être tourné contre eux. Or est-il permis au souverain de souffrir que ce qu'il a admis pour le plus grand avantage de ses sujets, soit employé pour leur nuire ; et n'est-il pas obligé de les défendre contre les vexations qu'ils éprouvent, quels qu'en soient les auteurs ?

Les mêmes causes, qui peuvent donner lieu à l'abus de la puissance ecclésiastique, établissent donc en même temps la nécessité et la légitimité du recours au prince. Il y a plus : arrêter les abus du pouvoir ecclésiastique, ce n'est pas seulement de la part du prince, défendre ses sujets ; c'est réellement protéger l'Église. Quelle manière plus sûre de soutenir la religion, que de faire observer ses lois, et d'empêcher que ses ministres ne la déshonorent par une conduite opposée à son esprit ?

Pardon, monsieur, d'un langage qui a peut-être quelque apparence de métaphysique ; mais il fait entendre d'une manière précise, ce me semble, quel est l'objet de l'étude du droit ecclésiastique. C'est de connaître d'abord les lois de l'Église essentielles à sa conservation, la nature et l'étendue de la juridiction inhérente au titre de pasteur ; de savoir ensuite ce qui a été ajouté par les princes à l'exercice de cette

juridiction, les grâces et les priviléges que l'Église tient de leur
libéralité ; enfin, de distinguer les cas où la puissance souveraine doit aider les supérieurs ecclésiastiques, les venger de
ceux qui les méprisent, et les cas où, au contraire, elle doit
réprimer et punir les abus de l'autorité.

Vous voyez, monsieur, quelle est l'étendue et l'importance
du droit ecclésiastique. Ce serait se former une idée très-fausse
que d'entendre par ce droit, uniquement ce qu'on appelle les
matières bénéficiales : c'est-à-dire, les règlemens qui établissent la capacité requise pour obtenir et posséder des bénéfices, les causes qui les font vaquer, les droits des patrons et
des collateurs. La connaissance des matières bénéficiales n'est
qu'une très-modique portion de l'étude du droit canonique,
et certainement elle n'en est pas la partie la plus satisfaisante.
On y trouve beaucoup de détails minutieux, qui ne peuvent
être parfaitement possédés que par ceux qui se livrent tout
entiers à ces matières, et auxquels une pratique journalière
rappelle sans cesse des choses en elles-mêmes peu intéressantes, et d'ailleurs plus faciles à oublier. Je ne demande donc
pas qu'un avocat, qui ne fait point le capital de ses occupations des questions bénéficiales, sache le détail des pratiques
de la cour de Rome ; des cas où un dévolutaire, trop souvent
perfide, emportera un bénéfice, dans lequel les juges ne le
maintiendront qu'à regret ; des circonstances qui donnent
ouverture à la nomination du roi pour cause de régale : il suffit qu'on connaisse, en général, ce qu'on entend par le *droit
de régale,* en quoi consiste l'*expectative* des *indultaires*, des
gradués, et des *brévetaires* ; ce que c'est que *la prévention*,
le dévolut, la dévolution, les résignations, et autres choses
semblables. Mais ce qu'aucun avocat ne doit ignorer, ce qu'il
ne lui suffirait pas de savoir imparfaitement, ce sont les principes sur la nature, l'autorité, le gouvernement et la juridiction de l'Église ; les points fondamentaux de la discipline
ecclésiastique ; les principes qui déterminent l'autorité du
prince relativement aux choses ecclésiastiques. Il faut qu'il
connaisse ce que le prince ne saurait entreprendre, sans franchir les bornes qui séparent le sacerdoce de l'empire ; et ce

qu'il ne saurait négliger ou souffrir, sans oublier la protection qu'il a promise à l'Église, et celle qu'il doit à ses sujets. Ces principes importans, rarement bien connus, doivent être étudiés, médités, et comparés de façon que les conséquences qui en résultent se trouvent dans un équilibre parfait.

Le premier pas à faire dans l'étude du droit canonique est de s'instruire de la nature de l'Église, des caractères essentiels qui la constituent, et des attributs qui lui sont propres. Il est indispensable, sur ces différentes questions, d'ouvrir quelques théologiens; elles sont particulièrement de leur ressort. Je conseillerais qu'on vît d'abord le *Traité de l'Église* dans Opstraët; l'entreprise n'est pas longue : ensuite, qu'on lût le *Traité* de M. Nicole *sur l'Unité de l'Église*, ses *Préjugés légitimes* contre les *Prétendus-Réformés*, et les *Avertissemens* de M. Bossuet aux mêmes. En même temps que l'on puisera, dans les écrits de M. Bossuet et de M. Nicole, les principes les plus exacts, on y trouvera des modèles parfaits pour se former à la pratique des lois immuables du raisonnement, à l'art de discuter les principes, d'enchaîner les conséquences, de presser un adversaire, de pulvériser ses difficultés, et de le convaincre par ses propres objections.

La lecture de ces ouvrages a encore un autre avantage : c'est d'écarter un reproche que l'on peut faire à quelques-uns de ceux qui ont tranché le plus hardiment sur les questions relatives à la distinction des deux puissances. On a plus d'une fois écrit sur cette matière, sans avoir assez réfléchi. Il est certain que les ecclésiastiques ont voulu reculer les bornes de leur autorité, et l'étendre au préjudice du pouvoir des princes. Mais les défenseurs de la puissance séculière n'ont-ils jamais excédé de leur part? La chose est-elle même vraisemblable, lorsqu'on réfléchit sur la difficulté que les hommes ont à tenir un milieu, dans quelque dispute que ce soit?

Après s'être bien instruit de l'essence et des attributs de l'Église, on étudiera les ouvrages qui traitent de la nature et de l'étendue de l'autorité des princes dans les affaires ecclésiastiques. Un des premiers que l'on doit voir, est un écrit du P. de la Borde de l'Oratoire, intitulé *Principes sur l'essence, la distinction et les limites des deux puissances,* quoique fort court, il remplit bien ce que son titre annonce ; il donne des idées nettes et justes. On lira ensuite le *Traité de l'autorité des rois touchant l'administration de l'Eglise,* par M. le Vayer de Boutigni. On peut, en général, compter sur les principes qu'il établit. Les deux ouvrages du P. de la Borde et de M. le Vayer serviront d'introduction au grand traité de M. Marca sur l'accord du sacerdoce et de l'empire. Grotius, Hammer, et quelques autres auteurs protestans, ont traité aussi du droit des souverains relativement aux choses ecclésiastiques : mais leurs systèmes portent sur des principes faux ; et les conséquences qu'ils en tirent étendent les droits des princes à l'excès : nos auteurs français sont ordinairement plus exacts.

Vous savez, monsieur, que le clergé de France s'est expliqué en 1682, par une déclaration de quatre articles, sur l'indépendance où la puissance séculière est de l'autorité ecclésiastique. Cette déclaration a donné lieu à deux ouvrages, qu'il faut nécessairement que monsieur votre fils connaisse : l'un est la défense de cette même déclaration, par M. Bossuet, qui était membre de l'assemblée où elle fut arrêtée, et qui la rédigea : l'autre est le traité de l'autorité ecclésiastique et de la puissance temporelle, par M. Dupin.

Ces deux ouvrages, ainsi que la déclaration de 1682, ne sont pas relatifs seulement à l'indépendance des souverains, mais à l'autorité du pape. On y trouve les vraies notions sur les droits de sa primauté, et cette partie ne saurait être considérée comme étrangère aux questions de la distinction des deux puissances, et de l'indépendance des souverains. En effet, on aurait tort de regarder les entreprises faites sur les droits des rois, comme l'ouvrage du corps de l'Église ; ce ne sont que des efforts téméraires de quelques prélats ambitieux. Si l'on détruit les principes erronés dont leur orgueil s'est appuyé, tout se replace dans l'ordre : l'autorité spirituelle et la puissance temporelle exercent chacune librement le ministère que Dieu leur a confié pour le bonheur des hommes.

On achèvera de s'instruire des bornes dans lesquelles l'autorité du pape doit être renfermée, par la lecture du *Traité du gouvernement de l'Église*, donné sous le nom de *Febronius :* ce livre est, à juste titre, un des plus estimés qui aient paru dans les derniers temps contre les prétentions ultramontaines. On peut joindre à l'ouvrage de Febronius, un autre ouvrage du docteur Pereira, intitulé *Tentamen theologicum*, etc. : il n'est guères moins célèbre. Parmi les ouvrages du dix-septième siècle, un des plus intéressans est le recueil des dissertations de M. Dupin, sur l'ancienne discipline ecclésiastique.

Je n'ai pas encore parlé, monsieur, des recueils qui contiennent, soit les articles de nos libertés, soit les preuves de ces articles : il n'est pas permis à un avocat, je dirais presque qu'il n'est permis à aucun Français de les ignorer. Il faut lire d'abord les articles, mais ensuite on doit les comparer aux preuves rapportées sur chacun d'eux séparément. Ces preuves sont la démonstration de ce qui est contenu dans les articles; et la comparaison est essentielle à l'égard de quelques-uns, qui se trouvent rédigés un peu différemment du résultat que donnent les preuves rapportées. L'écrit sur le *Renversement des libertés de l'Eglise gallicane*, par un certain décret de Rome trop connu, la bulle *Unigenitus*, et *l'Apologie des jugemens rendus en France contre le schisme*, peuvent fort bien être regardés comme un *appendix* aux traités des libertés de l'Église gallicane.

J'ai vu un auteur qui reprochait aux pasteurs du premier ordre d'avoir voulu se dédommager sur ceux du second ordre de la domination que Rome avait exercée à leur égard. Quoi qu'il en soit du motif, il n'est pas moins constant que les pasteurs du second ordre ont eu plus d'une fois à venger leurs droits contre ceux qui auraient dû leur prêter la main pour les soutenir. Le second ordre fait partie de la hiérarchie aussi-bien que le premier : et un canoniste doit approfondir les droits de tous les membres de la hiérarchie. Il a paru, en 1744, un volume assez considérable, intitulé : *Des pou-voirs légitimes du premier et du second ordre*; je n'en conseille pas la lecture, parce qu'il renferme des principes faux : l'auteur a mal établi les pouvoirs du second ordre; pour parvenir à son but, il a trop rabaissé les droits du premier ordre. Ce traité contient beaucoup d'érudition, et ainsi il pourrait servir de répertoire et d'indication ; mais on prétend que la très-grande partie des citations est fausse : on ne peut donc pas s'en servir, même comme d'une table, sans être attentif à vérifier les lieux qu'il indique. Corgne de Launay a publié une *Réponse aux Pouvoirs légitimes*, en deux gros volumes in-4°. La réfutation est pire que le livre qu'elle attaque. Quoique l'auteur soit un prêtre, ce n'est certainement pas un zèle aveugle pour les prérogatives de son état qui lui a fait prendre la plume. J'hésiterais à citer cet ouvrage, même sur les questions qu'il décide en faveur des curés.

Il faut avoir recours à des sources plus pures : ce sont les ouvrages de Gerson, ceux du cardinal d'Ailly, et les censures de la Faculté de Paris, relatives à la hiérarchie, imprimées en 1666. Les vrais principes sur l'état et les droits du second ordre sont réunis et bien développés dans trois consultations : l'une donnée aux curés d'Auxerre, en 1755 ; l'autre aux curés de Séez, en 1760 ; la troisième aux curés du diocèse de Lisieux, en 1774 ; elles valent des traités complets. On a encore de M. l'abbé Gueret un écrit particulier sur le droit des curés, pour commettre leurs vicaires et les confesseurs de leur paroisse.

Les auteurs que j'ai indiqués donnent les principes fondamentaux du droit ecclésiastique : il faut passer de là à l'étude détaillée des parties les plus importantes de ce droit. Elles sont traitées la plupart dans le corps du droit canonique ; néanmoins je ne suis pas d'avis qu'on s'arrête à cette compilation. Tout le monde sait dans quel temps et par quel esprit elle fut rédigée : aussi n'a-t-elle point force de loi en France. Il suffit d'être au fait de l'ordre qui y est suivi, et de savoir y retrouver les textes que l'on cite, ou d'après

Gratien, ou d'après les Décrétales. Par rapport aux textes importans qui y sont insérés et qu'il faut savoir, on les cherchera dans leurs sources, et non dans une compilation où ils sont trop souvent tronqués et mutilés. Ainsi, au lieu de feuilleter le corps du droit canonique, et de s'occuper de toutes les misères qui étouffent quelques décisions raisonnables de la glose, j'aime beaucoup mieux que l'on étudie le *Code des Canons*, de Denis-le-Petit ; recueil précieux, en ce qu'il contient les canons entiers des conciles tenus dans les premiers siècles de l'Église. Cette collection est même, à proprement parler, le corps de notre droit ecclésiastique ; elle a été rendue publique en France par Charlemagne, qui l'y avait apportée de Rome. Que l'on parcoure ensuite la grande collection des conciles du P. Labbe : les décrétales les plus importantes y sont conservées, et l'esprit général de l'Église s'y découvrira par la combinaison des canons arrêtés dans les différens temps et dans les différentes provinces. On apprendra aussi beaucoup plus que par la méditation assidue du décret et des décrétales ; et on ne risquera pas de prendre les fausses idées que donneraient ces recueils ultramontains.

Pour bien connaître la discipline actuelle, on doit faire une attention particulière aux décrets du quatrième concile de Latran, et à ceux du concile de Trente. Mais, par rapport à ces derniers surtout, il y a des distinctions à faire ; ils ne sont pas tous indifféremment admis dans le royaume. On voit dans plusieurs écrits le détail des décrets auxquels nous nous conformons dans la pratique, et de ceux que nous rejetons, soit en tout, soit en partie : ce sont les *notes de Rassicod* qu'on doit préférer ; elles sont le résultat d'études profondes sur la discipline ecclésiastique. Il est encore nécessaire de lire la Pragmatique-Sanction de Charles VII, et le concordat fait entre Léon X et François Ier. : on s'instruira dans ces deux pièces de ce qui a rapport au droit des gradués sur les bénéfices, et de la manière dont le roi nomme aujourd'hui aux bénéfices que l'on appelle consistoriaux. Enfin il faut connaître le règlement de 1695, et autres lois importantes que nos rois ont données, dans les dix-septième et dix-huitième siècles, sur des objets relatifs à la discipline ecclésiastique. On peut se servir de la collection qui se trouve à la fin du *Recueil de Jurisprudence canonique*, par **La Combe**; elle est la plus complète que nous ayons, quoiqu'elle ne soit pas absolument entière.

Ce n'est pas assez d'avoir vu, même dans une certaine étendue, les textes épars des lois ecclésiastiques : on ne saurait se fixer leurs dispositions dans la mémoire, si on ne les rassemble sous des divisions générales, auxquelles on rapporte chaque décision particulière. S'il existait un corps complet des canons et autres règlemens ecclésiastiques, ce serait dans cette collection qu'on les étudierait ; et, les y trouvant dans l'ordre convenable, il ne resterait point d'autre travail à faire à cet égard. Mais de toutes les compilations de canons, rédigées à différentes époques, il n'y en a pas une à laquelle on puisse se fixer. **Gibert** lui-même, qui a tenté de nouveau l'exécution de ce projet, n'a pas à beaucoup près réussi. Il a annoncé son **Corps de Droit** comme un recueil de lois canoniques tirées du décret et des Décrétales, des conciles et des pères, et disposées suivant leur ordre naturel : sa collection n'est pas moins défectueuse en beaucoup de parties, et cependant elle se trouve très-étendue, parce qu'il y a renfermé bien des textes inutiles. Une collection de canons telle que je la désirerais, est non-seulement un ouvrage très-difficile, je le regarde même comme impossible. La foi est une : mais il n'en est pas de même de la discipline ; différentes causes la font varier. Quelquefois deux usages, quoique contraires, sont fondés l'un et l'autre sur des raisons plausibles : l'un prévaut dans un lieu, tandis que l'usage opposé subsiste ailleurs. Quelquefois cette variété vient de ce qu'une province a conservé certains principes plus scrupuleusement qu'on ne l'a fait dans d'autres lieux. Les dispositions des conciles, relatives à la discipline, ont été conformes aux usages des provinces où ils étaient tenus : de là, ce qui fait règle dans un pays ne le fait pas dans un autre : de là par conséquent, l'impossibilité de composer un recueil de canons qui convienne également à tous les états catholiques, à moins que l'on n'y omette les détails de la discipline, ou que l'on n'y réunisse des dispositions contradictoires. Dans le premier cas, le recueil serait incomplet, et par conséquent inutile : dans le second cas, il serait aussi étendu que les ouvrages mêmes d'après lesquels on l'aurait composé. Or ce n'est pas la peine de faire une compilation qui, sans diminuer le nombre des volumes, ne ferait qu'augmenter les difficultés ; comment se déciderait-on entre deux textes contradictoires ?

Les traités généraux et particuliers sont le vrai moyen de bien exposer le droit canonique. Dans un traité un auteur savant, judicieux et méthodique, pose d'abord des principes qu'il établit sur des axiomes incontestables, ou sur les textes de lois universellement reçues. De là il tire des conséquences qui mettent à portée de juger, entre deux coutumes contraires, laquelle est préférable et plus conforme aux principes. Les autorités qui appuient l'usage le moins bon forment des objections qu'il dissipe en examinant de quelle source on les tire ; et en faisant voir comment, en perdant de vue les règles primitives, on s'est insensiblement trouvé loin des vrais principes. Si les usages contraires sont différens, l'auteur les rapporte et montre qu'étant également bons en eux-mêmes, la coutume ancienne suffit pour donner la préférence à chacun d'eux dans le lieu où il est reçu.

Ce plan, monsieur, a été parfaitement rempli par un célèbre auteur flamand, Van-Espen, dans son *Droit ecclésiastique universel*. Toutes les parties des œuvres de ce savant canoniste sont intéressantes : la plus importante est, sans contredit, son *Traité du Droit ecclésiastique universel* ; il est indispensable de l'avoir lu et étudié, pour savoir le droit ecclésiastique.

M. votre fils y trouvera l'application la plus exacte des principes qu'il aura déjà vus ailleurs sur la nature et le gouvernement de l'Église, et sur la distinction des deux puissances : il y verra les règles et les canons opposés sans cesse aux abus que les passions des hommes ont introduits dans l'Église ; il y apprendra à discerner des lois, les usages que l'Église tolère, jusqu'à ce qu'un temps opportun lui permette de ramener la pureté de l'ancienne discipline.

Si Van-Espen eût été Français, et qu'il eût pu connaître le détail de nos usages et de nos lois, aussi-bien qu'il a connu nos libertés et leurs principes fondamentaux, je ne crois pas qu'il fût nécessaire de joindre à l'étude de cet auteur la lecture d'aucun autre ; mais les circonstances que je viens d'observer exigent que l'on y ajoute les *Lois ecclésiastiques* de d'Héricourt. C'est, à juste titre, le plus célèbre des canonistes français. La forme qu'il a choisie n'admettait pas les profondes réflexions que l'on trouve dans Van-Espen, et que d'Héricourt n'était pas moins capable de faire, à en juger par les préambules qui sont à la tête de chacun des titres. D'Héricourt est plus concis : Van-Espen paraît plus savant ; d'Héricourt est parfaitement instruit de la discipline actuelle : Van-Espen, consommé dans l'étude de l'ancienne discipline, ne laisse passer aucune occasion de rappeler la sévérité des règles, et de la faire contraster avec le relâchement amené par des siècles d'ignorance et de corruption. Chacun de ces auteurs pourrait passer pour le premier des canonistes, si l'autre n'existait pas. En les réunissant, M. votre fils acquerra la connaissance parfaite du droit canonique nécessaire à un avocat, tel que je l'ai supposé, qui ne se propose pas de faire son unique occupation des matières ecclésiastiques et des affaires bénéficiales.

S'il arrivait qu'après avoir déjà donné quatre années à l'étude du droit romain, et autant à celle du droit français, les affaires qui commenceront à occuper M. votre fils ne lui laissassent plus le loisir de consacrer à l'étude du droit ecclésiastique tout le temps qu'exige le plan que je viens de tracer, il sera possible de le réduire. Après l'étude des principes sur la nature et le gouvernement de l'Église, sur la distinction des deux puissances et sur les droits des différens ordres de la hiérarchie, qu'il passe de suite à la lecture de Van-Espen et de d'Héricourt. Ces deux ouvrages suffiront, absolument parlant, pour lui donner des notions justes et des principes généraux ; mais il faut ne laisser rien échapper de ce qu'ils contiennent l'un et l'autre (1).

Lorsqu'il a été question du droit français, je ne suis entré, monsieur, dans aucun détail particulier sur les études que l'on doit faire, supposé qu'on se propose de s'attacher à certaines matières isolées qui font partie du droit français, et dont je vous ai dit que quelques personnes faisaient leur unique occupation. J'ai pensé pouvoir garder le silence à cet égard, parce que ce sont ordinairement des circonstances particulières qui décident à se livrer à ces objets ; et les mêmes circonstances mettent ordinairement en relation avec les personnes déjà instruites, dont la fréquentation devient beaucoup plus utile que la lecture des livres, peu multipliés d'ailleurs sur ces sortes de matières. Il n'en est pas absolument de même pour le droit ecclésiastique et les questions bénéficiales : on peut, indépendamment des circonstances, s'y livrer par goût. Les traités qui se présentent à étudier alors sont en très-grand nombre. Voici quelques réflexions et quelques vues sur la marche qu'on peut suivre dans le cas où l'on veut s'attacher au droit canonique.

Lorsqu'un avocat se donne à une partie (2), privativement aux autres, ce qu'on attend de lui est différent de ce que

---

(1) Je suis surpris que M. Camus n'ait pas indiqué, au rang des livres où l'on doit puiser la connaissance du droit ecclésiastique, l'excellent ouvrage élémentaire de l'abbé Fleury, intitulé : *Institution au droit ecclésiastique*. Utile dans tous les temps, ce livre est surtout précieux aujourd'hui ; car peu d'avocats voudront lire encore les in-folio de Van-Espen et de d'Héricourt ; mais tous doivent lire les 2 vol. in-12 de Fleury.

(2) Autrefois rien n'était plus ordinaire que de voir des avocats appliqués à une seule partie du droit ; les *fiefs*, les *matières bénéficiales*, les *fermes*, etc., et chacune de ces branches pour les connaître à fond exigeait en effet tout un homme. Les avocats plaidans y trouvaient un grand avantage, celui de pouvoir consulter à point nommé un jurisconsulte du nombre de ceux qu'on nommait des *puits de science*, parce qu'entièrement adonnés à l'étude de la partie qu'ils avaient embrassée, ils en acquéraient une connaissance très-approfondie. Aujourd'hui nous n'avons rien de pareil ; la législation s'étant

l'on demande d'un jurisconsulte qui s'est proposé d'embrasser également toutes les parties du droit. L'immensité des études que ce dernier est obligé de faire, lui permet d'ignorer quelque portion des détails : ce sont les principes généraux qu'il a surtout approfondis. L'avocat qui se livre à un objet particulier, doit d'abord connaître, dans les principes généraux du droit, ceux qui sont d'un usage plus étendu et plus fréquent. Quelque isolée qu'une matière soit supposée, il n'est pas possible qu'elle n'ait souvent des rapports avec les autres ; qu'on n'ait, par exemple, à y faire usage ou des principes sur les conventions, ou des règles des successions : il faut donc nécessairement les savoir. Mais si l'on veut ensuite se livrer spécialement à une partie déterminée du droit, ce ne sera pas assez d'en étudier les principes : il est indispensable de se livrer aux détails, et de les voir dans la plus grande étendue. Le public suppose que celui qui s'est donné à un objet particulier n'a rien négligé de ce qu'il a su appartenir à cet objet, et qu'il y est tellement versé, que, quelque questions qu'on lui propose, il sera en état, non-seulement de donner son avis personnel, mais d'y ajouter en même temps ce que les auteurs ont dit, soit pour l'affirmative, soit pour la négative ; de rapporter les règlemens particuliers intervenus sur la question, ainsi que les arrêts anciens et modernes qui déterminent la jurisprudence.

Si donc M. votre fils a dessein de se livrer au droit canonique (1), il faut qu'il abrége l'étude du droit romain et du

---

simplifiée, chacun consulte et plaide à la fois sur toutes les matières du droit ; mais il faut convenir aussi que l'ancienne érudition a presque totalement disparu du barreau, et qu'on y trouve beaucoup de gens *superficiels.*

(1) On ne conseillera plus à aucun avocat de négliger le *droit civil,* pour s'adonner exclusivement au *droit canonique.* Ce droit, au contraire, ne doit plus entrer qu'accessoirement dans les études d'un avocat. Il saura tout ce qu'il en doit savoir, si, à la connaissance de l'histoire ecclésiastique, il joint la lecture de l'Institution de Fleury, de quelques chapitres de d'Héricourt, les principaux articles des libertés de l'Église gallicane, avec les preuves rassemblées par P. Pi-

droit français, pour se procurer le temps nécessaire aux détails du droit canonique. Il verra un moindre nombre de livres; il retranchera les commentateurs, excepté le cas d'une difficulté insurmontable, pour se borner aux textes et à quelques auteurs essentiels, tels que Dumoulin, Duplessis, sur la coutume de Paris, et Pothier. Dans tous les cas, il est à propos de commencer par l'étude du droit romain, parce que c'est dans cette étude seule que l'on peut puiser la connaissance des vrais principes du droit.

Avant d'arriver à l'étude du droit canonique, M. votre fils aura lu l'*Histoire ecclésiastique* de Fleuri, que je lui ai conseillée dans ma seconde lettre; mais, si son point de vue était dès lors arrêté, il n'aura pas manqué de faire une attention particulière à cette lecture. Il apportera le plus grand soin à la méditation des principes sur l'Église et son gouvernement; sur l'indépendance de la puissance séculière à l'égard de l'autorité ecclésiastique; sur l'étendue du pouvoir des princes relativement aux choses ecclésiastiques; enfin, sur les bornes de l'autorité du pape et des premiers pasteurs. Ces premières lignes du plan que je décris ici sont les mêmes qui étaient déjà tracées pour le plan où le droit canonique ne formait qu'une partie considérable, sans cependant être la partie dominante. L'étude des principes est toujours la même; la différence ne devient sensible que dans les détails.

Établissons d'abord entre les questions dont on s'occupera un ordre que l'on puisse parcourir sans confusion. Je ne crois pas qu'il soit possible de voir les matières mieux distribuées qu'elles le sont dans Van-Espen. L'ouvrage de Van-Espen servira donc en même temps, et de modèle pour l'ordre du travail, et d'introduction sur chaque matière : mais en y ajoutant d'Héricourt, M. votre fils étudiera ce qui concerne les personnes: les procédures ecclésiastiques, en suivant pied à pied la marche de Van-Espen. Le titre ou le chapitre auquel il arrivera successivement sera le premier objet de son

thou, publiées par Dupuy; le concordat de l'an IX, la loi organique de l'an X, et le Gouvernement des paroisses, par M. Carré de Rennes.

étude, et il y rapportera ce qui est sur la même question dans d'Héricourt; puis il cherchera dans les autres canonistes et dans les recueils qu'il se sera proposé d'étudier, tout ce qui peut y être également relatif.

La *Collection des Conciles*, les *Mémoires du Clergé*, le *Commentaire* de Fagnan *sur les Décrétales*, la *Discipline Ecclésiastique* du P. Thomassin, le *Recueil de Jurisprudence canonique* de La Combe, et le *Traité des matières bénéficiales* de Fuet, sont des livres qu'on doit consulter sur toutes les questions; ils embrassent presque toutes les parties du droit canon, et ce qu'ils contiennent, les deux premiers surtout, est trop intéressant pour en rien négliger. Il y a ensuite des auteurs particuliers, qu'on verra sur les questions qu'ils ont traitées.

La première partie de l'ouvrage de Van-Espen est, *Des personnes ecclésiastiques*. Il reste peu d'auteurs particuliers à voir sur cette partie, après l'étude que l'on aura faite des principes que les évêques ont à opposer aux prétentions ultramontaines, et les pasteurs du second ordre aux tentatives des prélats supérieurs. Néanmoins on peut encore, au sujet des évêques, parcourir l'ouvrage donné sous le nom de *Petrus Aurelius*, qui fut imprimé dans le siècle dernier, par les ordres de l'assemblée du clergé. Il y est traité de la mission des évêques, de leur nécessité; de la juridiction et des pouvoirs affectés au caractère épiscopal. Lorsqu'on en sera à l'article des curés, on peut ajouter aux livres que j'ai déjà indiqués, et qui développent leurs droits, le *Traité du gouvernement de l'Église en commun*, de Drappier, et un recueil de décisions très-sommaires, publié en 1682, réimprimé ensuite dans le *Code des Curés*. Ce code serait lui-même un recueil fort utile, s'il était bien fait. Le titre annonce une collection générale des décisions relatives aux curés, mais il contient bien d'autres pièces qui n'ont aucun rapport à cet objet : c'est une compilation informe qu'il faudrait refondre. La subsistance des curés, et leurs droits contre les curés primitifs, sont fixés parmi nous par les déclarations de 1686, 1690, 1726, 1731, et par l'édit de 1768. Il faudra ajouter la lecture de ces lois, à ce que dit Van-Espen. Duperrai a publié un traité sur les portions congrues ; mais une partie de ce qu'il a dit est devenue inutile depuis l'édit de 1768, qui a aplani plusieurs difficultés, et qui, sur d'autres points, a changé ce que les anciennes lois avaient statué. Furgole a donné sur les curés primitifs un ouvrage assez considérable ; on peut le consulter dans les occasions.

L'examen des droits des curés conduit naturellement à ce qui concerne l'administration entière des paroisses, les fabriques et les marguilliers. On a sur cet objet un traité de M. Jousse, imprimé en 1769 ; il contient tout ce qu'il est essentiel de savoir : il y est parlé en général du gouvernement spirituel et temporel des paroisses, des marguilliers, des biens laissés aux pauvres, des écoles de charité. Par rapport aux chapitres, Bordenave et Ducasse ont fait des traités exprès sur les droits qui leur appartiennent.

La seconde partie du *Droit Ecclésiastique* de Van-Espen, traite des choses ecclésiastiques : ce qui comprend les sacremens, les bénéfices et les biens de l'Église. Celui des sacremens, qui fournit le plus de questions aux canonistes, est le mariage. M. Pothier a donné un traité particulier sur cette matière : il est comme tous ses autres écrits, plein de principes, d'une érudition sage, et de décisions sûres ; on ne saurait se dispenser de le lire d'un bout à l'autre. Les meilleurs livres à consulter ensuite, sont les Conférences de Paris, et les Consultations canoniques de Gibert. On a aussi sur cette matière un recueil de canons, d'ordonnances et d'arrêts, sous le titre de *Code matrimonial.*

M. Gibert a donné sur le sacrement de l'ordre, un recueil de consultations dans lesquelles il examine, comme dans ses consultations sur le mariage, un grand nombre d'espèces singulières et importantes.

Le lieu où Van-Espen traite des matières bénéficiales est celui auquel on peut rapporter la lecture d'un plus grand nombre d'auteurs ; et cela est même nécessaire en partie, parce qu'il y a plusieurs points relatifs à cet objet, que Van-Espen n'a point traités, ou qu'il n'a traités que légèrement, vu qu'ils sont particuliers à la France. Les ouvrages sur les matières bénéficiales sont trop multipliés pour qu'il soit possible de les étudier tous : je conseille de préférer en général les plus nouveaux. Il est rare que l'on ne trouve pas dans les auteurs modernes, une grande partie de ce que les anciens ont dit. Ainsi on aura dans sa bibliothèque, Rebuffe. Flaminius Parisius, Tonduti, Pastor et Solier, Guimier et Probus sur la Pragmatique, les Définitions canoniques de l'édition de Perard Castel, et ses Questions, seulement pour les consulter, et pour vérifier les citations ; mais on lira les Commentaires de Dumoulin, avec les additions de Louet, et les notes de le Vaillant sur les règles de la Chancellerie ; le traité de Fuet, celui de Gohard, les ouvrages de Duperrai, et ceux de M. Piales. L'étude des ouvrages de Duperrai demande plus de patience que de temps. Cet auteur savait beaucoup, mais il n'a mis aucun ordre dans ses écrits. Les questions y sont posées comme elles se sont présentées à son esprit ; c'est ensuite un mélange de droit ancien et moderne, d'autorités citées bien ou mal, et de raisonnemens. Quelquefois, au lieu d'une discussion telle que vous l'attendez d'un canoniste savant, vous ne trouvez ou que la simple proposition de la question, ou des mémoires faits par Duperrai dans des affaires particulières, et enfin un arrêt en forme, avec tous les détails du *vu* et de la *signification*. Les ouvrages de M. Piales sont dans un genre bien différent : vous pouvez juger de leur manière par la juste réputation qu'ils ont acquise à leur auteur.

Il y a encore d'autres traités relatifs à des questions particulières, qu'il faut également connaître ; par exemple, le *Traité des Indults accordés au Roi*, par Pinsson ; le *Traité de l'Indult du parlement*, par Cochet de Saint-Vallier ; les *Principes sur les droits des Gradués*, par de Joui ; la *Pratique bénéficiale de la province de Normandie*, par Routier, *etc.* A l'occasion des bénéfices et du droit des patrons, Van-Espen parle des droits honorifiques qui sont dus aux patrons et aux seigneurs justiciers des paroisses. Nous avons deux traités exprès du patronage, l'un en latin, qui a de

I.   23

Roye pour auteur; l'autre en français, il est de Ferrière : on y joindra le *Traité des Droits honorifiques*, de Maréchal, et les observations de Guyot sur le même sujet : c'est le dernier volume de son Traité des Fiefs. L'examen de ce qui concerne les biens ecclésiastiques rappelle les *Traités des Dîmes* de Dunod, de Duperrai, de le Mère, de Drappier, et de M. de Joui. Les questions relatives à l'entretien et aux réparations des bâtimens dépendans des bénéfices, sont discutées par M. Piales, dans le *Traité des réparations :* je crois qu'il est le seul qui existe sur cette matière. C'est encore en traitant des biens ecclésiastiques qu'on doit s'instruire de la manière dont ces biens contribuent en France aux charges de l'état. Il faut voir d'abord ce qui en est dit dans les *Lois ecclésiastiques* de d'Héricourt ; mais la forme de la contribution a changé à l'égard des particuliers depuis le temps où d'Héricourt a écrit : on apprendra, dans les Procès-verbaux des assemblées du clergé, quel est l'usage actuel.

Enfin la dernière partie de l'ouvrage de Van-Espen est, des juges ecclésiastiques, des procédures qui se font devant eux, et de leurs sentences (1). L'objet le plus important de cette partie est la compétence des juges ecclésiastiques. On peut consulter à cet égard le *Traité de l'abus*, par Fevret, la *Pratique de la juridiction ecclésiastique volontaire, gracieuse et contentieuse*, par Ducasse ; le *Traité de la juridiction ecclésiastique contentieuse*, qui a paru chez Desprez en 1769 ; et un autre ouvrage, qui porte à peu près le même titre, et qui a paru dans le même temps chez Debure. Ce dernier est de M. Jousse ; le premier est de l'abbé de Brezolles.

---

(1) J'ai déjà dit (page 337), qu'il n'y a plus de tribunaux ni de juges ecclésiastiques ; mais il y a toujours des *abus* et même des *appels comme d'abus*, qui malheureusement sont portés au conseil d'état, tandis qu'ils devraient l'être devant les cours royales. Consultez les deux in-folio de Fevret ; et lisez avec soin le premier volume du *Traité des appellations comme d'abus*, d'Édmond Richer, 2 vol. in-12, reliés en un.

Le règlement obtenu par le clergé de 1695 contient beaucoup de dispositions sur la juridiction ecclésiastique : il en contient aussi sur les réparations des églises, et sur d'autres objets importans. Je ne les indique point en particulier, parce que l'auteur des Mémoires du clergé ne manque pas de les rapporter à l'occasion des questions qu'elles décident. Lorsqu'on trouve dans les Mémoires du clergé quelques-uns de ces articles, il faut y ajouter le Commentaire de M. Jousse, dans lequel on apprend, outre les principes, l'usage et la pratique actuelle. Je ne parle pas non plus en particulier de l'étude de la jurisprudence relative aux affaires ecclésiastiques, par la même raison que l'auteur des Mémoires du clergé a rassemblé sous chaque question les arrêts les plus célèbres qui les ont décidées. Le *Recueil de jurisprudence canonique* en indique aussi plusieurs. On peut, si l'on a assez de loisir, feuilleter encore les tables des derniers volumes du Journal des Audiences, et des Arrêts d'Augeard ; recueils qui n'ont paru que depuis l'impression des Mémoires du clergé. La jurisprudence la plus moderne s'apprendra en suivant les audiences : il n'est pas nécessaire d'être assidu à toutes les audiences, lorsqu'on se fixe à une seule partie; mais il faut tâcher de ne manquer aucune de celles où l'on plaide des causes qui appartiennent à la partie que l'on a embrassée.

SECTION VI.

DE L'ÉTUDE DU DROIT ÉTRANGER,

(Sixième lettre de CAMUS, deuxième partie.)

Je vous ai promis, lorsque je vous aurais parlé de l'étude du droit canonique, de vous dire quelque chose de l'étude du droit étranger.

Chez presque toutes les nations policées, il y a un droit public qui règle les intérêts de la nation, tant entre elle,

23.

considérée comme un individu moral, et ses membres, qu'entre les différentes corporations ou sociétés qui la composent ; un droit privé qui décide des droits des individus, les uns à l'égard des autres, des lois de police pour le maintien de l'ordre, des lois criminelles pour punir ceux qui s'écartent de l'ordre, enfin, chez beaucoup de nations, il y a encore un droit religieux correspondant à ce que nous appelons, nous, le droit canonique.

Plusieurs motifs peuvent déterminer à étudier le droit des nations étrangères ; la manière d'étudier varie comme les motifs d'étudier sont différens.

L'homme qui se livre à l'étude des relations des peuples entre eux, étudiera le droit public des divers peuples : leur droit privé ne l'intéresse que sous le rapport des connaissances qu'il lui donne de la constitution des peuples, de leurs habitudes et de leurs mœurs.

Si l'on était appelé à réformer quelque partie du droit, il serait convenable d'étudier ce qui se passe ailleurs relativement aux mêmes objets. Ainsi j'ai vu qu'à une époque où, fatigué de la longueur de nos procès et de la multitude des formes de nos procédures, on se proposait d'y faire des changemens ; j'ai vu, dis-je alors, qu'on étudiait le code Frédéric pour y puiser des lumières. Ainsi encore, dans le cas où l'on changerait notre horrible et inquisitionnelle procédure sur la poursuite des délits, il faudrait étudier les lois anglaises, et apprendre, soit d'après les lois, soit d'après les jurisconsultes, comment on pratique en Angleterre l'instruction par jury.

Un jurisconsulte qui se réserve, même au milieu de grandes occupations, du temps pour apprendre, parce que *les trésors les plus abondans s'épuisent lorsque l'on en tire toujours sans y rien verser*, se livrera volontiers à la lecture de quelques codes ou des écrits de quelques jurisconsultes étrangers. C'est un moyen d'étendre ses vues, d'apercevoir les règles sous différens jours, de s'enrichir de nouvelles réflexions.

Enfin, il est indispensable de consulter les lois d'un pays, lorsque l'on est chargé d'affaires qui se décident dans les tribunaux français, mais dont le principe de décision doit, à raison des circonstances, être puisé dans le texte des lois étrangères.

Hors ce cas particulier, ce sont les règles générales du droit étranger et les bases sur lesquelles elles portent, qu'on étudie, plutôt que les décisions spéciales sur des points de fait.

Mais pour être en état de faire, selon que la nécessité ou l'occasion se présente, ces différentes études, il faut avoir des notions générales sur la composition du droit des peuples étrangers, de ceux surtout qui se sont rendus célèbres par leurs principes d'équité ou par la sagesse de leurs formes dans l'administration de la justice. Cette connaissance, en grande partie bibliographique, s'acquiert plus facilement par l'inspection d'un catalogue de livres choisis que par un discours. Je vous rapporterais ici le titre des codes qui forment la base du droit en Angleterre, en Espagne, en Italie, etc.; je vous nommerais leurs jurisconsultes; je vous indiquerais leurs principaux ouvrages, que vous n'entendriez pas plus que quand vous aurez lu un catalogue avec quelques notes; seulement un discours suivi aurait plus de prolixité, et il vous serait moins facile d'y retrouver, au besoin, les livres que je vous aurais indiqués. Renvoyons donc tout ce que j'aurais à vous indiquer à cet égard au catalogue que je vous ai promis dans ma seconde lettre. Je serai exact à tenir ma parole.

Puis-je me flatter, monsieur, d'avoir rempli vos vues, et d'avoir indiqué à monsieur votre fils le chemin qui pourra le conduire à son but? Je suis bien éloigné de croire qu'il n'y ait aucune autre route que celle que j'ai tracée, ni qu'il soit impossible de rien réformer ou ajouter à ce que j'ai dit. Je lui ai montré la voie qui me paraît la plus sûre, celle que je prendrais moi-même, si j'avais à recommencer le cours de mes études. Vous trouverez peut-être, monsieur, mon plan un peu étendu : je conviens qu'il ne faut guère moins de *dix années* pour le remplir; mais cet espace de temps ne vous effraiera pas, si vous voulez faire attention que, *parmi les avocats aujourd'hui les plus employés, il n'y en a presque pas un qui ait commencé à être connu avant d'avoir passé*

dix années au palais (1). Le public est trop persuadé que la
science et la prudence ne sauraient être que le fruit du temps
et du travail. Les degrés que l'on a pris dans une université,
le serment d'avocat auquel on a été admis ne suffisent point
pour déterminer sa confiance. L'étude à laquelle on se livre,
n'empêche pas d'ailleurs que l'on ne se charge de quelques
affaires, lorsqu'il s'en présente. Leur examen distrait de l'ennui
que cause à la longue un travail dont les fruits ne se produi-
sent point au dehors ; la manière dont on les traite accou-
tume à faire l'application juste des principes ; et le succès
qu'on peut obtenir, forme peu à peu la réputation. L'ardeur
pour l'étude croît alors ; l'honneur, la considération dont on
commence à jouir, inspirent une nouvelle passion pour parvenir au rang des avocats qui nous ont devancés. Il suffit de
jeter les yeux vers ce terme, pour ne plus apercevoir, ni la
longueur, ni les dégoûts, ni les ennuis du chemin que l'on
doit parcourir.

J'ai l'honneur d'être, etc.

---

(1) Ce que dit Camus du temps nécessaire à un avocat pour asseoir
sa réputation au palais, n'a pas cessé d'être vrai, même aujourd'hui
que les journaux politiques et surtout la *Gazette des tribunaux* offrent
aux jeunes avocats un moyen qu'ils n'avaient pas autrefois, d'apprendre leur nom au public, et de livrer leurs plaidoyers à son appréciation. C'est qu'il ne suffit pas en effet de quelques causes bien
plaidées, d'une ou deux affaires d'éclat pour vous faire connaître : il
faut une longue réitération d'actes louables pour affermir, chez les
clients et les magistrats, l'opinion qu'un avocat est arrivé à ce point
de ne plus redouter aucun adversaire, d'être supérieur au plus grand
nombre, égal aux plus forts, qu'il est studieux, assidu, capable en
un mot de bien défendre et de faire prévaloir tous les intérêts qui lui
seront confiés. Ce n'est pas trop de dix années pour apprendre tout
ce qu'il faut savoir : car si l'étude du droit est abrégée sous certains
rapports, par l'abrogation des coutumes, des droits féodaux, des
matières bénéficiales, etc., elle a acquis d'un autre côté plus d'éléva-
ion et d'importance par la nécessité d'y joindre à un plus haut degré
qu'autrefois la connaissance du droit public, des matières politiques,
du droit criminel, etc., etc.

SECTION VII.

SUR L'ÉTUDE DES PRINCIPES DE L'ÉCONOMIE SOCIALE, ET DES BASES TANT DE L'ADMINISTRATION INTÉRIEURE, QUE DES RELATIONS EXTÉRIEURES.

(Septième lettre de CAMUS.)

Je ne me serais pas flatté, monsieur, lorsque j'écrivais, il y a déjà longues années, à M. votre père, sur l'ordre de vos études, que quelque jour vous me consulteriez encore sur celles de M. votre fils. Vous me marquez qu'après avoir relu avec lui mes premières lettres, vous croyez que, dans l'état actuel de notre gouvernement elles laissent un vide sur des objets de grande importance. Dans l'ancien ordre de choses, la magistrature et ses dignités étaient le terme le plus élevé auquel l'étude des lois pouvait conduire. Aujourd'hui cette même étude ouvre l'entrée d'une autre carrière ; elle introduit dans les assemblées nationales, dans les conseils du souverain ; alors on n'a pas à décider seulement des questions particulières, ni même à faire des lois proprement dites, mais souvent on doit ou réfléchir, ou s'expliquer sur des actes d'administration, soit intérieure, soit extérieure ; on peut être appelé à administrer soi-même. Vous vous imaginez, monsieur, qu'il m'est facile, parce que j'ai été membre de plusieurs assemblées, de vous présenter quelques observations, fruits précieux ou de l'étude, ou de l'expérience.

Je conviens avec vous que les études de nos jeunes gens doivent être plus vastes qu'elles n'étaient par le passé ; qu'il nous faut quelque chose de mieux que des légistes, et que les hommes qui se livrent dans leur jeunesse à l'étude des lois et aux discussions publiques devant les tribunaux, doivent former, dans un âge plus avancé, le séminaire des hommes d'état. Mais je ne conviens pas avec vous que je suis fort en état de vous donner des instructions sur ce sujet. Ce que l'ex-

périence m'a principalement appris dans les assemblées nationales, ce sont les suites fâcheuses du vide que laissent nos
études ordinaires relativement à l'administration publique.
J'ai beaucoup regretté, quant à moi, de ne m'être pas livré
d'avance à ces études; et à l'égard des autres, j'ai souvent
aperçu les funestes effets du vide dont je me plains.

Les connaissances relatives à l'administration publique,
connaissances dont la réunion forme l'homme d'état, me semblent devoir être divisées en trois parties : la première est
composée presque uniquement de principes et de méditations
générales ; la seconde consiste dans l'application des principes
au gouvernement intérieur d'un état, d'une contrée, d'une
ville ; la troisième, dans l'application des principes aux relations des états les uns avec les autres. J'appelle la première
de ces trois parties *économie sociale* ; cette science est le résultat de l'examen de ce qui forme les liens sociaux, et de ce
qui entretient les sociétés dans l'état le plus florissant. J'entends par l'état le plus florissant de la société, celui où chacun de ses membres jouit de la plus grande somme de bonheur
dont ses facultés intellectuelles le rendent susceptible. Cette
première partie est donc la théorie de la science, dont l'application se partage en deux branches, administration intérieure, administration extérieure.

Permettez ici une courte explication sur le mot *théorie*,
que je viens d'employer. Je serais très-fâché qu'il vous donnât
l'idée de méditations abstraites, que j'appelle, moi, des rêves ;
car je ne saurais supposer qu'on soit bien éveillé lorsqu'on
élève des plans pour bâtir avec des matériaux qui n'existent
pas, ou que l'on n'a pas la faculté de façonner à sa volonté.
Ma théorie est la considération des choses existantes, et non
celle des fantômes qui se présentent à l'imagination. Ainsi j'é-
tudie la formation et le maintien des liens sociaux à l'égard
des hommes qui existent, des hommes tels qu'ils existent ; je
les prends tels, parce que je n'ai pas le pouvoir de créer une
nature humaine, à laquelle je donnerais sans doute pour
premier attribut la docilité de se prêter subitement et aveuglément à toutes mes volontés.

Ces théories arbitraires, ces romans sur la société entraînent, lors des révolutions que les états éprouvent, des maux
affreux : nous en avons été témoins. Ceux mêmes qui s'y laissent aller en sentiraient l'absurdité, s'ils n'étaient pas aveu-
glés par leur amour-propre. Vous projetez une opération pour
laquelle il vous faut des coopérateurs, des agens et des fonds,
et vous imaginez que votre projet va réussir, parce que vous
l'avez écrit sur du papier. Mais songez donc que les hommes
dont vous demandez *le concours* ont leur volonté aussi ; qu'ils
ne se réuniront avec vous qu'autant que leurs volontés seront
conformés à la vôtre, et qu'ils ont leurs motifs de détermination comme vous avez les vôtres (1). J'ai bien des fois entendu l'amour-propre donner d'autres leçons, dire qu'on maîtrisait les volontés, qu'un homme habile conduisait les autres
où bon lui semblait ; j'ai vu, en effet, qu'avec de l'adresse on

---

(1) « Quoi qu'on fasse, il faut vouloir ce que veulent son pays, son
temps, la société au milieu de laquelle on vit. On donne à un roi le
beau rôle de juger cette volonté, de la pressentir, d'agir suivant elle ;
on ne lui donne pas le pouvoir de s'y soustraire. On lui donnerait
plus que n'ont les despotes dans les états despotiques. Jamais il n'est
donné à un homme de vouloir pour toute une société, jamais à moins
qu'il ne soit un homme de génie, ce qui dure quelques années, à
peine ; et encore cet homme de génie doit agir dans le sens de la
passion et de la volonté du jour. Mais dans les états despotiques,
le despote est gouverné lui-même par tout ce qui l'entoure. Dans une société
militaire, il fait ce que veulent des prétoriens, des strelitz ou des ja-
nissaires, et tombe sous leurs coups s'il s'y refuse. Dans une cour
galante et polie, comme celle de Louis XV, il fait ce que veulent des
femmes et des courtisans. Dans les états théocratiques, il fait ce que
veulent des prêtres ; partout il cède à ce qui l'entoure. Dans la monarchie représentative, on l'oblige à faire ce que veut le pays, repré-
senté par ses vrais organes. Céder aux faux organes, ou aux vrais,
c'est toute la différence entre un gouvernement et un autre. Mais
*céder à ce qui les entoure est toujours la condition des hommes appelés à
gouverner les autres.* Encore une fois, on ne veut jamais pour une
société tout entière ; le génie est la seule mesure de l'étendue de
volonté qu'on peut exercer. On agit pour elle, mais on ne veut pas
pour elle. Et c'est en quoi est admirable la monarchie représentative ! »   (*Le National*, du 19 avril 1830.)

se formait un parti ; qu'avec des crimes on rendait ce parti dominant ; qu'avec de la terreur on étouffait les plaintes ; qu'avec de l'effronterie on obtenait des acclamations ; mais j'ai vu aussi qu'à la longue tout s'usait, adresse, crimes, terreur, effronterie, et qu'alors on périssait misérablement, étouffé de remords et chargé de l'indignation publique. Les événemens m'ont convaincu qu'il n'y avait qu'un moyen d'administrer, savoir : d'employer les facultés de ceux que l'on gouverne, ou de ceux avec lesquels on est en relation, telles qu'elles existent ; qu'il n'y a qu'un moyen de bien administrer, soit au dedans, soit au dehors ; au dedans, en ne voulant se rendre heureux que par la masse du bonheur que l'on verse sur les autres ; au dehors, en prenant la prudence comme un guide pour marcher sur les voies tracées par la justice.

Le premier livre d'un administrateur est donc l'*Histoire des hommes* ; cette partie de l'histoire, qui fait connaître les hommes en général, et plus particulièrement les mœurs, les habitudes, la capacité, le degré de force, le degré d'instruction, les préjugés et les défauts, soit des hommes qu'on peut avoir à gouverner, soit des peuples avec lesquels on doit traiter ; la nature des lieux qu'ils habitent ; leur industrie ; en général les choses dont l'impression met leurs facultés en mouvement. Son manuel, c'est Tacite.

Faites lire à M. votre fils des écrits sur les fondemens et les attributs de la société civile ; sur les sources d'où la richesse et la puissance des nations découlent ; mais, croyez-moi, donnez plus de confiance aux livres qui contiennent l'énoncé de faits positifs et authentiques. Par-dessus tout, monsieur, gardez votre fils de l'esprit de système. J'appelle *système* le plan que l'on forme dans sa tête d'un ensemble d'opérations que l'on fait découler de certaines idées que l'on nomme *principes*, auxquelles on rapporte tout ce qui a été fait et tout ce qui est à faire, plan que l'on trouve admirable, d'abord parce qu'on l'a créé, ensuite parce qu'on a la vue trop courte pour apercevoir les obstacles qui s'opposeront à son exécution ; en troisième lieu, parce qu'on a la témérité de croire qu'on est assez fort pour renverser le peu d'obstacles que l'on découvre.

Ce serait une chose admirable qu'un système créé par un homme dont l'âme serait toute en *clairvoyance*, passez-moi cette expression, sans aucun mélange de prévention ni de partialité ; d'un homme qui, après avoir tout vu, aurait médité sur tout, et qui, dans le silence de toute passion, planant au-dessus de toutes les idées secondaires, aurait ordonné d'un seul jet l'ensemble de toutes les parties de l'administration. En attendant un pareil système, nous sommes obligés de nous contenter de plans levés sur le terrain.

J'ai parlé, dans la troisième de mes anciennes lettres, de l'*Étude du Droit naturel et public* ; j'ai fondé cette étude sur celle des principes de la morale ; nous n'avons jusque-là rien à changer dans les études du jeune homme qui veut se former à la partie administrative. Les règles inaltérables du juste et de l'injuste doivent être la base de toute administration. C'est après ces premières études qu'il y a des changemens ou des additions à faire aux études dont j'ai développé l'ordre. La publication du Code civil a rendu inutile pour l'avenir l'étude d'une infinité d'ordonnances et de coutumes que ses dispositions font disparaître. Avec les textes des ordonnances et des coutumes abrogées disparaissent la plupart de leurs commentateurs. Le temps qu'on aurait destiné à les lire sera plus avantageusement employé à l'étude des ouvrages qui peuvent mettre en état d'administrer.

Ce sont des faits et du positif surtout que je veux qu'on rassemble. Les premières études ont dû former un sens droit, enseigner la manière de voir, et composer l'habitude de réfléchir.

Le rassemblement des faits qui donnent une connaissance exacte des lieux, des hommes, des moyens que fournissent les hommes et les choses, est ce que nous appelons *statistique*. Le mot est nouveau, ce qu'il signifie ne l'est pas. Nous avons des descriptions anciennes des lieux et des peuples ; je conviens qu'elles n'étaient pas rédigées avec autant de méthode qu'elles le sont aujourd'hui, et que l'art de soumettre tout au calcul, de disposer toutes les observations en tableaux, est extrêmement avantageux pour étudier. Mais en même temps que je donne beaucoup d'éloges à cette statisti que moderne, je me permettrai deux observations ; l'une sur un défaut dans la manière dont on la traite, l'autre sur le travail personnel indispensable à celui qui veut tirer des livres de statistique une utilité réelle.

Dans la plupart des livres de statistique, l'homme , cet être dont les facultés et le bonheur sont le but de toute bonne administration, me paraît considéré trop *matériellement* , et, à mon avis, dans la plus petite moitié seulement de son existence. Dans plusieurs livres de statistique , on dénombre les hommes comme l'on dénombre les moutons dans un parc ; on sait combien, dans un temps donné, ils rapportent d'enfans mâles ou femelles ; combien ils consomment de boisseaux de blé ; et si l'on ne joignait à ces calculs la quantité d'étoffes nécessaires à leurs vêtemens, on ne s'apercevrait pas qu'il s'agit d'hommes, et non d'animaux. Tous ces détails sont bons, mais ils ne complètent pas la description de l'homme. On a oublié la partie qui est le mobile de toutes : son intelligence et les modifications nombreuses qu'elle éprouve. Toutes ces choses matérielles, le sol plus ou moins fertile, les troupeaux, les laines, les rivières, les canaux, les chemins, le corps même de l'homme, ne sont que des instrumens auxquels l'intelligence imprime une action plus ou moins rapide , plus ou moins parfaite, selon le degré d'action et de perfection qu'elle possède elle-même. Ce ne serait pas, au reste, remplir mes vues, de répéter ce qu'on lit dans des livres anciens de géographie : tels peuples sont vifs, adroits ; tels sont pesans ou intéressés. Je demande sur leurs caractères et leurs manières d'agir, des détails comme l'on en donne sur leur territoire et sur leurs possessions.

Quant au défaut que je remarque dans l'usage des livres de statistique, c'est qu'on croit avoir acquis quelque connaissance en ce genre, parce qu'on aura lu, peut-être seulement parce qu'on aura acheté des livres de statistique. Dans l'état actuel de cette science , dont les résultats n'ont pas encore été publiés, il faut presque autant de travail, de calculs et de combinaisons pour profiter d'une statistique, qu'il en a été besoin pour la rédiger. Ce n'est rien savoir d'utile que de connaître isolément combien dans un département il y a, soit d'ares de terre, soit de têtes de bestiaux. *L'utilité de la science naît des comparaisons et des combinaisons :* Voici de quelle manière.

Les sciences n'arrivent à quelque exactitude qu'autant qu'elles se rapprochent des opérations mathématiques et de leur précision. Un des attributs les plus importans de la géométrie, c'est la faculté qu'elle donne de procéder du connu à l'inconnu ; de découvrir sûrement l'inconnu par le connu. Dans la solution de ses problèmes, plusieurs données certaines conduisent à la chose que l'on cherche : on la découvre si elle existe déjà ; on la construit si elle n'existe pas encore. Ainsi dans la statistique supposons que les objets qui la constituent sont l'étendue du sol, sa nature, sa culture, ses produits, les débouchés des produits, l'exportation et l'importation, la population : la science sera parfaite, lorsqu'une partie de ces points étant connue, on en déduira avec certitude ce qui regarde les points inconnus. L'avantage de la science, portée à ce degré, est manifeste. Soit un département dont la population est faible et a besoin d'être augmentée. On ne peut pas agir directement sur la population ; mais si l'on sait que la population est en raison déterminée avec la division des terres, avec la nature de leur produit, avec les débouchés pour faire sortir les denrées, on agira sur tous ces objets, qu'il est plus facile de diriger ; et l'on sera assuré d'obtenir, après des soins continués pendant plusieurs années, le degré de population que l'on désirait.

L'état des contrées dont on étudie l'administration étant bien connu, il faut s'instruire des règles par lesquelles elles sont administrées. Cette connaissance est indispensable ; autrement chaque administrateur introduisant à sa fantaisie des nouveautés, le pays ne tarderait pas à être bouleversé et ruiné. Mais il ne suffit pas de connaître les règlemens qui existent ; il faut apprendre en étudiant les lieux, les hommes, quelles opérations sont à faire. Il n'en est pas d'un administrateur comme d'un légiste : celui-ci revendique la loi, ou bien il l'applique telle qu'elle est écrite ; il n'a pas d'autre pouvoir : au lieu que l'administrateur a devant les yeux une plus grande perfection vers laquelle il doit tendre ; il est dans la nature des choses humaines qu'elles se détériorent par cela même qu'on ne s'occupe plus à les améliorer.

Mes observations sur les études nécessaires à l'administration d'une contrée ou d'un état s'appliquent à l'étude des relations extérieures d'un état avec d'autres états : seulement il faut étendre ses vues et ouvrir un champ plus vaste à ses recherches. Bien connaître les relations politiques des états les uns avec les autres, c'est réellement se rendre capable d'administrer une grande contrée, non pas dans les détails intérieurs de chaque gouvernement, mais quant à la masse pour laquelle ils entrent dans le corps des puissances en relation les unes avec les autres. Ainsi, au lieu d'étudier les règles de police particulières à un état, on étudiera les traités qui rapprochent les nations entre elles. On méditera sur les forces absolues de chaque puissance considérée en elle-même ; sur ses forces relatives, résultantes de ses liaisons avec d'autres puissances ; et l'on s'attachera surtout à découvrir la force de l'intérêt personnel qui les unit entre elles : car, il ne faut pas s'y tromper, si l'on voit quelquefois les particuliers sacrifier leur intérêt personnel à des considérations qui leur paraissent prépondérantes , cela n'arrive pas entre les puissances (1). Ce ne sont pas les mots *d'amitié constante, de paix perpétuelle*, qui font la durée des traités ; c'est l'intérêt que les états ont à les entretenir.

Après avoir acquis par l'étude des principes, par la lecture de l'histoire, par la connaissance des règles d'administration intérieure, ou par celle des traités pour les relations extérieures, enfin , par la méditation de tous ces objets , l'habi-

---

(1) Exceptez toutefois *la haine de la liberté*, qui a souvent motivé des *guerres*, des *alliances* et des *interventions* dans un sens directement opposé à l'intérêt des peuples dont on a employé le sang et les trésors contre eux-mêmes, au profit du pouvoir absolu.

tude de penser par soi-même et la capacité nécessaire pour juger ce que les autres ont dit : alors seulement je permet et engage qu'on lise les écrits des hommes qui ont traité de la politique, de ceux même qui, comme Machiavel, ont déshonoré leur nom par l'immoralité de leur politique. Il y aurait du danger à les lire plus tôt, parce que, n'ayant acquis encore par soi-même, aucune idée, on serait exposé ou à s'arrêter à des futilités, ou à prendre des maximes pernicieuses pour des principes. Mais lorsqu'on a formé son jugement par ses propres réflexions, il est bon de connaître ce que les autres ont écrit : leurs réflexions peuvent en suggérer de nouvelles, et confirmer les conséquences auxquelles on s'est arrêté. D'ailleurs, il est fort utile de connaître les sources dans lesquelles beaucoup de personnes puisent trop facilement les règles de leur politique : on devinera plus aisément le but où ils veulent arriver, lorsqu'on connaîtra la carte d'après laquelle ils disposent leur campagne.

Après l'étude de tout ce qui peut être connu, de tout ce qui est vraisemblable et conforme à la raison, il faut laisser une large part pour les événemens qui peuvent être amenés, soit par des accidens imprévus ; soit par la sottise, la déraison, l'étourderie des personnes que l'on doit conduire, ou avec lesquelles on a à traiter ; soit par ses erreurs personnelles. On doit être bien persuadé qu'on n'en sera pas exempt. C'est à raison de ces événemens que je proscris en administration, ainsi que dans les relations avec l'étranger, les *systèmes* auxquels on tient comme à des principes dont on se fait honneur de ne jamais dévier, et qui ne conduisent dans la réalité qu'à un funeste entêtement. L'administration, soit intérieure, soit extérieure, doit nécessairement avoir quelque chose de la flexibilité propre à la nature des hommes et aux événemens qui varient sans qu'il dépende de nous de les fixer. Il est beau à un homme, toutes les fois qu'il ne s'agit que de ses intérêts personnels, de les sacrifier à son indépendance et aux principes qu'il s'est faits pour sa conduite : mais l'administrateur qui n'agit que pour les intérêts des autres, jamais pour les siens propres, ne se permet pas d'immoler à ses idées particulières ce qui ne lui appartient pas. Le plus grand bien des personnes confiées à son administration est le terme vers lequel il dirige toutes ses voies.

L'administration et les relations extérieures ont, comme les autres sciences que l'on réduit en action, leur pratique et leurs formules. C'est une partie nécessaire à connaître, mais facile à saisir, lorsqu'on s'est déjà pénétré des principes de la science. Pour se former à la pratique de l'administration, on lira les mémoires des administrateurs qui se sont acquis une juste réputation; pour les relations extérieures, on lira les actes des négociations fameuses, avec l'attention de ne pas confondre les temps, et de ne pas prétendre adapter, aux négociations à faire dans le dix-neuvième siècle, les formes de négociations conclues dans le dix-septième. On lira aussi ce qui regarde l'état, les droits et les obligations des agens publics. Je m'arrête peu à ces objets, parce que ces lectures méritent à peine le nom d'études, quand on est déjà imbu des principes de la science et de l'administration.

Je me propose, au reste, d'étendre dans le catalogue que j'ai fait autrefois des livres de droit pour vous aider dans vos études, l'article qui concerne le droit public; ou plutôt de refaire absolument cet article pour suppléer à la brièveté des réflexions que j'écris ici. Je vous indiquerai les meilleurs livres qui sont parvenus à ma connaissance, et qui me paraissent propres, soit à l'administration intérieure, soit aux relations extérieures.

J'ai l'honneur de vous saluer.

SECTION VIII.

ÉTUDE DU DROIT PUBLIC.

(Lettre de M. BERVILLE.)

AUTREFOIS l'avocat pouvait, sans trop d'inconvénient, négliger l'étude du *droit public*; cette étude lui présentait même plus de difficultés que d'avantages (1). Les abords de la science étaient pénibles, l'usage en était rare, une législation épaisse et incertaine, des antécédens obscurs ou contradictoires, un pouvoir ombrageux, protecteur de tous les préjugés, intéressé dès lors à couvrir d'un voile impénétrable les droits des peuples, les principes constitutionnels ; d'autre part, une presse esclave, une tribune muette, un barreau resserré dans le domaine étroit de l'intérêt privé, tout était fait pour rebuter le publiciste, rien ne s'offrait pour l'encourager ; il n'en est plus de même aujourd'hui, un ordre nouveau s'est établi : les intérêts généraux ont retrouvé des organes, le pays, jadis gouverné par le bon plaisir, est aujourd'hui gouverné par le droit, la presse a brisé ses entraves, une tribune s'est élevée, le barreau s'est agrandi, et, dans le progrès de nos institutions, il est devenu lui-même comme une seconde tribune, où se débattent chaque jour les plus hautes questions de l'ordre social. Alors, on pouvait séparer le publiciste du jurisconsulte ; maintenant, jurisconsulte et publiciste ne sont qu'une même chose ; non-seulement les fonctions législatives, noble récompense du talent et de la loyauté, attendent au bout de sa carrière l'avocat qui l'a parcourue avec honneur ; dans le cours même de cette carrière, les questions d'ordre public s'offrent à lui de toutes parts ; droits électoraux, égalité religieuse, liberté individuelle, légalité de l'impôt, indépendance de la presse ; tous les grands intérêts reposent sous sa sauve garde. En vain même voudrait-il se renfermer dans la discussion des causes privées, la loi politique l'y poursuivrait encore ; car la loi politique gouverne la loi civile, et l'influence de la constitution modifie incessamment la jurisprudence. Pour discerner les rapports ou les dissemblances de l'ancien droit et du droit moderne, pour éclairer l'application des lois romaines, des coutumes, de la doctrine des vieux auteurs et des antiques monumens de la jurisprudence, pour discerner ce qui survit ou non, dans les législations successives de la

---

(1) Voyez section III, page 297 de ce volume.

monarchie absolue, de la monarchie représentative, de la république, de l'empire, de la monarchie restaurée, il faut connaître à fond le texte, l'esprit, la relation des constitutions
successives qui ont passé sur le territoire. Mariages, adop-
tions, puissance paternelle, successions, testamens, substitutions, partages, tout est soumis à des règles d'application
différentes, selon que le principe du gouvernement se rapproche de l'aristocratie ou de la démocratie, du despotisme
ou de la liberté. Ainsi, par exemple, l'autorité du droit romain subsiste aujourd'hui presque toute entière, au moins
comme doctrine, en matière d'obligation et même en matière
de legs, parce qu'ici, tout repose sur la simple raison et sur
l'équité naturelle, qui ne changent point ; mais ce guide si sûr
peut souvent devenir un guide trompeur en matière de testamens et de successions ; car la constitution romaine était fondée
sur le privilége, la nôtre l'est sur l'égalité ; l'une favorisait
la concentration, l'autre favorise la division des propriétés ;
et dès lors toutes les dispositions qui, dans l'une, étaient de
droit commun et devaient s'interpréter avec faveur, dans l'autre ne sont plus qu'exceptionnelles et doivent être sévèrement
restreintes ; tandis que les restrictions, qui devaient paraître
odieuses sous l'empire de la première loi, ne sont plus, sous
la seconde, que des garanties bienfaisantes qu'il faut soigneusement maintenir.

L'étude du droit public sera donc aujourd'hui l'une des
premières et des plus sérieuses études de l'avocat ; mais il ne
suffit pas d'en reconnaître la nécessité ; il faut examiner aussi
la manière d'y procéder. La question ici n'est pas sans difficultés ; car, en fait d'institutions constitutionnelles, nous
sommes jeunes encore, et bien des choses nous restent à faire.

Enverrons-nous notre élève aux écoles de droit? Hélas!
j'ai honte de répondre. Ce serait en vain qu'il s'y présente-
rait ; chose bizarre, incroyable, et chose vraie toutefois, depuis quinze ans nous vivons sous un gouvernement constitutionnel, et nous n'avons pas, dans tout le royaume, une
seule chaire de droit constitutionnel. Nous avons des professeurs pour le droit civil, pour le droit commercial, pour la

procédure; nous en avons même, et de très-habiles, pour le droit romain, qui, cependant de nos jours, ne peut plus être considéré que comme un complément utile et non plus comme une base nécessaire de l'enseignement. Quant à la loi de l'état, celle qui règle les devoirs des citoyens envers la société, qui garantit leurs droits, qui détermine l'organisation et la compétence des pouvoirs sociaux, apparemment que la chose n'en vaut pas la peine : vous n'en entendrez pas un mot dans vos quatre années d'études.

Nous rabattrons-nous sur la lecture des textes ? autre embarras. Nous possédons, il est vrai, une Charte constitutionnelle où sont énoncés la plupart des principes de notre ordre social. Mais les lois organiques, conséquences de ces principes, n'existent pas. Notre système politique est régi par les lois de la monarchie absolue, de la république et de l'empire. La Charte, on a eu raison de le dire, est la table d'un beau livre ; mais le livre est encore à faire.

Resteraient les écrits des publicistes : mais ici encore, même indigence. Nous avons d'habiles et d'éloquens publicistes ; nous n'avons pas un seul traité complet de droit public.

Toutefois, dans un pays aussi avancé que la France, dans un pays où la presse et la tribune répandent incessamment des flots de lumière sur toutes les questions de l'ordre social, il n'est pas à craindre que les moyens d'instruction manquent à qui veut réellement s'instruire. Les sources abondent ; il ne faut que les savoir explorer.

La préparation la plus naturelle à l'étude que nous recommandons est d'abord la lecture attentive des écrivains qui ont porté sur la science des lois le flambeau de la philosophie. Montesquieu, qui *éclaire la législation par l'histoire et l'histoire par les lois*, Rousseau, dont la conscience inflexible soumet sans cesse le fait au droit et place la source du pouvoir dans le libre consentement des hommes, seront nos premiers instituteurs. Dans les écrits de ces grands maîtres, nous rencontrerons de loin en loin quelques erreurs, au milieu d'une foule de hautes et salutaires vérités : le temps, les comparaisons nous apprendront à les discerner.

24.

D'autres publicistes pourront, après eux, être consultés avec fruit : Locke, Fergusson, Burlamaqui, Filangieri, enlevé trop jeune à la science qu'il eût enrichie, seront pour nous des guides souvent utiles. Nous ne parlons pas ici de quelques autres écrivains, dont la lecture, pour être vraiment instructive, demande une instruction déjà étendue, un jugement déjà formé ; de Bodin, qui trace le plan de sa *république* sur celui des républiques anciennes ; de Machiavel, qu'il faut lire pour apprendre moins ce que l'on doit faire que ce que l'on doit éviter ; de Puffendorff, plus riche d'érudition que de philosophie. Ces auteurs sont de ceux par lesquels on finit, non de ceux par lesquels on commence.

En arrivant aux temps modernes, nous trouvons, dans les ouvrages de plusieurs contemporains, des instructions également précieuses. Bentham, l'homme de bon sens par excellence, et l'un des esprits les plus éminemment analytiques qui jamais aient existé, nous montre dans l'utilité générale le fondement de toutes les lois. M. de Tracy, dans son excellent commentaire sur Montesquieu, redresse, avec une raison toujours sûre, bien que parfois un peu sévère, les erreurs que le temps a révélées dans le chef-d'œuvre de *l'Esprit des lois*, et leur oppose des vérités neuves autant que fécondes. M. Daunou, publiciste aussi judicieux que savant érudit, trace l'inventaire raisonné des abus du pouvoir et des *garanties* qu'il convient de leur opposer. M. Dunoyer cherche, dans la morale et dans les progrès de l'industrie, le principe de toute liberté : M. Comte, long-temps son collaborateur, explore, avec une sagacité patiente et courageuse les faits qui doivent servir de base à la science des législateurs.

D'autres écrivains nous offrent des leçons d'une nature plus positive et d'une application plus immédiate. M. Benjamin Constant, également célèbre comme publiciste et comme orateur, explique de la manière la plus lumineuse, dans ses *Principes de politique constitutionnelle*, le mécanisme du gouvernement représentatif : dans le même ouvrage et dans plusieurs autres écrits moins étendus, il éclaircit, avec un égal talent, la grande question de la liberté de la presse et celle de la responsabilité des ministres. L'auteur de *la Monarchie selon la Charte*, M. de Châteaubriand, a répandu sur les mêmes sujets une foule d'aperçus ingénieux et vrais : son livre toutefois veut être lu avec précaution : il porte l'empreinte des préventions politiques que l'éloquent publiciste paraît avoir depuis répudiées.

Ainsi préparés par ces premières lectures, nous pourrons aborder l'étude des textes; mais, pour la rendre plus fructueuse, peut-être conviendra-t-il de la faire marcher de front avec celle de l'histoire. Si nos premiers historiens ont trop souvent manqué de philosophie, si leurs annales paraissent trop évidemment écrites sous la dictée du pouvoir; si les Dubos, les Mably, les Thouret ne peuvent complétement nous satisfaire sous d'autres rapports, les travaux des Sismondi, des Thierry, des Mignet, nous fournissent aujourd'hui les moyens de combler leurs lacunes et de redresser leurs erreurs. Nous consulterons encore, sur diverses spécialités de notre histoire constitutionnelle, d'autres publicistes justement estimés ; les Henrion de Pansey, les Bernardi, les Montlosier, les Raynouard, les Beugnot nous prêteront le secours de leur érudition aussi solide qu'étendue. Si l'esprit de caste ou de système a parfois égaré quelques-uns d'entre eux, les autres seront là pour nous garantir de la contagion de leurs préjugés. Les archives de nos parlemens, leurs remontrances, les discours de leurs avocats généraux seront aussi pour nous une mine féconde en instructions. Parvenus enfin à cette grande époque de la révolution française, de laquelle date l'édifice de notre moderne droit public, nous redoublerons d'attention pour en discerner l'esprit général et les divers caractères. Les ouvrages si remarquables de MM. Thiers et Mignet nous en feront connaître l'ensemble ; le *Bulletin des lois* et le *Moniteur* nous en apprendront les détails. C'est là que nous verrons s'élever le magnifique établissement législatif de l'assemblée constituante, qui, dans le court espace de deux années, régénéra la société presque toute entière, et présenta le spectacle unique dans le monde d'une législation complétement fondée sur le droit naturel. Plus tard, apparaîtront les lois transitoires de l'assemblée législative, qui, placée sur le penchant d'un abîme, n'eut que le temps de détruire et n'eut point celui d'édifier : les décrets de la convention, qui semblent moins des actes de législateur que les ordres du jour d'une armée luttant avec fureur contre d'innombrables ennemis : les monumens de l'administration vacillante du directoire : la législation rétrograde de l'empire, qui, en perfectionnant les rouages de la machine administrative, corrompit la législation et détruisit les garanties nationales : enfin, la Charte constitutionnelle, gage encore disputé d'un meilleur avenir. Ce ne sont point ici des textes muets que nous aurons à interroger : partout nous en trouverons l'éloquent commentaire dans les débats des assemblées législatives. Ici, Mirabeau avec sa raison puissante et sa vive imagination, Barnave avec sa justesse et son rare talent d'analyse, Duport, Syeyes, Chapellier ; là, Tronchet, Regnault, Portalis, Cambacérès ; là, et près de nous, nos Lainé, nos Manuel, nos de Serre, nos Foy, nos Broglie, nos Benjamin Constant, nos Royer-Collard, dont les discours réunis suffiraient seuls à former un cours excellent de droit constitutionnel : voilà les interprètes qui nous révéleront la pensée du législateur ; voilà les professeurs qui nous enseigneront à lire dans le code de nos lois fondamentales.

Indépendamment de ces hautes études, qui s'appliquent moins aux détails qu'à l'ensemble de la législation, il existe des travaux dignes d'estime sur diverses parties de notre droit public. On connaît l'ouvrage de M. Béranger sur l'administration de la justice, le traité de M. Collinières sur la liberté individuelle. Un homme dont la France regrette et les lumières et les vertus, M. Lanjuinais a réuni et commenté, dans un recueil en deux volumes, les constitutions de la France. Si nous ne possédons rien encore sur le système électoral, sur la liberté de la presse, sur les institutions municipales, la cause en est ou dans l'absence des lois organiques, ou dans leur mobilité, qui n'a pas permis aux principes de s'établir, à la jurisprudence de se fixer. Il faut attendre.

Nous touchons, on le voit, à la fin de notre cours d'études.

Pour le compléter, nous ne devrons pas négliger de jeter un coup d'œil sur les constitutions étrangères, sur celles surtout qui, fondées comme la nôtre sur le système représentatif, peuvent nous fournir des points de comparaison. L'Angleterre, qui nous a précédée dans la voix constitutionnelle, aura nos premiers regards. Hallam, Delolme, Russet nous dévoileront le secret de sa constitution politique. Nous y puiserons des enseignemens, quelquefois des exemples. Toutefois, nous nous préserverons d'une foi trop servile dans les institutions de la Grande-Bretagne ; nous n'oublierons pas que la monarchie anglaise s'appuie sur le principe aristocratique, et la monarchie française sur le principe populaire, différence capitale et toute à notre avantage ! L'Amérique du nord mérite également d'attirer notre attention ; non que l'organisation d'une république fédérative, assise sur un sol vierge, doive en tout point servir de modèle aux monarchies de la vieille Europe ; mais la simplicité des ressorts du gouvernement, l'économie de l'administration, la modération du pouvoir, la perfection des garanties individuelles peuvent nous offrir plus d'un exemple utile, plus d'une leçon profitable.

C'est par de tels travaux que l'avocat pourra s'élever à toute la hauteur de son noble ministère ; c'est par là qu'il pourra se rendre digne un jour des récompenses nationales qui l'attendent. D'illustres antécédens sont là pour l'encourager ; un vaste et noble champ s'ouvre devant lui ; qu'il rassemble ses forces pour le parcourir avec honneur !

SECTION IX.

ÉTUDE DU DROIT CONSTITUTIONNEL FRANÇAIS.

(M. DUPIN aîné.)

Dans la section précédente, M. Berville trace d'une manière brillante et rapide la vaste carrière que doit parcourir l'avocat qui veut être compté au rang des publicistes. Il se tient dans les sommités, il se contente d'indiquer les ouvrages qu'il convient de lire pour étudier *le droit public*. J'ai pensé qu'il serait utile d'ajouter à ce tableau général de la science quelques traits plus spécialement applicables à l'étude de *notre droit constitutionnel français.*

Sans doute, l'étude du droit public est fort négligée : ailleurs aussi (1), j'ai déploré qu'on ait cessé d'enseigner ce droit, précisément depuis la restauration, c'est-à-dire, depuis l'époque où cet enseignement était devenu plus nécessaire. Mais si cette science, faute d'avoir été cultivée, manque d'ouvrages complets où elle soit convenablement exposée, il en est un cependant qui, s'il ne constitue pas un *cours de droit public* proprement dit, peut du moins être regardé comme un très-bon *livre élémentaire* sur le *droit constitutionnel français.*

Je veux parler de l'ouvrage de feu M. le comte Lanjuinais, pair de France, intitulé : *Constitutions de la nation française*, avec un *Essai de traité historique et politique sur la Charte*, que M. Berville cite, mais dont j'assayerai d'offrir ici l'analyse, pour montrer tout ce qu'on peut trouver de secours pour l'intelligence de notre droit public intérieur, dans l'ouvrage de cet homme de bien dont je fus aussi l'élève, et à qui je veux ainsi payer le tribut de ma juste reconnaissance pour ses doctes leçons.

Assurément, faire connaître à fond les constitutions d'un grand peuple, observer le pouvoir dans sa formation, son développement, sa marche, ses égaremens mêmes, suivis bientôt de sa décadence et de sa chute ; montrer diverses formes de gouvernement se succédant l'une à l'autre ; la barbarie vivant d'arbitraire, l'arbitraire enfantant la tyrannie ; le renversement de la tyrannie amené par l'amour ou plutôt le besoin de la liberté ; les partisans de celle-ci entraînés à la licence par les résistances mal calculées ; les défiances entretenues par la duplicité, les marches rétrogrades et la mauvaise foi ; les excès provoqués par les excès contraires ; le despotisme

---

(1) VIE DE POTHIER, en tête de ses *Traités de droit français*, édition in-8, tome 1er., page XIX.

s'érigeant sur des ruines, absorbant tous les pouvoirs, méprisant tous les intérêts, emporté quelque temps par un tourbillon de gloire, mais abandonné à lui-même au jour des revers, et tombant de son propre poids, moins parce qu'il fut renversé, que parce qu'il ne fut pas soutenu; tirer de ces révolutions diverses des règles de conduite, des réflexions sages, propres à affermir les citoyens dans un esprit de paix et de justice; leur montrer que le bonheur d'une nation ne peut se trouver que dans l'oubli des griefs, l'union des volontés, la modération des désirs, l'usage mesuré de la liberté, et l'usage non moins mesuré du pouvoir; le respect de tous les droits, le ménagement de tous les intérêts : un tel sujet est le plus beau que puisse choisir le publiciste, l'homme d'état, le vrai citoyen; c'est celui qu'a entrepris de traiter M. Lanjuinais.

Ancien avocat, professeur en droit après deux concours, dès l'âge de 21 ans, profond jurisconsulte, député par le choix du peuple, maintenu à de hautes fonctions par respect pour sa seule vertu, souvent proscrit, jamais proscripteur, *toujours le même*, quel autre eût pu mieux que lui nous donner une *histoire abrégée du droit constitutionnel français* ?

Les traits de ce tableau sont rapides, mais fortement prononcés. L'auteur parle d'abord des gouvernemens et des constitutions en général; il ne craint pas de se demander ce qu'on doit entendre par *gouvernement légitime*, et il pense, avec Bossuet, que « *le gouvernement légitime est opposé, de* » *sa nature, au gouvernement arbitraire, qui est barbare et* » *odieux.* Nous ajouterons, dit-il, que le gouvernement, qui » fut le mieux qualifié en droit *gouvernement légitime*, lors- » qu'il a cessé de fait, et qu'il n'existe plus visiblement dans » le territoire de l'état, n'est qu'une prétention, soit légi- » time, soit illégitime, à laquelle chacun des citoyens peut » ou doit être plus ou moins affectionné; mais personne » n'est coupable, personne ne peut être puni, précisément » pour avoir servi ou obéi sous un gouvernement de fait. La » raison naturelle et la religion chrétienne, la prudence et

» l'humanité sont unanimes sur ce point. Les Anglais ont
» très-sagement prescrit l'obéissance au gouvernement de fait,
» par une loi positive la plus formelle. »

L'auteur parcourt ensuite les diverses espèces de gouvernement, et il n'hésite pas à donner la préférence au gouvernement *représentatif et constitutionnel.*

Il démontre que, sous la première race, le gouvernement se rapprochait beaucoup de cette forme, et il se plaît à rappeler le beau mot de l'illustre madame de Staël : *c'est la liberté qui est ancienne, et le despotisme qui est moderne.*

Heureux peuple, dont le nom exprime le caractère! *Franc,* c'est-à-dire, *libre et vrai.*

Mais les assemblées de la nation, remises en honneur sous Charlemagne, tombent en oubli sous ses trop faibles successeurs.

La nuit féodale tend ses voiles, l'aristocratie envahit les honneurs, les richesses, le pouvoir, et le roi des Français n'est plus qu'un *souverain fieffeux.*

Depuis Saint Louis, de pieuse et glorieuse mémoire, les efforts du trône tendent constamment à l'affranchir de l'oppression des grands vassaux.

Le peuple devient, dans cette lutte, le puissant auxiliaire des rois; et la puissance royale, la prospérité de la nation s'accroissent en proportion de ce que l'aristocratie perd de son autorité.

A mesure que les lumières se répandent, on discute les droits, on démasque les usurpations : tout cela ne se fait pas sans résistance, sans coups d'état, sans violences réciproques; le pouvoir passe d'une main à une autre; il flotte quelquefois incertain. Au milieu de ces conflits, l'ancienne constitution qui avait disparu n'est remplacée par aucune autre; rien n'est fixé, rien n'est défini; et lorsqu'arrive la révolution, on est fondé à conclure, avec M. Lanjuinais, que « ce qu'on
» a vu s'écrouler, en 1789, n'était point l'ancienne constitu-
» tion, mais la dernière des formes incertaines du despo-
» tisme et de l'anarchie, substituées à l'ancien gouvernement
» représentatif. »

Le besoin d'une réforme se fait généralement sentir, elle est inévitable. Mais, dit M. Lanjuinais, « on ne calculait » point l'opposition probable des courtisans et des autres » privilégiés; on considérait leur petit nombre, on ne pré- » voyait pas leurs artifices, ni l'appui qu'ils trouveraient dans » la faiblesse ou les préjugés du prince, dans l'ignorance et » la misère du pauvre, ni leurs plans, bientôt conçus et pra- » tiqués sans cesse, *de pousser à tous les excès pour crier* » *aux scandales, et déshonorer enfin tout le système de ré-* » *forme pour mieux l'étouffer;* ni leurs émigrations hostiles, » ni leurs mouvemens continuels de guerre civile et de guerre » étrangère : on ne songeait pas surtout aux effroyables me- » sures, aux lois déréglées qui naîtraient de leur résistance; » on ne songeait pas assez aux intrigues des ambitieux, aux » ruses des traîtres, aux fureurs des partis, et aux suites » funestes des doctrines exagérées, ou imprudentes, ou » perverses. »

Ici l'auteur ouvre une large thèse, qui, méditée, appro- fondie, plus développée, allégerait la révolution d'un grand poids. Il prétend que la plupart des excès révolutionnaires furent excités par les nobles eux-mêmes, et il cite des faits palpables à l'appui de cette assertion. Ne pouvant arrêter le char, ils voulaient du moins le précipiter.

Les bornes de cette analyse ne me permettent pas de suivre l'auteur dans l'historique de toutes nos formes de gouverne- ment : l'anarchie effervescente, l'insuffisance du directoire, le consulat métamorphosé en empire, cet empire gigantesque au dehors, oppresseur au dedans ; les émigrés devenus écuyers et chambellans du nouveau maître, « et se renforçant, à » cette école, dans la pratique et la théorie de l'obéissance » passive à laquelle déjà ils étaient dévoués; » la France gou- vernée, non par des lois justes et librement délibérées, mais par des sénatus-consultes de commande, des décrets de propre mouvement, des avis de l'éternel conseil d'état; une volonté unique mise à la place de la volonté de tous; les peuples attaqués, vaincus, humiliés, exaspérés; mais bientôt l'arc de l'Europe tendu contre nous, et notre territoire en-

vahi par l'étranger. « Ainsi (dit M. Lanjuinais, en finissant
» ce tableau), ainsi fut renversé avec fracas le nouvel em-
» pire; la superbe ville de Paris capitula une première fois
» devant l'ennemi, et les Bourbons, dans la personne de
» Louis-Stanislas-Xavier, furent rappelés au trône des Fran-
» çais, pour les gouverner par une constitution représenta-
» tive. Ce trône avait péri des contre-coups *provoqués par les*
» *opiniâtres complots des privilégiés*, ses aveugles défenseurs;
» il a été ramené par l'homme qui semblait devoir en con-
» sommer la ruine. *Renversé par l'aristocratie privilégiée,*
» *rétabli sans elle, il ne s'appuie plus sur elle.* »

Dans le chapitre VII, M. Lanjuinais raconte des anecdotes
curieuses sur la préparation, la rédaction et l'octroi de la
Charte; et s'il éprouve quelque regret de ce qu'elle ne fut
pas rédigée en forme de *contrat synallagmatique,* il s'en
console par cette considération : « Elle fut bientôt le sujet
» d'adresses de remercîment votées dans chaque chambre,
» et présentées au roi. De ce moment, il fut vrai que la Charte
» avait été *acceptée suffisamment par les représentans de*
» *la nation*, tant électifs que viagers, et le *pacte* entre les
» Français et la famille des Bourbons, interrompu depuis
» 1792, se trouva renouvelé; il a été *juré* depuis très-expres-
» sément par le roi, par les princes et par les deux chambres :
» il reste encore à l'*exécuter* complétement, à le développer,
» à l'améliorer un jour. »

Le chapitre suivant, qui est intitulé : *Exécution de la*
Charte durant la première restauration, est un des plus
curieux du livre.

Il ne peût s'analyser, il faut le lire en entier, pour y voir
le plan formé par certain parti, d'arrêter à tout prix l'action de cette loi fondamentale. — Ceci amène naturellement
le 20 mars.

La nation avait désiré plus de franchise, plus de bonne
foi, plus de garanties; mais elle n'avait pas désiré le retour
de Bonaparte. Il n'a pas été ramené : on l'a *laissé passer.* Ce
n'est le crime de personne, précisément parce que ce serait
celui de tous.

Bonaparte arrive, au nom de la liberté; mais il ne la donne que par *addition aux constitutions de l'empire.* Il veut se rattacher à une sorte de légitimité impériale. La première illusion est aussitôt détruite, et si l'on ne désobéit pas à sa voix, c'est uniquement parce que le territoire est menacé, et qu'il est à la tête de l'armée qui le reconnaît pour son chef.

Mais, ce qui doit être surtout remarqué, c'est que, pendant les cent jours, une chambre librement élue, vraiment nationale, maintient la balance des pouvoirs, le crédit public, l'exécution des lois; sert de point de ralliement à la nation, empêche le déchirement des partis, et se prononce franchement pour un *gouvernement constitutionnel, monarchique et représentatif.*

Celui que la France possédait avant le 20 mars, lui est rendu le 8 juillet. On devait espérer qu'il n'y aurait pas de réaction. Une capitulation solennelle, signée les armes à la main, avait formellement garanti que personne ne serait recherché pour *ses fonctions, sa conduite ou ses opinions.*

Telle était sans doute l'intention du roi. Mais, ce même parti qui avait traversé l'exécution de la Charte, après la première restauration, et qui n'en voulait pas davantage sous la seconde, ce parti ne crut pas pouvoir se passer de vengeance. « Il parut ouvertement comme une faction anar-
» chique et furieuse; il s'annonça, dans le midi et dans l'ouest,
» par des attroupemens armés, par des pillages, des démo
» litions, des massacres; s'emparant des élections par vio
» lence, maîtrisant ensuite les deux chambres, dominant
» dans les administrations, dans les tribunaux; menaçant,
» épurant, exilant, proscrivant, persécutant de toutes ma-
» nières l'immense majorité des Français; s'arrêtant parfois,
» reculant par nécessité dans sa trop vive allure, et toujours
» reprenant sa marche rétrograde, conspirant sans cesse, au
» dedans et au dehors, contre la patrie et sa nouvelle loi
» fondamentale. »

Mais enfin la chambre fut dispersée par l'ordonnance du 5 septembre 1816; la loi des élections, celle du recrutement furent portées; les *notes secrètes* sont restées sans effet, l'étranger s'est retiré; une nouvelle tentative contre le système électoral a échoué, et, « par la formation d'un nouveau » ministère, le pouvoir royal a dissipé les alarmes, rétabli » l'harmonie, et fait renaître de justes espérances de liberté » constitutionnelle. »

Ces espérances reposent sur les garanties données par la Charte.

Là se termine la partie historique de l'ouvrage, et commence celle que j'appellerai volontiers *Dogmatique*.

Celle-ci est un essai de *Traité sur la Charte.*

Chacun des droits privés ou politiques qu'elle assure aux Français y est analysé, défini, développé. On y trouve les principes, les déductions, les conséquences qui résultent de chaque article; ce qu'il convient de faire pour l'exécuter, voire même pour l'améliorer, quand il en paraît susceptible.

Sous ce point de vue, l'ouvrage est un traité de *droit public intérieur*, tel qu'il conviendrait de le professer dans les écoles de droit, tel qu'il le sera probablement lorsqu'on mettra à exécution l'ordonnance du roi qui institue de nouvelles chaires de droit public dans la Faculté de droit de Paris.

La stabilité du gouvernement actuel est tellement dans le vœu de M. Lanjuinais, qu'il commence par poser en principe : « Que la révocation de la Charte ne saurait dépendre » de la seule volonté des rois. » Et en effet, où en serait-on, si, à chaque mutation de règne, le sort d'une nation de trente millions d'hommes pouvait être remis en question, et livré derechef au caprice des hommes de cour et à la merci des factions?

Les droits des Français, tels qu'ils résultent de la Charte, sont de plusieurs sortes :

Il en est qui sont universels, ou communs habituellement à tous les Français, savoir :

1°. Liberté personnelle ou individuelle (1);

---

(1) Voyez le *Procès d'Isambert*, en décembre 1826 et mars 1827.

2°. Liberté d'opinion ou de religion ;

3°. Liberté de la presse ;

4°. Droit de propriété ;

5°. Egalité devant la loi ;

6°. Franchise de tout le régime impérial de la conscription ;

7°. Droit de pétition.

Il y a d'autres droits constitutionnels qui n'appartiennent qu'à certaines classes de citoyens, ce sont :

1°. La noblesse nominale ou titulaire, autrement sans priviléges réels, et surtout *sans exemption des devoirs et des charges de la société* ;

2°. Les grades, les honneurs et les pensions militaires acquis avant la restauration ;

3°. Les grades et les honneurs de la *Légion-d'Honneur* ;

4°. La sécurité pour les votes et les opinions émis avant la première restauration.

La dernière partie de l'ouvrage de M. Lanjuinais est intitulée : *Droits politiques des Français*, ou *Nature et limites de leur gouvernement* ; c'est dans cette partie que le savant publiciste explique à fond le mécanisme du gouvernement représentatif.

Son premier chapitre est intitulé : *Grands pouvoirs de l'état* ; le roi et les deux chambres. Il débute par ces vers :

> *Dans les murs de Paris*, on voit paraître ensemble
> Trois pouvoirs étonnés du nœud qui les rassemble,
> Les Députés du peuple et les Grands et le Roi,
> Divisés d'intérêts, réunis par la loi,
> Tous trois membres sacrés de la *haute puissance*
> *Qui fait régner la Charte et gouverne la France.*

Après avoir considéré ces trois grands pouvoirs, cette *trinité parlementaire*, sous des rapports généraux, l'auteur les envisage isolément, et s'attache à déterminer avec précision les attributions de chacun.

Et d'abord, le *Roi* ou *le pouvoir royal selon la Charte*. Il le considère sous trois aspects divers :

1°. Pouvoir modérateur, réservé à la personne du roi exclusivement ;

2°. Prérogative du roi dans l'ordre législatif ;

3°. Pouvoir royal relatif à l'exécution de la Charte et des lois.

M. le comte Lanjuinais est bien éloigné de voir, dans l'article 14 de la Charte, cette *Dictature* que les ennemis de nos libertés veulent à toute force y apercevoir. Il n'admet pas que jamais les ordonnances puissent s'élever au-dessus des lois. Le roi peut tout pour leur exécution ; il ne peut rien contr'elles ; sa prérogative a des limites ; hors de ces limites, les ministres sont en forfaiture. Et qu'on ne s'indigne pas de ces barrières légitimes ! Loin d'affaiblir le pouvoir, elles en assurent la durée ; en réglant son exercice, elles modèrent son action ; elles le préservent de ses propres excès, l'empêchent de dégénérer en tyrannie. « Reprenez, dit M. Lanjuinais, » reprenez successivement toutes les prérogatives royales, et » méditez-en l'importance. Vous reconnaîtrez que jamais nos » rois n'ont été si grands, si riches, si puissans pour le bien, » si stables sur leurs trônes, qu'ils peuvent l'être sous le » gouvernement constitutionnel représentatif. »

La chambre des *pairs* ou des *égaux* a son chapitre à part, où sont développées ses prérogatives telles qu'elles résultent des art. 24, 23, 34, 55, 27, 28, 30 et 31 de la Charte. Il renferme des observations curieuses sur la formation de la chambre, les *titres, rangs* et *préséances*, sur la présidence du *chancelier,* les *pensions secrètes* de la chambre des pairs (revisées en 1829 et *restreintes* dans leur transmission par la chambre des députés) ; le nombre des pairs en ce qu'il a d'*illimité,* le *secret* des délibérations de la chambre, etc.... Dans un chapitre plus éloigné (le 10°.) la chambre des pairs est considérée comme *haute-cour de justice* (art. 33, 34, 35 de la Charte), pour juger les crimes de *haute trahison* et d'*attentat à la sûreté de l'état,* qui *seront définis par la loi :* laquelle loi aujourd'hui (15 ans après la Charte promulguée !) est encore à porter ; ce qui toutefois n'a pas empêché la haute-cour de juger déjà plusieurs fois et de condamner.

Cependant, le 8 mars 1816, la noble Chambre sentant

bien que cette lacune de la législation pouvait être une source de graves irrégularités, a adopté une résolution en forme de *projet*, pour développer les articles de la Charte qui constituent la cour des pairs. Cette résolution a même été présentée à la chambre des députés, et discutée dans ses bureaux. Elle se compose de trente articles dont le texte est rapporté pages 289, 294. Mais on en est demeuré là....

A la fin de ce chapitre (page 289), M. Lanjuinais observe avec raison, que non-seulement au criminel, en cas d'allégation du crime de suppression d'état, mais « même au civil, » il ne peut y avoir que la chambre des pairs à laquelle il » puisse convenir de juger une question d'état dont la déci- » sion emporterait la succession au trône. »

Il semble aussi que l'*état* des pairs, qui emporte la succession à la pairie, et qui, en réalité fait partie de leur *honneur*, ne devrait être jugé que par la *cour des pairs*. Cela est encore plus grave qu'un simple procès en police correctionnelle, pour lequel cependant les pairs ont leur *committimus* à la cour des pairs. Autrefois la juridiction du parlement, cour des pairs, était ainsi établie : « En ce qui touche » l'*état* et l'*honneur* des *pairs* et de leurs *pairies*. »

Avant d'arriver à ce qui regarde la chambre des députés, M. Lanjuinais s'occupe des *colléges électoraux*. Mais à l'époque où fut publié son ouvrage, en 1819, la législation sur ce point était fort imparfaite. Elle a reçu depuis d'importantes améliorations, d'abord par la loi du 2 mai 1827, ensuite et surtout par celle du 2 juillet 1828. M. Lanjuinais du moins a eu le mérite de signaler une partie des abus auxquels la législation subséquente s'est efforcée de pourvoir.

Les trois pouvoirs réunis constituent ce qu'on appelle la puissance *parlementaire*. Du concours de leurs volontés résulte *la loi* : car la puissance législative s'exerce *collectivement* par le roi (qui a l'initiative directe et la sanction définitive), et par les deux chambres (Charte, art. 15.)

Toute loi doit être *discutée* et *votée* librement (art. 18). On ne peut pas dire aux chambres le roi *le veut*. « Ceux qui » se permettent de tels écarts méritent d'être *rappelés à*

» *l'ordre*. Le roi, ayant la sanction, ne peut pas être présumé
» avoir une volonté définitive dans les propositions de la loi
» faites en son nom : et la liberté de la discussion et des votes
» exige que ces propositions soient toujours réputées minis-
» térielles; autrement, plus ministérielles que royales. »

Si quelque loi doit être essentiellement discutée et votée
librement, c'est la *loi de l'impôt*. Ici, indépendamment du
principe général posé par l'art. 18, il y a la règle spéciale
portée par l'art. 48. « *Aucun impôt* ne peut être établi ni
» perçu, s'il n'a été consenti par les deux chambres et sanc-
» tionné par le roi. »

Ici même la chambre des députés a une *prérogative* particulière, c'est que toutes les *propositions d'impôt* doivent
d'abord être portées devant elle; « ce n'est qu'*après* que ces
» propositions ont été *admises*, qu'elles peuvent être portées
» à la chambre des pairs (art. 47). »

C'est l'ancien droit public de la France (1); c'est l'appli-

---

(1) Dans son *Discours des états de France*, tome 1er., page 270, Guy
Coquille de Nivernais dit que , « durant le règne de Hugues Capet et
» de ses successeurs rois, a été aussi maintenue l'*honnête et ancienne*
» *liberté du peuple*, en ce qu'il n'étoit *loisible au roi* d'imposer aides,
» tailles et subsides nouveaux sur le peuple , *sans le consentement et*
» *accordance* dudit peuple; et cetui est un des cas auquel on avoit
» accoutumé, de *grande ancienneté*, d'assembler les estats. »

Il dit encore dans un autre endroit (question v) : « qu'un des
» moyens qui ont *contribué à faire durer depuis si long-temps* la troisième
» race de nos rois, c'est qu'ils se sont plus communiqués à leurs peu-
» ples par assemblées des estats, desquelles d'*ancienneté*, l'autorité
» étoit telle, *que le roi n'avoit droit* de lever aucun subside sur son
» peuple, *sinon qu'il fût accordé par les estats* après que le roi avait fait
» entendre son besoin. » (*Ibid.*)

« Philippe le Bel fut le premier qui exigea des subsides de ses
» sujets. Au retour de son expédition contre les Flamands, il *ordonna*
» qu'on lui payerait six deniers par livre , de toutes les denrées qui
» se vendaient dans les villes ; mais ON REFUSA HAUTEMENT D'OBÉIR à
» *un ordre si violent, et dont on n'avait point encore vu d'exemple.....* »
(*Mémoires pour servir à l'Histoire de Bretagne*, t. 3, préface, p. 14.)
On peut, sur cette question, interroger l'histoire du clergé.

cation du principe, que chacun en France est non-seulement libre de sa personne, mais propriétaire également libre de ses biens. De là vient que très-anciennement l'impôt n'était qu'un *aide* ou un *don*. Pour que l'impôt puisse être levé légitimement, il faut donc que les propriétaires y consentent, sinon par eux-mêmes, au moins par leurs mandataires, c'est-à-dire, par les députés chargés de les représenter, et de consentir pour eux à l'aliénation d'une partie de leurs propriétés. Sans cela il y aurait *exaction* de la part du gouvernement qui enverrait à domicile s'emparer de l'argent des citoyens : ceux-ci auraient donc droit de se refuser au paiement ; ce serait même un devoir de leur part ; et ils devraient le remplir avec un zèle et un courage proportionnés à leur légitime amour pour la constitution et pour la liberté. En effet, tout le gouvernement constitutionnel aboutit à cet axiome, dont j'ai le premier posé les termes : *point de loi, point d'impôt* (1).

En laissant aux tribunaux l'*interprétation doctrinale* des lois, M. Lanjuinais revendique avec raison pour la puissance qui fait les lois, l'*interprétation législative.* Cette maxime : *cujus est interpretari, ejus est condere,* a été violée sous plusieurs ministères, et surtout par M. de Peyronnet, qui a ainsi tenté de ressusciter de vieilles ordonnances prohibitives ! Mais, d'une part, les cours royales ont, avec raison, refusé de les appliquer ; et finalement, dans la session de 1828, la loi du 30 juillet a décidé qu'il fallait que ces interprétations fussent données en forme de *loi.*

Après ce qui concerne la formation et l'interprétation des lois, vient le *pouvoir exécutif responsable,* ou les *ministres* qui sont chargés de les faire exécuter ; puis les *ordonnances* et *autres actes généraux d'exécution,* qui ne valent et n'obligent qu'autant qu'ils sont conformes à la loi dont ils empruntent leur autorité, et à la Charte qui, comme loi fondamentale, s'élève au-dessus de tous les actes qui lui sont subordonnés.

---

(1) Défense du *Journal des Débats,* devant la cour royale de Paris, le 24 décembre 1829, dans ma réplique à M. l'avocat général.

Là s'exerce la *surveillance des chambres*, et doit se trouver la *responsabilité des ministres* et *des agens d'exécution.* Chapitre épineux auquel l'auteur aurait pu donner pour épigraphe ce vers de Virgile :

Longa est injuria, longæ ambages !.....

Cette responsabilité si souvent invoquée, toujours éludée, ne pourrait être rendue complétement efficace que par une loi. Quelquefois essayée, jamais on n'a pu la faire adopter (Voy. page 284 et suiv.). Oncques depuis ce projet n'a été repris ; et les ministres cependant d'alléguer sans cesse leur responsabilité ! !

Cependant il n'en faut pas conclure qu'à défaut de loi, le droit des chambres reste tout-à-fait illusoire, et qu'il ne puisse pas s'exercer. En 1828, la chambre des députés a prouvé qu'il ne tenait qu'à elle de procéder. L'accusation contre le précédent ministère a été *prise en considération* à une très-grande majorité..... Et il a tenu à bien peu de chose qu'on n'allât plus avant.....

Je dois encore recommander la lecture du chapitre XI, sur l'*ordre judiciaire commun civil et criminel*, et sur tout ce que l'auteur dit des *juridictions prévôtales.* Il rappelle d'abord le texte des articles 62 et 63 de la Charte, qui sont ainsi conçus :

Art. 62. « Nul ne pourra être distrait de ses juges na-
» turels.

Art. 63. » Il ne pourra, en conséquence, être créé de com-
» missions et tribunaux extraordinaires. Ne sont pas com-
» prises sous cette dénomination les juridictions prévôtales,
» si leur rétablissement est jugé nécessaire. »

Puis il ajoute, pag. 299 : « Pesez le mot *rétablissement.*
» Quand il est réservé dans le pacte social, il ne peut se faire
» qu'en se conformant aux règles de l'institution abrogée ou
» suspendue ; or, les lois sur les anciennes *prévôtés* furent
» toutes violées par la loi sur les cours prévôtales, du 20 dé-
» cembre 1815. Ces cours inouïes furent de nouveaux tribu-
» naux tous différens des premiers. C'est un éternel reproche

» à faire avec tant d'autres, à la chambre de 1815, d'avoir,
» par loi, mis tous les Français hors la loi ; de les avoir tous
» ravalés à l'ancienne condition légale des vagabonds et des
» voleurs de grand chemin ; d'avoir fait juger, par une cour
» prévôtale, presque tous les délits politiques ; d'avoir ou-
» blié que, dans le dernier état de l'ancien régime, les Fran-
» çais étaient la plupart exempts de l'ignominieuse et gothique
» juridiction des prévôts ; d'avoir érigé quatre-vingt-six cours
» prévôtales pour remplacer trente-deux juridictions de cette
» espèce qui existaient en 1789, et qui souvent, dans une
» année entière, n'avaient pas une seule affaire à juger. Cette
» loi de 1815 est une des plus criantes entreprises qui aient
» jamais eu lieu contre la nation entière, la raison et l'hu-
» manité. »

Le dernier chapitre est relatif au *conseil d'état*. « Il n'y a
» point de conseil d'état, selon la Charte : il y a *de fait* un
» conseil d'état ; il y a même plusieurs conseils d'état sous des
» noms divers, etc..... » M. Lanjuinais passe en revue les
nombreuses attributions du conseil d'état, et il conclut en
ces termes, page 303 : « Comme tribunal du contentieux de
» l'administration, de la validité des prises maritimes, des
» appels comme d'abus, de la vérification des bulles, de la
» mise en jugement des agens exécutifs, en un mot, comme
» cour judiciaire, le conseil d'état, dans tous ses genres et
» dans toutes ses espèces, est donc extra-légal comme il est
» anti-constitutionnel. » J'ai émis la même opinion dans la
session de 1828, à la séance du 10 avril.

Je borne ici le cours de cette analyse longue pour l'espace,
et cependant fort abrégée, car peu de livres sont aussi sub-
stantiels. La manière de l'auteur est nerveuse et serrée ; ses
raisonnemens peu étendus, mais rigoureux et précis ; il suffit
de connaître la division générale de son livre ; et, du reste, on
peut être sûr que, fidèle à son intitulé, il n'est aucun chapitre
sous lequel on ne trouve les vérités fortes, courageuses que
la matière comporte, et qu'il est utile de proclamer, sans les
atténuer par aucune concession.

On y voit partout le chrétien fidèle, mais tolérant ; l'homme d'état expérimenté, le jurisconsulte profond, le bon Français ; l'écrivain qui parle en toute conscience et liberté.

Malgré les imperfections que M. Lanjuinais a cru devoir faire remarquer dans notre droit public, son respect et son attachement pour la Charte percent à chaque page de son livre.

« La Charte, dit-il, est, tout balancé, l'une des constitu-
» tions les plus libérales de l'Europe ; elle convient, en gé-
» néral, à l'état de la nation française et à l'esprit du siècle....
» Quand nous serons délivrés sans réserve des mesures d'excep-
» tion et de suspension qui nous ravissent encore une partie
» de ses bienfaits, quand elle aura reçu les développemens
» nécessaires qu'elle promet, et les autres dont elle contient
» l'heureux germe ; enfin, quand elle sera complétement exé-
» cutée, selon son texte et selon son esprit, selon cet esprit
» de liberté, d'égalité, de justice et de sécurité qui la carac-
» térise : alors, sans attendre, mais sans oublier aussi les
» perfectionnemens provoqués par le roi, en 1815, nous
» l'appellerons, sans flatterie, notre vrai palladium, notre
» précieux trésor ; nous y reconnaîtrons la mesure de liberté
» raisonnablement désirable dans une vieille civilisation, après
» des siècles de despotisme, et tant d'intervalles d'anarchie ;
» après trente années de discordes publiques, et tant de
» crimes commis au nom des doctrines libérales, dans l'in-
» térêt des doctrines serviles. »

A la lecture du livre de M. Lanjuinais, je conseillerai de joindre celle de Blackstone, au moins dans quelques chapitres généraux ; par exemple ceux-ci : *Des droits absolus des indi-vidus. — Du parlement. — Du roi, et du droit à la couronne. — De la famille royale. — Des conseils du roi. — Des de-voirs du roi. — De la prérogative royale.* Le mécanisme des deux gouvernemens étant au fond le même, malgré l'extrême différence qui existe dans l'état social des deux peuples (l'un d'aristocratie, encore féodale et privilégiée ; l'autre d'égalité et de droit commun), on trouve dans Blackstone une foule de notions où l'analogie peut sembler complète, et qui, par cette raison, nous paraissent susceptibles d'application chez nous.

SECTION X.

ÉTUDE DU DROIT ADMINISTRATIF.

(M. de CORMENIN.)

Ce serait une histoire curieuse que celle du droit admi-nistratif dans l'ancienne France.

Lorsque les communes eurent racheté, à prix d'argent, leur affranchissement et le droit de se gouverner intérieure-ment, on vit surgir une foule de règlemens municipaux sur les alignemens et sur la voirie urbaine.

Les appels de la juridiction seigneuriale, qui s'étendait sur toutes sortes d'objets, furent portés aux parlemens.

Les pays réunis qui stipulaient le maintien de leurs fran-chises, gardèrent pendant long-temps les formes libres et diverses de leur administration.

La spécialité des matières administratives et les besoins du fisc donnèrent naissance aux juridictions d'exceptions, telles que les maîtrises des eaux et forêts, les cours des aides, les bureaux des finances, les cours des comptes, etc.

A mesure que la puissance souveraine se centralisa dans les mains du monarque, les intendans des provinces ramenè-rent sous leur juridiction, les affaires de police, de finances, de voirie et d'administration.

De leur côté, les parlemens luttaient contre ces entreprises, avec leurs arrêts de règlemens généraux.

Le roi, en conseil d'état, cassait, évoquait, jugeait toutes sortes de causes, civiles, criminelles, domaniales, bénéfi-ciales, administratives.

C'est dans ce conflit d'attributions mixtes, et de priviléges de personnes et de territoires, que la révolution éclata.

Après avoir balayé toutes les institutions de l'ancienne monarchie et aboli les parlemens, le conseil d'état, la cour

des aides, les cours des comptes, les intendances, les maîtrises des eaux et forêts, elle reconstruisit sur un autre
plan, un nouvel ordre administratif et judiciaire.

Les pouvoirs politiques des parlemens lui faisaient ombrage.

Elle réduisit les tribunaux à des fonctions de judicature.

L'inamovibilité des magistrats gênait la liberté de ses mouvemens.

Elle créa le pouvoir administratif.

Il y avait de l'instinct dans cette création.

En effet, ce n'était pas assez pour ces assemblées de faire
des lois, il fallait gouverner.

Elles gouvernèrent la législature par leurs comités;

Elles gouvernèrent les armées par leurs envoyés;

Elles gouvernèrent les départemens par les représentans
du peuple.

La justice s'inclina, en tremblant, devant les injonctions
du législateur souverain.

On annulait des jugemens en masse, on frappait de desti-
tution les juges qui auraient connu de tout acte de l'administration de quelqu'espèce que ce fût.

Le pouvoir administratif régnait en maître, lorsque le premier consul prit le gouvernail de l'état.

Il se servit de ce pouvoir comme d'un instrument façonné
tout exprès pour l'autorité absolue, dont il jetait lentement
les fondemens.

Il était dans son génie d'envahir au dedans comme au dehors.

Pour lui, administrer, c'était aussi conquérir.

Il réglementa tout; car, il voulait de la règle dans le despotisme. Il soumit l'ordre civil à la discipline des camps.

Le corps législatif se taisait; le sénat obéissait; les tribunaux se bornaient à juger. Le gouvernement était tout
entier renfermé dans le conseil d'état. C'est de là que Napoléon contrôlait ses ministres, organisait la hiérarchie de ses
agens, substituait ses rescrits aux lois, interprétait par ses
avis, fabriquait les Codes, envoyait ses décrets aux extrémités
les plus reculées de son empire, et transmettait l'unité de l'im-
pulsion à tous les officiers des services publics.

Son empire est tombé, mais les formes de son administration ont survécu.

Si le peuple doit les garanties de la Charte au souvenir des premières conquêtes de la révolution, c'est aux établissemens de l'empire que la couronne doit peut-être ses plus beaux fleurons.

Non pas, qu'à mon avis, l'exagération de la puissance impériale convienne à l'administration douce et mitigée de nos rois.

Dans chaque forme de gouvernement, les institutions doivent s'accommoder avec son principe.

Beaucoup de prérogatives, qui sont des nécessités dans les monarchies absolues, ne sont souvent que des embarras dans les monarchies constitutionnelles.

La couronne ne doit rien abandonner de ce qui est son droit; mais elle ne doit rien retenir de ce qui est le droit du peuple.

C'est en ne perdant pas de vue aucun de ces deux rapports, qu'une loi sur les attributions du conseil d'état doit être faite.

Mais avant d'examiner ce qui devrait exister, voyons ce qui existe :

Les juridictions administratives ont à l'instar des tribunaux, deux degrés ;

Les juridictions du premier degré, sont les conseils de préfecture, les préfets, les ministres, etc.

Les conseils de préfecture établis par la loi du 28 pluviôse an VIII n'ont ni prétoire, ni greffier, ni procédure fixe.

Ils prononcent, commes juges, dans les matières contentieuses;

Ils assistent les préfets, comme conseillers, dans les affaires administratives ;

Ils autorisent les communes et les hospices, comme tuteurs, dans les actions judiciaires (1);

_____

(1) Les conseils de préfecture statuent :

Sur les demandes des particuliers tendant à obtenir la décharge ou

Ils recoivent l'opposition à leurs arrêtés par défaut;
Ils ne peuvent rétracter leurs arrêtés contradictoires.

---

la réduction de leur cote de contribution directe ou de leurs contributions personnelles. (Lois des 3o juin, 2 juillet 1790, art. 10; des 7 et 11 septembre 1790, art. 1er.; du 28 pluviôse an VIII, art. 4, § 1er.; arrêté des 12 brumaire an XI et 24 floréal an VIII, art. 7 et 12.)

Sur la mutation de la cote. (Arrêté du 24 floréal an VIII, art. 6.)

Sur les réclamations des percepteurs comme sur celles des contribuables. (Loi du 27 pluviôse an IX, art. 1er.)

Sur les différens qui peuvent s'élever relativement au paiement de la contribution des portes et fenêtres. (Loi du 14 frimaire an VII, art. 16.)

Sur les difficultés qui pourraient s'élever entre les entrepreneurs de travaux publics et l'administration, concernant le sens ou l'exécution des clauses de leurs marchés.

Sur la réclamation des particuliers qui se plaindront de torts et dommages procédant du fait personnel des entrepreneurs et non du fait de l'administration.

Sur les demandes et contestations concernant les indemnités dues aux particuliers, à raison des terrains fouillés pour la confection des chemins, canaux et autres ouvrages publics. (Loi du 28 pluviôse an VIII, art. 4, § 2, 3, 4, 5, etc.; loi des 6, 7 et 11 septembre 1790, art. 3, 4, 5, etc.)

Sur les difficultés qui s'élèvent relativement au sens et à l'exécution des marchés passés par les préfets, pour les divers services publics. (Lois des 12 vendémiaire et 13 frimaire an VIII; arrêté du 18 ventôse an VIII; ordonnance royale du 27 mai 1816.)

Sur le contentieux des domaines nationaux, de l'émigration, des transferts et remboursement de rentes et capitaux d'emprunts. (Loi des 28 octobre et 7 novembre 1790; 8 avril 1792, art. 3 et 12; lois du 15 brumaire an II, des 9, 29 brumaire et du 8 floréal an III; du 12 ventôse et 28 pluviôse an IV, art. 4; décret du 23 février 1811; loi du 20 mars 1813.)

Sur les difficultés qui peuvent s'élever en matière de grande voirie, et des contraventions y relatives (1). (Lois des 28 pluviôse

---

(1) Les dispositions de l'article ci-dessus sont applicables aux canaux, rivières navigables, ports maritimes de commerce et travaux à la mer. (Ordonnance de 1669, art. 42, 43 et 44; loi du 22 décembre 1789, sect. 3, art. 1er.; loi en forme d'instruction, des 12 et 20 août 1790, chap. 6; loi des 16 et 24 août 1790, tit. 3, art. 6; lois des 22 novembre et 1er décembre 1790, art. 2; décret du 12 avril 1812.)

(*Idem*, art. 640.) Ces dispositions s'appliquent également à la voirie de la capitale.

Leurs décisions ont le caractère, la force et l'autorité des jugemens.

---

an VIII, art. 4; 29 floréal an X, art. 4, et décret du 16 décembre 1811, art. 114.)

Sur les contraventions relatives au poids des voitures de roulage et messagerie, et des contestations qui peuvent s'élever à cet égard. (Loi du 29 floréal an X, art. 1er. et 4, décret du 23 juin 1806, art. 38)

Sur les contraventions relatives à la largeur des jantes pour les roues des voitures de roulage. (Loi du 27 ventôse an XII, art. 1er., 3 et 6.)

Sur les anticipations ou empiétemens pratiqués par les propriétaires riverains sur les chemins vicinaux, et règlement des indemnités dues par les entrepreneurs ou propriétaires, à raison de la dégradation desdits chemins. (Loi du 28 septembre 1791, tit. 2, art. 40 et 44; deux décrets du 16 octobre 1813; décret du 16 novembre 1813; ordonnances des 6 janvier 1814 et 20 février 1815.

Sur les contraventions à la loi sur les servitudes imposées à la propriété pour la défense de l'état. (Loi du 17 juillet 1819, art. 9, 11 et 12.)

Sur les contraventions aux lois et règlemens touchant le bureau des nourrices à Paris. (Loi du 25 mars 1806, art. 2; décret du 30 juin 1806, art. 5.)

Sur les contraventions relatives au règlement concernant les constructions, plantations, irrigations et autres travaux publics, pour l'établissement thermal de Barrége. (Décret du 30 prairial an XII; art. 4.)

Sur les difficultés relatives au rôle de répartition des dettes de communautés juives et les frais du culte israélite. (Lois du 1er. mai 1792; du 17 juillet 1819, tit. 2, art. 10; loi du 23 juillet 1820, tit. 1er., art. 17, et autres lois de finances; arrêté du 5 nivôse an X; décrets des 18 brumaire an XII, 17 mars 1808, 5 juillet 1810.)

Sur la réclamation à fin de dégrèvement ou de rappel à l'égalité proportionnelle, relativement à la redevance de propriétaires de mines. (Loi du 21 avril 1810, art. 37 et 46.)

---

comme appartenant tout entière à la grande voirie (Règlement en forme de déclaration, du 10 avril 1783; arrêté du 13 germinal an V; décret du 27 octobre 1808; ordonnance royale du 24 décembre 1823.)

Ce qui comprend aussi la défense de bâtir dans un rayon de 50 toises, autour du mur d'enceinte de la capitale. (Déclaration du 10 avril 1783; décret du 11 janvier 1808, ordonnance royale du 1er. mai 1822.)

Les préfets ne font que des actes d'administration, et ils n'ont pas, à proprement parler, de juridiction.

Néanmoins, les lois ou règlemens leur ont attribué juridiction dans certaines matières.

Sur les questions d'indemnité à payer par les propriétaires des mines envers les propriétaires du sol, art. 44 et 46.

Sur les contestations qui peuvent s'élever sur la perception des droits de navigation. (Loi du 29 floréal an X.)

Sur les contestations relatives au paiement de l'octroi de navigation. (Loi du 30 floréal an X, et arrêté du 8 floréal an XI.)

Sur les réclamations des cultivateurs de tabac, contre le résultat de leur décompte. (Loi du 24 décembre 1814, art. 29.)

Sur les contestations relatives au recouvrement des rôles de répartition dressés pour les travaux des routes. (Lois du 10 septembre 1807; 27 décembre 1809, art. 110 ; 12 avril 1810, art. 53.)

Pour les travaux de curage. (Loi du 14 floréal an XI, art. 14 ; ordonnance du 23 décembre 1816, art. 27, etc.)

Pour les travaux de salubrité. (Loi du 16 septembre 1807, art. 36 et 37.)

Sur les contestations relatives au recouvrement des rôles de répartion des sommes nécessaires au paiement des travaux d'entretien, réparation ou reconstruction des canaux et digues ; de celles relatives aux réclamations des individus imposés, et à la confection desdits travaux. (Lois des 14 floréal an XI, art. 4 ; 23 décembre 1816, art. 27.)

Sur le règlement de l'indemnité due aux propriétaires riverains des grandes routes, pour les occupations momentanées de terrains. (Loi du 16 septembre 1807, art. 57.)

Sur les contestations qui peuvent s'élever relativement à la construction des canaux d'irrigation ordonnés par l'état. (Loi du 23 pluviôse an XII, art. 5.)

Sur les contestations entre les copartageans ou entre les détenteurs et les communes, relativement au partage et à l'usurpation des biens communaux. (Loi du 9 ventôse an XII, art. 6; décret du 4ᵉ. jour complémentaire an III ; avis interprétatif du 8 juin 1809; ordonnance réglémentaire du 23 juin 1819, art. 6.)

Sur le règlement des comptes des revenus municipaux, même pour les communes dont les comptes ne s'élèvent pas à 1,000 fr. de revenu, et sur le recours porté devant lui, soit par les communes, soit par les comptables, soit d'office par les préfets, contre les arrêtés des comptes par les sous-préfets, pour les communes dont le revenu ne s'élève pas à 100 fr. (Décret du 11 thermidor an XII.)

S'ils statuent sur des matières de pure administration, ils ressortissent aux ministres que la matière concerne.

S'ils statuent sur des matières contentieuses qui appartiennent aux conseils de préfecture, aux ministres en première

---

Sur les difficultés qui s'élèvent sur la question de savoir si la perception d'un péage établi sur une rivière appartient ou non à l'etat.

Sur les contestations entre l'administration et les fermiers des bacs et bateaux.

Sur les indemnités dues à ceux-ci.

Sur les indemnités qui pourraient être dues aux détenteurs et propriétaires de ces bacs. (Loi de frimaire an VII, art. 2, 3, 31, 40 et 70.)

Sur les contestations entre les communes et les établissemens publics, relativement aux concessions d'édifices, ou de rentes qui leur ont été faites par l'état. (Arrêtés des 17 thermidor an XI et 22 fructidor an XIII.)

Sur toutes les contestations relatives à la validité des surenchères dans les adjudications des coupes de bois de l'état. (Code forestier, 21 mai 1827, art. 26.)

Sur les demandes en annulation de procès verbaux de réarpentage et de récolement des ventes, pour défaut de forme ou pour énonciation. (*Idem*, art. 50.)

Sur les contestations qui s'élèvent, lorsque les communautés d'habitans se refusant au rachat du droit de pâturage dans les forêts de l'état, sous prétexte que ce pâturage leur est d'une absolue nécessité, l'administration conteste cette nécessité ; dans ce cas, il doit être préalablement procédé à un enquête *de commodo et incommodo*. (*Idem*, art 64.)

Sur le recours porté devant lui lorsque l'administration forestière ayant réduit l'exercice des droits d'usage, les usagers prétendent que cette réduction n'a pas été faite suivant l'état et la possibilité des forêts. (*Idem*, art. 65.)

Sur le recours des usagers contre les décisions par lesquelles l'administration a fixé quels sont les cantons défensables où il est permis d'exercer les droits de pâturage et de panage. (*Idem*, art. 67.)

Sur les contestations entre le conseil municipal ou les administrateurs des établissemens publics et d'administration forestière, relativement à la conversion en bois et à l'aménagement proposés par cette administration, pour des terrains en pâturage, appartenant à la commune ou aux établissemens publics. (*Idem*, art. 90.)

Sur le règlement des baux des sources minérales appartenant à l'état.

Sur les contestations qui peuvent s'élever relativement aux comptes instance, ou aux tribunaux, ou, s'il y a appel direct au gouvernement, ils ressortissent au conseil d'état.

S'ils statuent en matière électorale, ils ressortissent aux cours royales.

Leurs arrêtés, sans affecter les formes des jugemens, s'en rapprochent.

Mais leur notification n'entraîne pas après l'expiration des délais, le rejet du pourvoi, et ils peuvent rapporter leurs arrêtés, à moins qu'ils n'aient servi de base à des jugemens, ou arrêtés passés en force de chose jugée.

Les ministres ont-ils une juridiction ?

Leur juridiction résulte du décret réglémentaire du 11 juin 1806, et de quelques actes épars dans la législation.

Avant l'établissement de la commission du contentieux, les ministres rendaient toutes sortes de décisions, jugemens, sur toutes sortes de matières.

Leurs attributions, quoique resserrées par la jurisprudence, sont encore mal définies.

L'instruction des affaires a lieu devant eux, sans frais et sur simples mémoires, sans constitution d'avocat et sans ordonnance de soit communiqué.

Ils prennent leurs décisions d'office, ou sur le rapport d'une commission spéciale, ou sur la proposition des directions générales qui leur sont subordonnées, ou sur l'exposé de leurs bureaux, ou de l'avis du comité du conseil d'état attaché à

---

et à la répartition des revenus d'une cure, entre l'ancien titulaire ou ses héritiers, et le nouveau titulaire. (Décret du 6 nov. 1813; art. 26)

Sur les contestations auxquelles donnent lieu les règlemens de Mont-de-Piété. (Décrets des 30 juin 1806, art. 120; 16 mars 1807, art. 125, etc.)

Sur les contestations qui s'élèvent relativement aux recouvremens des droits établis en faveur des pauvres et de hospices, sur les divers genres de spectacles. (Arrêtés des 10 thermidor an XI et 8 fructidor an XIII.)

Sur les contestations entre le fermier de la caisse de Poissy et les bouchers. (Décret du 6 février 1811, art. 32.)

Sur les autorisations de plaider à accorder aux communes, hospices, fabriques, etc.

leurs départemens, ou sur la provocation des préfets, ou sur la demande des parties.

Les ministres statuent, comme agens du pouvoir exécutif, en matière purement administrative.

Ils statuent, comme juges d'exception, en matière contentieuse.

On entend par décisions ministérielles prises en matière contentieuse, celles qui blessent non pas de simples intérêts, mais des droits acquis à des tiers. Il en est ainsi, par exemple, lorsque le ministre des finances prononce sur des litiges de responsabilité, ou sur des règlemens d'intérêts, ou de comptes entre des receveurs généraux et particuliers, lorsqu'il décerne des contraintes à la suite de ces décisions, ou de celles des autres ministres, constitutifs de débets ou reliquats; lorsque des ministres refusent sous prétexte de déchéance, ou de défaut, ou de complément de titres, le paiement de sommes réclamées contre l'état; lorsque par suite de la liquidation d'un compte, marché, entreprise, le ministre décide que le comptable, fournisseur, entrepreneur, ne recevra qu'une somme moindre, ou qu'il établit des compensations contestées, ou qu'il paie en valeurs autres que celles prévues dans le contrat, ou qu'il écarte comme irrégulières des pièces ou preuves qu'on soutient être suffisantes, ou qu'il applique d'autres prix, ou qu'il interprète différemment les clauses du traité, ou qu'il refuse des intérêts conventionnels, ou de droit; lorsqu'il approuve des arrêtés des préfets, attaqués devant lui pour cause d'incompétence.

Si, au contraire, le ministre a simplement rejeté la demande d'une grâce ou d'une faveur, ou donné des instructions ou solutions aux préposés des régies, préfets, intendans et autres agens pour la poursuite ou la défense des intérêts de l'état, ou statué par voie réglémentaire, de police, d'ordre public, de sûreté générale; ou s'il n'a fait que des actes de pure administration, de correspondance officieuse, de régime intérieur, de simple gestion, de pure faculté; il est évident alors que de tels actes, pris ou non sous la forme de décisions, ne sont pas susceptibles d'être attaqués devant le conseil d'état par la voie contentieuse, sans quoi l'on ôterait au pouvoir exécutif la salutaire liberté de ses mouvemens, et l'on transférerait peu à peu par la voie détournée des recours, le gouvernement tout entier dans le sein du conseil d'état.

C'est aux parties que l'acte ou la mesure froisse dans leurs intérêts ou convenances, à réclamer auprès des ministres, pour obtenir, s'il y a lieu, la révocation ou modification de cet acte.

Telles sont les principales autorités dont les actes ressortissent au conseil d'état, qui constitue le second degré de la juridiction administrative.

Les vicissitudes de son organisation depuis la restauration, ont fait sentir la nécessité de soustraire ce grand corps au régime incohérent et arbitraire des ordonnances, et de le replacer sous le régime de la loi.

Quant à ses attributions, elles sont éparses çà et là dans le chaos du Bulletin des lois.

Je vais les recueillir pour en présenter le faisceau.

Le conseil d'état délibère sur les projets de lois, préparés, de l'ordre du gouvernement, par un ou plusieurs comités;

Sur les règlemens d'administration publique, et ordonnances générales ou d'exécution, qui d'après les lois existantes doivent être préalablement soumis à sa délibération (1).

---

(1) Sur l'organisation des chambres consultatives de manufactures, fabriques, arts, métiers et règlemens y relatifs.

Sur les règlemens relatifs au curage des canaux et rivières non navigables, et à l'entretien des digues et ouvrages d'art y correspondant.

Sur les statuts et règlemens des congrégations et associations religieuses.

Sur l'établissement des prud'hommes.

Sur l'organisation des gardes nationales du royaume.

Sur les mesures nécessaires pour assurer les perceptions confiées à l'administration des contributions indirectes, et réprimer les fraudes et les contraventions.

Sur les règlemens pour la taxe des frais, ainsi que pour la police et discipline des tribunaux.

Sur la détermination du nombre des tribunaux de commerce et des villes qui seront susceptibles d'en recevoir, par l'étendue de leur

Il vérifie et enregistre les bulles et actes du saint-siége et des autres communions.

Il vérifie et enregistre, dans la même forme, les statuts des congrégations religieuses de femmes dûment approuvées par l'évêque diocésain.

Il délibère,

Sur les appels comme d'abus,

Sur le règlement des conflits positifs et négatifs;

Sur la validité ou invalidité des prises maritimes;

---

commerce et de leur industrie, ainsi que sur le nombre des juges et celui des suppléans.

Sur le travail des détenus.

Les baux à longues années des biens ruraux appartenans aux hospices, aux établissemens d'instruction publique et aux communautés d'habitans.

L'établissement des bacs et ponts, et le tarif des droits à percevoir.

Le tarif des droits de navigation intérieure.

Le tarif des droits à percevoir dans les bureaux de pesage, jeaugeage et mesurage publics.

La manière de fixer la proportion de la jouissance à rendre aux fondateurs de lits dans les hospices ou à leurs représentans.

Les projets de statuts et de règlemens pour le régime et la discipline intérieure de tout ce qui tient au commerce de la boucherie et à la vente et distribution des eaux de fontaines et de rivières.

Les rectifications d'erreurs commises sur le grand-livres de la dette publique, quant aux noms, prénoms et dates de naissance des créanciers de l'état.

Les changemens de noms.

Les transactions entre les communes et les particuliers sur des droits de propriété.

L'établissement des séminaires.

Les règlemens nécessaires à la marche et à l'amélioration de l'administration des Monts-de-Piété.

Les frais de régie des octrois des villes ayant plus de 20,000 fr. de revenu.

Les statuts de la banque de France.

Les plans d'alignemens.

Les dessèchemens de marais.

La coupe des bois affectés aux majorats.

Les sociétés anonymes, entreprises d'assurances et de tontine.

Sur les contestations relatives aux ateliers insalubres ou incommodes.

Il statue,

Sur les pourvois formés ,

1°. Contre les arrêtés contradictoirement pris par les conseils de préfecture, en matière contentieuse;

2°. Contre les décisions des ministres prises sur la même matière ;

3°. Contre les arrêtés des préfets pris en conseil de préfecture ou personnellement lorsque le recours est explicitement ouvert, ou lorsqu'ils sont attaqués pour cause d'incompétence ;

4°. Contre les arrêts de la cour des comptes attaqués pour violation des formes ou de la loi;

5°. Contre les décisions des conseils de révision, en matière de recrutement, attaquées pour excès de pouvoir;

6°. Contre les décisions des commissions départementales ;

7°. Contre les décisions des évêques intervenues sur les réclamations d'une ou plusieurs sœurs d'une association religieuse de femmes contre des actes d'autorité de la supérieure ou du conseil, ou contre les élections ou autres actes capitulaires ;

8°. Contre les décisions ou règlemens du conseil royal de l'université, dans les cas prévus par les statuts et règlemens;

9°. Contre les arrêtés des anciens intendans représentans le peuple en mission, directoires de département et administrations centrales, et contre les actes des gouvernemens intermédiaires pris en matière contentieuse;

10°. Contre les ordonnances royales quelle qu'en soit la forme, qui auraient porté atteinte à des droits acquis;

11°. Contre les arrêtés des commissions spéciales, créées par le roi, notamment pour l'exécution des conventions diplomatiques, s'il y a réserve de ce recours dans l'ordonnance de création;

Ou instituées par la loi pour la liquidation de tous autres créances ou services, avec réserve dudit recours;

12°. Contre les décisions de la commission instituée pour

la liquidation afférente aux anciens propriétaires dépossédés;

13°. Contre les décisions des commissions spéciales créées par la loi du 16 septembre 1807 sur le desséchement des marais;

14°. Contre les décisions du conseil privé des colonies, prises en matière contentieuse.

Ce qui touche la procédure du conseil d'état, c'est-à-dire l'introduction des instances; les constitutions d'avocats, la communication des requêtes, le nombre des écritures, les défenses, la forme intrinsèque des décisions, les délais, les déchéances, les oppositions, les recours contre les décisions contradictoires, les tierces-oppositions, les demandes incidentes, les mises en cause, l'exécution des jugemens et les dépens, a été prévu et réglé par le décret du 22 juillet 1806.

Telle est l'idée sommaire des juridictions administratives et de leur organisation, de leurs attributions et de leur procédure.

Les publicistes et les jurisconsultes ont à l'envi exploité cette nouvelle mine de droit, et ils ont par leurs savantes explorations facilité son étude et préparé les travaux du législateur (1).

---

(1) Nous citerons parmi les traités ou recueils généraux, les *Élémens de la jurisprudence administrative*, par M. Macarel; un *Traité des tribunaux administratifs*, par le même; les *Institutes du droit administratif*, par M. le baron de Gerando; le *Répertoire de la nouvelle législation*, par M. le baron Favard de Langlade; *passim*, le *Recueil des arrêts du conseil*, par M. Sirey, continué par M. Macarel; un *Traité du conseil d'état selon la Charte*, par M. Sirey; le *Recueil des circulaires du ministère de l'intérieur*; la *Jurisprudence générale du royaume*, de M. Dalloz; les *Recueils complets des lois*, de MM. Isambert, Fleurigeou, Duvergier, Rondonneau; le *Traité de la compétence*, par M. Carré.

Au nombre des traités spéciaux, figurent divers traités sur les communes, par MM. Dupin, Guichard et Henrion de Pansey; sur la voirie, par MM. Isambert, Davenne et Robion; sur les *chemins vicinaux* et les *cours d'eau*, par MM. Daviel et Garnier; sur les *appels comme d'abus*, par MM. Mauroy, Jauffret et Tabaraud; sur le *conseil d'état*, par Huet de Coëtisan, Beranger, Henrion de Pansey, Lanjuinais, Montgalvy, Routhier; *passim*, une brochure de M. Pichon et un

Des chaires de droit administratif ont été érigées à Paris, à Caen, à Toulouse.

Enfin les chambres ont, depuis la restauration, retenti, presqu'à chaque session, de plaintes sur l'illégalité du conseil d'état.

Parmi les orateurs dont les discours ont jeté sur ce sujet de vives lumières, on peut citer MM. Pasquier, Voyer d'Argenson, Roy, Dupont de l'Eure, Manuel, Lameth, Cuvier, Méchin, Benoît, Villèle, Corbière, Dupin, Pardessus, Portalis, Larochefoucault, Vatimesnil.

Le but de cette lettre étant particulièrement de préparer à une étude complète de la matière, nous pourrions borner là notre exposé.

Mais, comme l'esprit de réforme qui travaille successivement toutes les parties de la législation pour les ramener aux principes du gouvernement constitutionnel, s'est porté aussi sur l'organisation du conseil d'état, nous allons dire entre quels systèmes la législature aura bientôt à se prononcer.

Trois systèmes partagent les esprits :

Dans le premier, on établit qu'il y a deux sortes de justices ; la justice déléguée et la justice retenue. Que le roi a délégué la justice civile et criminelle à des juges inamovibles ; qu'il a retenu la distribution de la justice administrative, que s'il la remettait à un tribunal spécial, il se dépouillerait de la plus essentielle de ses prérogatives ; que s'il l'abandonnait aux tribunaux ordinaires, il romprait la division des pouvoirs et se démettrait de sa souveraineté.

Que d'ailleurs, la justice administrative n'est qu'un mode de l'administration ; que si l'inamovibilité des tribunaux ga-

---

article très-ingénieux de M. le duc de Broglie, inséré dans la *Revue française ;* sur les *conflits,* par M. Taillandier ; sur les *marchés,* par M. Thirat de Saint-Agnan ; sur l'*expropriation forcée,* par M. Delalleau ; l'*Esprit de la jurisprudence inédite du conseil d'état, relative aux émigrés, aux domaines nationaux,* etc., par M. des Rochettes ; le *Nouveau Code des émigrés,* par M. Naylies ; la *Législation des fabriques,* par M. Lebesnier ; le *Manuel des ateliers insalubres,* par M. Macarel, etc.

rantit la justice de leurs jugemens, la responsabilité des ministres garantit la justice de leurs actes ;

Qu'il suit de là que les conseillers d'état doivent être amovibles, et que le conseil d'état doit être organisé par de simples ordonnances.

Dans le second système, on soutient que le conseil d'état n'est ni reconnu par la Charte, ni constitué par la loi ; qu'il gêne les ministres par l'indiscrétion de ses délibérations dans la préparation des lois ; qu'il ne faut pas qu'ils puissent échapper aux conséquences matérielles ou morales de leur responsabilité, en affectant de dire que leurs actes ont reçu la sanction préa'able du conseil d'état ; qu'il surcharge sans utilité le budget d'une dépense considérable ; qu'il sert, par l'appât de ses sinécures, à solliciter la complaisance des députés ambitieux, ou à corrompre leur indépendance par le scandale de ses destitutions.

Que la vérification et l'enregistrement des bulles ne serviront de rempart contre les envahissemens du saint-siége, que si on les confie à la sagesse, à la fermeté et au patriotisme des cours royales.

Que les conflits permettent d'évoquer, de retenir, et de juger administrativement toutes sortes de questions judiciaires, et que le règlement des conflits devrait être dévolu, soit à la cour de cassation, soit à la législature.

Que les mises en jugement dérobent à l'action des tribunaux les plus obscurs agens du gouvernement, et instituent une juridiction de privilége dans le sein de la juridiction commune.

Que les appels comme d'abus appartenaient jadis aux parlemens, et devraient être renvoyés aux cours royales dans l'intérêt bien entendu du gouvernement, comme dans celui des particuliers lésés.

Que le contentieux des domaines nationaux s'épuise, et que, sous l'empire de la Charte, depuis l'émission du milliard de l'indemnité, et avec l'esprit indépendant des tribunaux, il n'y a plus aucune raison de soustraire à leurs juges l'appréciation des ventes nationales qui ne sont que des contrats.

Que les marchés de fourniture rentrent également dans la classe des contrats, puisque le gouvernement ne stipule pas comme puissance publique, mais comme particulier, et qu'il est ruineux pour le crédit et blessant pour la justice, de souffrir que le gouvernement soit, en cas de contestation, à la fois juge et partie dans sa propre cause.

Que les contraventions, en matière de voirie urbaine ou vicinale, et de grande voirie, seraient réprimés à moins de frais et avec plus de rapidité, par les juges de la police municipale ou de la police correctionnelle.

Que la liquidation de tous les services publics, susceptibles d'engendrer des créances sur l'état, devraient, en cas de difficultés être soumis aux juges ordinaires, puisqu'il s'agit, en définitive, de savoir si l'état est créancier ou débiteur, et qu'ainsi la difficulté se réduit toujours à une question d'argent.

Enfin, que le reste des affaires contentieuses appartient, par sa nature, aux tribunaux, puisque dans chaque espèce il y a deux parties en cause, un texte de loi à appliquer, une contravention quelconque à réparer, ou une somme d'argent à donner ou à reprendre.

Qu'il ne doit y avoir qu'une justice comme il ne doit y avoir qu'une loi; que cette justice doit être rapprochée des justiciables; que, s'il s'agit de marché, on investirait de leur jugement les tribunaux de commerce; que, s'il y a urgence, les tribunaux civils prononceraient sommairement, et que les cours royales ne sont pas assez occupées pour que la dissémination des affaires contentieuses sur tous les rayons du territoire augmente sensiblement leurs travaux.

Qu'ainsi, le *conseil-conseil* est inutile pour les ministres; que le *conseil-juridiction* est dangereux pour les citoyens; que tous les deux, pris ensemble, grèvent le budget d'une dépense aussi considérable que superflue, et que, par conséquent, il faut supprimer l'un et l'autre.

Dans le troisième système ou système intermédiaire, on ne voudrait pas laisser subsister le conseil d'état tel qu'il est; on ne voudrait pas non plus le détruire. On distingue, dans le conseil d'état, le conseil-conseil et le conseil-juridiction; mais il faut, dans l'intérêt du gouvernement lui-même, que, sous ces deux rapports, la loi détermine ses attributions.

Comme conseil-conseil, le conseil d'état répand l'ordre, la lumière, l'unité d'action et de doctrines dans toutes les parties du service public.

Il élabore, par ses délibérations, une rédaction plus habile des projets de lois.

Il développe, par ses avis, le sens des lois administratives, ou résout le sens douteux des questions que le gouvernement lui soumet.

Il éclaire, nettoie et amende, par les travaux analytiques des comités, et par la discussion solennelle du conseil réuni, les règlemens d'administration publique et les ordonnances générales et d'exécution.

Sous le premier de ces rapports, le conseil-conseil offre aux chambres la garantie d'une meilleure préparation des lois.

Sous le second rapport, il offre au ministère un auxiliaire indispensable.

Sous le troisième rapport, il soulage la responsabilité des ministres et il prémunit les citoyens contre les surprises des bureaux.

La vérification et l'enregistrement des bulles et actes du Saint-Siége peuvent être confiées au conseil-conseil qui, sans tomber dans les exagérations d'un zèle tracassier, ne laissera jamais périr entre ses mains le salut des libertés de l'église gallicane, et l'indépendance de la couronne.

La responsabilité des agens secondaires se rattache essentiellement à la responsabilité des ministres; mais, soit que les ministres assument personnellement la garantie du fait ou de l'acte incriminé, soit que le conseil-conseil applique collectivement cette garantie, il faut qu'elle ne s'étende qu'aux véritables administrateurs; car la garantie ne doit être que le privilége nécessaire de la fonction, et non le privilége capricieux de la personne.

Le règlement des conflits appartient au roi qui est le suprême régulateur des compétences.

Si on le remettait aux chambres, les législateurs deviendraient des juges ; les compétences qui doivent être froidement réglées par la raison civile seraient ardemment décidées par la raison politique, les procès n'auraient plus de fin.

Si on le laissait à la cour de cassation, elle est, par sa constitution toute judiciaire, par la lenteur de ses formes et par l'irresponsabilité de ses membres, trop en dehors du gouvernement pour comprendre les besoins de l'administration, et pour secourir, avec promptitude et efficacité, ses attributions envahies.

Resserrez l'exercice de la revendication administrative ; établissez un tribunal administratif inamovible, et l'abus des conflits cesse, à l'instant même, pour ne laisser de place qu'à son usage légal et nécessaire.

Les appels comme d'abus intéressent l'état ou les particuliers.

Si le gouvernement est attaqué, c'est à lui à savoir mesurer son action sur la criminalité de l'acte et sur le péril de ses conséquences ; c'est à lui à consulter les lieux, les temps, les personnes.

Il peut laisser l'acte ou le fait s'effacer, se perdre dans le silence de l'oubli.

Il peut appeler le prêtre dans le sein du conseil d'état et fulminer contre lui la déclaration d'abus.

Il peut enfin, il doit, s'il y a crime ou délit, livrer aux tribunaux le prêtre incriminé.

Le gouvernement n'est donc pas désarmé dans aucun cas, et sa justice, avant de choisir ses armes et de frapper, s'éclaire dans la solennité des délibérations du conseil d'état.

Les appels comme d'abus, formés par les particuliers, concernent principalement les refus de sacremens et de sépulture.

Mais de pareils appels répugnent au principe de la liberté de conscience, et au principe de la séparation des actes de l'état civil et des actes de l'état religieux.

Si toutefois ces appels devaient tomber sous une juridiction temporelle, pourquoi n'appartiendraient-ils pas au tribunal administratif ?

S'il est besoin de juges spéciaux instruits de la matière, applicateurs habituels des saints canons; n'est-ce pas ici? Les garanties des tribunaux ordinaires manqueraient-elles à l'instruction, à la délibération et au jugement de ces affaires? Non. Que reproche-t-on à la justice administrative? De ne pas offrir ces garanties. Donnez-les.

Le reste des affaires contentieuses, et principalement les appels contre les arrêts des conseils de préfecture et les décisions des ministres, devrait être porté devant un tribunal spécial.

Ce tribunal offrirait aux particuliers les mêmes garanties que la cour de cassation. Inamovibilité des juges, publicité des audiences, rapport de l'affaire, instruction écrite et défense orale, conclusions du ministère public, indépendance des jugemens.

D'un autre côté, si ce tribunal empiétait sur les attributions de l'ordre judiciaire ou sur les attributions du gouvernement, le roi, en conseil d'état, à la demande, soit des parties, soit du procureur général, pourrait, par une décision solennelle et motivée, revendiquer l'affaire, ou la renvoyer aux tribunaux.

Dans le premier cas, rare d'ailleurs, la responsabilité ministérielle couronnerait les garanties du système.

Les avantages de la spécialité de ce tribunal seraient d'avoir des juges plus expérimentés, une procédure plus simple, et une justice moins coûteuse.

Si, dans les affaires civiles, la lenteur et la cherté des formes judiciaires embarrassent les transactions et ruinent les plaideurs, que serait-ce de leur application aux affaires administratives, qui ne peuvent être bien jugées, si elles ne sont promptement jugées.

A mesure que le jour de la publicité pénètre dans nos institutions, les traces de l'anarchie révolutionnaire et de la servitude impériale disparaissent. Nous avançons à pas lents dans la conquête des libertés civiles; avançons, leur établissement fait la force du prince et la sécurité des peuples.

En effet, le prince, dans notre constitution, a la nomination des juges et l'exécution de leurs arrêts; mais il n'a le droit de juger, ni par des délégués amovibles, ni par lui-même. Il est donc vrai que s'il légitime la puissance lorsqu'il administre, il usurpe sa puissance lorsqu'il juge. Plus il administre, plus il explique son droit; plus il veut juger, plus il se suscite à lui-même d'embarras! Son intérêt s'accorde donc toujours avec son devoir, et sa faiblesse commence où son pouvoir s'exagère. Le droit seul est fort, parce que le droit est réglé.

D'un autre côté, le peuple, dont la liberté civile est largement établie, s'attache avec plus de vigueur et de tendresse, au pays, aux institutions, au roi. Il regrette moins l'exercice des libertés politiques dont la plupart des citoyens sont privés, parmi nos immenses populations.

Il faut que le dernier de ces citoyens sache que la loi veille, avec des yeux de mère sur son humble foyer; il faut qu'il sache que s'il est opprimé, les cent voix de la presse s'élèveront pour le défendre; il faut qu'il sache que, si pauvre et isolé il lutte avec le gouvernement, il trouvera jusqu'au sein du palais de son roi, des juges indépendans dans des juges inamovibles.

SECTION XI.

ÉTUDE DU DROIT COMMERCIAL.

(M. PARDESSUS.)

Les besoins du commerce ont amené les usages et les transactions qui lui sont propres; la nécessité de fixer ces usages et d'assurer l'exécution de ces engagemens a produit la législation commerciale. Aussi l'histoire qui nous entretient des anciens peuples adonnés au commerce, de leurs immenses relations et de leur puissance, ne vante pas moins la perfection et la sagesse de leurs lois (1).

(1) *Voyage du jeune Anacharsis*, chap. LV.

Mais elle n'en a point conservé les monumens. Il ne nous reste rien des règles qui présidaient aux opérations commerciales des Phéniciens et des Carthaginois. Le temps a détruit les lois de cette antique Marseille, qui florissait quand Rome n'existait pas encore, et qui, après que Rome eut vaincu l'univers, offrait à l'étude de ses jurisconsultes des institutions que Cicéron vantait devant le peuple et le sénat (1).

Les lois rhodiennes qu'Auguste, maître du monde, avait proclamées les maîtresses de la mer (2), ne sont plus connues que par quelques extraits des commentaires dont elles avaient été l'objet, heureusement conservés dans le Digeste. Personne ne croit maintenant à l'authenticité du recueil publié par Simon Scardius, en 1561, et par Leunclavius, en 1596.

Le corps de droit rédigé par Justinien ne contient pas de système complet des lois du commerce. On trouve sans doute dans les principes généraux applicables à tous les contrats, un certain nombre de règles dont la jurisprudence commerciale peut faire un grand usage : mais les titres spéciaux, tels que ceux *de Exercitoriâ et Institoriâ actione; ad Legem Rhodiam de jactu; de Nautico fœnore; Nautæ, Caupones, etc.*, contiennent seulement un petit nombre de principes pour déterminer l'étendue des obligations qu'un maître trop fier pour s'abaisser à commercer contractait par ses esclaves ou ses préposés. D'autres titres du Code offrent un petit nombre de réglemens, bien moins relatifs au commerce en lui-même, qu'à des opérations nécessitées par les besoins et l'approvisionnement de la capitale du monde.

Les Basiliques ne contiennent rien de plus que la compilation de Justinien, que les empereurs grecs se sont bornés à abréger et à remettre en meilleur ordre. Elles offrent même beaucoup moins, parce que le livre LIII, qui traitait du droit maritime, est perdu, et qu'on n'y peut suppléer qu'à l'aide d'extraits contenus dans le *Synopsis major*.

Depuis l'invasion de l'empire par les peuples barbares, les

(1) Cicero, *pro Flacco*, chap. VI.
(2) *Dig. ad leg. Rhod. de jactu*, lib. IX.

lois ripuaires, celles des Bourguignons et des rois de France jusqu'au douzième siècle, si l'on en excepte un titre fort curieux du Code des Visigoths (le titre III du livre XI), quelques capitulaires de Charlemagne, qui parut comme une aurore boréale au milieu des plus épaisses ténèbres, attestent l'ignorance des maîtres de l'Europe sur les véritables sources de la fortune publique et les avantages du commerce : abandonné à des étrangers, aux juifs, il fut long-temps confondu dans la haine qu'inspiraient les usures et les rapines de ces individus.

Le douzième siècle fut l'époque de la plus importante révolution dans la législation commerciale.

Quelques républiques fondées pendant les ravages de l'Italie, dans les îles ou sur des bords inaccessibles aux barbares, avaient profité de leur position qui les rendait intermédiaires entre l'Orient et l'Occident, et le commerce leur avait procuré le plus haut degré de prospérité.

L'affranchissement des communes en France avait permis d'y ramener l'industrie, et de donner une protection plus active à celles des villes maritimes de la Provence et du Languedoc qui, s'étant procuré une sorte d'indépendance, avaient pu se livrer au commerce pendant la trop longue durée de l'anarchie féodale.

Les croisades, qui ne firent que du mal si on les considère dans le but qui les avait fait entreprendre, furent l'occasion d'un bien dont on ne s'était pas douté. Les communications de province à province ne furent plus considérées comme des entreprises périlleuses, les voyages lointains cessèrent d'effrayer; mais, au lieu d'aller combattre dans des pays où il y avait tout à perdre, on apprit à commercer avec ceux qui offraient beaucoup à gagner.

Les navigateurs des rives de l'Océan rivalisèrent d'activité et d'industrie avec ceux des bords de la Méditerranée. Les usages maritimes, connus sous le nom de *rôles d'Oléron*, passèrent de la France dans l'Angleterre, la Flandre, la Hollande et jusqu'au nord de la mer Baltique. Le consulat de la mer devint la règle de toutes les négociations sur la Méditerranée. Le commerce intérieur, en acquérant des débouchés, prit une nouvelle vie ; des corporations de marchands s'établirent et jetèrent les premiers fondemens de l'industrie, des règlemens émanés des rois de la troisième race, ou rédigés sous leurs auspices, fixèrent les usages du commerce intérieur et de la navigation des fleuves qui traversent la France (1).

Louis IX, que la religion a placé dans ses temples, et que l'histoire compte parmi les guerriers intrépides et les plus sages législateurs, assura l'exécution de ces lois par une plus parfaite distribution de la justice ; publia lui-même quelques statuts sur la police des corporations, et posa dans ses immortels *Établissemens* des règles sur la fidélité et la validité des engagemens, que nous observons encore (2).

Ses successeurs, après que la Champagne eut été réunie à la couronne, recueillirent les usages qui depuis deux siècles assuraient la police des fameuses foires établies dans cette province, et rendirent des ordonnances qui ont été les premières sources de notre droit commercial (3).

Enfin la lettre de change fut inventée et le contrat d'assurance introduit ; le commerce, affranchi de ses entraves, ne connut plus de bornes que celles du monde habitable, et la législation suivit cette marche des esprits.

L'Europe prit une face nouvelle, et toutes les villes commerçantes, depuis le golfe Adriatique jusqu'à la mer Glaciale, eurent leurs ordonnances sur le change, leurs règlemens sur la navigation et les assurances.

Puisées dans une source commune, ces lois ne différaient entre elles que sur des points de peu d'importance. Cependant l'inconvénient de ces différences se faisait sentir, et l'uniformité était appelée de toutes parts. C'était à la France qu'il était réservé de produire des hommes capables de fondre ensemble ces précieux matériaux et d'offrir au monde le premier Code commercial.

---

(1) Priviléges accordés par Louis VII, en 1170, aux marchands associés pour le commerce par eau de la ville de Paris.

(2) Chap. CILVI et CILVII.

(3) Ordonnances de Philippe le Bel, 1302, 1311.

Deux règnes pendant lesquels le gouvernement, d'accord avec l'esprit de la nation, avait tout fait pour le commerce, venaient de préparer la gloire du siècle de ce monarque à qui la postérité a confirmé le titre de *Grand*. Ce ne fut pas assez pour lui d'avoir, par la création de compagnies puissantes, offert aux individus des exemples à suivre, et dirigé l'industrie vers les manufactures; il sentit l'importance d'établir des règles pour l'exercice des droits, et l'accomplissement des obligations. Dans le cours d'un petit nombre d'années parurent les ordonnances de 1673 et 1681, publiées sous l'influence du génie de Colbert, résultat heureux de l'étude des jurisconsultes les plus célèbres, et de l'expérience des commerçans les plus habiles.

L'Europe les accueillit par un consentement unanime, bien glorieux pour la sagesse d'un roi contre lequel on venait de la voir liguée tout entière. De nos jours encore, elles forment le droit commun des peuples commerçans, et dictent des arrêts jusque dans les cours de justice de notre plus ancienne rivale.

Il était naturel d'assurer la conservation d'un si bel ouvrage par un enseignement public dans les Facultés de droit qui venaient d'être rétablies. La mort de Colbert et les malheurs qui mirent Louis XIV à de si rudes épreuves vers la fin de son règne, s'y opposèrent. L'étude des lois commerciales fut abandonnée au hasard : les interprétations d'une jurisprudence arbitraire en étouffèrent le texte, en dénaturèrent l'esprit ; et les jurisconsultes, les magistrats furent peu jaloux de maintenir la pureté d'une doctrine qu'ils n'avaient point appris à respecter dans les écoles.

La nécessité d'une réforme se fit sentir. Louis XVI, qui avait montré dans l'édit de 1776 et l'ordonnance de 1781 sur les consulats quelle importance il mettait à rendre à la France son ancienne prospérité commerciale, chargea de ce travail une commission qui s'en occupait encore en 1789. On connaît tous les malheurs qui tombèrent sur la France à cette époque, et quels obstacles ils apportaient à la confection d'un code qui exigeait tant de sagesse.

Ce projet, repris sous le gouvernement consulaire, a été achevé en 1807, par la promulgation du Code de Commerce qui nous régit actuellement.

La rédaction en est beaucoup plus négligée que celle des autres Codes; et c'est pourtant celui pour lequel il existait de plus abondans matériaux. Mais l'homme qui tenait alors les rênes de l'état ne songeait point à faire des lois dans l'intérêt des peuples. Il les commandait dans l'intérêt de son esprit de conquête. Peu lui importait que l'ouvrage fût bon, pourvu qu'il fût bien vite achevé et promulgué des bords de la Seine à ceux de la Vistule.

Le premier livre offre des lacunes considérables dans ce qui concerne les contrats les plus usuels. Qui croirait, par exemple, en lisant le titre VII, intitulé des *Achats et Ventes*, qu'il ne va rencontrer qu'un article unique, dont tout l'objet est d'apprendre de quelle manière ces sortes de transactions doivent être prouvées; comme si les règles que cet article donne sur la preuve étaient particulières aux achats et ventes; et surtout comme si tout ce qui concerne ces négociations se bornait à la preuve !

Malheureusement le Code Civil n'offre pas toujours de quoi suppléer au silence du Code de Commerce. Il est bien vrai que dans la rédaction du Code Civil on a très-souvent annoncé l'intention de ne rien préjuger et de ne rien statuer sur les matières commerciales. Nous en trouvons la preuve dans l'article 1107, qui dit formellement : « Les règles relatives » aux transactions commerciales sont établies par les lois re- » latives au commerce. » On s'en est expliqué encore dans plusieurs occasions pendant la discussion, notamment à la séance du 8 brumaire, à celles du 30 frimaire et du 3 ventôse an XII. Mais le gouvernement semblait ne plus se souvenir de ces déclarations, lorsqu'en discutant le Code de Commerce au conseil d'état, on y insérait littéralement plusieurs articles du Code Civil, afin, disait-on, « que le Code de Commerce » fût complet et ne renvoyât pas aux autres; » lorsqu'un orateur du gouvernement annonçait en présentant les premiers titres au corps législatif, « que tout commerçant, tout

» agent du commerce, y trouverait l'ensemble de la législa-
» tion à laquelle sa profession l'assujettit. »

Il ne faut donc pas s'arrêter à ces déclarations, puisque de fait il y a des matières commerciales d'une très-haute importance qui ne sont pas même nommées dans le Code de Commerce. Ainsi nous avons déjà observé qu'à l'exception du mode de preuve des *Achats et Ventes*, ce contrat qui, à vrai dire, compose tout le commerce, est entièrement omis. La seule règle qui puisse s'y rapporter, est celle qui concerne les risques de la chose vendue, et il faut l'aller chercher au milieu de quelques notions assez incomplètes sur les obligations des voituriers. Du reste, pas un mot sur les objets qui font la matière de la vente, le prix, les promesses de ventes et les arrhes si fréquentes dans le commerce : rien qui serve à décider ces nombreuses contestations qui s'élèvent entre les vendeurs et les acheteurs sur la quantité et la qualité des choses ; sur les résiliations à défaut de retirement ou paiement de la part de l'un et de livraison de la part de l'autre ; sur les conditions de pesage, mesurage, essai.

On n'y trouve aussi aucune règle sur les entreprises de fournitures et autres que l'article 632 du Code a cependant rangées, et avec raison, parmi les opérations de commerce, ni sur la propriété des inventeurs ou des écrivains, la vente de leurs droits, et les effets dont elle est susceptible.

On y cherche encore vainement quelques règles sur les contrats d'apprentissage et sur les engagemens entre les ouvriers et les entrepreneurs de manufactures, fabriques ou ateliers, sur les comptes courans et les diverses sortes de prêts qui interviennent dans le commerce ; sur les commissions, pour acheter, vendre ou faire des opérations de banque.

La justice fait un devoir de dire que la même imperfection ne se remarque point dans le titre sur le change, quoiqu'on puisse cependant y désirer quelques dispositions plus précises et moins d'occasions d'arbitraire ; quoique l'expérience ait déjà forcé le législateur à corriger quelques articles par une loi du 19 mars 1817.

Le deuxième livre est, sans contredit, le meilleur. Il est

copié dans l'ordonnance de 1681 ; ce qu'il y corrige ou y ajoute est, ou puisé dans les lois postérieures, ou le résultat de l'expérience : on ne peut qu'y regretter la belle et sage institution des amirautés.

Le troisième livre, qui traite des faillites, présente, avec d'excellentes dispositions, quelques-unes qui ont tant d'inconvéniens qu'il est difficile de croire qu'il soit maintenu sans modifications. Depuis quelques années, le ministre de la justice a invité les cours et tribunaux à lui envoyer leurs observations ; mais on ne peut prévoir à quelle époque il sera possible que la législature soit appelée à s'occuper d'un travail aussi important.

Il s'en faut aussi que les notions qu'on trouve dans le quatrième livre, sur la compétence et la procédure, soient claires et précises. On remarque surtout dans ce livre l'inconcevable omission d'un titre sur la contrainte par corps, ce qui force à chercher les règles à cet égard dans deux ou trois lois éparses, rendues pendant la révolution, et incohérentes avec le reste de la législation.

Ces défauts auraient même des inconvéniens dans un code dont l'application serait confiée à des magistrats habitués dès leur jeunesse à étudier les lois, à les envisager dans leur ensemble, à chercher dans les ouvrages des jurisconsultes ou dans les monumens de la jurisprudence tout ce qui peut suppléer au silence du législateur. En effet, le Code Civil, qui devrait être le supplément naturel du Code de Commerce, ne présente rien sur la plupart des matières dont l'omission vient d'être indiquée ; et celles des dispositions qui pourraient y sembler analogues sont peu en harmonie avec les usages du commerce et ses besoins.

Mais combien ces inconvéniens se font plus sentir lorsque l'application d'un code aussi incomplet est confiée à des hommes de qui on n'exige aucune étude du droit civil, ni même aucune habitude des affaires contentieuses.

Les tribunaux de commerce sont composés, en général, de personnes qui ont plus d'intégrité que de lumières, plus de connaissance de la marche des affaires que du droit qui sert à

I.   27

en régler le fond ; et cependant ils décident des causes du plus grand intérêt, des questions de la plus grande difficulté, qui souvent, sur l'appel, embarrassent et partagent les Cours royales et la Cour de cassation ; et cependant les matières sur lesquelles ils ont à prononcer sont plus variées que celles qui occupent les tribunaux ordinaires.

L'enseignement du droit commercial établi par un acte du gouvernement du 29 août 1809, dans l'École de Droit de Paris, étendu par des ordonnances royales à plusieurs facultés du royaume et nécessaire dans toutes, peut offrir quelque remède aux inconvéniens qui viennent d'être signalés. Les avocats, les magistrats destinés à former les cours royales, obligés de suivre cet enseignement que l'ordonnance du 4 octobre 1820 exige pour l'obtention du grade de licencié, seront à même d'y puiser une instruction dont les heureux effets se feront sentir à la longue. On peut aussi espérer que les jeunes commerçans viendront y chercher des connaissances, utiles dans la conduite de leurs propres affaires, indispensables dans les tribunaux de commerce auxquels ils se verront bientôt appelés.

Ce but serait mieux atteint si l'obligation de suivre ce cours était imposée, par une ordonnance du Roi, à quiconque veut obtenir l'agrément de postuler auprès des tribunaux de commerce.

On pourrait aussi exiger certaines conditions d'études du droit commercial, de ceux qui seront nommés présidens de ces tribunaux ; ce serait une heureuse imitation des lois d'Hambourg et d'autres villes commerçantes, où le grade de docteur, et au moins celui de licencié, est requis de ceux que la confiance publique appelle aux tribunaux de commerce. Déjà le roi a senti combien il était important que les consuls qu'il nomme en pays étrangers pour y juger les contestations entre ses sujets connussent les lois commerciales ; le règlement du 11 juin 1816 met, au nombre des conditions requises pour être élève vice-consul, celle d'avoir suivi le cours de droit commercial dans la Faculté de Paris, et sans doute dans les Facultés de provinces où des chaires semblables sont établies.

En attendant ces utiles améliorations, qu'il suffit d'indiquer à un gouvernement sage et éclairé, nous allons nous borner à donner un léger aperçu de l'état de l'enseignement du droit commercial.

Lorsqu'il nous a été confié, nous n'avions pas, comme nos collègues, les exemples et les traditions des anciennes Facultés ; nous avons dû espérer d'autant plus d'indulgence, et nous ne pouvons que nous féliciter de celle qui nous a été accordée.

Ce qui a été dit plus haut de l'imperfection trop réelle du Code de Commerce nous forçait à ne pas nous restreindre à la seule explication des articles dont il se compose. Nous n'aurions pas fait un cours de droit commercial, et il nous semblait que ce devoir nous était imposé.

Une distribution naturelle des matières nous a porté à considérer dans ce cours : les personnes, les conventions qui interviennent entre elles, l'état dans lequel ces personnes se trouvent lorsqu'elles cessent de remplir leurs engagemens, le jugement des contestations que font naître leurs transactions.

Ainsi nous avons commencé par définir tous les actes de commerce ; c'était la marche naturelle pour arriver à connaître quelles personnes sont capables ou incapables de faire ces sortes d'actes, et comment l'habitude de les exercer attribue la qualité de commerçant. Les obligations particulières, telles que la tenue des livres et autres semblables, que produit cette qualité ; la police des manufactures ; les diverses institutions créées pour l'utilité et le service du commerce, telles que les brevets d'inventions, les foires, les bourses, les agens de change, les courtiers, etc., se lient naturellement à cette partie dans laquelle nous considérons le commerce en général.

Tous les engagemens usités dans le commerce, soit qu'ils aient été l'objet de dispositions dans le Code de ce nom, soit qu'on ait besoin de recourir au Code Civil, aux usages, à la jurisprudence, viennent ensuite. La manière de les classer était arbitraire ; nous avons cru que l'attention serait moins fatiguée en parlant d'abord des contrats qui appartiennent au commerce de terre, puis de ceux du commerce maritime, et enfin des sociétés qui peuvent être formées pour toutes sortes de négociations.

Nous traitons ensuite des faillites avec une étendue proportionnée à l'importance de la matière.

Enfin nous présentons tout ce qui concerne la juridiction commerciale, matière qui comprend non-seulement la compétence et la procédure des tribunaux de commerce proprement dits, mais encore celle des prud'hommes.

Nous croirions avoir commis une grande lacune dans notre enseignement si nous avions omis de parler de l'institution des consuls en pays étranger. Établis pour protéger le commerce et les commerçans, ils exercent, sous plusieurs rapports, notamment en ce qui touche la navigation, beaucoup de fonctions judiciaires. Dans le Levant et la Barbarie, ils sont, en toutes matières, les seuls magistrats auxquels les Français puissent s'adresser, et même les capitulations leur accordent la juridiction criminelle.

Il nous a semblé utile aussi de faire connaître les règles sur l'application des lois et l'exécution des actes étrangers devant les tribunaux français, ainsi que la législation sur la contrainte par corps tant contre les nationaux que contre les étrangers.

Ce plan peut être suivi sans embarras par quiconque désirera étudier la jurisprudence commerciale dans son cabinet. Comme il est pris dans la nature des choses, il peut aussi s'appliquer à l'étude du droit commercial étranger, sur lequel nous donnons quelques notions, chaque fois qu'il diffère notablement du droit français, et que la comparaison de l'un avec l'autre peut nous offrir quelques principes théoriques ou quelques exemples d'applications.

On doit surtout joindre à cette étude, à mesure que l'ordre des matières y conduit, la lecture des auteurs qui ont commenté les ordonnances de 1673 et de 1681, dont les dispositions sont entrées dans le Code; et celle des traités particuliers sur certains contrats commerciaux.

Ce mode de travail offre l'avantage de comparer les principes du droit civil et du droit commercial, d'apprécier les raisons de différence, de connaître plus particulièrement les points dans lesquels ils se ressemblent, et de compléter ainsi l'étude de la législation française.

Les ordonnances qui ont réglé l'ordre des études dans les Facultés de droit n'accordant que la durée d'une année scolaire pour l'enseignement du droit commercial, il n'est pas possible de consacrer un grand nombre de leçons à l'étude de l'histoire et des sources.

Le change et la marine sont les parties du droit commercial pour lesquelles cette étude offrirait un assez grand intérêt.

Le change, dont certainement les Romains ont eu quelqu'idée, n'a jamais été pratiqué chez eux avec les développemens qui l'ont rendu le mobile de toutes les opérations commerciales; on peut, sans crainte de se tromper, dire qu'il appartient aux temps modernes On n'en trouve pas beaucoup de traces avant les croisades; mais, dès la fin du treizième siècle, on voit qu'il était pratiqué dans les foires de Champagne et dans les villes commerciales de l'Italie et de l'Allemagne.

On ne peut en dire autant du droit maritime : aussi ancien que les premières entreprises des hommes sur la mer, il offre, chez tous les peuples les plus séparés par les mœurs et les lois, un caractère d'uniformité qui mérite d'être remarqué. Notre Code de commerce ne contient presque rien qu'on ne trouve dans les monumens de la législation grecque et romaine. Il ne faut en excepter que le contrat d'assurance, qui appartient aux temps modernes.

Le désir de concourir, autant que nos faibles moyens (1) le permettaient, à faire connaître l'ensemble du droit *maritime universel*, nous a portés à entreprendre une *collection* de tous les documens qui, depuis les temps les plus anciens

---

(1) La modestie de M. Pardessus l'empêche de se rendre une entière justice à lui-même. Je dois dire que la *collection* dont il parle ici est la plus grande publication scientifique qui ait jamais été faite sur le droit commercial; elle suppose dans l'auteur les connaissances les plus variées et les plus étendues; elle suffirait seule, indépendamment de ses autres travaux, pour justifier sa nomination à *l'Académie des inscriptions et belles-lettres.* (Dupin aîné.)

jusqu'à nos jours, ont servi à régler chez les différentes nations les transactions relatives au droit maritime. Si nous
sommes assez heureux pour accomplir cette entreprise avec
l'approbation publique, nous publierons un semblable travail
sur le droit de change.

A ce moyen, les jurisconsultes auront à leur disposition
des matériaux rares et précieux, ils pourront préparer la
révision des lois commerciales; et, s'il ne nous est pas donné
de bien faire, nous aurons fourni à des mains plus habiles
que les nôtres les moyens d'atteindre un mieux qu'il est toujours permis de désirer dans les institutions spéciales.

SECTION XII.

ÉTUDE DE LA PROCÉDURE CIVILE.

(Lettre de M. CARRÉ de Rennes.) (1)

Mon cher ancien disciple,

On a dit avec raison que dans aucun temps, dans aucun
pays, un élève n'a jamais appris son état dans les écoles. On
n'y doit chercher en effet, et on ne peut y trouver que les
moyens d'apprendre. Vous êtes convaincu de cette vérité,
puisqu'après avoir, par de brillantes épreuves, montré combien vous avez su profiter des instructions élémentaires que
vous avez reçues dans notre faculté, vous sollicitez de mon
zèle pour l'instruction des jeunes gens studieux, le plan d'une
étude approfondie des lois de la procédure.

Cette demande, je n'en puis douter, se lie au projet que
vous avez conçu d'étudier, *simultanément* et d'après des plans
analogues, les autres parties de la science du droit. Vous avez

_____

(1) Cette lettre n'est pas une pure fiction; elle a été adressée par
l'auteur à un jeune licencié aspirant au doctorat.

raison de penser qu'elles sont inséparables. Souvent les mêmes principes leur servent de base ; elles sont soumises à des règles communes d'interprétation ; les unes ont même pour objet spécial l'exécution des autres, et telles sont en particulier les lois de la procédure. En toutes, en un mot, on remarque des points de contact qui, si la comparaison est permise, sont comme des nuances qui réunissent autant de couleurs distinctes, et sont indispensables à l'harmonie du tableau.

Ainsi, pour ne parler que de la *procédure*, objet de cette rapide instruction, les règles et les formalités dont elle se compose ne sont autre chose que des moyens de mise en action des lois qui établissent les droits et les obligations de la société et de ses membres.

Ainsi, encore une relation nécessaire lie *la procédure* aux lois qui déterminent le pouvoir des autorités judiciaires d'appliquer aux contestations qui leur sont soumises, les dispositions législatives qui règlent ces droits et ces obligations.

Ces rapports intimes par lesquels chaque espèce de lois concourt avec les autres à une fin commune, qui consiste à consacrer tous les droits et à les garantir par l'accomplissement de tous les devoirs, démontrent par eux-mêmes qu'on ne peut aspirer à l'honorable titre de JURISCONSULTE, qu'après avoir, à l'aide des élémens acquis dans les écoles, sur chaque partie de la législation, recomposé, pour ainsi dire, la science du droit, afin de l'embrasser dans son ensemble.

Tel est, sans doute, le but que vous désirez atteindre, mon cher confrère, et c'est dans cette opinion que je vais essayer de vous indiquer, en peu de mots, la route qui me semble la plus facile et la plus sûre pour vous y conduire.

La procédure, comme vous le savez, est la forme suivant laquelle la justice est administrée dans un état, ou, en d'autres termes, c'est une méthode, un mode d'agir tracé par la loi, pour appliquer dans les tribunaux les dispositions des lois civiles ou criminelles.

La connaissance raisonnée des principes sur lesquels ces dispositions sont fondées, de leurs textes et des décisions judiciaires qui les ont interprétées, constitue *la science de la* procédure, qui par conséquent embrasse la *théorie* et la *pratique*, toutes deux indispensables, toutes deux insuffisantes l'une sans l'autre, la théorie éclairant la pratique, qui à son tour est l'épreuve de la première : double objet d'une étude simultanée qui seule peut apprendre à saisir la pensée et l'esprit du législateur, à découvrir les vices ou les simples imperfections de ses œuvres, et par suite à apercevoir les améliorations qu'elles sollicitent.

Négliger les théories du droit, ne pas remonter aux sources des règles de la législation positive pour reconnaître jusqu'à quel point elles sont en harmonie avec la saine raison, jusqu'à quel point elles s'en écartent, ce qu'elles peuvent avoir ajouté à leurs préceptes, ce serait pour un professeur condamner un élève à l'obscurité d'un praticien ; ce serait pour celui-ci, s'il suivait de pareils erremens, se résoudre à ne connaître jamais que les détours de la chicane. *Qui aliter jus civile tradunt*, dit l'orateur romain (1), *non tam justitiæ quam litigandi vias tradunt.*

Comme celle de toutes les autres branches du droit, la théorie des lois de la procédure se puise dans le *droit naturel* qui renferme les premières notions de tout ce qui est bon et juste, par conséquent utile..... Il est donc la base immuable, le régulateur certain et permanent, le complément nécessaire de toute loi positive ; cette théorie se puise encore dans l'histoire, dont les récits font connaître l'influence plus ou moins déterminée des anciennes législations sur le bien-être des peuples et des individus, éclairent ainsi les législateurs par les grandes leçons de l'expérience, et lui dévoilent les changemens et les modifications qu'il convient d'apporter aux lois existantes. Enfin la théorie des lois a pour dernière source les *législations contemporaines ;* car, dans les choses morales comme dans les choses physiques, les rapprochemens ont toujours grandi les sciences ; elles élargissent les bases des connaissances utiles. Les naturalistes ont senti la nécessité

(1) Cicéron, *de legibus.*

d'une anatomie *comparée :* la législation *comparée* offre le même avantage aux légistes.

Concluez de ces observations qu'il faut, avant tout, ayant la loi positive sous les yeux, appliquer votre esprit à en juger la justice, la sagesse ou la convenance, vous demandant consciencieusement *quid deceat, quid non.*

Rectifiez ensuite vos opinions par la comparaison des législations anciennes et de celles qui sont actuellement en vigueur.

Je semble, en cela, vous imposer un grand travail ; beaucoup d'années ne suffiraient pas pour parvenir au terme : le savant doyen de la faculté de droit de Poitiers, M. Boncennes, l'aura fait pour vous. Lisez donc attentivement la *Théorie des lois de la procédure,* puisée dans les sources si fécondes que je viens d'indiquer.

L'introduction, qui compose le premier volume de cet ouvrage, sera naturellement l'objet de vos premières méditations ; et successivement ayant sous les yeux les textes de la loi, dont il a scrupuleusement suivi la classification, étudiez-les son livre à la main.

Là se bornent mes conseils sur les *théories* de la procédure civile, expressions par lesquelles j'entends l'ensemble des principes de *ce qui doit être*, et dont la connaissance me paraît essentielle pour juger sainement *ce qui est*, et pouvoir interpréter la loi avec sagesse et discernement ; objet des occupations journalières des jurisconsultes et des magistrats.

A l'étude de ces théories absolues et générales qui se composent de principes fondés sur la nature même des choses, doit succéder celle de la *doctrine :* expression sous laquelle j'entends le système raisonné des motifs, des considérations qui ont déterminé le législateur à modifier ces principes dans leur application à la loi qu'il a portée.

En ce qui concerne les lois de la procédure, vous trouverez une source inépuisable dans les exposés des motifs du Code, par les orateurs du gouvernement et du tribunat ; dans les discussions au conseil d'état, dont M. Locré a formé l'utile ouvrage qu'il a justement intitulé *Esprit du Code de procédure.* On ne peut, en effet, juger l'*esprit* de la loi, sa

volonté souvent exprimée d'une manière obscure , autrement
que par l'intention de ses auteurs. J'oserais croire que vous
retirerez encore quelque utilité des notions de doctrine dont
j'ai fait précéder chaque livre , titre et article du Code , dans
mon *Traité des lois de la procédure civile.*

Mais n'oubliez pas l'excellent travail que nous devons au
savant jurisconsulte Bellot , sous le titre d'exposé des motifs
de la loi sur la procédure civile pour le canton de Genève.
Vous y remarquerez de judicieuses critiques , tant des doctrines que des textes mêmes de nos lois , et vous ne manque-
rez pas sans doute de regretter que l'auteur n'ait pas publié
la seconde partie. « Si la première , disait il , avec la modestie
» qui caractérise le vrai mérite , *était jugée de quelque utilité ,*
» dans une seconde je parcourrais ces divers modes d'exécution
» (du jugement) auxquels la mauvaise foi des uns , et l'im-
» puissance des autres ont obligé de recourir. » Les suffrages
unanimes ont prononcé ce jugement , et je n'aurai à craindre
le *désaveu* de personne en le lui notifiant pour qu'il veuille
bien rendre aux amis de la science le service de l'exécuter.

Maintenant , mon cher confrère , j'oserai , malgré les exemples du contraire que vous avez sous les yeux et qui vous
ont été donnés par un illustre professeur, M. Pigeau , vous
engager à ne pas abandonner , en étudiant, l'ordre du Code.
L'autorité de ce grand-maître perd , sous ce rapport, toute
sa force , lorsque l'on considère que son ouvrage publié sous
l'empire du Code n'est réellement , quant à la doctrine ,
qu'une seconde édition de son savant *Traité de la procédure
civile du Châtelet,* dont il a suivi trop scrupuleusement le
plan général et la classification des matières.

L'ordre dans lequel elles ont été distribuées par le législateur lui-même est infiniment préférable. Il offre l'avantage de
faire saisir facilement le fil des idées , de faire apercevoir la
liaison de ces matières entre elles , et de faire marcher constamment du connu à l'inconnu : méthode avec raison tracée pour
l'enseignement et par conséquent pour les études des sciences.

Au surplus , s'il est permis de reprocher aux rédacteurs
du Code actuel d'avoir trop négligé de marquer les divisions

des livres, ce qui rend moins faciles à saisir les rapports que les titres ont entre eux, les auteurs ont pris soin d'y suppléer. C'est ainsi qu'adoptant une classification dont l'heureuse idée appartient au savant professeur de la faculté de Paris, M. Berriat-Saint-Prix, le livre second de la première partie du Code, livre qui renferme jusqu'à vingt-cinq titres, a été méthodiquement divisé suivant que chacun de ces titres concourt avec d'autres vers un but commun, pour établir une espèce particulière de procédure; telles que la procédure préliminaire ou conciliatioin, la procédure ordinaire, les diverses procédures incidentes, etc. (1).

Imbu, par les études préliminaires, du sens, du caractère, de l'intelligence de la loi, des intentions et des vues du législateur, le complément de vos travaux consistera dans l'application des textes aux espèces fictives ou réelles qui se présentent constamment dans la pratique. Vous déciderez par vos propres lumières celles que vous aurez imaginées vous-mêmes, et celles qui auront été résolues par la jurisprudence ou par les auteurs.

« Les *auteurs* ont souvent influé sur les jugemens, et leurs » réflexions amené d'importantes améliorations. Les principes » généraux y sont rassemblés; les lois, les arrêts recueillis..., » les autorités indiquées..., les questions approfondies.

» Les arrêts, ces oracles augustes prononcés au nom du » souverain, formés par des assemblées de magistrats, dépôts » respectables de leurs opinions, sont les trésors de la jus-» tice. » *Judicia sunt anchoræ legum.*

J'étendrais infiniment cette lettre si je faisais entrer dans son plan des conseils sur l'étude des auteurs et de la *jurisprudence.* D'ailleurs, pourrais-je espérer en donner de meilleurs que ceux que vous trouverez dans les sages réflexions de l'auteur de l'Instruction facile sur les conventions (2), M. Jus-

---

(1) Voyez notre *Traité des lois de la procédure*, tome 1er., page 91.

(2) Une seconde édition de cet ouvrage, avec notes, paraîtra au plus tard à la fin des vacances prochaines, par les soins de M. Hyppolite le Roux, avocat à la cour royale de Rennes.

sieux de Monluel, auquel j'ai emprunté les deux citations précédentes.

Ajoutez, pour l'étude des arrêts, l'excellente dissertation de notre célèbre Dupin aîné, en tête du *Dictionnaire des arrêts modernes*, auquel il a concouru avec MM. Loiseau et La Porte.

Vous n'oubliez pas, monsieur, que l'étude de la procédure est inséparable de celle de la compétence. Je vous l'ai dit, et je crois l'avoir prouvé dans mon Supplément, *sous presse*, au *Traité des lois de la procédure*; raison pour laquelle j'ai mis ce dernier ouvrage en harmonie avec celui que j'ai publié sous le titre *des Lois de l'organisation et de la compétence des juridictions civiles.* Celles qui règlent cette importante matière sont éparses, et étaient comme *enfouies* dans le chaos des actes de législation. Nous devons encore au digne bâtonnier de l'ordre des avocats à la cour royale de Paris de les avoir réunies, sur la commission spéciale que lui en avait donnée monseigneur le garde des sceaux de France, le 20 février 1809. Si cet honorable jurisconsulte n'eût pas, par cette collection, facilité mes recherches, je n'aurais pas osé entreprendre les commentaires dont il m'a fait l'honneur d'agréer la dédicace.

Ces instructions sur l'étude de la procédure n'ont rien de pareil à ce qui jusqu'ici a été écrit sur ce sujet. Le maître de la science, Pigeau, ne considère cette étude que dans l'idée de former un *bon praticien* (1). C'est à peu près de la même manière que M. Camus, lui-même, s'en est expliqué dans ses lettres; si dans la seconde (2) il démontre que ce qu'il appelle *la pratique* est indispensable à un avocat, vous remarquerez, dans cette lettre, comme dans la quatrième, qu'il conseille de suivre l'étude d'un procureur, afin d'acquérir ce qu'il appelle *tritura fori*; de voir les modèles des actes de la procé-

---

(1) Voyez son *Discours sur l'étude de la procédure*, en tête de toutes les éditions publiées, tant sous l'empire de l'ordonnance de 1667, que depuis la promulgation du Code de procédure.

(2) Voyez ci-dessus, page 61.

dure : par exemple, les formules de Salé, celles publiées sous le titre d'*Instructions pour les procédures*, etc.

Voilà une méthode d'instruction que je ne conseillerai jamais, et néanmoins je me garderai de dire que l'étude de la *pratique* n'est pas essentielle au magistrat et au juriconsulte, ne serait-ce que pour éclairer et rectifier les opérations des praticiens ; mais conseiller d'apprendre la pratique dans les études des avoués, c'est tomber dans ce préjugé malheureusement trop accrédité autrefois, et même de nos jours, que la procédure n'est qu'un art qui s'apprend par l'usage ; ce serait, si la comparaison est permise, l'assimiler à ces métiers où la main seule agit, où il ne faut nulle méditation, mais seulement de l'exercice et de l'habitude : ce serait donc énoncer une aussi grande absurdité que si l'on osait avancer qu'avant d'écrire il n'est pas besoin d'avoir su penser.

Vous avez fait ces sages réflexions, monsieur, lorsqu'en me faisant l'honneur de me demander quelques avis sur la manière d'étudier la procédure, les notions élémentaires puisées dans les cahiers qui vous ont été dictés, les leçons orales de votre professeur vous ont convaincu que les lois de la procédure doivent, comme toutes les autres, être interprétées par les principes qui lui servent de bases ; que l'on doit, dans leurs dispositions, consulter également plutôt l'esprit du législateur que les lettres et les mots qui servent d'expression à sa pensée ; qu'ainsi la théorie et les doctrines ne peuvent être séparées de ce qu'on appelle *la pratique*.

Mais fixons bien nos idées sur la véritable acception de ce mot. Dans mon opinion, *la pratique* est un *art*, tandis que la procédure, comme je l'ai dit au commencement, est une *science*. La pratique n'est donc autre chose que la méthode d'appliquer les principes de la science de la procédure ; l'exercice, suivant cette méthode ; en un mot, la mise en action de tout ce que ces principes prescrivent pour parvenir à l'instruction et à la décision d'un procès, et à l'exécution de cette décision (1).

_____

(1) *Pratique*, du grec πρακτική, exercice du pouvoir d'agir ; exercice

Cet art ne s'apprend point, ne s'apprendra jamais', quel que soit le temps que l'on passe chez un avoué, en copiant des actes de procédure ; puisqu'on ne peut acquérir par ce travail ce qu'il faut savoir pour n'agir qu'avec discernement, pour ne rien faire sans en connaître le but et l'utilité.

Que l'on soit bien pénétré des principes et des règles de la science de la procédure, et l'on sera sûr d'exprimer, en bons termes, dans les actes prescrits par la loi, tout ce qu'il faut dire, de n'y rien omettre : la lecture des modèles, des protocoles, ne doit venir qu'ensuite pour rectifier la rédaction, s'il en est besoin ; prendre pour guide dans ses rédactions les ouvrages de *style*, ce serait vous exposer à écrire dans le style barbare des anciens praticiens, dont le ridicule a été si amèrement signalé par M. Berriat-Saint-Prix, dans l'utile recueil de *la Thémis* ; par le célèbre auteur du *Cours du droit civil français*, M. Toullier ; et, avant eux, par Voltaire, dans son *Dictionnaire philosophique* (1).

J'ai d'autant plus de confiance dans ces dernières observations, que M. Dupin nous apprend dans une dissertation sur l'illustre Pothier, en tête de l'édition qu'il a donnée des œuvres de ce grand maître : « que le vénérable Delacroix-Frain-
» ville, l'un des doyens et des modèles du barreau français,
» a long-temps conservé, mais n'a pu retrouver une lettre de
» Pothier, en réponse à celle qu'il lui avait écrite pour lui de-
» mander s'il croyait qu'il fût indispensable à un jeune homme
» d'entrer chez un procureur pour y apprendre la procé-
» dure ; Pothier, après avoir discuté la question, à sa manière,
» sous tous ses rapports, dit M. de Lacroix, *et in utroque*
» *foro*, s'était prononcé pour la négative, préférant la *théorie*
» à ce genre de pratique. »

C'est en effet, je ne puis trop le répéter, en considérant la procédure sous ce triple rapport, des *théories générales*, de la *doctrine* et de la pratique, qu'elle devient une partie essentielle

---

actuel de certaines choses ; *tritura fori*, qui apprend comment on doit appliquer au barreau les règles et les formalités de la procédure.

(1) Voyez *Lois de la procédure*, tome 1er., page xl de l'introduction.

de la science du juriconsulte, tant est grande son influence sur le sort des affaires. Faisons donc tous nos efforts, pour acquérir, quelle que soit la branche de législation à laquelle nous veuillons nous appliquer, les notions émanées de la raison et du droit naturel, ces idées mères et fécondes d'où dérivent, comme autant de corollaires, la division des cas particuliers; car, si les bornes de la prudence humaine ne lui permettent pas de les prévoir tous, l'observation et l'expérience démontrent qu'il ne s'en présentera point qui ne puissent se rattacher aux principes par des anneaux ou des conséquences plus ou moins rapprochées, plus ou moins faciles à saisir à l'aide de la science que nous avons acquise.....

Agréez, etc.

SECTION XIII.

SUR L'ÉTUDE ET L'APPLICATION DU DROIT CRIMINEL.

(M. DUPIN jeune.)

Erue eos qui ducuntur ad mortem et qui trahuntur ad interitum liberare ne cesses.
PROV. XXIV. 2.

C'EST une belle et noble mission que celle de défendre l'état, les droits, la fortune des citoyens; mais il est plus saint encore, et plus élevé, le patronage qui couvre de son égide leur honneur, leur liberté, leur vie menacées. C'est là que le ministère de l'avocat brille dans son éclat et sa puissance, que la gravité des résultats donne plus de prix au triomphe, que la grandeur du service rendu assure plus de droits à la reconnaissance. Le glaive des lois écarté d'une tête innocente; un homme que la prévention poursuivait arraché à l'infamie; un citoyen rendu à la société, un père à sa famille; quels succès! quel témoignage à se rendre pour une conscience généreuse! quel titre à sa propre estime et à celle des autres!

Sans doute l'attention publique peut s'attacher quelquefois à ces graves questions de droit civil qui touchent une foule d'intérêts matériels; il arrive encore que la curiosité soit excitée dans certaines causes par des faits ou romanesques ou scandaleux; on applaudit aux efforts heureux faits pour empêcher qu'une injuste spoliation ne se consomme. Mais qu'il est froid et passager l'intérêt qui s'attache à ces luttes! qu'elle est pâle et décolorée la gloire qu'elles donnent!

Voyez au contraire un de ces drames dont la douloureuse action se développe aux pieds de la justice criminelle, et dans lesquels un malheureux dispute sa vie aux sévères organes des lois; avec quel empressement des spectateurs de tout rang, de tout sexe, de tout âge vont assister à ces scènes animées où l'on n'a point à s'attendrir sur de feintes douleurs, mais sur des angoisses trop réelles! Avec quelle avidité l'on en recueille les moindres détails dans les feuilles qui les divulguent! Comme le public s'émeut, se passionne! Qu'il est impatient d'entendre la voix éloquente qui doit écarter les ténèbres de la prévention, dissiper les craintes de la société alarmée, et prouver que le membre qu'on voudrait arracher de son sein n'est pas indigne d'y conserver une place! Surtout si l'accusation a la couleur de la persécution; si la défense est obligée de lutter contre un pouvoir oppresseur ou contre des ennemis puissans, et de braver leurs ressentimens et leur colère, que de vœux entourent l'orateur! que de sympathie il rencontre de toutes parts! S'il est assez heureux pour vaincre, chacun s'associe à son triomphe, et s'il a le malheur d'échouer, on ne lui sait pas moins gré des généreux efforts qu'il a faits.

Aussi dans les républiques anciennes, où la voix du peuple donnait les fonctions et les dignités, les suffrages allaient chercher de préférence ceux qui s'étaient distingués dans la défense des accusés. Cicéron qui se montra toujours fidèle à ce devoir de l'orateur, et qui le remplit avec tant d'éclat, le recommande comme le plus puissant moyen de crédit et de gloire (1). Il en cite d'illustres exemples, et celui de sa vie parle plus haut que tous les autres.

Long-temps cette noble carrière fut fermée parmi nous.

Quand la brutalité féodale commettait la solution des procès au hasard des combats, exilée, comme la justice, l'éloquence ne pouvait que gémir et se taire.

En proscrivant les épreuves et les combats judiciaires, Saint-Louis rétablit l'imprescriptible droit de la défense. Mais l'empire de ses sages ordonnances, combattues d'ailleurs par la barbarie de son siècle, était renfermé dans la trop étroite enceinte de ses domaines; et lorsque l'autorité royale eut pris plus de développemens, lorsqu'on sentit la nécessité de remédier par des lois générales aux abus monstrueux qui s'étaient glissés dans l'administration de la justice, ce fut malheureusement le chancelier Poyet que François Ier. chargea d'un soin qui demandait des mains plus pures et plus amies de l'humanité. L'ordonnance de Villers-Cotterets, ouvrage de ce ministre, apportait une foule d'entraves à la défense; elle ouvrait en même temps la plus large voie à l'arbitraire et à l'oppression, en introduisant les procédures secrètes jusque-là inconnues en France. Aussi, pour ce fait, l'énergique Dumoulin qualifie Poyet *d'impie*, et s'écrie avec une indignation méritée : « Quelle dureté plus inique que celle d'en-» lever même la défense à un accusé! Mais, poursuit-il, la » justice divine l'a fait retomber sur la tête de son auteur. » En effet, l'ex-chancelier, traduit en jugement pour ses malversations, demanda vainement les moyens nécessaires pour combattre les nombreux témoignages qui lui étaient opposés; il ne trouva point de pitié, celui qui avait été sans pitié pour les autres, et le juge instructeur lui fit entendre ces dures paroles : Subis la loi que tu as portée, *patere legem quam ipse tuleris* (2).

---

(1) Maximè autem et gloria paritur et gratia defensionibus, eò que major, si quandò accidit ut ei subveniatur qui potentis alicujus opibus circumveniri, urgeri que videatur. *De off.*, lib. 2, cap. 14.

(2) Un de nos historiens prétend qu'il répondit : « Ah! quand je

Lors de la discussion de l'ordonnance de 1670, les plus grands, les plus vertueux magistrats de l'époque, le chancelier Séguier, le premier président de Lamoignon, les avocats généraux Bignon, Talon et plusieurs autres, luttèrent avec courage pour en faire retrancher un grand nombre de dispositions propres à désarmer un malheureux accusé, et à le livrer à l'impéritie ou aux passions de ses juges. Mais la cause de la liberté était peu accoutumée à triompher sous le règne de Louis XIV, et ces généreux efforts restèrent sans succès.

La plupart des abus consacrés par l'ordonnance subsistèrent jusqu'à l'époque où l'assemblée constituante, sondant avec courage toutes les plaies du corps social, s'empressa d'y porter remède, et de replacer la législation sur les bases éternelles de la justice et de la raison. Elle commença, pour ainsi dire, ses immenses travaux par cet immortel décret du 9 octobre 1789, qui voulait que le flambeau de la publicité éclairât toutes les parties de l'instruction criminelle ; que la contradiction en bannît la surprise et la fraude ; que l'accusé fût libre dans le choix de ses défenseurs ; que leurs conseils et leurs consolations pussent toujours descendre dans sa prison ; qu'il leur fût permis d'assister à tous les actes de la procédure et d'en surveiller la régularité : enfin, si l'accusé négligeait d'invoquer cet utile appui, le juge, venant au secours de son incurie ou de son impuissance, devait lui nommer d'office un conseil gratuit.

En sanctionnant ces dispositions, avec lesquelles son cœur sympathisait certainement, Louis XVI exprima qu'il obéissait à la fois aux inspirations de *sa sagesse et aux vœux de ses sujets.*

Ainsi fut posé le grand principe de la défense libre et publique des accusés, principe sans lequel il ne peut y avoir ni jugement, ni condamnation légitimes ; principe qui put être méconnu dans des temps de fureur et d'anarchie, mais qui ne

---

« fis cette loi, je ne pensais pas me trouver où je suis. » J'ai peine à croire que ces paroles lui soient échappées ; elles eussent été par trop naïves ; mais certainement il dut se faire à lui-même cette réflexion.

tarda pas à revivre; principe enfin que le despotisme impérial chercha bien à gêner autant qu'il lui fut possible, mais qu'il n'osa détruire, et que le développement du gouvernement constitutionnel doit dégager un jour des entraves qu'on lui a laissées.

Eh! qui donc pourrait se croire intéressé à l'attaquer ou à le restreindre? Il n'est point établi au profit de quelques-uns, mais au profit de tous. Tour à tour vainqueurs et vaincus, persécuteurs et persécutés, les partis ont eu besoin de l'invoquer. Hélas! le roi qui le consacra, ne tarda pas lui-même à se voir dans la cruelle nécessité d'appeler une voix courageuse à son secours, et le barreau ne fut point sourd à son appel; et à toutes les époques où la défense put se faire entendre, elle ne manqua à aucune infortune.

O vous, qui tenez les rênes du pouvoir, qui que vous soyez, respectez donc un droit protecteur de tous, un droit sans lequel il n'y a de justice assurée pour personne, un droit qui sera peut-être pour vous mêmes une ancre de salut. *Les destins et les flots sont changeans!* Songez aux caprices de la fortune, et n'allez pas, modernes Poyets, vous exposer à ce qu'on vous dise aussi quelque jour : *Patere legem quam ipse tuleris.*

Quant à nous, que notre profession appelle au ministère sacré de la défense, efforçons-nous toujours de nous en rendre dignes et de le remplir avec honneur.

La première disposition qu'il exige est ce sentiment vif et profond du juste que l'arbitraire offense, que l'oppression irrite, que toute iniquité révolte; cette chaleur d'âme qui sait compatir à l'infortune, non d'une pitié stérile, mais avec l'efficacité du dévouement. Et comment pourraient-ils émouvoir leurs juges ceux qui ne sont point émus? Comment pourraient-ils exciter l'indignation chez les autres, ceux qui, dans leur froid égoïsme, voient l'injustice avec indifférence?

> *Si vis me flere, dolendum est*
> *Primùm ipsi tibi.*

C'est une règle au palais aussi bien qu'au Parnasse.

Une autre vertu non moins nécessaire, c'est de savoir, au

besoin, faire taire toute considération personnelle ; c'est de braver, s'il le faut, des inimitiés puissantes, et de lutter contre un pouvoir qui se ferait oppresseur. Il faut être capable de dire, comme Gerbier accusé d'avoir attaqué trop vivement des hommes d'une haute naissance : « Eh ! que » deviendraient les lois, les mœurs, notre ministère, si, lors- » qu'un infortuné vient implorer notre appui, il fallait, pour » nous décider à le défendre, mesurer le degré du crédit et » de la puissance qui l'accablent ? Quoi ! parce que l'on devra » au hasard de la naissance un nom et des titres illustres, » parce qu'on sera revêtu de grands emplois, on aura le » privilége d'enchaîner mon devoir ! Je n'aurai plus de secours » à prêter à l'innocence ! Non, je remplirai jusqu'à mon der- » nier moment le serment que j'ai fait à la justice, et j'ac- » quitterai ce que je dois à l'humanité. Venez, mes conci- » toyens, mes semblables ; hommes, qui que vous soyez, » accourez avec confiance ; votre pauvreté ne rebutera pas » mon zèle ; votre infortune ne fera que l'accroître. Ce fut » pour vous que l'on consacra des temples à la justice, et » c'est pour vous servir que j'acquis le droit d'approcher de » ses autels. »

Disons-le, au surplus, ce n'est pas seulement contre le pouvoir qu'il faut savoir lutter ; c'est aussi contre les partis, quelquefois même contre celui qu'on a adopté et servi. J'ai connu dans ce genre des exigences de plus d'une sorte : J'ai vu des défenses qu'on voulait imposer ; j'ai vu des défenses qu'on voulait interdire. Le véritable avocat ne doit avoir que sa conviction pour règle et sa conscience pour juge :

> *Non civium ardor prava jubentium ,*
> *Non vultus instantis tyranni*
> *Mente quatit solidâ.*

C'est en cela que consiste le courage civil, si rare, hélas ! et que Cicéron avait raison de ne point mettre au-dessous du courage militaire (1).

---

(1) **Sunt domesticæ fortitudines, non inferiores militaribus** *De off.*, lib. 1, n°. 18.

Nous venons de dire les dispositions morales que doit apporter celui qui se voue à la défense des accusés : parlons des études préparatoires auxquelles il doit se livrer.

C'est une erreur assez commune de croire que la science est un faible et inutile secours pour la discussion des affaires criminelles. Beaucoup de gens du monde, quelques avocats même vous disent : De quoi s'agit-il en ces matières? de la constatation d'un fait et de sa comparaison avec un texte que l'accusation est obligée de vous donner. Pour cela, il ne faut qu'une intelligence ordinaire, et une certaine facilité de parole qui vous permette de rendre vos idées.

Oui, peut-être, si le fait était toujours simple et la loi toujours claire.

Et encore, même en présence d'une loi claire et d'un fait simple, faudrait-il posséder cet art d'enchaîner ses idées et ce talent d'émouvoir, qui sont la base de toute éloquence. A cette science de la parole devraient se joindre aussi une assez grande connaissance du cœur humain, de ses faiblesses, de ses passions, pour expliquer quelquefois et pour atténuer un délit matériellement vrai, mais excusable par les circonstances qui l'environnent ; savoir transporter en imagination les juges dans une position violente et difficile ; chercher ce que l'homme a pu y perdre de sa raison, de son libre arbitre, de ses vertus mêmes ; séparer la faiblesse de la perversité ; distinguer l'entraînement de la préméditation ; et certes, ce n'est pas sans études que l'homme acquerra cette heureuse union de l'éloquence et de la philosophie, tant recommandée par d'Aguesseau.

Mais tout cela appartient aux études générales de l'orateur ; il en est de spéciales pour les affaires criminelles, et c'est de celles-là que nous devons nous occuper ici.

Il faut d'abord bien connaître le texte des lois pénales, leur esprit, leur objet, leurs motifs, pour discerner si l'accusation n'a point erré dans la qualification des faits et dans l'invocation des peines qu'elle veut leur appliquer.

Il importe surtout d'être parfaitement initié à la marche et aux détails de l'instruction criminelle, pour assurer à l'ac-

cusé toutes les garanties qu'elle peut lui offrir, tous les moyens
de salut qu'il peut en attendre.

L'étude du Code pénal, du Code d'instruction criminelle,
et d'un assez grand nombre de lois éparses dans le labyrinthe
du Bulletin, pourrait sans doute donner les connaissances
strictement nécessaires à la pratique ordinaire; mais l'avocat
qui se renfermerait dans ce cercle étroit n'acquerrait aucune
élévation dans les idées; il ne posséderait ni la philosophie
du droit criminel, ni son histoire, et cependant l'une et
l'autre peuvent lui offrir plus d'un genre de ressources.

Les lois pénales des anciennes monarchies de l'Orient
n'avaient d'autre objet que d'armer la puissance du maître :
il fallait pouvoir immoler quiconque lui portait ombrage. Les
Égyptiens étaient sous la double pression de leurs prêtres et
de leurs rois absolus. Mais une législation que bien des gens
méprisent sans la connaître, et qui mérite, sous plus d'un
rapport, l'attention du législateur et du jurisconsulte, est
celle des Hébreux. Leur instruction criminelle surtout était
admirable, pour la simplicité des formes, la combinaison des
garanties, et l'humanité dont elle est empreinte. Tout accusé
devait être jugé par les anciens des villes, espèce de jury
composé des hommes les plus expérimentés et les plus sages.
Devant ce tribunal populaire, les débats étaient publics, la
défense libre, les précautions multipliées contre le danger des
témoignages et contre la faiblesse des juges. La déposition
d'un seul témoin était impuissante, l'aveu du prévenu insuffisant pour entraîner une condamnation. Dans les interrogatoires, les juges s'abstenaient de toute question captieuse,
et leurs paroles respiraient toujours une sorte de bienveillance
pour un homme qui pouvait être innocent. Même après la
condamnation, la sensibilité du législateur éclatait encore
par une surabondance de scrupule et un besoin de prévenir
l'erreur, dont on ne trouve d'exemple chez aucune autre nation. Lorsque le condamné marchait au supplice, deux officiers judiciaires l'accompagnaient pour apprécier les nouvelles
preuves qu'il pourrait alléguer de son innocence, et le ramener
s'il en était besoin devant ses juges. Un héraut marchait en

avant, et criait au peuple : « Le malheureux que vous voyez
» est déclaré coupable; il marche au dernier supplice. Est-il
» quelqu'un de vous qui le puisse justifier? Qu'il se présente,
» qu'il parle. » Et si quelqu'un se présentait, la loi ordonnait de revenir jusqu'à cinq fois. Enfin, le sacrifice devait-il
s'accomplir; avant d'arriver au lieu de l'exécution, l'on donnait à la victime un breuvage stupéfiant qui lui rendait moins
terribles les approches de la mort (1).

Les lois d'Athènes, et notamment la constitution de l'Aréopage, présentaient, avec quelques mélanges d'abus, des
dispositions pleines de sagesse et dignes d'être étudiées.

Rome, au temps de sa liberté, établit dans les accusations
publiques des formes de procéder qui seront toujours un
modèle pour le publiciste, et un objet d'admiration pour le
philosophe. Quand elle fut courbée sous le joug du despotisme, ces formes si simples, si raisonnables, si protectrices,
disparurent peu à peu : pour faire triompher l'injustice, et
pour opprimer l'innocence, il fallait bien altérer les moyens
de découvrir la vérité.

Les lois romaines régnèrent long-temps sur les Gaules. Les
codes des barbares les remplacèrent, et nous avons vu, au
commencement de cet article, quelles furent les principales
révolutions de notre législation criminelle.

Tel est le cadre historique dans lequel le jurisconsulte
trouvera de nombreux sujets de méditation, des principes
qui recevront leur application dans tous les temps, des faits
qui peuvent prêter à des applications piquantes et à des rapprochemens heureux.

Quant aux auteurs qui ont écrit sur ces matières, nous en
avons peu qui méritent d'être distingués.

Parmi les anciens, on ne peut guère citer qu'*Imbert* et
Ayrault, tous deux vivant au milieu des agitations du

---

(1) Voyez l'*Histoire de la législation*, par M. *Pastoret*, aujourd'hui
chancelier de France ; *Moïse considéré comme législateur et comme
moraliste*, par le même auteur ; *Institutions de Moïse*, par Salvador,
liv. IV, titre de l'Administration de la justice.

16ᵉ siècle, tous deux lieutenans criminels et pourtant exempts de la plupart des préjugés qui semblaient attachés à leur profession et à leur temps.

Dans la *Practique judiciaire* écrite par le premier, on ne lira pas sans intérêt les titres relatifs aux questions et tortures, à l'entérinement des lettres de grâce, aux amendes honorables et autres peines, ainsi qu'à l'exécution des criminels.

L'ouvrage d'Ayrault (1) est plus remarquable. On retrouve, dans tout ce qu'il a écrit sur la procédure criminelle, un esprit droit, éclairé, ami de la justice et des formes qu'il regarde comme essentielles à sa bonne administration. Il s'élève avec force et courage contre les abus, les excès et les coups d'autorité; il veut que l'instruction soit publique et solennelle; que l'accusé ait tout le temps nécessaire pour se justifier; que sa défense ne soit ni entravée, ni interrompue. C'est de lui enfin qu'est cette belle sentence : *dénier la défense, c'est un crime; la donner, mais non pas libre, c'est tyrannie* (2).

Les ouvrages de Jousse, de Rousseaud de la Combe, de Prévôt et de plusieurs autres, ne sont que de froids et arides commentaires des ordonnances criminelles.

Au dix-huitième siècle, la philosophie, quittant la région

---

(1) L'ordre, formalité et instruction judiciaires dont les anciens Grecs et Romains ont usé ès-accusations publiques conférés au style et usage de notre France; avec le IVᵉ. livre où il est parlé des procès faits au cadavre, à la mémoire, aux choses inanimées, aux bêtes brutes et aux contumax.

(2) Ayraut avait un fils qui s'était fait remarquer de bonne heure par un esprit vif et pénétrant. Il se flattait de trouver en lui un digne successeur; mais il eut le malheur de l'envoyer à Paris chez les *jésuites*, qui, charmés des heureuses dispositions du jeune Ayraut, mirent tout en usage pour le fixer parmi eux, et le déterminèrent à prendre l'habit de leur ordre. Le père, indigné, leur fit sommation de lui rendre son fils. Les jésuites le firent évader, et répondirent qu'ils ne savaient ce qu'il était devenu. Ayraut demande une enquête, obtient arrêt du parlement qui ordonne aux jésuites

des abstractions, jeta un coup d'œil hardi sur les institutions sociales, et leur demanda compte des maux qu'elles pouvaient causer à l'humanité. Un jeune seigneur milanais s'indigne alors de la barbarie des lois criminelles; son âme ardente et généreuse est révoltée par l'atrocité des peines, l'iniquité des procédures, les horreurs encore pratiquées de la torture, et la lâcheté des opprobres gratuits. Il veut flétrir ces abus, et publie le *Traité des délits et des peines.* Jamais si petit livre ne produisit un si grand effet : il excita un véritable enthousiasme, une admiration universelle ; Voltaire ne crut pas au-dessous de lui de s'en faire le commentateur. Mais on était dans ces momens où, pour la poursuite d'une réforme ardemment désirée, le talent ressemble à du génie et le courage à du talent, et l'on peut dire que le succès du livre de Beccaria vint de ce qu'il répondait à un besoin de l'époque : c'est une preuve de la puissance de l'à-propos. En effet, le *Traité des délits et des peines* est loin de mériter les éloges qu'il a reçus. Il se distingue moins par la profondeur des vues que par la générosité des sentimens ; il faut y voir un plaidoyer chaleureux en faveur de l'humanité, plutôt qu'un ouvrage scientifique ; ce fut une bonne action encore plus qu'un bon livre ; et le nom de Beccaria passera à la postérité, non comme celui d'un grand publiciste, mais comme celui d'un

---

du collége de Clermont de ne point recevoir René Ayrault, et de communiquer cet ordre à tous les autres colléges. Les jésuites n'ayant point obéi à cet arrêt, Ayraut parvient à le faire appuyer par son souverain, et il présente une requête au pape. Le souverain pontife cède à ses pressantes sollicitations, et se fait présenter le rôle où était le nom de tous les jésuites ; mais celui de René Ayrault ne s'y trouva pas. Les jésuites l'avaient autorisé à prendre un autre nom. Le secret fut inviolablement gardé, et, malgré la protection du Roi et celle du chef même de l'Église, Pierre Ayraut ne put rien obtenir. Ce fut alors, qu'après trois ans de peines et de recherches inutiles, ce père infortuné, espérant de sa plume ce que n'avaient pu lui procurer ses sollicitations, composa son livre de la *puissance paternelle.* Ce moyen ne lui réussit pas, et la douleur qu'il en ressentit abrégea ses jours. Avis aux pères de famille!

homme qui a bien mérité de l'espèce humaine, un de ces hommes dont on a dit : *qui suî memores alios fecére merendo.*

Dans une position sociale non moins élevée, et avec une égale philanthropie, Filangieri marcha au même but. Il a plus de science, plus de philosophie, plus d'éloquence que Beccaria. Son horizon est plus étendu. Au lieu de se borner à l'examen des lois criminelles, il traite dans son ensemble *la science de la législation.* Il se regarde comme une espèce de conseiller des rois, et croit avec bonhomie qu'il suffit de montrer la vérité pour la faire entrer dans les lois et dans les institutions. Aussi il brave les censures de Rome et travaille avec un zèle, une chaleur d'âme, une conviction qu'on ne saurait trop admirer. Toutefois ce n'est pas un génie de premier ordre : c'est un talent secondaire digne de beaucoup d'estime.

Dans le même temps, Montesquieu burinait d'une main ferme des vérités qui ne périront point ; le président Dupaty écrivait un éloquent mémoire pour arracher trois innocens au supplice de la roue, et publiait des réflexions historiques sur les lois criminelles ; Servan faisait entendre un discours remarquable sur l'administration de la justice ; un peu plus tard, la plume savante de M. Pastoret traçait un *Traité des lois pénales,* dans lequel l'auteur appelle de ses vœux l'abolition de la peine de mort, de la marque, de la mutilation, et de quelques autres peines afflictives et corporelles dont les rigueurs inutiles encombraient nos Codes. Ainsi de toutes parts la vérité se faisait jour ; de toutes parts on minait le gothique édifice dont Poyet avait jeté les fondemens et qu'avait restauré Louis XIV.

Cependant, qui le croirait ? Au milieu de ces flots de lumière qui pénétraient dans toutes les parties de la société, un homme s'est trouvé qui nourrissait encore tous les préjugés des temps de barbarie, qui prit parti pour la torture, et défendit toutes les rigueurs de la vieille jurisprudence criminelle contre Montesquieu et Beccaria. Cet homme était Muyart de Vouglans, membre du parlement Meaupou, et plus tard conseiller au grand conseil, c'est-à-dire ce qu'on appelle *un homme du pouvoir.*

Il fit un livre pour combattre les principes d'humanité posés dans le Traité du publiciste italien, et une brochure pour réfuter le système de l'auteur de l'*Esprit des lois*, touchant la modération des peines. Enfin il déposa dans un volume in-folio, intitulé : *les Lois criminelles de France dans leur ordre naturel*, et, dans un volume in-4°., ayant pour titre : *Instruction criminelle suivant les lois et ordonnances du royaume*, tous les vieux principes d'inquisition, de rigueurs et de tortures dont il était comme le dépositaire et le conservateur. Tuer le plus de monde et avec le moins de formalités possible, voilà la base de son système. Nous citons ces ouvrages comme objet de curiosité historique, et, comme le dit Camus dans sa *Bibliothéque*, pour qu'on puisse, en les lisant, connaître et abhorrer à jamais la procédure criminelle suivie en France avant la révolution (1).

Aujourd'hui le Code pénal, où l'on regrette de voir la peine de mort aussi prodiguée, et de trouver quelques dispositions d'une rigueur quasi-draconienne ; le Code d'instruction criminelle, où la pesanteur de la main impériale se fait trop souvent sentir ; plus, un assez grand nombre de lois spéciales forment le corps de notre droit criminel.

Les savans Commentaires de M. Carnot, conseiller à la cour de cassation, sur les deux Codes ; les ouvrages de feu M. Bourguignon ; le Traité de M. Legraverend, sur la législation criminelle ; la Compilation due aux travaux de M. Mars, et celle qu'a publiée M. Garnier de Bourgneuf, sont les *livres pratiques* les plus estimés.

---

(1) Madame Rolland parle dans ses Mémoires de Muyart de Vouglans, et l'on ne sera peut-être pas fâché de retrouver ici ce qu'elle dit de cet auteur : « Il n'est pas nécessaire de tracer son portrait pour » quiconque a lu *les Motifs de ma foi en Jésus-Christ*, par un magistrat, » et le *Recueil des lois criminelles*, compilation laborieuse où le fana- » tisme et l'atrocité le disputent au travail. Je n'ai jamais rencontré » d'homme dont la sanguinaire intolérance m'ait plus révolté. »

Le livre de M. Béranger et celui de M. Berton ont signalé les vices et les abus de nos lois nouvelles ; c'est dans le même but qu'ont été publiées les *Observations* de M. Dupin aîné, *sur plusieurs points importans de notre législation criminelle.*

Voilà pour le positif du droit.

Dans l'ordre philosophique, se présente Jérémie Bentham, esprit indépendant et original, penseur profond et hardi, prodigue de vues nouvelles et d'observations ingénieuses. Malheureusement l'esprit de système l'égare quelquefois, et le principe sur lequel il appuie ses théories est vicieux et plein de périls. Pour lui, le droit n'est autre chose que la création de la loi ; la loi est la mesure du bien et du mal ; et il ne reconnaît au droit de punir d'autre base que l'intérêt matériel. C'est, en jurisprudence, le chef de l'école sensualiste.

A la tête du camp opposé, c'est-à-dire de l'école spiritualiste qui remonte à un principe moral, qui ne veut pas voir seulement l'utile, mais le juste, se trouve M. Rossi, professeur de droit romain à l'académie de Genève. Le Traité de Droit pénal, qu'il a récemment publié, est un excellent livre où l'on trouve du positif sans sécheresse, de l'expérience sans préjugés, de la philosophie sans esprit de système, et, ce qui ne se voit guère, de la métaphysique sans nuages.

Je voudrais qu'à l'étude des ouvrages que je viens de signaler se joignissent au moins quelques notions des lois pénales et des formes judiciaires des autres pays, et surtout de l'Angleterre, dont la constitution a tant d'analogie avec la nôtre. Nous indiquerons, comme les meilleures sources auxquelles on puisse recourir, Blackstone ; les Institutions judiciaires de l'Angleterre, comparées à celles de la France, par Rey, de Grenoble ; les Réflexions sur les lois pénales de France et d'Angleterre, par Taillandier ; le Traité des pouvoirs et des obligations des Jurés, par l'Anglais Richard Philips, ouvrage traduit par M. Comte, avec des notes et un discours préliminaire très-remarquables.

Il est encore indispensable de connaître, afin d'y recourir, au besoin, les meilleurs Traités de médecine légale, pour les questions d'homicide, de blessures, d'infanticide, d'empoisonnement.

Enfin, le régime constitutionnel, en consacrant la liberté d'écrire, mais en soumettant les abus de cette liberté à la répression pénale, a étendu la sphère des débats judiciaires. Les crimes et délits de la presse appellent la discussion des plus graves questions de l'ordre social, et le barreau est devenu, pour ainsi dire, rival de la tribune. Cette partie, jadis inculte, du domaine de l'avocat, en est aujourd'hui la plus brillante. Mais, pour s'y montrer avec quelque éclat, il faut que l'orateur ajoute à ses autres connaissances celles de l'histoire et du droit public. Elles seules peuvent lui fournir les armes nécessaires pour ce nouveau genre de combat.

Voilà une esquisse abrégée des études nécessaires à celui qui se voue à la défense des accusés : nous dirons quelques mots sur l'exercice de ce ministère.

Le premier soin de l'avocat qui se respecte se porte sur le choix de ses causes. Il ne doit conseiller et défendre que celles *qu'il croit justes en son âme et conscience.* C'était une partie de notre ancien serment. M. Peyronnet a cru devoir la retrancher de la nouvelle formule établie par l'ordonnance de 1822 ; mais il n'a pu l'arracher de notre conscience.

Toutefois il faut reconnaître qu'il y a plus de latitude au criminel qu'au civil. Dans les affaires civiles, où deux intérêts opposés sont aux prises, vous ne pouvez assurer la victoire à celui qui a tort, sans faire retomber le poids de la défaite sur celui qui a raison. Dans les affaires criminelles, au contraire, la peine, détournée de la tête de l'accusé, ne va point frapper une autre tête.

D'un autre côté, il est de principe que la condamnation n'est légitime qu'autant qu'il y a défense, et ce principe est tellement rigoureux, que l'accusé lui-même, quelque grand, quelque public que soit son crime, ne peut renoncer à être défendu. S'il ne peut ou ne veut appeler un défenseur, le magistrat lui en désigne un d'office, *à peine de* NULLITÉ *de tout ce qui suivra*, dit l'art. 294 du Code d'inst. criminelle.

Louvel a été défendu ! Ce principe, déjà consacré par l'assemblée constituante, comme on l'a vu plus haut, était puisé dans le droit romain : *Si non habebunt advocatum, ego dabo*, porte l'édit du préteur.

D'ailleurs, au milieu des débats de l'affaire la plus désespérée, il éclate quelquefois de ces clartés soudaines, de ces révélations imprévues qui mettent à jour l'innocence d'un malheureux prêt à succomber sous le poids des préventions.

Aussi, dans le plus beau traité de morale qui soit sorti de la main des hommes, dans le traité des devoirs, après avoir dit que rien ne peut autoriser à se porter accusateur contre un innocent, Cicéron ajoute : « Mais quand il s'agit de dé» fendre, il ne faut pas être si timoré, et se faire un scru» pule de se charger quelquefois de la cause d'un homme cou» pable, pourvu que ce ne soit pas un monstre par trop » pervers. Le monde l'approuve, l'usage le permet, l'hu» manité le demande. Le juge ne doit connaître que le *vrai*; » des *probabilités* suffisent à la défense. Je n'oserais pas, » ajoute l'éloquent auteur, avancer une telle proposition » dans un livre de morale, si je n'étais appuyé par le suffrage » et l'autorité de Panétius, *le plus austère des stoïciens.* »

Cependant il ne faut pas conclure de ce passage de Cicéron qu'il soit permis à l'avocat de se charger indifféremment de toute espèce d'affaires criminelles ; mais seulement qu'il est des cas particuliers où l'on peut, même en présence d'un crime ou d'un délit constans, entreprendre une défense appuyée, non plus sur la dénégation du fait, ce qui serait un mensonge, mais sur les conjonctures qui l'ont fait naître et qui en déterminent la moralité. On peut appeler une vie de gloire et de vertu en témoignage, contre un instant d'égarement et d'oubli. On peut surtout, dans les temps d'agitation et de troubles, venir au secours de ces fautes qui prennent leur source dans l'effervescence des partis et non dans la perversité du cœur. Mais, hors ces cas exceptionnels, c'est un devoir de refuser, à une défense impossible, une coopération volontaire qui a l'air de la conviction. Il faut attendre qu'une nomination d'office en fasse une obligation. Alors la position change et le devoir avec elle. Organe forcé des explications de l'accusé, on n'est point responsable de leur faiblesse; à défaut de raisons, on en appelle aux considérations, on invoque la clémence, et là où l'on ne peut détourner la peine, on essaie du moins d'en faire diminuer la rigueur. Ce rôle est d'autant plus beau qu'il est complétement désintéressé, et que le zèle qu'on y déploie n'a d'autre mobile que le sentiment du devoir et l'amour de l'humanité (1).

Les procès criminels ont deux phases bien distinctes : l'instruction préparatoire et les débats d'audience. Chacune d'elles réclame des soins et des secours différens.

Pendant l'instruction, le prévenu a surtout besoin de consolations et de conseils. Son patron doit l'aider à recueillir et à faire parvenir jusqu'aux magistrats toutes les preuves de son innocence. S'il en est besoin et que la nature de l'affaire le comporte, il faut rédiger les mémoires que le Code d'instruction criminelle permet de présenter à la chambre du conseil et à celle des mises en accusation. Tout doit être mis en œuvre pour éviter cet éclat de l'audience qui, même alors qu'il est suivi d'acquittement, laisse encore d'ineffaçables atteintes à l'honneur (2).

_____

(1) A Paris, cette mission est ordinairement confiée aux jeunes stagiaires qui s'en acquittent avec un louable empressement, mais quelquefois avec toute l'inhabileté qui résulte du défaut d'expérience. On peut dire trop souvent d'eux : *faciunt experimentum in animâ vili.* Le comité des prisons de la Société de morale chrétienne s'est chargé de donner des défenseurs d'office aux prisonniers, et cette mesure a diminué des abus dont notre ordre a eu plus d'une fois à gémir.

(2) Un arrêté du 7 août 1829 a ordonné la remise d'une affaire à une autre session, par les motifs qu'on avait distribué à l'avance aux jurés un mémoire imprimé relatif à cette affaire. Je crois cette décision erronée. La loi ne défend pas ce moyen de justification; et tout ce que la loi ne défend pas est permis. Plusieurs antécédens non contestés semblaient autoriser une telle publication. Enfin, elle nous semble non-seulement permise, mais même quelquefois nécessaire pour corriger un vice de notre instruction criminelle, qui veut que les débats commencent par la lecture d'un acte d'accusation qui est un plaidoyer écrit contre l'accusé, et qui permet au ministère public d'y ajouter,

L'audience prescrit d'autres devoirs : l'attention, qui ne laisse rien échapper de ce qui peut servir à la justification de l'accusé ; la présence d'esprit qui sait faire naître les incidens favorables et les mettre en relief ; dans la discussion des témoins et des témoignages, une liberté qui n'aille jamais au delà du nécessaire, et surtout ne dégénère pas en diffamation gratuite contre les personnes ; dans toutes les paroles, ce respect pour la vérité qui repousse les honteuses ressources du mensonge ; ce sentiment des convenances qui sait concilier avec la déférence due aux magistrats l'indépendance et l'énergie nécessaires pour revendiquer tous les droits de la défense ; enfin, suivant la belle formule du serment prêté par les jurés, *cette fermeté qui convient à un homme probe et libre.*

On trouvera tous ces devoirs parfaitement expliqués et mieux développés que je ne pourrais le faire, dans une mercuriale où M. l'avocat général de Vaufreland, quittant les routes battues et dédaignant les inutiles lieux communs qui forment la matière ordinaire de ces discours, nous recommande et nous enseigne noblement « la conciliation d'une » juste horreur pour le crime, d'un inviolable respect pour » la loi du pays, avec la défense *libre, énergique, dévouée,* » *consciencieuse,* des intérêts sacrés du malheur (1). »

Toutefois, le ministère de l'avocat, dans les affaires criminelles, ne se borne pas à la défense : quelquefois aussi il est associé à l'attaque. Ce tableau serait donc incomplet, si je ne disais un mot des obligations qu'impose une aussi grave mission.

La première règle à observer est celle que trace Cicéron, et que j'ai déjà citée, de ne jamais accuser un innocent. « En effet, dit-il, quoi de plus barbare que de faire servir à

---

sous le nom d'exposé, un plaidoyer oral, sans que l'accusé ou son défenseur puissent répondre, et repousser les préventions ainsi jetées à l'avance dans l'esprit des jurés.

(1) Discours prononcé à la rentrée de la cour royale de Paris, le 5 novembre 1828.

» la perte et à la ruine des gens de bien, ce précieux don
» de l'éloquence qui ne nous a été fait par la nature que pour
» le salut et la conservation des hommes ? »

Il recommande aussi d'accepter rarement la tâche douloureuse de l'accusation : *Hoc quidem non est sæpè faciendum...*
Semel, aut non sæpè certè : car il est d'un homme cruel, ou
plutôt il n'est pas d'un homme de mettre en péril l'existence
d'un grand nombre de citoyens : *Duri enim hominis, vel potiùs*
vix hominis videtur periculum capitis inferre multis. « D'ail-
» leurs, poursuit-il, si le rôle d'accusateur peut être hono-
» rable, il est beaucoup moins glorieux que celui de défen-
» seur. » (*De Offic., lib.* 2, *cap.* 14.)

Pour Cicéron, ce n'était pas là seulement de la théorie : il mit
lui-même ses préceptes en pratique. Il ne se porta accusateur
qu'une seule fois, et ce fut pour flétrir les concussions et les
crimes de Verrès. Aussi, disait-il, en commençant ce procès :
« qu'on s'étonnerait sans doute qu'après avoir paru depuis tant
» d'années dans les plaidoiries et dans les jugemens publics,
» *toujours pour défendre,* jamais pour accuser, il changeât
» de rôle et DESCENDIT *à celui d'accusateur.* » Il cherche à
s'en justifier presque comme d'une faute : « C'est par devoir,
» par honneur, par humanité, d'après l'exemple de plu-
» sieurs vertueux personnages, d'après l'antique usage et se-
» lon l'esprit de nos aïeux, que j'ai été déterminé à me char-
» ger de ce pénible ministère, non pour mes propres intérêts,
» mais pour ceux de mes amis. Toutefois, dans cette affaire,
» une chose *me console :* c'est que ce qui paraît, de ma
» part, une accusation, doit être en réalité regardé *bien*
» *moins comme une accusation, que comme une défense.*
» Oui, je défends une multitude d'hommes, une multitude
» de villes, enfin la Sicile entière; et si j'attaque un seul cou-
» pable, *je ne crois pas sortir tout-à-fait du plan que je m'é-*
» *tais tracé, de me consacrer à défendre et à secourir les*
» *malheureux* (1). » Enfin, en terminant son cinquième discours, il revient sur cette idée en ces termes : « J'ai rempli mon

_____

(1) In Quint. Cæc. divinatio.

I. 29

» devoir; mais que la république se contente du tribut que
» je lui ai payé dans cette accusation; qu'il me soit permis
» désormais de défendre les bons citoyens plutôt que de me
» voir réduit à poursuivre les méchans (1). »

Ces sentimens honorent le caractère de Cicéron. Qu'ils
soient aussi les nôtres. Mais quand nous croirons devoir in-
tervenir dans un procès criminel, et nous joindre à l'accusation, que ce soit avec modération, sans emportement, sans
aigreur, sans colère. C'est une sorte de fonction publique
que nous remplissons alors. Que notre langage soit grave;
parlons à la raison de nos juges, et non à leurs passions;
déduisons nos preuves avec fermeté, mais sans sophismes et
sans piéges; obtenons une condamnation par l'évidence des
faits et non par la chaleur des mots; et que notre victoire
ne puisse jamais nous laisser ni remords, ni regrets.

J'aurais bien des choses à ajouter si je voulais épuiser ces
graves sujets que je ne fais qu'effleurer. Mais ici finit le
cercle que je m'étais tracé; je m'arrête; trop heureux si ces
réflexions peuvent être de quelque utilité aux jeunes confrères qui entreront dans une carrière où la gloire les attend,
où je les suivrai de tous mes vœux, où nul n'applaudira
avec plus de joie que moi à leurs talens et à leurs vertus.

---

(1) In Verrem, act. 2, lib. 5.

SECTION XIV.

DE LA LIBRE DÉFENSE DES ACCUSÉS.

(M. DUPIN aîné.)

> Provident humano generi CAUSARUM PATRONI, qui
> gloriose vocis confisi munimine, laborantium
> spem, vitam et posteros defendunt.
> L. 14, *Cod. de Advocat. divers. judic.*

UN avocat n'a pas seulement à défendre les intérêts pécuniaires de ses cliens dans les procès purement civils; il doit aussi se préparer à défendre la liberté, l'honneur, la vie des accusés en matière criminelle.

Cette tâche difficile peut lui être imposée ou par le choix des parties elles-mêmes qui réclameront son ministère, ou par celui de la justice qui le désignera d'office pour remplir cette noble fonction.

Il doit donc se mettre de bonne heure au fait de l'instruction criminelle et des lois pénales.

Cette étude n'est pas moins importante que celle du droit civil; on pourrait même dire qu'elle l'est davantage, à ne considérer que la gravité des intérêts et la sévérité des conséquences.

Mais autant la conscience de l'avocat doit être effrayée de l'importance des devoirs que lui impose la défense des accusés en matière criminelle, autant sa raison doit l'armer de courage pour les remplir dans toute leur étendue.

Il doit, avant tout, se bien pénétrer de cette idée, que la défense des accusés, sans cesser d'être respectueuse, doit essentiellement être libre; que tout ce qui la gêne empêche qu'elle ne soit complète, et par-là même compromet le sort de son client.

Rarement, sans doute, quelquefois pourtant, il s'élève dans

29.

le cours d'un débat une sorte de lutte entre l'avocat et les magistrats qui soutiennent ou dirigent l'accusation : celui là, revendiquant le droit de parler; ceux-ci lui imposant l'obligation de se taire, ou de ne parler que comme il leur plaît. L'autorité est toujours d'un côté, mais la raison peut quelquefois être de l'autre. Qui cependant tiendra la balance, entre l'avocat qui réclame et le juge qui décide? Il est à cet égard des principes qui règlent la conduite du magistrat et celle du défenseur.

J'avais entrepris, il y a déjà plusieurs années, de rassembler quelques idées sur ce sujet important, dans un écrit auquel j'ai donné pour titre : *De la libre défense des accusés* (1).

En le composant, j'avais principalement pour objet de réfuter l'erreur d'hommes passionnés qui avaient eu l'imprudence d'avancer, « que des avocats ne pouvaient pas défen- » dre les accusés de crimes d'état, sans se rendre, pour ainsi » dire, leurs complices! »

La réfutation fut assez bien accueillie du public, qui, en effet, avait plus à perdre qu'à gagner à une doctrine qui tendait à intimider ses défenseurs.

C'est ce même écrit que j'adresse aujourd'hui à mes confrères, après l'avoir relu et y avoir fait quelques additions.

Heureux si ces réflexions, inspirées par la nature du sujet, et aussi par le malheur des temps où elles furent tracées, peuvent contribuer à affermir chacun de nous dans la noble pensée que le premier comme le plus saint de nos devoirs est de travailler sans relâche à la défense des accusés! car c'est la Sagesse même qui nous dit dans ses sublimes conseils : Allez au secours de vos semblables; arrachez-les au péril dont ils sont menacés, et disputez, tant que vous le pourrez, à la mort, ceux qu'on s'efforce d'y conduire. *Erue eos qui*

---

(1) Paris, octobre 1815, chez Arthus-Bertrand, un mois avant le jugement du maréchal Ney, réimprimé en 1818 chez Warée, in-8°. et en 1824, chez le même, 1 vol. in-18.

*ducuntur ad mortem, et qui trahuntur ad interitum libe-
rare ne cesses.* Proverbes, xxiv, 11.

§ Ier. — *De la justice.*

On nous représente la justice comme une divinité tutélaire, dont le temple toujours ouvert et de facile accès offre
en tout temps un refuge assuré au pauvre contre le riche,
au faible contre le fort, à l'opprimé contre l'oppresseur.

Les magistrats sont les ministres de ce temple. Notre imagination se les figure avec complaisance revêtus d'une espèce
de sacerdoce, tant est pieuse l'idée que nous nous faisons
de la sainteté de leurs fonctions!

Prêtres de la justice, ils veillent à l'accomplissement de
ses lois ; ils attirent les hommes vers son culte, par le respect dont ils font profession pour elle ; ils marchent dans ses
voies avec une constance inébranlable ; rien ne peut se comparer à la régularité qu'ils apportent dans l'observation de
ses rites et de ses solennités.

Toutes ces fictions reposent sur un fond vrai. De même
qu'on ne pourrait, sans affaiblir la religion dans l'esprit des
peuples, l'isoler de la pompe extérieure et des augustes cérémonies qui rehaussent son culte à leurs yeux ; de même aussi
l'on ne pourrait pas, sans blesser la justice, la séparer des
formes qui lui sont propres, et sans lesquelles l'opinion publique ne la conçoit plus.

Ces formes, qui, dans les matières civiles ordinaires, sont
simplement conservatrices, deviennent sacramentelles en matière criminelle, lorsqu'il s'agit, non plus seulement de la
fortune, mais de l'honneur, mais de la vie des citoyens.

§ II. — *Ne pas juger sans entendre.*

Il est surtout une règle dont on ne peut s'écarter, sans
fouler aux pieds toutes les lois de la justice : elle consiste à
entendre avant que de juger (1).

---

(1) Reum enim non audiri, latrocinium est, non judicium. Ammien
Marcellin.

Il est de principe, en effet, que *Personne ne peut être condamné, qu'au préalable il n'ait été entendu* (1).

De ce principe naît pour le juge l'obligation d'écouter l'accusé, et de lui laisser toute la latitude désirable pour qu'il puisse se défendre tant verbalement que par écrit.

Car il est encore une maxime, devenue triviale à force d'être répandue ; savoir : que *la Défense est de droit naturel*.

C'est la loi des animaux vivans sous le terrible empire de la force ; c'est la loi des hommes réunis en société ; ce serait la loi des dieux immortels, si l'on pouvait en concevoir plus d'un seul.

Cette loi est vraie dans l'ordre physique ; *vim vi repellere licet*, il est permis de *repousser la force par la force*. Le meurtre lui-même cesse d'être un crime dans la personne qui ne l'a commis qu'*à son corps défendant* (2).

Elle est vraie dans l'ordre moral ; et celui qui gémit sous le poids d'une accusation a le droit de parer le coup qui le menace, en se défendant par les moyens que son intelligence lui suggère, c'est-à-dire par le raisonnement et par la parole, qui ne nous ont été donnés par la bonté divine que pour apprendre, enseigner, discuter, communiquer entre nous, resserrer les nœuds de la société civile, et faire régner la justice parmi les hommes (3).

Cette *loi de la défense naturelle* ne comporte pas d'excep-

---

(1) « Nul ne peut être jugé qu'après avoir été entendu ou légale-» ment appelé. » (*Constitution de l'an III*, art. 11.) — Une constitution de Clotaire, de l'an 56o, renferme une semblable disposition. Aussi voyons-nous que tous les jugemens commencent par ces mots: *parties ouïes*, ou autres équivalens.

(2) « Il n'y a ni crime, ni délit, lorsque l'homicide, les blessures » et coups étaient commandés par la nécessité actuelle *de la légitime* » *défense de soi-même* ou d'autrui. » *Code d'instruction criminelle*, art. 328.

(3) Societatis humanæ vinculum est ratio et oratio; quæ docendo, discendo, communicando, disceptando, judicando conciliat inter se homines, conjungitque naturali quâdam societate. Neque ullâ re longiùs absumus à naturâ ferarum. Cic., *de Officiis*, lib. 1, cap. 16.

tion ; elle est de tous les temps , de tous les pays, pour tous les cas , pour tous les hommes.

S'il en était autrement, je demanderais pourquoi celui qui a commis un assassinat au milieu d'une place publique, dans l'enceinte d'un palais, à la vue d'un grand nombre de témoins; qui est pris sur le fait, *en flagrant délit*; pourquoi, dis-je, un homme si évidemment coupable n'est pas tué sur l'heure, *sans autre forme de procès* ? — Pourquoi l'on n'agit pas avec lui comme on ferait en Turquie (1) ? Pourquoi l'on prend la peine d'entendre des témoins, de les confronter, d'interroger l'accusé, d'écouter ses défenses, comme si le fait était douteux ? — Il est donc clair que, si l'on fait une instruction, même en ce cas, c'est pour satisfaire à la justice dont la première règle est de *ne condamner jamais personne, sans, au préalable, l'avoir entendu.*

Dieu lui-même, dont la connaissance embrasse tous les temps , qui lit au fond de nos consciences et qui en sonde les plus secrets replis, Dieu qui juge les justices, nous offre des applications de cette règle.

Il connaissait la faute dont le premier homme s'était rendu coupable? que ne l'en punissait-il aussitôt? Mais non ; il l'appelle, il l'interroge sur le fait même de sa désobéissance, et sur les motifs qui ont pu l'y porter : *Adam , ubi es ? quid fecisti? quare hoc fecisti ?*

Il en usa de même envers Caïn : *Où est votre frère Abel ? Caïn , qu'avez-vous fait ?*

Dans cet autre endroit de la Genèse : « Le cri contre So-
» dome et Gomorrhe s'est augmenté, et leurs crimes se sont
» multipliés à l'excès. Je descendrai, dit le Seigneur, et je
» verrai si la clameur qui s'est élevée contre ces villes est

---

(1) Aussitôt pris, aussitôt pendu : maxime expéditive.

Plût à Dieu qu'on réglât ainsi tous les procès !
Que des Turcs en cela l'on suivit la méthode !

Tel est le vœu de certaines gens. Heureusement que cette procédure, si elle est de leur goût, n'est pas , du moins, dans les mœurs de notre nation.

» bien fondée, ou s'il en est autrement, *afin que je le*
» *sache* (1). »

Or quel a été dans tout ceci le dessein de Dieu, sinon de
nous instruire, par son exemple, qu'*on ne doit jamais juger
un homme, quelque coupable qu'il soit ou qu'il paraisse,
sans l'avoir entendu :* qu'il faut examiner avec soin les choses
même dont on croit être le mieux assuré; et ne négliger aucun
moyen pour vérifier si une accusation est bien ou mal fondée?
Je descendrai... je verrai... afin que je sache (2).

§ III. — *Du choix d'un conseil.*

Le principe de la défense étant incontestable, il faut,
pour qu'il ne soit pas stérile, que l'accusé, qui souvent n'a
pas le talent ou la présence d'esprit nécessaires pour se défendre soi-même, puisse se choisir un conseil.

S'il néglige d'en choisir un, le juge doit l'en pourvoir d'office, à peine de nullité de la procédure (3).

Cette désignation de la part du juge ne doit avoir lieu que
faute par l'accusé d'avoir fait son choix : car, s'il est un droit
qu'on ne puisse refuser à un accusé, c'est assurément de
choisir librement l'homme auquel il doit confier le secret de
ses pensées, de ses erreurs, de ses faiblesses, de son existence tout entière.

Qui donc pourrait circonscrire ce choix? Il ne l'est point

---

(1) *Descendam*, et *videbo*, utrùm clamorem qui venit ad me, opere
compleverint, an non est ità, *ut sciam*. GENÈSE, XVIII, 20 et 21.

(2) Ambrosius, liber 1, *de Abrah.*, in cap. 18. Genes. Bossuet,
Politique tirée de l'Écriture Sainte, tome II, page 124.

(3) *Si non habebunt advocatum, ego dabo*, dit le préteur dans la
loi 1, § 4, ff. *de Postulando.* Code d'instruction criminelle, art. 429.
— Cet usage est bien ancien, même parmi nous; car nous voyons que
saint Louis, en 1251, donna un procureur et un avocat d'*office* à un
gentilhomme qui ne pouvait pas en trouver, parce qu'ils redoutaient
tous la puissance et le caractère violent de la partie adverse, qui était
Charles, comte d'Anjou, frère du roi. (Fournel, *Histoire des Avocats*
tome 1, page 65.)

par le droit naturel : il ne l'a été que je sache chez aucun peuple de l'antiquité.

A Rome, l'esclave même devait être défendu par son maître, ou par le fondé de pouvoir de son maître. (*L.* 11, *ff. de public. Judic.*) Si celui-ci l'abandonnait, il pouvait se faire défendre par un autre esclave de son choix. (*L.* 19, *ff. de Pœnis.*)

Et pour nous, hommes libres du dix-neuvième siècle, le choix d'un défenseur est entouré d'obstacles et de restrictions! il faut des permissions! il est possible de les refuser!

Aux termes du Code impérial de 1810, art. 295, « le con-
» seil de l'accusé *ne pourra* être choisi par lui, ou désigné par
» le juge que parmi les avocats ou avoués de la Cour royale
» ou de son ressort, à moins que l'accusé n'obtienne du pré-
» sident de la cour d'assises *la permission* de prendre pour
» conseil un de ses parens ou amis. »

Que l'avocat désigné *d'office* ne puisse être choisi que sur les lieux, je le conçois ; aucun lien ne l'attache à l'accusé; tout devient indifférent à celui qui, pouvant choisir, ne l'a pas voulu ; et, d'ailleurs, il ne serait pas juste que, sur une désignation d'office, un conseil fût obligé de se déplacer.

Mais, quand l'accusé se choisit lui-même un défenseur, pourquoi l'astreindre à ne le prendre que dans le ressort de la cour qui doit le juger? Pourquoi exiger, en pareil cas, une permission du président, qui, s'il peut permettre, pourra donc aussi refuser à l'avocat, au parent, à l'ami ?

Pourquoi cette première restriction est-elle encore accrue par la nécessité qu'impose le décret impérial du 14 décembre 1810, de recourir à l'autorité du ministre de la justice, pour avoir la permission d'aller plaider hors du ressort ?

Pourquoi le ministre lui-même a-t-il ajouté aux difficultés existantes, en exigeant, par sa circulaire du 25 avril 1821, une attestation que l'avocat n'avait été puni d'aucune peine de discipline, et des renseignemens particuliers sur *ses opinions politiques?*

Pourquoi la dernière ordonnance du 20 novembre 1822,

rendue cependant en vue *d'affranchir la profession d'a-*
vocat du joug inutile d'une surveillance directe et habi-
tuelle, a-t-elle, elle-même, ajouté aux *précautions* jugées
excessives qu'avait prises le décret du 14 décembre 1810 ?

En effet, l'art. 39 est ainsi conçu :

« Les avocats inscrits aux tableaux de nos cours royales
» pourront seuls plaider devant elles.

» Ils ne pourront plaider hors du ressort de la cour près
» laquelle ils exercent, qu'après avoir obtenu, sur l'*avis* du
» conseil de discipline, l'*agrément* du premier président de
» cette cour, et l'*aut: risation* de notre garde des sceaux,
» ministre secrétaire d'état au département de la justice. »

La disposition du premier paragraphe de cet article est absolue : celle du décret ne l'était pas. Le décret n'exigeait,
pour qu'un avocat pût aller plaider hors du ressort de la
cour, que *la permission* du ministre : d'après l'ordonnance,
avant d'obtenir cette autorisation suprême, il faut l'avis du
conseil de discipline, et l'agrément du président. N'est-ce pas
avoir inutilement multiplié les difficultés ? n'est-ce pas avoir
renchéri encore sur « ces *précautions excessives*, » qu'on
blâme dans le décret ?

On l'a dit très-justement : cette triple précaution est injuste, injurieuse, inutile, impolitique.

Injuste, car elle porte atteinte au droit naturel de la
défense.

Injurieuse, puisqu'elle met les avocats dans une sorte de
prévention de licence.

Inutile, puisque jamais l'ordre public n'est sans garantie
devant des magistrats.

Enfin, elle est impolitique, car la défense des justiciables
dépendra du bon plaisir d'un ministre, et c'est le gouvernement qui en portera toute la responsabilité (1).

---

(1) Voyez, dans *le Constitutionnel* des 10 et 27 juillet 1822, les péti-
tions de cinq accusés de province, qui réclament contre le refus fait
par le ministère d'autoriser deux avocats du barreau de Paris à les
venir défendre dans un procès politique. — Eh! que dire de ces

A ces réflexions, que j'emprunte à l'excellent écrit d'un de nos jeunes confrères, sur l'ordonnance de 1822 (1) ; il est possible encore d'en ajouter d'autres.

Le médecin, le chirurgien domiciliés à Paris, ont-ils besoin d'une autorisation de la faculté pour aller guérir un malade en province ? Les infirmes des départemens sont-ils réduits à se faire traiter et panser par le frater de leur village ? Leur est-il défendu d'élever leur confiance ?

Et que dire encore de ces contrées où l'on a vu des avocats manquer à leur état et se manquer à eux-mêmes au point de refuser leur ministère à de malheureux accusés ? Dans ce cas, au moins, s'il se présentait de nouveau, l'autorisation d'aller prendre un défenseur ailleurs sera-t-elle encore discrétionnaire ou de droit ?

Pourquoi donc cette appréhension de l'autorité, cette crainte qu'elle affecte, de voir l'avocat fixé habituellement dans le ressort d'une cour, aller plaider dans une autre ? Est-ce la peur qu'il ne défende trop mal son client ? que l'accusation ne soit pas assez fortement combattue ? que le procureur général n'ait trop beau jeu ? — Non, sans doute. C'est donc la crainte du contraire ; la crainte que cet avocat qu'on aura choisi, sûrement en raison de sa grande réputation, ne déploie trop de courage, de talent, d'énergie ; qu'il ne soit trop bon avocat, qu'il ne fasse trop bien son devoir, qu'il ne produise trop d'impression ; en un mot, qu'il ne sauve l'accusé ? — Mais cette crainte serait odieuse, cruelle, inhumaine.

L'avocat est l'homme de tous les temps, de tous les lieux, le protecteur de toutes les infortunes, le défenseur-né de

mêmes refus appliqués aux affaires civiles, telles que questions d'état, donations, testamens, en un mot, à toutes les questions de propriété ? Refusera-t-on à une partie de prendre un avocat capable de lutter contre celui dont sa partie adverse aura eu l'art de s'emparer ? Concourra-t-on ainsi, sans le vouloir, mais cependant par le fait, à l'injustice des décisions par l'inégalité des moyens de défense ?

(1) Examen de l'ordonnance du 20 novembre 1822, par M. Daviel, avocat à la cour royale de Rouen.

tous les citoyens. Circonscrire son ministère, c'est porter atteinte au droit de tous : la liberté qu'il réclame, et dont il use, est la liberté de tous, puisque c'est au profit de tous qu'il l'exerce.

L'avocat qui est digne de plaider devant une cour est également digne de plaider devant toutes les autres, et il n'y a aucune bonne raison à circonscrire ainsi l'exercice de notre ministère et le choix des accusés.

§ IV. — *Communication de l'accusé avec son conseil.*

Il ne suffirait pas à la liberté de la défense que l'accusé eût pu se choisir librement un conseil, ou que la justice lui en eût nommé un d'office, s'il ne lui était pas permis de *communiquer librement* avec lui.

Comment se fait-il cependant qu'un prévenu ou un accusé, même sans être au secret (1), et, quoiqu'il ait la faculté de communiquer avec ses parens ou avec des étrangers, n'ait pas encore celle de communiquer avec son conseil ? C'est ce que j'ai vu singulièrement pratiquer dans l'affaire des trois Anglais. On leur permettait de voir leurs compatriotes et quelques Français de leur connaissance, tandis qu'il était encore interdit à leur avocat de les voir et de converser avec eux ; et même après que le conseil a pu pénétrer dans leur prison, il lui a été interdit de prendre communication de la procédure.

Le prétexte à l'aide duquel on colore ce refus de communiquer avec la personne des détenus et de prendre communication des pièces, est que *l'instruction doit être secrète.*

Telle était, sans doute, l'ancienne règle ; mais elle ne me paraît pas avoir survécu à l'ordonnance de 1670.

Les décrets de 1789 avaient si peu voulu que l'instruction fût secrète, que celui du 9 octobre, donné pour la *réformation de quelques points de la jurisprudence criminelle,*

---

(1) Voyez ce que j'ai dit *du secret*, dans mes *Observations sur la législation criminelle*, § 8.

prescrivait aux municipalités de nommer des *notables* pour assister sous le titre d'*adjoints* à l'instruction des procès criminels. D'après l'art. 6, ces adjoints étaient tenus de faire au juge instructeur les *observations à charge et à décharge* qui leur paraîtraient nécessaires (1).

Le législateur de cette époque n'avait vu là, comme l'indique le préambule du décret, « qu'une précaution qui, » sans subvertir l'ordre de procéder, devait rassurer l'inno- » cence et faciliter la justification des accusés, en même temps » qu'elle honorerait davantage le ministère des juges dans » l'opinion publique. »

Plus tard, on n'a pas maintenu la nécessité de l'intervention des *adjoints*; mais ce n'a pas été dans l'intention que la procédure redevînt obscure, ténébreuse, *secrète*, en un mot. On n'a pas voulu se départir de cette base salutaire, *qu'il fallait rassurer l'innocence, et faciliter la justification des accusés.*

Nos lois subséquentes ont conservé le principe que l'instruction devait être faite *à charge* et *à décharge*. Or, comment se fait-elle à charge ? En déployant de la part des juges d'instruction, ou des procureurs généraux, toute l'activité de leur caractère, pour rassembler les indices du crime, et les preuves de culpabilité. — Comment pourrait-elle se faire à décharge ? En déployant de la part du prévenu une activité semblable, sinon par lui-même, puisqu'il est et doit

---

(1) Autrefois il y avait aussi des *adjoints* qui veillaient à la sincérité de l'information. Ils furent supprimés par l'influence et les intrigues du ministre Pussort, qui fit passer, malgré la résistance du parlement, l'art. 8 du titre 6 de l'ordonnance criminelle de 1670. (Voyez Jousse sur l'art. 8 précité.) Ce fut le même indigne ministre qui, renouvelant les attentats de Poyet en 1539, et parlant toujours au nom d'un maître absolu, fit insérer dans l'art. 15 du titre 6, les défenses de communiquer l'information; dans l'art. 7 du titre 14, la nécessité du serment de l'accusé, parce que c'était l'usage de l'inquisition en Italie et en Espagne ; et dans l'art. 8 du même tit. 14, l'abolition des conseils des accusés, malgré la touchante réclamation du vertueux et bon Lamoignon, le Fénélon de la jurisprudence.

être détenu, au moins par son conseil. Mais, s'il est au secret, si on lui interdit de prendre un avocat et de conférer
avec lui avant que l'instruction ne soit parvenue à son terme;
si, avant la même époque, et en supposant qu'il lui ait été
permis de communiquer avec un conseil, il n'est pas permis
à ce conseil de prendre communication des charges; comment empêchera-t-il la prévention de se former? Comment
donnera-t-il au juge les indications nécessaires pour opérer à
décharge aussi-bien qu'à charge? La partie civile est bien
reçue à prendre cette communication, elle s'associe à la poursuite, le ministère public l'admet comme auxiliaire; pourquoi
cette faveur accordée à la *plainte* serait-elle refusée aux gé-
missemens du prisonnier? Pourquoi la défense ne serait-elle
pas ici mise à portée de se faire entendre à côté de l'accusation.

Est-elle donc abrogée cette loi suivant laquelle « tout ci-
» toyen décrété de prise de corps, pour quelque crime que
» ce soit, aura le *droit* de se choisir un ou plusieurs conseils
» avec lesquels il pourra *conférer librement en tout état de
» cause*, et l'entrée de la prison *sera toujours permise aux-
» dits conseils?* » (Décret du 9 octobre 1789, art. 10.)

Mais, diront les hommes de l'accusation, si on laisse ainsi
pénétrer les conseils près de l'accusé, ils lui indiqueront les
moyens de se justifier; si on leur permet de présenter des
défenses *ab ovo*, ils étourdiront le juge de la prétendue innocence de leurs cliens; et à les entendre, il n'y en aura pas
un qui puisse être mis en accusation? Cela ressemble merveilleusement au mot de ce capitaine suisse qui, chargé
après une bataille de faire enterrer les morts, faisait jeter
tous les corps, pêle-mêle, dans une large fosse; et sur l'observation que plusieurs donnaient encore signe de vie, répondit : «Bah! si on voulait les croire, il n'y en aurait pas
» un de mort. »

L'humanité commande plus de ménagemens à ceux qui en-
terrent et à ceux qui accusent.

D'ailleurs la loi précitée a pourvu au danger des sugges-
tions, en disant que le conseil de l'accusé « aura le droit

» d'être présent à tous les actes de l'instruction , *sans y par-*
» *ler au nom de l'accusé, ni lui suggérer ce qu'il doit dire*
» *ou répondre.* » (Décret du 9 octobre 1789, art. 18.)

Une preuve enfin que la loi actuelle ne prescrit pas aux
juges de garder ce mystérieux *secret* de l'instruction ; la
preuve qu'elle ne leur défend pas d'instruire *à découvert*,
c'est qu'il y a des exemples , et même très-récens , de conseils
admis à assister leur client dans l'instruction.

Je puis citer, pour mon compte , l'affaire suscitée au duc
de Vicence en 1820 , pour attaque contre la personne et l'autorité constitutionnelle du roi, par lui prétendue commise
en publiant un fragment de ses instructions diplomatiques
au congrès de Châtillon. Choisi par lui pour conseil, il me
fut permis d'assister à son interrogatoire ; je n'ai eu occasion
d'y relever aucune irrégularité ; mais enfin j'ai pu me convaincre par mes yeux, dans l'intérêt de mon client, que
tout s'était passé dans les formes.

Il est vrai qu'on a jugé par suite qu'il n'y avait pas lieu
à accusation : mais ce résultat est loin de prouver contre
l'exemple et contre l'opinion que j'émets ici.

On objectera peut-être qu'il arrive une époque où copie des
pièces doit être signifiée à l'accusé.

Mais cela ne résout pas la difficulté, pu'sque cette copie
n'est jamais délivrée qu'après que l'instruction est totalement
terminée, et, pour ainsi dire, à la veille de l'audience.

D'ailleurs, l'art. 305 porte « qu'il ne sera délivré gratui-
» tement aux accusés, *en quelque nombre qu'ils puissent*
» *être, et dans tous les cas, qu'une seule copie* des pro-
» cès verbaux constatant le délit, et des déclarations écrites
» des témoins (1). »

Ainsi, y eût-il cinquante accusés, il faut que les cinquante
avocats chargés de les défendre se morfondent sur la même
copie.....

_____

(1) D'après l'art. 320 du Code des délits et des peines , de brumaire
an IV, copie devait être délivrée gratis *à chaque accusé.* Voyez encore
la loi du 29 frimaire an X.

A la vérité, l'art. 305 leur permet de prendre ou faire
prendre *à leurs frais*, copie de telles pièces qu'ils jugeront
utiles à leur défense; mais l'embarras reste le même, si,
comme il arrive le plus souvent, l'accusé n'a pas de quoi
fournir à ces frais..... (1).

Voilà pour les pièces. Quant à la personne même de l'accusé, s'il est impossible d'obtenir la permission de communiquer avec lui aussitôt après son arrestation; au moins,
lorsque le moment de communiquer sera enfin venu, que
cette communication soit complétement libre; je veux dire
sans témoins. Comment, en effet, un accusé qui n'a pas été
jusqu'au crime, mais qui a pu avoir quelque tort, qui a fait
quelque fausse démarche, pourra-t-il en faire l'aveu à son
conseil en présence de gendarmes, ou autres gens de police,
qui, l'oreille tendue et les yeux ouverts, iront répéter des
demi-mots, des expressions surprises ou mal entendues, et
interpréteront même les gestes et les inflexions de voix de
l'accusé? Je ne ferais pas cette remarque, s'il n'y avait des
exemples d'avocats réduits à ne pouvoir communiquer avec

---

(1) A Rome, le libelle de l'accusation devait être rédigé et communiqué *à limine litis.* — L'accusateur jurait ensuite qu'il était déterminé par la vérité, et par l'amour du bien public; non par intérêt,
non par envie de fatiguer ou de perdre l'accusé par des mensonges.
—Son libelle devait être rédigé avec détail et précision. Voyez les
lois 3 et 17, ff. *de Accusationibus.* — A tant de rigueur dans la forme
de l'accusation, se joignait la crainte de succomber; car l'accusateur
se soumettait à la peine du talion, comme l'atteste cette formule
conservée par le président Brisson : *Si te injustè interpellavero, et victus
exindè apparuero, eâdem pœnâ quam in te vindicare pulsavi, me con-
stringo partibus tuis esse damnandum atque subiturum.* (De formul. et
solemn. popul. rom. verbis, lib. v, page 523; 1583, in fol.)

Chez nous, par suite de la jurisprudence des Poyet et des Pussort,
rajeunie sous le régime impérial, à peine, si, en certains cas, un
accusé peut, même *après* son acquittement, obliger le ministère public à lui nommer son dénonciateur. (Art. 358 *du Code d'instruction
criminelle.*)

On peut voir ce que dit Ayrault, pages 308 et 311, du *Danger des
interrogatoires sur accusations non communiquées.*

les accusés, qu'entre deux guichets, à voix haute, et en présence de la gendarmerie (1).

§ V. — *De la libre défense à l'audience.*

Le caractère du juge est de se montrer doux et patient.
Il tient la balance entre l'accusateur et l'accusé ; entre le
crime et la peine.

Il ne doit ni s'irriter contre ceux qu'il croit coupables, ni
s'attendrir sur le sort de ceux dont les plaintes attaquent sa
sensibilité (2) ; son devoir est de demeurer impassible et de
rechercher imperturbablement la vérité.

Lorsqu'à cette question, *qu'avez-vous fait de votre frère ?*
Caïn répond : *Je ne sais : suis-je le gardien de mon frère ?*
Dieu n'entre point en courroux ; il ne se montre point offensé
de cette réponse insultante ; il n'appelle point son tonnerre ;
il continue ses questions : *Le Seigneur repartit : Caïn,
qu'avez-vous fait ?*

---

(1) Une lettre insérée dans *le Constitutionnel*, du 5 août 1822,
contient les détails suivants :

« L'ouverture des assises à Poitiers, pour le jugement du général
B***, est toujours fixée au 26 août. — Le ministère public a fait assigner cent soixante-onze témoins à charge. — La plupart des accusés
n'ayant pu jusqu'à ce jour obtenir des avocats de leur choix qu'ils
voulaient prendre en partie dans le barreau de Paris, il leur en a été
nommé d'*office*. — Ceux-ci ne peuvent entrer dans la prison que sur
un *permis* du procureur général, lequel permis doit être *visé* par le
commandant de la place, et ensuite par le général commandant le
département. Ce permis n'est bon que *pour une fois*. Il doit donc être
renouvelé toutes les fois que les avocats ont à communiquer avec leurs
cliens, et ces formalités prennent du temps. — Les défenseurs ne
peuvent voir les accusés qu'*entre deux guichets*, et *en présence* des
guichetiers. Les grilles des guichets sont si distantes l'une de l'autre,
qu'il faut parler *très-haut* pour se faire entendre. On a réclamé à ce
sujet auprès du procureur général, qui a renvoyé cette réclamation
au préfet ; on attend sa réponse..... »

(2) In cognoscendo, neque excandescere adversus eos quos malos
putat, neque precibus calamitosorum inlacrymari oportet. Loi 19,
ff. *de officio præsidis.*

Or, si Dieu a montré cette patience et cette douceur envers sa créature : quelle longanimité n'a-t-on pas droit d'attendre d'un mortel qui juge son semblable ! avec quelle indulgence ne doit-il pas écouter jusqu'aux moindres circonstances de la justification !

Je n'entends pas seulement parler ici de l'obligation où est le juge d'interroger l'accusé avec austérité, mais sans rudesse ; avec droiture, et sans trop de subtilité ; sans mettre non plus son amour-propre (1), à embarrasser par des questions captieuses un malheureux qui, d'ordinaire, a plus besoin d'être rassuré que circonvenu. Je ne parle pas seulement du devoir qui lui est imposé de faire aux témoins toutes les questions à charge et à décharge, et toutes les interpellations jugées nécessaires par l'accusé et ses conseils.

Mais j'ai principalement en vue cette défense qui ne commence, proprement, que là où l'instruction finit, et qui consiste dans la réfutation suivie des chefs d'accusation, et la discussion raisonnée de toutes les charges produites contre l'accusé.

Dénier cette défense serait un crime (2).

La donner, mais non pas libre, c'est tyrannie (3).

Le décemvir Appius ne refusa pas précisément d'entendre Virginius ; mais à chaque instant il coupait le fil de son discours par de brusques interpellations ; tandis que, d'autre part, il écoutait son affidé Claudius avec une complaisance marquée (4).

Polyperchon se comporta avec la même indécence vis-à-vis de Phocion, accusé par Agonidès. Pour montrer son iniquité, Plutarque dit : « Mais les parties n'étaient point éga- » lement ouyes, pour ce que Polyperchon rabrouait souvent

---

(1) Tel était Tibère, avec lequel *sæpè confitendum erat*, *ne frustrà quæsivisset*.   Tacit. III, Annal. 69.

(2) Ammien Marcellin appelle cela *nefas ultimum.*

(3) Ayrault, de l'*Ordre*, *Formalité et instruction judiciaire*, liv. 1er, no. 8. — Cet auteur était lieutenant criminel au siége présidial d'Angers, sous les règnes de Charles IX et de Henri III.

(4) Tite-live.

» Phocion, et lui rompait à tous coups son propos, ainsi
» comme il cuidoit (vouloit) déduire ses justifications ; jus-
» ques à frapper par cholère d'un baston qu'il tenait à la
» main contre terre ; et à la fin, fut si cruel, qu'il lui com-
» manda tout résolument de se taire (1). »

Tacite (2) reproche à Tibère d'avoir montré une semblable
partialité contre Sillanus. On pensait bien, dit-il, que Sillanus s'était rendu coupable d'actes arbitraires et de concussion ; mais on l'environna d'entraves qui eussent mis l'homme
du monde le plus innocent en péril. Car, après lui avoir donné
pour adversaires un grand nombre de sénateurs, tous très-
éloquens, Tibère le força de répondre *seul* à leurs accusations concertées ; et de plaider *en personne*, quoiqu'il n'eût
aucun usage de la parole, et qu'il éprouvât sur l'issue de sa
cause des craintes qui eussent diminué l'assurance de l'orateur
le mieux aguerri. Non content de cela, Tibère, qui ne pouvait ni contenir sa voix, ni arrêter sa physionomie (3), l'a-
postrophait à chaque instant par des interrogations qui ne lui
permettaient ni de réfuter ni d'éluder l'accusation. — On
pense bien que Sillanus fut condamné.

Mais aussi je demande quel juge voudrait s'exposer à la
honte d'être assimilé par sa conduite au décemvir Appius, à
Polyperchon, à Tibère ?

J'ai entendu des présidens répéter à chaque instant, *vous
avez toute latitude pour vous défendre ; mais...* et de *mais*

---

(1) Plutarque, traduction d'Amyot, tome VI, page 309, édition
de Clavier, 1801.

(2) Nec dubium habebatur, sævitiæ captarumque pecuniarum te-
neri reum ; sed multa adgerebantur etiam insontibus periculosa,
quùm, super tot senatores adversos, facundissimis totius Asiæ eòque
ad accusandum delectis responderet solus, et orandi nescius, proprio
in metu, qui exercitam quoque eloquentiam debilitat : non tempe-
rante Tiberio, quin premeret voce, vultu ; eò quòd ipse creberrimè
interrogabat : neque refellere, aut eludere dabatur.
TACIT. III, Annal. 67.

(3) C'est ce que Tacite appelle ailleurs, *accipere vultu truci defensionem.*

en *mais* la défense était accablée de restrictions et d'interruptions qui fatiguaient l'avocat, lassaient sa patience, ou le
troublaient au point de le réduire à se taire ou à ne faire que
balbutier.

Depuis surtout qu'il a été mis à l'ordre du jour de décla-
mer contre les doctrines, de réprimer les doctrines, quelques présidens se sont empressés, comme à l'envi, d'interrompre les avocats, de les rabrouer, et d'entrer en réfutation
avec eux, sous prétexte de rétablir les saines doctrines.

Il semble que le juge aurait été solidaire avec l'avocat, s'il
l'eût laissé achever sans l'interrompre! De là, le trop vif empressement qu'on les a vus mettre à ces interruptions, faites
d'ailleurs avec trop peu de sang-froid pour qu'on n'ait pas
dû quelquefois les attribuer au désir de faire parade de telle
opinion.

Je crois que ces interruptions sont essentiellement opposées au devoir du juge. Quand la défense est une fois enta-
mée, le juge doit se faire une loi de ne pas l'interrompre, et
s'interdire ces petites tracasseries qui renversent l'ordre des
idées, syncopent l'établissement d'une preuve, refroidissent
le développement d'un moyen de considération, et déconcer-
tent l'orateur.

D'ailleurs, telle proposition, telle phrase, tel mot, dé-
plaisent au président, et plairont peut-être aux jurés. On ne
sait de quoi l'un se fâche; peut-on deviner de quoi l'autre ne
s'accommodera pas? Il faut des raisons à toutes les adresses.

Le cœur humain nous appartient tout entier; nous pouvons en sonder les plus secrets replis. Partout où nous en-
trevoyons une passion honteuse, il nous appartient de la
combattre; un sentiment généreux, il nous convient de nous
en emparer; une émotion favorable, il importe de l'exciter.
La loi s'en rapporte à la conscience des jurés; donc tout ce
qui agit sur les consciences, faits, raisonnemens, images, doctrines, est de notre ressort. La loi porte que le président
avertira le conseil de l'accusé qu'il ne doit rien dire contre
sa conscience, ou contre le respect dû aux lois, et qu'il doit
s'exprimer avec décence et modération (art. 311). Mais elle

n'autorise pas pour cela un président à interrompre à tout
propos l'avocat, sous prétexte qu'il n'observe pas rigoureusement toutes ces règles. Loin de là, l'art. 328 du Code d'instruction criminelle dit que « pendant l'examen, les jurés,
» le procureur général, et les juges, pourront prendre *note*
» de ce qui leur paraîtra important, soit dans les dépositions
» des témoins, *soit dans la défense de l'accusé*, pourvu
» que la discussion *n'en soit pas interrompue.* »

Donc, ces interruptions d'un zèle qui souvent n'a d'autre
mobile que l'opinion, et une première impression trop peu
réfléchie, ne sont pas dans le vœu de la loi (1).

Que le ministère public, lorsqu'il répondra, ou le président, lorsqu'il résumera l'affaire, se servent des notes qu'ils
auront prises et des réflexions qu'ils auront faites pour relever
les contradictions, rétablir les faits dans toute leur exactitude, réfuter les doctrines erronées, blâmer ce qui s'est dit
d'inconvenant, et mettre de côté ce qui n'est pas de la cause ;
à la bonne heure Mais, tant que la défense dure, le juge,
religieux auditeur de cette défense, ne doit pas plus en troubler le cours qu'il ne s'est permis d'interrompre ou de criti-
quer l'accusation.

Dans une affaire de la presse, quelques conseillers insistaient
auprès du premier président pour qu'il interrompît l'avocat ; il

---

(1) J'ai ouï un avocat général interrompre le défenseur d'un accusé
pour lui faire remarquer qu'*il n'avait pas répondu à telle ou telle charge.*
Ceci a le plus grand danger.

Quid, en effet, s'il n'y a pas de bonne réponse ? Forcerez-vous l'avocat à en convenir au préjudice de son client ? La prétérition sera-t-elle
une figure interdite à son art ? Et s'il y a une réponse, mais qu'elle
ne s'offre pas immédiatement à l'esprit du défenseur ! qu'il se trouble, qu'il se taise ! l'interruption n'aura-t-elle pas eu le triste effet
de compromettre la défense ?

Écoutez, messieurs, écoutez ! vous répondrez ensuite, et vous
vous prévaudrez alors, si vous le voulez, du silence qu'aura gardé
la défense sur les points qu'elle n'aura pas cru devoir aborder. Mais
ne commettez pas des interruptions qui peuvent intimider l'avocat,
et diminuer les impressions de la défense !

leur répondit froidement et à demi-voix : « Puisque vous voulez le condamner, il faut bien l'entendre jusqu'au bout. »

Hermolaüs, accusé d'avoir conspiré contre Alexandre, au
lieu de se laver de cette accusation, donna une autre tournure à sa défense. Il poussa l'audace jusqu'à soutenir qu'il
avait bien fait d'essayer à se venger, parce qu'Alexandre l'a-
vait fait fouetter comme un esclave (1), et qu'il était permis
de tuer un tyran. A ces mots, tous les assistans, et surtout
Sopolis, père de l'accusé, voulurent l'empêcher de continuer; mais Alexandre ne le voulut pas. « Qu'on lui laisse
tout dire, s'écria-t-il, parce que c'est l'ordinaire que tous les
accusés se persuadent qu'on procède contre eux avec plus de
modération et de clémence, quand on les entend jusqu'au
bout. S'ils disent bien, cela leur sert; sinon, ils comblent
la mesure de leur crime, et rendent leur punition plus cer
taine (2). »

Cicéron fut exposé à de tristes représailles, parce que,
dans une occasion mémorable, il s'était lui-même écarté des
formes de procéder : et lorsque le tribun Métellus, ennemi
de ce grand orateur, s'opposa à ce qu'il haranguât le peuple,
il n'en donna pas d'autre raison, si ce n'est qu'on ne devait
pas accorder la permission de faire sa propre apologie à un
homme qui avait sévi contre d'autres, sans les admettre à
plaider librement leur cause : *qui in alios animadvertisset in-
dictâ causâ, dicendi potestatem fieri non opportere.* C'était
sans doute se venger d'une injustice par une autre injustice ;
mais cela prouve le danger qu'on court pour soi-même, en
violant dans la cause d'autrui des droits qu'on aura peut-
être un jour besoin d'invoquer dans son intérêt propre.

Ce droit sacré d'une libre défense était tellement enraciné
dans l'esprit des Romains, que Tibère ne crut pas toujours
pouvoir en priver les accusés. Pison (dit Tacite, *Annal.* III.)

---

(1) Pour avoir tué un sanglier sur lequel Alexandre le Grand voulait
tirer !

(2) Quinte-Curce, liv. VIII, n°⁸. 24 et suivans. *Adde* Ayrault.
liv. 1, n°. 14.

était accusé d'avoir empoisonné Germanicus ; Tibère, après
avoir écouté les charges des accusateurs et les prières de l'accusé, renvoya l'affaire au sénat. Cinq orateurs, choisis par
Pison, refusèrent de se charger de sa défense, qui fut acceptée par trois autres. Tibère parut au sénat. Si Pison, dit-il,
a aigri et bravé la jeunesse de mon fils, s'il lui a manqué d'é-
gards, s'il a vu sa mort et ma douleur avec joie, je le haïrai,
je l'éloignerai de mon cœur, je vengerai ainsi Tibère, et non
l'empereur. Mais, si Pison est convaincu d'un crime dont les
lois vengent même le dernier des hommes, c'est à vous, sénateurs, à consoler par une juste sévérité les enfans de Germanicus et son père. Je pleure, sans doute, et je pleurerai
toujours mon fils ; mais je n'empêche point de dire *hardiment*
tout ce qui pourra servir à la *défense* de Pison, ou même
d'accuser Germanicus ! Que le triste intérêt que je prends à
cette affaire ne vous fasse point regarder des imputations
comme des preuves. Dans le danger où est Pison, que ses
parens ou ses amis le soutiennent de leur zèle et de toute leur
éloquence. *Si quos propinquus sanguis, aut fides sua pa-
tronos dedit, quantùm quisque eloquentiá et curá valet,*
JUVATE PERICLITANTEM.

L'indulgence pour les défenseurs est d'autant plus nécessaire dans nos tribunaux modernes, que souvent les accusés
sont défendus d'*office* par de jeunes stagiaires, qui, s'ils ne
sont pas encore recommandables par de grands talens, le sont
au moins par le zèle et le désintéressement qu'ils apportent à
une défense dont le soin leur est confié par la justice même.
— Quelque respect que mérite le ministère public, qui a de
bons appointemens pour accuser dans l'intérêt de la société,
on ne doit pas avoir moins d'égards pour l'homme qui se voue
gratuitement à la défense de ses concitoyens, et dont le ministère est aussi nécessaire à l'accomplissement de la justice,
que l'accusation même ; puisque, sans défense, il ne peut pas
y avoir de condamnation légale.

Si le juge doit se montrer indulgent envers le défenseur, à
plus forte raison envers l'accusé. Il doit lui pardonner quelque chaleur dans sa propre cause, et lorsqu'il s'agit de sa

perte ou de son salut. J'ai entendu un accusé interrompu dans sa défense dire au président : «Monsieur, le soin de » défendre mon honneur l'emporte sur tout. En sortant » d'ici, vous rentrez bien tranquille chez vous ; et moi je » rentre en prison.... (1). »

Les lois romaines, qui sont pleines d'excellentes maximes, recommandent au magistrat d'être impassible, et de s'interdire ces airs de tête, et ces crispations de physionomie qui décèlent les mouvemens de son âme, et mettent à découvert les passions dont elle est secrètement agitée (2).

Si, en matière civile, il est vrai que *sage est le juge qui écoute, et tard juge ; car de fol juge briève sentence ; et qui veut bien juger écoute partie* (3) : cela est bien plus rigoureusement exigé en matière criminelle.

Qu'on ne m'objecte pas la perte de temps. L'audience peut se prolonger d'un quart d'heure sans qu'il en coûte aucun regret à la justice. Il est toujours temps de condamner (4).

Il était à propos d'employer la clepsydre (5) dans les assemblées politiques ; mais on ne peut limiter ainsi la défense des accusés. Toutes les fois que je monte sur le tribunal, di-

---

(1) *Journal des Débats*, du 16 mars 1821.

(2) Id enim non est constantis et recti judicis, cujus animi motum vultus detegit. Loi 10, ff. *de officio præsidis.*

(3) Loisel, *Institutes coutumières*, liv. vi, tit. 3, n°. 12. Le même auteur dit encore au numéro suivant :

> *Qui tost juge, et qui n'entend,*
> *Faire ne peut bon jugement.*

Tel était l'empereur Claude :

> *Quo non alius*   *und tantùm*
> *potuit citiùs*   *parte auditá,*
> *discere causas ;*   *Sæpè et neutrá.*

(4) Nulla unquàm de morte hominis cunctatio longa est.
                                                    JUVEN.

(5) On appelait ainsi, chez les anciens, une espèce d'horloge qui servait à mesurer le temps par le moyen de l'eau. L'orateur devait se taire quand l'eau était écoulée. *Apud veteres, oratoribus præscribe-*

sait Pline le jeune (1), j'accorde tout le temps qu'on me demande ; car je dois surtout à ma religion, comme juge, d'écouter avec cette patience qui est elle-même une grande partie de la justice (2).

La patience doit même entrer dans *l'hygiène* des présidens. Car, outre qu'il est toujours inconvenant, il n'est pas toujours sain de se mettre en colère, témoin le fait suivant :

Une dame Milfort, qui avait voulu *opérer des miracles*, fut arrêtée sur le réquisitoire de M. le procureur du roi et conduite dans les prisons de *Sedan*. Elle fut ensuite traduite devant le tribunal de *Charleville* comme prévenue d'escroquerie, et elle y comparut le 17 juillet 1822. Son avocat,

---

batur tempus dicendi, datis clepsydris; quibus exhaustis, ampliùs dicere vetabantur. Cic. III, *de Orat.* 76 — Beaucoup d'avocats aimeraient mieux être assurés de n'être écoutés que pendant un temps donné (dans lequel alors ils s'arrangeraient pour resserrer tous les moyens), que de se voir exposés au hasard d'être interrompus au milieu de leur discussion.

(1) Equidem quoties judico, quantùm plurimùm quis postulat aquæ, do ;..... præsertìm cùm primùm religioni suæ judex *patientiam* debeat, *quæ pars magna justitiæ est.* Plin. VI, epist. 2.

(2) Rien n'est comparable aux facilités que les anciens donnaient aux accusés pour se défendre, et à la patience qu'on mettait à écouter leur justification. Il était permis à l'accusé de mêler son apologie à sa défense, et d'opposer le bien qu'il avait fait au mal qui lui était imputé. *Poterat uti laudationibus et advocationibus.* On était même dans l'usage d'entendre des personnes appelées *laudatores*, parce qu'elles étaient appelées pour rendre un bon témoignage de l'accusé. Ces *louangeurs* étaient ordinairement au nombre de dix, et quelquefois plus. Leurs dépositions précédaient ou suivaient la défense, ou se liaient avec elle, selon le plan que s'était fait l'avocat de l'accusé. (Pothier, *ad Pandectas*, titre *de Accusationibus*, n°. 33.) — Nos témoins *à décharge* ont quelque rapport avec les *laudatores*. Il est vrai qu'on ne leur laisse pas le temps d'en débiter bien long ; et dès qu'ils ont une fois déclaré *avoir toujours connu l'accusé pour bon père, bon mari, bon citoyen*, on leur dit bien vite, *allez vous asseoir.* — Cicéron, dans son oraison *pro Domo*, n°. 17, fait une assez longue énumération de toutes les facilités accordées par les lois romaines aux accusés.

voulant tirer tout le parti possible de sa cause, appela la religion à son secours, et voulut lire quelques passages de l'Évangile. Rappelé à l'ordre sous prétexte qu'il sortait de sa cause, il s'emporta et irrita tellement le président, que celui-ci mourut subitement, au moment où il ordonnait qu'on fît sortir l'avocat de la salle. Le jugement ne fut pas prononcé, et le peuple, croyant voir dans cet événement une punition du ciel et le triomphe de madame Milfort, se mit à crier *miracle* (1)*!*

La raison doit s'emparer de ce fait pour dire au juge : *Frappe, mais écoute.*

§ VI. — *Nouvelles observations qui achèvent de prouver combien la libre défense est nécessaire dans l'intérêt de la justice, et pour l'honneur même de l'accusation.*

Ce que j'ai dit jusqu'ici du *droit de défense naturelle* est si fort dans le vœu de notre *législation positive*, que le Code d'instruction criminelle porte expressément (*art.* 335), que l'accusé ou son conseil auront toujours la parole les derniers.

Il est même d'usage qu'avant de clore les débats, et quelque longuement que l'avocat ait plaidé, le président dise encore à l'accusé : *N'avez-vous plus rien à ajouter à votre défense?* L'interpellation du juge anglais est encore plus touchante : *N'y a-t-il personne,* dit-il, *qui veuille encore prendre la défense de ce malheureux accusé?*

Il est sans doute des cas où la culpabilité est si évidente, qu'il n'y a réellement aucun moyen de défendre avec succès (2).

---

(1) *Journal de Paris*, du 27 juillet 1822.

(2) Quædam ità manifesta afferuntur, ut responderi nil possit. Cicero, *in Verrem.* — Quoiqu'on puisse regarder les accusés à qui la justice est obligée de donner un défenseur d'office comme des *malades abandonnés des médecins ;* et que, le plus souvent, les défenseurs nommés d'office soient, par la nature même de la cause, réduits *ad metam non loqui,* cependant on a vu plusieurs de ces accusés sauvés par

N'importe, la défense est quelque chose de si indispensable, que, dans tous les cas, sans en excepter aucun, la loi veut, *à peine de nullité*, que l'accusé ait un défenseur. Dût ce défenseur ne dire que deux mots, alléguer la démence de son client, implorer la clémence des juges, ou présenter quelque autre lieu commun, il suffit qu'il élève la voix en faveur de l'accusé (1).

Sans cela, on ne pourrait pas dire que justice a été faite : on serait toujours tenté de croire que, si l'accusé a été condamné, c'est parce qu'il était inhabile à se défendre lui-même ; et cette manière de penser est si générale, qu'on peut dire que la défense est autant exigée dans l'intérêt de la justice que dans l'intérêt de l'accusé.

L'antiquité nous offre bien quelques exemples d'absolutions prononcées sans avoir entendu les accusés.

Périclès fut accusé d'avoir dissipé en folles dépenses les finances de l'état. « Pensez-vous, dit-il à l'assemblée, que la » dépense soit trop forte ? — Beaucoup trop, répondit-on. — » Eh bien ! reprit Périclès, elle roulera tout entière sur mon » compte, et j'inscrirai mon nom sur les monumens. — Non, » non, » s'écria le peuple ; et Périclès, sans autre examen, fut dispensé de rendre compte de son administration (2).

Le respect de Théophraste pour la divinité était si connu des Athéniens, que, quelqu'un ayant osé l'accuser d'impiété, le peuple, non-seulement ne lui laissa pas entreprendre de se justifier, mais voulait à toute force condamner l'accusateur, par cela seul qu'il avait accusé Théophraste. Il semblait qu'attaquer ce philosophe, ce fût attaquer la vertu elle-même (3).

---

l'adresse et le talent de leur patron. On ne peut trop louer à cet égard le zèle désintéressé de nos jeunes stagiaires.

(1) Est vera defensio ; est et inanis, ut tamen aliquis dici videatur. Asconius *in Divinationem.*

(2) Plutarque, *Vie de Périclès ; Voyages du jeune Anacharchis,* tome 1, page 365.

(3) Diogène Laerce, *in vitâ Theophrasti,* lib. v.

Un tribun nommé Varius, homme de mauvaise réputation, accusa Marcus Scaurus d'avoir trahi les intérêts de Rome. Scaurus, après avoir écouté jusqu'au bout son accusateur, ne dit que ce peu de mots : *Q. Varius, Espagnol de naissance, accuse M. Scaurus, prince du sénat, d'avoir soulevé les alliés ; M. Scaurus, prince du sénat, le nie. Auquel des deux, Romains, ajouterez-vous plutôt foi?* Le peuple ne voulut pas en entendre davantage, et l'accusation n'eut aucune suite (1).

Mais l'exemple le plus brillant est celui de Scipion l'Africain. Il eut aussi le désagrément d'être accusé devant le peuple ; mais, au lieu de plier son courage à se justifier d'une calomnie (2), il se contenta de dire aux Romains : « A pareil » jour j'ai vaincu Annibal et les Carthaginois en Afrique ; » allons-en rendre grâces aux dieux immortels! » et toute l'assemblée le suivit comme en triomphe au Capitole (3).

De telles absolutions portent avec elles un caractère de grandeur et de moralité qui les justifie : elles n'ont rien qui blesse l'équité.

Mais il en est autrement des condamnations. Quelque évident que paraisse le crime, quelque odieux que soit le criminel, leur effet sur la multitude est toujours manqué, si les formes ont été violées, et si l'accusé n'a pas été pleinement entendu, ou mis à portée de se faire entendre.

« On dit d'Aristide qu'il avait accusé quelques malfaiteurs, » et les poursuivait si asprement, qu'ayant déduit toutes les » charges, les juges se trouvèrent animés au point que, *sans* » *autre plaid*, ils les voulaient condamner sur-le-champ; » mais Aristide ne le put souffrir, il se leva de sa place,

---

. (1) Voyez Asconius Pœdianus, *in orat. pro M. Scauro.*

(2) Major animus et natura erat, ac majori fo:tunæ assuetus, quam ut reus esse sciret, et summittere se in humilitatem causam dicentium. *Tit. Livius.*

(3) Celebratior is propè dies favore hominum, et æstimatione veræ magnitudinis ejus fuit, quàm quo triumphans de Syphace rege et Carthaginiensibus urbem est invectus. *Tit. Livius.*

» alla en celle des accusés, et se joignant à eux, se jeta aux
» pieds des juges, et les supplia qu'ils ne les condamnassent
» pas sans les entendre : *Que ce ne serait pas justice, mais*
» *violence* (1). »

On conviendra qu'Aristide méritait bien d'être surnommé
le Juste.

Dans une autre occasion, la pétulance des juges athéniens
fut encore mise à l'épreuve. L'accusation d'Agonidès contre
Phocion et ses prétendus complices avait été renvoyée devant
le peuple ; tous les honnêtes gens étaient frappés de terreur
« tellement qu'il n'y eut plus personne qui osast parler pour
» Phocion ; mais ayant difficilement et à grand peine obtenu
» un moment de silence, il leur demanda : — *Seigneurs athé-*
» *niens, comment nous voulez-vous faire mourir, justement*
» *ou injustement ?* — Quelques-uns lui répondirent, *Juste-*
» *ment.* — *Et comment*, répliqua-t-il, *le pouvez-vous faire,*
» *si vous ne nous oyez en noz justifications ?* — Non pour
» cela encore ne purent-ils avoir audience (2). »

Le peuple sollicite quelquefois des condamnations par ses
clameurs. Cela arriva dans une cause où l'orateur Lysias
s'était rendu accusateur contre des marchands de blé dont
le monopole avait fait hausser le prix du pain. L'indignation
contre eux était si grande, qu'on voulait les condamner sans
les entendre : ce qu'on eût certainement fait, si Lysias, en
cette occasion, n'eût fait comme Aristide, et n'eût supplié les
juges d'entendre d'abord leurs défenses (3).

Le devoir des magistrats en pareil cas est de se montrer
impassibles. Ils doivent, comme le sage dont parle Horace,
aller ferme à leur but, qui est la justice, sans se laisser entraîner ni émouvoir par les clameurs populaires (4), et ne pas

---

(1) Ce trait est rapporté par Ayrault, liv. i, n°. 5.

(2) Plutarque, traduction d'Amyot, tome vi, pages 310 et 311.

(3) Lysias rapporte lui-même ce trait.

(4) Non sequeris turbam ad faciendum malum ; nec in judicio plu-
rimorum acquiesces sententiæ, ut à vero devies. *Exode*, chap. 23,
v. 2. — Vanæ voces populi non sunt audiendæ ; quandò aut noxium

faire comme Pilate, *qui Jesum maximè optabat liberáre; sed cùm mollis erat, eorum cedebat affectionibus.* Il eût bien voulu sauver Jésus; mais, comme il était faible de caractère et fonctionnaire pusillanime, il cédait aux passions et à l'esprit de secte déchaînés autour de lui (1).

Le gouverneur Félix sut donner un autre exemple. Les Juifs voulaient l'obliger à condamner Paul à la peine de mort; mais il ne le voulut point; et Festus, son successeur, rendant compte de ce refus au roi Agrippa, en donne pour raison que l'usage des Romains n'est pas de condamner qui que ce soit autrement qu'en présence de l'accusateur et de ses témoins, et en laissant à l'accusé toutes les facilités dont il a besoin pour se laver de l'accusation (2).

Le peuple d'ailleurs est si léger, si inconstant, si mobile (3); il faut si peu de chose pour le faire changer d'ex-

---

crimine absolvi, aut innocentem condemnari desiderat. Lib. xii, C. *de Pœnis.*

> Justum ac tenacem propositi virum,
> Non *civium ardor prava jubentium*,
> Non vultus instantis tyranni
> Mente quatit solidà.
> Horat., lib. III, od. 3.

(1) Voyez mon Opuscule intitulé : *Procès de Jésus-Christ*, qu'on a dû appeler *la Passion;* car, en effet, il a souffert, *passus est*, et n'a réellement point été *jugé.* On y voit le juste trahi par un de ses disciples que la police avait gagné, poursuivi par l'esprit de secte, pire encore que l'esprit de parti : là se développe la politique haineuse des pontifes juifs, l'orgueil des pharisiens, et la colère des scribes; accusé sans être défendu, condamné sans qu'on ait pu le convaincre, mis à mort avec insulte; il n'y a que souffrance dans cette longue scène d'iniquité.

(2) Quia non est Romanis consuetudo, damnare aliquem hominem priusquàm is qui accusatur præsentes habeat accusatores, *locumque defendendi accipiat* ad abluenda crimina. *Act. Apost.*, xxv, 16.

Lorsqu'on déféra la femme adultère à Jésus-Christ, sa première question fut celle-ci : *Ubi sunt qui te accusabant?* Joan. viii, 10.

(3) *Vulgus mutabile subitis*, dit Tacite.

trême, qu'en un instant il fait taire sa haine pour n'écouter plus que la pitié.

On peut même dire que ce dernier sentiment est plus généralement répandu dans la multitude, parce qu'il est plus conforme à la nature humaine. L'absolution des accusés est presque toujours reçue avec acclamation ; les condamnations, au contraire, laissent une impression de tristesse que l'accusateur même, réduit au silence, semble partager (1).

Le plus sûr moyen de fixer l'opinion publique sur un jugement est donc d'observer, en le rendant, les solennités prescrites par les lois.

Quand le crime est légalement prouvé, les accusés pleinement convaincus, que leur défense a été épuisée, que la compétence de leurs juges ne peut pas être révoquée en doute ; c'est alors que la punition est efficace, parce que le peuple, convaincu lui-même de leur culpabilité, unit ses exécrations à la sentence des juges. Mais si, au contraire, on s'est contenté de présomptions vagues, d'indices peu certains, de conjectures hasardées ; si l'on a négligé quelque forme, si l'accusé n'a pas été traduit devant ses juges naturels, que son avocat ait été interrompu, brusqué, *rabroué* ; l'effet est manqué, et le même peuple, passant subitement de la colère à la commisération, cesse d'applaudir à la mort des coupables pour plaindre le sort de ceux qu'il regarde comme illégalement condamnés (2).

Tant il est vrai que l'*observation scrupuleuse des formes*, et la *liberté de la défense*, sont, pour les accusés comme pour le public, la meilleure garantie de l'équité des condamnations !

§ VII. — *Apologie des Avocats.*

Tout ce que nous avons dit de la nécessité de la défense,

---

(1) Absolutos publica illa acclamatio sequitur ; à damnato tristes recedunt, et victoris quoque partis silentium est. *Quintilien.*

(2) Plaidoyer pour Saget, dans l'affaire des *employés de la guerre*, en 1812.

non-seulement dans l'intérêt des accusés, mais aussi dans
l'intérêt de tous, absout assez les avocats des reproches injustes que leur ont quelquefois adressés l'ignorance ou l'esprit
de parti.

Loin qu'on doive s'étonner de voir les avocats se vouer à la
défense des accusés, il faudrait plutôt s'étonner s'ils refu-
saient de les aider de leur ministère. Et non-seulement on
ne peut pas leur savoir mauvais gré du zèle avec lequel ils
s'y emploient, mais on doit reconnaître qu'en cela ils font
preuve d'humanité, d'attachement à leur devoir, et d'amour
pour la justice.

Ils font preuve d'humanité, puisqu'ils prêtent leur secours
à des infortunés : pour eux, le malheur est sacré : *res est
sacra miser.*

Ils font preuve d'attachement à leur devoir ; car, quoi
qu'en puisse dire l'envie ou la malignité, il y a quelque vertu
à descendre dans les cachots pour y relever l'espoir d'un
accusé, et lui porter des consolations. Il est vrai que si c'est
la partie la plus pénible de notre profession, c'est aussi la
plus honorable ; et les lois elles-mêmes nous en rendent un
beau témoignage, en disant : que l'état n'est pas seulement
défendu par les soldats qui combattent avec la cuirasse et
l'épée, mais aussi par les avocats, ces valeureux champions,
qui, forts de leur éloquence, soutiennent l'espérance des
malheureux en se consacrant à la défense de leur honneur,
de leur vie et de ce qu'ils ont de plus cher (1).

« Il est, n'en doutons point, des héros de tous les temps
» et de toutes les professions : la paix a les siens comme la

---

(1) Advocati qui dirimunt ambigua fata causarum, suæque defen-
sionis viribus in rebus sæpè publicis ac privatis, lapsa erigunt, fati-
gata reparant, non minùs provident humano generi quàm si præliis
et vulneribus patriam parentesque salvarent. Nec enim solos nostro
imperio militare credimus illos qui gladiis, clypeis et thoracibus
nituntur ; sed etiam advocatos. Militant namque causarum patroni ;
qui gloriosæ vocis confisi munimine, laborantium spem, vitam et
posteros defendunt. Liv. xɪv, *Cod. de Advocat. divers. judic.*

» guerre (1) ; et ceux que la justice consacre, ont au moins
» la gloire d'être plus utiles au genre humain (2). »

Mais, disent nos adversaires, quels si grands services
rendent donc à la société ces avocats dont la principale occupation est de revendiquer pour elle des hommes qu'elle
repousse de son sein ?

Hommes injustes qui tenez ce cruel discours, à vos yeux un
accusé est donc nécessairement un coupable ! il suffit donc
d'être poursuivi, pour être atteint et convaincu ! Ah ! que
vous changeriez promptement de langage, si vous étiez quelque jour l'objet d'une accusation ! Avec quelle facilité vous
comprendriez alors que la vengeance, la calomnie, et, parfois, je ne sais quelle fatalité, peuvent accumuler sur une
tête innocente des présomptions si adroitement liées qu'il
est bien plus facile de leur faire prendre la consistance de
preuves que de les dissiper sans retour ! Vous vous estime-
riez heureux de trouver des défenseurs dans notre Ordre ! Et
vous nous accuseriez de lâcheté ou d'injustice, si, partageant
les préventions populaires dont vous seriez l'objet, aucun
de nous n'osait se charger du pénible soin de vous justifier !

Mais écoutons à ce sujet un homme bien digne de nous
donner des préceptes sûrs, après nous avoir laissé de si éloquentes leçons. On ne l'accusera pas d'être d'une morale
relâchée : je veux parler de Cicéron.

Dans son immortel Traité des Offices, il dit d'abord qu'il
faut *accuser rarement*, et seulement pour des causes très-
graves, parce qu'il y a de la dureté et même de l'inhumanité
à *quéter des victimes pour la justice, et à recruter pour le
bourreau.*

« Mais, quand il s'agit de défendre (ajoute Cicéron), il ne
» faut pas être si strict, ni se faire un scrupule de se charger
» quelquefois de la cause d'un homme *coupable*, pourvu que
» ce ne soit pas un monstre ni un impie. L'intérêt du grand

---

(1) Sunt domesticæ fortitudines, non inferiores militaribus. Cicero,
de Officiis, lib. 1, n°. 18.

(2) D'Aguesseau, tome 1, pages 64 et 65.

» nombre le demande, l'usage le permet, l'humanité le com-
» porte. Le juge ne doit chercher que le *vrai*, l'orateur se
» contente de la *probabilité*. Je n'oserais avancer cette
» maxime, surtout dans un ouvrage de *morale*, si je n'avais
» pour garant Panétius, *le plus austère des stoïciens*. La
» gloire et la bienveillance publique sont donc le prix de
» celui qui défend les accusés, surtout s'il exerce son zèle en
» faveur de ceux qui sont opprimés par un homme puis-
» sant (1). »

A plus forte raison, s'il défend ceux que l'opinion publique
paraît accabler du poids de sa toute-puissance.

Car, si la justice et l'humanité veulent qu'un homme,
accusé de vol, de meurtre, de viol, de parricide, soit défendu : elles veulent également que l'on défende ceux que le
gouvernement signale comme ses ennemis, en les accusant de
crimes d'état.

Quelle serait effectivement la raison de différence ? — La
crainte qu'aurait l'avocat de voir confondre sa manière de
voir avec les opinions et la conduite des accusés ? — Cela ne
peut pas être.

Ce serait faire injure au public que de le croire capable
d'une telle injustice. Il ne regarde pas l'avocat d'un voleur
comme étant voleur lui-même ; il ne suppose pas que celui
qui défend un assassin serait homme à se souiller d'un
meurtre. Qui jamais a fait un grief de son humanité au
médecin qui soigne un prisonnier, quel que soit le crime
dont celui-ci est accusé ? Qui oserait blâmer la charité du
prêtre qui assiste et console, non plus seulement un accusé,
mais un criminel convaincu du plus horrible forfait ? Pourquoi donc, injuste envers une seule classe d'accusés, le
public regarderait-il comme un factieux et un ennemi de
l'état, l'avocat qui défendrait un homme accusé de monopole, d'embauchage, ou de conspiration ?

Je veux bien supposer cependant qu'une prévention aussi
révoltante existe réellement dans quelques esprits ; et j'ad-

---

(1) Cicero, *de Officiis*, lib. ii, cap. xiv, n°. 5o et 51.

mets que, dans la crainte de s'y exposer, tous les avocats refusent de défendre cette espèce d'accusés; que, par envie de plaire, ou par crainte de déplaire, ou autrement, tous s'accordent à dénier leurs secours aux accusés : qu'en pourrait-on conclure, soit pour les avocats en particulier, soit pour les citoyens en général? — Non-seulement j'ose dire qu'il n'en résulterait rien d'honorable pour les avocats, mais j'affirme que ce serait une honte pour eux, et une véritable calamité publique.

Aussi jamais on n'a vu le barreau manquer à ce point à la société, ni la société méconnaître ainsi les services du barreau.

Sous tous les régimes, il y a eu des avocats courageux qui ont mis de côté tout esprit de parti, pour ne montrer que l'esprit de justice; que la crainte n'a pu intimider, que l'ambition n'a pu séduire; et qui ont mieux aimé se mettre en opposition avec la faveur qu'en opposition avec leur devoir.

Dans tous les temps, il a été honorable de défendre les accusés, pour ceux qui les ont honorablement défendus.

Depuis la création du parlement, nous voyons que dans tous (1) les procès d'état, complots, trahisons, crimes de lèse-majesté, les plus fameux avocats ont libéralement entrepris et glorieusement soutenu la cause des plus illustres

---

(1) Je trouve cependant trois grands procès où les accusés (Enguerrand de Marigny, Jacques Cœur et le maréchal de Gié), furent condamnés sans avoir été assistés d'avocats.

Mais il faut remarquer : 1° que ces trois procès ne furent pas jugés *par la justice*, mais par des commissaires ; 2°. que, si ces commissaires abusèrent indignement de leur pouvoir en privant les accusés du droit d'appeler des avocats pour conseils, ce ne fut pas la faute des avocats. — En effet, *Raoul de Presle* (célèbre avocat de ce temps-là, qui fut depuis maître des requêtes sous Charles V.), fut incarcéré pour l'empêcher de défendre Enguerrand, dont il était l'ami.

Quant à Jacques Cœur, M. Fournel remarque, dans son *Histoire des Avocats*, tome II, page 141, « qu'on alla jusqu'à paralyser par la » terreur tout avocat qui oserait entreprendre sa justification. » — Les avocats ne purent pas défendre le maréchal de Gié devant la commission, puisqu'elle leur avait *défendu* d'y paraître.

accusés. Et leur nom transmis avec éloge à la postérité nous prouve que l'estime publique a été la récompense de leur noble dévouement.

Notre malheureuse révolution en a offert des exemples de tous les genres : la fureur révolutionnaire a respecté ceux qui les ont donnés, et l'opinion a flétri ceux qu'une lâche pusillanimité a empêchés de faire leur devoir (1).

La domination de Bonaparte a aussi fourni à nos avocats l'occasion de signaler leur courage : son despotisme en a frémi, mais il n'a pas osé les atteindre; il savait que l'opinion les eût puissamment soutenus (2).

Opinion, reine du monde, il est donc vrai que, malgré ta juste sévérité pour les coupables, tu distingues honorablement ceux qui se consacrent à la défense des accusés !

Mais il ne suffit pas d'avoir établi qu'en cela les avocats font preuve d'humanité et d'attachement aux devoirs de leur état; j'ajoute qu'ils font preuve de zèle pour la justice, d'amour pour le prince, et de respect pour les lois.

Ils font preuve de zèle pour la justice, en remplissant dans toute son étendue un ministère sans lequel il n'y a pas justice, puisque la défense seule peut légitimer la condamnation.

Ils font preuve de respect pour les lois, puisque les lois veulent *à peine de nullité* que tout accusé ait un défenseur.

Enfin ils font preuve d'amour pour le prince; car les princes sont loués ou blâmés par l'histoire, en proportion de ce

---

(1) On ne trouve qu'une infâme loi qui, dans ces temps désastreux, ait porté atteinte au principe sacré de la libre défense des accusés : c'est celle du 22 prairial an II, dont l'art. 16 est ainsi conçu : « La loi donne » pour défenseur aux patriotes calomniés des jurés patriotes; *la loi* » *n'en accorde point aux conspirateurs.* » Voyez le rapport sur cette loi, dans la Collection de Baudouin, page 104 et suivantes; et l'*Histoire philosophique de la révolution*, liv. IV, n°. 88, par Fantin des Odouards.

(2) L'histoire lui reprochera éternellement, et le procès du duc d'Enghien *qui ne fut pas défendu*, et celui du maire d'Anvers qui fut de nouveau mis en jugement, *malgré la déclaration favorable du jury.*

que la justice a été bien ou mal rendue sous leur règne. Ce qu'un gouvernement croit gagner en gênant la défense, ne vaut pas ce qu'il perd certainement par l'opinion qui se répand aussitôt que la défense n'a pas été libre. Il n'y a rien qui révolte davantage le public contre une condamnation ! C'est donc servir le monarque, que de réclamer perpétuellement l'exécution des lois, de protester contre la violation des formes, contre les incompétences et les abus de pouvoir. « Aussi-bien, comme l'a dit un savant magistrat (1), il est » très-périlleux et d'une conséquence trop pernicieuse de » donner ouverture au prince à mettre la main au sang *con* » *tre les lois et les formalités ordinaires.* Il s'en dispenserait » après trop aisément. »

Je sais qu'il est dur pour les partisans du pouvoir arbitraire d'entendre invoquer les règles dans les occasions où ils voudraient s'en affranchir. Mais tel homme qui raisonnait ainsi, lorsqu'il était placé au faîte des honneurs, s'est estimé bien heureux ensuite de retrouver, au fort de sa disgrâce, ces mêmes avocats dont l'énergie l'avait autrefois révolté !

Les avocats, sans doute, ont des ménagemens à garder, et je ne prétends ici les dispenser d'aucune de leurs obligations.

Je mets au premier rang le désintéressement. Je trouve aussi méprisable qu'odieux de se porter par un vil intérêt à un acte qui, pour être méritoire, doit ne tenir en rien de la spéculation. *Turpe est lingua emptâ reos defendere.*

Un avocat doit ensuite se tenir pour averti, « qu'il ne » peut rien dire contre sa concience ou contre le respect dû » aux lois, et qu'il doit toujours s'exprimer avec décence et » modération (2). »

Du reste, rien ne l'empêche d'user de toutes les ressources de son éloquence pour diminuer l'odieux de l'accusation (3),

---

(1) Ayrault, liv. 1, n°. 27.
(2) *Code d'instruction criminelle*, art. 341.
(3) Propter periculum concessa est fingendi licentia. Cicero, *pro Murena.*

faire valoir les circonstances qui l'atténuent, opposer les témoignages entre eux, alléger les charges, débiliter les preuves, et montrer que, s'il y a quelque chose de vrai dans l'accusation, la malignité, la calomnie, la haine d'un grand (1), ont envenimé dans ses conséquences ce qui était peu important dans son principe.

Il examinera s'il ne peut pas appeler le droit au secours du fait (2). Car souvent on peut justifier par le droit un fait avoué et reconnu (3) : comme, par exemple, si l'accusé avoue qu'il a commis un meurtre ; et qu'il y ait lieu de soutenir qu'il ne l'a fait que dans la nécessité d'une juste défense.

S'il se rencontre des nullités dans l'instruction, il les fera valoir.

Si les juges sont incompétens, il déclinera leur juridiction.

Les moyens dilatoires doivent surtout être employés lorsqu'il y a un grand nombre d'accusés pour le même fait : comme autrefois dans les informations pour crime d'hérésie. « En pareil cas, en usent bien sagement ceux qui laissent » faire l'entrée aux autres, et se présentent en seconde ligne » pour se justifier, parce que les dernières accusations sont » toujours plus douces et plus mollement poursuivies (4). »

Pour dernière ressource, l'avocat descendra jusqu'à la prière ; il tâchera d'intéresser la clémence des juges en faveur de son client ; d'obtenir une peine moins forte, s'il désespère d'un acquittement complet ; il invoquera la conduite antérieure de l'accusé, si sa vie passée offre des traits recommandables ; enfin il fera valoir des moyens de considérations ; par exemple, *que la société est plus intéressée à prévenir les crimes qu'à multiplier les supplices.*

L'emploi de tous ces moyens n'a rien que de licite ; et l'a-

(1) Il y a tel accusé dont on peut dire : *non inveni in te quidquam mali*, SED SATRAPIS NON PLACES. Liv. 1, *des Rois*, chap. 29, v. 6.

(2) Quintilien appelle cela, *aliquo jure adjutorio uti.*

(3) Juris defensionem suscipi posse, etiam in confessione facti. Cicero, *pro Milone*, 11.

(4) Ayrault, liv. III, n°. 31.

vocat qui les propose se fait honneur en proportion du talent avec lequel il sait les manier.

Mais il y a surtout une partie de la défense qui doit être touchée très-délicatement ; c'est la partie des considérations, qui revient à ce que les anciens appelaient *laudationes.* — Il faut bien de l'adresse pour faire écouter à des juges l'éloge d'un accusé. C'est l'art que nos contemporains ont pu remarquer dans la défense du général Moreau (1).

---

(1) A la suite d'une interruption déplacée que c'était permise l'accusateur public dans cette célèbre affaire ; M⁰. Bonnet, saisi d'indignation, lui repartit avec vigueur : « Monsieur le procureur général, » ni vous ni moi n'étions rien, que déjà le général Moreau avait » vaincu l'archiduc en Hollande, passé le Rhin et le Danube, en » présence d'un ennemi formidable, et gagné les batailles de Mem-» mingen, de Biberach et de Hohenlinden ! » — On conçoit l'immense effet de cette brillante et subite apologie de l'accusé.

En bonne logique, ce n'est pas répondre à l'accusation que d'y répondre par un éloge ; mais, oratoirement parlant, ce genre de défense est admis ; et la morale est loin de le désapprouver.

« Je ne sais, dit Labruyère, chap. xii, s'il est permis de juger des » hommes par une faute qui est unique ; et si un besoin extrême, ou » une violente passion, ou un premier mouvement tirent à consé-» quence ? » — De même qu'une seule faute ternit l'éclat des plus belles actions ; de même, il semble qu'une vie remplie de traits dignes d'éloges peut servir à l'atténuation d'une faute unique. En ce sens, la pensée dè Labruyère s'appliquerait aux crimes et délits commis dans un *extrême besoin*, une *violente passion*, ou un *premier mouvement*, au milieu d'un *entraînement populaire*, par des hommes en faveur desquels tout le passé déposerait d'ailleurs.

— La peinture représente le grand Condé déchirant de sa main une page de sa propre histoire. Quelle plus noble preuve qu'on peut faillir une fois sans cesser d'être un héros ?

« Les belles actions doivent quelquefois couvrir les mauvaises ; le » mérite exempter de la peine, et la gloire emporter le crime. » Pélisson, *Défense de Fouquet*, 1ᵉʳ. *disc. au Roi*, tome ii, page 70.

Les lois de Rome condamnaient l'action d'Horace ; mais l'héroïsme couvrit le parricide, et le crime de l'accusé se perdit dans les rayons de sa gloire. *Citavère leges nefas : sed abstulit virtus parricidam, et facinus intra gloriam fuit.* L. Florus, lib. 1, cap. 3.

Heureux les avocats qui, dans des circonstances semblables, sauront déployer le même courage et le même talent que son éloquent défenseur! Heureux ceux qui, étrangers à tout esprit de faction, ne se proposent que d'agir en gens de bien, et de faire leur devoir, ADVIENNE QUE POURRA! Leurs intentions sont quelquefois mal interprétées; l'envie peut verser sur leurs actions les poisons de sa bouche; mais tôt ou tard arrive une époque où la justice chasse les passions de son empire, et rend à chacun selon ses œuvres (1).

Qu'il me soit permis, en finissant, d'exprimer un vœu. Ne verrons-nous point donner, en France, l'exemple d'un procès criminel qui offrirait la réunion des phénomènes suivans?

1°. Ne pas adreser à l'accusé de question qui ait pour but de l'amener à s'incriminer lui-même : au contraire, le défendre, le protéger contre l'imprudence de ses propres discours;

2°. Ne pas lire aux témoins leurs dépositions écrites, ce qui les réduit souvent à ne répondre que oui ou non, et les sauve ainsi de certaines contradictions dont l'accusé profiterait; mais se contenter de les ouïr sur les faits tels qu'il leur plaira de les déclarer oralement devant les jurés;

3°. Repousser les lettres, notes et documens de la police; et ne pas admettre à l'office sacré de témoins, les espions, les forçats libérés, les agens-provocateurs, et tous les scélérats soi-disant convertis, qu'elle emploie, dit-elle, à notre *sûreté*, mais dont l'audition est toujours fort peu édifiante pour le public;

4°. Écouter la défense patiemment, sans l'interrompre ni la troubler sous aucun prétexte, même de redresser les doctrines; sauf au ministère public, lorsque son tour de parler sera venu, à répondre, faire, dire et requérir, et à la cour à statuer ainsi qu'il appartiendra;

---

(1) Le temps est un galant homme qui rend justice à tout le monde, dit le proverbe Italien. Ou, pour exprimer la même pensée en termes plus relevés : *Suum cuique decus posteritas rependit.*

5°. En résumant l'affaire, se borner, de la part du président, à présenter l'analyse froide et sévère de ce qui aura été dit, sans rien ôter à la défense, et sans rien ajouter non plus au développement de l'accusation, puisqu'il ne sera plus permis à l'accusé d'y répondre.

Certainement, en procédant de cette manière, un coupable n'en sera pas moins condamné ; il le sera peut-être plus sûrement ; car rien ne dispose le jury à la fermeté comme la modération du juge : jamais aussi un innocent ne verra son salut compromis.....

Et le juge, au lieu de faire servir son *pouvoir discrétionnaire*, à ajouter des sévérités pratiques aux rigueurs de la législation, aura eu la gloire d'introduire de fait chez nous, par l'exemple qu'il aura donné, un mode de procéder qui honore au plus haut degré la personne du magistrat, en attestant ses égards pour le malheur et son respect pour *la libre défense des accusés.*

SECTION XV.

UTILITÉ DES SCIENCES PHYSIQUES (ET DE LA MÉDECINE LÉGALE) DANS L'EXERCICE DE LA PROFESSION D'AVOCAT.

(M. A. SÉGUIER.)

Cicéron pensait que l'orateur ne devait rester étranger à aucune science ; qu'il pouvait trouver dans chacune d'elles de puissans moyens pour plaire, intéresser, convaincre (1). Ne pourrait-on pas en dire autant du magistrat et du jurisconsulte ?

---

(1) Sœpè in his causis, quas omnes proprias esse oratorum confitentur, est aliquid, quod non ex usu forensi, quem solum oratoribus conceditis, sed ex obscuriore aliquâ scientia sit promendum atque sumendum. (*De Oratore*, liv. 1, n°. 14.)

Que d'occasions, pour l'un et pour l'autre, de faire usage des sciences exactes dans les nombreux procès, par exemple, auxquels donnent lieu tous les jours les développemens que notre industrie puise dans l'application de ces sciences.

Le juge, pour n'être pas obligé de mettre aveuglément la conviction d'un expert à la place du sentiment de sa propre conscience, l'avocat, s'il ne veut pas rester sans armes et sans moyens de discussion en présence d'un rapport d'experts contraire aux intérêts de son client, doivent-ils se borner à l'étude unique des lois et de la jurisprudence?

Les sciences dont nous parlons ne trouvent pas seulement leur emploi dans les affaires civiles, elles deviennent presque indispensables dans les procès criminels.

Si dans tous les cas elles ne fournissent point aux magistrats le moyen de juger par eux-mêmes, elles leur donnent au moins toujours la possibilité d'apprécier la capacité des experts dont ils croient devoir réclamer les connaissances spéciales.

Leur utilité se fait sentir dans bien des circonstances pour apprécier, soit la vérité des allégations des parties, soit le préjudice réel qu'elles prétendent avoir éprouvé.

Comment un juge arbitrera-t-il les dommages-intérêts à donner à un industriel lésé dans son industrie, s'il est complétement étranger lui-même à cette industrie?

Dans une foule de questions civiles telles que celles de bornage, de contenance, de cours d'eau, etc...... où le juge prononce sur l'examen d'un plan ou le rapport d'un expert, le magistrat et l'avocat versés dans la géométrie et l'hydraulique, pourraient discuter, vérifier le travail de l'arpenteur ou de l'ingénieur, s'assurer, avant de décider, de son exactitude. Le procès alors sera plaidé et jugé en connaissance de cause. L'avis d'un maître d'école de village, qui se décore quelquefois du titre de géomètre, parce que par routine il mesure à peu près la surface d'une pièce de terre, ne viendra plus remplacer, sans examen, l'opinion des juges de tout un tribunal.

Dans des affaires de commerce, le juge, familier avec les chiffres, contrôlera avec facilité le rapport d'un teneur de livres ; il fera lui-même un relevé de compte dans un registre de commerce ; s'il réunit à ces connaissances, des notions de chimie, il s'apercevra, à la simple inspection, des fraudes qui auront pu être commises dans des écritures ; dans tous les cas, il saura, s'il en est allégué, qu'il est possible avec cette science d'en constater matériellement l'existence.

Les questions de brevet d'invention, si importantes puisqu'elles fournissent aux magistrats l'occasion d'assurer à un inventeur le fruit des travaux de sa vie tout entière, ou de l'en dépouiller au profit d'un misérable contrefacteur, deviendront d'une solution plus facile, lorsqu'à la connaissance approfondie de la législation, ils réuniront encore des connaissances exactes.

L'avocat surtout, versé dans ces sciences *énonçant clairement ce qu'il conçoit bien*, ne viendra solliciter une décision sur la cause qu'il soutient, qu'après avoir fait apprécier aux juges l'importance entière des intérêts qu'il défend.

Les sciences tour à tour accusent et protégent.

Dans les procès criminels des exemples nombreux se présentent où des connaissances scientifiques deviennent d'une grande nécessité pour rendre bonne justice.

A l'appui de cette opinion, nous allons citer succinctement quelques faits d'une date peu éloignée :

Des gendarmes (1), pour se justifier d'avoir tiré des coups de pistolet sur des citoyens, prétendaient avoir reçu eux-mêmes des coups de feu ; ils montraient leurs chapeaux qu'ils disaient percés par des balles : il paraissait peu vraisemblable que des chapeaux n'eussent été percés par des balles que d'un côté seulement, sans qu'elles eussent traversé de part en part. Un homme, à qui la science était familière, consulté sur cette espèce de phénomène, reconnut bientôt à la triangularité des ouvertures qu'elles n'étaient point le résultat du choc d'une balle de forme ronde ; il démontra qu'elles avaient été faites avec une baïonnette.

_____

(1) *Rapport de M. Francœur.* Affaire de la rue Saint-Denis. 1828.

Un homme était accusé d'avoir empoisonné sa femme (1)
en mettant du sulfate de cuivre dans sa soupe ; l'accusation
était précisée ; un témoin déclarait avoir vu mettre le poison
dans une marmite de fonte ; du bouillon trouvé chez l'accusé
avait été reconnu par un premier expert, comme contenant
du sulfate de cuivre ; les charges devenaient accusantes. Une
nouvelle expertise est ordonnée ; M. Bergeron d'Anguy,
conseiller à la cour royale de Paris, est chargé de présider
aux opérations des chimistes ; un reste de bouillon et la marmite elle-même sont soumis à de nouvelles expériences : à
l'inspection de la marmite, les experts s'étonnent de ne pas y
retrouver des traces de cuivre, analysent le bouillon sans y
rencontrer du sulfate de cuivre ; ils déclarent et prouvent par
des expériences plusieurs fois répétées, qu'il est impossible de
mêler à du bouillon dans une marmite de fer, quelques parcelles de sulfate de cuivre, sans que des traces n'en restent
au fond du vase. Cette démonstration fait prononcer l'absolution de l'accusé.

Un témoin prétendait, dans une autre affaire, avoir reconnu un accusé à la lueur de l'amorce du pistolet que
celui-ci avait déchargé sur lui. Au nombre des jurés se trouvait un de nos plus habiles physiciens, qui déclare le fait de
reconnaissance impossible. L'expérience plusieurs fois tentée
démontre la fausseté de la déposition.

Un charlatan est accusé d'avoir vendu, sans autorisation,
un sirop, dit régénérateur du sang, soupçonné de contenir
du mercure (2) ; il est arrêté, et la drogue saisie. Soumise à
l'examen chimique par le procédé de Smithsson, à l'aide
d'une pile galvanique composée de feuilles d'étain et de
feuilles d'or, la présence du mercure semble constatée par
le blanchissement des feuilles d'or. M. Orfila doute encore,
il veut lui-même s'assurer de la fidélité du procédé anglais,

_____

(1) Cour d'assises de Versailles. Avril 1829. Tentative d'empoisonnement d'un mari sur sa femme.

(2) Ce fait est consigné dans le *Journal de chimie médicale*, année
1829, tome v, n°. 65.

dont personne ne conteste cependant l'exactitude. Il prépare lui-même un sirop analogue à celui saisi, mais sans mercure ; il le soumet lui-même à l'épreuve de la pile : elle blanchit comme dans le premier cas ; le moyen de vérification est déclaré insuffisant ; le charlatan fut mis en liberté.

En 1829, deux hommes meurent, l'un au cabaret, l'autre chez lui, mais des suites d'une partie de débauche faite avec le premier, et dans le même lieu. La justice ordonne l'autopsie, des chimistes analysent les matières contenues dans l'estomac ; ils reconnaissent, à l'aide de l'acide nitrique, des substances qui se colorent en rouge ; ils croient découvrir ainsi la présence de la *bruccine* (poison violent). Cependant ils doutent encore ; l'un d'eux surmonte sa répugnance, goûte la substance, ne lui trouve aucune amertume, saveur particulière de la bruccine ; ils acquièrent enfin la certitude que la matière rouge trouvée n'est autre que la partie colorante du vin pris avec excès, et déclarent que les deux hommes ont péri par suite de leur ivrognerie.

En juillet 1824, un pâtissier est accusé d'avoir, par négligence, causé des accidens graves en vendant des comestibles préparés dans des vases de cuivre mal étamés, et soupçonnés de contenir ainsi de l'oxide de cuivre. MM. Barruel, Olivier d'Auger, chimistes, chargés d'analyser les alimens préparés chez le pâtissier, ne rencontrent aucune trace de cuivre ; l'inculpé est mis sur leur rapport en liberté.

Des expériences subséquentes démontrent que des viandes gâtées suffisent seules pour causer des accidens semblables à ceux auxquels donneraient lieu des substances vénéneuses ; les viandes gâtées sont reconnues plus susceptibles que toutes autres de produire d'aussi funestes effets.

Les pâtés soupçonnés avaient été faits, au mois de *juillet,* avec du *porc salé.*

Ces exemples, allégués par un jeune magistrat si profondément versé lui-même dans la connaissance des sciences, dont il recommande l'étude, suffisent sans doute pour démontrer l'utilité des sciences physiques dans la profession d'avocat et dans l'administration de la justice.

Mais j'ajouterai que l'avocat aurait tort de se reposer uniquement sur les explications que son client pourra lui donner, et sur les informations qu'il pourra prendre au moment où il faudra consulter ou plaider. La difficulté sera extrême, s'il n'a pas fait entrer d'avance dans ses *études générales* quelques notions des principales sciences ; s'il ignore les premiers principes de la mécanique, de la géométrie et de la chimie ; s'il n'a pas pris au moins quelques leçons d'anatomie, et lu quelques ouvrages de physiologie et de *médecine légale*, dont la connaissance est si utile dans la poursuite ou la défense des causes criminelles.

A ce sujet, je ne conseillerai pas de lire beaucoup de livres, mais seulement quelques-uns des meilleurs, par exemple, celui du docteur Mahon, *Paris,* 1811, 3 vol. in-12, et les Leçons de médecine légale, de M. Orfila, en 1828, 3 vol. in-8°. Je recommande surtout ceux-ci comme plus modernes, car toutes les sciences se tiennent et s'entr'aident, et l'on ne peut nier que, si l'on parvient aujourd'hui à résoudre beaucoup mieux qu'on ne le faisait autrefois les questions médico-légales relatives à l'empoisonnement (1), à l'infanticide, aux blessures, aux maladies simulées, etc., etc., on le doit à ce que la chimie, la physique, l'histoire naturelle, l'anatomie, ont été perfectionnées et étudiées sous des rapports sous lesquels elles n'avaient pas encore été envisagées.

En parcourant seulement les *tables des matières* de ces deux ouvrages, on est surpris du grand nombre de cas où la médecine légale est appelée à se produire devant les tribunaux.

Il importe de consulter ce que ces deux habiles professeurs, et surtout le dernier (M. Orfila), disent des *rapports*, des *certificats*, et des *consultations médico-légales*, de la manière de les diriger, de les discuter et de les combattre, si

_____

(1) L'ouvrage de M. Orfila doit surtout être consulté dans les questions d'empoisonnement, parce qu'il a fait une étude spéciale de la *toxicologie*.

l'on y trouve la preuve de la négligence, de la légèreté ou de l'ignorance de ceux qui les ont dressés.

Je terminerai par cette remarque de Cicéron :

C'est que si l'étude des sciences, en apparence étrangères à la jurisprudence, fournit à l'orateur des argumens spéciaux, et ajoute ainsi à la force intrinsèque de sa discussion ; à son tour quand il a pu, même avec le secours d'autrui, se bien pénétrer de ce qu'il doit dire, et en concevoir une idée bien nette, il trouve dans la puissance habituelle de son talent pour la parole, le moyen d'en parler plus habilement que ceux-là même qui possédent la science sans être orateurs (1).

SECTION XVI.

DES CONFÉRENCES.

(M. BONNET en 1786, et DUPIN jeune, en 1826.)

L'UTILITÉ des *conférences* se trouve recommandée dans un discours de rentrée, prononcé à la Bibliothéque, en 1786, par un avocat alors fort jeune (2), mais qui, dès cette époque, rendait ses productions remarquables par ce même goût qui n'a cessé de le distinguer dans tout le cours de sa brillante carrière.

« .... C'est, disait-il, pour prévenir les inconvéniens sans nombre de ces études solitaires qu'ont été inventées les *conférences*. Cette heureuse méthode, pour laquelle plusieurs esprits mettent en commun leurs travaux et leur science, fait évanouir presque toutes les difficultés. Par elle chaque

---

(1) .... His de rebus ipsis si sit ei dicendum, cùm cognoverit ab iis, qui tenent, quæ sint in quàque re ; multò oratorem melius, quam ipsos illos, quorum eæ sunt artes, esse dicturum. *De Oratore*, lib. 1, n°. 15.

(2) M. Bonnet, avocat en 1786, défenseur de Moreau, ex-membre de la chambre des députés, et actuellement conseiller à la cour de cassation.

associé revient de chaque assemblée riche des réflexions et
des connaissances de tous les autres qu'il a de même enrichis
des siennes. Cet heureux échange tourne au profit de tous ; car
il n'en est pas des trésors de la science comme de ceux de la
fortune ; on les donne sans s'appauvrir, on les partage sans
les diminuer. A la faveur de ces associations studieuses, tout
prend une face plus riante ; on a moins de fatigue et plus de
plaisirs. Ce travail a un but fixe, un objet déterminé. L'émulation vient animer de son puissant aiguillon des efforts qui
sans elle sont toujours tièdes et languissans.

» Mais si ce concours utile devait avoir pour témoins des
hommes distingués par une science profonde et une longue
expérience, qui voulussent bien se déclarer les protecteurs et
les amis de la jeunesse ; si à leur tête se trouvait le chef
même de l'ordre, qu'auraient rendu digne de ce titre un
talent distingué autant que modeste, et des connaissances
étendues, relevées par la plus aimable aménité de mœurs ;
alors que ne devrait-on pas attendre d'une jeunesse ardente
qui sentirait le prix de ses juges, et tâcherait de s'en rendre
digne ? Pardon, messieurs, si je m'oublie jusqu'à louer en
leur présence des hommes bien au-dessus de mes louanges. J'y
ai été entraîné par mon sujet, et c'est moins un tribut d'é-
loges qu'un tribut de reconnaissance que je viens leur offrir
au nom de la brillante jeunesse qui m'entend, et dont je
désirerais être un plus digne organe, mais dont je suis du
moins à coup sûr en cet instant un fidèle interprète.

» Qu'il me soit permis encore, puisque je parle ici des
conférences, de dire un mot de celles auxquelles on donne
l'apparence même d'un tribunal, où sous des noms supposés
et à l'aide d'une cause feinte, deux jeunes défenseurs viennent, dans les formes même de l'audience et avec le ton qui
lui convient, s'exercer à la partie la plus importante de l'éloquence, l'action. C'est là qu'on perd cette timidité qui altère
souvent les meilleures choses et étouffe les plus beaux mouvemens, cette gêne et cette contrainte ennemies nées du naturel et des grâces ; là des critiques familières et réciproques
indiquent à chacun la partie faible de son talent ou les dé-

fauts qui l'obscurcissent, et lui épargnent ces leçons données par un public mécontent ; leçons terribles qui ne se manifestent que par des revers et ne corrigent que par des chutes ; c'est là qu'on oublie les fictions dont on est environné, pour se livrer avec ardeur à un exercice après lequel on aspire : c'est là enfin que chacun peut traiter à son gré les plus grandes causes ou les plus petites ; des questions de droit, ou de fait, ou de procédure ; s'exercer dans tous les genres ; prendre tous les tons, s'instruire à adapter à chaque sujet des mots et des discours convenables ; prendre une expérience anticipée des mouvemens de l'audience, et souvent apprendre quel est le genre de son talent.

» Je sais qu'il est facile de jeter du ridicule sur ces exercices ; mais je sais encore mieux qu'il faut chasser cette mauvaise honte qu'on peut avoir de s'échauffer ainsi pour des fictions, et de se livrer à des imitations que quelques-uns regardent comme des puérilités ; je sais encore mieux que c'est après s'être livré à de pareilles imitations qu'on apporte, la première fois qu'on paraît au barreau, une liberté dans l'action, un ton, une aisance qui étonnent. Les inflexions de voix que demande la plaidoirie ; la chaleur qu'elle exige ; les tournures qui lui sont familières ; les gestes qui doivent l'accompagner ; le ton assuré qui seul fait impression ; la variation d'accens qui prévient la monotonie ; la facilité d'une discussion d'abondance, la vigueur et la présence d'esprit nécessaires pour la réplique ; toutes ces qualités de l'orateur, indépendantes de sa science et sans lesquelles sa science ne sert à rien, comment les acquérir si ce n'est à l'aide de ces fictions prétendues puériles ? Gardez-vous donc, ô vous qui voudrez atteindre de bonne heure à la perfection de l'art oratoire, gardez-vous de rougir de vos heureuses imitations et de vos utiles essais ! C'est en élevant la voix seul sur les bords de la mer, c'est en récitant ses discours aux vagues écumantes que le prince des orateurs grecs s'instruisit à allumer dans le cœur des Athéniens l'enthousiasme de la liberté, et à faire trembler, du haut de la tribune aux harangues, le redoutable Macédonien. »

RAPPORT

DE M. DUPIN JEUNE,

Au nom de la commission chargée, en 1826, de présenter un plan de travail pour une *conférence d'avocats* (1).

Dans un premier exposé, on vous a proposé l'organisation d'une conférence d'avocats, destinée à chercher les moyens de suppléer à l'insuffisance des enseignemens étroits auxquels sont réduites nos écoles de droit, de faire acquérir au barreau une instruction plus élevée, plus complète, plus en rapport avec nos institutions, et de donner à notre profession tout l'éclat dont elle peut briller.

Accueillant, avec l'intérêt et la faveur qu'elle méritait, une idée dont la réalisation peut avoir des résultats si avantageux, vous avez chargé une commission de vous présenter le plan des travaux auxquels nous devons nous livrer, et le mode qu'il serait convenable d'admettre pour nos communications.

Votre commission a obéi à ce vœu, et je viens vous soumettre le fruit de sa délibération.

Indépendamment des études générales, indispensables à toutes les professions libérales, chacune d'elles exige des études spéciales, des connaissances techniques ; mais ces études et ces connaissances ne sont point tellement invariables, que les temps et les circonstances n'y apportent des modifications importantes et de notables changemens.

Loin d'être à l'abri de ces vicissitudes, la profession d'avocat subit peut-être, plus qu'aucune autre, l'influence des révolutions qui changent ou renouvellent la face des em-

---

(1) En 1826, plusieurs de nos confrères désirant se former en *conférence* sur le plan que j'avais indiqué, nommèrent une commission chargée de tracer le *cadre de nos travaux*. Cette commission, composée de MM. Berville, Renouard, Quenault et Dupin jeune, après s'être réunie plusieurs fois, chargea ce dernier de rédiger le RAPPORT que l'on va lire. (Ce rapport a paru pour la première fois dans la *Gazette des Tribunaux*, des 19 et 24 janvier 1826.)

pires. Ce ne sont pas seulement les variations de la législation, l'établissement des institutions nouvelles, que les membres de cette profession sont obligés d'étudier, et sur lesquels ils doivent porter leurs méditations ; tous les intérêts de la société viennent aboutir au palais, toutes les passions s'y reflètent, toutes les positions s'y dessinent. L'avocat doit donc suivre tous les mouvemens du corps social, et connaître à fond l'état du pays dans lequel il vit ; il faut qu'il puisse répondre à tous les besoins de son époque ; offrir à tous les intérêts légitimes qu'on attaque ou qu'on menace, une protection tutélaire ; arracher leur masque à tous ceux qui, sous couleur de justice, ou sous prétexte du bien public, veulent servir leurs passions, leur ambition ou leurs intérêts particuliers.

Aussi, lorsqu'on parcourt notre histoire judiciaire, on voit, à toutes les époques, grandir ou se resserrer, suivant les nécessités du moment, le cercle des études du jurisconsulte ou de l'orateur du barreau.

Bornés d'abord aux lois des Barbares et à ces coutumes incertaines sorties du chaos des onzième et douzième siècles, ils virent apparaître au milieu du siècle suivant le beau monument des *Pandectes,* comme un phare élevé au milieu des ténèbres. Il fallut défendre contre la jalousie de Rome moderne cette conquête faite sur le temps destructeur, et braver les décrétales d'Honorius pour jouir de la législation de Justinien. Ces belles lois, de qui toutes les nations reçoivent, suivant l'expression de d'Aguesseau, des réponses d'une éternelle vérité, devinrent désormais le fondement du droit civil, et la base nécessaire des bonnes études judiciaires.

Peu de temps après, commença la lutte déplorable du sacerdoce et de l'empire, qui devait soulever tant d'orages, et déverser tant de malheurs sur le monde chrétien. Les jurisconsultes français ne se retranchèrent point dans une neutralité pusillanime. Seuls alors ils possédaient les connaissances nécessaires pour éclaircir la question et pour la discuter méthodiquement. Ils s'attachèrent donc à déterminer la nature des deux pouvoirs, à poser la barrière qui les sépare ; ils défendirent par leurs discours et par leurs écrits la dignité de la couronne contre les usurpations de la tiare, et conservèrent l'indépendance de la monarchie.

Remarquons ici que cette conduite patriotique leur valut la constante protection de Saint Louis, et que ce grand roi appela auprès de sa personne et dans ses conseils ceux qui, dans cette lutte, avaient combattu avec le plus de zèle et de distinction, notamment le célèbre Gui-Foucaud, qui avait marché à leur tête; et, ce qu'il y a de plus piquant, c'est que ses antécédens et son zèle contre les prétentions ultramontaines n'empêchèrent point ce vénérable jurisconsulte de monter dans la chaire de Saint Pierre, sous le nom de Clément IV; c'est le seul pape qui soit parvenu par cette voie au trône pontifical.

Depuis cette époque, les avocats français, puissamment soutenus par la magistrature, n'ont cessé de défendre les libertés et la discipline de l'Église Gallicane; toujours également attentifs à maintenir l'autorité des chefs de l'Église en ce qu'elle a de légitime et de sacré, et à repousser l'extension qu'on cherchait à lui donner abusivement. Le droit ecclésiastique devint dès lors un des objets les plus importans et les plus étendus de la science du jurisconsulte.

De l'état de la société d'alors sortit aussi ce qu'on appelait *droit féodal*, comme s'il était permis de donner le nom de *droit* au code de la spoliation, de la violence et des abus les plus monstrueux!

La rédaction des Coutumes ajouta 240 Codes différens à des objets d'étude, déjà si étendus que le même homme ne pouvait guère en approfondir que quelques parties principales.

Enfin, lorsque les lumières de la civilisation commencèrent à briller, on s'occupa du droit naturel et du droit public, que Grotius, trop vanté, traita avec les préjugés de son temps et la souplesse d'un partisan ou d'un flatteur du pouvoir absolu; que Puffendorf embrouilla, que Burlamaqui éclaircit, et que parvinrent à épurer Beccaria, Filangieri, notre Montesquieu, et plusieurs publicistes du dix-huitième siècle. Alors

on vit la haute philosophie s'introduire au barreau et y créer
une école nouvelle, qui forme une époque digne d'attention.
Ce fut celle des Lachalotais, des Dupaty, des Servan, des
Lacretelle et d'autres, qui agrandirent le cercle de l'éloquence judiciaire.

Mais bientôt éclata une de ces commotions violentes qui
ébranlent le monde jusque dans ses fondemens.

Fatiguée des nombreux abus qui la minent et l'humilient,
la France a fait entendre le mot de réforme ! Sur la terre
des priviléges a éclaté avec une incroyable énergie le cri d'égalité ! Presqu'en un jour, en un moment, tout un peuple se
lève, et interroge l'œuvre des siècles ! A sa voix puissante, le
colosse de la féodalité tombe en poussière ; les anciennes institutions de la monarchie s'écroulent ; toute cette législation,
qu'une même tête ne pouvait embrasser dans son immensité,
n'est plus qu'un souvenir ; elle appartient à l'histoire d'un
siècle qui finit : un nouveau siècle commence.

Mais que va-t-on élever à la place de ce qui n'est plus ?
Quel monument inconnu sortira de ces débris épars ? Quelles
lois nouvelles vont régir cette société renouvelée ?

Un génie puissant, que chacun regardait alors comme le
génie du bien, calme la tempête et fait reculer les flots sou-
levés derrière leurs digues ; la serre de l'aigle a comprimé
les factions ; la France se rassied et respire ; l'administration
prend une organisation régulière ; les tribunaux sont relevés,
les temples rouverts ; un traité solennel avec Rome fait la
part de la puissance spirituelle, et celle de la puissance temporelle, avec plus de netteté qu'on ne l'avait fait jusqu'alors.

Le meilleur Code de lois civiles qui soit sorti de la main
des hommes remplace ces nombreuses coutumes qui divisaient
le royaume plutôt qu'elles ne le régissaient ; deux autres Codes
règlent les formes du combat judiciaire et le sort des opérations commerciales ; et ces Codes deviennent le corps du Droit
civil français. Ils ne dispensent pas sans doute de recourir aux
sources, mais à des sources claires et pures, telles que le
Droit romain. Ils simplifient la science, et la rendent plus
abordable et plus facile. Le fatras des coutumes et des com-

mentateurs est relégué au nombre des ouvrages qu'on peut
consulter encore, mais qu'on n'étudie plus. L'Empire a bien ses
majorats et son aristocratie naissante ; mais on n'ouvre plus
pour cela les feudistes. L'autorité temporelle est si forte,
les idées philosophiques si répandues, qu'on croit n'avoir plus
à craindre les envahissemens de l'ultramontanisme ; le droit
canonique tombe en oubli. La captivité de la presse et le
silence de la tribune ne permettent plus la discussion des
grands principes qui doivent régir l'organisation des sociétés,
et par conséquent l'avocat n'a plus à les défendre ; l'enseignement du droit naturel et du droit public est proscrit des
écoles par un despotisme ombrageux ; ces sciences sont rangées au nombre des sciences purement spéculatives. Ainsi
réduite, par la mesquinerie des études et l'esclavage général
de la société, à la simple discussion des intérêts privés, notre
profession ne pouvait prendre aucun essor.

Mais la restauration arrive ; de grands procès politiques
amenés par un choc de partis inévitable dans la double crise
d'un gouvernement qu'on renverse et d'un gouvernement
qui s'élève, attirent les regards du public sur le barreau,
dont le langage acquiert une dignité et une énergie jusqu'alors inconnues, et, il faut le dire, impossibles sous le joug
impérial.

D'un autre côté, la Charte vient rassurer la France sur
son avenir ; elle rend à la magistrature sa dignité, en resti-
tuant aux magistrats leur indépendance. Nos libertés sont
solennellement garanties, et la plus précieuse de toutes,
celle de la presse, nous est promise. Il faut la défendre,
pendant un temps, contre les lois d'exception, les restrictions,
les réquisitoires, les procès en tendance ; mais enfin son triomphe paraît assuré ; les autels de Reims en sont devenus garans.

Les écrivains peuvent discuter librement toutes les matières de gouvernement et d'administration ; cependant on
peut les attaquer dans le libre exercice de ce droit, et c'est à
nous qu'appartient la noble mission de les protéger des efforts
de notre voix et de toutes les forces de notre raison. Pour
cela, ne faut-il point que nous nous rendions familiers les

principes du droit public, et que nous apprenions à discerner les doctrines qu'il est permis de défendre, de celles dont la propagation peut être funeste ?

Un autre danger s'est manifesté et se manifeste journellement dans la société : Les doctrines d'une aveugle théocratie, dont on croyait la résurrection impossible, revivent au milieu de nous, et menacent nos libertés civiles et religieuses; la secte que foudroya Pascal relève sa tête redoutable. Ne faut-il pas revêtir, pour combattre ces ennemis renaissans, l'armure que portaient nos pères, et qui se trouve dans le vaste arsenal du droit canonique? Non qu'il faille assurément rentrer dans les disputes théologiques, ou même s'occuper des parties de ce droit irrévocablement tombées en désuétude, comme les matières bénéficiales ou autres semblables : « Mais ce qu'aucun » avocat ne doit ignorer (a dit, avec raison, le nouvel éditeur » des lettres de Camus sur la profession d'avocat), ce sont les » principes sur la nature, l'autorité, le gouvernement et la » juridiction de l'Eglise; les points fondamentaux de la dis- » cipline ecclésiastique, les principes qui déterminent l'au- » torité du prince relativement à ces matières. Il faut qu'il » connaisse ce que le prince ne saurait entreprendre sans » franchir les bornes qui séparent le sacerdoce de l'empire, » et ce qu'il ne saurait négliger ou souffrir, sans oublier la » protection qu'il a promise à l'Eglise, et celle qu'il doit à ses » sujets, quel que soit le culte qu'ils professent. »

Ainsi, dans plus d'un lieu, l'inamovibilité des pasteurs a été violée, au mépris des règlemens canoniques les plus certains et les plus sacrés. Pour en faire des agens dociles, des instrumens serviles, on les a mis sous le coup d'une révocabilité toujours menaçante. A qui donc appartient-il mieux qu'à nous de défendre leurs prérogatives ? Et comment le faire si nous restons étrangers aux règles qui les consacrent et les garantissent ?

Enfin, pour remplir tous ses devoirs, l'avocat a besoin d'indépendance et de liberté. Quelles seront ses garanties? Et s'il s'écarte de la ligne qu'il ne doit pas franchir, quelle sera la peine de l'infraction à ses devoirs? Notre ancienne discipline n'était-elle pas meilleure que celle qui nous régit ?

Ne convient-il point de nous affermir dans les traditions de nos devanciers ? Ne peut-on pas les perfectionner encore ? Quel moyens employer pour y parvenir ?

Tels sont les points principaux sur lesquels il nous a paru convenable d'appeler vos méditations.

Votre commission vous propose donc d'adopter comme base, ou, si vous l'aimez mieux, comme cadre des travaux qui doivent vous occuper, le plan que voici : il est divisé en cinq parties.

Iʳᵉ. PARTIE. — *Études nécessaires à l'avocat.*

Examiner : 1°. ce qu'elles ont été dans les divers temps et les divers pays ; 2°. ce qu'elles sont aujourd'hui en France ; 3°. ce qu'elles devraient être pour répondre aux progrès des lumières et aux besoins de l'époque.

Ne convient-il pas de joindre à l'étude du droit civil celle du droit naturel, du droit public, du droit administratif et du droit canonique ? Quels moyens employer pour donner à ces études une direction convenable, et les faire sortir de l'ancienne routine scholastique ?

Ne serait-il pas également nécessaire que l'avocat connût au moins les élémens de la science qu'on appelle économie politique ?

Quels secours pourrait-il tirer des sciences exactes, et jusqu'à quel point lui est-il permis de les ignorer ? .

Quelles doivent être les études littéraires de l'orateur du barreau ?

Quels peuvent être pour lui l'utilité ou le danger des sciences métaphysiques ?

Avantages plus certains des sciences morales.

Perfectionnemens désirables dans l'enseignement des écoles de droit ; moyens de les obtenir ; moyens d'y suppléer.

2ᵉ. PARTIE. — *Histoire du barreau.*

Chaque profession a ses traditions, et trouve dans ses annales des modèles à imiter, des exemples à fuir. C'est pour toutes les conditions que l'histoire est le plus sûr et le plus incorruptible des conseillers.

Il ne serait donc pas sans utilité de rechercher ce que fut le barreau chez les anciens, ce qu'il a été chez les modernes.

On distinguera en France le barreau de Paris et les barreaux de la province, non par un sentiment de vanité pour nous, qui exerçons sur le grand théâtre de la capitale, car notre amour-propre ne trouvera pas toujours son compte à cette comparaison ; mais parce que la différence des lieux en amène nécessairement une dans les habitudes, les formes et le talent lui-même.

N'oublions pas d'ailleurs que, parmi les avocats les plus distingués du barreau de Paris, la plupart lui sont venus de chaque province, et c'est par leur concours qu'il s'y forme un centre d'idées communes, et une fusion de principes qui fait de ce barreau un barreau vraiment national.

On examinera séparément aussi les temps antérieurs à la révolution, depuis que les parlemens furent rendus sédentaires ; la période qui s'est écoulée depuis la révolution jusqu'à la chute de l'empire ; enfin l'ère nouvelle qui a commencé avec le gouvernement constitutionnel. On assignera le caractère de ces diverses époques, le genre de courage et de dévouement que chacune exigeait, les grands exemples qu'elles ont fournis.

On ne se contentera pas de comparer ce qui fut jadis, avec ce que l'on voit aujourd'hui ; on aura soin de rapprocher aussi ce qui se pratique chez les autres nations, et ce qui se passe chez nous.

La vie des grands magistrats, des avocats les plus célèbres, des juriconsultes les plus profonds serait encore une source féconde en leçons utiles. On ne verrait pas sans intérêt l'influence que ces hommes ont pu exercer sur la législation, l'administration publique, l'opinion et les mœurs de leurs contemporains, ou de leurs successeurs ; et réciproquement l'influence qu'ont pu exercer sur eux l'opinion, les lois, les divers systèmes de gouvernement et toutes les causes extérieures.

Peut-être serait-il possible et curieux à la fois de les classer en diverses écoles ou systèmes, à raison de leurs opinions et de leurs croyances, comme à raison de leurs travaux et de leur genre d'éloquence.

Et, par exemple, ne serait-ce pas un tableau bien digne de vos regards et de votre attention, que celui qui vous ferait voir les plus grands juriconsultes de toutes les époques attachés aux sectes philosophiques ou religieuses les plus graves et les plus pures? A Rome, la plupart professaient les austérités du portique; chez nous, ils suivaient les traditions sévères de Port-Royal, dont les disciples peuvent être considérés comme les stoïciens du christianisme. Quelle serait donc la cause de cette conformité? Ne la trouverions-nous pas dans l'heureuse habitude de tout ramener aux principes de la justice et à la règle inflexible du devoir ?

3e. PARTIE. — *Discipline du barreau.*

En quoi les avocats diffèrent-ils des autres citoyens, par leur position, leurs devoirs, leurs mœurs et leurs études?

Quelles sont, quelles doivent être la nature et la règle de leurs rapports entre eux, avec le public, avec les magistrats, avec les divers pouvoirs de la société ?

Doivent-ils avoir une discipline particulière ?

Qu'a-t-elle été jusqu'à ce jour? Qu'est-elle maintenant? Que devrait-elle être ?

N'a-t-on pas cherché à donner de nouvelles entraves à notre profession, alors qu'on semblait vouloir la dégager de celles que lui avait imposées le pouvoir impérial ?

Moyens de lui assurer son indépendance légitime et sa véritable dignité.

4e. PARTIE. — *Art oratoire.*

Considérations générales sur cet art.

Le distinguer par ses genres véritables.

En quoi l'éloquence de la tribune diffère-t-elle de l'éloquence du barreau ?

Quels secours et quels obstacles les habitudes et les connaissances de l'avocat peuvent-elles apporter à l'orateur politique? Pourquoi jusqu'à ce jour les avocats ont-ils peu brillé à la tribune (1) ? Par quels moyens pourraient-ils y reprendre la supériorité à laquelle ils peuvent aspirer ?

Révolutions diverses de l'éloquence.

Comment et jusqu'à quel point les temps, les lois, les différences dans le système des gouvernemens influent-ils sur l'art oratoire ?

Jusqu'à quel point est-il permis aujourd'hui à l'orateur du barreau d'être éloquent?

Nos habitudes judiciaires actuelles ne tendent-elles point à faire des hommes d'affaires plus habiles, mais des orateurs moins brillans (2) ?

Avantages et désavantages des barreaux de province sur celui de Paris.

Comparaison de l'éloquence dans les barreaux étrangers avec le nôtre.

Nous n'avons pas besoin de vous dire qu'il ne s'agit point ici de tracer des règles de rhétorique ou de présenter des lieux communs sur l'éloquence en général ; mais qu'on devra s'attacher, en cette partie, à ne soumettre que des vues prises de haut dans les mœurs, les institutions, les lois et les grandes influences sociales.

5e. PARTIE. — *Législation nationale et législation comparée.*

Signaler les vices ou les lacunes de notre législation, indiquer les améliorations possibles, est encore une tâche qui ne serait point indigne d'occuper vos momens.

Plusieurs jurisconsultes nous en ont déjà donné l'exemple.

La comparaison de nos lois avec celles des autres pays serait

---

(1) Cela a été écrit en 1826.

(2) On pourrait même examiner si la disposition des salles d'audience et la structure des barreaux pour lesquels on n'a jamais consulté les avocats, n'est pas un obstacle physique au perfectionnement de l'action oratoire, et s'il ne conviendrait pas d'y remédier. On sait, par exemple, que la disposition de la grande chambre du parlement était très-favorable au développement de Gerbier, et le servait merveilleusement dans ses mouvemens oratoires.

peut-être une des voies les plus sûres et les meilleures pour
parvenir à d'heureuses innovations. Dans tous les cas, on
trouverait l'avantage d'approfondir les grands principes de la
législation, dans ce parallèle d'institutions différentes.

Certes ce cadre est vaste. Cependant la commission n'a pas
la prétention de tracer un cercle dont vous ne puissiez sortir,
ni surtout d'avoir détaillé tous les sujets et toutes les questions
qui devront vous occuper. Elle n'a voulu qu'indiquer les
différens ordres d'idées auxquels il lui a semblé convenable
de ramener les travaux de la conférence projetée.

Du reste, chacun de vous pourra, suivant son goût, ses
souvenirs, ses notes, ses réflexions particulières, se créer un
thême qu'il traitera à sa manière, ou même indiquer des sujets
de travail à ses confrères.

Quant au mode de réunion il sera simple.

A chaque séance, un ou deux membres se chargeront d'offrir un travail pour la séance suivante. Quand ce travail sera
prêt, l'auteur convoquera ses confrères pour l'entendre. Chacun lui soumettra ensuite ses avis ; censurant sans amertume
ce qu'il croira convenable de supprimer ou de retoucher;
louant sans flatterie ce qui lui paraîtra digne d'éloges : Et c'est
ainsi que, nous efforçant de concourir au bien de l'ordre,
nous aurons la double satisfaction d'être utiles, et de resserrer entre nous, par d'agréables communications, les deux liens
de la confraternité.

SECTION XVII.

SUR LA MANIÈRE D'EXERCER LES DIFFÉRENTES PARTIES DE LA PROFESSION
D'AVOCAT, ET EN PARTICULIER SUR LES CITATIONS.

(Sixième lettre de CAMUS.)

LA lettre dont vous m'avez honoré, monsieur et cher
confrère, m'annonce tout ce que le public est en droit d'attendre de vous. Vous me parlez des lois, non-seulement en

homme instruit, mais en homme passionné : il est impossible de ne pas réussir dans une profession que l'on embrasse avec tant d'ardeur Un seul mot de votre lettre m'a fait de la peine, c'est l'endroit où vous me demandez des avis : il vous appartient à vous d'en donner aux autres. Je n'ai écrit que trop, lorsqu'il s'est agi de vous engager à embrasser la profession d'avocat. Vous voulez que je vous dise de quelle manière il faut traiter les différentes parties qui dépendent de notre profession : en vérité, c'est pure habitude de me demander encore des conseils ; vous n'en avez nul besoin.

Le travail d'un avocat peut être distingué en plusieurs parties : c'est ou un plaidoyer, ou un mémoire, ou une consultation, ou des écritures, ou un arbitrage. Chacun de ces genres se rapproche sous certains rapports, il s'éloigne sous d'autres ; et tous se différencient à raison des objets qui sont à traiter, aussi bien qu'à raison de la forme : elle ne saurait être la même dans un plaidoyer et dans une consultation.

Le plaidoyer est un discours prononcé à l'audience pour le soutien d'une cause ; quelquefois il est suivi d'une réplique, c'est-à-dire, d'un second discours destiné à combattre les moyens de l'adversaire. Le plaidoyer de celui qui n'attaque point, mais qui se défend, et qui par cette raison ne parle qu'après son adversaire, doit ordinairement contenir les deux parties, le plaidoyer proprement dit et la réplique, dans un seul et même discours.

L'âme de tout plaidoyer est l'éloquence, mais, surtout, cette éloquence solide qui consiste plus dans la force du raisonnement, que dans les fleurs de l'élocution. Ses qualités essentielles sont la clarté et la concision. Rien ne saurait suppléer au défaut de clarté. Il n'est pas possible qu'un auditeur, qui hésite sur le sens des mots qu'il a entendus, revienne sur ses pas, et écoute une seconde fois ce qu'une prononciation rapide a promptement entraîné. L'impression doit se faire sur l'esprit du juge, à l'instant où la parole sort de la bouche de l'avocat : autrement, ce qu'il a dit est perdu ; et, loin de servir à la cause, il peut lui nuire.

La concision n'est pas moins importante. Comparez, mon cher confrère, votre état lorsque vous lisez, avec ce même état lorsque vous entendez parler. Quand vous lisez, vous êtes en même temps le juge et le maître de votre attention. Elle commence à se fatiguer, vous fermez le livre, que vous reprendrez dans un moment plus favorable : pareillement si, dans le cours de votre lecture, il se rencontre un endroit qui vous semble ou diffus, ou prolixe, vous le parcourez rapidement, et vous allez plus loin à l'objet qui vous intéresse. Rien de ceci n'a lieu quand on est réduit à la fonction d'auditeur. C'est donc à celui qui parle à employer tous ses soins pour ne fatiguer l'attention du juge, ni par un discours dont la durée soit trop longue, ni par des dissertations trop étendues. La mesure de l'attention est nécessairement bornée ; et, lorsqu'une fois elle est remplie, tout ce que l'on ajoute, bon comme mauvais, s'écoule et se perd. Un client peu instruit dans les affaires s'imagine que sa défense ne saurait être trop ample. Dans le récit du fait, les moindres particularités lui paraissent importantes, parce qu'elles l'intéressent : dans le détail des moyens, les plus faibles raisonnemens lui semblent décisifs, parce qu'ils sont à son avantage. Mettez-vous à la place du juge ; considérez ce qu'il sait, ce qui lui est familier, ce qu'il sera porté à croire par les impressions dont il peut être affecté ; ne vous appesantissez pas sur des faits dont il est instruit, ne l'ennuyez point en l'instruisant de ce qu'il connaît ; mais faites usage de ces notions sur lesquelles il ne s'élève point de doutes dans son esprit, efforcez-vous de lui présenter vos moyens comme n'étant que l'application des principes sur lesquels il n'hésite pas.

Distinguez ensuite, mon cher confrère, les audiences où vous avez à plaider. Il en est de solennelles, dans lesquelles vous avez à parler au public en même temps qu'aux juges. Votre discours, préparé avec soin, doit être alors plus orné ; mais n'oubliez jamais que le style diffus, la superfluité des raisonnemens, le luxe des paroles, pour user de ce terme, ne sont point des ornemens, mais des vices. Dans d'autres audiences, l'unique préparation doit consister à s'être instruit parfaitement de l'affaire qu'on va plaider, à l'avoir envisagée sous toutes les faces dont elle est susceptible : les moyens, les raisonnemens, l'art, en un mot, que l'on emploiera, doivent être l'effet de la réflexion du moment. Présentez rapidement le fait; voyez les circonstances qui font impression; tâchez de les rappeler adroitement dans la suite de votre discours; oubliez les autres. De même par rapport aux moyens : tâtez, si je peux parler ainsi, l'esprit du juge. Vous avez annoncé un moyen : il n'a pas fait impression; passez promptement à un second; et si le premier ne doit pas être négligé, qu'il ne reparaisse que sous une forme absolument différente de celle qu'il avait. Au contraire, voyez-vous que l'on soit frappé du moyen que vous développez? insistez-y, portez votre raisonnement jusqu'à l'évidence; et, au moment où la conviction est opérée, cessez de parler : que le juge prononce, tandis qu'il est plein des idées qui l'ont ému.

Le genre d'éloquence que vous employez ne doit pas moins varier, selon les sujets que vous avez à traiter. Vous défendez un citoyen que l'on calomnie : parlez pour lui avec la fierté et la grandeur d'âme qui appartient à un homme dont la conduite est irréprochable; terrassez la calomnie en vous élevant au-dessus d'elle; rendez votre adversaire vil comme le mensonge qu'il a eu la bassesse d'employer. Demandez-vous une grâce? intéressez la compassion, la pitié, mais évitez de vous rendre méprisable. Un adversaire que vous avez eu le malheur de blesser, par légèreté plutôt que par envie de nuire, aggrave-t-il vos torts pour obtenir une vengeance plus sévère? vous avez deux armes à employer contre lui : le ridicule, dont il s'approche lui-même, en exagérant des fautes légères; le sang-froid, par lequel vous glacerez bientôt les esprits qu'il a échauffés contre vous. C'est dans des causes de ce genre que les ressources de l'art oratoire peuvent être employées avec plus de succès : usez-en, mais rejetez ces ressources communes, ces figures triviales, dont l'effet est nul sur l'esprit des personnes éclairées.

Ne s'agit-il plus d'une question de fait, mais d'un point

de droit digne de fixer l'attention des juges? que les faits et leurs circonstances s'expliquent en un mot : n'en parlez qu'autant qu'il est nécessaire pour poser exactement les termes du problème à résoudre, puis attirez toute l'attention du juge sur la démonstration de la solution que vous proposez. C'est alors qu'il faut de la gravité sans pesanteur, de la science sans érudition ; discutez et ne dissertez point ; montrez le vrai, sans qu'il paraisse qu'on ait été obligé de le chercher ; enfin, que par la manière même dont vous vous exprimez, il semble qu'il n'y a pas une de vos preuves qui ne puisse, au besoin, être soutenue de nouveaux raisonnemens plus pressans que ceux que vous avez développés.

Je passe à la composition des *Mémoires.* Loisel nous a conservé le nom de celui qui introduisit au palais l'usage des mémoires ou *factums* : ce fut un avocat nommé de la Vergne, gendre de M. le premier président Lemaître, qui vivait du temps de Pasquier. Aujourd'hui l'usage des mémoires est devenu très-commun : il est peu d'affaires importantes où l'on n'en imprime ; mais leur objet varie selon les circonstances, et la forme qu'on doit leur donner varie aussi, soit selon ces mêmes circonstances, soit selon la nature de l'affaire que l'on doit traiter.

Quelquefois un mémoire a pour objet de faire connaître au public une affaire importante, dont l'instruction est secrète; de justifier, par exemple, un accusé. Il faut alors plus de détails ; le mémoire doit contenir le récit entier des faits ; il doit développer tous les moyens. Les mémoires que l'on distribuera dans une affaire qui a été plaidée publiquement seront plus courts : ce seront des précis et des sommaires ; leur objet unique est de rappeler à l'esprit des juges les principaux points de la défense qu'ils ont entendue, et l'on ne doit pas leur faire l'injure de croire qu'il soit nécessaire de leur répéter par écrit tout ce que l'on a dit de vive-voix. Il est d'abord à propos de considérer pour quelles personnes on écrit. C'est pour des hommes instruits, dont tous les momens sont partagés entre les différentes fonctions de la magistrature : quoi de plus raisonnable que de respecter leurs instans, précieux au public? Ne leur mettez donc sous les yeux que ce qui est absolument décisif, et mettez-le en peu de mots. Si vous faites un mémoire pour le public moins instruit, ne donnez au magistrat qu'un sommaire abrégé.

Un mémoire est-il destiné à approfondir une question de droit? c'est le moment où il faut montrer que vous avez à votre disposition, principes, textes, autorités, en un mot, tout ce dont la connaissance forme le grand juriconsulte. La facilité de jeter dans les notes une partie de l'érudition, qui pourrait fatiguer si elle se trouvait dans le corps même du mémoire, vous permet d'en employer davantage que dans une plaidoirie. Que dans votre discussion savante la question soit épuisée : démontrez rigoureusement votre proposition ; et si la matière ne vous permet pas de persuader, convainquez : forcez à ne pas conserver d'autre sentiment que celui que vous avez embrassé.

Celui qui traite une question de fait d'une certaine étendue, développera les talens d'un genre différent. Ce n'est pas assez qu'une plume sage raye des détails fastidieux, des longueurs qui rendent le récit traînant. Il faut semer l'intérêt dans tout ce que l'on dit; taire à propos certaines particularités, en présenter d'autres dans le jour et dans le lieu qui leur conviennent. Qu'un début noble, mais sans emphase, excite la curiosité du lecteur : que l'intérêt que vous lui inspirez aille toujours croissant, qu'on ne suspende sa lecture qu'au moment où vous terminez votre récit, et que bientôt on la reprenne avec une ardeur nouvelle, pour suivre l'ordre de vos preuves. Si vous avez atteint, dans le récit des faits, le but auquel vous deviez tendre, ce n'est plus, s'il est permis de le dire, pour se convaincre qu'on lit vos moyens ; c'est pour se donner la satisfaction de voir avec quel avantage vous établissez ce dont on est déjà persuadé par l'intérêt que vous avez fait naître.

Mais, quelque question que vous traitiez, n'oubliez jamais que vous êtes l'organe de la justice, non le ministre des passsions de votre client ; vous devez défendre sa cause, vous ne devez pas servir sa vengeance. Songez aussi, lorsque vous

1. 33

écrivez, que c'est pour ses intérêts que vous tenez la plume, non pour les vôtres : écartez ce qui ne pourrait être utile qu'à vous personnellement. Votre succès sera toujours assez grand pour vous faire un nom, dès que la défense de votre client sera complète.

S'il m'eût été donné, dit un jeune homme à peine entré au palais, et qui lit un mémoire où il ne trouve que de la raison et de la vérité ; s'il m'eût été donné de traiter la même affaire, combien j'aurais su la rendre piquante ! ma réputation était acquise, l'occasion seule m'a manqué. Plein de ces ambitieuses idées, à peine a-t-il lu le récit de l'affaire que voilà un plan tracé. Ici ce sera une ironie amère, là une peinture voluptueuse, plus loin un tableau capable de faire impression ; son adversaire sera impitoyablement déchiré ; sur le moindre prétexte, sa vie entière va être racontée au public, et malheur à lui, si dans quelque moment il a prêté au ridicule ou à la censure ! Mais cet écrit si chéri de son auteur, que sera-t-il ? un mémoire, un roman, ou un libelle ? Ce ne saurait être un mémoire ; il n'y a pas cette décence qui ne doit jamais abandonner le jurisconsulte ; le peintre s'est occupé à orner de couleurs vives ce qu'il devait voiler, nulle trace de cette probité, de cet amour de la justice, qui fait craindre de blesser même avec les armes qu'elle met entre les mains. Si l'écrit est agréable, ce ne sera qu'un roman ; s'il est méchant, ce sera un libelle. Roman ou libelle, qu'il ait le sort dont ces écrits sont dignes, qu'il acquière à son auteur le nom d'écrivain frivole ou dangereux : il me semble que ce nom, quelque prix qu'on y veuille mettre, est bien différent de celui d'avocat. Les affaires où l'on a principalement des faits à raconter ne sont pas rares ; mais voulez-vous des modèles de la manière de les traiter ? Lisez les *Mémoires de M. de Gennes*, pour M. de Labourdonnaye.

Ce n'est pas que je prétende bannir du mémoire d'un avocat, ou une raillerie fine qui punisse la sottise d'un fat, ou une anecdote piquante qui démasque à propos un hypocrite, ou un mot qui rappelle quelque trait connu, par lequel l'adversaire que l'on combat se soit peint autrefois lui-même ;

tout ce que j'exige, c'est que l'intérêt de la cause soit le seul motif qui fasse écrire, et que l'on respecte toujours également la décence et la vérité.

Cette éloquence qui touche et qui émeut n'est point le ton de la consultation; la réflexion et la prudence doivent s'y montrer seules; ce n'est pas uniquement dans la sagesse de la décision qu'elles doivent paraître, c'est dans la manière même d'exposer les motifs qui appuient le parti auquel on se détermine.

Les consultations quelquefois ne consistent qu'en un mot. Telles étaient celles de plusieurs juriconsultes romains, et entre autres du juriconsulte Scévola. L'exposé du fait est exprimé d'abord aussi brièvement que clairement; la réponse suit en deux mots : *Respondi secundùm ea quæ proponerentur, posse,* ou *non posse.* On peut quelquefois encore donner des consultations aussi courtes, lors, par exemple, qu'on ne demande à un juriconsulte célèbre, que l'affirmative ou la négative sur une question. Il me semble plus conforme à la modestie de ne pas présenter son sentiment avec cette précision d'oracle; de ne le hasarder qu'en l'appuyant de quelques motifs. Cette forme est plus avantageuse pour les parties elles-mêmes; la consultation qu'on leur donne sert, lorsque les motifs en sont expliqués, à l'instruction de la cause; quelquefois même les parties la demandent pour la distribuer aux juges, comme mémoire; les consultations doivent, en ce dernier cas, ne pas seulement annoncer et indiquer les moyens, mais les développer. Nous avons des consultations de Cujas et de Dumoulin qui peuvent servir d'exemple.

Dans tous les cas, le style de la consultation doit être le même : ce doit être une dissertation claire, tranquille, impartiale, savante; un peu plus ou un peu moins de développement dans l'exposé des moyens que l'on propose, et dans la réponse aux objections principales qui se présentent, doit faire la seule différence. Vous demande-t-on quelle route on suivra pour une opération quelconque? n'indiquez que la voie la plus sûre, celle qui est littéralement conforme à la loi; avec

33.

tissez de toutes les précautions qui sont à prendre : leur multiplicité ne doit pas effrayer lorsqu'il est question d'agir ; on
ne saurait acheter à trop grand prix l'avantage de ne pouvoir être inquiété sur ce que l'on aura fait. Si l'on vous consulte, non plus pour agir, mais pour défendre la validité d'une
opération, dans laquelle, sans apercevoir aucun vice essentiel, vous craindrez néanmoins qu'on ne relève quelques lé-
gers défauts de forme, quelques omissions peu considérables,
ce sera alors que vous userez de votre génie et de vos lumières, pour défendre ce que l'on a fait avec justice et avec
raison, mais avec trop peu de précautions.

Il en est de même lorsqu'on vous demande si l'on entreprendra un procès. Instruit mieux que personne, par les
procès mêmes dans lesquels vous serez chargé de travailler,
à combien de maux ils entraînent ; convaincu d'ailleurs de
l'incertitude des jugemens humains, hésitez toutes les fois
qu'il s'agira de conseiller d'entreprendre un procès, n'hésitez jamais à répondre pour l'affirmative, lorsqu'on vous
demandera s'il faut le terminer par une transaction. Vient-on
vous consulter sur un procès déjà entrepris, et vous paraît-il
juste ? réunissez tous les efforts de votre esprit pour suggérer
des moyens de réussir honnêtes et conformes aux lois.

Les écritures sont, sans contredit, la portion la moins
agréable du travail de l'avocat. Il n'y paraîtra point, mon
cher confrère, tant que vous aurez présentes à l'esprit les
vues de probité et d'honneur qui vous conduisent. Sans être
autant polies et limées que des mémoires que l'impression
produit au grand jour, elles doivent avoir, au fond, les
mêmes qualités, et surtout la même précision. Comme d'ailleurs je ne pourrais que vous répéter ici ce que je vous ai dit
sur les mémoires, je crois inutile de rien ajouter.

Je n'aurai pas besoin d'être plus long sur ce qui concerne
les arbitrages ; vous concevez de vous-même que s'il est une
occasion où la probité ne puisse être trop délicate, trop scrupuleuse, et en même temps trop éclairée, c'est celle où joignant à la fonction d'avocat celle de juge, votre décision va
faire la loi des parties qui vous ont donné leur confiance.

Une fois nommé arbitre, vous ne devez plus connaître que l'affaire seule, sans distinguer ni client ni adversaire. Quoique vous ayez été choisi par une des deux parties, regardez-vous comme nommé également pour l'une et pour l'autre; condamnez sans hésiter celui qui vous a choisi, si, dans l'examen que vous ferez avec votre confrère, vous découvrez que le bon droit n'est pas en faveur de la personne qui vous a nommé.

Je ne vous ai point parlé, mon cher confrère, dans tout ce que je vous ai dit jusqu'à cette heure, des *citations,* genre d'autorité dont on peut faire un grand usage et un grand abus. Permettez-moi de vous faire part de quelques réflexions sur cet objet, en vous avouant qu'elles m'ont été suggérées, en partie, par l'extrait d'un mémoire que j'ai lu dans l'Histoire de l'Académie (1). M. Fourmont, auteur de ce Mémoire, commence par remarquer que l'usage des citations est fort ancien : des auteurs d'un siècle fort reculé citent des auteurs qui les avaient précédés. Personne n'ignore l'abus qu'on en a fait dans les siècles qui ont suivi l'époque de la renaissance des lettres. Les anciens étaient tellement admirés, il était si rare de les connaître, que d'un côté on osait à peine se donner la liberté de penser autrement que l'on avait fait en Grèce ou à Rome; et que, d'un autre côté, ceux mêmes qui avaient le courage de créer leurs pensées, évitaient d'employer d'autres expressions que celles d'un auteur grec ou latin : c'était, au moins dans leur idée, unir le mérite de l'érudition à celui du génie. De là, ces discours qui ne sont qu'un tissu bizarre de grec, de latin, et quelquefois d'hébreu, lorsque l'auteur a été assez heureux pour savoir le lire (2). Ce mauvais goût a subsisté jusques dans le siècle dernier. Il n'est auteur sacré ou profane, grec ou latin, que M. Lemaître ne cite dans ses plaidoyers; mais au moins il ne met leur texte qu'en note, il le traduit ordinairement,

---

(1) *Histoire de l'Académie des inscriptions*, tome v, page 74, édition in-4°.; tome III, page 107, édition in-12.

(2) Voyez la satyre de Rabener, intitulée *Notes sans textes.*

pour l'incorporer dans son discours. Nous ne voyons plus aujourd'hui de ces sortes de bigarrures ; c'est un bien sans doute. On ne doit point citer sans objet, et c'est le faire, que de transcrire un texte seulement pour montrer qu'on l'a lu. L'usage que l'on peut faire de ses lectures pour orner son style, ne doit consister que dans quelques allusions à ce que les anciens ont dit ; encore, pour que l'allusion ait de la grâce, faut-il qu'on y aperçoive quelque chose de plus que l'érudition de celui qui en use : si elle n'a pas quelque finesse, si elle n'indique pas un rapport agréable, elle déplaît, parce qu'elle ne montre que de la vanité. Elle est i·utile d'ailleurs, et elle ne produit aucun effet, si elle est le fruit d'une érudition trop recherchée, si elle est telle que le commun des auditeurs ne soit pas en état de la sentir.

M. Fourmont, dans le mémoire que j'ai indiqué, appelle les allusions des citations indirectes ; il en est d'autres directes. On conçoit que ce sont celles qui consistent à répéter une chose qui a déjà été dite ou écrite, en indiquant le lieu où elle se trouve. A l'égard de ces citations, je crois qu'on doit en distinguer de trois espèces, celles qui forment *autorité,* celles que l'on peut appeler des *témoignages,* et des troisièmes que je nommerai des *suffrages.*

Une question de droit s'agite ; on cite le texte d'une loi à l'empire de laquelle les parties qui contestent se reconnaissent soumises : voilà une citation qui forme une autorité plus ou moins pressante, selon que le sens du texte est plus ou moins clair, mais toujours décisive par sa nature. Loin qu'il soit possible de condamner de pareilles citations, ce serait une faute grave de les omettre, puisque le texte de la loi est la règle d'après laquelle le juge doit prononcer.

Les citations qui ont l'effet du témoignage, peuvent être aussi indispensables que les premières ; mais elles n'ont pas, par elles-mêmes, autant de force que celles-ci. Il faut, pour juger du degré de considération qu'elles méritent, savoir quelle confiance on doit avoir dans l'écrivain dont on cite le nom.

Ces sortes de citations sont indispensables, lorsqu'il est

question d'établir un fait contesté. Il faut citer des témoignages de ce fait, rapporter le texte des historiens qui nous en ont transmis la mémoire; mais il faut en même temps avoir présentes à l'esprit les règles de critique, suivant lesquelles tel historien doit être jugé plus ou moins digne de foi. Si le fait que l'on rapporte est constaté par un acte dont l'authenticité ne puisse être méconnue, il n'y a point d'argument à proposer contre la certitude d'un pareil témoignage. Si ce n'est qu'un simple historien que l'on indique, sa déposition peut être combattue par d'autres dépositions contraires, ou par des circonstances qui lui sont particulières, et qui diminuent la force de son témoignage. La prudence demande que l'on ne cite point alors sans bien connaître son auteur : un adversaire plus instruit tirerait des inductions avantageuses de particularités qu'on aurait ignorées.

Enfin, j'ai dit que l'on citait des auteurs pour s'appuyer de leur suffrage : c'est ici où l'abus est plus à appréhender, et où l'on doit être fort réservé à citer. Deux motifs peuvent justifier l'usage de ces citations. Il y a des auteurs dont la réputation est telle, qu'il semble qu'on ne puisse, sans une sorte de témérité ou d'imprudence, combattre leur sentiment. Le nombre de ces auteurs est infiniment petit; ce sera, par exemple, Dumoulin sur les questions de droit coutumier. Il est constant que c'est un avantage réel d'avoir pour soi le sentiment de pareils jurisconsultes, et qu'on ne doit pas négliger d'user de cet avantage en les citant.

Les autres auteurs, et c'est le plus grand nombre, n'ont point acquis ce haut degré de considération : ils ne le méritent pas. On peut cependant quelquefois tirer avantage de leur texte, et voici quels en sont les fondemens. Le défenseur d'une partie est naturellement regardé comme suspect dans ce qu'il dit pour l'intérêt de son client. Pose-t-il un principe? on se demande s'il n'est pas fait pour la cause. Hasarde-t-il une décision, on appréhende qu'il n'eût prononcé le contraire, si les rôles eussent été changés. Un juge parfaitement éclairé trouve dans ses connaissances personnelles le

principe et le motif de décision; il adopte ou il rejette le
moyen qu'on lui propose, par l'examen qu'il en fait; jamais
on n'obtiendra sa voix qu'en lui démontrant rigoureusement
la vérité de ce qu'on lui propose. Mais tous les juges n'ont
ni cette même pénétration, ni cette même aptitude à prendre
d'eux-mêmes un parti; ils hésitent entre les raisonnemens
opposés de deux défenseurs, et c'est lorsqu'ils sont dans cet
état d'incertitude que, pour les fixer, on transcrit les textes
des auteurs qui se sont expliqués sur la matière que l'on
traite. Si aucune circonstance particulière n'a conduit la
plume de ces auteurs, s'ils ne peuvent être accusés de partialité, il est naturel qu'on rapporte leur décision comme le
suffrage d'un homme instruit et de sang-froid. Ces deux titres
réunis méritent l'attention du juge; et, toutes choses égales
d'ailleurs, il est naturel qu'ils le déterminent. Voyons maintenant les abus à éviter : il y en a deux, l'un relatif au point
dont on veut confirmer la vérité par une citation, l'autre
relatif aux auteurs dont on se permet d'invoquer le suffrage.

La citation n'est utile, ainsi que je l'ai observé, qu'autant
qu'il y a un doute réel à lever, ou une incertitude à fixer.
Si la proposition que l'on met en thèse est un de ces axiomes
dont la vérité est tellement constante, que l'adversaire même
n'entreprendra pas de la contester, il est inutile de l'appuyer
de citations; ce serait une érudition superflue. Il faut également du choix dans les auteurs que l'on invoque; autrement,
et si l'on croit qu'il suffise qu'une opinion soit avancée dans
un livre pour se permettre de la soutenir, il y uara peu de
questions sur lesquelles il ne soit facile de s'opposer réciproquement des autorités contradictoires. On ne doit pas appeler
sans distinction quiconque porte le nom de jurisconsulte : il
en est un certain nombre, dans chaque genre, qui se sont
acquis, par des ouvrages mûrement réfléchis, une réputation
méritée; ce sont ceux-là seuls dont on doit s'appuyer. Évitez
surtout d'allonger vos citations d'une liste d'auteurs qui n'ont
fait que se copier les uns les autres. Il est quelques ouvrages
principaux, dont la foule des autres ouvrages n'est que des

abrégés ou des compilations. Ainsi je suppose que vous ayiez pour vous un texte précis de Dumoulin, vous joindrez facilement huit ou dix noms au sien, mais sans aucun mérite comme sans aucun fruit. De même, dans le droit ecclésiastique, pouvez-vous citer d'Héricourt? il sera rare que vous ne puissiez pas citer tous les auteurs qui, depuis lui, ont traité les mêmes matières.

Par une suite du choix que je vous conseille, ne manquez pas, si la question que vous avez à traiter s'élève dans une province qui ait ses usages ou sa jurisprudence particulière, de consulter les auteurs propres à cette province; leur avis est alors souvent plus qu'une simple opinion : ils attestent, comme témoins, le fait de l'usage que vous avez intérêt d'établir.

Je diminue, comme vous voyez, mon cher confrère, le nombre des citations : je rejette toutes celles qui sont vagues et superflues. Il me semble observer deux causes de cette multitude de citations dont on surcharge quelquefois un écrit. On se propose d'approfondir une question; on fait des recherches : il n'est pas un auteur que l'on soupçonne d'avoir traité la question, que l'on n'ait ouvert et feuilleté; et peut-être, après ce travail si pénible, ne trouve-t-on qu'un ou deux auteurs qui aient parlé de la manière qu'on le désirait. Le fruit de tant de peines va donc s'évanouir; on n'aura pas même la satisfaction de montrer qu'on a fait beaucoup de recherches. On cite donc, et on cite des textes fort peu concluans, seulement pour faire voir qu'on les a connus.

D'autres fois on se forme un système; on veut établir sur un point de droit une sorte de tradition universelle, tantôt pour la durée des temps, tantôt pour la généralité des lieux dans lesquels on la suppose répandue. On ramasse des auteurs de tout siècle, de tout pays; on les force de déposer en faveur du sentiment que l'on a embrassé : souvent ils ne le font que malgré eux; et, lorsqu'on les examine, on s'en aperçoit assez à l'air de contrainte que porte leur témoignage. L'auteur est satisfait : il voulait citer, et il y est par-

venu. Mais a-t-il prouvé ce qu'il avait mis en thèse? nullement. Son travail est donc perdu, ou plutôt un adversaire
adroit en tirera avantage. Il observera avec raison, que si
tant de doctes recherches n'ont pu produire ces témoignages
décisifs que l'on avait trop légèrement annoncés, c'est une
preuve de la fausseté de l'opinion qu'on n'osait mettre en
avant qu'avec la promesse de nombreux suffrages en sa
faveur.

S'il est quelque circonstance où l'on puisse tolérer des
citations un peu plus fréquentes, c'est dans une consultation. Celui qui vous consulte annonce nécessairement des
doutes, puisqu'il demande avis; votre manière de penser
doit le rassurer : mais si vous êtes en état de lui faire voir
que le sentiment que vous embrassez ne vous est point particulier; que c'est également la manière de penser de tel et
tel excellent jurisconsulte, il est sensible que la personne qui
s'est adressée à vous prendra plus de confiance dans votre
décision. D'ailleurs, ce ne sont pas seulement les auteurs
favorables à celui qui consulte qu'il faut nommer. Il faut indiquer aussi ceux qu'on lui opposera, afin qu'il se décide en
pleine connaissance de cause sur le parti qu'il voudra choisir,
et qu'il ne soit point surpris lorsque, dans le cours de l'instruction, on lui fera des objections qui n'auraient point été
prévues.

Continuez donc, mon cher confrère, à étudier les jurisconsultes; lisez leurs ouvrages, pour vous pénétrer de la
science des lois, et non pour faire parade d'une vaine érudition. C'est dans l'ensemble des raisonnemens, et dans le plan
entier de vos ouvrages qu'on doit reconnaître que vous avez
médité les livres de droit, et non dans les citations qu'il est
facile d'accumuler, souvent avec plus de patience que de
savoir.

J'ai l'honneur d'être, monsieur et cher confrère, etc.

———•◦•———

SECTION XVIII.

DES CITATIONS. — EST-IL VRAI QU'ON NE DOIVE PAS CITER LES AUTEURS VIVANS? (Déjà publié, en forme de lettre, dans *la Gazette des Tribunaux*, du 10 février 1827.)

(M. DUPIN aîné.)

Non quia crassè compositum, sed quia nuper. (HORAT.)

MON CHER CONFRÈRE, je veux examiner avec vous une opinion toute nouvelle que l'on voudrait accréditer parmi nous, et mettre, pour ainsi dire, à l'ordre du jour au barreau. On prétend qu'en plaidant ou en consultant *on ne doit pas citer les auteurs vivans.* Voilà la proposition dans toute sa crudité. Elle est motivée sur la versatilité de quelques auteurs peu fermes sur les principes, qu'on a vu trop déférer au préjugé des arrêts, changer d'avis avec la jurisprudence, et ne savoir à quoi s'arrêter en présence de décisions souvent contradictoires. On objecte qu'il faut s'éloigner un peu pour pouvoir dire qu'il y a suite, uniformité de précédens, jurisprudence enfin. Le temps seul, dit-on encore, peut mettre le sceau aux réputations, et assurer aux auteurs le crédit qu'ils auront mérité; il faut attendre qu'ils soient morts :

Miraturque nihil nisi quod Libitina sacravit.

Cette opinion, je l'avouerai tout de suite, au risque de la fortifier à vos yeux, a été partagée par quelques magistrats, amis de la justice et de la science, que l'on avait fatigués sans doute par des citations maladroites et péniblement accumulées. Elle a ensuite été recueillie par des avocats, dont l'éloquence flexible croyait entrer par-là dans la pensée du juge, et qui d'ailleurs trouvaient dans cette courte allégation, *vous me citez un auteur vivant,* un moyen expéditif de se délivrer d'autorités embarrassantes à discuter. En dernier lieu , j'ai vu ce préjugé défendu par un avocat général aussi recommandable par la pureté de son caractère que par le talent qui le distingue. Il a même été jusqu'à dire que Cujas et Savary étaient à peu près les seuls auteurs qui eussent obtenu l'honneur d'être cités de leur vivant.

Cette opinion , comme tant d'autres sur lesquelles on est divisé, ne partage les avis que parce que chacun ne la voit que du côté des inconvéniens qui le frappent davantage. Alors on abonde dans son sens, et l'on ne fait plus assez attention à celui d'autrui. Le moyen de solution sera donc dans un examen réfléchi des objections, pour y démêler ce qu'elles peuvent avoir de vrai ou d'exagéré.

Certes j'accorde beaucoup à ces deux vérités : que la mort classe irrévocablement les réputations, et qu'une jurisprudence éprouvée par une longue suite d'arrêts est la seule qu'on puisse regarder comme certaine.

Cependant il ne s'ensuit pas , à mon sens, qu'on ne puisse pas citer un bon arrêt, parce qu'il est isolé. Je n'accorde pas non plus que la mort soit indispensablement requise pour qu'il devienne certain qu'un auteur a raisonné juste. Je crois qu'on peut consulter avec fruit et citer avec avantage ses contemporains. Il y a plus ; je crois que lors même qu'on eût pu autrefois adopter l'usage contraire , le temps où nous vivons comporterait une décision toute différente.

J'affirme d'abord que de tout temps les auteurs contemporains ont été en possession de se citer mutuellement, tantôt comme ennemis, tantôt comme auxiliaires. Ouvrez le corps de droit, vous y verrez à chaque page les jurisconsultes s'autoriser les uns des autres ou se réfuter réciproquement. On y reconnaît ceux de même secte qui soutiennent leur opinion *mordicùs* contre ceux de la secte opposée , et les graves *erciscundi* qui se présentent plus tard pour les départager. Dans le nombre, plusieurs étaient contemporains. Cicéron, orateur, cite souvent le jurisconsulte Scévola : ils vivaient dans le même temps. Rien ne serait plus facile que d'accumuler les mêmes exemples donnés par l'antiquité.

Il faudrait ignorer bien complètement l'histoire du moyen

âge pour ne pas savoir avec quel acharnement les littérateurs et les érudits de cette époque peu polie s'attaquaient et se réfutaient mutuellement. Pour ne parler que des jurisconsultes, et du premier d'entre eux, quels combats le docte Cujas n'eut-il pas à soutenir contre ses envieux ? Qu'on lise, si quelqu'un en a encore le courage, les variantes de Mérille et les animadversions de Robert, que Fabrot ne voulut pas insérer dans son édition, *ne manes iratos Cujacii haberet*, et auxquelles Cujas se crut obligé de répondre sous le nom d'*Antonius Mercator*. Mais si Cujas eut à essuyer ces déboires dans les écoles et avec d'obscurs rivaux, il trouva une plus juste appréciation de son mérite dans les orateurs du barreau, qui, de son vivant, et au fort de sa gloire, le citèrent souvent comme une autorité.

Tel fut encore Dumoulin. A peine eut-il enfanté son commentaire sur le titre *des fiefs* de la coutume de Paris, qu'il devint classique au Palais et y obtint le plus grand crédit.

D'Argentré en Bretagne, Coquille en Nivernais, et en général tous les principaux commentateurs des coutumes, à mesure que leurs livres ont paru, ont été cités dans les plaidoyers et dans les consultations des avocats du même temps.

Mon assertion est vraie, surtout pour les auteurs qui, au lieu de commenter le droit en général, s'appliquèrent à en éclairer plus spécialement quelques parties. Il n'existait que des traditions incertaines et quelques règles éparses sur le domaine ; Chopin s'empare de ce sujet ; il publie son traité *de Domanio Franciæ* ; le roi enchanté (sur le rapport de son chancelier) lui confère la noblesse, paisible conquête que les ambassadeurs du 16e. siècle ne lui ont pas disputée, et le voilà cité dans tout le royaume par les gens du roi, les avocats, et les agens du domaine.

J'en dirai autant de Loyseau, lorsque parurent son *Traité des offices*, et son *Traité du déguerpissement* ; de Bacquet, quand il donna au public son *Traité des droits de justice* ; et de Furgole, quand il publia ses quatre volumes sur les *Testamens*.

Aussitôt que ces doctes écrits paraissaient, tous les juris-

consultes, tous les magistrats les interrogeaient ; l'intelligence
se tournait vers eux, comme, du sein des ténèbres, les yeux
se portent vers la lumière qui vient éclairer notre chemin.

On n'aura pas même la ressource de dire que, s'il en fut
ainsi dans les premiers siècles de la science, on cessa d'en
user de même quand elle se fut enrichie d'ouvrages anciens
en assez grand nombre pour se dispenser de consulter les
nouveaux. Non pas seulement Savary, resté bien loin en arrière ; mais de plus forts que lui, Emérigon, Valin, ont, à
l'instant même où ils entrèrent en ligne, obtenu l'honneur
d'être cités. D'Aguesseau, illustre ami de Domat et de Pothier,
leur collaborateur, pour ainsi dire, car il les dirigeait dans
la composition de leurs ouvrages, D'Aguesseau n'a pas attendu
qu'ils fussent morts pour les citer : il a deviné leur immortalité, il les emploie tout vifs, il leur prodigue l'éloge dans ses
réquisitoires et dans ses plaidoyers, en même temps qu'il en
recommande l'étude à son fils dans ses instructions familières.

Pourquoi donc cette espèce d'aversion actuelle, ce dédain
d'aujourd'hui pour les contemporains ? Pourquoi mépriser
leurs veilles et faire naître en eux le découragement ? Seront-
ils en effet privés de l'honneur d'être cités de leur vivant et
condamnés à n'avoir de crédit qu'après leur mort ? Ah ! fiez-
vous à l'envie de tout ce qui peut leur rendre amers les
fruits d'une célébrité acquise au prix du repos et de la santé !
On se fait aussi des ennemis par le travail, on s'en fait par
de bonnes actions ; et beaucoup de gens s'ennuyent de vous
entendre appeler *le docte*, comme cet Athéniem s'ennuyait
d'entendre Aristide appelé *le Juste*.

A leur mort, dites-vous, on sera plus équitable ! — Je vous
entends ; vous dites comme Horace :

> *Urit enim præsens, extinctus amabitur idem.*

Mais qui empêche de l'être dès à présent ? Ce n'est pas que
je veuille en faire un acte de complaisance ; n'imitons pas
ici les faiseurs de *nobiliaires* sur articles communiqués, qui
donnent à leurs protégés tous les titres désirés, en disant
ingénuement à qui leur demande compte de cette facilité :

Cela coûte si peu, et fait tant de plaisir! Soyons sévères, j'y consens ; mais n'allons pas jusqu'à la cruauté, et c'en serait une de dire à nos comtemporains : *écrivez toujours ; mais tâchez de mourir; car sans cela nous ne vous citerons point.*

Ce langage, qui n'a pu être tenu à aucune époque, pas même alors que la jurisprudence semblait en quelque sorte frappée d'immobilité, devient surtout inadmissible dans les temps que nous venons de parcourir, après une révolution qui a bouleversé presque toute l'ancienne législation, et qui nous a dotés d'environ soixante mille lois nouvelles, non compris cinq nouveaux Codes, qui contiennent plus de cinq mille articles, et qui vont encore être suivis de plusieurs autres.

Le système des successions a été changé dans plusieurs points fondamentaux ; celui des hypothèques repose sur de nouvelles bases ; que faudrait-il donc vous citer, amans déclarés des défunts ? Lebrun, sans doute ; Basnage, apparemment ; car ils sont morts ? Mais qu'en ferez-vous ? Puisque les anciens principes ont varié, adieu les vieux commentaires : lisez et citez Chabot et Persil.

Quel auteur mort eût-il fallu consulter sur les assignats, les mandats, les émigrés, si l'on n'eût eu les ouvrages du petit nombre de jurisconsultes qui s'appliquèrent immédiatement à régulariser, autant qu'il dépendait d'eux, par l'adjonction de quelques principes empruntés au corps de la science, des lois qui avaient tant besoin d'être modifiées dans leur application pour en corriger quelque peu l'injustice.

Que dire ensuite de ces hommes rares, qu'un tel bouleversement a pour ainsi dire forcés à se recommencer eux-mêmes et à refaire leur réputation? M. Henrion, jeune avocat, publie, très-peu de temps avant la révolution, son *Traité des fiefs,* d'après Dumoulin, et ses *Dissertations féodales;* il eût pu mourir dès lors ; sa réputation était faite par ces deux ouvrages. Depuis plus de quarante ans la postérité est arrivée pour eux. Elle a prononcé en leur faveur.

Eh bien! parce que le docte auteur de ces deux grands

ouvrages a ajouté quarante nouvelles années de travaux à ses anciens services ; parce qu'il n'est pas mort subitement avec la féodalité , parce qu'il vit encore pour l'honneur de la magistrature , qui s'en glorifie , et du jeune barreau qu'il encourage par ses conseils , par son exemple et par le récit de ses premiers succès , nous abstiendrons-nous , quelques années encore, de citer la *Compétence des juges de paix* , arrivée à sa septième édition , son livre sur l'*Administration des biens communaux* , et son beau *Traité sur l'autorité judiciaire* ?

Au Châtelet, on citait M. Pigeau. En l'an VIII de la république, je le croyais mort ; je ne connaissais que son livre et l'estime qu'on en faisait, lorsque j'appris qu'il professait des cours particuliers, auxquels je briguai aussitôt l'avantage d'être admis. Je l'ai suivi à l'académie de législation, et plus tard à l'école de droit. Il fut ensuite l'un des principaux rédacteurs du Code de procédure civile ; et , devenu avocat, je n'aurais pu citer son nouvel ouvrage à l'égal de l'ancien, invoquer sa doctrine comme celle d'un maître , et la faire servir d'appui à mes raisonnemens ? Il vivait encore ! et dès lors il aurait fallu me borner à citer Ferrière et le praticien français , grands auteurs, car ils sont assurément bien morts !

Ce que j'ai dit de M. Pigeau, je le dis de M. Berryat de Saint-Prix, si remarquable par un rare talent d'analyse et de concinnité ; et surtout de M. Carré de Rennes , mon honorable ami , qui vient de mettre le sceau à sa réputation, et se montrer le digne collègue du vieux Toullier, le Pothier de la Bretagne, par son *Traité de la compétence judiciaire* , qui dès à présent , et pour long-temps encore, je l'espère , lui vaudra le plaisir de s'entendre citer comme une imposante autorité.

Accordons aux travaux de tant d'estimables professeurs (1)

---

(1) J'aurais pu citer beaucoup d'autres auteurs recommandables : MM. Prudhon , de Dijon ; Arnold , de Strasbourg ; Duranton, de Paris ; Pardessus et Boulay-Paty, et nos arrêtistes modernes, à la tête desquels je mets sans hésiter M. Dalloz. — Quel auteur fut jamais plus cité que M. Merlin, même depuis qu'il est exilé et proscrit ?

la justice qu'ils méritent , et reconnaissons que l'habitude de voir les principes en eux-mêmes et par abstraction concilie aux décisions des docteurs un caractère d'impartialité que l'on conteste souvent aux hommes qui ne traitent le droit que par occasion, d'une manière restreinte, décousue, et en vue d'une espèce particulière, où leur jugement est presque toujours influencé par les circonstances.

Voilà pourquoi l'avocat a besoin, pour lui-même, d'autoriser son sentiment ; et pour cela, d'appeler à son aide le suffrage d'hommes qu'on ne puisse pas dire intéressés au succès de sa cause.

En effet, qu'est-ce qu'une *autorité* ? J'appelle ainsi ce qui impose à la raison du juge , ce qui fait impression sur son esprit. Or, je veux que là où le principe est ancien, les auteurs anciens l'affectent davantage. Soit , nous le servirons à son gré, et nous lui citerons de vieux livres. Mais si le principe est nouveau, il faudra bien se contenter des contemporains. Je citerai Richer, sur la *Mort civile* ; Boullenois, sur les *Statuts* ; Ricard, en certaines parties sur les *Donations* ; mais sur les points nouvellement introduits, sur l'*adoption* inconnue à nos pères, sur les *successions* qui n'admettent plus ni distinction des biens, ni aînesse ; en matières d'*hypothèques*, qui reposent sur les bases nouvelles de spécialité et de publicité ; sur les *brevets d'invention*, enfans de la moderne industrie ; sur la *législation criminelle* , la *compétence administrative* et les matières qui s y rattachent, sur tout cela, dis-je, il le faudra bien, je ne citerai pas les gens des siècles passés, mais Chabot, mais Grenier, mais Persil, mais Renouard, Legraverend, Macarel, et surtout Cormenin.

Je ne suis pas suspect en stipulant pour les nouveaux auteurs ; car personne n'aime plus que moi les anciens. Tout me plaît en eux, leur science, leur franchise, et jusqu'à la naïveté gauloise de leur vieux langage. J'aime à me parer de leurs dépouilles : il en résulte quelquefois de la bigarrure dans mes compositions ; j'en ai souvents fois reçu le reproche de mes amis ; je dois même songer un peu à m'en corriger à

I. 34

l'avenir. Mais cette prédilection ne me rend point injuste
envers les modernes. Sans doute ils ont moins de science que
leurs devanciers : cela tient aux mœurs actuelles ; on travaille
plus légèrement, le monde nous emporte, on tient moins à
la maison. Notre délicatesse s'effraie au récit de ces audiences
de sept heures où, dans l'hiver, on voyait les vieux magistrats arriver au palais, comme autant de Diogènes, une lanterne à la main. On ne peut plus dire des avocats d'aujour-
d'hui ce qu'on disait des jurisconsultes de l'ancienne Rome,
ce qu'on a pu dire des Dumoulin, des Pithou, des Loisel et
des Pothier :

> *Romæ dulce diù fuit et solemne, aperta*
> *Manè domo vigilare, clienti promere jura.*

Mais si les modernes sont moins casaniers et moins
érudits que nos pères, il leur est permis d'avoir plus de
philosophie. La forme actuelle de notre gouvernement
leur permet de rehausser la science par un exposé plus
ferme de principes aujourd'hui mieux connus, quoique
sur certains points plus faiblement garantis qu'autrefois.
Leur mission est d'en préparer le développement et la con-
solidation.

En résultat, qu'a donc d'effrayant ce mot de *contemporains*, et quelle est la puissance de cet argument : « Mais
l'homme que vous me citez vit encore ? » La question n'est
pas de savoir si les auteurs sont vivans ou morts, mais s'ils
ont tort ou raison ; il faut les juger, non par le calendrier et
sur leur extrait mortuaire, mais par les règles de la logique
et par la force ou la faiblesse de leurs démonstrations. N'est-il
pas absurde, en effet, de rejeter un livre, non parce qu'il est
mauvais, mais uniquement parce qu'il est récent, *non quia
crassè compositum, sed quia nuper?* N'est-ce pas ainsi qu'on
produit tous les jours devant les tribunaux des consultations
qui n'empruntent de crédit que de la justesse des raisonnemens qui y sont présentés, *non ratione imperii, sed rationis
imperio?* N'est-ce donc pas une assez rude épreuve pour un
auteur que de subir à l'audience et dans la polémique des

factums et des consultations, une contradiction excitée et
soutenue par tout ce que l'intérêt personnel menacé de
perdre son procès, a de puissant, d'actif, d'ingénieux, de
perfide même, en présence d'un juge qui écoute et prête une
honnête attention au débat.

Du reste, mon cher confrère, en citant les modernes, ne
négligeons jamais de remonter aux sources. Relisons nos anciens; interrogeons toutes les origines, c'est le plus sûr moyen
de démasquer les plus récentes usurpations, et de découvrir
le fondement de tous les droits. Rappelons-nous le mot de
madame de Staël, et, debout sur le tombeau du despotisme,
montrons chez nos aïeux le berceau de la liberté. A travers
beaucoup d'abus, l'antiquité nous offre de nobles exemples
et d'heureuses compensations. Lisez la vie de L'Hôpital; lisez
aussi celle des Duprat, des Poyet... et comparez les simarres !
Même dans les matières qu'on peut appeler *libérales*, et où
nous croyons avoir de beaucoup dépassé nos ancêtres, nous
verrons que l'instinct de la franchise et de la liberté ne les a
jamais abandonnés, et que les citoyens n'ont pas toujours été
dépourvus de garanties, ni les ministres exempts d'une *certaine* responsabilité. Le jury existait chez les Francs; les
libertés de notre Église gallicane et la pragmatique ont précédé le concordat; Louis XII, Henri II, protégeaient déjà
l'imprimerie; Jousse imprimait librement, même du temps de
Maupeou, ce qu'on a voulu incriminer dans Isambert. Les
ordonnances et les édits n'étaient obligatoires qu'autant et
seulement après qu'ils avaient été vérifiés, enregistrés et publiés. La police était contenue et régularisée par la justice;
chacun avait le sentiment de son droit; le plus petit privilége
enfreint, le moindre titre mal à propos contesté eussent à
l'instant même excité les plus vives réclamations de la part
des parties intéressées; au milieu des malheurs publics, on
entendait des voix courageuses alléguer le droit, réclamer
l'exécution des lois, et dire au roi comme à Dieu lui-même :
Seigneur, délivrez-nous du mal.....

Mais je ne veux pas, mon cher confrère, m'étendre davantage sur un historique que vous savez aussi bien que moi.

Adieu, conservez-moi votre bonne amitié, vous savez combien
j'y attache de prix ; toutefois pour me citer, attendez que je
soit mort.

~~~~~~

SECTION XIX.

DE L'ÉLOQUENCE DU BARREAU COMPARÉE A CELLE DE LA TRIBUNE (1).

(Fragment de M. BERVILLE.)

..... Les lois sont la règle de l'intérêt privé ; l'intérêt public est la règle des lois. Selon ses rapports divers , l'éloquence exerce une fonction différente. Là , elle comparaît au
tribunal de la législation : ici , elle cite à son tribunal la législation elle-même. Placé au sommet de l'édifice social,
l'orateur de la tribune doit en saisir , en comparer toutes les
parties par la puissance de sa méditation. C'est lui qui reconnaît l'état , les progrès , les besoins de la société , en ma-
nie les ressorts, en concilie les intérêts ; c'est lui qui veille
sur les destins de l'humanité. Il stipule les droits des nations,
il consacre les principes éternels de la justice ; attentif à la
marche de l'esprit humain, il provoque les changemens utiles
et repousse les innovations imprudentes , il interroge les
théories sociales ; il les rapproche des temps , des circonstances de la civilisation , il sait vaincre les résistances d'une
routine opiniâtre , sans s'abandonner aux témérités d'une
perfectibilité trop exigeante ; il arrête et les débordemens de
la licence et les entreprises du pouvoir , il est le tuteur des
peuples. Le caractère éminent de son éloquence sera donc la

---

(1) Tel était le sujet du prix d'éloquence proposé par l'Académie
française en 1820. M. Berville était l'un des concurrens. Son discours
fut distingué ; mais le prix fut décerné à M. Delamalle, dont le discours a été réimprimé en entier à la suite de ses *Institutions oratoires*,
édition de 1822.

pensée. De vastes aperçus, des connaissances variées, une haute philosophie, orneront ses discours ; sa composition sera large et forte, sa parole sententieuse et profonde.

Renfermé dans une sphère moins élevée, l'orateur du barreau n'a pas besoin de ce vaste coup d'œil de l'homme d'état. Son horizon est plus borné, ses paroles n'ont pas la même portée, sa route est tracée d'avance par le législateur, il est enfin le sujet, non le juge de la loi. Sans doute, la philosophie de la législation ne lui restera pas étrangère ; elle agrandira son éloquence ; mais elle n'en constituera point la base ; elle n'en sera point l'attribut dominant. Sa voix aura donc moins d'autorité ; mais peut-être en retour aura-t-elle plus de séductions. Vous verrez dans ses conceptions moins de grandeur, vous sentirez plus de chaleur dans ses inspirations. Au barreau, l'action oratoire emprunte quelque chose de l'intérêt dramatique. Là, tout parle aux sens, tout frappe l'imagination et saisit le cœur. C'est un opprimé qui demande vengeance ; c'est un malheureux dont la tête est menacée. Des parens en larmes, des amis en deuil, une mère une épouse, une fille désolée forment un cortége à l'orateur et servent d'aiguillon à son génie. L'accusation, la défense se succèdent et s'emparent tour à tour des esprits. L'auditeur, suspendu entre elles, trahit par ses mouvemens, par ses murmures, par ses acclamations, les impressions qu'il reçoit ; l'œil du magistrat s'adoucit ou devient plus sévère, et l'arrêt de vie ou de mort se prépare sous le choc de deux éloquences rivales. Défenseur d'une cause privée, l'orateur a rassemblé sur ce point unique toutes les forces de son âme et de sa pensée. Il a senti les angoisses de son client, s'est animé de ses passions, s'est rempli de ses douleurs. De là, ces mouvemens rapides ; de là, ces explosions soudaines ; de là ces retours variés d'une sensibilité ingénieuse à se replier sous mille formes, cette surabondance harmonieuse qui caresse l'oreille pour gagner la volonté, ces développemens de la passion qui laissent aux émotions le temps de pénétrer dans le cœur.....
Il n'est pas permis à l'orateur de la patrie d'écouter les affections privées, de s'informer des considérations personnelles.

Il est sans mission pour en connaître, il n'y a point pour lui d'individu, il n'y a qu'un peuple ; il ne voit point les hommes, il voit les principes. Mais ces mêmes considérations, ces mêmes affections, qui profaneraient la tribune, vont bien à l'éloquence particulière. Elles prêtent à la défense un secours légitime ; elles appellent les vertus et les services en témoignage du bon droit de l'innocence. Scipion, accusé devant le peuple qu'il conduisit à la victoire, dédaigne de se défendre. Il rappelle ses triomphes, et Rome tombe aux pieds du vainqueur d'Annibal.

Toutefois ces brillans auxiliaires de la vérité ne sont pas toute l'éloquence. Au barreau comme à la tribune, l'éloquence veut s'appuyer d'abord sur la raison. Il faut convaincre avant d'émouvoir ; mais, sur ces deux théâtres, la raison n'affecte pas des formes pareilles. Dans les discussions politiques, l'argumentation oratoire procède avec plus de hardiesse et de rapidité, néglige les formes symétriques du syllogisme, vole de sommités en sommités, et se saisit des résultats sans s'arrêter sur les détails. Au barreau, des questions moins vastes appellent une démonstration plus rigoureuse, le raisonnement approche plus de l'évidence matérielle, sa marche est plus didactique, sa lumière part de moins haut ; elle frappe davantage. L'orateur politique dit peu ; il fait penser : l'orateur du barreau dit tout ; il fait voir.

Les délicatesses de l'esprit et du sentiment, les traits fins, l'ironie légère, les expressions touchantes, qui se mêlent avec convenance et souvent avec bonheur à l'éloquence des causes privées, conviennent moins à l'éloquence du législateur. Ces grâces molles et fugitives contrasteraient avec la dignité de son caractère. C'est sous des formes plus mâles, plus austères, plus religieuses que cette auguste éloquence veut nous apparaître. Si l'imagination, si la sensibilité dominent chez l'orateur du barreau, la gravité, la majesté distinguent surtout l'orateur de la tribune. Chargé des destinées de tout un peuple, il assortit à la hauteur de sa mission la solennité de ses paroles. Les tours trop ingénieux, la raillerie, les ruses de l'élocution dérogent à la sévérité de la tribune. Cicéron lui-même n'employa point contre Antoine ces formes piquantes, ce facile badinage dont il revêtit la défense de Muréna. Les prières, les larmes siéraient mal aussi à l'homme d'état ; tout en lui respire la force et la grandeur. S'il cède à des émotions, ce n'est qu'à des émotions fières et généreuses. Souvent son langage s'enflamme d'une noble chaleur pour détester la tyrannie, pour maudire les traîtres, pour défendre les sacrés intérêts de la patrie et de l'humanité. L'honneur national, la liberté, la gloire, l'indignation passionnent souvent sa voix ; jamais les molles affections, jamais les faiblesses du cœur. Que d'autres supplient la puissance illégitime ; ses fiers accens la font pâlir. Sous le glaive de Philippe victorieux, Démosthènes tonnait encore contre les complices de sa victoire, et faisait bouillonner d'une noble colère le sang des fils de Miltiade et de Périclès.

Mais si la tribune s'ouvre quelquefois à l'éloquence des passions, il est aussi des temps où la tribune et le barreau lui-même puisent dans le silence des passions une autre sorte d'éloquence. A certaines époques de l'histoire, la proscription s'attache aux causes les plus saintes, aux vertus les plus pures. On voit alors l'évidence sans force et les consciences sans voix. Les combats de la parole ne sont plus qu'un vain simulacre par lequel la tyrannie achève d'insulter aux institutions de la liberté, et la sinistre inscription du Dante semble gravée devant l'asile de la justice ou devant le sanctuaire des lois. Que serviraient alors les foudres de l'éloquence ? Que produiraient les inspirations du cœur et les élans du génie ? Par quels accens réveiller des âmes sourdes à la raison, à l'équité, à l'honneur ? Qu'eût fait le sauveur de Roscius devant le sénat de Tibère ? Toi, que le devoir appelle à ces pénibles épreuves, garde-toi d'oublier quelle attitude convient à l'homme qui défend sans espoir l'innocence ou la vérité. Ne donne point cette joie à l'injustice d'arracher à ta bouche le désaveu des principes que ton cœur avoue. Ne songe plus à fléchir la fatalité d'une volonté inflexible, songe à sauver la dignité du talent et celle de la cause. Que l'éloquence lutte encore, non pour triompher, mais pour forcer l'iniquité à rougir de son triomphe. Ce n'est plus un débat, c'est une protestation contre la violence, un appel à la posté- rité, qu'elle en prenne l'accent grave et solennel. Ici le but n'est point de réussir, mais de faire son devoir : il ne s'agit plus du succès; il s'agit de l'honneur. Lorsque les héros de Sparte marchèrent aux Thermopyles, ils ne combattirent point pour la victoire : ils combattirent pour rendre témoi- gnage aux lois de leur patrie, et pour laisser un grand exem- ple au monde.

Le barreau n'a pas toujours besoin de circonstances ex- trêmes pour déployer cette éloquence austère qui remplace par la noblesse et par la gravité de l'énergie des mouvemens oratoires. Nous la retrouvons dans les organes du ministère public. Là, ce n'est plus l'homme qui parle, c'est la loi, je la re- connais à la tranquille dignité de son langage. Simple comme la vérité, sage comme la raison, l'orateur défend aux pas- sions de profaner la sainteté de ses paroles. Sa voix se refuse aux accens du sarcasme et de la colère. Il ne veut pas toucher, mais convaincre; il ne subjugue pas, il éclaire. La réserve, la mesure, qui affaiblissent une éloquence ordinaire, prêtent à la sienne une nouvelle autorité. Destinée à préparer les arrêts de la justice, elle s'associe à son caractère ; plus ani- mée, elle serait moins puissante; elle me montrerait l'homme où je ne veux voir que le magistrat. Si parfois quelque cha- leur se mêle à ses augustes clartés, c'est lorsque s'élevant au- dessus de l'arène où des intérêts privés s'agitent, placée en face des vérités éternelles qu'elle est appelée à protéger, elle se pénètre de leur sublimité, elle s'enflamme à leur foyer sacré. Éloquence singulière, mais admirable, qui s'interdit les sources où les autres vont puiser leur beauté les plus frappantes, et qui, semblable à la vertu, dont elle emprunte la puissance, s'enrichit de ses privations, et s'agrandit par ses sacrifices !

C'est par des procédés divers que l'éloquence enfante ses chefs-d'œuvre. Tantôt la méditation solitaire amasse lente- ment dans le silence des nuits les trésors de la pensée, les

dispose avec art, resserre le tissu du discours, en polit les
détails, et confie au papier ou livre à la mémoire le fruit de
ses veilles savantes ; tantôt au sein d'un auditoire nombreux,
provoquée par un solennel appareil, par la chaleur des débats, par la vivacité de l'action oratoire, l'improvisation fait
jaillir en brillans éclairs ses merveilles fugitives. Le discours
préparé, moins entraînant, mais plus grave, plus méthodique, plus approfondi, ne messied pas à la tribune. Il y a
même quelque bienséance à dérober de si hauts intérêts aux
caprices de l'inspiration. Les précautions de l'orateur attestent
sa circonspection et sa modestie. Elles marquent un plus
grand respect pour l'auditoire et pour la cause. Au barreau,
des intérêts d'un ordre moins élevé veulent plus d'abandon
et moins d'apprêt ; l'éloquence y répand plus de mouvemens
passionnés que d'aperçus philosophiques, et la passion se sent et
ne se médite pas. Cependant, depuis que l'imprimerie, créant
de nouveaux rapports entre les hommes, a reculé les bornes
de la scène oratoire, le talent d'écrire a dû occuper une place
distinguée dans l'éloquence judiciaire. L'écrivain du barreau
exerce un empire moins a'solu, sans doute, mais plus étendu
que l'empire de l'orateur. Il parle à l'auditoire absent, il fait
retentir la défense hors de l'enceinte des tribunaux. La parole écrite peut aussi convenir aux magistrats. Moins pressé
par le temps, moins asservi au mouvement du débat, supérieur aux affections, conservateur des principes, il ne cherche
point les effets de l'art oratoire, ou plutôt il cherche ses effets dans un autre ordre de moyens. Avouons-le pourtant,
au barreau comme à la tribune, c'est dans le talent de l'improvisation que réside principalement l'éloquence ; seul il
fournit des ressources toujours sûres, des armes toujours
prêtes ; seul il poursuit l'erreur de détour en détour, de
sophisme en sophisme, et fait tomber, sous les coups redoublés
d'une argumentation pressante, les masques différens qu'elle
essaie tour à tour ; seul, il s'empare des circonstances, des
hasards favorables ; seul, il met à profit ces illuminations
soudaines, ces révélations du génie que provoque la contradiction d'un adversaire, le concours de nombreux auditeurs,

la pompe du drame oratoire ; seul, enfin, il se prête à ces rapides communications de la sensibilité ou de l'enthousiasme, qui renvoient à l'orateur les impressions qu'il vient de produire, et qui, dans les émotions que ces premières inspirations ont excitées, lui font puiser des inspirations nouvelles.....

DISCIPLINE DU BARREAU

DANS L'EXERCICE

DE LA PROFESSION D'AVOCAT.

〰〰〰〰〰〰〰〰〰〰〰〰〰〰〰〰〰

L'AMOUR DE SON ÉTAT.

MERCURIALE PRONONCÉE PAR M. D'AGUESSEAU, EN 1703.

LE plus précieux et le plus rare de tous les biens est l'amour de son état. Il n'y a rien que l'homme connaisse moins que le bonheur de sa condition. Heureux s'il croit l'être, et malheureux souvent parce qu'il veut être trop heureux, il n'envisage jamais son état dans son véritable point de vue.

Le désir lui présente de loin l'image trompeuse d'une parfaite félicité; l'espérance séduite par ce portrait ingénieux embrasse avidement un fantôme qui lui plaît. Par une espèce de passion anticipée, l'âme jouit du bien qu'elle n'a pas; mais elle le perdra aussitôt qu'elle aura commencé de le posséder véritablement, et le dégoût abattra l'idole que le désir avait élevé.

L'homme est toujours également malheureux, et par ce qu'il désire et par ce qu'il possède. Jaloux de la fortune des autres dans le temps qu'il est l'objet de leur jalousie; toujours envié et toujours envieux, s'il fait des vœux pour changer d'état, le ciel irrité ne les exauce souvent que pour le punir. Transporté loin de lui par ses désirs, et vieux dans sa jeunesse, il méprise le présent, et courant après l'avenir, il veut toujours vivre et ne vit jamais.

Tel est le caractère dominant des mœurs de notre siècle : une inquiétude généralement répandue dans toutes les professions; une agitation que rien ne peut fixer, ennemie du repos, incapable du travail, portant partout le poids d'une inquiète et ambitieuse oisiveté ; un soulèvement universel de tous les hommes contre leur condition ; une espèce de conspiration générale, dans laquelle ils semblent être tous convenus de sortir de leur caractère ; toutes les professions confondues, les dignités avilies, les bienséances violées, la plupart des hommes hors de leur place, méprisant leur état et le rendant méprisable. Toujours occupés de ce qu'ils seront, pleins de vastes projets, le seul qui leur échappe est celui de vivre contens de leur état.

Que nous serions heureux, si nous pouvions nous oublier nous-mêmes dans cette peinture !

Mais oserons-nous l'avouer publiquement, et dans ce jour que la sagesse de nos pères a consacrés à une triste et austère vérité, nous sera-t-il permis de parler le langage de notre ministère, plutôt que celui de notre âge ? et ne craindrons-nous pas de vous dire que la justice gémit du mépris que les juges ont conçu pour leur profession ; et que la plaie la plus sensible qui ait été faite à la magistrature, elle l'a reçue de la main même du magistrat.

Tantôt la légèreté l'empêche de s'attacher à son état, tantôt le plaisir l'en dégoûte ; souvent il le craint par mollesse, et presque toujours il le méprise par ambition. Après une éducation, toujours trop lente au gré d'un père aveuglé par sa tendresse ou séduit par sa vanité, mais toujours trop courte pour le bien de la justice, l'âge plutôt que le mérite, et la fin des études beaucoup plus que leur succès, ouvrent à une jeunesse impatiente l'entrée de la magistrature ; souvent même, prévenant les momens de maturité si sagement marqués par les lois, ils deviennent juges plusieurs années avant que d'être hommes. Le mouvement soudain d'une secrète inquiétude, ou l'impression fortuite d'un objet extérieur sont les seuls principes de leur conduite. Leur esprit est un feu qui se détruit par sa propre activité, et qui, ne pouvant se renfermer dans sa sphère, se dissipe en cherchant à se répandre, et s'évapore en voulant s'élever. Toujours oisifs sans être jamais en repos, toujours agissans sans être véritablement occupés ; l'agitation continuelle que l'on remarque en eux jusque dans les tranquilles fonctions de la justice est une vive peinture du trouble et de la légèreté de leur âme.

S'ils ne dédaignent pas encore de remplir les devoirs de la magistrature, ils les placent dans le court intervalle qui sépare leurs plaisirs ; et dès le moment que l'heure des divertissemens s'approche, on voit un magistrat sortir avec empressement du sanctuaire de la justice pour aller s'asseoir sur un théâtre. La partie qui retrouve dans un spectacle celui qu'elle avait respecté dans son tribunal, le méconnaît ou le méprise ; et le public qui le voit dans ces deux états ne sait dans lequel des deux il déshonore plus la justice.

Retenu par un reste de pudeur dans un état qu'il n'ose quitter ouvertement, s'il ne peut cesser d'être magistrat, il veut au moins cesser de le paraître. Honteux de ce qui devrait faire toute sa gloire, il rougit d'une profession qui peut-être a rougi de le recevoir ; il ne peut souffrir qu'on lui parle de son état ; et, ne craignant rien tant que de passer pour ce qu'il est, le nom même de juge est une injure pour lui. On reconnaît dans ses mœurs toute sorte de caractères, excepté celui du magistrat. Il va chercher des vices jusque dans les autres professions ; il emprunte de l'une sa licence et son emportement, l'autre lui prête son luxe et sa mollesse. Les défauts opposés à son caractère acquièrent avec lui un nouveau degré de difformité. Il viole jusqu'à la bienséance du vice, si ce mot de bienséance peut jamais convenir à ce qui n'est pas la vertu. Méprisé par ceux dont il ne peut égaler la sagesse, il l'est encore plus par ceux dont il affecte de surpasser le déréglement. Transfuge de la vertu, le vice même auquel il se livre ne lui sait aucun gré de sa désertion ; et toujours étranger partout où il se trouve, le monde le rejette et la magistrature le désavoue.

Heureux dans son malheur, si le ciel lui envoie d'utiles ennemis, dont la salutaire censure lui apprenne de bonne heure que si ces hommes sont quelquefois assez aveugles pour excuser le vice, ils ne sont jamais assez indulgens pour pardonner le vice déplacé ; et que si le monde le plus corrompu paraît d'abord aimer les magistrats qui le cherchent, il n'estime jamais véritablement que ceux qui regardent l'obligation de le fuir comme une partie essentielle de leur devoir.

Qu'il se hâte donc de fuir cette mer dangereuse, où sa sagesse a déjà fait naufrage ; qu'il se renferme dans son état, comme dans un port favorable, pour y recueillir les débris de sa réputation ; mais qu'il se souvienne toujours que c'est à la vertu seule qu'il appartient d'inspirer cette fuite généreuse.

Si l'inconstance, si l'ennui, si la satiété des plaisirs sont les seuls guides qui conduisent le magistrat dans la retraite, il y cherche la paix et il n'y trouve qu'un repos languissant, une molle et insipide tranquillité.

Bien loin d'avoir assez de courage pour réprimer ses passions, il n'en a pas même assez pour les suivre ; et le vice ne lui déplaît pas moins que la vertu.

S'il demeure encore dans son état, ce n'est point par un attachement libre et éclairé ; c'est par une aveugle et impuissante lassitude.

La coutume et la bienséance le conduisent encore quelquefois au Sénat ; mais il y paraît avec tant de négligence qu'on dirait que la justice a fait asseoir la mollesse sur son trône. S'il fait quelques efforts pour soutenir un moment le travail de l'application, il retombe aussitôt de son propre poids dans le néant de ses pensées, jusqu'à ce qu'une heure favorable, et trop lente pour lui, le délivre du pesant fardeau d'une fonction importune, et le rende à sa première oisiveté.

C'est là, que livré à son ennui, et réduit à la fâcheuse nécessité d'habiter avec soi, il n'y trouve qu'un vide affreux et une triste solitude ; toute sa vie n'est plus qu'une longue et ennuyeuse distraction, un pénible et difficile assoupissement, dans lequel, inutile à sa patrie, insupportable à lui-même, il vieillit sans honneur, et ne peut montrer la longueur de sa vie que par un grand nombre d'années stériles et de jours vainement perdus.

Si l'ambition vient le tirer de cette profonde léthargie, il paraîtra peut-être plus sage ; mais il ne sera pas plus heureux.

Attentif à remplir ses devoirs, et à faire servir sa vertu

même à sa fortune, il pourra éblouir pour un temps les yeux de ceux qui ne jugent que sur les apparences.

Comme il ne travaille qu'à orner la superficie de son âme, il étale avec pompe tous les talens que la nature lui a donnés. Il ne cultive en lui que les qualités brillantes, il n'amasse des trésors que pour les montrer.

L'homme de bien, au contraire, se cache pendant long-temps, pour jeter les fondemens solides d'un édifice durable. La vertu patiente, parce qu'elle doit être immortelle, se hâte lentement, et s'avance vers la gloire avec plus de sûreté, mais avec moins d'éclat. Semblable à ceux qui cherchent l'or dans les entrailles de la terre, il ne travaille jamais plus utilement que lorsqu'on l'a perdu de vue, et qu'on le croit enseveli sous les ruines de son travail. Il cherche moins à paraître homme de bien qu'à l'être effectivement ; souvent on ne remarque rien en lui qui le distingue des autres hommes ; il laisse échapper avec peine un faible rayon de ces vives lumières qu'il cache au dedans de lui-même ; peu d'esprits ont assez de pénétration pour percer ce voile de modestie dont il les couvre ; plusieurs doutent de la supé-riorité de son mérite, et cherchent sa réputation en le voyant.

Ne craignons pourtant pas pour l'homme de bien ; la vertu imprime sur son front un caractère auguste, que sa noble simplicité rendra toujours inimitable à l'ambitieux. Qu'il re-trace, s'il est possible, qu'il exprime dans sa personne les autres qualités du sage magistrat ; il n'approchera jamais de cette douce et profonde tranquillité qu'inspire à une âme vertueuse l'amour constant de son état : la nature se réserve toujours un degré de vérité au-dessus de tous les efforts de l'art, un jour, une lumière que l'imitation la plus parfaite ne sauraient jamais égaler. Le temps en fait bientôt un juste dis-cernement ; et il ajoute à la réputation du vertueux magistrat ce qu'il retranche à celle du magistrat ambitieux.

L'un voit croître tous les ans sa solide grandeur, l'autre voit tomber chaque jour une partie de ce superbe édifice qu'il n'avait bâti que sur le sable.

L'un ne doit souhaiter que d'être connu des hommes, l'autre ne craint rien tant que de se faire connaître.

Le cœur du sage magistrat est un asile sacré que les passions respectent, que les vertus habitent ; que la paix, compagne inséparable de la justice, rend heureux par sa présence. Le cœur du magistrat ambitieux est un temple profane : il y place la fortune sur l'autel de la Justice ; et le premier sacrifice qu'elle lui demande, est celui de son repos : heureux si elle veut bien ne pas exiger celui de son innocence ! Mais qu'il est à craindre que des yeux toujours ouverts à la fortune, ne se ferment quelquefois à la justice, et que l'ambition ne séduise le cœur pour aveugler l'esprit !

Qu'est devenu ce temps, où le magistrat jouissant de ses propres avantages, renfermé dans les bornes de sa profession, trouvait en lui seul le centre de tous ses désirs et se suffisait pleinement à lui-même ? Il ignorait cette multiplicité de voies entre lesquelles on voit souvent hésiter un cœur ambitieux ; sa modération lui offrait une route plus simple et plus facile ; il marchait sans peine sur la ligne indivisible de son devoir. Sa personne était souvent inconnue, mais son mérite ne l'était jamais. Content de montrer aux hommes sa réputation, lorsque la nécessité de son ministère ne l'obligeait pas de se montrer lui-même ; il aimait mieux faire demander pourquoi on le voyait si rarement, que de faire dire qu'on le voyait trop souvent, et dans l'heureux état d'une vertueuse indépendance, on le regardait comme une espèce de divinité que la retraite et la solitude consacraient, qui ne paraissait que dans un temple, et qu'on ne voyait que pour l'adorer ; toujours nécessaire aux autres hommes sans jamais avoir besoin de leur secours, et sincèrement vertueux sans attendre d'autre prix que la vertu même. Mais la fortune semblait disputer à sa vertu la gloire de le récompenser ; on donnait tout à ceux qui ne demandaient rien ; les honneurs venaient s'offrir d'eux-mêmes au magistrat qui les méprisait ; plus il modérait ses désirs, plus il voyait croître son pouvoir, et jamais son autorité n'a été plus grande que lorsqu'il vivait content de ne pouvoir rien pour lui-même, et de pouvoir tout pour la justice.

Mais depuis que l'ambition a persuadé au magistrat de demander aux autres hommes une grandeur qu'il ne doit attendre que de lui-même, depuis que ceux que l'Écriture appelle les dieux de la terre se sont répandus dans le commerce du monde, et ont paru de véritables hommes, on s'est accoutumé à voir de près sans frayeur cette majesté qui paraissait de loin si saintement redoutable. Le public a refusé ses hommages à ceux qu'il a vus confondus avec lui dans la foule des esclaves de la fortune; et ce culte religieux qu'on rendait au magistrat s'est changé en un juste mépris de sa vanité.

Au lieu de s'instruire par sa chute, et de prendre conseil de sa disgrâce, il se consume souvent en regrets superflus. On l'entend déplorer l'obscurité de ses occupations, se plaindre de l'inutilité de ses services, annoncer lugubrement le déshonneur futur de sa condition et la triste prophétie de sa décadence.

Accablé d'un fardeau qu'il ne peut ni porter ni quitter, il gémit sous le poids de la pourpre, qui le charge plutôt qu'elle ne l'honore : semblable à ces malades qui ne connaissent point d'état plus fâcheux que leur situation présente, il s'agite inutilement ; et, se flattant de parvenir au repos par le mouvement, bien loin de guérir ses maux imaginaires, il y ajoute le mal réel d'une accablante inquiétude. Qu'on ne lui demande point les raisons de son ennui; une partie de ses maux est d'en ignorer la cause : qu'on n'en accuse pas les peines attachées à son état; il n'en est point qui ne lui fût également pénible, dès le moment qu'il y serait parvenu : la fortune la plus éclatante aurait toujours le défaut d'être la sienne. Le supplice de l'homme mécontent de son état est de se fuir sans cesse, et de se trouver toujours lui-même. Si le ciel ne change son cœur, le ciel même ne saurait le rendre heureux.

Réduit en cet état à emprunter des secours étrangers pour soutenir les faibles restes d'une dignité chancelante, le magistrat a ouvert la porte à ses plus grands ennemis. Ce luxe, ce faste, cette munificence qu'il avait appelés pour être l'appui de son élévation, ont achevé de dégrader la magistrature, et de lui arracher jusqu'au souvenir de son ancienne grandeur.

L'heureuse simplicité des anciens sénateurs, cette riche modestie qui faisait autrefois le plus précieux ornement du magistrat, contrainte de céder à la force de la coutume et à la loi injuste d'une fausse bienséance, s'est réfugiée dans quelques maisons patriciennes, qui retracent encore, au milieu de la corruption du siècle, une image fidèle de la vraie frugalité de nos pères.

Si le malheur de leur temps leur avait fait voir ce nombre prodigieux de fortunes subites, sortir en un moment, du fond de la terre pour répandre dans toutes les conditions, et jusque dans le sanctuaire de la justice, l'exemple contagieux de leur luxe téméraire : s'ils avaient vu ces bâtimens superbes, ces meubles magnifiques, et tous ces ornemens ambitieux d'une vanité naissante, qui se hâte de jouir ou plutôt d'abuser d'une grandeur souvent aussi précipitée dans sa chute que rapide dans son élévation ; ils auraient dit avec un des plus grands hommes que Rome vertueuse ait jamais produits dans le temps qu'elle ne produisait que des héros : « Laissons aux Tarentins leurs dieux irrités ; ne portons à » Rome que des exemples de modestie et de sagesse, et for » çons les plus riches nations de la terre de rendre hommage » à la pauvreté des Romains. »

Heureux le magistrat qui, successeur de la dignité de ses pères, l'est encore plus de leur sagesse, qui, fidèle comme eux à tous ses devoirs et attaché inviolablement à son état, est content de ce qu'il est, et ne désire que ce qui est possible!

Persuadé que l'état le plus heureux pour lui est celui dans lequel il se trouve, il met toute sa gloire à demeurer ferme et inébranlable dans le poste que la république lui a confié : content de lui obéir, c'est pour elle qu'il combat et non pas pour lui-même. C'est à elle à choisir la place dans laquelle elle veut recevoir ses services ; il saura toujours la remplir dignement,

Convaincu qu'il n'en est point qui ne soit glorieuse dès le moment qu'elle a pour objet le salut de la patrie, il respecte son état et le rend respectable. Prêtre de la justice, il honore son ministère autant qu'il en est honoré. Il semble que sa dignité croisse avec lui, et qu'il n'y ait point de places qui soient assez grandes, aussitôt qu'il les occupe ; il les transmet à ses successeurs, plus illustres et plus éclatantes qu'il ne les a reçues de ceux qui l'ont précédé. Son exemple apprend aux hommes qu'on accuse souvent la dignité lorsqu'on ne devrait accuser que la personne ; et que, dans quelque place que se trouve l'homme de bien, la vertu ne souffrira jamais qu'il y soit sans éclat. Si ses paroles sont impuissantes, ses actions sont efficaces ; et si le ciel refuse aux unes et aux autres le succès qu'il en pouvait attendre, il donnera toujours au genre humain le rare, l'utile, le grand exemple d'un homme content de son état. Le mouvement général qui le pousse de toutes parts ne sert qu'à l'affermir dans le repos, et à le rendre plus immobile dans le centre du tourbillon qui l'environne.

Toujours digne d'une fonction plus éclatante, par la manière dont il remplit la sienne, il la mérite encore plus par la crainte qu'il a d'y parvenir. Il n'a point d'autre protecteur que le public. La voix du peuple le présente au prince ; souvent la faveur ne le choisit pas, mais la vertu le nomme toujours.

Bien loin de se plaindre alors de l'injustice qu'on lui a faite, il se contente de souhaiter que la république trouve un plus grand nombre de sujets plus capables que lui de la servir utilement : et dans le temps que ceux qui lui ont été préférés rougissent des faveurs de la fortune, il applaudit le premier à leur élévation ; et il est le seul qui ne se croie pas digne d'une place que ses envieux mêmes lui destinaient en secret.

Aussi simple que la vérité, aussi sage que la loi, aussi désintéressé que la justice, la crainte d'une fausse honte n'a pas plus de pouvoir sur lui que le désir d'une fausse gloire : il sait qu'il n'a pas été revêtu du sacré caractère de magistrat pour plaire aux hommes, mais pour les servir, et souvent malgré eux-mêmes ; que le zèle gratuit d'un bon citoyen

35.

doit aller jusqu'à négliger pour sa patrie le soin de sa propre
réputation ; et qu'après avoir tout sacrifié à sa gloire, il doit
être prêt à sacrifier, s'il le faut, sa gloire même à la justice.
Incapable de vouloir s'élever aux dépens de ses confrères, il
n'oublie jamais que tous les magistrats ne doivent se considérer que comme autant de rayons différens, toujours faibles, quelque lumineux qu'ils soient par eux-mêmes, lorsqu'ils
se séparent les uns des autres, mais toujours éclatans, quelque faibles qu'ils soient séparément, lorsque réunis ensemble
ils forment par leur concours ce grand corps de lumière qui
réjouit la justice, qui fait trembler l'iniquité, qui attire le
respect et la vénération des peuples.

Les autres ne vivent que pour leurs plaisirs, pour leur
fortune, pour eux-mêmes : le parfait magistrat ne vit que
pour la république. Exempt des inquiétudes que donne au
commun des hommes le soin de leur fortune particulière,
tout est en lui consacré à la fortune publique : ses jours,
parfaitement semblables les uns aux autres, ramènent tous
les ans les mêmes occupations avec les mêmes vertus; et, par
une heureuse uniformité, il semble que toute sa vie ne soit
que comme un seul et même moment dans lequel il se possède tout entier pour se sacrifier tout entier à sa patrie. On
cherche l'homme en lui, et l'on n'y trouve que le magistrat ; sa dignité le suit partout, parce que l'amour de son
état ne l'abandonne jamais; et toujours le même, en public,
en particulier, il exerce une perpétuelle magistrature, plus
aimable, mais non pas moins puissante, quand elle est dés-
armée de cet appareil extérieur qui la rend formidable.

Enfin, si dans un âge avancé la patrie lui permet de
jouir d'un repos que son travail a si justement mérité, c'est
l'amour même de son état qui lui inspire le dessein de le
quitter : tous les jours il sent croître son ardeur, mais tous
les jours il sent diminuer ses forces; il craint de survivre à
lui-même, et de faire dire aux autres hommes qu'il a trop
vécu pour la justice. Sa retraite n'est pas une fuite, mais un
triomphe; il sort du combat couronné des mains de la victoire : et toutes les passions qui ont vainement essayé d'at-

taquer en lui l'amour de son état, vaincues et désarmées, suivent, comme autant de captives, le char du victorieux. Tous ceux qui ont goûté les fruits précieux de sa justice, lui donnent, par leurs regrets, la plus douce et la plus sensible de toutes les louanges; les vœux des gens de bien l'accompagnent, et la justice qui triomphe avec lui le remet entre les bras de la paix, dans le tranquille séjour d'une innocente solitude; et soit qu'avec ces mêmes mains qui ont tenu si long-temps la balance de la justice, il cultive en repos l'héritage de ses pères; soit qu'appliqué à former des successeurs de ses vertus il cherche à revivre dans ses enfans, il travaille aussi utilement pour le public que lorsqu'il exerçait les plus importantes fonctions de la magistrature; soit qu'enfin, occupé de l'attente d'une mort qu'il voit sans frayeur approcher tous les jours, il ne pense plus qu'à rendre à la nature un esprit meilleur qu'il ne l'avait reçu d'elle; plus grand encore dans l'obscurité de sa retraite que dans l'éclat des plus hautes dignités, il finit ses jours aussi tranquillement qu'il les a commencés. On ne l'entend point, comme tant de héros, se plaindre en mourant de l'ingratitude des hommes et du caprice de la fortune. Si le ciel lui permettait de vivre une seconde fois, il vivrait comme il a vécu; et il rend grâces à la Providence, bien moins de l'avoir conduit glorieusement dans la carrière des honneurs, que de lui avoir fait le plus grand et le plus estimable de tous les présens en lui inspirant l'amour de son état.

~~~~~~

4. L'INDÉPENDANCE DE L'AVOCAT.

DISCOURS PRONONCÉ PAR M. D'AGUESSEAU, A L'OUVERTURE
DES AUDIENCES, EN 1698.

Tous les hommes aspirent à l'indépendance : mais cet heureux état, qui est le but et la fin de leurs désirs, est celui dont ils jouissent le moins.

Avares de leurs trésors, ils sont prodigues de leur liberté : et, pendant qu'ils se réduisent dans un esclavage volontaire, ils accusent la nature d'avoir formé en eux un vœu qu'elle ne contente jamais.

Trompés par la fausse lueur d'une liberté apparente, ils éprouvent toute la rigueur d'une véritable tyrannie.

Malheureux par la vue de ce qu'ils n'ont pas, sans être heureux par la jouissance de ce qu'ils possèdent ; toujours esclaves, parce qu'ils désirent toujours, leur vie n'est qu'une longue servitude ; et ils arrivent à son dernier terme avant que d'avoir senti les premières douceurs de la liberté.

Les professions les plus élevées sont les plus dépendantes, et dans le temps même qu'elles tiennent tous les autres états soumis à leur autorité, elles éprouvent à leur tour cette sujétion nécessaire où l'ordre de la société a soumis toutes les conditions.

Le chemin qui conduit aux honneurs est soumis au pouvoir de ces divinités que les hommes ont élevées sur les ruines de leur liberté.

C'est là que les plus grands talens sont sacrifiés au fantôme de la noblesse ou à l'idole de l'avarice ; et que, sans ces secours étrangers, le mérite le plus éclatant est souvent condamné à une éternelle obscurité.

Celui que la grandeur de ses emplois élève au-dessus des autres hommes reconnaît bientôt que le premier jour de sa dignité est le dernier de son indépendance.

Il ne peut plus se procurer aucun repos qui ne soit fatal au public ; il se reproche les plaisirs les plus innocens, parce qu'il ne peut plus les goûter que dans un temps consacré à son devoir.

Si l'amour de la justice, si le désir de servir sa patrie peuvent le soutenir dans son état, ils ne peuvent l'empêcher de sentir qu'il est esclave, et de regretter ces jours heureux où il ne rendait compte de son travail et de son loisir qu'à lui-même.

La gloire fait porter des chaînes plus éclatantes à ceux qui la cherchent dans la profession des armes ; mais elles ne sont pas moins pesantes, et ils éprouvent la nécessité de servir, dans l'honneur même du commandement.

Il semble que la liberté, bannie du commerce des hommes, ait quitté le monde qui la méprisait ; qu'elle ait cherché un port assuré et un asile dans la solitude, où elle n'est connue que d'un petit nombre d'adorateurs, qui ont préféré la douceur d'une liberté obscure aux peines et aux dégoûts d'une éclatante servitude.

Dans cet assujettissement presque général de toutes les conditions, UN ORDRE *aussi ancien que la magistrature, aussi noble que la vertu, aussi nécessaire que la justice,* se distingue par un caractère qui lui est propre ; et, seul entre tous les états, il se maintient toujours dans l'heureuse et paisible possession de son indépendance.

Libre sans être inutile à sa patrie, il se consacre au public sans en être esclave ; et, condamnant l'indifférence d'un philosophe qui cherche l'indépendance dans l'oisiveté, il plaint le malheur de ceux qui n'entrent dans les fonctions publiques que par la perte de leur liberté.

La fortune les respecte : elle perd tout son empire sur une profession qui n'adore que la sagesse ; la prospérité n'ajoute rien à son bonheur, parce qu'elle n'ajoute rien à son mérite ; l'adversité ne lui ôte rien, parce qu'elle lui laisse toute sa vertu.

Si elle conserve encore des passions, elle ne s'en sert plus que comme d'un secours utile à la raison ; en les rendant es-

claves de la justice, elle ne les emploie que pour en affermir
l'autorité.

Exempte de toute sorte de servitudes, elle arrive à la plus
grande élévation sans perdre aucun des droits de sa première
liberté; et dédaignant tous les ornemens inutiles à la vertu,
elle peut rendre l'homme noble sans la naissance, riche sans
biens, élevé sans dignités, heureux sans le secours de la
fortune.

Vous qui avez l'avantage d'exercer une profession si glorieuse, jouissez d'un si rare bonheur; connaissez toute l'étendue de vos priviléges, et n'oubliez jamais que comme la vertu
est le principe de votre indépendance, c'est elle qui l'élève à
sa dernière perfection.

Heureux d'être dans un état où faire sa fortune et faire son
devoir ne sont qu'une même chose; où le mérite et la gloire
sont inséparables; où l'homme, unique auteur de son élévation, tient tous les autres hommes dans la dépendance de
ses lumières, et les force de rendre hommage à la seule supériorité de son génie!

Ces distinctions qui ne sont fondées que sur le hasard de la
naissance, ces grands noms dont l'orgueil du commun des
hommes se flatte, et dont les sages mêmes sont éblouis, deviennent des secours inutiles dans une profession dont la
vertu fait toute la noblesse, et dans laquelle les hommes sont
estimés, non par ce qu'ont fait leurs pères, mais par ce qu'ils
font eux-mêmes.

Ils quittent, en entrant dans ce corps célèbre, le rang
que les préjugés leur donnaient dans le monde, pour reprendre celui que la raison leur donne dans l'ordre de la
nature et de la vérité.

La justice, qui leur ouvre l'entrée du barreau, efface jusqu'au souvenir de ces différences injurieuses à la vertu, et ne
distingue plus que par le degré de mérite ceux qu'elle appelle
également aux fonctions d'un même ministère.

Les richesses peuvent orner une autre profession; mais la
vôtre rougirait de leur devoir son éclat. Élevés au comble de
la gloire, vous vous souvenez encore que vous n'êtes souvent

redevables de vos plus grands honneurs qu'aux généreux efforts d'une vertueuse médiocrité.

Ce qui est un obstacle dans les autres états devient un secours dans le vôtre. Vous mettez à profit les injures de la fortune ; le travail vous donne ce que la nature vous a refusé, et une heureuse adversité a souvent fait éclater un mérite qui aurait vieilli sans elle dans le repos obscur d'une longue prospérité.

Affranchis du joug de l'avarice, vous aspirez à des biens qui ne sont point soumis à sa domination. Elle peut à son gré disposer des honneurs ; aveugle dans son choix, confondre tous les rangs, et donner aux richesses les dignités qui ne sont dues qu'à la vertu : quelque grand que soit son empire, ne craignez pas qu'il s'étende jamais sur votre profession.

Le mérite, qui en est l'unique ornement, est le seul bien qui ne s'achète point ; et le public, toujours libre dans son suffrage, donne la gloire, et ne la vend jamais.

Vous n'éprouvez ni son inconstance, ni son ingratitude : vous acquérez autant de protecteurs que vous avez de témoins de votre éloquence ; les personnes les plus inconnues deviennent les instrumens de votre grandeur ; et pendant que l'amour de votre devoir est votre unique ambition, leur voix et leurs applaudissemens forment cette haute réputation que les places les plus éminentes ne donnent point. Heureux de ne devoir ni les dignités aux richesses, ni les richesses aux dignités !

Que cette élévation est différente de celle que les hommes achètent au prix de leur bonheur, et souvent même de leur innocence !

Ce n'est point un tribut forcé que l'on paye à la fortune par bienséance ou par nécessité : c'est un hommage volontaire, une déférence naturelle que les hommes rendent à la vertu, et que la vertu seule a droit d'exiger d'eux.

Vous n'avez pas à craindre que l'on confonde, dans les honneurs que l'on vous rend, les droits du mérite avec ceux de la dignité, ni que l'on accorde aux emplois le respect que l'on refuse à la personne ; votre grandeur est toujours votre ouvrage, et le public n'admire en vous que vous-mêmes.

Une gloire si éclatante ne sera pas le fruit d'une longue servitude : la vertu dont vous faites profession n'impose à ceux qui la suivent d'autres lois que celle de l'aimer, et sa possession, quelque précieuse qu'elle soit, n'a jamais coûté que le désir de l'obtenir.

Vous n'aurez point à regretter des jours vainement perdus dans les voies pénibles de l'ambition, des services rendus aux dépens de la justice, et justement payés par le mépris de ceux qui les ont reçus.

Tous vos jours sont marqués par les services que vous rendez à la société. Toutes vos occupations sont des exercices de droiture et de probité, de justice et de religion. La patrie ne perd aucun des momens de votre vie; elle profite même de votre loisir, et elle jouit des fruits de votre repos.

Le public qui connaît quel est le prix de votre temps vous dispense des devoirs qu'il exige des autres hommes; et ceux dont la fortune entraîne toujours après elle une foule d'adorateurs viennent déposer chez vous l'éclat de leur dignité, pour se soumettre à vos décisions, et attendre de vos conseils la paix et la tranquillité de leurs familles.

Quoique rien ne semble plus essentiel aux fonctions de votre ministère que la sublimité des pensées, la noblesse des expressions, les grâces extérieures, et toutes les grandes qualités dont le concours forme la parfaite éloquence; ne croyez pourtant pas que la parfaite éloquence soit absolument dépendante de tous ces avantages; et quand même la nature vous aurait envié quelqu'un de ces talens, ne privez pas le public des secours qu'il a droit d'attendre de vous.

Ces talens extraordinaires, cette grande et sublime éloquence, sont des présens du ciel, qu'il n'accorde que rarement. On trouve à peine un orateur parfait dans une longue suite d'années; tous les siècles n'en ont pas produit; et la nature s'est reposée long-temps, après avoir formé les Cicéron et les Démosthène.

Que ceux qui ont reçu ce glorieux avantage jouissent d'une si rare félicité; qu'ils cultivent ces semences de grandeur qu'ils trouvent dans leur génie; qu'ils joignent les vertus acquises aux talens naturels ; qu'ils dominent dans le barreau , et qu'ils fassent revivre dans nos jours la noble simplicité des orateurs d'Athènes , et l'heureuse fécondité de l'éloquence de Rome.

Mais si les premiers rangs sont dus à leurs grandes qualités , on peut vieillir avec honneur dans les seconds : et , dans cette illustre carrière , il est glorieux de suivre ceux même qu'on n'espère pas d'égaler.

Enfin , ajoutons à la gloire de votre ordre , que l'éloquence même , qui paraît son plus riche ornement , ne vous est pas toujours nécessaire pour arriver à la plus grande élévation . et le public a fait voir par d'illustres exemples qu'il savait accorder la réputation des plus grands avocats à ceux qui n'avaient jamais aspiré à la gloire des orateurs.

La science a ses couronnes aussi bien que l'éloquence. Si elles sont moins brillantes , elles n'en sont pas moins solides ; le temps , qui diminue l'éclat des unes, augmente le prix des autres. Ces talens , stériles pendant les premières années , rendent avec usure , dans un âge plus avancé , les avantages qu'ils refusent dans la jeunesse , et votre ordre ne se vante pas moins des grands hommes qui l'ont enrichi par leur érudition , que de ceux qui l'ont orné par leur éloquence.

C'est ainsi que , par des routes différentes , mais toujours également assurées, vous arrivez à la même grandeur , et ceux que les moyens ont séparés se réunissent dans la fin.

Parvenus à cette élévation qui , dans l'ordre du mérite , ne voit rien au-dessus d'elle , il ne vous reste plus, pour ajouter un dernier caractère à votre indépendance , que d'en rendre hommage à la vertu de qui vous l'avez reçue.

L'homme n'est jamais plus libre que lorsqu'il assujettit ses passions à la raison , et sa raison à la justice. Le pouvoir de faire du mal est une imperfection , et non pas un caractère essentiel de notre liberté ; et elle ne recouvre sa véritable grandeur que lorsqu'elle perd cette triste capacité , qui est la source de toutes ses disgrâces.

Le plus libre et le plus indépendant de tous les êtres n'est tout-puissant que pour faire le bien ; son pouvoir infini n'a point d'autres bornes que le mal ; il suit inviolablement les lois que sa providence s'est imposées ; il se soumet lui-même à l'ordre immuable de ses décrets éternels.

Les plus nobles images de la divinité, les rois, que l'Écriture appelle les dieux de la terre, ne sont jamais plus grands que lorsqu'ils soumettent toute leur grandeur à la justice, et qu'ils joignent au titre de maîtres du monde celui d'esclaves de la loi.

Dompter par la force des armes ceux qui n'ont pu souffrir le bonheur d'une paix que la seule modération du vainqueur leur avait accordée ; résister aux efforts d'une ligue puissante de cent peuples conjurés contre sa grandeur ; forcer des princes jaloux de sa gloire à admirer la main qui les frappe, et à louer les vertus qu'ils haïssent ; agir également partout et ne devoir ses victoires qu'à soi-même, c'est le portrait d'un héros, et ce n'est encore qu'une idée imparfaite de la vertu d'un roi.

Etre aussi supérieur à sa victoire qu'à ses ennemis, ne combattre que pour faire triompher la religion, ne régner que pour couronner la justice ; donner à ses désirs des bornes moins étendues qu'à sa puissance ; ne faire sentir son pouvoir à ses sujets que par le nombre de ses bienfaits ; être plus jaloux du nom de père de la patrie que du titre de conquérant, et moins sensible aux acclamations qui suivent ses triomphes qu'aux bénédictions du peuple soulagé dans sa misère ; c'est la parfaite image de la grandeur d'un roi. C'est ce que la France admire ; c'est ce qui fait son indépendance dans la guerre, et qui fera un jour son bonheur dans la paix.

Tel est le pouvoir de la vertu ; c'est elle qui fait régner les rois, qui élève les empires, et qui, dans tous les états, ne rend l'homme parfaitement libre que lorsqu'elle l'a rendu parfaitement soumis aux lois de son devoir.

Vous donc, qui par une heureuse prérogative, avez reçu du ciel le riche présent d'une entière indépendance, conservez ce précieux trésor, et, si vous êtes véritablement jaloux de votre gloire, joignez la liberté de votre cœur à celle de votre profession.

Moins dominés par la tyrannie des passions que le commun des hommes, vous êtes plus esclaves de la raison, et la vertu acquiert autant d'empire sur vous que la fortune en a perdu.

Vous marchez dans une route élevée, mais environnée de précipices, et la carrière où vous courez est marquée par les chutes illustres de ceux qu'un sordide intérêt, un amour déréglé de leur indépendance a précipités du comble de la gloire à laquelle ils étaient parvenus.

Les uns, indignes du nom d'orateur, ont fait de l'éloquence un art mercenaire; et, se réduisant les premiers en servitude, ils ont rendu le plus célèbre de tous les états esclave de la plus servile de toutes les passions.

Le public a méprisé ces âmes vénales, et la perte de leur fortune a été la juste punition de ceux qui avaient sacrifié toute leur gloire à l'avarice.

D'autres, insensibles à l'amour des richesses, n'ont pu être maîtres d'eux-mêmes. Leur esprit, incapable de discipline, n'a jamais pu plier sous le joug de la règle et de l'autorité. Non contens de mériter l'estime, ils ont voulu l'enlever.

Flattés par la grandeur de leurs premiers succès, ils se sont aisément persuadés que la force de leur éloquence pouvait être supérieure à l'autorité de la loi.

Singuliers dans leurs décisions, pleins de jalousie contre leurs confrères, de dureté pour leurs cliens, de mépris pour tous les hommes, ils ont fait acheter leur voix et leurs conseils au prix de toute la bizarrerie d'un esprit qui ne connaît point d'autres règles que les mouvemens inégaux de son humeur, et les saillies déréglées de son imagination.

Quelque grande réputation qu'ils aient acquise par leurs talens extraordinaires, la gloire la plus solide a manqué à leurs travaux; s'ils ont pu dominer sur les esprits, ils n'ont jamais pu se rendre maîtres des cœurs. Le public admirait leur éloquence, mais il craignait leur caprice; et tout ce que l'on peut dire de plus favorable pour eux, c'est qu'ils ont eu de grandes qualités, mais qu'ils n'ont pas été de grands hommes.

Craignez ces exemples fameux, et ne vous flattez pas de

pouvoir jouir de cette véritable indépendance à laquelle vous aspirez, si vous ne méritez ce bonheur par le parfait accomplissement de vos devoirs.

Vous êtes placés, pour le bien du public, entre le tumulte des passions humaines et le trône de la justice ; vous portez à ses pieds les vœux et les prières des peuples; c'est par vous qu'ils reçoivent ses décisions et ses oracles ; vous êtes également redevables et aux juges et à vos parties, et ce double engagement est le double principe de toutes vos obligations.

Respectez l'empire de la loi, ne la faites jamais servir par des couleurs plus ingénieuses que solides aux intérêts de vos cliens; soyez prêts de lui sacrifier, non-seulement vos biens et votre fortune, mais ce que vous avez de plus précieux, votre gloire et votre réputation.

Apportez aux fonctions du barreau un amour de la justice digne des plus grands magistrats ; consacrez à son service toute la grandeur de votre ministère ; n'approchez jamais de ce tribunal auguste, le plus noble séjour qu'elle ait sur la terre, qu'avec un saint respect, qui vous inspire des pensées et des sentimens aussi proportionnés à la dignité des juges qui vous écoutent qu'à l'importance des sujets que vous y traitez.

N'ayez pas moins de vénération pour les ministres de la justice que pour la justice même ; travaillez à mériter leur estime, considérez-les comme les véritables distributeurs de cette gloire parfaite qui est l'objet de vos désirs, et regardez leur approbation comme la plus solide récompense de vos travaux.

Également élevés au-dessus des passions et des préjugés, ils sont accoutumés à ne donner leur suffrage qu'à la raison, et ils ne forment leurs jugemens que sur la lumière toujours pure de la simple vérité.

S'ils sont encore susceptibles de quelque prévention, c'est de ce préjugé avantageux que la probité reconnue de l'avocat fait naître en faveur de sa partie : servez-vous de cet innocent artifice pour concilier leur attention et attirer leur confiance.

Ne vous flattez jamais du malheureux honneur d'avoir obscurci la vérité; et, plus sensibles aux intérêts de la justice qu'au désir d'une vaine réputation, cherchez plutôt à faire paraître la bonté de votre cause que la grandeur de votre esprit.

Que le zèle que vous apporterez à la défense de vos cliens ne soit pas capable de vous rendre esclaves de leurs passions; ne devenez jamais les ministres de leur ressentiment et les organes de leur malignité secrète, qui aime mieux nuire aux autres que d'être utile à soi-même, et qui est plus occupée du désir de se venger que du soin de se défendre.

Quel caractère peut être plus indigne de la gloire d'un ordre qui met tout son bonheur dans son indépendance que celui d'un homme qui est toujours agité par les mouvemens empruntés d'une passion étrangère, qui s'apaise et s'irrite au gré de sa partie, et dont l'éloquence est esclave d'une expression satirique, qui le rend toujours odieux et souvent méprisable à ceux-mêmes qui lui applaudissent?

Refusez à vos parties, refusez-vous à vous-mêmes l'inhumain plaisir d'une déclamation injurieuse; bien loin de vous servir des armes du mensonge et de la calomnie, que votre délicatesse aille jusqu'à supprimer même les reproches véritables, lorsqu'ils ne font que blesser vos adversaires, sans être utiles à vos parties; et si leur intérêt vous force à les expliquer, que la retenue avec laquelle vous les proposerez soit une preuve de leur vérité, et qu'il paraisse au public que la nécessité de votre devoir vous arrache avec peine ce que la modération de votre esprit souhaiterait de dissimuler.

Ne soyez pas moins éloignés de la basse timidité d'un silence pernicieux à vos parties que de la licence aveugle d'une satire criminelle, que votre caractère soit celui d'une généreuse et sage liberté.

Que les faibles et les malheureux trouvent dans votre voix un asile asuré contre l'oppression et la violence; et dans ces occasions dangereuses, où la fortune veut éprouver ses forces contre votre vertu, montrez-lui que vous êtes affranchis de son pouvoir et supérieurs à sa domination.

Quand, après avoir passé par les orages et les agitations du barreau, vous arrivez enfin à ce port heureux, où, supérieurs à l'envie, vous jouissez en sûreté de toute votre réputation, c'est le temps où votre liberté reçoit un nouvel accroissement, et où vous devez en faire un nouveau sacrifice au bien public.

Arbitres de toutes les familles, juges volontaires des plus célèbres différens, tremblez à la vue d'un si saint ministère; et craignez de vous en rendre indignes, en conservant encore ce zèle trop ardent, cet esprit de parti, cette prévention autrefois si nécessaire pour la défense de vos cliens.

Laissez, en quittant le barreau, ces armes qui ont remporté tant de victoires dans la carrière de l'éloquence; oubliez cette ardeur qui vous animait, lorsqu'il s'agissait de combattre, et non pas de décider du prix; et quoique votre autorité ne soit fondée que sur un choix purement volontaire, ne croyez pas que votre suffrage soit dû à celui qui vous a choisi, et soyez persuadés que votre ministère n'est distingué de celui des juges, que par le caractère, et non par les obligations.

Sacrifiez à de si nobles fonctions tous les momens de votre vie : vous êtes comptables envers la patrie de tous les talens qu'elle admire en vous, et que vos forces peuvent vous permettre. C'est une espèce d'impiété que de refuser à vos concitoyens un secours aussi utile pour eux, qu'il est glorieux pour vous.

Enfin, si dans une extrême vieillesse votre santé affaiblie par les efforts qu'elle a faits pour le public ne souffre pas que vous lui consacriez le reste de vos jours, vous goûterez alors ce repos durable, cette paix intérieure, qui est la marque de l'innocence, et le prix de la sagesse.

Vous jouirez de la gloire de l'orateur et de la tranquillité du philosophe; et si vous êtes attentifs à observer les progrès de votre élévation, vous trouverez que l'indépendance de la fortune vous a élevés au-dessus des autres hommes, et que la dépendance de la vertu vous a élevés au-dessus de vous-mêmes.

LETTRE A M***,

OU L'ON EXAMINE SI LES JUGES QUI PRÉSIDENT AUX AUDIENCES PEUVENT LÉGITIMEMENT INTERROMPRE LES AVOCATS LORSQU'ILS PLAIDENT.

Admonere voluimus, non mordere :
Prodesse, non lædere. ERASME.

MONSIEUR, comme la question sur laquelle vous me faites l'honneur de me demander quelque éclaircissement intéresse également et les juges et l'Ordre des avocats et le public, puisqu'il s'agit de savoir si les juges qui président aux audiences peuvent légitimement interrompre les avocats, lorsqu'ils défendent une partie; trouvez bon, s'il vous plaît, que, pour satisfaire votre curiosité, je ne m'en rapporte pas à mes faibles lumières; je ferai sans doute bien plus d'impression sur votre esprit, en réunissant ici sous un seul point de vue les différens traits qui sont dispersés là-dessus dans plusieurs livres, tant anciens que modernes. Et pour entrer d'abord en matière, Mornac interprétant la loi 9 au Digeste *de Officio Proconsulis*, avoue que si quelque avocat était capable de débiter des faussetés évidentes, ou des choses contraires à l'état, à la religion et aux bonnes mœurs, le juge qui présiderait pourrait l'interrompre, avec dignité néanmoins et bienséance, *tamen cum ingenio et servatâ semper dignitate judicis.*

Mais comme je puis avancer hardiment, à l'honneur de la profession d'avocat, que ceux qui l'exercent n'oublient pas leur devoir jusqu'à ce point, il est inutile de m'étendre davantage sur les interruptions dont je viens de parler; tout mon dessein consiste à vous entretenir de ces interruptions que, dans quelque parlement, on fait de temps en temps aux avocats durant le cours de leur plaidoirie, pour les avertir de finir bientôt; et principalement de ces interrup-

I. 36

tions par lesquelles on leur coupe absolument la parole pour aller aux opinions, sans avoir entendu toute la défense des parties. Or, je dis que, par ces deux espèces d'interruptions, le juge qui préside blesse tout à la fois, et les règles de la bienséance, et les devoirs de son état, de sa religion et de la justice.

Il blesse les règles de la bienséance : Quand le judicieux Henrys (1) ne nous en assurerait pas, n'est-il pas naturel de penser que la noblesse de la profession d'avocat mérite plus de ménagemens, et que la majesté d'une audience s'accorde mal avec de semblables interruptions, surtout avec celles de la première espèce que j'ai marquées, lesquelles, suivant une note de Bretonnier (2), *sont très-fâcheuses et très-incommodes, fatiguent beaucoup l'avocat, et ne font pas honneur au président.*

Il blesse les devoirs de son état : Le même Bretonnier, dans ses Observations sur Henrys (3), a pris soin de recueillir divers passages pour prouver que la mode d'interrompre est nouvelle, et qu'on n'en trouve aucun exemple dans l'histoire. Il fait voir qu'à Athènes et à Rome, quoique les présidens fussent des souverains, ils ne se donnaient pourtant pas la liberté d'interrompre les avocats. Il cite Cicéron, qui recommandant à son frère Quintus, préfet en Asie, d'écouter patiemment, tâche de l'y engager par l'exemple de C. Octavius, qui avait beaucoup de douceur et de complaisance, qui laissait parler toutes les fois et aussi long temps qu'on voulait : *Adjungenda etiam est facilitas in audiendo..... His rebus nuper C. Octavius jucundissimus fuit : apud quem primus lictor quievit; tacuit accensus : quoties quisque voluit dixit, et quàm voluit diù* (4). Bretonnier ajoute que les empereurs même ne croyaient pas que

(1) Dans ses *Harangues*, tome 2, page xxxiv, vers la fin, édition de Paris, 1708.

(2) *Observations sur Henrys*, tome 2, au bas de la page 818.

(3) Tome 2, liv. vi, *question* 20, page 749.

(4) Cicéron, épit. 1, liv. 1, *ad Quintum fratrem.*

les interruptions leur fussent permises, et il rapporte à ce sujet un endroit du Panégyrique de Trajan, où **Pline le jeune**, qui avait été élevé aux plus considérables dignités de l'empire, loue ce prince de ce qu'il ne se servait point de sa puissance pour mettre fin aux discours de ceux qui parlaient devant lui, et qu'il leur laissait la liberté de finir quand ils le jugeaient à propos. **Pline le jeune**, après cet éloge, n'avait garde de manquer lui même de patience envers les avocats. Aussi, dans une de ses épîtres (1), assure-t-il que toutes les fois qu'il faisait les fonctions de juge, ce qui arrivait très-souvent (2), il accordait aux avocats, et se croyait obligé de leur accorder autant de temps qu'ils en demandaient.

Dans la suite, on fit d'un procédé si honnête, si sage, si utile, si nécessaire, une obligation encore plus expresse aux juges, par la loi 9, §. 1, ff. *de Officio proconsulis*, qui porte que les proconsuls doivent écouter les avocats avec patience, *circa advocatos patientem esse proconsulem oportet.* Cette loi mérite d'autant plus l'attention des juges qui tiennent les audiences, qu'Ulpien qui l'a faite était lui-même un grand magistrat, puisqu'il était président du conseil de l'empereur Alexandre Sévère, et préfet du prétoire (3).

Et il ne faut pas s'imaginer que, du temps des Romains, les avocats apportassent dans leur plaidoirie plus de brièveté qu'on ne fait à présent; car il est certain, au contraire, que les juges souffraient sans peine des discours d'une longueur si excessive, qu'à en croire Quintilien (4), c'était une espèce de gloire à un avocat d'avoir parlé toute la journée pour une seule partie. Bien plus, la même partie employait quelquefois, pour la défense d'une seule cause, le ministère de plusieurs avocats; témoin la cause de Balbus, concernant le droit de bourgeoisie, que Cicéron, que Crassus, que Pompée

---

(1) Pline, liv. 6, ép. 2.
(2) Liv. 1, ép. 20.
(3) Dion et Lampride, *in Alexand. Sever.* Fischard, *in vit. Jurisc.*
(4) *Dialog. de l'Orat.*

plaidèrent alternativement ; témoin la cause de Muréna, qui, accusé d'avoir corrompu les suffrages dans la poursuite du consulat, confia le soin de sa défense à Crassus, à Hortensius, à Cicéron ; témoin encore la cause de Volusenus Catulus, qui fut défendue, et par Domitius Afer, et par Crispus Passienus, et par Decimus Lelius (1).

La patience envers les avocats n'est pas seulement pour les juges un devoir de bienséance et d'état, elle est encore un devoir essentiel de religion et de justice : *Præsertìm cùm primùm religioni suæ patientiam debeat* (Judex) *quæ magna pars justitiæ est* (2). Si la force de la vérité a fait sortir cette belle maxime de la plume d'un juge païen, que n'eût-il point dit, s'il eût été éclairé des lumières du christianisme, comme quelques-uns l'ont cru sans fondement légitime (3)? La pensée de ce juge, aussi recommandable par sa probité que par ses talens, a été adoptée par Henrys (4), dont le mérite et la droiture ne sont pas moins universellement reconnus.

Et quelle bonne idée le public peut-il avoir de certains juges qui, bien loin de garder une oreille pour l'avocat de l'intimé, lui donnent quelquefois à peine le temps de dire à quoi tendent ses conclusions ? Qui par les interruptions qu'ils font à l'avocat même de l'appelant pour le presser de finir, le réduisent souvent à la nécessité de laisser en arrière ses meilleurs moyens ? Quel juste sujet de mécontentement et de murmure pour de misérables parties, à qui l'on ravit en les condamnant si brusquement la faible consolation de penser que du moins on ne les a pas condamnées sans les entendre ?

Ne jugez point sans ouïr l'une et l'autre parties : Ce sont les paroles d'un autre païen de l'ancienne Grèce (5), paroles

---

(1) Quintil, *Inst. de l'Orat.*, lib. 9, cap. 1.

(2) Pline le jeune, liv. 6, ép. 2.

(3) Voyez François Bivarius.

(4) Dans ses *Harangues*, page 34, tome 2.

(5) Phocylide, dans son poëme sur *les différens devoirs des hommes.*

dont Aristophane, tout satirique outré, tout impie qu'il était, n'a pas laissé de relever la sagesse aussi bien que celle de l'auteur; paroles dont Solon et la plupart des législateurs ont fait une loi précise, et que les juges d'Athènes promettaient par un serment solennel d'observer inviolablement. C'est pour cela que Démosthène, s'adressant à eux dans une de ses harangues (1), avec la liberté convenable à son ministère : « Je demande aux dieux, dit-il, que, sur la manière dont » vous devez m'entendre, ils vous fixent dans la résolution » de consulter, non pas mon accusateur (car vous ne le pour- » riez faire sans une partialité criante), mais vos lois et votre » serment, dont la formule, entre autres termes, tous dictés » par la justice, renferme ceux-ci : *Ecoutez également les* » *deux parties.* Ce qui vous impose l'obligation, non seule- » ment d'apporter au tribunal un esprit et un cœur neutres, » mais encore de permettre qu'à son choix et à son gré cha- » cune des deux parties puisse librement arranger ses raisons » et ses preuves. » Ce serment était sans doute fondé sur ce principe de morale, remarqué par M. de Tourreil (2), de qui j'ai emprunté la traduction ci-dessus du passage de Dé- mosthène, savoir : *que quiconque juge après n'avoir en- tendu qu'une partie, quand même il jugerait bien, ne laisse pas de commettre une sorte d'injustice.*

Je prévois qu'on me dira qu'il y a des avocats qui, n'ayant pas la même éloquence que d'autres, rendent leur plaidoirie moins agréable à entendre; mais, outre que ce frivole prétexte n'est point capable de détruire les réflexions qui viennent d'être faites, je réponds : 1°. que j'ai plusieurs fois remarqué dans quelque parlement, que des présidens interrompaient, et même quelquefois avec aigreur, non-seulement les avocats qui plaident avec autant de simplicité qu'on plaidait dans l'aréopage d'Athènes, d'où les ornemens de la rhétorique étaient bannis, mais encore ceux qui, par leur éloquence, s'attirent d'ordinaire l'attention et l'applaudissement du pu-

---

(1) Dans sa *Harangue pour Ctésiphon.*
(2) *Remarques sur la Harangue de Démosthène pour Ctésiphon.*

blic, et en faveur de qui l'on devrait renouveler ce qui se pratiquait au barreau de Rome, lorsque le sénat, en jugeant une cause, donnait publiquement des louanges à l'avocat qui l'avait bien défendue. C'est l'abus de ces mêmes interruptions que le dernier siècle seulement a vu naître, qui a donné occasion au fils aîné d'Antoine Loisel de s'écrier, dans le fameux Dialogue des avocats (1), composé par ce dernier : « Où est » l'honneur que j'ai entendu de vous, mon père, avoir été » autrefois au Palais, et la faveur que messieurs les présidens » portaient aux jeunes avocats de votre temps, les écoutant » doucement, supportant et excusant leurs fautes, et leur » donnant courage de mieux faire ; au lieu que maintenant il » semble à quelques-uns que nous soyons d'autre bois ou » étoffe qu'eux, et quasi des gens de néant, nous interrom- » pant et rabrouant à tout bout de champ, nous faisant par » fois des demandes qui ne sont nullement à propos, et non- » seulement à nous autres jeunes gens qui le pourrions avoir » quelquefois mérité, mais bien souvent aux anciens, et à » ceux qui entendent si bien leurs causes, que l'on voit par la » fin et la conclusion, que ceux qui leur avaient fait ces inter- » rogatoires et interruptions avaient eux-mêmes tort, et non » les avocats plaidans, qui se trouvaient n'avoir rien dit qui » ne fût pertinent et nécessaire à leur cause. »

En second lieu, de tout temps et dans tous les sénats, le mérite des avocats n'a pas été égal, et cependant la patience des juges n'en a pas moins été un devoir de bienséance, un devoir d'état, un devoir de religion et de justice. L'on pour- rait même soutenir que la patience est, en quelque façon, plus nécessaire aux juges pour écouter les avocats médiocres ; les raisons s'en offrent d'elles-mêmes, sans que je m'arrête à les déduire. D'ailleurs, quoique tous les avocats ne soient pas des Le Maître et des Patru, il me semble qu'on devrait, pour se porter plus volontiers à écouter patiemment, faire atten- tion qu'un avocat, avant que de s'exposer à plaider sa cause, a eu lui-même une patience infinie ; car, selon le précepte

---

(1) Confér. 1.

de l'orateur romain (1) et du maître de l'éloquence (2), il a fallu qu'il ait donné plusieurs fois audience à un plaideur inquiet et souvent importun ; il a fallu entendre beaucoup de choses superflues, dans la crainte d'en ignorer de nécessaires ; il a fallu se mettre sans prévention, tantôt à la place de ce client, tantôt en celle de son adversaire, tantôt en celle des juges ; il a fallu enfin employer plusieurs veilles à rechercher, à méditer, à recueillir, à rédiger en secret un très-grand nombre de choses dont cet avocat ne débite néanmoins que le précis en plaidant. L'on devrait encore considérer que si les juges faisaient, ainsi qu'autrefois, les fonctions d'avocat (3), et préféraient, pour user des termes de la loi (4), l'honneur d'être debout au barreau, au droit d'y être assis, il y en a plus d'un qui seraient très-embarrassés, surtout ceux qui, comme dit Cicéron : *ad honores adipiscendos et ad rempublicam gerendam nudi venerunt et inermes, nullâ cognitione rerum, nullâ scientiâ ornati.*

Mais, après tout, par quelles raisons celui qui préside pourrait-il justifier ses interruptions ? Est-ce parce que croyant saisir par plusieurs moyens proposés, le moyen décisif, les autres lui paraissent peu dignes d'attention ? Est-ce parce qu'il s'imagine qu'un avocat est trop long et débite des choses étrangères et superflues ?

A cela deux réponses également solides et indépendantes de toutes les observations que j'ai ci-devant faites. Un président doit craindre que le sentiment des autres juges ne se rapporte pas au sien ; car il en est des sentimens comme des goûts de ceux qui se trouvent dans un festin,

Poscentes vario multùm diversa palato (5).

il faut qu'il se persuade qu'autant qu'il voit de têtes, autant il

---

(1) Cicéron, liv. de l'*Orateur*.

(2) Quintillien, *Institut. de l'Orateur*, liv. 12, ch. 8.

(3) Voyez le *Journal du Palais*, tome 3, page 966, édition in-fol., et Henrys, dans ses *Harangues*, tome 2, page 15.

(4) L. *quisquis* C. *de postulando*.

(5) Horace.

y peut avoir d'opinions différentes. En effet, l'usage ne nous apprend-il pas que le même motif, que les mêmes preuves ne déterminent pas tous les juges? On ne peut, disait un ancien (1), qui avait une grande expérience des affaires, on ne peut assez s'étonner, soit de la diversité des opinions, soit des fondemens que les juges prennent; car encore qu'ils aient quelquefois le même sentiment, ils ne l'établissent pas sur la même raison : *Adjiciam quod me docuit usus magister egregius : frequenter egi, frequenter judicavi, frequenter in Consilio fui; aliud alios movet, ac plerumque parvæ res maximas trahunt; varia sunt hominum ingenia, variæ voluntates; inde qui eamdem causam simul audierunt, sæpè diversum, interdùm idem, sed ex diversis motibus sentiunt.* Il faut donc souffrir patiemment que l'avocat expose non-seulement tous ses moyens, mais rapporte encore toutes les raisons sur lesquelles il les fonde, afin que chaque juge saisisse ce qui lui paraîtra de plus plausible, puisqu'une chose qui ne frappe pas l'un peut frapper l'autre.

Il est vrai qu'on peut dire des choses inutiles; mais, remarque Henrys (2), il vaut mieux que le discours ait du superflu, que si, pour être trop court, on omettait ce qui est nécessaire. D'ailleurs, poursuit-il, les juges ne peuvent discerner l'inutile, et séparer l'un de l'autre, s'ils n'écoutent tout, et ne donnent aux avocats l'attention et tout le temps qu'ils désirent. En s'exprimant de la sorte, Henrys ne fait que se conformer à un passage d'un grand homme de l'antiquité (3), que j'ai déjà cité plus d'une fois, et qui avait fait lui-même très-souvent les fonctions de juge : ce passage est si beau, si énergique, que je me flatte, Monsieur, que vous le lirez ici avec plaisir. *Equidem quoties judico, quantum quis plurimùm postulat, aquæ do (4); etenim temerarium existimo divinare quàm spatiosa sit causa inaudita, tem-*

---

(1) Pline le jeune, liv. 1, épit. 20.
(2) Dans ses *Harangues*, tome 2, page 34.
(3) Pline le jeune, liv. 6, épit. 2.
(4) Le temps de l'audience se réglait par des horloges d'eau.

*pusque negotio finire cujus modum ignores, præsertim cùm
primùm religioni suæ patientiam judex debeat, quæ magna
pars justitiæ est; at quædam supervacua dicuntur etiam,
sed satiùs est et hæc dici quàm non dici necessaria. Præ-
terœa an sint supervacua, nisi cum audieris, scire non
possis.* D'ailleurs, de quelque discernement qu'un juge se
puisse flatter, ce qui lui paraît d'abord indifférent ne laisse
pas d'être quelquefois très-important pour la suite du discours; et outre cela, comme les juges n'ont pas tous la même
étendue de lumières, ce que l'un considère comme superflu
pour lui, l'autre le regarde souvent comme instructif, eu
égard à la portée de son génie.

Monsieur le président de Maisons et M. le président de
Bellièvre étaient tous deux pénétrés de ces grandes et importantes vérités. Car on a vu le premier, qui présidait avec
beaucoup de dignité, tenir les *audiences de relevée* (1) *les
plus chargés,* sans jamais interrompre les avocats. Et, à l'égard
du second, on raconte (2) qu'un jour un avocat plaidant,
peut-être avec un peu trop d'étendue, M. de Nesmond le
père, qui était second président et très-impatient, dit plusieurs fois à M. le premier président de Bellièvre : *interrom-
pez donc cet avocat,* sur quoi M. de Bellièvre répondit enfin
à M. de Nesmond : *dites-moi où il faut l'interrompre à
propos.* Cette patience de M. le premier président de Bellièvre, jointe à plusieurs autres qualités, a été célébrée par
l'éloquent Patru en ces termes : *considérons-le,* dit-il (3), *sur
ce tribunal sacré d'où il dispense la lumière et les influences
des lois; admirons dans cette place sa patience et sa douceur..... Il ne sait ni interrompre ni rebuter avec aigreur.
Il écoute sans inquiétude, sans chagrin et avec une attention qui soulage, qui anime ceux qui parlent. Ha !
qu'il était loin de cette impatience brutale qui égorge et les*

---

(1) Bretonnier, *Observ. sur Henrys,* liv. 6, quest. 20, tome 2, pag. 749.
(2) *Id.,* au même endroit.
(3) Œuvres diverses, 2ᵉ. part., *Éloge de M. Pompone de Bellièvre.*

affaires et les parties, *et qui traîne presque toujours à
sa suite où l'erreur ou l'injustice.*

Que si d'autres présidens ont quelquefois manqué de patience, ils ont sans doute moins fait de tort aux avocats
qu'ils ne s'en sont fait à eux-mêmes. En voici la preuve. L'avocat Dumont ayant été un peu plus long qu'il n'avait coutume
d'être, monsieur le premier président de Novion lui dit de
conclure. *Je suis prêt à conclure*, répondit Dumont avec
une louable hardiesse, *si la cour trouve que j'en aie assez
dit pour gagner ma cause avec dépens; sinon, j'ai encore
des raisons si essentielles qu'il m'est impossible de les supprimer sans trahir mon ministère et la confiance dont m'honore ma partie.* Boursault, qui dans une de ses lettres (1)
rapporte ce trait, observe que monsieur de Novion laissa
continuer l'avocat, qui dit en effet des raisons si décisives
qu'il gagna sa cause avec dépens.

Le même écrivain (2) atteste un autre fait encore plus
digne de remarque. Souffrez, monsieur, qu'en vous le rapportant, je me serve des propres expressions de Boursault, je
ne pourrais mieux dire, et je craindrais d'altérer quelques
circonstances, si je racontais ce fait en d'autres termes.

« Fourcroy plaidait une cause où la cour trouva si peu
» d'apparence de raison qu'à peine avait-il commencé de
» parler qu'elle se leva pour aller aux opinions. Surpris de
» l'affront qu'on lui faisait de ne le pas écouter, lui que l'on
» prenait tant de plaisir à entendre, il éleva sa voix qui était
» assez tonnante d'elle-même; et pendant qu'on opinait:
» *Messieurs*, dit-il, *Messieurs*, *que la cour m'accorde au
» moins une grâce*, *qu'elle ne peut équitablement me refu-
» ser*. Que voulez-vous, lui demanda Monsieur le premier
» président? *Je demande*, *Monsieur*, lui répondit-il, *qu'il
» plaise à la cour me donner acte*, *pour me justifier envers
» ma partie*, *de ce qu'elle juge ma cause sans m'entendre*.

(1) Tome 2, *Lettre à l'évêque de Langres*, page 223, édition de 1719.
(2) Boursault, tome 2, page 2 4.

» La cour, frappée de ce que Fourcroy venait de dire, et crai-
» gnant peut-être qu'on ne l'accusât de trop de précipitation,
» se remit, et le laissa plaider : ce qu'il fit avec tant de succès,
» que tout le barreau jugea le gain de sa cause infaillible.
» Mais, continue Boursault, la cour, qui par le mouvement
» qu'elle avait fait un peu auparavant avait témoigné qu'elle
» la croyait insoutenable, ne voulant pas se dédire devant
» tout le monde, l'appointa ; et ce qui en arriva dans la suite
» fut que Fourcroy la gagna avec moins d'éclat qu'il n'en au-
» rait eu à l'audience. » Tant il est vrai que la précipitation
est dangereuse dans les jugemens, et qu'un bon président
doit être patient à écouter les avocats, *in judicando crimi-*
nosa est celeritas (1) ; tant il est vrai, comme l'a dit Henrys (2) d'après Sénèque (3), que celui qui juge trop promptement semble courir en hâte au repentir, et imiter ceux qui
se pressent pour tomber, *ad pœnitendum properat qui citò*
judicat. Concluons donc avec le même Henrys, qui était
souvent consulté comme un oracle par monsieur le chancelier
Séguier, concluons que *les juges doivent craindre d'être trop*
prompts à juger, et croire que le plus grand mal qui se ren-
contre dans les jugemens vient de leur impatience, que c'est
elle qui fait plus souffrir aux parties et qui cause presque
seule leurs naufrages (4). *En un mot,* que donner aux avocats toute l'attention et tout le temps qu'ils désirent pour
parler, *ce n'est pas tant une bienséance qu'une obliga-*
tion, que c'est un devoir de la religion des juges et que
comme ils ne sauraient bien rendre la justice s'ils n'ont cette
patience, elle en est aussi la principale partie (5).

Je ne doute pas, Monsieur, que si ces observations étaient
présentes à l'esprit de tous les juges qui président aux audiences, ils ne fussent tous également patiens, et aussi retenus

---

(1) Seneq., *in proverb.*
(2) Dans ses *Harangues*, tome 2, page 35.
(3) Seneq., *in proverb.*
(4) A l'endroit cité, page 35.
(5) Au même endroit, page 34.

que l'était monsieur votre père sur les interruptions; car de grands personnages ne commettent ordinairement des fautes que parce qu'ils croient que ce ne sont pas des fautes ; mais, dès que la vérité s'offre à leurs yeux, ils font bientôt céder leurs propres préjugés à leur devoir.

Je suis, etc.

DU POUVOIR DISCIPLINAIRE,

SON CARACTÈRE ET SES LIMITES.

M DUPIN JEUNE.

(Extrait de sa Consultation pour Mᵉ. Pierre Grand , novembre 1829.) (1)

> En tout ce qui ne tient pas à la fonction qui les distingue, les avocats *ne sont que citoyens ;* en tout ce qui *intéresse cette fonction , ils sont soumis à la discipline de l'ordre.*
>
> TARGET, *Lettre sur la censure.*

> La qualité d'*avocat* n'exclut pas l'exercice des droits de *citoyen ,* et au nombre de ces droits est celui de publier librement sa pensée.
>
> DAVIEL , *Examen de l'ordonnance de 1822.*

Incompétence du conseil de discipline pour connaître d'un fait étranger à la profession d'avocat.

Qu'EST-CE donc qu'un avocat, dans l'ordre actuel de la société ?

Ce n'est ni un magistrat, ni un fonctionnaire public ; il n'occupe aucune place, n'exerce aucune autorité, ne reçoit aucun traitement ; c'est un simple citoyen qui se dévoue au patronage des autres citoyens. C'est un homme privé, qui, consacrant ses veilles à l'immense étude des lois , se charge d'éclairer les autres hommes sur leurs droits de défendre leur fortune contre les envahissemens de la fraude , leur liberté contre les entreprises du pouvoir, leur vie contre les

---

(1) Mᵉ. Pierre Grand avait cru devoir prononcer un discours sur la tombe d'un conventionnel qui avait voté la mort du roi. Cité pour ce fait devant le conseil de discipline, il fut suspendu pendant un an ; mais il se pourvut contre cette décision par appel devant la cour royale de Paris. Mᵉ. Dupin jeune rédigea, à l'appui de cet appel, une consultation qui fut signée par un grand nombre d'avocats de divers barreaux de France : Il y établit, entre autres points, que le conseil de discipline est incompétent pour connaître d'un fait extérieur, entièrement étranger à la profession, et qui tient à la liberté des citoyens. C'est cette partie de la consultation que nous rapportons ici.

piéges de la haine et les dangers de la prévention. Placé pour le bien public, suivant l'expression de d'Aguesseau, entre le tumulte des passions humaines et le trône de la justice, il porte au pied de ce trône les vœux et les prières des peuples. C'est la voix de celui qui souffre, le tuteur de celui qu'on opprime. Noble mission qu'aucune obligation n'impose, qu'aucun pouvoir ne commande, que l'avocat tient de lui seul, et qui perdrait son principal mérite le jour où elle cesserait d'être essentiellement volontaire et libre !

Pour prix de ce dévouement, pour prix des travaux et des sacrifices qu'il s'impose, l'avocat ne réclame ni pouvoir ni honneurs ; il ne demande qu'une honorable indépendance, et il la demande moins encore dans son intérêt personnel que dans l'intérêt de ceux qui ont besoin de son ministère : car, ainsi que le disait, dans une cause célèbre, le désenseur de la duchesse d'Olonne : « La liberté est inséparable d'un état » qui sans elle n'aurait point d'objet, ou plutôt en aurait un » tout contraire à son institution. Sans la liberté, au lieu » d'être les appuis de la vérité, nous ne serions bientôt plus » que les ministres du mensonge ; sans la liberté, les mains à » qui l'indépendance qui nous caractérise assurent le droit de » protéger l'innocence, n'auraient plus d'autre privilège que » de devenir les instrumens de son oppression. »

Toutefois, nous le reconnaissons, cette indépendance a ses limites.

Et d'abord, elle s'arrête devant les prohibitions de la loi, à laquelle tout citoyen doit obéissance.

Elle est aussi restreinte par certaines règles particulières à la profession.

Les infractions à la loi sont punies par les tribunaux ordinaires, à l'égard des avocats comme à l'égard des autres citoyens.

Pour les infractions aux règles de leur profession, les avocats sont jugés par leurs pairs.

Or, c'est ici le lieu de s'expliquer sur la nature et l'étendue du pouvoir disciplinaire.

On vient de voir que l'avocat n'est pas un fonctionnaire public, mais un simple citoyen.

Aussi, dans une lettre du 6 janvier 1750, le chancelier

d'Aguesseau s'exprime-t-il en ces termes : « Les avocats ne
» forment point un *corps* ou une *société* qui mérite vérita-
» blement ce nom ; *ils ne sont liés entre eux que par l'exer-*
» *cice d'un même ministère* ; ce sont *plusieurs sujets qui se*
» *destinent également à la défense des plaideurs*, plutôt que
» des membres d'un seul corps, si l'on prend ce mot dans la
» signification la plus exacte ; le nom de *profession* ou *d'Or-*
» *dre* est celui qui exprime le mieux la condition ou l'état des
» avocats. » (Tome 10, page 515.)

D'après cette définition parfaitement exacte il semblerait
que les avocats, séparés ou réunis, ne devraient pas avoir plus
de droits sur leurs confrères que n'en ont les médecins ou
les négocians sur les personnes exerçant la même profession
qu'eux. Mais à l'égard d'un Ordre dépositaire des plus grands
intérêts, des titres les plus précieux, des secrets les plus importans pour les familles ; à l'égard d'un ordre dont les membres sont dans une relation continuelle et obligée ; où des
rapports de tous les jours établissent un abandon et une
confiance réciproques, des confidences nécessaires, des remises de pièces sans récépisé, où le devoir est d'embrasser
chaudement les intérêts des autres, sans toutefois s'abandonner à leurs emportemens ; de s'attaquer sans faiblesse, mais
sans animosité ; de se ménager sans prévarication ; de nourrir
une concorde mutuelle au sein de combats journaliers et de
luttes sans cesse renaissantes ; d'être toujours rivaux, jamais
ennemis ; on a senti la nécessité de former un lien commun,
de tracer de certaines règles de conduite qui missent hors
d'atteinte la dignité de la profession, et pussent concilier
deux choses qui semblent sinon s'exclure, du moins se con-
trarier, savoir : l'honneur solidaire du corps et l'indépendance
individuelle de ceux qui le composent. C'est un frein salutaire que les avocats se sont imposé à eux-mêmes. L'illustre
magistrat que nous avons cité le dit encore : « S'il y a une
» espèce de *discipline* entre eux *pour l'honneur et la réputation*
» *de cet Ordre*, elle n'est que l'effet d'une *convention volon-*
» *taire*, plutôt que l'ouvrage de l'*autorité publique*. » (*Ibid.*)

Du reste, cette discipline était sans danger pour les individus ; car, dans le principe, elle s'exerçait par l'ordre tout

entier, et si, plus tard, elle fut remise aux *députés* ou *chefs de colonnes*, ces députés, élus par l'Ordre en assemblée générale, étaient ses représentans de *fait* comme de *droit*. D'ailleurs, l'avocat inculpé pouvait toujours réclamer l'assemblée générale de ses pairs. Enfin l'appel au parlement lui offrait un dernier refuge.

Ainsi exercé dans l'intérêt commun, d'après les idées et les principes généraux de l'Ordre, il n'était pas à craindre que ce pouvoir disciplinaire fût pour quelques-uns un moyen de faire prédominer les principes et les idées, les sympathies ou les désaffections qui leur étaient particulières.

Par le décret du 14 décembre 1810, destiné à *impérialiser* la discipline du barreau, l'Ordre fut déshérité du pouvoir disciplinaire qui résidait en lui; ce pouvoir fut concentré aux mains des chefs de colonne; les avocats ne conservèrent pas même le droit d'élire ceux qui devaient les représenter; ils n'eurent que le droit de désigner des candidats parmi lesquels le procureur-général choisirait le bâtonnier et les membres du conseil : c'était une *quasi élection*. Mais, par une contradiction remarquable entre le rapport qui la précède et les dispositions qu'elle renferme, l'ordonnance du 20 novembre 1822 leur enleva ce reste de leurs anciennes prérogatives, sous l'étrange prétexte de les leur rendre!

Hâtons-nous de le dire : ces réflexions et ces faits n'ont pour objet ni de secouer le joug des règlemens, ni moins encore d'attaquer les personnes.

Sans doute nous ne craindrons pas de déposer dans le sein des magistrats qui ont toujours honoré notre Ordre d'une tutélaire bienveillance, des vœux pour que notre discipline reçoive des améliorations sollicitées de toutes parts, pour qu'on ne nous refuse point ce qui a été accordé aux moindres corporations d'officiers ministériels, et pour que notre profession repose sur la garantie des lois plutôt que sur la base fragile et mouvante des ordonnances (1).

---

(1) Une pétition, dépositaire de ces vœux, avait été remise à l'un des derniers gardes des sceaux, et les signatures qu'elle porte sont garantes des principes qui l'avaient dictée. On y voit celle de notre

Mais en attendant que ces réformes s'opèrent légalement, nous donnerons, et M°. Grand a donné dans cette cause, l'exemple de la soumission aux règles établies. Nous n'entendons nullement nier la nécessité d'une discipline, ni l'anéantir, ou l'énerver dans les mains où elle réside aujourd'hui ; nous demandons seulement qu'elle soit renfermée dans de justes et nécessaires limites.

Or, il n'était pas sans importance de faire remarquer que ce n'est plus l'Ordre qui est investi du pouvoir disciplinaire sur ses membres, que ce pouvoir est remis aux mains de quelques-uns, et que ceux qui en sont revêtus ne sont pas élus par ceux sur lesquels il s'exerce. On sent, en effet, qu'il devient plus nécessaire de circonscrire un tel pouvoir, et d'empêcher que ceux qui en jouissent ne puissent en abuser, qu'ils ne puissent élargir le cercle de sa sphère légale, et usurper ainsi une sorte de puissance dictatoriale. Sans doute les estimables confrères qui tiennent la tête de nos colonnes ne veulent rien de pareil ; ils ne désirent que l'honneur de l'Ordre et non l'asservissement de ses membres ; et si quelquefois, comme dans l'espèce, ils dépassaient, par excès de zèle, le but qu'ils veulent atteindre, ce serait toujours avec des intentions pures. Mais les hommes changent et les institutions restent, et, suivant l'expression de Salluste, c'est le plus souvent dans des précédens qui n'ont rien de fâcheux par eux-mêmes que les mauvaises choses prennent leur source : *omnia mala exempla ex bonis initiis orta sunt.* (Catil., 51.)

Ainsi, à des hommes sages pourraient succéder des hommes passionnés ; des hommes de parti à des hommes modérés ; des hommes de coterie à des hommes dévoués à l'Ordre ! que deviendraient alors la profession d'avocat et son indépendance, si le pouvoir disciplinaire était sans bornes, s'il enlaçait l'existence entière de l'avocat, s'il le suivait hors du palais et jusqu'au foyer domestique, s'il lui demandait compte de ses

respectable doyen, M. Delacroix-Frainville, et celle de M. Tripier, que l'Ordre a vu, avec un juste orgueil, passer dans les rangs de la magistrature.

opinions et de ses discours, de ses amitiés ou de ses haines, de son estime ou de ses mépris, et si du jugement porté sur toutes ces choses devait dépendre la conservation ou la perte de son état? On sent la nécessité de poser une ligne de démarcation au delà de laquelle l'avocat, redevenant homme et citoyen, rentre sous l'empire des lois générales et sous la protection du droit commun.

Cette ligne est indiquée par la nature même des choses.

L'homme a dans la société des devoirs de diverse nature à remplir : devoirs de famille, comme fils, comme père, comme époux; devoirs politiques, comme citoyen; devoirs particuliers, comme attaché à quelqu'une des professions de la vie civile.

Chacune de ces obligations a sa sanction et aussi son tribunal particulier.

Ce qui regarde la famille n'appartient qu'à la juridiction domestique; l'honneur politique est justiciable de l'opinion publique; les lois pénales frappent les délits; chaque corporation peut avoir sa discipline et ses juges spéciaux. En un mot, tout ce qui est de nature à blesser l'Ordre se trouve soumis à une répression appropriée à sa nature. Confondre ces divers pouvoirs, serait jeter la confusion dans la société. Or, de même que les lois pénales ne peuvent s'introduire au sein de la famille, que l'homme politique n'est soumis au contrôle de l'opinion que pour sa vie publique; de même le pouvoir disciplinaire des diverses professions ne peut s'attacher qu'aux actes de la profession. Lui donner une compétence plus étendue serait le dénaturer et le compromettre; il pourrait finir par usurper tous les pouvoirs de la vie publique et privée, et par dégénérer en une intolérable tyrannie.

Ainsi la discipline établie entre les avocats ayant pour objet, comme nous l'apprend la lettre du chancelier d'Aguesseau, déjà citée, *l'honneur et la réputation de l'Ordre*, le conseil qui l'exerce a compétence pleine et entière sur les faits qui se rattachent au ministère de l'avocat : c'est là son domaine. Mais, hors de là, il est sans pouvoir et sans juridiction. Les actions de l'homme, celles du citoyen lui échappent; elles sont sous la sauvegarde de la liberté civile et politique.

Entre autres autorités que nous pourrions invoquer à l'appui de cette distinction, nous citerons celle d'un homme qui a marqué dans le barreau par de grands talens, et que nous choisissons de préférence parce qu'il a écrit précisément pour défendre les droits disciplinaires qu'on contestait à l'ordre des avocats. Dans sa lettre apologétique de la CENSURE, Target s'exprimait ainsi : « En tout ce qui *ne tient pas à la fonction* » *qui les distingue*, ils (les avocats) ne sont que *citoyens;* » en tout ce qui *intéresse cette fonction*, ils sont *soumis à* » *la discipline du corps....* Comme *citoyens*, ils sont soumis » *à toutes les lois de l'état*, ET NE PEUVENT ÊTRE JUGÉS QUE » PAR ELLES; comme *membres du corps*, ils ne doivent dé- » pendre *que de sa police.* »

« Avocats! » (s'écriait un autre écrivain pénétré des dangers qu'il y aurait à franchir ces limites), « craignez que de » proche en proche on ne passe de vos *actions d'avocats* à » vos *actions civiles;* que si votre conduite n'offre rien de » répréhensible, on s'attache *à vos discours* (ce qui a eu lieu » pour Me. Grand); qu'on aille jusqu'à vouloir deviner vos » opinions, pressentir vos pensées, etc., etc. » (FALCONNET, *Barreau français*, tome II, pag. 518.)

Eh quoi! dira-t-on, si un avocat se déshonore par des actions honteuses, mais étrangères à sa profession; s'il commet un vol, un faux, un crime quelconque, faudra-t-il donc que, couvert d'infamie, il reste dans un ordre qu'il déconsidère? Faudra-t-il que son nom soit maintenu sur le tableau qu'il souille, parce que le fait dont il s'est rendu coupable n'est pas un fait de son ministère?

Non sans doute : mais entendons-nous.

Ou le fait reproché à l'avocat, mais commis hors ses fonctions, constitue un crime, un délit, une contravention, ou il est innocent aux yeux de la loi.

Si le fait est innocent, le Conseil de discipline n'a rien à dire, car à quel titre défendrait-il ce que la loi permet? Comment l'Ordre pourrait-il être intéressé à punir un fait qui, par sa nature, est étranger à l'Ordre, et qui, hors de l'Ordre, est dans la catégorie des faits licites?

Que si le fait incriminé constitue un crime ou un délit, la condamnation qu'il entraîne imprimant flétrissure à l'avocat, l'Ordre peut le rejeter de son sein. « Comme la profession du » barreau (dit l'un des rédacteurs de l'ancien *Répertoire de* » *Jurisprudence*) exige dans celui qui l'exerce une réputation » qui le mette à l'abri de tout reproche ; s'il arrivait qu'un » avocat vînt à éprouver une *condamnation humiliante*, il y » en aurait assez pour donner lieu à ses confrères de l'exclure » de leur association. » (DARREAU, *Répertoire de Jurisprud.*, v°. Avocat, § 11, n°. 1.)

Et remarquez bien ces mots : *une condamnation humiliante.*Il ne suffirait point par conséquent d'une condamnation quelconque, comme serait une condamnation pour un délit de chasse, ou pour contravention aux droits réunis. Il faut une condamnation qui entache l'honneur de l'homme et qui ne permette plus à qui se respecte d'avoir des relations avec lui. Dans ce cas, en effet, il y a motif légitime d'exclusion; et d'ailleurs l'arbitraire n'est plus à craindre, puisque l'exclusion est appuyée sur un fait frappé de réprobation par les lois, et légalement constaté par les tribunaux: elle a pour base l'autorité de la chose jugée.

Mais, poursuivront les partisans d'un pouvoir disciplinaire illimité, n'y a-t-il donc que ce que les tribunaux sont appelés à juger, que ce que les lois punissent, qui puisse entacher l'honneur ? N'est-ce pas une maxime reçue que tout ce qui est permis n'est point pour cela honorable : *Non omne quod licet honestum est ?* Et ne convient-il pas qu'une corporation, qui repose essentiellement sur des sentimens d'honneur et de délicatesse, soit plus exigeante que ne le sont les lois pénales, qu'elle puisse répudier celui qui ne demeurera pas entièrement irréprochable ?

Oui, l'honneur est le premier mobile du véritable avocat. Oui, c'est le sentiment de l'honneur qui donne la patience des longs travaux et le courage du dévouement; il est comme l'âme et la vie de notre profession ?

Oui encore, pour entretenir ce feu sacré de l'honneur, l'avocat est entouré de plus de devoirs, soumis à plus d'obligations. Ce qui est permis aux autres lui est quelquefois interdit. Ainsi, acheter des procès ou s'y intéresser, prendre une procuration, gérer des affaires, exiger, même à l'avance, le prix de ses travaux, sont choses licites en elles et autorisées dans une foule de professions. Cependant comme elles peuvent engendrer des tentations périlleuses ou mettre dans une sorte de dépendance une âme qui ne doit dépendre que de l'honneur et de son devoir, nous les regardons comme des fautes graves, et les règlemens, comme les traditions de notre Ordre, nous les défendent sévèrement. Mais qu'on veuille bien y faire attention, toutes ces choses touchent à la profession, et c'est pour cela qu'elles tombent sous les règles de la discipline : c'est là qu'il est vrai de dire que l'avocat ne peut point tout ce que peuvent les autres hommes, et qu'il doit s'interdire même ce que les lois ne défendent pas.

Hors de ce cercle, il reprend sa liberté civile, et ne dépend plus que de la loi.

Ne serait-ce pas, en effet, une tyrannie sans exemple, une dictature effrayante, si une autorité disciplinaire pouvait dominer et régir dans l'avocat non pas seulement les actes de son ministère, mais ceux de sa vie publique ou privée, mais ses discours, mais ses opinions politiques ou religieuses?

Eh! qu'on ne dise point que nous exagérons, qu'on n'a pas la prétention d'aller jusque-là. Ce n'est point une hypotèse que nous créons à plaisir; ce n'est point une chimère que nous combattons; car il s'agit bien ici d'un *discours* et d'une *opinion politique.* c'est là le texte de la décision rendue contre Mᵉ. Grand.

Mais indépendamment des principes que nous venons de poser sur les limites du pouvoir disciplinaire, l'avocat incriminé pour ses *discours*, ses *écrits*, ses *opinions politiques*, n'est-il point placé sous la tutelle de notre droit public, et ne peut-il pas invoquer le bénéfice de la Charte? Cette loi des lois n'a-t-elle point proclamé que : « Les Français ont le

» droit de publier et de faire imprimer leurs opinions, en se
» conformant aux lois qui doivent réprimer les abus de cette
» liberté. »

Or, en devenant avocat, perd-on sa qualité de Français?
N'est-on plus qu'un citoyen déchu? se trouve-t-on déshérité
des droits publics concédés à tous les autres citoyens?

S'il n'en est pas ainsi, comment donc un discours qui
n'offense point les lois, comment un discours que le ministère
public a jugé innocent, pourrait-il attirer contre son auteur
la privation temporaire ou absolue de sa profession? C'est ici
surtout qu'il n'y a point de milieu entre l'usage légitime et
l'abus, ou délit. Tout ce que n'interdit pas la loi spéciale
destinée à réprimer l'abus, est permis par la loi générale qui
consacre le droit. Ce sont deux souveraines dont les domaines se touchent immédiatement, et un Conseil de discipline n'a pu s'interposer entre deux pour se faire un domaine
intermédiaire en empiétant sur l'une et sur l'autre, et en
créant, de son autorité privée, une prohibition qui n'était ni
dans les prévisions de la Charte, ni dans le texte des lois
répressives des abus de la presse.

En quoi, d'ailleurs, l'honneur de l'Ordre des avocats peut-il
être compromis par la manifestation, de la part d'un de ses
membres, d'une opinion politique où le ministère public et
les tribunaux n'ont point vu de délit? Est-ce que, par hasard, cet honneur consisterait dans la profession uniforme et
exclusive de telles ou telles doctrines politiques? Pour le
conserver, faudra-t-il, comme le disait dans une consultation fort remarquable le barreau de Castelnaudary, « plier à
» des règles fixes et uniformes, à un type immobile et inva-
» riable, le caractère, les mœurs, la conscience, tout l'homme
» moral en un mot, et réduire tous les membres de l'Ordre à
» l'unité de dogmes, de sentimens et de principes sous sa
» suprême direction? » Devront-ils, sous peine de suspension
ou de radiation, admettre tous les articles du symbole politique que voudra leur imposer le Conseil?

Est-ce donc là cette indépendance de l'avocat que d'Aguesseau avait prise pour texte d'une de ses immortelles harau-

gues, et qui lui inspirait ces paroles tant de fois invoquées comme un de nos plus beaux titres de gloire : « Dans l'assu-
» jettissement presque général de toutes les conditions, un
» Ordre aussi ancien que la magistrature, aussi noble que la
» vertu, aussi nécessaire que la justice, *se distingue par un*
» *caractère qui lui est propre, et, seul entre tous les états, il*
» *se maintient toujours dans l'heureuse et paisible posses-*
» *sion de son indépendance.* »

Le symptôme naturel, le signe nécessaire de cette indépendance n'est-il pas dans la diversité des opinions ?

Que deviendra-t-elle donc, si l'on veut nous courber sous
le joug uniforme d'une même croyance, s'il n'est pas permis
de penser ou de parler autrement que ne ferait le Conseil ?
Alors il faut le dire, ces prérogatives, dont jusqu'à ce jour
nous nous étions enorgueillis, ne seraient qu'un vain prestige,
qu'une pure déception ! un conseil de famille dégénérerait en
une inquisition tracassière ! De toutes les professions, celle
qui a le plus besoin de liberté serait la plus asservie, et, pour
prix de ses veilles et de son dévouement à ses semblables,
l'avocat n'obtiendrait pas même l'indépendance du citoyen !

Ah ! ce ne sont point là les honorables traditions de nos
devanciers, ce n'est point là l'idée que le vénérable M. Henrion de Pansey s'était faite des droits du barreau, lorsque sa
plume savante traçait ce brillant tableau de l'avocat : « Libre
» des entraves qui captivent les autres hommes, trop fier
» pour avoir des protecteurs, trop obscur pour avoir des
» protégés, sans esclaves et sans maître, ce serait l'homme
» dans sa dignité originelle, si un tel homme existait sur la
» terre. » (*Éloge de Dumoulin*).

Aussi, tous ceux qui ont écrit sur la discipline de l'Ordre
ont-ils repoussé cette invasion du pouvoir disciplinaire sur les
actes du citoyen.

M. Daviel, avocat très-distingué du barreau de Rouen,
où son éloquence vient de remporter une palme brillante
dans l'affaire du journal de cette ville, a le premier publié un
examen de l'ordonnance du 20 novembre 1822, et dans cet
examen il se pose la question suivante : « Un avocat est-il

» justiciable du Conseil de discipline à raison des écrits qu'il
» publie *hors jugement*, non comme *avocat*, mais comme
» citoyen ?

» Sans doute en tout autre temps, répond-il, cette ques-
» tion *se serait résolue par ses propres termes*. La qualité
» d'avocat n'exclut pas l'exercice des droits de citoyen, et au
» nombre de ces droits est celui de publier librement sa pen-
» sée, en se conformant aux lois. Ce qui est étranger à la
» qualité d'avocat ne peut préjudicier à cette qualité.

» Il en serait autrement, dit-il plus loin, si l'écrit, ou le
» fait étranger au ministère d'avocat avait attiré sur son au-
» teur des *condamnations flétrissantes*. » En ce cas, ce n'est
» pas l'*écrit* qui motive l'application des peines de discipline,
» c'est la *condamnation* encourue à raison de cet écrit. »

Dans son savant *Traité de la compétence*, M. Carré, de
Rennes, dont on ne récusera ni la modération ni les lumières,
adopte entièrement cette doctrine (tome 1ᵉʳ, page 422).

Si l'on n'admettait point cette limitation du pouvoir disciplinaire, rien ne pourrait s'opposer à ses envahissemens.
Après avoir frappé l'avocat *auteur*, il demanderait compte à
l'avocat *député* de ses discours et de ses votes; il étendrait ses
coups sur l'avocat *électeur*.

On s'écriera : C'est impossible !

Nous répondrons : Cela est en partie arrivé.

En effet, Mᵉ. Grillères, avocat à Castelnaudary, n'a-t-il
pas été traduit devant le tribunal, faisant fonctions de Conseil
de discipline, pour une lettre écrite au sujet des élections de
Réthel? Tout récemment encore, des peines de discipline
n'ont-elles pas été provoquées contre un avoué, pour avoir
assisté à un dîner offert, à Niort, aux honorables députés des
Deux-Sèvres et à notre confrère Mauguin? Une fois engagé
dans cette carrière, où s'arrêtera-t-on? Quel sera le point
où finira ce droit de suite, où l'avocat re-saisira sa liberté
d'homme, ses droits de citoyen, son indépendance légale,
et pourra s'asseoir au milieu de la société, sous la protection
des lois générales ?

Et ce n'est pas seulement parce qu'il serait sans limites

dans son étendue que ce pouvoir deviendrait inquiétant, c'est aussi parce qu'il serait nécessairement sans règles fixes dans ses actes et dans ses jugemens. Car, ainsi qu'on l'a dit avec raison dans la *Gazette des Tribunaux* du 28 août, tant que le pouvoir disciplinaire se borne aux actes de la profession qu'il représente, on peut compter sur sa droiture et ses lumières : à part les erreurs que peuvent entraîner les préjugés d'état, nul n'est plus capable de bien comprendre et de bien apprécier les devoirs d'une position sociale que ceux qui y sont placés. Mais quelle garantie présenteront ces mêmes hommes, s'ils se jettent dans l'appréciation d'idées et de principes d'un autre ordre? Quels abus ne pourront point résulter de cette usurpation, si, franchissant les limites qui leur sont imposées par la nature même des choses, ils vont se lancer dans la carrière des interprétations politiques, carrière si dangereuse, où l'esprit de parti peut fausser les jugemens les plus droits, où les cœurs les plus généreux s'égarent; où nul ne peut répondre qu'il se garantira de l'erreur !

Dans des temps ordinaires, il se peut que cette aberration du pouvoir disciplinaire engendre peu d'inconvéniens. Mais à des époques de trouble et de fermentation politiques, on pourra le voir, jouet de ses préjugés, de ses haines ou de ses affections, de ses terreurs ou de ses espérances, mettre l'entraînement des passions et l'emportement des partis à la place de cette froide et impartiale raison qui doit guider quiconque est appelé à prononcer sur le sort de ses semblables.

Et puis quelles oscillations perpétuelles, quel mouvement de flux et de reflux ne présentera pas cette juridiction des conseils de discipline ainsi appliquée ! Dans un Ordre ouvert à tous, et qui, chaque jour, se grossit par des acquisitions nombreuses; dans un Ordre dont la face change et se renouvelle à chaque instant; où l'opinion qui domine aujourd'hui n'est pas celle qui dominera demain; où celle qui règne dans un lieu, n'est point point celle qui se trouve en faveur dans un autre; dans un Ordre, image mobile de la société dont il émane, et dont il subit, comme par infiltration, les influen-

ces, si vous permettez de juger arbitrairement les opinions
et les actes politiques des membres qui le composent, et d'en
faire dépendre la conservation ou la perte de leur état,
vous verrez condamner à Paris ou à Orléans ce qu'on absou-
dra à Rennes ou à Bordeaux ; et dans le même barreau,
vous verrez le conseil, renouvelé ou modifié, condamner ce
qui aura été absous, et absoudre ce qui aura été condamné
par le précédent conseil, suivant que le pouvoir aura passé à
telle ou telle nuance d'opinion. Les uns seront frappés pour
n'avoir pas été assez monarchiques, les autres pour n'avoir
pas été assez partisans des libertés publiques : triste reflet des
réactions politiques dans un Ordre qui devrait avoir quelque
chose de l'immutabilité de la justice !

Cependant pour établir sa compétence, dans l'espèce, le
conseil a invoqué des textes : examinons-les.

Il cite d'abord l'art. 12 de l'ordonnance du 20 novembre
1822, suivant lequel « les attributions du conseil de discipline
» consistent (entre autres choses) à exercer la surveillance que
» *l'honneur et les intérêts* de l'ordre rendent nécessaire. »

Mais nous avons prouvé que l'honneur et les intérêts de
l'Ordre ne sont que dans les choses de l'Ordre, et non dans
celles qui lui sont extérieures, le cas de flétrissure par jugement excepté.

Ensuite, où nous conduira-t-on avec ce système d'honneur ou de déshonneur pour opinions politiques ?... Celui-ci
tient à honneur de proclamer et de servir le pouvoir absolu,
celui-là met son honneur à combattre l'arbitraire et à défendre les libertés publiques. Qui a tort ? qui a raison ? où
est l'honneur ? où est la honte ? et qui en sera juge ? Hélas !
chaque parti s'excommunie ; mais cette excommunication
n'atteste que l'intolérance commune ; et si la raison nous dit
que l'erreur est nécessairement d'un côté ou de l'autre, elle
nous dit aussi qu'erreur n'est pas crime, et que l'honneur
est sauf, là où se rencontrent conviction et sincérité.

Aussi, voyez ce qui se passe au sein de la société ; voyez
comment juge l'opinion reine du monde.

Sans doute aucun homme d'honneur ne voudrait conserver des relations d'amitié ou de société avec celui qu'aurait frappé une condamnation judiciaire, pour vol, pour faux, pour un de ces crimes ou de ces délits qui blessent la morale universelle. Mais qu'un écrivain politique soit condamné pour une théorie qu'on aura cru dangereuse, pour une vivacité d'expression contraire au respect commandé pour certains hommes ou certaines choses : y a-t-il là déshonneur ? Ces condamnés sont-ils des êtres dégradés avec lesquels il faille rompre tout commerce, à peine de contracter souillure ? Peut-on dire que toute société ou corporation qui les compterait au nombre de ses membres serait entachée ? Les nombreux amis de Béranger sont-ils déconsidérés dans l'opinion publique ? MM. Comte et Dunoyer sont-ils repoussés comme des parias ? Les juges de M^e. Grand eux-mêmes refuseraient-ils de communiquer avec M. l'abbé de La Mennais, qui a encouru l'improbation de la justice ?

Objectera-t-on que le silence de l'Ordre le ferait considérer comme partageant les doctrines de l'écrivain, et qu'il doit repousser cette solidarité ?

Nous dirons premièrement que c'est une erreur, et que nul ne sera assez dépourvu de sens pour attribuer à l'Ordre entier ce qui n'est que l'opinion d'un de ses membres.

Et puis, en fût-il autrement, il n'en résulterait pas le droit de retrancher de l'Ordre l'écrivain qui aurait déplu, mais seulement le droit de désavouer ses doctrines. C'est ainsi qu'en usèrent quelquefois les membres de l'ancien barreau. M. Carré en rapporte un exemple remarquable, dans son *Traité de la Compétence*, tome 1, page 421, note 2.

« Autrefois, dit-il, lorsqu'un avocat s'était oublié au point
» d'avancer des propositions *contraires aux lois du royaume*,
» l'Ordre les *désavouait*, et ce désaveu, donné publiquement,
» était pour l'auteur une peine dont on doit sentir toute
» l'efficacité. Nous en consignerons ici un exemple puisé dans
» les annales de notre barreau breton. En 1775, le bâtonnier
» de l'Ordre fut mandé à la cour, au sujet d'un mémoire
» signé par un avocat, et qui renfermait *plusieurs proposi-
» tions condamnables*. La cour, par l'organe du premier

» président, déclara au bâtonnier qu'elle était persuadée que
» l'Ordre des avocats n'adopterait jamais des propositions
» contraires à la saine doctrine de l'Église et aux véritables
» maximes du royaume ; elle enjoignit au bâtonnier d'assem-
» bler l'Ordre.

» Le bâtonnier répondit sur-le-champ en ces termes :
« J'assemblerai l'Ordre des avocats, et je lui donnerai les in-
» tentions de la cour ; mais, instruit comme je le suis des
» sentimens de cet ordre, n'aurait-il point de justes repro-
» ches à me faire, si je différais un moment à vous assurer
» de son éloignement pour toutes les maximes fausses ou sus-
» pectes, de son attachement aux véritables, et de ses dis-
» positions à ne s'en écarter jamais ?

» L'Ordre, délibérant sur le rapport de son bâtonnier,
» arrêta que son chef se rendrait à la cour, accompagné des
» plus anciens, pour renouveler les sentimens dont les avo-
» cats ne s'étaient jamais écartés et ne s'écarteraient jamais ;
» ajoutant qu'attaché inviolablement aux maximes du royaume
» et de l'Église de France, l'ordre n'adoptait aucune des
» *propositions que la cour avait trouvées répréhensibles dans*
» *le mémoire de l'avocat* ; que, convaincu par l'Évangile que le
» pouvoir des évêques est de droit divin, et qu'ils le tiennent
» immédiatement de Jésus-Christ, il condamnait toutes les
» propositions qui attribuent un pouvoir excessif au souverain
» pontife, et rejetait toujours, comme il avait fait jusque-là,
» tout ce qui pouvait être contraire aux libertés de l'Église
» gallicane, et aux quatre propositions de l'assemblée du clergé
» de 1682.

» Cet exemple n'a pas besoin de commentaire, poursuit
» M. Carré ; il prouve combien étaient nobles ces communica-
» tions de la magistrature avec le barreau, et avec quelle
» délicatesse s'exerçait la discipline pour le maintien des
» maximes du royaume. L'avocat qui s'en était écarté *n'é-*
» *tait pas même nommé* ; mais le désaveu de ses opinions par
» l'Ordre était pour lui une peine plus intense, sans contredit,
» que toutes celles que l'on pourrait lui infliger aujourd'hui,
» en conformité de nos règlemens nouveaux. »

Ainsi, que les membres du conseil de discipline eussent désavoué les paroles de M⁰. Grand, ils en avaient le droit incontestable, soit individuellement, soit en corps; mais le frapper d'une peine! mais le suspendre! Ils ne sauraient puiser ce droit dans l'art. 12 de l'ordonnance de 1822, qui leur attribue en général la surveillance que *l'honneur et les intérêts* de l'Ordre rendent nécessaire.

Ils invoquent encore l'art. 14 de la même ordonnance. En voici les termes : « Les conseils de discipline sont chargés de » *maintenir les sentimens de fidélité à la monarchie et aux* » *institutions constitutionnelles*, et les principes de modéra- » tion, de désintéressement et de probité, *sur lesquels repose* » *l'honneur de l'ordre des avocats.* »

Le jour où l'on voudrait voir dans cet article autre chose que la recommandation d'inspirer les sentimens dont il parle, par l'influence de l'exemple et par l'ascendant de la position, on en ferait un moyen d'inquisition. Aussi les meilleurs esprits ont-ils repoussé toute interprétation contraire.

L'honorable professeur que nous avons déjà cité, et dont nous aimons à invoquer la grave autorité, s'en explique en ces termes, avec une franchise toute bretonne : « On a pensé » que l'art. 15, en chargeant le conseil de discipline de main- » tenir les sentimens de fidélité à la monarchie et aux institu- » tions constitutionnelles, était une *innovation tout-à-fait* » *inconvenante*, puisqu'il ne doit appartenir à personne » d'exercer sur les opinions politiques une censure qui ne » peut être autorisée *qu'autant que leur manifestation* » *porterait atteinte à l'ordre social ou à la tranquillité* » *publique*, ET SEULEMENT DE LA PART DES TRIBUNAUX.

» Nous croyons que ce serait *mal interpréter* l'ordonnance, » que de *supposer qu'elle ait entendu donner aux conseils* » *de discipline une police quelconque qui s'exerçât sur un* » *avocat, à raison d'opinions politiques.* L'ordonnance n'a » entendu, dans notre opinion, leur prescrire autre chose *que* » *d'entretenir les sentimens de fidélité au monarque et aux* » *institutions nationales*, PAR L'EXEMPLE ET PAR DES INSINUA- » TIONS CONFRATERNELLES. *Il n'a point été dans son esprit de* » *les autoriser à scruter la pensée et à sévir*, LORSQUE LA MA-

» NIFESTATION DES OPINIONS NE SERAIT PAS CONSIDÉRÉE COMME
» RÉPRÉHENSIBLE PAR LA LOI ELLE-MÊME. (*Ibidem.*)»

Seulement le sage auteur pense que le conseil pourrait mander un avocat qui, en plaidant ou en écrivant, aurait ouvertement méconnu les devoirs de fidélité que lui prescrit son serment et lui infliger une peine de discipline. Mais alors c'est l'*avocat* et non le *citoyen* que cette peine atteindrait, puisqu'elle le frapperait pour des actes de sa profession.

Dans sa *jurisprudence générale du royaume*, l'ouvrage le plus consciencieusement fait de ces temps modernes, Dalloz embrasse l'opinion de M. Carré, et cet esprit judicieux, prévoyant l'abus qu'on pourrait faire des termes de l'ordonnance, ajoute : « Toutefois on comprend que cette » attribution, que l'article 14 *ne précise pas assez*, peut » donner lieu à *quelques tracasseries*; surtout *dans les* » *sièges inférieurs.* » Il ne prévoyait pas que le barreau de Paris en fournirait le premier exemple !

Mais espérons que la cour royale ne maintiendra pas un précédent aussi funeste, et qu'elle fera rentrer le pouvoir disciplinaire dans les limites qu'il a cru pouvoir franchir.

Nous résumant donc sur ce point nous dirons :

Pour tout ce qui est dit, fait ou écrit dans leur profession, ou à l'occasion de leur profession, les membres de l'Ordre sont soumis à la juridiction des conseils de discipline.

Pour ce qui est en dehors, l'avocat est sous l'empire du droit commun. S'il respecte la loi, nul n'a rien à lui dire; s'il la viole, aux tribunaux appartient de le punir. Le conseil pourra seulement repousser de son sein celui qu'une condamnation humiliante aurait flétri, et avec qui d'honorables communications ne seraient plus possibles. Mais alors la condamnation serait un motif légal qui ne laisse point de place à l'arbitraire.

Dans tous les cas, les discours ou opinions politiques, placés par la Charte au rang des droits publics des Français, sont hors l'action des pouvoirs disciplinaires, et ne peuvent motiver des privations temporaires ou définitives de profession, sans détruire l'indépendance de l'avocat, et sans livrer son existence au plus effrayant arbitraire.

DÉCRET IMPÉRIAL

CONTENANT RÈGLEMENT SUR L'EXERCICE DE LA PROFESSION D'AVOCAT,
ET LA DISCIPLINE DU BARREAU.

Au palais des Tuileries, le 14 décembre 1810.

NAPOLÉON, etc.

Lorsque nous nous occupions de l'organisation de l'Ordre judiciaire, et des moyens d'assurer à nos cours la haute considération qui leur est due, une profession dont l'exercice influe puissamment sur la distribution de la justice a fixé nos regards; nous avons en conséquence ordonné, par la loi du 22 ventôse an XII, le rétablissement du tableau des Avocats, comme un des moyens les plus propres à maintenir la probité, la délicatesse, le désintéressement, le désir de la conciliation, l'amour de la vérité et de la justice, un zèle éclairé pour les faibles et les opprimés, bases essentielles de leur état.

En retraçant aujourd'hui les règles de cette *discipline salutaire dont les avocats se montrèrent si jaloux dans les beaux jours du barreau,* il convient d'assurer en même temps à la magistrature la surveillance qui doit naturellement lui appartenir sur une profession qui a de si intimes rapports avec elle; nous aurons ainsi garanti la liberté et la noblesse de la profession d'avocat, en posant les bornes qui doivent la séparer de la licence et de l'insubordination.

A ces causes,

Sur le rapport de notre grand-juge, ministre de la justice;

Notre conseil d'état entendu,

Nous avons décrété et décrétons ce que suit :

TITRE Ier. — *Dispositions générales.*

Art. 1er. En exécution de l'article 29 de la loi du 22 ventôse an XII, il sera dressé un *tableau des avocats* exerçant auprès de nos cours impériales et de nos tribunaux de première instance.

2. Dans toutes les villes où les avocats excèdent le nombre de vingt, il sera formé un conseil pour leur discipline.

TITRE II. — *Du tableau des avocats et de leur réception et inscription.*

3. Dans les villes où siégent nos cours impériales, il n'y aura qu'un seul et même tableau et un seul conseil de discipline pour les avocats.

4. Il sera procédé à la première formation des tableaux par les présidens et procureurs généraux de nos cours impériales; et, dans les villes où il n'y a pas de cours impériales par les présidens et procureurs impériaux des tribunaux de première instance. Les uns et les autres se feront assister et prendront l'avis de six anciens avocats, dans les lieux où il s'en trouve plus de vingt; et de trois, dans les autres lieux.

5. Seront compris dans la première formation des tableaux, à la date de leurs titres ou réception, tous ceux qui, aux termes de la loi du 22 ventôse an XII, ont droit d'exercer la profession d'avocat, pourvu néanmoins qu'il y ait des renseignemens satisfaisans sur leur capacité, probité, délicatesse, bonne vie et mœurs.

6. Les tableaux ainsi arrêtés seront soumis à l'approbation de notre grand-juge, ministre de la justice, et ensuite déposés aux greffes.

7. A la première audience qui suivra l'installation des cours impériales, tous les avocats inscrits aux tableaux prêteront individuellement le serment prescrit par l'art. 14 ci-dessous.

Les avocats qui n'auraient pu se trouver à cette audience auront le délai d'un mois pour se présenter et prêter le serment à l'audience qui leur sera indiquée.

8. Chaque année, après la rentrée des cours et tribunaux, les tableaux seront réimprimés avec les additions et changemens que les événemens auront rendus nécessaires.

9. Ceux qui seront inscrits au tableau formeront seuls *l'Ordre des avocats.*

10. Les avocats inscrits au tableau dans une cour impériale seront admis à plaider dans toutes les cours et tribunaux du ressort.

Ceux qui seront inscrits dans un tribunal de première instance plaideront devant la cour criminelle, et devant les tribunaux de tout le département.

Les uns et les autres pourront néanmoins, avec la permission de notre grand-juge, ministre de la justice, aller plaider hors du ressort de la cour impériale ou du département où ils sont inscrits.

11. Les avocats de cour impériale qui s'établiront près des tribunaux de première instance, y auront rang du jour de leur inscription au tableau de la cour impériale.

12. A l'avenir, il sera nécessaire, pour être inscrit au tableau des avocats près d'une cour impériale, d'avoir prêté serment et fait trois ans de stage près l'une desdites cours; et pour être inscrit au tableau d'un tribunal de première instance, d'avoir fait pareil temps de stage devant les tribunaux de première instance.

Le stage peut être fait en divers cours ou tribunaux, mais sans pouvoir être interrompu plus de trois mois.

13. Les licenciés en droit qui voudront être reçus avocats se présenteront à notre procureur général au parquet; ils lui exhiberont leur diplôme de licence, et le certificat de leurs inscriptions aux écoles de droit, délivré conformément à l'art. 32 de notre décret du 4 complémentaire an XIII.

14. La réception aura lieu à l'audience publique, sur la présentation d'un ancien avocat, et sur les conclusions du ministère public; le récipiendaire y prêtera serment en ces termes : « Je jure obéissance aux constitutions de l'empire, » et fidélité à l'empereur; de ne rien dire ou publier de » contraire aux lois, aux règlemens, aux bonnes mœurs, à » la sûreté de l'état et à la paix publique; de ne jamais m'é-» carter du respect dû aux tribunaux et aux autorités publi-» ques; de ne conseiller ou défendre aucune cause que je ne » croirai pas juste en mon âme et conscience. »

Le greffier dressera du tout procès verbal sommaire sur un

I, 38

registre tenu à cet effet ; et il certifiera, au dos du diplôme, la réception, ainsi que la prestation du serment.

15. La preuve du stage ou fréquentation assidue aux audiences sera faite par un certificat délivré par le conseil de discipline, et là où il n'y en aura point, par notre procureur.

16. Les avocats pourront, pendant leur stage, plaider et défendre les causes qui leur seront confiées.

17. Les avoués licenciés qui, ayant postulé pendant plus de trois ans, voudront quitter leur état et prendre celui d'avocat, seront dispensés du stage, en justifiant d'ailleurs de leurs titres et moralité.

18. La profession d'avocat est incompatible, 1°. avec toutes les places de l'ordre judiciaire, excepté celle de suppléant; 2°. avec les fonctions de préfet et de sous-préfet ; 3°. avec celles de greffier, de notaire ou d'avoué; 4°. avec les emplois à gages et ceux d'agent comptable; 5°. avec toute espèce de négoce ; 6°. en sont exclues toutes personnes faisant le métier d'agens d'affaires.

TITRE III. — *Des Conseils de discipline.*

19. Les conseils de discipline seront formés de la manière suivante :

L'ordre des avocats sera convoqué par le *Bâtonnier,* et nommera, à la pluralité des suffrages de tous les avocats inscrits au tableau et présens, un nombre double de candidats pour le conseil de discipline. Ces candidats seront toujours choisis parmi les deux tiers plus anciens dans l'ordre du tableau.

Cette liste de candidats sera transmise par le bâtonnier à notre procureur-général près nos cours, lequel nommera, sur ladite liste, les membres du conseil de discipline, au nombre déterminé ci-après.

20. Si le nombre des avocats est de cent ou au-dessus, les conseils seront composés de *quinze* membres.

Ils seront composés de *neuf,* si le nombre des avocats est de cinquante ou au-dessous;

De *sept*, si les avocats sont au nombre de trente ou plus;

De *cinq*, si le nombre des avocats est au-dessous de trente.

Les membres du conseil pourront être réélus.

21. Notre procureur général nommera parmi les membres du conseil un bâtonnier qui sera chef de l'Ordre, et présidera l'assemblée générale des avocats lorsqu'elle se réunira pour nommer les conseils de discipline.

L'assemblée générale ne pourra être convoquée et réunie que de l'agrément de notre procureur général.

22. Les conseils seront renouvelés avant la fin de chaque année judiciaire, pour commencer leurs fonctions à la rentrée des tribunaux.

Le membre du conseil, dernier inscrit au tableau, remplira les fonctions de secrétaire du conseil de l'ordre.

23. Le conseil de discipline sera chargé,

De veiller à la conservation de l'honneur de l'ordre des avocats;

De maintenir les principes de probité et de délicatesse qui font la base de leur profession;

De réprimer ou faire punir, par voie de discipline, les infractions et les fautes, sans préjudice de l'action des tribunaux, s'il y a lieu.

Il portera une attention particulière sur les mœurs et la conduite des jeunes avocats qui feront leur stage; il pourra, dans le cas d'inexactitude habituelle ou d'inconduite notoire, prolonger d'une année la durée de leur stage, même refuser l'admission au tableau.

24. Le conseil de discipline pourvoira à la défense des indigens, par l'établissement d'un bureau de consultation gratuite, qui se tiendra une fois par semaine.

Les causes que ce bureau trouvera justes seront par lui envoyées, avec son avis, au conseil de discipline, qui les distribuera aux avocats par tour de rôle.

Voulons que le bureau apporte la plus grande attention à ses consultations, afin qu'elles ne servent point à vexer des tiers qui ne pourraient par la suite être remboursés des frais de l'instance.

38.

Les jeunes avocats admis au stage seront tenus de suivre exactement les assemblées du bureau de consultation.

Chargeons expressément nos procureurs de veiller spécialement à l'exécution de cet article, et d'indiquer eux-mêmes, s'ils le jugent nécessaire, ceux des avocats qui devront se rendre à l'assemblée du bureau, en observant, autant que faire se pourra, de mander les avocats à tour de rôle.

25. Le conseil de discipline pourra, suivant l'exigence des cas,

Avertir, — Censurer, — Réprimander, — Interdire pendant un temps qui ne pourra excéder une année, — Exclure ou rayer du tableau.

26. Le conseil de discipline n'exercera le droit d'avertir, censurer ou réprimander, qu'après avoir entendu l'avocat inculpé.

27. Il ne pourra prononcer l'interdiction qu'après avoir entendu ou appelé au moins deux fois, à huit jours d'intervalle, l'avocat inculpé.

28. Si un avocat commet une faute grave qui paraisse exiger qu'il soit rayé du tableau, le conseil de discipline ne prononcera qu'après avoir entendu ou appelé au moins trois fois, à huit jours d'intervalle, l'avocat inculpé qui pourra demander un délai de quinzaine pour se justifier; ce délai ne pourra lui être refusé.

29. L'avocat censuré, réprimandé, interdit ou rayé du tableau, pourra se pourvoir, si bon lui semble, à la cour impériale par la voie d'appel.

Dans le cas de radiation du tableau, si l'avocat rayé ne se pourvoit pas, la délibération du conseil de discipline sera remise au premier président et au procureur général pour qu'ils l'approuvent; et en ce cas, elle sera exécutée sur le tableau déposé au greffe.

30. Il sera donné connaissance, dans le plus bref délai, à notre grand-juge, ministre de la justice, par nos procureurs, des avis, délibérations et jugemens intervenus sur l'interdiction et sur la radiation des avocats.

31. Tout avocat qui, après avoir été deux fois suspendu

ou interdit de ses fonctions, soit par arrêt ou jugement, soit par forme de discipline, encourrait la même peine une troisième fois, sera de droit rayé du tableau.

32. Dans les siéges où le nombre des avocats n'excédera pas celui de vingt, les fonctions du conseil de discipline seront remplies par le tribunal. Lorsqu'il estimera qu'il y a lieu à interdiction ou à radiation, il prendra l'avis par écrit du bâtonnier, entendra l'inculpé dans les formes prescrites par les art. 26, 27 et 28, et prononcera, sauf l'appel.

TITRE IV. — *Des droits et des devoirs des avocats.*

33. L'Ordre des avocats ne pourra s'assembler que sur la convocation de son bâtonnier et pour l'élection des candidats au conseil de discipline, ainsi qu'il est dit art. 19.

Le bâtonnier ne permettra pas qu'aucun autre objet soit mis en délibération. Les contrevenans à la disposition du présent article pourront être poursuivis et punis conformément à l'article 293 du Code pénal, *sur les associations ou réunions illicites.*

34. Si tous ou quelques-uns des avocats d'un siége se coalisent pour déclarer, sous quelque prétexte que ce soit, qu'ils n'exerceront plus leur ministère, ils seront rayés du tableau et ne pourront plus y être rétablis.

35. Les avocats porteront la chausse de leur grade de licencié ou de docteur; ceux inscrits au tableau seront placés dans l'intérieur du parquet.

Ils plaideront debout et couverts; mais ils se découvriront lorsqu'ils prendront des conclusions, ou en lisant des pièces du procès (1).

Ils seront appelés, dans les cas déterminés par la loi, à suppléer les juges et les officiers du ministère public, et ne pourront s'y refuser sans motifs d'excuse ou empêchement.

36. Nous défendons expressément aux avocats de signer des consultations, mémoires ou écritures qu'ils n'auraient pas faits ou délibérés; leur faisons pareillement défenses de faire

---

(1) *Adde*, décret du 2 juillet 1812.

des traités pour leurs honoraires, ou de forcer les parties à reconnaître leurs soins avant les plaidoiries, sous les peines de réprimande pour la première fois, et d'exclusion ou radiation en cas de récidive.

37. Les avocats exerceront librement leur ministère pour la défense de la justice et de la vérité; nous voulons en même temps qu'ils s'abstiennent de toutes suppositions dans les faits, de toute surprise dans les citations, et autres mauvaises voies, même de tous discours inutiles ou superflus.

Leur défendons de se livrer à des injures ou personnalités offensantes envers les parties ou leurs défenseurs, d'avancer aucun fait grave contre l'honneur et la réputation des parties, à moins que la nécessité de la cause ne l'exige, et qu'ils n'en aient charge expresse et par écrit de leurs cliens ou des avoués de leurs cliens; le tout à peine d'être poursuivis, ainsi qu'il est dit dans l'art. 371 du Code pénal.

38. Leur enjoignons pareillement de ne jamais s'écarter, soit dans leurs discours, soit dans leurs écrits, ou de toute autre manière quelconque, du respect dû à la justice; comme aussi de ne point manquer aux justes égards qu'ils doivent à chacun des magistrats devant lesquels ils exercent leur ministère.

39. Si un avocat, dans ses plaidoiries ou dans ses écrits, se permettait d'attaquer les principes de la monarchie, et les constitutions de l'empire, les lois et les autorités établies, le tribunal saisi de l'affaire prononcera sur-le-champ, sur les conclusions du ministère public, l'une des peines portées par l'art. 25 ci-dessus, sans préjudice des poursuites extraordinaires, s'il y a lieu.

Enjoignons à nos procureurs, et à ceux qui en font les fonctions, de veiller, à peine d'en répondre, à l'exécution du présent article.

40. Notre grand-juge, ministre de la justice, pourra, de son autorité, et selon les cas, infliger à un avocat l'une des peines portées en l'article ci-dessus cité.

41. Si, en matière civile, une partie ne trouvait point de défenseur, le tribunal lui désignera d'office un avocat, s'il y a lieu.

42. L'avocat nommé d'office pour défendre un accusé ne pourra refuser son ministère, sans faire approuver ses motifs d'excuse ou d'empêchement.

43. A défaut de règlemens, et pour les objets qui ne seraient pas prévus dans les règlemens existans, voulons que les avocats taxent eux-mêmes leurs honoraires avec la discrétion qu'on doit attendre de leur ministère. Dans le cas où la taxation excéderait les bornes d'une juste modération, le conseil de discipline la réduira, eu égard à l'importance de la cause et de la nature du travail : il ordonnera la restitution, s'il y a lieu, même avec réprimande. En cas de réclamation contre la décision du conseil de discipline, on se pourvoira au tribunal.

44. Les avocats feront mention de leurs honoraires au bas de leurs consultations, mémoires et autres écritures ; ils donneront aussi un reçu de leurs honoraires pour les plaidoiries.

45. Les condamnations prononcées par les tribunaux, en vertu des dispositions du présent titre, seront sujettes à l'appel, s'il y a lieu ; et néanmoins elles seront exécutées provisoirement.

46. Notre grand-juge, ministre de la justice, est chargé de l'exécution du présent décret, qui sera inséré au bulletin des lois.

***

Décret *qui ordonne, pour les causes y énoncées, la perception d'un droit de 25 francs sur chaque prestation de serment des avocats qui seront reçus à la cour impériale de Paris.*

Anvers, le 3 octobre 1811.

Napoléon, etc.

Sur le rapport de notre grand-juge, ministre de la justice, notre conseil d'état entendu,

Nous avons décrété et décrétons ce qui suit :

Art. 1er. A compter de la publication de notre présent décret, il sera perçu un droit de 25 francs sur chaque prestation de serment des avocats qui seront reçus à notre cour impériale de Paris.

2. Le produit de ce droit sera spécialement affecté,

1º. Aux dépenses de la bibliothéque des avocats, et du bureau de consultation gratuite ;

2º. Aux secours que l'ordre des avocats jugera convenable d'accorder à d'anciens confrères qui seraient dans le besoin, ainsi qu'à leurs veuves et orphelins.

3. La perception ci-dessus ordonnée sera faite par le greffier en chef de notre cour impériale, qui en remettra le produit au trésorier de l'ordre des avocats.

4. Notre grand-juge, ministre de la justice, est chargé de l'exécution du présent décret, qui sera inséré au bulletin des lois.

⌇⌇⌇

DÉCRET *qui autorise le Bâtonnier de l'Ordre des avocats à accepter, au nom de cette compagnie, un legs de 20,000 francs à elle fait par le sieur Jean-Antoine Trumeau.*

Au quartier impérial de Dresde, le 29 juin 1813.

NAPOLÉON, etc.

Sur le rapport de notre ministre de l'intérieur ;

Notre conseil d'état entendu,

Nous avons décrété et décrétons ce qui suit :

Art. 1ᵉʳ. Le legs de vingt mille livres, fait à l'ordre des avocats de Paris, par le sieur Jean-Antoine Trumeau, suivant son testament olographe du 10 mai 1766, déposé chez Delacroix, notaire, à Paris, sera accepté au nom de cette compagnie, par le bâtonnier de l'ordre des avocats de Paris.

2. Le montant de ce legs sera employé, à la diligence du directeur général de la caisse d'amortissement, en acquisition de rentes sur l'état, et le produit en sera affecté, jusqu'à due concurrence, à fournir le supplément de fonds nécessaire pour rétablir la jouissance de deux lits aux Incurables, *au-*

ciennement fondés au profit des avocats, et le surplus à servir à l'entretien *de la bibliothéque*, aux dépenses du bureau de consultations gratuites, et aux secours que l'ordre distribue aux veuves et enfans des avocats, ainsi qu'aux avocats eux-mêmes qui sont dans le cas de les réclamer.

3. Notre ministre de l'intérieur est chargé de l'exécution du présent décret, qui sera inséré au Bulletin des lois.

vvvvvvvvvvvvvvvvvvvvvvvvvvvvvvvvvvvvvvvvvvvvvvvvvvvvvvvvvvvvvv

DÉCRET *sur la plaidoirie dans les cours impériales et dans les tribunaux de première instance.*

Du 2 juillet 1812.

Art. 1er. Dans toutes les cours impériales de notre empire, les causes portées à l'audience seront plaidées par les avocats inscrits sur le tableau des avocats de la cour ou admis au stage, conformément à l'art. 16 de notre décret du 14 décembre 1810.

2. Les demandes incidentes qui seront de nature à être jugées sommairement, et tous les incidens relatifs à la procédure, pourront être plaidés par les avoués postulans en la cour, dans les causes dans lesquelles ils occuperont.

3. Il en sera de même dans les tribunaux de première instance, séant aux chefs-lieux des cours impériales, des cours d'assises et des départemens. Les avoués pourront y plaider dans toutes les causes sommaires. Dans les autres tribunaux de première instance, ils pourront plaider toute espèce de causes dans laquelle ils occuperont.

4. Il n'est point dérogé à la disposition du décret du 14 décembre 1810, portant que les avocats pourront, avec la permission du grand-juge, ministre de la justice, aller plaider hors du ressort de la cour impériale ou du département où ils sont inscrits.

5. En l'absence ou sur le refus des avocats de plaider, les

avoués, tant en cour impériale qu'en première instance, pourront être autorisés par le tribunal à plaider en toute espèce de causes.

6. Lorsque l'avocat chargé de l'affaire et saisi des pièces ne pourra, pour cause de maladie, se présenter le jour où elle doit être plaidée, il devra en instruire le président par écrit, avant l'audience, et renvoyer les pièces à l'avoué ; en ce ce cas, la cause pourra être plaidée par l'avoué, où remise au plus prochain jour.

7. Il en sera de même, lorsqu'au moment de l'appel de la cause l'avocat sera engagé à l'audience d'une autre chambre du même tribunal, séant dans le même temps.

8. Hors de ces deux cas, lorsque l'avocat chargé de l'affaire et saisi des pièces ne se sera pas trouvé à l'appel de la cause, et que, par sa faute, elle aura été retirée du rôle, et n'a ira pu être plaidée au jour indiqué, il pourra être condamné personnellement aux frais de la remise, et aux dommages et intérêts du retard envers la partie, s'il y a lieu.

9. Les avoués qui, en vertu de la loi du 22 ventôse an XII, jusqu'à la publication du présent décret, ont obtenu le grade de licencié, et ont acquis le droit à eux attribué par l'art. 32 de ladite loi, continueront d'en jouir comme par le passé.

10. Les présidens des chambres de discipline des avoués, tant de cour impériale que de première instance, seront tenus de déposer au greffe du tribunal près lequel ils exercent, dans un mois, à compter de la publication du présent décret, et chaque année à la rentrée des cours et tribunaux, une liste signée d'eux, et visée, pour les cours impériales, par notre procureur général, et, pour les tribunaux de première instance, par notre procureur impérial, contenant les noms des avoués auxquels s'appliquera l'article ci-dessus, avec la date de leur réception.

11. Les dispositions des art. 37, 38 et 39 de notre décret du 14 décembre 1810 seront applicables aux avoués usant du droit de plaider.

12. Les avocats seuls porteront la chausse et parleront

couverts, conformément à l'art. 35 du décret du 14 décembre 1810.

13. Notre grand-juge, ministre de la justice est chargé de l'exécution du présent décret.

~~~~~~

• LOI SUR LES DÉLITS DE LA PRESSE.

Du 17 mai 1819.

Art. 23. Ne donneront lieu à aucune action en diffamation ou injure les discours prononcés ou les écrits produits devant les tribunaux : pourront néanmoins les juges saisis de la cause, en statuant sur le fond, prononcer la suppression des écrits injurieux ou diffamatoires, et condamner qui il appartiendra en des dommages-intérêts.

Les juges pourront aussi, dans le même cas, faire des injonctions aux avocats et officiers ministériels, ou même les suspendre de leurs fonctions.

La durée de cette suspension ne pourra excéder six mois ; en cas de récidive, elle sera d'un an au moins et de cinq ans au plus.

Pourront, toutefois, les faits diffamatoires étrangers à la cause donner ouverture, soit à l'action publique, soit à l'action civile des parties, lorsqu'elle leur aura été réservée par les tribunaux, et dans tous les cas à l'action civile des tiers.

~~~~~~

ORDONNANCE DU ROI

SUR L'INCOMPATIBILITÉ DES FONCTIONS DES AVOCATS ET DES AVOUÉS, ET QUI INTERDIT A CEUX-CI LA PLAIDOIRIE

Du 27 février 1822.

Louis, etc. Nous étant fait rendre compte des règlemens sur la discipline du barreau, nous avons remarqué :

Que le décret du 14 décembre 1810 déclare imcompatibles

la profession d'avocat et le ministère d'avoué, et proclame ainsi le principe qu'il importe de proclamer de nouveau, que les officiers ministériels ne sont préposés qu'à l'instruction des procès, et que le droit de les défendre appartient exclusivement aux avocats;

Qu'il existe cependant deux exceptions à ce principe : l'une en faveur des avoués qui ont obtenu des lettres de licence dans l'intervalle de ventôse an XII à juillet 1812, et sont autorisés à plaider concurremment avec les avocats, les affaires qu'ils ont instruites. (Art. 32 de la loi du 22 ventôse an XII, art. 9 du décret du 2 juillet 1812);

Que cette faveur accordée à des hommes qui se sont livrés à l'étude du droit dans un temps où elle était négligée, leur est justement acquise, et il n'est pas dans notre intention de les en priver;

Que la deuxième exception concerne les avoués, même non licenciés, qui postulent dans plusieurs tribunaux de première instance, et à qui les règlemens permettent de plaider toute espèce de cause dans laquelle ils occupent. (Dernière disposition de l'art. 3 du décret du 2 juillet 1812);

Que si la nécessité exige le maintien de cette disposition dans les tribunaux où les avocats, trop peu nombreux, ne peuvent suffire à l'expédition des affaires, elle est abusive, destructive de toute émulation et nuisible à nos sujets, dans les lieux où le barreau, composé d'hommes expérimentés et d'une jeunesse studieuse, offre au public des défenseurs éclairés en nombre suffisant;

Sur le rapport de notre garde des sceaux, ministre de la justice; notre conseil d'état entendu, nous avons ordonné et ordonnons ce qui suit :

Art. 1er. Les avoués qui, en vertu de la loi du 22 ventôse an XII, jusqu'à la publication du décret du 2 juillet 1812, ont obtenu le grade de licencié, continueront de jouir de la faculté qui leur est accordée par l'art. 9 du susdit décret.

2. Les avoués non licenciés, et ceux qui ne l'ont été que depuis la publication du décret du 2 juillet 1812, ne pourront plaider les causes dans lesquelles ils occuperont, que dans les

tribunaux où le nombre des avocats inscrits sur ce tableau, ou stagiaires exerçant et résidant dans le chef-lieu, sera jugé insuffisant pour la plaidoirie et l'expédition des affaires.

3. Chaque année, dans la première quinzaine du mois de novembre, nos cours royales arrêteront l'état des tribunaux de première instance de leur ressort où les avoués pourront jouir de la faculté énoncée en l'article précédent.

4. Les délibérations de nos cours, en exécution de l'article ci-dessus, seront prises à la diligence de nos procureurs généraux, sur l'avis motivé des tribunaux de première instance.

Elles seront soumises à l'approbation de notre garde des sceaux, et recevront provisoirement leur exécution.

5. Il n'est pas dérogé par la présente au droit qu'ont les avoués de plaider, dans les affaires où ils occupent devant nos cours ou tribunaux, les demandes incidentes qui sont de nature à être jugées sommairement, et tous les incidens relatifs à la procédure.

6. Notre garde des sceaux, ministre d'état au département de la justice, est chargé de l'exécution de la présente ordonnance, qui sera insérée au Bulletin des lois.

CODE D'INSTRUCTION CRIMINELLE.

Art. 295. Le conseil de l'accusé ne pourra être choisi par lui ou désigné par le juge que parmi les avocats ou avoués de la cour royale ou de son ressort, à moins que l'accusé n'obtienne du président de la cour d'assisses, la permission de prendre pour conseil un de ses parens ou amis.

Art. 311. Le président avertira le conseil de l'accusé qu'il ne peut rien dire contre sa conscience ou contre le respect dû aux lois, et qu'il doit s'exprimer avec décence et modération.

CODE DE PROCÉDURE CIVILE.

Art. 90. Si le trouble est causé par un individu remplissant une fonction près le tribunal, il pourra, outre la peine ci-dessus, être suspendu de ses fonctions; la suspension, pour la première fois, ne pourra excéder le terme de trois mois. Le jugement sera exécutoire par provision, ainsi que dans le cas de l'article précédent.

Art. 118. En cas de partage, on appelera pour le vider, un juge, à défaut de juge un suppléant; à son défaut, un avocat attaché au barreau, et à son défaut, un avoué, tous appelés selon l'ordre du tableau; l'affaire sera de nouveau plaidée.

Art. 495. La quittance du receveur sera signifiée en tête de la demande, ainsi qu'une consultation de trois avocats exerçant depuis dix ans au moins près un des tribunaux du ressort de la cour royale dans lequel le jugement a été rendu.

La consultation contiendra déclaration qu'ils sont d'avis de la requête civile, et elle en énoncera aussi les ouvertures, sinon la requête ne sera pas reçue.

Art. 499. Aucun moyen autre que les ouvertures de requête civile énoncées en la consultation ne sera discuté à l'audience ni par écrit.

RAPPORT AU ROI

PAR M. DE PEYRONNET, GARDE DES SCEAUX, SUR L'ORDONNANCE PROJETÉE, DU 20 NOVEMBRE 1822.

SIRE, la profession d'avocat est si noble et si élevée; elle impose à ceux qui souhaitent de l'exercer avec distinction, tant de sacrifices et tant de travaux; elle est si utile à l'état, par les lumières qu'elle répand dans les discussions qui préparent les arrêts de la justice, que je craindrais de manquer à l'un de mes devoirs les plus importans, si je négligeais d'attirer sur elle les regards bienveillans de V. M.

Cette profession a des prérogatives dont les esprits timides s'étonnent, mais dont l'expérience a depuis long-temps fait sentir la nécessité. L'indépendance du barreau est chère à la justice autant qu'à lui-même. Sans le privilége qu'ont les avocats de discuter avec liberté les décisions mêmes que la justice prononce, ses erreurs se perpétueraient, se multiplieraient, ne seraient jamais réparées, ou plutôt un vain simulacre de justice prendrait la place de cette autorité bienfaisante, qui n'a d'autre appui que la raison et la vérité. Sans le droit précieux d'accorder ou de refuser leur ministère, les avocats cesseraient bientôt d'inspirer la confiance, et peut-être de la mériter. Ils exerceraient sans honneur une profession dégradée. La justice, toujours condamnée à douter de leur bonne foi, ne saurait jamais s'ils croient eux-mêmes à leurs récits ou à leurs doctrines, et serait privée de la garantie que lui offrent leur expérience et leur probité. Enfin, sans une organisation intérieure qui l'affranchisse du joug inutile d'une surveillance directe et habituelle, cet Ordre ne pourrait plus espérer de recevoir dans ses rangs les hommes supérieurs qui font sa gloire, et la justice, sur qui rejaillit l'éclat de leurs vertus et de leurs talens, perdrait à son tour ses plus sûrs appuis et ses meilleurs guides.

Il y aurait peu de sagesse à craindre les dangers de ces priviléges. On a vu sans doute des avocats, oubliant la dignité de leur ministère, attaquer les lois en affectant de les expliquer, et calomnier la justice sous le prétexte d'en dévoiler les méprises. On en a vu qu'un sentiment exagéré de l'indépendance de leur état accoutumait par degrés à n'en respecter ni les devoirs, ni les bienséances. Mais que prouveraient ces exemples, qu'on est contraint de chercher dans les derniers rangs du barreau? Et faudra-t-il, pour un petit nombre d'abus, abandonner ou corrompre une institution nécessaire?

V. M., qui recherche avec tant de soin les occasions d'honorer le savoir et les talens de l'esprit, ne partagera point les préventions que cette institution a quelquefois inspirées, et jugera bien plutôt qu'il convient de la consacrer et de l'affermir.

Dans un temps déjà éloigné et auquel l'époque actuelle ressemble si peu, on entreprit de constituer l'Ordre des avocats et de le soumettre à une organisation régulière. C'était le moment où les diverses classes de la société, fatiguées de la confusion dans laquelle la révolution les avait plongées, éprouvaient je ne sais quel besoin de subordination et de discipline qui les rendait, en général, plus dociles aux devoirs qu'on se hâtait de leur imposer. Un long oubli des formes protectrices de l'ordre et de la décence semblait exiger alors une sévérité plus constante et plus rigoureuse, afin de plier à des habitudes nouvelles ce reste d'esprits inquiets que le spectacle de nos malheurs n'avait pas encore désabusés, et pour qui la règle la plus salutaire n'était que gêne et que servitude. Le gouvernement, d'ailleurs, préoccupé des obstacles qui l'environnaient, était contraint, par l'illégitimité même de son origine, d'étendre perpétuellement ses forces et son influence. L'instinct de sa conservation l'entraînait à n'accorder aux hommes unis par des intérêts communs et par des travaux analogues que des priviléges combinés avec assez d'artifice pour lui donner à lui-même plus de ressort et d'activité.

Telles sont les causes auxquelles on doit attribuer le fâcheux mélange de dispositions utiles et de précautions excessives dont se compose le décret du 14 décembre 1810. Ce fut ainsi que la formation du premier tableau fut attribuée aux chefs des tribunaux et des cours, et que la volonté des procureurs généraux fut substituée, pour la composition du conseil de l'Ordre, à cette désignation si respectable et si naturelle, qui, sous l'empire des vieux usages, résultait de l'ancienneté. Ce fut ainsi que les conseils de discipline furent dépouillés du droit d'élire leur chef, et qu'enfin, indépendamment de la juridiction supérieure, directe et illimitée de ces conseils et des cours de justice, une juridiction supérieure, directe et illimitée fut réservée au ministre, comme pour se ménager une garantie contre la faiblesse des juges de l'Ordre et des magistrats.

Les avocats, *dont ces mesures inusitées blessaient la fierté et offensaient tous les souvenirs, se plaignirent dès le jour même de la publication du décret, et n'ont cessé, depuis cette époque, de renouveler leurs réclamations.* Retenu long-temps par la position la plus favorable pour bien juger de la légitimité de ces reproches, le désir de corriger des règlemens si défectueux fut l'un des premiers sentimens que j'éprouvai lorsque V. M. eut daigné arrêter ses regards sur moi, et m'imposer le soin difficile de cette haute administration qu'elle a confiée à mon zèle. Des travaux dont V. M. connaît l'importance m'ont forcé, pendant plusieurs mois, de détourner mon attention de cet utile projet; mais, aussitôt que le cours des affaires me l'a permis, je me suis livré avec empressement, et même avec joie, aux recherches et aux discussions préliminaires qu'exigeait une entreprise aussi délicate.

Non content des observations que j'avais faites moi-même, j'ai soigneusement comparé toutes celles qu'ont bien voulu me fournir les hommes habiles auxquels de longues études ont rendu notre législation familière. J'ai rassemblé près de moi des magistrats blanchis dans les exercices du barreau, et pour qui les fonctions publiques n'ont été que la récompense des longs succès qu'ils avaient obtenus dans cette carrière. J'ai interrogé des jurisconsultes pleins de savoir et d'expérience, en qui vivent encore toutes les traditions qui leur ont été transmises dans leur jeunesse, et qui sacrifieraient bien plutôt leur propre intérêt et leur propre gloire que ceux de l'Ordre au milieu duquel leur honorable vie s'est écoulée. J'ai recueilli leurs vœux et j'ai médité leurs conseils. Aussi (je n'hésite pas à le déclarer, Sire), ce règlement nouveau que je vous apporte est leur ouvrage plutôt que le mien. Ce sont eux qui m'ont indiqué la plupart des modifications que je soumets à l'approbation de V. M. C'est à eux, surtout, que je dois l'utile pensée de remplacer, par les formes employées dans l'ancien barreau de Paris, le mode d'élection établi par le décret du 14 décembre 1810. En un mot, je puis me rendre à moi-même ce témoignage, qu'ils ne m'ont rien proposé de favorable à l'honneur et à l'indépendance du barreau, que je ne me sois empressé de l'accueillir, certain, comme je l'étais, que V. M. aimerait à accorder à un Ordre composé d'hommes utiles, éloquens et laborieux, ces hautes marques d'intérêt et de confiance.

I. 39

ORDONNANCE DU ROI

Contenant règlement sur l'exercice de la profession d'avocat et la discipline du barreau.

Au château des Tuileries, le 20 novembre 1822.

Louis, etc. Ayant résolu de *prendre en considération les réclamations qui ont été formées par les divers barreaux du royaume contre les dispositions du décret du* 14 *décembre* 1810, et voulant rendre aux avocats exerçant dans nos tribunaux *la plénitude du droit de discipline* qui, sous les rois nos prédécesseurs, élevait au plus haut degré l'honneur de cette profession et perpétuait dans son sein l'invariable *tradition* de ses prérogatives et de ses devoirs;

Voulant, d'ailleurs, attacher à la juridiction que l'Ordre doit exercer sur chacun de ses membres une autorité et une confiance fondées sur les déférences et sur le respect que l'expérience des anciens avocats leur donne le droit d'exiger de ceux qui sont entrés plus tard dans cette carrière;

Sur le rapport de notre garde des sceaux, ministre secrétaire d'état au département de la justice,

Nous avons ordonné et ordonnons ce qui suit :

TITRE Iᵉʳ. — *Du tableau.*

Art. Iᵉʳ. Les avocats inscrits sur le tableau dressé en vertu de l'article 29 de la loi du 13 mars 1804 (22 ventôse an XII) seront répartis en colonnes ou sections.

2. Il sera formé sept colonnes, si le tableau comprend cent avocats ou un plus grand nombre; quatre, s'il en comprend moins de cinquante et plus de trente-cinq; et deux seulement, s'il en comprend moins de trente-cinq et plus de vingt.

3. La répartition prescrite par les articles précédens sera faite par les anciens bâtonniers et le conseil de discipline actuellement en exercice, réunis sur la convocation de nos procureurs généraux, pour les avocats exerçant près les cours royales, et de nos procureurs près les tribunaux de première instance, pour les avocats exerçant dans ces tribunaux.

4. Cette répartition pourra être renouvelée tous les trois ans, s'il est ainsi ordonné par nos cours royales, sur la réquisition de nos procureurs généraux ou sur la demande du conseil de discipline.

5. Nul ne pourra être inscrit sur le tableau des avocats d'une cour ou d'un tribunal, s'il n'exerce réellement près de ce tribunal ou de cette cour.

6. Le tableau sera réimprimé au commencement de chaque année judiciaire, et déposé au greffe de la cour ou du tribunal auquel les avocats inscrits seront attachés.

TITRE II. — *Du conseil de discipline.*

7. Le conseil de discipline sera composé, premièrement, des avocats qui auront déjà exercé les fonctions de bâtonnier; secondement, des deux plus anciens de chaque colonne, suivant l'ordre du tableau; troisièmement, d'un secrétaire choisi indistinctement parmi ceux qui seront âgés de trente ans accomplis, et qui auront au moins dix ans d'exercice.

8. Le bâtonnier et le secrétaire seront nommés par le conseil de discipline, à la majorité absolue des suffrages.

Ces nominations seront renouvelées au commencement de chaque année judiciaire, sur la convocation de nos procureurs près nos cours et nos tribunaux.

9. Le bâtonnier est chef de l'Ordre et préside le conseil de discipline.

10. Lorsque le nombre des avocats portés sur le tableau n'atteindra pas celui de vingt, les fonctions des conseils de discipline seront remplies, savoir : s'il s'agit d'avocats exerçant près d'une cour royale, par le tribunal de première instance de la ville où siége la cour; dans les autres cas, par le tribunal auquel seront attachés les avocats inscrits au tableau.

11. Les tribunaux qui seront chargés, aux termes de l'article précédent, des attributions du conseil de discipline, nommeront annuellement, le jour de la rentrée, un bâtonnier, qui sera choisi parmi les avocats compris dans les deux tiers du tableau, suivant l'ordre de leur inscription.

12. Les attributions du conseil de discipline consistent,

1°. à prononcer sur les difficultés relatives à l'inscription dans le tableau de l'Ordre; 2°. à exercer la surveillance que l'honneur et les intérêts de cet Ordre rendent nécessaire; 3°. à appliquer, lorsqu'il y a lieu, les mesures de discipline autorisées par les règlemens.

13. Le conseil de discipline statue sur l'admission au stage des licenciés en droit qui ont prêté le serment d'avocat dans nos cours royales; sur l'inscription au tableau des avocats stagiaires après l'expiration de leur stage, et sur le rang de ceux qui, ayant déjà été inscrits au tableau et ayant abandonné l'exercice de leur profession, se présenteraient de nouveau pour la reprendre.

14. Les conseils de discipline sont chargés de maintenir les sentimens de fidélité à la monarchie et aux institutions constitutionnelles, et les principes de modération, de désintéressement et de probité sur lesquels répose l'honneur de l'Ordre des avocats.

Ils surveillent les mœurs et la conduite des avocats stagiaires.

15. Les conseils de discipline répriment d'office, ou sur les plaintes qui leur sont adressées, les infractions et les fautes commises par les avocats inscrits au tableau.

16. Il n'est point dérogé, par les dispositions qui précèdent, au droit qu'ont les tribunaux de réprimer les fautes commises à leur audience par les avocats.

17. L'exercice du droit de discipline ne met point obstacle aux poursuites que le ministère public ou les parties civiles se croiraient fondés à intenter dans les tribunaux, pour la répression des actes qui constitueraient des délits ou des crimes.

18. Les peines de discipline sont :

L'avertissement, — La réprimande, — L'interdiction temporaire, — La radiation du tableau.

L'interdiction temporaire ne peut excéder le terme d'une année.

19. Aucune peine de discipline ne peut être prononcée sans que l'avocat inculpé ait été entendu, ou appelé avec délai de huitaine.

20. Dans les siéges où les fonctions du conseil de discipline seront exercées par le tribunal, aucune peine de discipline ne pourra être prononcée qu'après avoir pris l'avis écrit du bâtonnier.

21. Toute décision du conseil de discipline emportant interdiction temporaire ou radiation sera transmise, dans les trois jours, au procureur général, qui en assurera et en surveillera l'exécution.

22. Le procureur général pourra, quand il le jugera nécessaire, requérir qu'il lui soit délivré une expédition des décisions emportant avertissement ou réprimande.

23. Pourra également le procureur général demander expédition de toute décision par laquelle le conseil de discipline aurait prononcé l'absolution de l'avocat inculpé.

24. Dans les cas d'interdiction à temps ou de radiation, l'avocat condamné pourra interjeter appel devant la cour du ressort.

25. Le droit d'appeler des décisions rendues par les conseils de discipline, dans les cas prévus par l'article 15, appartient également à nos procureurs généraux.

26. L'appel, soit du procureur général, soit de l'avocat condamné, ne sera recevable qu'autant qu'il aura été formé dans les dix jours de la communication qui leur aura été donnée par le bâtonnier de la décision du conseil de discipline.

27. Les conseils statueront sur l'appel en assemblée générale et dans la chambre du conseil, ainsi qu'il est prescrit par l'article 52 de la loi du 20 avril 1810, pour les mesures de discipline qui sont prises à l'égard des membres des cours et des tribunaux.

28. Lorsque l'appel aura été interjeté par l'avocat condamné, les cours pourront, quand il y aura lieu, prononcer une peine plus forte, quoique le procureur général n'ait pas lui-même appelé.

29. L'avocat qui aura encouru la peine de la réprimande ou de l'interdiction, sera inscrit au dernier rang de la colonne dont il fera partie.

TITRE III. — *du Stage.*

3o. La durée du stage sera de trois années.

31. Le stage pourra être fait en diverses cours, sans qu'il doive néanmoins être interrompu pendant plus de trois mois.

32. Les conseils de discipline pourront, selon les cas, prolonger la durée du stage.

33. Les avocats stagiaires ne feront point partie du tableau. Ils seront, néanmoins, répartis et inscrits à la suite de chacune des colonnes, selon la date de leur admission.

34. Les avocats stagiaires ne pourront plaider ou écrire dans aucune cause, qu'après avoir obtenu, de deux membres du conseil de discipline appartenant à leur colonne, un certificat constatant leur assiduité aux audiences pendant deux années. Ce certificat sera visé par le conseil de discipline.

35. Dans les siéges où le nombre des avocats inscrits au tableau sera inférieur à celui de 20, le certificat d'assiduité sera délivré par le président et par notre procureur.

36. Sont dispensés de l'obligation imposée par l'article 34 ceux des avocats stagiaires qui auront atteint leur vingt-deuxième année.

37. Les avoués licenciés en droit qui, après avoir donné leur démission, se présenteront pour être admis dans l'Ordre des avocats, seront soumis au stage.

TITRE IV. — *Dispositions générales.*

38. Les licenciés en droit sont reçus avocats par nos cours royales. Ils prêtent serment en ces termes :

« Je jure d'être fidèle au Roi et d'obéir à la Charte consti-
» tutionnelle, de ne rien dire ou publier, comme défenseur
» ou conseil, de contraire aux lois, aux règlemens, aux bon-
» nes mœurs, à la sûreté de l'État et à la paix publique, et
» de ne jamais m'écarter du respect dû aux tribunaux et aux
» autorités publiques. »

39. Les avocats inscrits aux tableaux de nos cours royales pourront seuls plaider devant elles.

Ils ne pourront plaider hors du ressort de la cour près de laquelle ils exercent qu'après avoir obtenu , sur l'avis du conseil de discipline, l'agrément du premier président de cette cour, et l'autorisation de notre garde des sceaux , ministre secrétaire d'état au département de la justice.

40. Les avocats attachés à un tribunal de première instance ne pourront plaider que dans la cour d'assises et dans les autres tribunaux du même département.

41. L'avocat nommé d'office pour la défense d'un accusé ne pourra refuser son ministère sans faire approuver ses motifs d'excuse ou d'empêchement par les cours d'assises , qui prononceront, en cas de résistance , l'une des peines déterminées par l'article 18 ci-dessus.

42. La profession d'avocat est incompatible avec toutes les autres fonctions de l'ordre judiciaire, à l'exception de celle de suppléant; avec les fonctions de préfet , de sous-préfet et de secrétaire général de préfecture ; avec celles de greffier, de notaire et d'avoué ; avec les emplois à gages et ceux d'agent comptable; avec toute espèce de négoce. En sont exclues toutes personnes exerçant la profession d'agent d'affaires.

43. Toute attaque qu'un avocat se permettrait de diriger, dans ses plaidoiries ou dans ses écrits, contre la religion, les principes de la monarchie, la charte , les lois du royaume ou les autorités établies , sera réprimée immédiatement, sur les conclusions du ministère public, par le tribunal saisi de l'affaire , lequel prononcera l'une des peines prescrites par l'article 18 , sans préjudice des poursuites extraordinaires, s'il y a lieu.

44. Enjoignons à nos cours de se conformer exactement à l'article 9 de la loi du 20 avril 1810, et, en conséquence, de faire connaître chaque année à notre garde des sceaux ministre de la justice ceux des avocats qui se seront fait remarquer par leurs lumières, leurs talens, et surtout par la délicatesse et le désintéressement qui doivent caractériser cette profession.

45. Le décret du 14 décembre 1810 est abrogé. Les usages observés dans le barreau relativement aux droits et aux de-

voirs des avocats dans l'exercice de leur profession sont maintenus.

TITRE V. — *Dispositions transitoires.*

46. Les conseils de discipline dont la nomination aura été faite antérieurement à la publication de la présente ordonnance, selon les formes établies par le décret du 14 décembre 1810, seront maintenus jusqu'à l'époque fixée par ce décret pour le renouvellement.

47. Les conseils de discipline mentionnés en l'article précédent se conformeront, dans l'exercice de leurs attributions, aux dispositions de la présente ordonnance.

48. Notre garde des sceaux, ministre secrétaire au département de la justice, est chargé de l'exécution de la présente ordonnance.

EXAMEN

DE L'ORDONNANCE DU 20 NOVEMBRE 1822,

CONCERNANT

L'ORDRE DES AVOCATS;

PAR M. A. DAVIEL,

AVOCAT A LA COUR ROYALE DE ROUEN.

> Si de la part des advocats nous sont ci-après fait quelques
> remontrances concernant le faict de leurs charges, icelles
> lues et bien considérées en notre conseil, il y sera pourvu
> par nous ainsi qu'il appartiendra par raison.
> (*Déclaration de Henri IV, du 25 mai 1602.*)

A M. DUPIN.

MONSIEUR ET TRÈS-HONORÉ CONFRÈRE,

LORSQUE, en 1602, on voulut soumettre les avocats à un
règlement humiliant pour leur délicatesse, on vit paraître,
pour la défense de l'Ordre, un écrit intitulé : *Très-humbles
remontrances dressées par un jeune advocat qui a recueilly
les raisons des anciens.* Ce jeune avocat était *Laurent Bouchel*, dont les ouvrages de jurisprudence nous sont restés
sous le titre de *Thrésor du droit français* (1). A son exemple, je réclame aujourd'hui contre le règlement nouveau
imposé à notre Ordre. *Si l'on trouve étrange que j'aye osé
entreprendre de défendre la cause de tous les avocats*, je
répondrai avec lui, qu'ayant soigneusement recueilli les antiques traditions du barreau, sans hasarder de mon chef

---

(1) C'est dans cet ouvrage qu'au mot *Advocat* se trouvent les remontrances contre l'art. 161 de l'ordonnance de Blois.

aucun principe innovateur, *je n'ai fait que servir de secré-*
taire à mes anciens. Comme lui sans doute, grâce à ce respect
religieux pour ce qui fut jadis, j'échapperai à tout reproche
de témérité.

En m'autorisant de cet exemple, j'imite aussi le vôtre,
monsieur; plus d'une fois, cherchant dans le passé les moyens
de réduire au silence ceux qui ne veulent reconnaître la vé
rité que là où ils voient la sanction du temps, vous leur
avez prouvé, par les emprunts les plus heureusement faits à
l'histoire ou aux auteurs des vieux temps, que la liberté et
la raison sont les plus anciennes légitimités; et que, quand
il s'agit de leur cause, on ne demande jamais en vain à l'antiquité des autorités pour la défendre. Aux yeux de ces
hommes, si justement appelés les contemporains du passé, le
soin que j'ai pris de m'appuyer sans cesse sur les témoignages
des temps anciens, doit entièrement légitimer cet écrit; et,
puisqu'ils proposent perpétuellement la jeunesse d'autrefois comme modèle à la jeunesse d'aujourd'hui, ils ne pourront me blâmer d'avoir entrepris en 1822, lorsque déjà j'ai
fait quelques pas dans la carrière du barreau, ce que Bouchel
fit en 1602, lorsqu'il *n'avoit encores commencé à plaider.*

Votre nom, sous les auspices duquel vous m'avez permis de
faire paraître cet écrit, est encore un appui bien puissant
pour moi.

En réclamant pour l'indépendance et la dignité de notre
Ordre, je ne pouvais espérer de recommandation plus respectable que celle d'un homme qui, dans toute sa carrière, a donné
l'exemple de la plus généreuse indépendance, et qui représente si bien en sa personne la dignité du véritable avocat.

Je suis avec la plus haute considération, etc.

A. DAVIEL.

« Vous debvez vous efforcer de conserver à notre Ordre
» le rang et l'honneur que nos ancestres luy ont acquis
» par leurs mérites et par leurs travaux, pour le rendre à
» vos successeurs. » La première lecture de l'ordonnance du
20 novembre 1822 me rappela vivement ce conseil de Loysel,
dans son *Dialogue des advocats*, et pour qu'une protestation bien légitime suivît de près la publication d'un règlement si contraire à l'indépendance de l'Ordre des avocats,
réunissant tous les documens qui attestent les anciennes
franchises du barreau afin de les opposer aux dispositions
d'une ordonnance qui, sous ombre de rétablir les vieux
usages, ajoute de nouvelles entraves au règlement impérial
de 1810, j'eus bientôt terminé mon *examen*. Dès le 1er décembre il était aux mains de Me. Dupin, dont je désirais que
le nom prêtât à cet écrit une autorité qu'il ne pouvait recevoir du mien.

Mon dessein surtout devait plaire à un avocat si instruit
de l'histoire de notre Ordre et pénétré des droits de la libre
défense. Sa bienveillante approbation acheva de me décider;
et l'on vit un simple stagiaire, armé il est vrai de preuves
irrécusables, s'inscrire en faux, au nom de tous ses confrères,
contre sa Grandeur Monseigneur le Garde des Sceaux de
France, comte de Peyronnet, qui, dans le rapport au roi
qui précède l'ordonnance, exaltant son œuvre dans les termes les plus magnifiques, avait si étrangement annoncé que
le barreau lui devrait la restitution de ses antiques libertés.

Ma présomption a été bien justifiée lorsque, après la chute
du ministère dont ce règlement n'était pas l'acte le moins
déplorable, presque tous les barreaux de France ont adressé
à la chancellerie des réclamations où sont consignés les griefs
que j'avais, non pas aperçus le premier, mais le premier
signalés (1).

---

(1) Les conclusions de la réclamation du barreau de Paris, signée
par cent vingt-trois avocats, au premier rang desquels figurent
MM. Delacroix Frainville et Tripier, ont été insérées dans la *Gazette
des Tribunaux*, du 4 décembre 1828.

Les auteurs qui ont écrit dans ces derniers temps sur l'ordre des avocats, (notamment M. Isambert, dans son *Recueil de lois* (1822, p. 340); M. Carré, *Traité des compétences*, tome I; M. Dalloz, *Jurisprudence générale* au mot *défense*) ont aussi reproduit honorablement mes observations.

Toutefois, subissant, plus justement que beaucoup d'autres, le sort des opuscules de ce genre, mon écrit courait grand risque de n'être bientôt plus connu que par ces mentions honorables, quand M. Dupin a bien voulu assurer son avenir en l'admettant dans sa collection des *Lettres sur la profession d'avocat.* Pour le rendre digne de figurer en si bonne compagnie, je l'ai revu de nouveau, et, dans ce second examen de l'ordonnance, je n'ai eu à retrancher aucune de mes premières critiques : l'expérience m'en a, au contraire, suggéré de nouvelles, car plus on compare ses dispositions avec les droits essentiels du barreau, plus on les reconnaît défectueuses et oppressives.

Si l'Ordre des avocats était destiné à rester encore long-temps sous ce régime *tel quel*, que, du moins, ce soit *sous toutes réserves et protestations contraires de fait et de droit*, ou, pour employer les expressions plus nobles d'un célèbre poëte italien,

Siam servi, si, ma servi ognor frementi.

CHAPITRE Ier.

DE L'ORDRE DES AVOCATS SUIVANT LE DÉCRET DE 1810.

Parmi cette foule d'institutions domestiques et de magistratures indépendantes, faisceaux puissans des droits privés, vraies républiques dans la monarchie, qui, sous l'ancien régime, sans partager la souveraineté, lui opposaient partout des limites que l'honneur savait si bien défendre, s'élevait au premier rang l'Ordre des avocats, lorsqu'il succomba avec tous les autres corps sous le niveau de la révolution.

La dictature impériale, qui put dissoudre jusqu'à l'association de la commune, acheva de réduire la société en un peuple d'administrés sous la main de fonctionnaires dans la dépendance absolue du gouvernement. Il n'y eut plus en France que le pouvoir, ramenant tout à lui par une monstrueuse centralisation, et les individus, dénués de toutes ces garanties, de tous ces centres de résistance que l'ancien régime avait si souvent opposés avec avantage au despotisme ministériel.

Lorsqu'en l'an **XII** on parut comprendre enfin que, pour rendre au barreau une considération aussi nécessaire à la dignité de la magistrature qu'à la bonne administration de la justice, il fallait écarter des tribunaux cette tourbe de défenseurs officieux qui déshonorait le sanctuaire, un problème difficile s'agita dans le conseil d'état : soumettre les avocats à des conditions de garantie en les constituant en Ordre exerçant sur tous ses membres une salutaire discipline ; mais, en même temps et à tout prix, éviter de leur rendre cette forte organisation intérieure qui, les liant entre eux par une honorable solidarité, assurerait leur indépendance et peut-être ouvrirait à la liberté publique un dernier asile.

La loi du 22 ventôse ordonna qu'un tableau serait formé, remettant à des règlemens d'administration publique à pourvoir à la formation de ce tableau et à la discipline du barreau : c'était le temps où, par un étrange contraste avec les assemblées législatives de la révolution qui avaient tout attiré à elles, le législateur se dépouillait chaque jour de quelque attribution essentielle pour en investir le pouvoir réglementaire.

Le décret *contenant règlement sur l'exercice de la profession d'avocat et la discipline du barreau* ne fut publié que le 14 décembre 1810. Il porte la vive empreinte des défiances que l'ordre des avocats devait inspirer à un pouvoir accoutumé à mettre la volonté d'un seul à la place de tous les droits et de toutes les garanties.

Une commission formée des présidens et des procureurs généraux près des cours, et, dans les villes où il n'y avait pas de cours impériales, par les présidens et les procureurs impériaux près les tribunaux de première instance, assistés de six anciens avocats, procéda à la première formation des tableaux qui, de plus, durent être soumis à l'approbation du grand-juge ministre de la justice.

Toutefois, pour déguiser le pouvoir arbitraire donné à cette commission censoriale, le décret portait impérativement que *seraient* compris dans les tableaux tous ceux qui, aux termes de la loi du 22 ventôse an **XII**, avaient droit d'exercer la profession d'avocat, pourvu néanmoins qu'il y eût des renseignemens satisfaisans sur leur capacité, probité, délicatesse, bonne vie et mœurs. A cette époque, en apparence du moins, les opinions politiques n'étaient pas, comme on l'a vu depuis, une cause de réprobation.

Les avocats inscrits au tableau composaient *l'Ordre des avocats.* Ce titre avait été rétabli, et, chaque année, l'Ordre s'assemblait pour l'élection du bâtonnier et des membres du conseil de discipline, ou plutôt pour la formation d'une liste double de candidats sur laquelle le bâtonnier et les membres du conseil étaient choisis par le procureur général ; car on n'avait reconnu l'existence de l'Ordre qu'à condition de rester sous la tutelle des procureurs généraux.

Défense expresse aux avocats de s'assembler pour aucun autre objet que cette élection, sous les peines portées par le Code pénal contre les assemblées illicites ; et, pour dernière garantie que l'empereur s'était réservée contre les conseils de discipline, contre ses procureurs généraux et contre ses cours, le ministre de la justice était institué grand-prévôt de l'Ordre des avocats, et le décret lui attribuait le droit exorbitant d'infliger, *de son autorité, et suivant les cas,* toutes les peines de discipline : censures, suspension, radiation.

Telles furent les précautions ombrageuses sous lesquelles s'opéra, en 1810, ce qu'on voulut bien appeler la restauration de l'Ordre des avocats.

Les avocats, dont ces mesures inusitées blessaient la fierté et offensaient tous les souvenirs, se plaignirent, dès le jour même, de la publication de ce décret, et n'ont cessé depuis cette époque de renouveler leurs réclamations (1).

---

(1) *Rapport au roi sur l'ordonnance de 1822.*

Ils durent surtout espérer de faire reconnaître *la légitimité de leurs plaintes,* et de voir *corriger un règlement défectueux,* toutes les fois qu'ils entendirent le gouvernement du roi proclamer qu'il n'avait accepté que sous bénéfice d'inventaire l'héritage de l'empire, et que, répudiant les traditions despotiques, il voulait venir en aide à tous les droits, à tous les intérêts légitimes.

Sous le gouvernement impérial, l'occasion avait manqué de se prévaloir des dispositions asservissantes du décret, et de faire sentir aux avocats leur dure chaîne. Les commissions d'épuration qui procédèrent à la révision des tableaux n'exclurent réellement que ceux dont la délicatesse ou la capacité avaient donné de justes sujets de plaintes. Les avocats dont les sentimens politiques pouvaient être justement suspects au chef de l'empire n'en furent pas moins admis. Les magistrats, avant d'accorder audience à un avocat étranger à leur ressort, ne demandèrent jamais s'il avait une permission ministérielle; et surtout jamais le grand-juge n'usa de sa suprême juridiction disciplinaire.

Mais les procès politiques qui suivirent les réactions de 1815 manifestèrent en entier l'instrument de tyrannie. On vit des accusés implorer en vain le secours des défenseurs de leur choix, dont le ministre enchaînait le zèle ; on vit des conseils de discipline, véritables commissions spéciales composées par les procureurs généraux, refuser d'admettre sur le tableau les plus honorables citoyens, à qui on ne pouvait faire d'autre reproche que de n'être pas de la même opinion politique que les membres de ces conseils. Pour la même cause de dissentimens politiques, on vit, lors des élections annuelles, certains procureurs généraux, repoussant constamment les vœux de l'Ordre, écarter avec une affectation manifeste les avocats qui, sur les listes de candidature, étaient recommandés par les plus nombreux suffrages. Enfin, on vit le garde des sceaux user de son droit prevôtal pour interdire des avocats qui, l'exercice de ce pouvoir extraordinaire autorise à le penser, n'auraient pas sans doute été condamnés par leurs juges naturels.

Quoiqu'un ministre, *retenu long-temps,* comme il le dit lui-même dans le *rapport au roi* qui précède l'ordonnance de 1822, *dans la position la plus favorable pour bien juger de la légitimité des reproches* adressés au décret, c'est-à-dire en style moins élevé, long-temps avocat au barreau de Bordeaux, ait prétendu que *l'un des premiers sentimens* qu'il éprouva lorsque Louis XVIII lui eut remis le portefeuille de la justice, avait été de *corriger un règlement défectueux*, il est à croire que l'ordonnance réparatrice se fût fait encore long-temps attendre sans l'incident qui marqua, au mois d'août 1822, les élections du conseil de discipline au barreau de Paris.

L'Ordre des avocats s'était réuni, dans la forme accoutumée, pour procéder à l'élection des trente candidats parmi lesquels M. le procureur général Bellart devait choisir le bâtonnier et les quinze membres du conseil de discipline, et le lendemain le bâtonnier, sortant d'exercice, remit au parquet une liste composée des noms les plus honorables du barreau : MM. Delavigne, Billecocq, Delacroix-Frainville, Gicquel, Tripier, Berryer père, Parquin, Lami, Dupin aîné, Persil, Gauthier-Mesnars, Gobert, Conflans, Coffinières, Mauguin, Mérilhou, Berville, Gauthier-Biauzat, Grappe, etc., etc.

Suivant l'article 22 du décret, le procureur général devait faire les choix sur cette liste avant le 1er septembre, terme des fonctions du conseil de discipline sortant ; mais, au lieu de cela, on vit paraître l'arrêté suivant, acte extraordinaire qui ne trouvait de justification ni dans le décret, ni dans les *précédens :*

« Le conseiller d'état, procureur général de Sa Majesté près la cour de Paris ; vu la liste à lui adressée le 19 du présent, par M. le bâtonnier de l'Ordre des avocats, contenant les trente candidats pour le conseil de discipline qui devra exercer l'année prochaine ; — considérant que divers avis lui ont été donnés, desquels il résulterait, s'ils sont fondés, que des manœuvres et des intrigues ont été employées pour altérer la pureté des élections et ravir des suffrages à des membres éminemment estimables de l'Ordre ; — considérant que l'état matériel du résultat du scrutin accrédite, jusqu'à certain point, ces soupçons, puisque, si l'on y trouve le nom de quelques anciens justement considérés, dont plusieurs au reste ne sont arrivés qu'à grande peine au dernier rang des suffrages, on y remarque avec surprise qu'on en a exclu, entre autres membres distingués de l'Ordre, d'anciens bâtonniers que toutes les convenances, leur âge (l'un est presque octogénaire), leur réputation sans tache, leurs excellentes opinions, et l'honneur qu'ils ont constamment fait à leur profession par leur conduite, leurs talens et les vertus qui caractérisent le véritable avocat, désignaient à la conscience, au bon sens et à la droiture d'intentions des électeurs; — considérant d'ailleurs que, pour l'honneur de l'élection même, si elle doit rester définitive, il importe de la purger de tout caractère douteux qui pourrait donner lieu à des jugemens indiscrets; — considérant aussi que l'arrivée des vacances, en séparant l'Ordre et en dispersant les avocats en général loin de Paris, forme obstacle à ce que l'enquête soit complétée à temps, pour que le conseil de discipline puisse être nommé avant les premiers mois de la présente année judiciaire, et que pendant ce temps l'Ordre ne doit pas être privé d'administration;

» Arrête ce qui suit :

» Art. 1er. MM. Gossin et Deglos sont délégués pour procéder à une enquête administrative de tous les faits qui se sont passés relativement à l'élection qui a eu lieu le 19 du présent mois, pour la candidature du conseil de discipline de l'Ordre des avocats de Paris.

» 2. Aussitôt après la clôture de ladite enquête, elle sera remise sous les yeux du procureur général, pour aviser par lui, soit à la nomination du conseil de discipline, soit, si c'en est le cas, à telle autre mesure qui devra être déterminée par le résultat de ladite enquête.

» 3. Jusqu'à ladite nomination, le conseil de discipline actuel et M. le bâtonnier continueront provisoirement leurs fonctions.

» 4. Le présent arrêté sera soumis à l'approbation de son excellence monseigneur le garde des sceaux.

» 5. Une expédition du présent arrêté sera adressée à M. le bâtonnier de l'Ordre des avocats.

» Fait au parquet de la cour royale de Paris, le 24 août 1822

» *Signé* BELLART.

I. 40

« Approuvé par son excellence monseigneur le garde des sceaux, le 9 septembre 1822. »

Ainsi fut paralysée une élection dont le procureur général n'était pas juge. De l'enquête administrative si illégalement ordonnée, il n'en fut plus question. Mais, à grande hâte et d'urgence, on travailla à la réforme d'un règlement reconnu *défectueux*, puisqu'il avait permis à un Ordre indépendant de choisir pour son administration intérieure des hommes investis de la considération et de la confiance de leurs confrères, mais peu agréables à M. le procureur général.

Le 20 novembre 1822 parut cette ordonnance qui, dans dans son magnifique préambule, est présentée comme le fruit des profondes méditations de M. de Peyronnet et *de juris consultes pleins de savoir et d'expérience*, et qui n'est effectivement que la queue du coup d'état de M. Bellart.

Quand on connaît les circonstances dans lesquelles elle a été rédigée, il est facile d'en comprendre le but et la portée. Faite en haine d'un acte d'indépendance, comment eût-elle restitué à l'Ordre des avocats ses légitimes franchises? Il est vrai que le rapport qui la précède annonce les intentions les plus bienveillantes et les plus libérales; mais, comme disait le judicieux Coquille, on a fait une infinité d'édits avec des propos spécieux, beaucoup de langage et rien de vérité; comme si tous les Français étaient des bêtes, et qu'avec le simple sens commun il ne fût aisé de découvrir que le contraire du contenu en ces édits est véritable. Jamais peut-être le contraste de ces faux semblans préambulaires et des dispositions effectives n'a été plus frappant que dans l'ordonnance du 20 novembre 1822, de sorte que le rapport est la plus vive critique de l'ordonnance et la meilleure pièce justificative qu'on puisse présenter pour demander la réformation de ce règlement.

Là sont hautement proclamées les deux conditions à suivre pour replacer l'Ordre des avocats sur ses bases naturelles : Anéantir *ces précautions excessives* introduites par un gouvernement oppressif, pour rendre enfin au barreau *ces prérogatives dont l'expérience a depuis long-temps fait sentir la nécessité*, et relever *l'empire des vieux usages.* Il ne reste donc plus qu'à comparer les dispositions de l'ordonnance à celles du décret, et à rappeler les anciennes traditions de l'Ordre; et si nous rencontrons dans l'ordonnance les mêmes et peut-être de plus dures entraves que dans le décret; si nous y trouvons dénaturées ou remplacées par des dispositions d'un effet tout contraire les traditions du barreau, il sera démontré que le nouveau règlement ne remplit nullement les conditions dont la nécessité est officiellement reconnue, et que, dès lors, c'est à bon droit que les avocats en demandent l'abrogation.

C'est le but du présent écrit.

CHAPITRE II.

DE L'ORDRE DES AVOCATS SUIVANT L'ORDONNANCE.

AVANT la révolution, tous les avocats inscrits au tableau composaient l'ordre des avocats, s'assemblant, sur la convocation du chef de l'ordre, pour délibérer sur tous les intérêts communs. Le premier de ces intérêts était l'élection annuelle du bâtonnier, qui s'opérait directement à la majorité des suffrages, sans être subordonnée à l'agrément du premier président ou du procureur général. Le bâtonnier n'avait besoin de prendre l'autorisation de personne pour convoquer ses confrères, toutes les fois qu'il croyait nécessaire de soumettre un objet quelconque à leur délibération.

Le tableau était arrêté chaque année par l'ordre ou par ses commissaires (1), et déposé au greffe par le bâtonnier : les magistrats n'y avaient aucun droit de regard.

Lorsqu'il s'agissait d'infliger quelque peine de discipline,

---

(1) Au parlement de Rouen, le bâtonnier nommait chaque année six commissaires pour la révision du tableau, ils faisaient leur rapport en assemblée générale, et c'était l'Ordre entier qui statuait sur toutes les difficultés.

tous les anciens de l'Ordre étaient convoqués. En Normandie, les *jeunes* même étaient admis à délibérer ; c'est-à-dire, que l'inscription sur le tableau, après le stage terminé, était la seule condition requise pour prendre part aux délibérations.

A Paris, le grand nombre des avocats rendant la solennité d'une assemblée générale gênante dans une infinité de cas, on avait, en 1662, pris le parti de diviser le tableau par *bancs*, et chaque banc nommait deux députés qui, réunis au bâtonnier en exercice et aux anciens qui avaient été revêtus de ce titre, réglaient le courant des affaires, soit qu'il s'agît de l'admission au stage, de l'inscription au tableau, ou de prononcer des peines de discipline.

Mais les parties intéressées pouvaient toujours appeler à l'ordre entier des décisions prises par les députés des bancs. Le bâtonnier était obligé de convoquer l'ordre toutes les fois qu'il y avait réclamation contre les décisions de la députation, et ces décisions ne devenaient définitives qu'autant qu'elles avaient été approuvées dans une assemblée générale.

En 1777, Ducastel, depuis si célèbre au barreau de Normandie, voulait se faire recevoir avocat à Paris ; mais comme il avait plaidé, après la suppression des parlemens, devant le conseil supérieur de Bayeux, cette circonstance lui fit éprouver un refus de la part de la députation : il réclama l'assemblée générale de l'Ordre.

De même lorsqu'il s'agissait des peines de discipline. Témoin Linguet, qui, ayant été rayé du tableau par la députation, en appela d'abord à l'Ordre, et puis, l'Ordre ayant confirmé la radiation, au parlement.

Telle était, sous l'ancien régime, l'organisation intérieure de l'ordre des avocats.

L'ordonnance de 1822 a rétabli la division des avocats en bancs ou colonnes, mais, sauf cette répartition matérielle, il n'existe aucune analogie entre les dispositions de l'ordonnance et les anciens usages du barreau de Paris, puisque les chefs de colonne ne sont plus les députés de l'Ordre renouvelé chaque année par voie d'élection, mais des commissaires qui se recrutent eux-mêmes.

D'après l'ordonnance, la première répartition en colonnes a été faite par les conseils de discipline en exercice au mois de novembre 1822 (et à Paris, par un conseil de discipline indûment prorogé dans ses fonctions par l'arrêté de M. Bellart du 24 août 1822), c'est-à-dire, qu'en même temps que le rapport s'indigne contre le décret qui avait attribué aux chefs des cours et tribunaux la première formation des tableaux, elle n'en a pas moins attribué le droit de former les colonnes aux élus des parquets.

En voyant tant préconisée dans l'arrêté de M. Bellart, et dans le rapport, « cette désignation si naturelle et si respectable qui, sous l'empire des vieux usages résultait de l'ancienneté, » on devait s'attendre à voir les avocats classés sur les colonnes d'après leur ordre de réception : mais, dans cette répartition, tout a été laissé à l'arbitraire.

Il n'est pas de puissance plus impartiale que le temps : il pourrait livrer les premiers rangs des colonnes à des hommes qu'on n'y veut pas voir. Aussi l'ordre de réception ne sera pas suivi. Aucune règle n'est tracée pour la répartition : elle aura lieu suivant le bon plaisir des bâtonniers et des conseils de discipline nommés par les procureurs généraux. Or, comme ce qui s'est passé en 1822, à l'occasion des élections du barreau de Paris, prouve assez dans quel esprit certains procureurs généraux faisaient choix des bâtonniers et des membres du conseil, la répartition faite d'après l'ordonnance a dû différer de bien peu de celle qu'auraient pu faire les procureurs généraux, d'autant plus que les membres des conseils alors en exercice, ne pouvant se déclarer eux-mêmes indignes d'occuper la tête des colonnes, étaient dans une sorte de nécessité de s'y placer. Les résultats de cette première répartition ont donc dû se trouver aussi conformes aux vues du pouvoir qu'en 1810, à la première formation des tableaux.

Ce n'était pas encore assez : il serait possible que les décès, les promotions et les retraites, dégarnissant les sommités des colonnes, vinssent déranger les calculs de la première répartition, et que l'on vît ainsi parvenir dans le conseil de l'ordre des membres importuns aux mains desquels on ne

veut pas abandonner le droit de le représenter. En conséquence, l'art. 4, *mobilisant* les colonnes, réserve aux procureurs généraux et aux conseils de discipline la faculté de
demander, après trois ans, une nouvelle répartition qui, sur
leur demande, pourra être ordonnée par les cours royales.

L'ordonnance a donc enlevé aux avocats toute influence
directe ou indirecte sur la nomination des chefs de colonne,
et les plus anciens ont été mis à cet égard sur le même niveau
que les plus jeunes. Ces chefs n'étant plus les élus de leurs
confrères ne composent véritablement qu'une commission
imposée à l'Ordre et non déléguée de lui, laquelle a la faculté
de se recomposer avec la permission du procureur général.

La faculté d'appeler à l'ordre entier des décisions de cette
commission aurait compensé le vice de sa composition; cet
appel devenait plus nécessaire encore, plus légitime qu'autrefois, puisque les chefs de colonne ne sont plus les députés de
leurs confrères ; mais l'ordonnance ne permet de porter l'appel que devant les cours royales : la juridiction des chefs de
colonne et des bâtonniers a absorbé tous les pouvoirs qui
appartenaient si essentiellement à l'Ordre des avocats (1).
L'Ordre lui-même n'a réellement plus aucune existence,
puisque les avocats ne peuvent se réunir en aucun cas, et
que toute compétence leur a été enlevée. Ils ne forment plus
qu'un vain cadre où il ne reste plus pour la volonté générale
et pour les intérêts communs aucun moyen possible de manifestation.

CHAPITRE III.

DE LA COMPOSITION DU CONSEIL DE DISCIPLINE.

§ 1. Sous l'empire du décret de 1810, tous les avocats inscrits au tableau arrêtaient annuellement en assemblée géné-

---

(1) Voyez l'écrit de Target, intitulé *la Censure;* un très-long extrait
de cet écrit se trouve dans le *Répertoire*, au mot *Radiation.*

rale une liste double de candidats, sur laquelle le procureur général choisissait le bâtonnier et les membres du conseil. Ce patronage du chef du parquet était sans doute contraire à la constitution d'un ordre essentiellement indépendant. Talon, si jaloux du titre de *chef des avocats*, Seguier, qui disait : on m'appelle *avocat général* parce que je suis le *général des avocats*, n'avaient jamais revendiqué de tels priviléges, et il était sans doute assez étrange de refuser aux avocats l'élection directe de leurs conseils de discipline, lorsqu'on l'accordait aux notaires, aux avoués et aux huissiers.

Mais enfin, dans cette délibération solennelle de l'assemblée générale, l'Ordre entier pouvait se manifester par l'expression du scrutin. Les avocats avaient un moyen de témoigner leur affection et leur estime à ceux de leurs confrères qui avaient bien mérité, et leur union pouvait même forcer le procureur général à ne former que des choix ratifiés d'avance par la majorité.

Quoique l'élection du conseil de discipline puisse seule lui conférer la sanction morale indispensable à une autorité toute d'opinion, l'ordonnance a mis l'Ordre entièrement à l'écart. Elle compose les conseils de discipline des avocats qui ont déjà exercé les fonctions de bâtonnier, des deux plus anciens de chaque colonne et d'un secrétaire choisi indistinctement parmi ceux qui seront âgés de 30 ans accomplis et qui auront au moins dix ans d'exercice.

Le bâtonnier et le secrétaire sont élus annuellement à la majorité des suffrages par les conseils de discipline.

Concentrer ainsi le droit d'élection dans les mains des anciens bâtonniers et des conseils de discipline, créatures des procureurs généraux, n'était-ce pas manifester de nouveau ces défiances dont on semblait reconnaître et proclamer l'injustice ?

Quel meilleur juge que l'Ordre entier des droits de ses membres à l'honneur de le représenter ? Qui peut mieux que lui concilier les droits de l'ancienneté avec ceux du talent et du courage civil, et satisfaire toutes les convenances.

Dans l'intérêt des élus eux-mêmes, une élection en assemblée générale ne serait-elle pas bien plus flatteuse qu'une élection concentrée à huis-clos entre un petit nombre de confrères choisis sous l'influence du parquet ?

Le mode de l'ordonnance eût été sans doute préférable à celui du décret si, comme autrefois, les chefs de colonne eussent été les députés de l'Ordre. Élus par leurs confrères, ils en eussent été les représentans, et la mission de nommer le bâtonnier eût pu leur être déléguée ; mais la répartition des avocats sur les colonnes étant absolument arbitraire, et pouvant être dirigée dans des vues toutes spéciales, il pourrait arriver que le choix du bâtonnier fût réellement contraire au vœu du plus grand nombre, et que, dans cette lutte de l'opinion du conseil de discipline contre l'opinion de l'Ordre, l'Ordre se trouvât réduit à un complet asservissement.

§ 2. Lorsque le nombre des avocats portés sur le tableau n'atteint pas celui de vingt, les fonctions des conseils de discipline sont remplies, s'il s'agit d'avocats exerçant près d'une cour royale, par le tribunal de première instance de la ville où siége la cour, et, dans les autres cas, par le tribunal auquel seront attachés les avocats inscrits au tableau.

Il n'y a ici aucune innovation au décret ; mais il y a innovation aux anciens usages. Dans les juridictions inférieures, les avocats exerçaient par eux-mêmes leur discipline intérieure, sauf l'appel de leurs décisions aux parlemens, soit qu'il s'agît de l'admission au tableau, soit qu'il s'agît de l'application des peines. Bien loin de permettre à cet égard l'intervention des magistrats, les parlemens avaient pour principe que ces magistrats ne pouvaient rien sur l'état des avocats, et toutes les fois qu'au Châtelet ou dans les autres juridictions inférieures quelqu'avocat avait été suspendu ou interdit de ses fonctions, les procureurs généraux ne manquaient pas de se rendre eux-mêmes appelans de la sentence pour faire décider que, comme le disait l'avocat général Jolly de Fleury lors d'un arrêt du 25 mai 1748, « déposi-

» taire de son état, puisque c'est d'elle que l'avocat le tient,
» la cour seule pouvait l'en priver (1). »

Ces anciens usages devaient être rétablis, puisque le préambule de l'ordonnance annonce que le gouvernement a voulu rendre à l'ordre des avocats la plénitude de l'ancienne discipline sur ses membres, ou du moins, au lieu de se contenter de l'avis écrit du bâtonnier, il fallait adjoindre au tribunal un certain nombre d'avocats pour composer le conseil de discipline.

CHAPITRE IV.

DU TABLEAU.

La première attribution du conseil de discipline est de prononcer sur les difficultés relatives à l'inscription sur le tableau de l'Ordre. (Ordonnance, art. 12.)

Avant la révolution, comme on l'a déjà dit, la députation n'exerçait ce droit au barreau de Paris qu'à charge d'appel à l'Ordre entier. Dans les autres parlemens c'était l'assemblée générale de l'Ordre qui statuait.

Du reste les avocats étaient maîtres souverains de leur tableau. Jamais les procureurs généraux ni les parlemens n'admettaient d'appel de la part des postulans, dont la demande en admission au tableau n'avait pas été accueillie par l'Ordre des avocats. Ce principe ne souffrait exception que relativement aux avocats des juridictions inférieures : le parlement recevait l'appel de leurs décisions, attendu qu'elles présentaient bien moins de garanties que celles de colléges nombreux et où se trouvaient tant d'hommes honorables à l'abri de tout soupçon d'envie ou de méchanceté (2).

---

(1) *Nouveau Denisart*, au mot *Avocat*, § 3 et 4.

(2) *Nouveau Denisart*, au mot *Avocat*. — Consultation et arrêt dans l'affaire *Roblein*, rapportés dans l'*Appel à la postérité*, de Linguet, page 405. — *Répertoire*, au mot *Avocat*.

D'après le décret, les décisions prises en matière d'admission au tableau étaient également souveraines, et le même principe résulte de l'économie des art. 21, 22, 23 et 25 de l'ordonnance (1); mais une instruction ministérielle, qui la suivit de très-près (2), tendait à attribuer aux procureurs généraux, aux cours royales et même au garde des sceaux, un droit de contrôle sur la conduite des conseils de discipline, relativement au tableau. Il faut tenir note de cette tentative.

« En cas d'admission par le conseil de discipline, » dit cette circulaire aux procureurs généraux, « d'individus qui vous paraîtraient n'avoir pas le droit d'être inscrits au tableau, vous devez dénoncer au conseil de discipline l'irrégularité que vous auriez reconnue, et, dans le cas où l'inscription serait maintenue, vous pourvoir par appel devant la cour. L'art 5 tend, et avec raison, à écarter de l'ordre des avocats et à exclure du tableau des individus qui, pourvus du grade nécessaire et admis au serment, n'exercent pas réellement la profession d'avocat, et veulent, à l'aide d'un titre nu, sans se livrer habituellement et exclusivement aux exercices du barreau ou aux travaux du cabinet, jouir de prérogatives qui ne peuvent appartenir qu'aux hommes laborieux et véritablement dévoués à la profession qu'ils ont embrassée...... Des signatures isolées, apposées de loin en loin sur des écrits judiciaires, sans aucune démonstration de l'exercice réel de sa profession, ne suffiront pas pour constituer l'avocat et lui donner le droit d'être porté au tableau. A plus forte raison le gradué qui, placé dans ces dernières circonstances se trouvera de plus ne pas résider au chef-lieu de la cour ou du tribunal, de manière à ne pouvoir offrir aux justiciables un accès, un recours facile, ne pourra être considéré comme avocat. »

Au fond, quoi de plus étrange que la règle posée par cette circulaire ?

_____

(1) Le droit du conseil de discipline s'exerçant à cet égard sans contrôle, il est de règle de ne pas délivrer aux candidats expédition des arrêtés qui prolongent le stage ou refusent l'admission au tableau.
(2) Circulaire du 6 janvier 1823. Sirey, *Recueil général*, 23, 2, 266.

« **Tout** avocat inscrit au tableau est présumé exercer réellement : l'avocat a la liberté d'exercer sa profession quand il lui plaît. On ne peut pas lui faire l'injonction d'être plus ou moins studieux, plus ou moins savant. On peut aussi bien exercer la profession d'avocat par le conseil que par la plume et la parole. Enfin on ne peut obliger l'avocat à rendre compte des conseils qu'il a donnés à ses cliens (1). »

Celui qui ne manifeste pas l'intention d'abandonner sa profession est présumer l'exercé. On ne peut lui faire un crime de n'avoir pas le bonheur d'être occupé autant qu'il le désirerait. L'inscription au tableau constitue une possession d'état qu'un fait positivement incompatible peut seul détruire.

Pithou, que Henri IV nomma procureur général au rétablissement du parlement de Paris, s'était, après son admission au barreau, condamné au silence jusqu'à quarante ans.

D'Aguesseau cite comme un exemple à suivre celui de Langlois, célèbre avocat de son temps, qui, suivant le conseil du premier président de Lamoignon, s'éloigna du barreau après un brillant début et dut la plus grande partie du talent qu'il déploya ensuite au salutaire retardement que son protecteur lui avait imposé.

Maître Cochin, la cour vous invite à ne plus la priver du plaisir de vous entendre, disait le premier président du parlement à ce grand avocat, qui, pendant long-temps, s'était tenu éloigné de l'audience.

Le conseil de discipline aurait-il donc dû rayer du tableau à défaut d'exercice réel Pithou, Langlois et Cochin?

Faudrait-il rayer du tableau ces vieillards respectables que l'âge ou les infirmités ont éloignés des audiences, et qui n'apposent plus que *de loin en loin* leurs signatures sur des écrits judiciaires, mais en qui vivent les anciennes traditions de l'Ordre et les vertus qui honorent l'avocat et qui dès lors sont si nécessaires dans le conseil de discipline?

Enfin, qui ne serait révolté des recherches inquisitoriales auxquelles donnerait lieu un tel principe appliqué dans sa

_____

(1) *Répertoire*, au mot *Avocat*.

rigueur, appliqué surtout comme le prétendait la circulaire?
car, et c'est là ce qu'elle avait de plus étrange encore, le ministre ne voulait pas qu'on s'en rapportât sur ce point au
témoignage des conseils de discipline, et il prétendait porter
un tel débat devant les cours royales!

Le procureur général de Grenoble, après avoir soumis au
garde des sceaux le tableau de l'ordre des avocats près cette
cour, invita le conseil de discipline à en éliminer dix avocats
qui, suivant lui, n'exerçaient pas réellement; et comme le
conseil n'avait pas jugé à propos de déférer à cette réquisition,
il appela devant la cour, et il intima, non-seulement les dix
avocats suspects de ne pas exercer réellement, mais encore le
bâtonnier de l'Ordre. Pour appuyer cet appel sur les dispositions de l'ordonnance, il était obligé de soutenir qu'il y
avait *infraction* de la part des avocats qui s'obstinaient à être
portés au tableau quoique n'exerçant pas réellement, et de la
part du conseil de discipline qui avait persisté à les y maintenir illégalement.

Mais la cour, par arrêt du 17 juillet 1823, conformément au
principe que les avocats sont maîtres de leur tableau, déclara
le procureur général non recevable dans son appel.

Depuis, un arrêt de la cour d'Amiens, du 28 janvier 1824,
et un arrêt de la cour de cassation, du 23 juin 1828, ont consacré le même principe.

La tentative du garde des sceaux, si elle eût été couronnée
de succès, devait être le dernier coup porté à l'existence de
l'Ordre; car il ne peut exister, comme corps indépendant, que
par le libre choix de ses membres, et, par l'appel, ce choix
eût été par le fait attribué aux cours royales.

Tel était apparemment le but principal de la circulaire de
1823 : elle en avait encore un autre, c'était de décimer les
listes, afin de les réduire en un plus grand nombre de ressorts, au-dessous de vingt, et d'arriver par-là à composer
presque partout les conseils de discipline des membres des tribunaux et non d'avocats.

CHAPITRE V.

DU STAGE.

§ 1. — LE stage est ce noviciat préliminaire, ce temps d'épreuve auquel est soumis l'aspirant au barreau avant d'obtenir l'honneur de figurer sur le tableau.

D'après d'Aguesseau, « ce qui fait et constitue l'avocat, c'est la licence en droit civil ou canonique, prise en une université, l'admission au serment et la prestation de ce serment (1). — Le temps au bout duquel un avocat peut commencer à plaider n'est pas limité, de sorte qu'un avocat peut commencer à plaider aussitôt qu'il est reçu (2). — Il n'y a pas d'âge fixé pour être apte à exercer cette profession (3). »

Telles sont les anciennes traditions, respectées en ce point par le décret de 1810, qui portait que les stagiaires pourraient défendre les causes qui leur seraient confiées. (Art. 16.)

Mais l'ordonnance leur a fait subir un rigoureux changement de condition, car, suivant les art. 34 et 36, les avocats stagiaires qui n'auront pas encore atteint vingt-deux ans ne pourront plaider ou écrire dans aucune cause qu'après avoir obtenu des deux chefs de leur colonne un certificat visé par le conseil de discipline, constatant leur assiduité aux audiences pendant deux années.

C'est un conseil que doit donner un sage instituteur à son élève, de ne pas se hâter de produire au barreau les essais présomptueux d'études mal digérées, et de mûrir son talent dans la retraite du cabinet avant de l'exposer aux hasards de l'audience : ce ne doit pas être une prescription du législa-

---

(1) *Maximes tirées des ordonnances*, tome v, page 631.
(2) Boucher d'Argis, *Histoire des Avocats*, ch. 11 ; Domat, *Droit public*, liv. 11, tit. vi, sect. 2, n°. 5.
(3) *Encyclopédie méthodique*, au mot *Avocat*.

teur qui veille dans l'intérêt public et non dans l'intérêt particulier.

Quel danger pour le public qu'un jeune stagiaire se charge des causes qui lui sont confiées ? Si son talent a devancé les années, la précipitation de son début est justifiée. Démosthènes était encore enfant lorsqu'il défendit ses actions pupillaires ; Calvinus, Pollion, César, venaient à peine de revêtir la robe virile lorsqu'ils entreprirent les actions les plus importantes. En Angleterre, Pitt débuta presqu'aussi jeune à la chambre des communes, et le barreau français fournirait plus d'un exemple semblable.

Si, au contraire, la capacité du jeune avocat ne répond pas à sa hardiesse, il n'y a pas à craindre qu'on lui confie des causes ; que la loi s'en repose à cet égard sur les plaideurs : l'intérêt est le plus clairvoyant des conseillers.

L'ordonnance porte la trace de ces injustes préventions si souvent, dans ces derniers temps, manifestées contre la jeunesse. On semble avoir voulu, en augmentant les dépenses préliminaires, élever de nouvelles barrières à l'entrée du barreau ; comme si ce n'était pas assez que ces redevances payées à l'université pour obtenir le bienfait de l'instruction publique ; assez que trois années passées à grands frais dans les écoles de droit, et de l'acquisition de grades dispendieux, on a voulu surmonter encore ces années si coûteuses de deux années entièrement stériles, afin sans doute d'écarter de la carrière du barreau les jeunes gens qui, riches seulement de zèle et de capacité, n'auraient aucun moyen pour traverser ainsi, au milieu de dépenses sans cesse renaissantes, cinq années d'une laborieuse et pénible attente.

On a oublié que la concurrence était favorable au développement du talent, et, par conséquent, à l'intérêt public. On n'a eu qu'un but, celui d'accomplir contre la jeunesse qui se destine au barreau un plan qui, se généralisant et s'étendant chaque jour, tend à rendre de plus en plus difficile l'accès de toutes les professions libérales.

Ainsi il faudra deux années d'attente, et puis, pour la troisième année, il faudra un certificat d'assiduité aux audiences, délivré, non pas par deux anciens avocats, non pas par deux membres du conseil de discipline, cela eût offert assez de garanties sans doute, mais cela n'eût pas été assez restrictif. Il faut que ce certificat soit signé précisément par les deux chefs de la colonne à la suite de laquelle le jeune stagiaire aura été inscrit (1) : de plus encore, il faudra le visa du conseil. Singulier apprentissage d'une profession dont on proclame l'indépendance !

§ 2. — Une innovation plus malveillante encore résulte du rapprochement de l'art. 33 et de l'art. 39. Le premier porte que les avocats stagiaires ne font pas partie du tableau ; le second, que les avocats inscrits aux tableaux de nos cours royales peuvent *seuls* plaider devant elles. La plaidoirie en cour royale est donc interdite aux avocats pendant toute la durée du stage.

Dans la première édition de cet écrit, on n'avait présenté la rigoureuse conclusion tirée du rapprochement de ces deux articles que sous la forme d'un doute On observait que c'est par opposition aux avocats attachés aux tribunaux de première instance, et non par opposition aux stagiaires, qu'il est dit que les avocats inscrits aux tableaux des cours royales peuvent seuls plaider devant elles ; que les articles 33 et 39 sont sous deux titres différens ; qu'une pareille interdiction était chose si exorbitante, qu'elle aurait besoin d'être formellement exprimée ; et qu'enfin l'art. 34, qui porte que les avocats stagiaires pourront plaider à vingt-deux ans, ou du moins après deux ans de stage, moyennant certificat, ne res-

---

(1) Avant la révolution, les écritures des avocats non inscrits au tableau, n'entraient pas en taxe, de sorte qu'il fallait que les jeunes avocats prissent un certificat de quatre anciens pour que leurs écritures fussent taxées au profit de leurs cliens. Mais, du reste, ils pouvaient plaider, faire des mémoires et signer des écritures, si les parties voulaient courir le risque de n'être pas remboursées de ces écritures (*Journal des Savans*, du mois de juin 1754). On voit combien l'ordonnance a dénaturé l'ancien usage qui, d'ailleurs, ne pouvait plus avoir aucune application de nos jours, puisque les lois sur la procédure n'exigent plus la signature des avocats au pied des écrits judiciaires.

treint pas cette faculté à la défense devant les tribunaux de première instance.

Mais le ministre, auteur de l'ordonnance, a depuis pris soin de révéler lui-même sa pensée, en refusant à un jeune avocat du barreau de Paris la permission d'aller plaider devant la cour royale de Rennes, motivant uniquement son refus sur la combinaison des deux articles 33 et 39 (1).

§ 3. — Mais enfin voilà ces trois années franchies, et le stagiaire se présente au conseil pour être définitivement inscrit au tableau et jouir désormais de toutes les prérogatives attachées à la qualité d'avocat.

Sans doute, si l'Ordre n'a pas des gages suffisans de sa capacité et de sa délicatesse, il doit l'écarter ou du moins le soumettre à une nouvelle épreuve. Aussi le décret (art. 23) portait-il que le conseil devait prolonger *d'une année* le temps du stage *en cas d'inexactitude habituelle ou d'inconduite notoire*. Cette disposition était juste dans l'intérêt d'un ordre dont tous les membres s'enorgueillissent d'une heureuse solidarité de dévouement et d'honneur ; et, dans l'intérêt du stagiaire, elle prévenait autant que possible, par sa précision, un refus arbitraire.

L'art. 22 de l'ordonnance donne, au contraire, au conseil un pouvoir discrétionnaire sans limites, en lui permettant de prolonger indéfiniment la durée du stage *selon les cas*. Selon les cas! Se peut-il rien de plus vague? Et n'est-ce pas avoir ressuscité, pour les arrêtés des conseils de discipline, cette formule qui voilait dans certains arrêts de l'ancien régime l'absence de tout motif : *Vu les cas résultant du procès?*

Voilà ce que le règlement de 1822 a fait pour la jeunesse ; et, en 1827, l'auteur de ce règlement voulait lui donner encore une nouvelle preuve de *justice et d'amour ;* car, dans

---

(1) Voyez Lettre de M. Lucas, dans la *Gazette des Tribunaux*, du 28 octobre 1826. Au reste, nous n'avons pas ouï dire que dans aucune cour royale on ait refusé d'admettre à plaider les avocats stagiaires : l'usage contraire est constant.

son projet de loi sur la police de la presse, il n'y avait d'exceptés de la formalité du dépôt préalable, cinq jours avant la publication, que les mémoires signés par les avocats *inscrits au tableau.*

CHAPITRE VI.

DU POUVOIR DISCIPLINAIRE.

§ I. — APRÈS avoir présidé à la composition du tableau, le conseil veille au maintien de la discipline intérieure. Là son intervention ne se manifeste pas toujours par des décisions pénales : le plus souvent, officieuse et confraternelle, elle s'exerce par des conseils salutaires; c'est ce que l'ordonnance appelle «la surveillance que l'honneur et les intérêts de l'Ordre rendent nécessaire.»

Tant que ce contrôle se renferme dans ses limites naturelles, dans l'examen de tout ce qui intéresse la qualité d'avocat, et pourvu que, de proche en proche, elle ne passe pas des actions de l'avocat aux actions, aux discours, aux opinions du citoyen, rien de mieux, rien de plus légitime. Mais combien d'empiétemens n'autorise pas l'art. 14, en chargeant les conseils de discipline de maintenir non-seulement «les principes de modération, de désintéressement et de probité sur lesquels repose l'honneur de l'Ordre des avocats,» mais encore «les sentimens de fidélité à la monarchie et aux institutions constitutionnelles.»

Qu'est-ce que cette censure des opinions politiques? A combien de vexations cet article ne peut-il pas donner naissance !

Le décret impérial se bornait à charger le conseil «de veiller à la conservation de l'honneur de l'Ordre des avocats et de maintenir les principes de probité et de délicatesse qui sont la base de leur profession.» On n'avait pas encore imaginé, comme on l'a dit avec une spirituelle justesse dans une consultation du barreau de Castelnaudary (1), « de plier à des règles fixes et uniformes, à un type immobile et invariable, le caractère, la conscience, tout l'homme moral, en un mot, et de réduire tous les membres de l'Ordre à l'unité de dogmes, de sentimens et de principes sous la suprême direction du conseil. »

§ 2. — Une question d'une haute importance se présente ici : un avocat est-il justiciable du conseil de discipline à raison des écrits qu'il publie hors jugement, non comme avocat, mais comme citoyen?

Sans doute, en tout autre temps, cette question se serait résolue par ses propres termes. La qualité d'avocat n'exclut pas l'exercice des droits de citoyen, et au nombre de ces droits est celui de publier librement sa pensée en se conformant aux lois. Ce qui est étranger à la qualité d'avocat ne peut préjudicier à cette qualité. Malgré la vérité évidente de ces principes, la question a été résolue affirmativement par le garde des sceaux (M. de Serre), appliquant, de son autorité privée, des peines de discipline.

Un avocat avait publié un écrit qu'on prétendait dirigé contre le président du tribunal auquel il était attaché : cet écrit n'était relatif à aucune contestation judiciaire, et ce n'était pas en qualité d'avocat que l'auteur l'avait publié. Si cet écrit était coupable, les tribunaux étaient ouverts, et l'individu outragé pouvait y porter sa plainte. Les lois ordinaires suffisaient à la réparation de l'injure essuyée. Il ne pouvait pas être question d'une *peine de discipline,* puisqu'il ne s'agissait pas d'un *fait de charge,* et que l'écrit était complétement étranger au ministère de l'avocat qui en était l'auteur.

Ce furent cependant les peines de discipline qu'on appliqua, et l'avocat fut rayé du tableau. Il adressa une pétition à la chambre des députés en décembre 1821. Quelques orateurs développèrent à cette occasion les principes que nous venons d'émettre. Mais la pétition fut écartée par l'ordre du jour.

---

(1) *Gazette des Tribunaux*, du 5 juin 1829.

Quoi qu'il en soit de cette décision, déterminée peut-être par des motifs étrangers au fond de la question présente, nous persistons à penser que ce qui est étranger au barreau ne peut être soumis à la discipline du barreau, et que l'exercice des droits de citoyen (1) ne saurait préjudicier à la qualité d'avocat.

Il en serait autrement si l'écrit ou le fait étranger au ministère d'avocat avait attiré sur son auteur des condamnations flétrissantes. « Comme la profession du barreau exige » dans celui qui l'exerce une réputation qui le mette à l'abri » de tout reproche, s'il arrivait qu'un avocat vînt à éprouver » une condamnation humiliante, il y en aurait assez pour » donner lieu à ses confrères de l'exclure de leur association. » C'est ce qui a été jugé contre un avocat de Saumur par ar- » rêt du 25 avril 1756. » (Encyclop. méth., verb. *Avocat.*) En ce cas, ce n'est pas l'*écrit* qui motive l'application des peines de discipline, c'est la *condamnation* encourue à raison de cet écrit (2).

§ 2. — Décret de 1810 : Art. 25. « Le conseil pourra, sui- » vant l'exigence des cas,

« Avertir, — *Censurer*, — Réprimander, — Interdire pen- » dant un temps qui ne pourra excéder une année, — Exclure » ou rayer du tableau. »

Ordonnance : Art. 18. « Les peines de discipline sont :

» L'avertissement ; — La réprimande ; — L'interdiction tem- » poraire ; — la radiation du tableau.

---

(1) Par exemple, un avocat député pourrait-il être censuré par ses confrères et par voie de discipline, pour opinions qu'il aurait émises à la tribune ? Poser une pareille question, c'est la résoudre.

(2) Ces principes ont été reproduits par M. Carré, *des Compétences*, tome 1, page 422, et par M. Dalloz, *Jurisprudence générale*, au mot *Défense*, sect. 3, art. 3 ; M. Dupin jeune m'a fait aussi l'honneur de citer ce paragraphe dans sa Consultation si remarquable, publiée pour M. Pierre Grand, repris par le conseil de discipline de Paris, pour un discours prononcé sur la tombe d'un ancien conventionnel. Mais la cour de Paris a confirmé la décision du conseil.

» L'interdiction temporaire ne peut excéder le terme d'une
» année. »

On voit que, dans le passage d'une législation à l'autre, la
censure a disparu. Ce terme a une valeur bien fixée et distincte de l'*avertissement* et de la *réprimande*. On ne voit
pas pourquoi on a retranché cette peine intermédiaire :
serait-ce afin d'arriver plus vite à l'interdiction temporaire
ou absolue ?

§ 3. — Ordonnance : Art. 19. « Aucune peine de discipline
» ne peut être prononcée sans que l'avocat inculpé ait été en-
» tendu ou appelé avec délai de huitaine.

Décret : Art. 27. « Le conseil ne pourra prononcer l'in-
» terdiction qu'après avoir entendu ou appelé au moins deux
» fois, à huit jours d'intervalle, l'avocat inculpé. »

Art. 28. « Si un avocat commet une faute grave qui pa-
» raisse exiger qu'il soit rayé du tableau, le conseil de disci-
» pline ne prononcera qu'après avoir entendu ou appelé au
» moins trois fois, à huit jours d'intervalle, l'avocat inculpé,
» qui pourra demander un délai de quinzaine pour se justi-
» fier : ce délai ne pourra lui être refusé. »

Ces deux articles du décret donnaient au droit de défense
plus de garantie. La disposition de l'article 28 surtout était
bien nécessaire ; car si le conseil n'est pas astreint à accorder
un délai de quinzaine lorsque l'avocat inculpé le réclamera,
il en résultera que, dans bien des cas où la justification dépendra de documens éloignés et difficiles à acquérir immédiatement, l'inculpé, auquel un simple délai de huitaine sera
imparti, sera véritablement hors d'état de se défendre ; et
cependant il s'agira pour lui d'une question bien grave : *Être
ou ne pas être.*

Les articles du décret devaient donc être conservés.

§ 4. — L'avocat puni par le conseil de discipline peut appeler devant la cour royale de la décision qui le frappe.

Ici encore la disposition de l'ordonnance contient des innovations qui certes ne sont pas des marques de confiance de
la part du gouvernement envers l'ordre des avocats.

La faculté d'appeler n'appartenait pas, sous l'empire du

décret, au procureur général. Elle lui a été conférée par l'ordonnance (art. 25).

Le droit d'appel, pour l'avocat condamné, est restreint au cas d'interdiction ou de radiation, tandis que, sous l'empire du décret, on pouvait de plus appeler en cas de censure et de réprimande. Le procureur général, au contraire, peut appeler *à minimâ* dans le cas ou l'avocat inculpé n'aura qu'été averti ou réprimandé. Cette disposition aura les plus étranges conséquences ; car, lorsqu'un pareil appel aura lieu de la part du procureur général, l'avocat ne pouvant appeler de son côté, il courra les chances d'une aggravation de peine sans pouvoir espérer d'absolution.

Le procureur général peut encore appeler en cas d'absolution de l'inculpé : le pouvoir disciplinaire n'étant institué que dans l'intérêt de la dignité, de la sûreté de l'Ordre, lui seul doit être l'arbitre de ce que requiert le maintien de l'honneur du corps ; mais on lui a donné un censeur.

Du moins, en conférant ce droit exorbitant au procureur général, il eût fallu lui prescrire des délais pour l'exercer : mais il semble qu'on ait voulu l'aggraver encore par le mode d'exécution. En effet, aux termes de l'article 21, le conseil de discipline n'est obligé de transmettre au procureur général que les décisions portant interdiction ou radiation. Les articles 22 et 23 laissent au procureur général la faculté de requérir, quand il lui plaira, expédition des décisions portant avertissement, réprimande ou absolution, et l'article 26 déclare son appel recevable dans les dix jours de la communication qu'il aura reçue de la décision du conseil de discipline ; de sorte que le procureur-général n'étant pas astreint à demander dans un certain délai communication des décisions du conseil, le conseil n'étant pas astreint à les lui communiquer, il n'appellera que quand il lui plaira, il pourra tenir l'avocat averti, reprimandé ou absous, dans une perpétuelle incertitude, ou l'entretenir dans une décevante sécurité, en différant son appel et en l'interjetant ensuite après un long intervalle de silence et d'inaction.

Bien plus, si l'avocat condamné appelle, et que le procureur général n'appelle pas, la cour pourra prononcer une peine plus forte sans qu'il soit besoin que personne la requière : disposition vraiment extraordinaire et sans exemple; car, puisque la cour n'est saisie que par l'appel du condamné, elle devrait se borner à examiner s'il y a lieu ou non de réformer la condamnation. C'est ainsi qu'on a toujours procédé, c'est ainsi qu'on procède, par exemple, en police correctionnelle. Procéder autrement, c'est bouleverser tous les principes. C'est mettre les avocats, repris par mesure de discipline, dans une position pire que les individus condamnés pour délits correctionnels.

Enfin, c'est à huis clos et dans la chambre du conseil que seront jugés les appels interjetés soit par les avocats repris (1), soit par les procureurs généraux. Le décret de 1810 ne disait pas que ces causes dussent être jugées en la chambre du conseil : dans ce silence, la discussion devait être publique, puisque la publicité est de droit commun.

Sous l'ancien régime, c'était en audience publique que les avocats repris par l'Ordre déduisaient leurs moyens d'opposition à l'homologation des décisions qui les avaient frappés. C'est en audience publique que Linguet discuta les motifs de la radiation qu'il avait encourue. Surtout dans les affaires de ce genre la publicité est nécessaire, parce qu'il peut arriver que l'inculpé soit poursuivi par une cabale, et qu'alors il lui faut pour se défendre avec avantage le soutien de l'opinion publique. D'ailleurs l'audience publique a, dans tous les cas, cet avantage qu'elle est, comme dit Ayrault (2), « une note infaillible aux mauvais, quelque issue » qu'ait le procès; aux bons, une réparation d'honneur qui » ne peut jamais être trop notoire, ni trop commune à tout » le monde. »

_____

(1) Nous nous servons de cette expression et non du mot *condamné*, encore bien que ce soit celui que l'ordonnance emploie, parce qu'il nous semble que ce dernier terme doit être réservé pour les décisions judiciaires, et non pour les décisions purement de discipline

(2) *Inst. jud.*, liv. III, art. 3, n° 75.

Ces jugemens à huis clos, ces discussions secrètes rappellent trop les formes de l'inquisition, qu'à la facilité avec laquelle on les accueille, on croirait naturalisées en France. Cependant le sort du chancelier Poyet, qui le premier les introduisit dans notre législation, devrait dégoûter ceux qui sont tentés de l'imiter. On sait quelles tribulations ses propres lois lui causèrent lorsqu'il fut accusé lui-même et compris dans une instruction criminelle. Après qu'il eut été dégradé de la qualité de chancelier, les souvenirs odieux de son administration le suivirent dans sa vie privée, et l'accueil qu'il reçut au barreau où il voulut rentrer (1), ne dut pas être sa moindre punition. Les avocats ne voulurent point communiquer avec lui, disant qu'il avait déshonoré la robe, de sorte qu'il ne put reprendre sa profession d'avocat.

Revenons à l'examen de l'ordonnance :

On reconnaît que « sans une organisation intérieure qui
» l'affranchisse du joug inutile d'une surveillance directe et
» habituelle, l'Ordre des avocats ne pourrait plus espérer de
» recevoir dans ses rangs les hommes supérieurs qui font sa
» gloire, et que la justice, sur qui rejaillit l'éclat de leurs
» vertus et de leurs talens, perdrait à son tour ses plus sûrs
» appuis et ses meilleurs guides. »

Or, nous demandons si l'on s'en est fié à cette organisation intérieure, et si l'on a rendu à l'Ordre des avocats *la plénitude du droit de discipline* sur ses membres, lorsqu'on a donné au procureur général le droit d'appeler *à minimá*, le droit d'appeler en cas d'absolution de l'inculpé, le droit d'appeler sans être soumis à d'autres délais qu'à ceux qu'il lui plaira de se fixer à lui-même ; lorsque l'on a donné aux Cours le droit d'aggraver les peines prononcées, quand même le procureur général lui-même n'appellerait pas de la décision du conseil (1). Nous demandons si le soin d'interdire la discussion publique des appels ne marque pas une susceptibilité trop

---

(1) Il n'y avait pas en ce temps-là de chambre des pairs pour les ministres déchus.

ombrageuse? Nous demandons enfin s'il n'est pas vrai qu'en établissant toutes ces formes, le gouvernement a suivi l'exemple qu'il blâmait dans Napoléon, en ne donnant « à des » hommes unis par des intérêts communs et par des travaux » analogues, que des priviléges combinés avec assez d'arti- » fice pour lui donner à lui-même plus de ressort et plus » d'activité? »

§ 5. L'ordonnance ne s'expliquant pas sur l'effet des peines de discipline, il faut se reporter, à cet égard, aux anciennes traditions :

« La défense par un juge de faire la profession d'avocat ne s'étend pas partout, *si ce n'est pour cause infamante* (1). »

« Ce serait une erreur de croire qu'un avocat rayé du tableau n'est plus capable d'aucun emploi civil; cela ne pourrait être qu'autant que la radiation aurait pour cause une infidélité, une bassesse : mais comme on est dans l'usage de rayer pour différens motifs étrangers aux devoirs de la société (2), si la radiation n'avait lieu que pour les fautes de l'esprit, plutôt que pour les vices du cœur, se serait une sévérité injuste de le punir comme s'il avait commis un délit grave. Nous ne connaissons d'autre note ignominieuse que celle qui résulte d'un jugement de condamnation. Un avocat rayé n'est qu'un homme devenu désagréable à des confrères qui l'avaient admis parmi eux. Séparé d'eux, il peut continuer toutes les fonctions de jurisconsulte, qui n'ont rien de commun avec eux. Cette faculté ne lui est enlevée, qu'autant qu'il y a un jugement d'interdiction; quand ce jugement n'intervient pas, on doit présumer qu'il ne s'est rendu coupable d'aucun délit qui puisse le priver de l'exercice des fonctions attachées à un caractère indélébile.

» Ce qui vient à l'appui de notre opinion, c'est qu'il n'est

---

(1) Lacombe, *Jurisprudence civile*, au mot *Avocat*, n°. 20.

(2) Par exemple, pour une vivacité d'audience, une altercation un peu vive avec un magistrat qui, peut-être, n'aura pas été lui-même exempt de torts dans la controverse; un zèle poussé trop loin dans la défense d'un accusé.....

pas sans exemple, au moins au parlement de Paris, qu'un avocat rayé rentre en grâce avec ses confrères : on en connaît plusieurs qui ne sont aujourd'hui sur le tableau que par réhabilitation. De ce moment tout est oublié ; il fraternise avec eux comme auparavant : et certainement cela n'aurait pas lieu s'il avait encouru quelque infamie, car l'infamie est sans retour (1). »

L'ordonnance ne s'exprime pas sur tous ces points : il nous semble qu'on pourrait encore aujourd'hui, suivant les circonstances, faire l'application des anciennes traditions.

CHAPITRE VII.

RÉPRESSION A L'AUDIENCE.

§ 1. — Lorsqu'il se découvre à l'audience quelque fait de nature à entacher l'honneur d'un avocat, les magistrats doivent renvoyer l'inculpé devant le conseil de discipline : c'est une marque de déférence pour l'Ordre que la magistrature a toujours montrée. *La précipitation est marâtre de la justice,* suivant les expressions d'un ancien magistrat ; et les soupçons élevés contre la conduite d'un avocat ne sauraient être trop mûrement approfondis et vérifiés (2).

---

(1) *Répertoire,* au mot *Avocat,* § 11. — Sur le registre de l'Ordre des avocats au parlement de Normandie, j'ai trouvé un exemple d'un avocat rayé, et, après quelques années, rétabli sur le tableau. — Avocat interdit : *aut propter temeritatem et tunc in alio foro postulare potest ; aut propter infamiam et aliud simile, et tunc nullatenùs postulare potest nisi interdictio fuerit ad tempus aut sublata.* Mornac, *in leg.* 1, C. *de postulando.* — Ord. 1539, art. 45; ord. de Blois, art. 125.

(2) Lorsque le parlement de Rouen renvoyait ainsi un avocat à l'Ordre, il était d'usage de ne pas mentioner son nom dans l'arrêt. En 1781, un arrêt ayant en pareil cas énoncé le nom de l'avocat, après avoir statué sur sa faute signalée, l'assemblée arrêta « que M. le syndic se retirerait vers M. le président Bigot, qui présidait lors de l'arrêt dont il s'agit et vers M. le procureur général, pour leur représenter

Mais il est des cas où la répression ne pourrait être ainsi ajournée : c'est lorsque la faute est *commise* à l'audience même (art. 16), ou qu'elle résulte des plaidoiries ou des écrits judiciaires.

Art. 43. « Toute attaque qu'un avocat se permettrait de
» diriger dans ses plaidoiries ou dans ses écrits, contre *la*
» *religion*, les principes de la monarchie, la charte, les lois
» du royaume ou les autorités établies, sera réprimée immé-
» diatement, sur les conclusions du ministère public, par le
» tribunal saisi de l'affaire, lequel prononcera l'une des peines
» prescrites par l'article 18, sans préjudice des poursuites
» extraordinaires, s'il y a lieu. »

§ 1.—Cet article est textuellement copié du décret de 1810, excepté néanmoins qu'on y a spécifié en outre les attaques *contre la religion.* Si l'article parlait de la morale publique, il serait intelligible, parce que la morale est une, et la même dans tous les cultes chrétiens. Mais qu'est-ce que les rédacteurs de l'ordonnance ont entendu par ces mots, *la religion?* Est-ce la religion catholique, apostolique et romaine, qu'on appelle ainsi, par excellence, *la religion?* Alors les autres cultes dont l'établissement est légalement reconnu en France sont exclus de la protection de la loi ; ou bien, si l'on a voulu comprendre tous les cultes reconnus par la Charte dans la même protection, il aurait fallu dire : *toute attaque contre les religions légalement établies en France.* L'article pèche contre la Charte ou contre la grammaire ; il est inconstitutionnel ou incorrect.

que la forme de l'arrêt est inusitée : que la cour a bien voulu jusqu'à présent renvoyer au collége les avocats qu'elle croit s'être écartés de la discipline, sans employer leurs noms dans les arrêts imprimés et affichés ; que le collége les supplie de continuer à l'avenir d'user de pareille bienveillance, et de s'en reposer sur la compagnie du soin de veiller à ce qu'aucun de ses membres, oubliant ce qu'il se doit et à son état, ne s'écarte du vœu de la cour et des délibérations du collége. • En 1829, une représentation analogue fut faite par le conseil de discipline de Paris, dans l'affaire de MM. B. et Cl., mais elle fut improuvée par la cour.

§ 2. — Cet article ordonne de réprimer *immédiatement*, par l'application des peines de discipline, les attaques qu'il spécifie. Par sa nature, il doit être appliqué avec grande circonspection : souvent une proposition, qui de prime-abord paraît mal sonnante, s'explique par son enchaînement avec d'autres idées qui la suivent. Si l'on se hâte d'interrompre l'avocat, on le jugera sans l'entendre, on le condamnera sans l'avoir compris. D'ailleurs, en le mettant dans la nécessité de se défendre lui-même, on peut troubler ses idées et sa discussion et nuire à la cause de son client (1).

Nous ne pouvons résister au désir de citer ici un trait qui montre combien on doit être circonspect à condamner ainsi à la volée les propositions émises par un avocat, et comment on peut avec honneur réparer la faute de les avoir condamnées lorsqu'on l'a commise.

« Un jour M^e. Ch. Dumoulin, plaidant à l'audience de la grand'chambre, avança une proposition qui n'était pas du goût de M. de Thou, et qu'il reçut avec un peu d'aigreur. Les avocats, s'étant trouvés offensés en sa personne de la manière dont M. le premier président s'était expliqué, s'assemblèrent et députèrent un d'entre eux, qui fut M. de la Porte, pour aller lui dire, accompagné de six autres, en ces termes : *Objurgasti hominem doctiorem te, et doctiorem quàm unquàm eris :* ce qui fut exécuté. Ce latin n'était pas des plus élégans, et le compliment ne valait pas mieux. Cependant M. le premier président, qui avait déjà fait réflexion à la chose, et qui avait trouvé que la proposition de Dumoulin était dans l'ordre, n'en parut pas fâché, et dit : *Messieurs mes anciens confrères, bien loin de condamner votre démarche, je l'approuve, et vous prie de vous trouver demain à l'audience avec M^e. Dumoulin ; vous ne vous retirerez pas mécontens.* Le lendemain l'audience se trouva fort nombreuse : aussitôt que Dumoulin eut commencé sa plaidoirie, M. de Thou lui dit, selon quelques manuscrits : *Dumoulin, hier, en*

---

(1) *Proprio in metu, qui exercitam quoque debilitat eloquentiam.* Tacit., Annal.

plaidant, vous fîtes une proposition que j'ai condamnée mal à propos; c'est une faute dans laquelle je suis tombé par rapport à Messieurs dont je n'avais pas pris les avis, et par rapport à vous : je supplie la cour, et vous, et tous vos confrères aussi, de l'oublier (1). »

Ce trait n'est pas le seul qu'on pourrait citer en preuve des libertés dont jouissaient autrefois les avocats, et des justes égards que les magistrats avaient pour eux : l'histoire du barreau abonde en semblables exemples.

Lorsque les juges portent atteinte à la liberté de la profession des avocats, dit un auteur qui écrivait au milieu de ces traditions, le bâtonnier doit faire assembler ses confrères et arrêter avec eux les représentations qu'il convient de faire aux magistrats qui ont blessé leurs droits.... Ce n'est plus celui qui a éprouvé la mauvaise humeur ou le caprice du juge qui le rappelle aux lois de la décence et de la modération; c'est l'Ordre entier par la bouche de son chef, et il n'est pas de juge instruit de ses devoirs qui ne se fasse un mérite de réparer ses torts vis-à-vis d'une compagnie dans laquelle, d'un instant à l'autre, il peut être obligé de reconnaître des juges pour lui-même (2).

Que l'avocat injustement molesté à l'audience se garde de rien donner à l'emportement du moment; qu'il réclame l'assistance de son Ordre, et qu'en attendant, dans la ferme conviction de son droit, il suive l'exemple d'Erskine qui interrompu, harcelé, rabroué, comme il arrive si souvent (3), dans la défense d'un accusé, par le président qui lui rappelait ce qu'il disait être le devoir de l'avocat : *Je connais mes devoirs aussi bien que V. S. connaît les siens,* répondit-il, *et je persiste dans ma conduite.*

---

(1) Froland, *Recueil d'arrêts*, page 589.

(2) Houard, *Dictionnaire du droit norm.*, au mot *Bâtonnier*.

(3) « Les juges branle-testes devraient bien se chastier de cette imperfection, et encore plus ceux qui becquettent par des brocards ou propos fascheux les parties qui plaident par-devant eux ou les conseils desdites parties. » Ayrault, *Sentences.*

§ 2. — Sous l'empire du décret, lorsqu'un tribunal avait sévi contre un avocat, à raison de ses écrits ou de ses discours, ce jugement était sujet à l'appel. On avait eu soin de l'exprimer dans l'art. 45, et cette disposition était sage, car, si dans l'entraînement de l'audience, quelque sortie inconvenante peut échapper à un avocat, les juges peuvent aussi (témoin le président de Thou) condamner *à la chaude* une proposition d'abord mal entendue. C'est là une sorte de justice prévôtale sujette à tous les inconvéniens de la précipitation.

Sous l'ancien régime, comme on l'a vu ci-dessus, une juridiction inférieure ne pouvait mulcter un avocat.

L'ordonnance n'a cependant pas énoncé cette faculté d'appel. En faut-il conclure qu'un tribunal de première instance composé de trois juges, qui, relativement aux citoyens, ne peut prononcer en dernier ressort quand l'intérêt de la contestation excède mille francs, pourra priver, sans appel, un avocat de sa profession ? Peut-être cette conclusion serait-elle conforme au véritable esprit du règlement de 1822. Mais, le cas échéant, la magistrature saurait le corriger par une jurisprudence salutaire, et, en vertu du droit commun, l'appel serait admis (1).

~~~~~~

CHAPITRE VIII.

POURSUITES DEVANT LES TRIBUNAUX ORDINAIRES PAR LE MINISTÈRE PUBLIC OU LES PARTIES CIVILES.

ORDONNANCE. ART. 17. « L'exercice du droit de discipline ne » met pas obstacle aux poursuites que le ministère public ou » les parties civiles se croiraient fondés à intenter dans les

---

(1) La cour de cassation a jugé, le 17 mai 1828, que, d'après le décret du 30 mars 1808, le droit d'appel n'était ouvert en pareil cas qu'autant qu'il y aurait eu suspension prononcée. — La cour de Rouen a admis un appel dans le cas de simple censure, par arrêt du 11 juillet 1827. *Gazette des Tribunaux*, du 13.

» tribunaux pour la répression des actes qui constitueraient
» des délits ou des crimes. »

C'est là un principe de droit commun. Les peines de discipline sont des peines *extrà ordinem*, qu'un corps inflige à ses membres : elles ne peuvent préjudicier aux poursuites dirigées dans l'intérêt général de la société ou dans l'intérêt privé des tiers.

Les peines de discipline répriment des *infractions de police intérieure ;* les crimes ou délits caractérisés appellent d'autres répressions et donnent naissance à des actions d'un autre ordre. La maxime *non bis in idem* n'est point en pareil cas applicable.

Toutefois ces principes souffrent une limitation nécessaire, faite depuis long-temps par la jurisprudence. Ainsi, s'il arrivait qu'un avocat énonçât dans ses écrits ou dans ses plaidoiries des faits injurieux pour la partie adverse, sans nécessité pour la cause (1), celle-ci devrait immédiatement s'adresser aux juges saisis de la cause pour faire rentrer cet avocat dans les bornes de la légitime défense, et le faire même condamner en des réparations civiles. Elle serait non recevable à lui intenter une action séparée, soit devant la police correctionnelle, soit en police municipale pour diffamation ou injures, et ces tribunaux seraient incompétens pour connaître d'une pareille action.

En effet, le tribunal devant lequel s'agite une cause est essentiellement juge de la latitude que les parties peuvent donner à leur défense. Seul il peut connaître et déterminer la limite qu'il n'est pas permis de franchir sans dépasser les

---

(1) Quand les faits sont nécessaires à la cause, quelqu'injurieux qu'ils soient, ils est permis à l'avocat de les publier. Les autorités abondent sur ce point qui n'a pas d'ailleurs besoin d'autorités pour se justifier. Voyez dans le Recueil d'Augeard, tome 11, page 2, un réquisitoire de l'avocat général Portal. Au *Journal des Audiences*, tome v, page 186, un réquisitoire de M. Joly de Fleury. Le réquisitoire de M. Gilbert des Voisins, dans l'affaire de la comtesse de Laroche-Rousseau, contre Mᵉ. Guéaux de Réverseaux. *Mémoires de Linguet*, tome 111, page 464, etc., etc.

bornes légitimes. Lorsque les faits plaidés sont nécessaires au soutien de la cause, ils ne sont pas diffamatoires, et il ne peut appartenir qu'au tribunal saisi de juger de la nécessité de leur articulation. D'ailleurs la licence de l'avocat est un trouble que le juge doit réprimer immédiatement (art. 89 et 90 du Code de proc. civ., art. 16 de la présente ordonnance); de sorte que lorsqu'une affaire a été jugée sans que les parties ni leurs défenseurs aient été rappelés à l'ordre par le tribunal, c'est une sorte de présomption légale que ni les parties ni les défenseurs ne se sont portés à aucun excès répréhensible. Cette présomption fondée sur la considération que, s'il en avait été autrement, il faudrait accuser les juges, témoins de l'excès, de n'avoir pas fait leur devoir en le réprimant, a nécessairement toute la force de chose jugée ; et il importe d'autant plus de lui conserver ce caractère, que décider autrement ce serait ériger le tribunal de police correctionnelle en censeur de la conduite des tribunaux supérieurs et de la cour de cassation elle-même.

C'est ce qu'ont jugé un grand nombre d'arrêts, tant sous l'ancienne que sous la nouvelle jurisprudence (1).

Ces principes sont passés dans l'article 23 de la loi du 17 mai 1819, qui doit être combiné avec notre article, et qui en est la limitation nécessaire :

« Ne donneront lieu à aucune action en diffamation ou » injure, les discours prononcés ou les écrits produits devant » les tribunaux; pourront, néanmoins, les juges saisis de la » cause, en statuant sur le fond, prononcer la suppression » des écrits injurieux ou diffamatoires, et condamner qui il » appartiendra en des dommages-intérêts.

» Les juges pourront aussi, dans le même cas, faire des » injonctions aux avocats et officiers ministériels, ou même » les suspendre de leurs fonctions.

---

(1) Voyez Denisart, verb. *Avocat*, n°. 23. — Répert., verb. *Injure*, § 6. — Cassat., 5 messidor an X. — 14 messidor an XII. — 13 prairial an XIII. — 19 mai, 19 août 1806. — 9 février 1809. — 5 août 1815. Cour d'Orléans. — *Journal du Palais*, tome XLIV, page 37, etc.

» La durée de cette suspension ne pourra excéder six mois;
» en cas de récidive, elle sera d'un an au moins et de cinq ans
» au plus.

» Pourront, toutefois, les faits diffamatoires étrangers à la
» cause donner ouverture, soit à l'action publique, soit à
» l'action civile des parties, lorsqu'elle leur aura été réser-
» vée par les tribunaux, et, dans tous les cas, à l'action civile
» des tiers. »

Cet article est relatif aussi aux actions que le ministère
public pourrait intenter à un avocat, à raison de ses écrits
ou de ses discours dans une contestation judiciaire. S'il s'agit
de faits relatifs à la cause, il doit se pourvoir devant les juges
saisis du fond; s'il s'agit de faits étrangers, il doit se faire
donner des réserves. Il y a ici les mêmes motifs qu'en ce qui
regarde les parties présentes dans la cause.

Lors de la discussion de la loi du 25 mars 1822, qui punit
la diffamation ou l'injure dirigée contre un témoin à raison
de sa déposition, il fut pareillement bien entendu que cette
disposition n'était pas applicable à l'avocat qui discute le témoignage ou la personne d'un témoin produit en justice. A
cet égard encore, c'est l'article 23 de la loi du 17 mai 1819
qui fait la règle. Ainsi s'exprimait à la séance de la chambre
des députés, du 29 janvier 1822, M. Jacquinot de Pampelune,
commissaire du roi. M. de Serre ajoutait : « On peut tout dire
contre la déposition d'un témoin ; on peut alléguer contre sa
personne même tous les faits qui peuvent établir qu'il est
suborné ou indigne, car il est malheureusement impossible
que tous les témoins mandés devant la justice soient irré-
prochables : c'est là le moment de l'épreuve. Le juge a le
pouvoir nécessaire pour modérer cette épreuve, cette torture,
pour empêcher qu'elle n'aille jusqu'à l'outrage, inutile pour la
défense de l'accusé (1). Ce qui a été dit à l'audience ne peut,
après l'audience, donner lieu à aucune poursuite. »

---

(1) Sur l'étendue du pouvoir du juge à cet égard. Voyez l'arrêt de
cassation du 18 septembre 1824. Dalloz, *Jurisprudence générale*, au mot
Défense.

CHAPITRE IX.

ENTRAVES AU LIBRE EXERCICE DE LA PROFESSION D'AVOCAT.

§ 1. — Un grand privilége attaché à la profession de l'homme
» de loi, c'est cette liberté qu'il a de l'exercer quand il lui
» plaît et où il lui plaît.... l'avocat a le globe pour terri-
» toire. »

Sous l'ancien régime, lorsqu'un avocat voulait aller plaider hors du ressort du Parlement auquel il était attaché, il
lui suffisait d'un simple certificat du bâtonnier de son ordre,
qu'on appelait *exeat*. Il n'y a pas d'exemple que jamais l'*exeat*
ait été refusé ; il ne pouvait pas l'être, puisque ce n'était
autre chose que l'attestation de l'identité de la personne et
de la réalité du titre sous lequel elle se présentait. Cette
forme même prouve que, pour exercer son ministère partout
le royaume, l'avocat n'avait à justifier que de sa qualité.

Voilà les anciens principes.

Le décret de 1810 y avait dérogé en astreignant les avocats
en cour royale qui voudraient aller plaider hors du ressort
de la cour, et les avocats près d'un tribunal de première instance qui voudraient aller plaider hors du département de
leur tribunal, à se munir d'une *permission* du ministre de
la justice.

Au lieu d'abolir ces entraves si contraires aux principes
constitutifs de notre ordre, l'ordonnance les a resserrés ; elle
a renchéri sur les précautions reconnues excessives du décret ;
car les avocats attachés à une cour royale ne peuvent plus plaider hors du ressort de cette cour qu'après avoir obtenu l'avis
favorable du conseil de discipline, l'agrément du premier
président et enfin l'*autorisation* du garde des sceaux.

Cette triple précaution est injuste, injurieuse, inutile, im-

---

(1) *Répertoire*, au mot *Avocat.*

politique : injuste, car elle porte atteinte au droit naturel
de la défense ; injurieuse, puiqu'elle met les avocats dans une
sorte de prévention de licence ; inutile, puisque l'ordre public n'est jamais sans garantie devant les magistrats ; enfin
elle est impolitique, car la défense des justiciables dépendra
du bon plaisir d'un ministre, et c'est le gouvernement qui
en portera toute la responsabilité.

Les avocats près des tribunaux de première instance sont
dans une condition pire encore, puisqu'ils ne peuvent pas
même réclamer la permission du ministre pour plaider hors
de leur département, ou devant la cour d'où relève leur
tribunal.

De telles dispositions ne sont pas seulement offensantes pour
les avocats ; elles sont funestes à tous les citoyens, car c'est
dans l'intérêt de tous qu'il importe que les avocats puissent
librement porter partout le secours de leurs lumières et de
leur courage (1).

« Celui qui plaide tout son bien a grand intérest de confier
» sa défense entre les mains d'un homme, de la diligence,
» capacité et affection duquel il s'asseure du tout. Un tel ré-
» glement le luy oste (2). »

En matière criminelle surtout, on ne devrait jamais refuser
à un accusé la liberté de confier sa défense à un avocat de
son choix. Après le sentiment de son innocence, sa confiance
dans son défenseur fait seule sa sécurité. Si vous lui impo-
sez un avocat étranger, inconnu, au lieu de l'avocat de son
pays dont le zèle et les talens lui sont éprouvés, sa fermeté
s'ébranle, sa sécurité l'abandonne : ce n'est qu'en tremblant
qu'il voit arriver le jour de l'audience ; cet instant fatal le
trouve dans cette pénible inquiétude, et alors comment ap-
portera-t-il au débat la tranquillité d'esprit indispensable
dans une position si nouvelle et si difficile.

Dans les accusations politiques, le droit illimité de choisir

---

(1) Voyez les *Observations sur la législation criminelle*, de M. Dupin,
pages 80 et 81.

(2) Bouchel, *Remontrances*, déjà citées.

un conseil est plus nécessaire encore. Il faut que le caractère du
défenseur soit bien connu de l'accusé. Quelles transes mor-
telles pour lui si sa cause est remise aux mains d'un avocat du
parti contraire! Peut-être ne craindra-t-il pas de voir compromettre traîtreusement sa vie et sa liberté : mais il a de plus à soutenir un intérêt qu'un homme préoccupé d'opinions différentes
ou opposées ne pourra jamais convenablement défendre : c'est
l'intérêt de son honneur. Charlotte Corday ne redoutait pas la
mort ; elle redoutait une défense indigne de son caractère (1).
Elle n'aurait pas échappé à cette humiliation si le tribunal révolutionnaire lui eût imposé d'office un défenseur *patriote* (2).

---

(1) Voyez au *Moniteur*, sa lettre à Chauveau-Lagarde.

(2) François Marillac, célèbre avocat dont parle Loysel, dans son
Dialogue, fut accusé d'avoir *trahi Anne Dubourg en plaidant pour lui*,
parce que dans son discours il déclara retracter au nom de son client
les opinions religieuses que celui-ci avait soutenues avec une courageuse constance. Bayle (au mot *Marillac*, note (c)) reprend cette im-
putation de *trahison*, consignée par Laplanche, en son *Histoire de
François II* : Il n'y eut, dit-il, dans sa conduite, qu'un mensonge
officieux destiné à sauver la vie à son client. Mais reste à savoir si un
avocat peut se permettre d'office un mensonge qui dégrade l'accusé
dans son caractère politique et dans son honneur. Voici d'ailleurs
le récit de l'historien : « On ordonna qu'Anne Dubourg aurait conseil,
» ce qui auparavant lui avait été dénié, de sorte que le cardinal se
» trouva fort confus. L'avocat Marillac lui fut baillé, lequel mit toute
» sa peine à le faire dédire, lui alléguant que sans cela il ne pourrait
» lui éviter la mort. Ce que n'ayant pu faire, il l'amena à cette
» nécessité qu'il le laissât plaider sans l'interrompre, puis il dirait après
» ce que bon lui semblerait. Étant donc venus devant les juges, l'a-
» vocat discuta le mérite de la cause. ... En quoi non-seulement appa-
» raissaient des causes d'abus très-évidentes ; mais aussi la nullité des
» sentences et arrêt, en sorte qu'il fallait nécessairement recommen-
» cer tout le procès, casser et annuler toutes ces procédures, vu
» que nulle forme de justice n'y avait été gardée. — Mais au lieu de
» conclure en son appel, il acquiesça, recourant à la miséricorde du
» roi et de la cour : confessant sa partie avoir grièvement offensé Dieu
» et Sainte-Mère-Église, irrité le roi et s'être montré inobédient à
» son évêque, auquel et à la Sainte-Église romaine il désirait être
» réconcilié. Sur quoi, Dubourg, qui était présent, se voulant oppo-

§ 2. — L'asservissement des avocats se montre surtout à nu dans l'art. 40.

Un avocat n'exerce pas un office : son titre n'est pas une concession du pouvoir ; il n'est pas fonctionnaire public. Son ministère est donc essentiellement libre. Il doit pouvoir l'accorder ou le refuser sans être comptable à aucune autorité de ses déterminations.

Camus, dans sa première lettre sur la profession d'avocat, après avoir dit que les talens, ceux de l'esprit surtout, ne sauraient s'accommoder avec la gêne et la contrainte, se demande « quelle pourrait être la sanction de la loi qui enjoin- » drait à l'orateur d'être éloquent, ou au jurisconsulte de » développer les principes des lois ? »

L'article 40 répond à cette question, c'est sous les peines de discipline (avertissement, réprimande, suspension, radiation) que l'avocat nommé d'office sera tenu d'être éloquent ou de développer les principes des lois. Jusqu'à présent l'autorité s'était contentée de s'exercer sur les corps : elle avait respecté la pensée. Aujourd'hui elle la range dans son domaine, et, par rapport aux avocats, ses contraintes s'étendront jusque sur les esprits et sur les consciences.

Au lieu d'emprunter cette disposition au décret de 1810, il valait mieux interroger les anciennes traditions du barreau, c'est là qu'on eût trouvé la raison et les véritables principes.

« L'entière indépendance qui est inséparable de la profes- » sion d'avocat la rend entièrement libre, et fait qu'on ne » peut pas forcer un avocat à prêter son ministère (1). »

» ser, Marillac fit signe au président et aux juges, désirant lui sauver
» la vie par ce moyen, lesquel, au lieu de lui donner audience et sa-
» voir s'il avouait son avocat, le renvoyèrent incontinent en prison.
» Mais, pendant qu'ils avisaient de députer deux d'entre eux pour
» faire entendre sa conversion au roi et lui demander sa grâce, voici
» arriver un bulletin écrit et signé de Dubourg, par lequel il désa-
» vouait les conclusions de son avocat, persistant en ses causes d'appel
» et en sa confession de foi faite devant le roi. »

(1) Ferrière, *Dictionnaire de droit*, verb. *Avocat*.

« Quoiqu'il se trouve des cas où les juges nomment telou tel
» avocat pour servir de conseil ou de défenseur à telle ou
» telle partie, il ne faut pas en conclure qu'on entende par-là
» gêner la liberté de cet avocat : il est toujours le maître
» d'accepter ou de refuser (1). »

Une exception avait été faite à ces principes dans un
parlement : écoutons comment les auteurs l'apprécient :
» Il s'est pourtant trouvé des cas où les juges ont enjoint
» à un avocat de plaider une cause : ceci est arrivé au par-
» lement de Toulouse. *Mais les juges, dans ces momens,*
» *ne faisaient pas attention à la liberté inhérente à cette*
» *profession : la seule idée de contrainte est trop révoltante*
» *pour qu'on puisse s'arrêter long-temps à un préjugé*
» *pareil* (2). »

Cependant il est un cas, un seul cas où le refus de l'avocat
nommé d'office peut entraîner contre lui l'application des
peines de discipline. « S'il revenait à ses collègues que son
» refus n'est fondé que sur une raison d'intérêt personnel,
» il n'en faudrait pas davantage pour le faite rejeter de leur
» sein. Malgré la grande liberté de leur profession, les
» avocats ont toujours pour maxime que leur zèle et leur
» entier dévouement sont dus à tous ceux qui se trouvent
» dans le cas d'en avoir besoin (3), quand même ils se
» trouveraient hors d'état de les en récompenser. » Hors ce
cas, le libre arbitre de l'avocat devait être respecté. En
effet, pour emprunter ici les termes mêmes du *rapport*,
dont l'auteur s'est condamné à être en contradiction perpétuelle avec ses règlemens, « sans le droit précieux d'accorder
» ou de refuser leur ministère, les avocats cesseraient bientôt
» d'inspirer la confiance et peut-être de la mériter. Ils exer-
» ceraient sans honneur une profession dégradée. La justice,
» toujours condamnée à douter de leur bonne foi, ne saurait
» jamais s'ils croient eux-mêmes à leurs récits ou à leurs doc-

---

(1) *Ancien Répertoire*, verb. *Avocat*.
(2) *Encyclopédie méthodique*, verb. *Avocat*.
(3) *Ancien Répertoire*, verb. *Avocat*.

» trines, et serait privée de la garantie que lui offrent leur
» expérience et leur probité. »

On donne, il est vrai, à l'avocat nommé d'office le droit
de refuser son ministère lorsqu'il aura des motifs valables
d'excuse. Mais qui jugera de la vulidité de ses excuses? Le
décret de 1810 ne le disait pas. Cette appréciation devait
sans doute être abandonnée au conseil de l'ordre : quels
meilleurs juges en cette matière que d'anciens avocats vieillis
dans la pratique du barreau, et qui en connaissent parfaitement tous les devoirs? L'ordonnance dit que c'est aux cours
d'assises que l'avocat désigné devra soumettre ses excuses.
Sera-ce en audience publique? mais souvent ces excuses pourront être motivées par des révélations faites à l'avocat par
l'accusé, par des circonstances accidentelles inhérentes à la
cause, par le personnel de cet accusé, ou par ses procédés
envers son avocat. Ce serait nuire à l'accusé que de déduire
de pareils motifs devant le jury.

Sera-ce dans la chambre du conseil? mais le même inconvénient existe ; car les magistrats, par le résultat de la
délibération des jurés, peuvent être appelés eux-mêmes à
statuer sur le sort de l'accusé.

Le mode adopté par l'ordonnance réduit donc l'avocat à
l'alternative de plaider lorsqu'il a les plus légitimes motifs de
s'en abstenir, ou de compromettre, en déclarant ses excuses,
le sort d'un accusé toujours si respectable, surtout aux yeux
d'un avocat (1).

§ 3 — On doit reprocher aux auteurs de l'ordonnance
non-seulement les entraves nouvelles qu'ils ont apportées à
l'exercice libre du ministère de l'avocat, mais encore l'ab-

_____

(1) Lorsque l'accusé refuse le ministère du défenseur qui lui a été
nommé d'office, ce refus est-il pour l'avocat un motif suffisant de
s'excuser de la défense? Cette question a été agitée dans ces derniers
temps ; voici comment elle est résolue par Cicéron, qui certes connaissait bien les convenances du barreau et les devoirs de l'avocat :
*In hujusmodi re quisquam tam impudens reperietur qui ad alienam cau-
sam, invitis iis quorum negotium est, accedere aut adspirare audeat.*
(Orat. iv. in Q. Cæcilium divinat.)

sence de garanties qu'ils ont laissé subsister, tandis que l'occasion d'un nouveau règlement leur fournissait naturellement le moyen de corriger le vice des usages qui tendent à s'accréditer dans le silence des lois.

Une affaire récente (1) a fourni le plus déplorable exemple de la manière arbitraire dont il est possible aujourd'hui d'entraver le droit de défense. Un homme était accusé du crime de haute-trahison au premier chef. Plus l'énormité du crime avait dû soulever de haines contre lui, plus la justice le devait protéger ; car un jugement n'est pas une vengeance. Plus la politique semblait intéressée à sa perte, plus la justice devait lui offrir de garanties pour sa défense, car un jugement n'est pas un coup d'état.

« *Seigneurs athéniens*, disait à ses juges un accusé pour- » suivi par la haine publique, *comment voulez-vous nous* » *faire mourir : justement ou injustement ?* — Quelques-uns » lui répondirent : *justement.* — *Et comment*, répliqua-t-il, » *le pouvez-vous faire, si vous ne nous oyez en nos justifi-* » *cations* (2) ? »

« Dénier la défense serait donc un odieux déni de justice. » LA DONNER, MAIS NON PAS LIBRE, C'EST TYRANNIE (3). »

Cependant, dans le procès dont il s'agit, l'accusé ne put communiquer avec son défenseur qu'en présence du geôlier et de deux gendarmes : sans doute il eût suffi que les gardiens ne perdissent pas de vue le prisonnier, et qu'à travers une cloison vitrée, ils pussent suivre tous ses mouvemens, sans être à portée de l'entendre. Mais on avait tellement ménagé les lieux, que le défenseur et l'accusé étant chacun dans un appartement différent, communiquant à l'autre par une étroite ouverture pratiquée dans un mur épais, la communication, même à voix basse, était impossible, et pas un mot ne pouvait échapper aux témoins apostés : en outre, tous les papiers que le

_____

(1) Ceci a été écrit en 1822 : il s'agit du procès du général Berton.
(2) Plutarque d'Amiot, t. VI, page 310.
(3) Ayrault, *Inst. jud.*, liv. 1, art. 2, n°. 7. Voyez l'écrit si remarquable de M. Dupin aîné, intitulé : *De la libre défense de accusés.*

défenseur et l'accusé eurent à se transmettre l'un à l'autre durent passer, décachetés, sous les yeux du président des assises et du procureur-général, de sorte qu'ils n'eurent aucun moyen de suppléer à l'insuffisance des communications (1).

Un étranger, qui dans un recueil d'arrêts lirait cette question posée en tête de l'extrait d'une affaire : *Le président de la cour d'assises et le procureur général peuvent-ils ordonner que les communications entre l'accusé et son défenseur n'auront lieu qu'en présence du geôlier et de deux gendarmes* (2)? se croirait transporté en pays d'inquisition; et surtout s'il voyait cette question souscrite de l'apostille : *résolution affirmative.* Cette question néanmoins devait être ainsi posée dans le procès dont il s'agit, et, chose plus étrange encore, elle devait être résolue comme elle l'a été par la cour de cassation, qui ne connaît que des violations de la loi, et qui ne peut déclarer que la loi a été violée là où la loi elle-

---

(1) M⁰. Drault, jeune avocat nommé d'office au général à qui l'on avait refusé l'assistance de M⁰. Merilhou et celle de M⁰. Meneard de Rochefort, m'a fait l'honneur de m'écrire pour rectifier ce passage : « On amenait le général dans un petit espace, entouré d'une cloison « en bois, servant de vestibule, si je puis m'exprimer ainsi, à une « cave. Moi j'étais dans un corridor qui en est séparé par un mur, « percé à une certaine élévation par une ouverture grillée. Il avait le « geôlier et un gendarme de son côté, et le second gendarme se pla- « çait derrière moi. Le mur est épais d'environ deux pieds, et les « grilles sont à la hauteur de quatre pieds du sol : ils ferment « des deux côtés une ouverture d'environ deux pieds carrés; nous « étions forcés d'être continuellement debout. L'endroit où était le « général ne reçoit le jour que par la porte et la portion du long cor- « ridor où je me tenais n'en reçoit que par les grillages. J'étais comme « dans un cachot, tellement que j'ai été forcé de faire apporter de la « lumière pour lire et dicter au général les conclusions qu'il a lues à « l'audience. C'est avec la plus grande vérité qu'il a déclaré aux dé- « bats que c'était pour la première fois qu'il pouvait distinguer mon « visage. Je ne pouvais recevoir les papiers du général qu'après exa- « men de M. Mangin. Il ne m'était pas permis de lui rien passer, « même sauf examen préalable. »

(2) *Journal des audiences*, tome XXII, page 414.

même semble avoir permis tous les abus en établissant un pouvoir discrétionnaire.

L'article 10 du décret des 8 et 9 octobre 1790, porte : « L'accusé décrété de prise de corps, pour quelque crime que ce soit, aura le droit de se choisir un ou plusieurs conseils avec lesquels *il pourra conférer librement en tout état de cause*, et l'entrée de sa prison sera toujours permise auxdits conseils. » Cette disposition parut si importante, qu'on la consigna dans la constitution de 1791 et dans le code pénal, décrété le 29 septembre de la même année.

L'article 302 du Code d'instruction criminelle est loin d'offrir la même latitude à la défense : *Le conseil*, dit-il, *pourra communiquer avec l'accusé après son interrogatoire*. Ainsi le mot *librement* a disparu dans le passage de l'ancienne législation à la nouvelle.

D'un autre côté, l'article 613 du même Code dit : « Le juge d'instruction et le président des assises pourront donner respectivement tous les ordres qui devront être exécutés dans les maisons d'arrêt et de justice, et qu'ils croiront nécessaires, soit pour l'instruction, soit pour le jugement. »

Sans doute il ne résulte pas précisément de cet article que le président des assises pourra gêner à son gré la communication du défenseur et de l'accusé ; mais enfin il ne résulte pas non plus précisément de l'article 302 que la communication sera libre ; et, comme le disait Bonaparte à la cour de cassation elle-même, nos lois sont élastiques, elles se prêtent à tout. Tant qu'on n'a pas cru avoir besoin de faire usage des moyens employés dans le procès dont nous parlons, l'art. 613 est resté inaperçu, c'était un moyen secret tenu en réserve au profit de la politique : elle a bien su le trouver.

Mais aujourd'hui qu'on connaît l'étendue funeste de cet article 613, et puisque la cour de cassation n'a pas cru pouvoir s'empêcher de prononcer comme elle a fait dans cette circonstance, parce qu'en effet l'article 302 n'ordonne pas que les communications seront entièrement libres et dégagées de toutes entraves, le ministère devait profiter de l'occasion qui lui était offerte pour assurer la liberté de ces communications ;

non pas que nous pensions que le gouvernement puisse par une simple ordonnance déroger à une loi, mais parce que, en ce point, la disposition de la loi n'est pas formelle et précise, et qu'il s'agit plutôt d'en régulariser l'exécution que d'en changer réellement les dispositions.

Que de motifs pour introduire dans le règlement nouveau une disposition protectrice de la liberté des communications! Nous ne parlons pas de l'intérêt de l'avocat qu'une si étroite surveillance offense dans son honneur, et qui peut même se trouver compromis par un pareil espionnage; des considérations personnelles ne paralyseront jamais le zèle d'un avocat vraiment digne de ce titre. Mais l'accusé! combien n'a-t-il pas besoin de la plénitude de ces communications sans lesquelles il n'est pas pour lui de défense possible!

« Le défenseur est un véritable confesseur; il a le même secret à garder : l'accusé doit lui faire toutes les communications nécessaires pour le bien défendre; un tiers peut être un témoin dangereux; il ne faut pas rendre illusoire, pour l'accusé, le bienfait de la loi et encore moins en faire une arme contre lui (1). » Si le geôlier et les gendarmes étaient présens, quel accusé oserait s'ouvrir à son défenseur? Ne sait-on pas que dans beaucoup de circonstances, et à défaut d'autres preuves, on a fait entendre en justice les concierges des prisons et les agens de la force publique, pour déposer sur des aveux échappés à de malheureux prisonniers? aucune loi ne réprouve encore ce témoignage qui fait de prisons le séjour d'un espionnage odieux.

La communication que la loi autorise ne doit pas être un piége : il faut que, sans danger pour eux-mêmes, les accusés puissent ouvrir à leurs défenseurs le secret de leurs pensées, de leurs faiblesses, de leurs erreurs, de leurs crimes même, enfin de leur existence tout entière, afin que les avocats puissent remplir leur ministère qui est d'assigner aux faits de l'accusation, quand ils sont avérés, leur véritable caractère de mérite ou de démérite légal.

---

(1) Carnot, *Commentaires sur le Code d'inst. crimin.*

Il faut que les accusés puissent, sans danger pour autrui, faire à leurs conseils les confidences propres à les diriger dans la conduite des débats, de manière à combiner les moyens de défense qui peuvent servir à l'un des co-accusés sans compromettre la sûreté des autres. Ces communications, impossibles si un tiers aposté peut en partager le mystère, sont quelquefois indispensables au salut de l'accusé. Nous en citerons un exemple : dans une affaire d'infanticide, les charges qui pesaient sur la mère étaient si graves, qu'elle eût été inévitablement condamnée. Son défenseur soupçonna qu'elle lui cachait le véritable coupable : c'était son père qu'elle ne voulait pas dénoncer à la justice. L'avocat, dans le secret de ses entretiens avec elle, lui arracha cet aveu, à condition toutefois de n'en pas faire usage devant les jurés. L'habile défenseur tint sa promesse : il sut diriger les débats de manière à obtenir la justification de sa cliente sans trahir son secret; elle fut acquittée. S'il n'eût fait que l'assister aux débats, victime de son dévouement filial, elle était condamnée (1).

Tous ceux qui ont rempli le ministère de la défense savent que c'est dans la libre communication avec l'accusé qu'en réside la partie la plus essentielle. Les plus intimes confidences peuvent seules établir entre le défenseur et le client cette communauté de sentimens, cette sympathie si nécessaire. Séparez-les, paralysez leurs relations, la confiance de l'un s'éteint faute d'aliment : le zèle de l'autre se glace faute de savoir si l'accusé mérite intérêt.

C'était là un des principaux vices de la procédure de l'inquisition : les défenseurs, sans communication libre avec les accusés, épousaient presque toujours les préventions de l'accusation, dans l'impuissance où ils étaient réduits de s'assurer par eux-mêmes du caractère et du personnel de leurs cliens (2).

Comme il est toujours possible de concilier les précautions

---

(1) Voyez Requête en cassat. du général B....., Denn. 22, page 415.
(2) Lorente, *Histoire de l'inquisition*, tome 1, page 311.

nécessaires pour la garde du prisonnier, avec le secret des communications, aucune considération ne peut autoriser la violation de ce secret, essentiellement inhérent au droit de la défense. L'assistance d'un défenseur n'est pas un privilége concédé par la loi et qu'elle puisse restreindre à son gré, c'est un droit naturel inviolable, et, sans liberté absolue de communication, le ministère du défenseur est quasi inutile (1).

Il faut que ces principes soient ancrés bien profondément au cœur de tous les hommes, puisque dans deux procès où l'on s'inquiéta peu d'équité et de justice, on n'osa pourtant les enfreindre.

La Convention avait décrété que les conseils de Louis XVI communiqueraient *librement* avec lui. Cependant le conseil général de la commune prit un arrêté portant que : « Les conseils que la Convention pourra donner à Louis ne communiqueront qu'avec lui et toujours en présence des officiers municipaux, attendu la complicité présumée de toute sa famille : en conséquence, au moment où les conseils de Louis seront introduits, le valet de chambre se retirera et les seuls officiers municipaux resteront, l'assemblée s'en rapportant à leur discrétion sur l'attention de ne pas gêner la confiance du prisonnier dans les confidences qu'il pourrait avoir à faire, et à leur prudence pour ne pas compromettre la sûreté des prisonniers. » Cet arrêté fut dénoncé à la Convention, qui « en » accueillit la lecture par les plus violens murmures. De toutes » parts on demande qu'il soit cassé. Bazire appelle ces mesures » vexatoires et tortionnaires ; il demande qu'on les casse et » qu'on improuve le conseil général. L'assemblée passe à » l'ordre du jour, motivé sur son décret précédent qui porte

---

(1) Sur l'art. 8 du tit. 14 de l'ordonnance criminelle de 1670, le président de Lamoignon disait : « que le conseil qu'on a accoutumé de donner aux accusés n'est pas un privilége accordé par les ordonnances, ni par les lois ; que c'était une liberté acquise par le droit naturel qui est plus ancien que toutes les lois humaines ; que la nature enseignait à l'homme d'avoir recours aux lumières des autres quand il n'en avait pas assez pour se conduire et d'emprunter des secours quand il ne se sentait pas assez fort pour se défendre. »

» que les conseils de Louis communiqueront librement avec
» lui (1). »

De même, lors du procès de la reine, les communications
de l'auguste accusée avec ses conseils furent entièrement libres ; ce ne fut qu'après le jugement qu'on mit momentané-
ment en arrestation les deux citoyens courageux qui avaient
accompli un noble et sacré ministère, pour obtenir d'eux les
révélations, importantes pour l'état, que la reine aurait pu
faire à ses défenseurs (2). Cette mesure était attentatoire sans
doute à la liberté de l'avocat, mais elle n'attentait pas à la
liberté de la défense. A ce moment, la connaissance des secrets de la prisonnière ne pouvait plus influer sur son sort,
et il n'est aucun avocat qui ne fît volontiers le sacrifice de sa
propre liberté pour assurer à son client l'avantage d'une libre
et entière défense.

Comment, depuis la restauration, un procureur général
du roi a-t-il pu prescrire des mesures devant lesquelles la
Convention avait reculé ? Et comment, puisqu'il s'agit d'une
simple attribution de police et d'ordre intérieur dans les
prisons, le garde des sceaux n'a-t-il pas encore publié une
circulaire qui rassure sur le retour de tels abus d'autorité ?

En attendant, nous répéterons toujours avec le vieux lieu-
tenant-criminel que nous avons déjà cité : « Qu'ôter la défense,
c'est chose exorbitante ; que la donner, mais non pas libre,
c'est tyrannie ; » tyrannie qui s'exerce sur l'accusé et sur
l'avocat.

---

(1) *Moniteur* du 16 décembre 1792.

(2) « Pendant l'instruction du procès de la veuve Capet, les comités
de surveillance et de sûreté générale de la Convention déterminèrent
que les défenseurs officieux de cette femme seraient, *à l'expiration de
leur ministère*, arrêtés, conduits au Luxembourg et interrogés séparément. Cette mesure avait pour objet de savoir si Marie-Antoinette ne
leur avait pas confié des papiers ou révélé des faits qu'il importât
de connaître. Cet arrêté s'exécute : des commissaires interrogent les
défenseurs : au surplus, *on les traite avec des égards infinis.* » (*Gazette
des Tribunaux*, tome VIII, page 476.)

CHAPITRE X.

DROITS ET DEVOIRS DES AVOCATS.

Au premier abord, on voit dans l'art. 45 de l'ordonnance une grande et notable réparation : « Le décret du 14 décembre 1810 est abrogé. » Mais l'article ajoute immédiatement : « Les usages observés dans le barreau, relativement aux droits et aux devoirs des avocats dans l'exercice de leur profession sont maintenus. »

Or, il y avait dans le décret un titre particulier : *Des droits et des devoirs des avocats.* C'est là que se trouvait la disposition qui interdisait à l'Ordre de se réunir sans l'agrément du procureur général, sous les peines portées contre les réunions et associations illicites. C'est dans ce titre qu'on lit que si tous ou quelques-uns des avocats d'un siége se coalisent pour déclarer, *sous quelque prétexte que ce soit*, qu'ils n'exerceront plus leur ministère, ils seront rayés du tableau et ne pourront plus y être rétablis. C'est enfin dans ce titre qu'on voit reproduit cet art. 111 de l'ordonnance de Blois, contre lequel les avocats avaient réclamé de tous temps : *les avocats feront mention de leurs honoraires au bas de leurs consultations, mémoires et autres écritures : ils donneront un reçu de leurs honoraires pour leurs plaidoiries.*

D'après l'esprit qui avait présidé à l'ordonnance il était à craindre sans doute qu'en se donnant ainsi le mérite apparent d'abroger le décret, on n'en maintînt effectivement ces odieuses dispositions comme *usages observés dans le barreau relativement aux droits et aux devoirs des avocats.* Le ministre avait fait sans doute cette réserve *in petto*, et certains membres des parquets ont bien su tirer parti depuis de ce rapprochement.

Mais un arrêt récent, rendu par la cour de Poitiers dans l'affaire du barreau de Melle, a dissipé les justes inquiétudes que l'équivoque rédaction de l'ordonnance pouvait laisser au barreau.

Il s'agissait de l'application de l'art. 34 du décret qui punit d'une interdiction absolue et sans retour les avocats qui, *sous quelque prétexte que ce soit*, se coaliseraient pour déclarer qu'ils n'entendent plus exercer leur ministère près d'un tribunal. Les avocats de Melle, exposés de la part du président aux avanies les plus imméritées, n'avaient trouvé d'autre moyen de s'en préserver que de cesser de paraître aux audiences, et ils avaient été condamnés, en vertu du décret, par le tribunal faisant les fonctions de conseil de discipline. Sur leur appel, la cour de Poitiers décida que, d'après les circonstances de la cause, leur conduite était irréprochable et les déchargea de toutes poursuites.

La plupart des barreaux de France avaient délibéré dans cette affaire des consultations où chacun avait rapporté les exemples domestiques de semblables cessations d'exercice, toutes les fois que la dignité de la profession y semblait intéressée (1). C'est, en effet, dans ces traditions, et non dans

---

(1) L'histoire atteste que l'Ordre des avocats a souvent usé de ce droit pour faire cause commune avec la magistrature dans la défense des libertés publiques, désertant le palais lorsque le pouvoir absolu en avait chassé les véritables magistrats et n'y rentrant qu'à leur suite. Plus d'une fois les parlemens ont manifesté leur reconnaissance pour ces généreuses résolutions, et, chose remarquable, jamais les magistrats intrus n'essayèrent de les punir. (Exemples lors de l'exil des parlemens, en 1753, 1771 et 1788.) Les gens du roi ont aussi reçu de cette manière les preuves de l'attachement du barreau, etc. Talon ayant été exilé par Mazarin pour avoir résisté à l'enregistrement de quelqu'édit bursal, tous les avocats se retirèrent du palais, et, par la suspension des affaires, forcèrent le ministre à révoquer son ordre. — En dehors de ces coalitions politiques qui montrent quelle force tire la magistrature de son alliance avec le barreau, et lorsqu'il ne s'agissait que du maintien de leurs prérogatives, la retraite des avocats du palais a souvent été pour eux un moyen, reconnu légitime, d'obtenir le redressement de leurs griefs. (Exemples en 1602 relativement à l'ordonnance de Blois, sur le règlement des honoraires; en 1730 pour la suppression d'une consultation sur les libertés de l'Église

les dispositions du décret impérial de 1810 qu'il faut cher-cher les usages du barreau.

Voici un arrêt du parlement de Normandie, jusqu'alors inédit, que les avocats de Rouen ont cité dans leur consultation donnée dans la même affaire :

« Extrait du registre plumitif de la chambre des requêtes du palais du parlement de Rouen ce qui en suit :

» Du mercredi 17ᵉ. jour de may 1730.

» Sont entrés à la chambre Mᵉ. Lechevallier, syndic des avocats, accompagné d'un grand nombre de ses confrères, pour ce prié par le greffier de la part de la cour.

» Peu de temps après est entré à la chambre, M. de Pont-carré le fils, premier président en survivance, et invité par messieurs de prendre séance dans le banc de messieurs les présidens, ce qu'il a fait.

» M. de Châlons, sous-doyen de la chambre, a dit, par-lant aux syndics et avocats :

» La cour me fait vous dire qu'elle vous a mandés pour sçavoir de vous-mêmes pourquoi vous avez cessé de suivre ses audiences depuis un certain temps, comme vous et vos prédecesseurs les ont toujours suivies de temps immémorial, *ne sachant pas vous en avoir donné sujet.* Vous pouvez même vous en expliquer avec confiance, la cour n'estant rem-

----

gallicane.) Dans leur consultation pour le barreau de Melle, les avocats de Bordeaux citaient plusieurs précédens semblables de leur barreau. En 1754, le parlement de Bordeaux ayant fait un tarif pour les honoraires, les avocats quittèrent le palais et n'y revinrent que sur l'assurance que le règlement serait mis en oubli. En 1785, le président Dupaty ayant outragé un avocat, tous s'abstinrent désormais de reparaître à sa chambre, et il s'en plaignit sans succès à sa compagnie et au chancelier. En 1788, deux avocats ayant été exilés pour avoir fait certaines démarches relativement au parlement qui était lui-même en exil, tous leurs confrères cessèrent de se présenter au barreau. Le barreau de Bordeaux, pendant les cent jours de 1815, donna le même exemple, comme M. de Martignac lui en fit honneur à la tribune de la chambre, le 12 février 1822 ; mais, dans leur consultation de 1830, les avocats encore à Bordeaux n'ont pas jugé à propos de rappeler ce fait.

plie que de bonnes intentions pour votre collége et particulièrement pour ceux à qui j'en porte la parole, et elle se fera
un vrai plaisir de vous en donner des marques en toute
occasion. »

» A quoy le syndic des avocats a répondu : « Nous avons
l'honneur de représenter à la cour que, croyant n'avoir pas
donné occasion à ce qui s'est passé lors du prononcé du
27 juillet 1728, cela nous aurait portés à cesser nos assiduités
à ses audiences. Mais, puisque la cour nous fait l'honneur
de nous parler dans les termes obligeans dont elle veut bien
se servir, nous osons l'assurer que nous continuerons toujours de suivre ses audiences avec plaisir, et nous supplions
la cour de vouloir bien ordonner que ladite sentence sera
regardée comme non avenue, et que son ordonnance sera
mise à la marge du plumitif à costé de ladite sentence. »

» Monsieur de Châlons ayant esté aux advis a prononcé :

« La cour, ayant égard à la remontrance des syndic et
» avocats et faisant droit sur icelle, a ordonné que la sen-
» tence du 28 juillet 1728 sera déclarée comme non-avenue
» et que mention en sera faite à costé de ladite sentence. —
» *Signé*, de Chalons, avec paraphe. Et plus bas est écrit :
» *Ce qui a été fait à l'instant.* »

» Après quoy, M. de Pontcarré s'est retiré, et l'audience
a esté appelée, le syndic et avocats présents, qui ont parlé
aux causes qui ont été appelées, comme il est porté sur le
plumitif d'audience. — Collationné, *Baillehache.* »

CHAPITRE XI.

RÉSUMÉ ET CONCLUSION.

> Il ne faut plus espérer que la dignité et l'honneur
> qui a esté jadis en l'ordre des advocats y demeure,
> au moins tant que ce beau règlement durera.
>
> (LOISEL, *Dialogue des Avocats.*)

MAINTENANT, examinons d'un seul coup d'œil et sous un
point de vue général ce que nous avons analysé en détail
Voyons les prérogatives que les anciens temps avaient accordées aux avocats, prérogatives que nos temps leur ont ôtées :
comparons rapidement l'ordonnance avec les anciennes traditions et avec le décret de 1810; en un mot, dans cette ruine
de l'ordre des avocats, dressons le bilan de ses franchises.

§ 1er. — *Sous l'ancien droit*, l'Ordre des avocats existait
comme corps : il s'assemblait sur la convocation libre du bâtonnier pour délibérer sur tous les intérêts communs.

Sous le décret, l'Ordre des avocats ne s'assemblait que de
l'agrément du procureur général, pour l'élection de candidats au bâtonnat et au conseil de discipline; mais du moins
le jour des élections il existait comme ordre.

Sous l'ordonnance, l'Ordre n'existe plus, il n'y a plus
aucune délibération, aucune résolution en commun, tout
est concentré aux mains des chefs de colonne.

§ 2. — *Sous l'ancien droit*, l'élection du bâtonnier se
faisait en présence de l'Ordre assemblé : tous les *anciens*
avaient droit d'y concourir. Les chefs de colonne étaient des
député élus par l'Ordre en assemblée générale.

Sous le décret, l'Ordre n'élisait pas directement ; il n'avait
que le droit de désigner des candidats parmi lesquels le procureur général choisissait le bâtonnier et les membres du
conseil ; mais l'unanimité dans les désignations pouvait amener nécessairement des choix conformes au vœu général.

Sous l'ordonnance, l'Ordre n'a plus même droit de résignation : les chefs de colonne ne sont plus les *députés* de tout l'Ordre. Ils seront choisis par les créatures des procureurs généraux; et, grâce aux combinaisons de la répartition en colonnes, cette influence première pourra se reproduire perpétuellement dans le choix du bâtonnier et la composition des conseils de discipline.

§ 3. — *Sous l'ancien droit*, l'Ordre avait sur ses membres plénitude de discipline. L'avocat inculpé pouvait toujours réclamer l'assemblée générale, et si, condamné par ses pairs, il en appelait au parlement, c'était en audience publique que son appel était jugé.

Sous le décret, le conseil de discipline décidait en premier ressort. L'avocat inculpé pouvait se pourvoir par appel à la cour royale ; le procureur général n'avait pas le même droit.

Sous l'ordonnance, les décisions du conseil de discipline sont sujettes à l'appel du procureur général, dans tous les cas, et, lorsque le procureur général n'appelle pas, la cour peut d'office, sur l'appel de l'avocat, aggraver la peine prononcée par le conseil. Les cours royales jugent ces appels à huis-clos.

§ 4. — *Sous l'ancien droit*, l'avocat suspendu ou interdit par une juridiction inférieure pouvait toujours en appeler au parlement.

Sous le décret, un avocat auquel un tribunal de première instance avait infligé les peines de discipline, pouvait également en appeler à la cour.

Sous l'ordonnance, un tribunal de première instance peut, en dernier ressort et sans appel, suspendre et interdire absolument un avocat.

§ 5. — *Sous l'ancien droit*, il suffisait d'être gradué dans une université et d'avoir prêté serment pour avoir droit de plaider toutes les causes dont on pouvait être chargé.

Sous le décret, mêmes principes.

Sous l'ordonnance, le stagiaire qui n'a pas vingt-deux ans ne peut plaider qu'après deux années d'attente, et muni d'un certificat des deux chefs de sa colonne. —Dans aucun cas, un avocat stagiaire ne peut plaider en cour royale.

§ 6. — *Sous l'ancien droit*, l'avocat pouvait librement prêter ou refuser son ministère.

Sous le décret, désignation d'office, mais sans sanction pénale.

Sous l'ordonnance, l'avocat désigné d'office est tenu de prêter son ministère, sous les peines de discipline.

§ 7. — *Sous l'ancien droit*, un avocat pouvait exercer partout son ministère.

Sous le décret, un avocat près d'une cour royale ne pouvait plaider hors du ressort de cette cour sans la permission du ministre de la justice. La même permission était nécessaire à l'avocat près d'un tribunal de première instance, qui voulait plaider devant une cour.

Sous l'ordonnance, il faut à l'avocat près d'une cour royale, qui veut plaider hors du ressort, l'avis du conseil de discipline, l'agrément du premier président et l'autorisation du ministre. — En aucun cas, un avocat près d'un tribunal de première instance ne peut plaider devant une cour royale.

D'après ces rapprochemens généraux, on peut apprécier d'un coup d'œil comment le ministre a tenu les magnifiques promesses de son *rapport*, et ce que l'Ordre des avocats a gagné à être affranchi du décret de 1810. Les anciennes franchises mutilées par le décret ne nous ont pas été rendues, et celles qu'il avait laissées intactes ont été anéanties ou restreintes.

Toutefois le décret contenait une disposition exorbitante qui n'est pas reproduite dans l'ordonnance, c'est celle qui, faisant du ministre de la justice *le grand-prévôt de l'Ordre des avocats*, lui conférait le droit d'infliger, de son autorité privée, les peines de discipline. Il faudrait faire hommage de cette suppression à l'auteur de l'ordonnance s'il n'avait remplacé cette dictature par des dispositions d'un effet aussi certain sous une apparence moins odieuse. Ajoutons d'ailleurs qu'on ne connaît qu'un exemple de l'emploi fait de ce droit par le ministre de la justice, et que cet exemple exorbitant, ce n'est pas le gouvernement impérial qui l'a donné.

Telle est, dans son ensemble et dans ses détails, cette ordonnance du 20 novembre 1822, qui, dès son apparition, réveille les plaintes légitimes que les avocats élevèrent de toutes parts lors de la publication du décret du 14 décembre 1810.

Pourquoi les ministres du roi ont-ils fermé l'oreille à ces réclamations du barreau? Pour y faire droit, l'histoire de Henri IV pouvait leur fournir un exemple remarquable.

Le parlement de Paris avait cru devoir, par arrêt de règlement, renouveler la disposition de l'art. 161 de l'ordonnance de Blois. Les avocats refusèrent de s'y soumettre. Ils abdiquèrent tous leurs fonctions, et refusèrent de plaider aucune cause. La suspension des affaires jeta le trouble dans Paris. Le roi évoqua l'affaire à son conseil, et, l'ayant fait débattre devant lui, il se rangea du côté des avocats. Sa déclaration (25 mai 1602) révoqua l'arrêt du parlement, et, pour donner à entendre qu'il révoquerait même l'ordonnance de Blois si la demande en était formellement faite, il y ajouta cette disposition :

« Si de la part desdits avocats nous sont ci-après faict quels-
» ques *remontrances* concernant le faict de leurs charges,
» icelles lues et bien considérées en notre conseil, *il y sera*
» *pourvu par nous comme il appartiendra par raison.* »

Aujourd'hui on n'a pas seulement, comme par l'ordonnance de Blois, méconnu en un point la dignité de l'Ordre des avocats; on a sous tous les rapports détruit ou mutilé ses franchises. Des réclamations et *remontrances* s'élèvent de tous côtés *de la part desdits avocats :* espérons qu'enfin il viendra un temps où *icelles lues et bien considérées, il y sera pourvu comme il appartiendra par raison.*

ARRÊTS DIVERS

ET

MÉLANGES

CONCERNANT

LA PROFESSION D'AVOCAT

ET LA

DISCIPLINE DU BARREAU.

1. ANECDOTES DU PALAIS. On devrait réunir dans un opuscule toutes les anecdotes et les bons mots du palais. J'entends par-là, non tous les quolibets, mais les bons mots de deux sortes. Les uns honorables pour la profession; par exemple : celui-ci d'un premier président : *Croyez un fait quand Lenormand vous l'atteste.* D'autres qui montrent la présence d'esprit de l'avocat et font voir comment une repartie vive, sans cesser d'être décente et mesurée, peut servir à nous tirer d'une position délicate.

2. APPEL en matière disciplinaire. L'appel d'un avocat dirigé contre la décision du conseil de discipline qui l'interdit pendant un certain temps, doit être interjeté par exploit signifié au procureur général. Il ne le serait pas valablement par lettre écrite au bâtonnier. — La fin de non-recevoir contre un appel ainsi interjeté est d'ordre public, et ne peut être couverte par la renonciation du ministère public. (Arrêt de Nîmes, du 30 juillet 1825. — Sirey, t. 26, 2e. part., p. 68.)

3. — C'est devant la cour royale en assemblée générale, et non à la chambre des appels de police correctionnelle,

que doit être porté l'appel d'un jugement rendu par un tribunal de première instance, remplissant les fonctions de conseil de discipline de l'Ordre des avocats. (Arrêt de cassat. du 18 septembre 1823. — Sirey, t. 24, 1ʳᵉ. part., p. 101.)

4. AUDIENCE. V. *Plaidoiries, Police d'audience.*

5. ASSEMBLÉES GÉNÉRALES DE L'ORDRE. (Historique.) « A la dernière extrémité, l'Ordre a un remède infaillible contre les excès du pouvoir des uns et des autres (les anciens bâtonniers et les députés des divisions, composant le conseil de l'Ordre) dans les assemblées générales, qu'il peut incontestablement tenir, sans qu'elles soient convoquées par le bâtonnier. Pourquoi les corps politiques ne peuvent-ils pas s'assembler sans une convocation de leurs chefs? C'est que ces corps n'ont d'action que celle qui leur est permise par la loi. Or, ce n'est qu'avec le concours de leurs chefs que la loi leur permet d'agir. Mais l'Ordre des avocats n'est point un corps politique. C'est une simple société de jurisconsultes et d'orateurs qui ne sont liés que par la convention de communiquer ensemble, et qui usent non pas de la faculté politique de s'assembler, mais de la faculté naturelle de se réunir. Le bâtonnier ne tient de la loi aucune portion de son pouvoir : il l'a reçu tout entier de l'Ordre; d'où il suit que toutes les fois qu'il refuse d'en user comme il le devrait, l'Ordre qui en est la source, peut l'exercer seul, soit en convenant du lieu de la conférence, soit en proposant les matières, soit en les discutant par la délibération. » (Ancienne constitution des Avocats.)

6. ASSOCIATION. Fondement de l'ancienne association des avocats. — « Cette association que les avocats forment entre eux n'est autre chose qu'une convention de communiquer ensemble. Ce lien, qui unit tous les orateurs et tous les jurisconsultes d'un même barreau, est de la même nature que le lien de l'amitié qui unit deux cœurs. Quelle est l'autorité qui pourrait exercer sa force sur une telle société, ou même sur les individus qui la composent ? » (Ancienne constitution des avocats.)

7. — « La nation libre des avocats forme, dans tous les lieux

où elle est répandue, une société qui a pour âme l'indépendance. » (Ancienne constitution des avocats.)

8. Avocats. Voir dans la Rocheflavin, liv. III. Des avocats en général, écoutans, plaidoyans, consultans. — Des mauvais, ignorans et indignes avocats. — Sommaire des ordonnances sur les avocats.

9. — Ordonnances de Blois, 1579, art. 106. Pour être éligible à certaines hautes charges on exigeait du candidat différentes conditions « ou qu'il eût acquis dans la profession » d'avocat une réputation telle qu'il fût estimé digne d'un » si grand office. »

10. Avocats sans cause. A une époque où le garde des sceaux, auteur de l'ordonnance du 20 novembre 1822, avait voulu la faire exécuter en ce sens qu'on ne devait porter sur le tableau que les avocats en exercice, et qu'il fallait en exclure tous les avocats sans cause, la pièce de vers dont nous allons citer un fragment, parut sous le titre de *Requête, des avocats sans cause, à sa grandeur monseigneur le comte de Peyronnet, garde des sceaux de France.*

Dans les heureux loisirs d'un réduit solitaire,
Notre ordre reposait, libre de toute affaire ;
Content de voir son nom dans l'almanach cité,
Il était sûr d'aller à l'immortalité ;
Il s'enorgueillissait aussi du privilége
D'entrer au tribunal lorsqu'en secret il siége,
Et d'assister en robe au culte solennel
Que rend à l'esprit saint un besoin trop réel
D'écouter au retour la louange si pure
Que donne un magistrat à la magistrature ;
D'en recevoir aussi de petits complimens
Et d'y renouveler d'inutiles sermens !
Tels étaient, monseigneur, les rares avantages
Qu'avait accumulés sur nous le cours des âges,
Quand du fauteuil de Bourges où vous étiez assis,
Vous ne fîtes qu'un saut au trône de Thémis :
Et vous les détruiriez, vous, notre ancien confrère !
Sans doute, bien ou mal, un nouveau ministère
A besoin d'innover ; depuis dix ans aussi
Les innovations nous pleuvent, Dieu merci :

Mais pourquoi, monseigneur, d'un si doux préambule
Dorer perfidement cette amère pillule ?
« Notre ordre, sous le joug d'un tyran détesté,
» Avait vu, disiez-vous, courber sa liberté;
» Il s'allait relever, et dans votre ordonnance,
» Retrouver à jamais sa juste indépendance..... »
Hélas! il en restait quelque peu dans les rangs
Des avocats bourgeois qu'on nomme *consultans* :
O surprise! contre eux votre zèle s'irrite,
Et prétend contester leur modeste mérite.
Mais quoi, s'il n'a jamais brillé devant témoins,
Si nous ne parlons pas..... en pensons-nous donc moins ?
Que de gens, monseigneur, gagneraient à se taire!
Notre esprit n'aime pas que le grand jour l'éclaire ;
Ainsi nos magistrats réservent leur honneur,
Comme vous l'avez dit finement, monseigneur (1);
Ces choses en effet, s'altèrent par l'usage,
Et votre économie, en ce point, est fort sage.
   Avez-vous ouï parler d'un certain d'Aguesseau?
Comme vous, en son temps, il fut garde du sceau ;
En savoir, en sagesse, et même en éloquence,
Il n'était pas, vraiment, loin de votre excellence!
Le barreau, disait-il, pour certains avocats
Est la profession de ceux qui n'en ont pas.
Pourquoi donc plus que lui vouloir être sévère?
Est-ce faire du mal, enfin, que ne rien faire ?
Plût à Dieu, monseigneur, que notre oisiveté
Fût par d'autres souvent un exemple imité !
Quel tort vous faisons-nous? cancres et pauvres hères,
Objets de la pitié même de nos confrères,
ignorés du public, et ne lui coûtant rien,
Le bien que nous mangeons, au fait, est notre bien ;
L'or de l'iniquité ne vient pas nous séduire,
Et chacun, monseigneur, n'en pourrait autant dire.
. . . .
Pourquoi, les susnommés requièrent humblement,
Que, ce considéré, monseigneur, il vous plaise,
Les laisser dans l'oubli végéter tout à l'aise,
Et content du vain nom dont ils sont décorés,
Mourir de faim en paix..... et *justice ferez*.

---

(1) L'auteur fait ici allusion à un dicours prononcé par sa grandeur, dans les premiers temps de son ministère.

11. **Avoués.** (Plaidoirie). Les avoués près les tribunaux de 1re. instance (dans les chefs-lieux de cours royales, de cours d'assises et de département), ont-ils la faculté de plaider non-seulement les *incidens* de nature à être jugés sommairement et les incidens relatifs à la procédure, mais encore toutes les causes sommaires? — A cet égard, l'ordonnance du 27 février 1822 a-t-elle laissé subsister l'article 3 du décret du 2 juillet 1812? — L'affirmative a été décidée par arrêt de la cour d'Aix du 2 août 1825. (Sirey, t. 26, 2e. part., p. 237.)

Mais la négative a été jugée : 1°. par arrêt de la cour de Paris du 15 juillet 1826; 2°. par arrêt de Metz du 28 janvier 1826. (Sirey, t. 26, 2e. part., p. 238 et 299.)

12. **Avoués.** (Tableau.) Un avocat reçu et inscrit au tableau une première fois, s'il se fait *avoué*, perd les avantages de sa première profession, en telle sorte que si plus tard il se démet de son titre d'avoué et demande à être inscrit sur le tableau des avocats, il soit obligé de faire un stage comme un nouveau licencié. (Arrêt de Riom du 9 juin 1826; Sirey, t. 26, 2e. part., p. 239.) V. *Tableau*, *Suppléant.*

13. **Barreau.** Les réclamations élevées quelquefois par les jeunes avocats contre la licence avec laquelle le public envahissait leurs places, lorsqu'ils plaidaient quelque cause importante, ne sont pas seulement fondées en raison, mais aussi en droit et en droit dès long-temps établi. Car l'article 35 de l'ordonnance de Philippe IV, touchant le Chastelet, dit : « Que nul ne *siége* au rang, ni au siége des advocats, fors » qu'eux; si ce n'est du commandement du prevost ou de » son lieutenant. » V. *Préséance.*

14. — (Places). Dans le procès de Béranger (le 15 mars 1822), M. Jacquinot-Godard président de la cour d'assises envoya vingt billets d'entrée à M. Billecocq, alors bâtonnier, en le prévenant qu'on ne laisserait entrer que les avocats porteurs de ces billets. — Lettre de M. Billecocq en réponse; il réclame vivement contre cette mesure inusitée.

15. **Bibliothèque.** La bibliothèque d'un avocat est saisissable et peut être vendue pour dettes; c'est ce qui a été jugé

in terminis par un arrêt du parlement du 16 mai 1781, dont l'espèce est rapportée dans la *Gazette des Tribunaux*, t. 2, p. 195 et au *Répertoire de Jurisprudence*, t. 1, p. 698. Néanmoins l'art. 592 du Code de procédure civile, permet au saisi de retirer jusqu'à la concurrence de 300 fr. des livres de sa profession et à son choix.

16. CENSURE. (Autorité disciplinaire). « L'ordre sait, par l'activité et la sévérité de la censure, arrêter le progrès du mal qui se commettrait sous l'ombre de la liberté, et le dernier trait de son indépendance est de rompre tout commerce avec celui qui croirait qu'elle consiste à s'élever au-dessus des devoirs, tandis qu'elle n'est que la faculté de les mieux remplir.

» Mais, dit-on, il est à craindre que cette censure ne devienne, entre les mains de ceux qui l'exercent au nom de l'Ordre, l'instrument de l'esclavage. Il ne saurait y avoir de crainte plus mal fondée; pour s'en convaincre, il ne faut qu'examiner quelle est la nature du pouvoir de la députation, et quelles sont les personnes à qui ce pouvoir est confié.

La députation n'a qu'une autorité exécutrice. Chargée de maintenir les règles établies, elle ne peut point en introduire de nouvelles; cette faculté est réservée à l'assemblée générale de l'Ordre, puisque l'affaire la plus importante qui puisse l'occuper est de changer ou de modifier les lois de sa constitution. Si de simples représentans portaient leurs prétentions plus loin, il n'y aurait plus de liberté. A force d'altérer la constitution, on viendrait à bout de l'anéantir; plus on y trouve de difficulté, plus elle demeure fixe. D'ailleurs, cet excès de pouvoir entre les mains de quelques particuliers deviendrait dangereux, la possibilité de tout envahir risquerait d'être suivie de la volonté de le faire. » (Ancienne constitution de l'Ordre des avocats.)

17. COALITIONS. Nous avons rappelé dans la préface, à l'occasion du *dialogue de Loysel*, la coalition des avocats qui eut lieu alors, et ses suites. Le décret de 1810, art. 34, prescrit en pareil cas la radiation de tous les coalisés. C'est à une possibilité de ce genre que fait allusion l'auteur des re-

montrances sur l'ordonnance de Blois, art. 161, imprimées
dans la *Bibliothéque de droit* de L. Bouchel, au mot *avocat*,
lorsqu'il dit pour s'en consoler.... « Nous en voyons qui,
ayant quitté le barreau, ont plus acquis de bien en peu
d'années ailleurs qu'ils n'eussent fait ici en toute leur vie.
Les gens d'esprit et endurcis à ce grand et extrême travail,
sont recherchés partout, sont bons à tout, et ne demeurent
jamais. — Il fut ai-é à ceux de Capoue de mépriser leur sénat ; mais quand il en fallut nommer d'autres, ils demeurèrent courts. De même, en tout le monde qu'on aille, qu'on
recherche, qu'on choisisse, on ne saurait trouver *autres
trente personnes* pour mettre à la place de ceux qui sont aujourd'hui les oracles de la cité, ou plutôt de tout le royaume,
voire de toute l'Europe, et qui, *en l'effort des grandes actions abrègent leur vie, en se consacrant comme victimes
pour le public.* — Et se trouvera quelque cent mille personnes en ce royaume qui confesseront ingénument qu'ils
doivent la conservation de leur maison à quelqu'un d'entre
les avocats, ou pour avoir excellemment et courageusement
remontré leur bon droit, ou pour les avoir accordés avec
leur partie adverse et tirés d'un labyrinthe d'affaires qui les
eussent ruinés et leur postérité à jamais »

Au rang des *coalitions d'avocats* les plus mémorables, il
faut placer la résolution prise par ceux de Paris à la suite
des héroïques journées des 27, 28 et 29 juillet 1830, de ne
pas reprendre le cours des plaidoiries, tant qu'on rendrait la
justice au nom du roi qui avait violé la Charte, et commandé
à sa garde de massacrer ses sujets.

18. CONSTITUTION (ancienne) de l'ordre des avocats. (Historique). « Le barreau comprend deux sortes d'avocats. Les
uns, par leur inscription sur le tableau, ont acquis la plénitude de leur état et de la qualité de membres de l'ordre. Les
autres, avant d'arriver à ce dégré, subissent pendant un certain temps une épreuve qui consiste dans une assiduité d'é-
tudes et de fonctions. C'est ce qu'on appelle le *stage*, qui,
dans le barreau de la capitale, où se présentent des sujets de
toutes les conditions et de tous les pays, est nécessaire pour

s'assurer des mœurs et des intentions d'une si grande mul
titude.

» L'objet du gouvernement de l'ordre est d'exercer cette
censure établie pour y maintenir la vertu qui est son principe
et son soutien.

» Comme les corps nombreux ne peuvent pas s'agiter aisément, que d'ailleurs les affaires s'expédient beaucoup plus tôt
par un petit nombre de personnes choisies que par une grande
quantité, et qu'enfin les détails particuliers ne peuvent être
saisis que par des individus séparés, l'ordre confie le maintien
de la discipline à son chef, qui est le bâtonnier, et à ses députés qui sont les chefs de chaque division d'avocats.

» Sous ces divisions se rassemblent les avocats inscrits sur le
tableau et ceux qui ne sont encore qu'en stage ; à la tête de
chaque division président deux députés qui ont l'œil sur tous
les sujets rangés sous leur district.

» Il y a dans l'ordre trois sortes d'assemblées ; celle des divisions, celles de la députation et les assemblées générales.

» Les premières sont convoquées par les députés ; et le résultat de toutes ces délibérations particulières forme le vœu
de l'Ordre entier, que les députés rapportent aux assemblées
de la seconde espèce.

» Celles-ci peuvent être regardées comme le conseil ordinaire
de cette indépendante république. C'est là que se prennent
toutes les délibérations relatives à son administration. C'est là
que le tableau se compose toutes les années. C'est de là que
s'examine la conduite de ceux qui demandent à y être inscrits,
de ceux qui méritent d'en être retranchés, et des candidats
qui se présentent au stage.

» Les assemblées générales sont beaucoup plus rares ; elles
ne se convoquent que pour les affaires les plus importantes, et
pour les appels des avocats qui se plaignent d'avoir été injustement rayés du tableau.

» Voilà quel est le gouvernement intérieur de l'ordre : il n'é-
tait pas possible d'en trouver un plus propre à maintenir cette
liberté que nous avons vu être si essentielle au barreau. » (Ancienne constitution de l'Ordre des avocats.)

Voyez les mots *Assemblée, Association, Censure.*

19. COMÉDIE. V. *Pouvoir disciplinaire.*

20. COMMUNES. Les Communes qui ont à faire juger en conseil d'état des affaires contentieuses, doivent, comme les particuliers, faire choix d'un avocat aux Conseils du roi qui signe leur requête et défende leurs droits. — Vainement elles se mettraient sous la protection spéciale du ministre de l'Intérieur; vainement le ministre tenterait de se constituer le défenseur de ces Communes, et de faire juger sur son rapport. — Cette tentative n'aboutirait qu'à faire déclarer leur recours au Conseil d'état non-recevable. (Ordonnance du 8 septembre 1819. — Sirey, t. 20, 2°. p. p. 239.)

21. COMMUNICATION DE PIÈCES. Dans l'affaire de Vérac, M. Guillemain avait refusé la communication *amiable*, telle quelle est d'usage entre avocats, et il insistait pour que cette communication eût lieu *par la voie du greffe.* Me. de Lacroix Frainville, réclama *l'usage du barreau* suivant lequel les communications ont lieu *de confiance entre confrères.* — Du 15 avril 1822, arrêt en robes rouges, qui ordonne que les avocats communiqueront entre eux, *comme bon leur semblera.* V. *Pièces.*

22. CONDAMNATION humiliante encourue par un avocat, peut emporter radiation. V. *Radiation.*

23. CONSEILS DE DISCIPLINE (appels). Les conseils de discipline des avocats ne doivent point être considérés, à raison des droits et prérogatives de leur ordre, comme des parties ayant qualité pour former tierce-opposition aux arrêts qui contiennent des préjugés contraires à ces droits, et lors desquels ils n'ont été entendus ni appelés. (Les avocats de la Cour d'Amiens. — Arrêt d'Amiens, du 28 janvier 1824. Sirey, t. 24, 2e. part. p. 66.)

24. CONSTITUTIONS de l'ordre des avocats en forme de consultation à la fin d'une histoire de Droit, in-12; par Boileau, 1806.

25. CONTRAINTE PAR CORPS. L'avocat qui s'y expose encourt la radiation. Un billet à ordre souscrit ou endossé par un avocat, reconnu tel dans le protêt, ne le soumet pas à la con-

trainte par corps, lorsque d'ailleurs l'engagement de l'avocat n'est aucunement causé pour opération de commerce. — Peu importe qu'il ait été qualifié *marchand* dans quelques actes de la procédure. (Arrêt de Cassat. du 26 janvier 1814. — Sirey, tom. 14, 1re. part., p. 255.)

26. Défense. Du 18 juillet 1823, affaire Kœchlin; Me. Barthe, avocat. «A l'égard de Me. Barthe, avocat, considérant qu'il a abusé dans l'exercice de son ministère du droit de défense, pour aggraver le délit de Kœchlin, sa partie, en plaidant *contre la preuve légale* qui a fondé la condamnation de Caron; méconnaissant ainsi le respect de sa profession qui prescrit *le respect pour la chose jugée*, en présentant dans la plaidoirie les actes du pouvoir judiciaire *sous un aspect contraire à son indépendance*....... La cour ordonne que Me. Barthe, avocat, demeure suspendu de sa profession pendant un mois.» (Voyez dans *le Constitut.* du 20 juillet 1823 un excellent article de Berville sur cet arrêt.) — Cet arrêt n'a point été ratifié par l'opinion publique.

27. Défense d'office. Un avocat, nommé d'office, est-il tenu d'assister aux débats lorsqu'il déclare ne pas accepter? Jugé que *oui* par la cour de Colmar, malgré la réclamation du barreau. (V. *le Constitut.* du 29 juillet 1822, supplém.)

Écrits en matière civile; voy. *Indépendance d'avocats;* voy. aussi *Tribunal militaire; Serment.* (Choix des causes.)

28. Démission. La démission d'un avocat peut-elle empêcher le conseil de discipline de procéder ultérieurement contre lui? — Dans une espèce (en mai 1830) où pareille démission fut adressée au conseil après plainte, ce rapport déjà fait, et après audition de l'avocat inculpé, le conseil crut ne devoir pas procéder ultérieurement, mais ordonna que mention du fait serait faite par le rapporteur, sur le dossier, lequel demeurerait *ad rei memoriam* dans les archives de l'Ordre.

29. Désaveu. Dans une délibération publique inscrite au registre, les officiers municipaux de Lyon arrêtèrent de révoquer Me. Loyseau et de désavouer hautement et publiquement des assertions renfermées dans un mémoire par lui ré-

digé, dans leur intérêt, contre le lieutenant général de la sénéchaussée. M^e. Loyseau ayant réclamé contre cette inscription, il fut décidé, conformément aux conclusions de M. l'avocat général Séguier, que la manière d'agir dont se plaignait M^e. Loyseau, ne pouvait être employée que contre un procureur et jamais contre un avocat dont le ministère est purement de confiance ; que cette confiance ne pouvait lui être retirée que verbalement et tacitement. (Arrêt du 20 août 1777.)

3o. Désaveu. Lorsqu'un avocat, en plaidant, sort de lui-même des bornes qui lui sont prescrites, il peut être désavoué. Mais il faut que ce désaveu se forme sur-le-champ et par la partie ou par le procureur qui sont censés présens à l'audience, sans quoi il est présumé n'avoir rien avancé que de leur aveu. Si la partie adverse ne réclame pas sur-le-champ, elle n'est plus recevable à se plaindre par la suite. (Arrêt du 14 février 1759, en faveur d'un avocat du siége de Mayenne, contre l'avocat fiscal de la justice d'Averton.)

31. — L'avocat plaidant assisté de l'avoué représente les parties : l'aveu qu'il peut faire dans sa plaidoirie est censé fait par la partie elle-même, tant qu'il n'y a pas désaveu ; — du moins, il n'y a pas contravention à la loi, lorsque les juges, sur le motif d'un tel aveu, déclarent le fait suffisamment justifié. (Arrêt de Cassat. du 16 mars 1814; Sirey, tom. 14, 1re. part., p. 296.)

32. Discipline des avocats. « L'Ordre des avocats s'entretient par la vertu : sa discipline ne doit pas se borner à réprimer les vices qui troublent extérieurement la société, elle doit réprimer tout ce qui tend à violer les maximes de liberté, d'honneur, de désintéressement qui servent de lois à cet Ordre.

» L'acte le plus contraire à la liberté est de soumettre sa personne à la contrainte par corps. En effet, quoi de moins libre qu'un homme qui s'est engagé à porter des fers?

» Il en est de même des emplois qui assujettissent à une personne dont on exécute les volontés.

» L'exercice des charges porte aussi une atteinte à la per-

I.   44

fection de la liberté, puisqu'elles s'exercent forcément, et sous une autorité à laquelle il faut obéir. De là les charges subalternes sont absolument incompatibles avec la profession d'avocat; celles d'un rang plus élevé sont beaucoup moins incompatibles, parce qu'elles sont beaucoup plus indépendantes; et l'Ordre tolère qu'elles soient exercées par les membres.

» Le désintéressement embrassé par les avocats s'étend jusqu'à interdire toute action pour le paiement de leurs honoraires, jusqu'à refuser même de reconnaître pour confrères ceux qui retiendraient sous ce prétexte des pièces ou des titres. Persuadés qu'ils ont infiniment plus fait pour leurs cliens que ceux-ci ne peuvent faire pour eux, ils n'entendent ni apprécier leurs services, ni en exiger la récompense: la taxe, qui en est faite en justice, est pour le plaideur qui répète les honoraires contre la partie, et non pour l'avocat qui les reçoit librement de son client. Ce scrupule le rend souvent victime de l'ingratitude et de la mauvaise foi; mais ce sacrifice est celui de la vertu. Quelquefois aussi il se rencontre des personnes qui répondent par leur reconnaissance à cette générosité sublime.

» Enfin, tout ce que les lois de l'honneur, de la modération, de la délicatesse, exigent d'un homme vertueux, l'Ordre l'exige de ses membres.

» Les lois civiles et les tribunaux ne corrigent et ne répriment que les prévarications et les délits : leur secours serait donc insuffisant à un ordre qui doit fonder ses jugemens sur les mœurs.

» Que l'on examine d'après ces règles la conduite de ceux qui ont accusé l'Ordre d'injustice et de despotisme dans leur radiation; et que l'on juge de leurs plaintes » (Ancienne constitution de l'Ordre des avocats.)

33. Discipline (Ancienne). Lacretelle, *Histoire de France,* t. 6, p. 107, sur la considération attachée à la profession d'avocat, dans son *Tableau des mœurs, etc., avant la révolution :* « Les avocats, fortement unis entre eux par la discipline presque républicaine qu'ils s'étaient donnée, et qui formait

une sévère garantie de l'honneur, étaient regardés comme de judicieux arbitres des familles. Les plus beaux titres donnés par la fortune semblaient à peine un équivalent de la réputation qu'obtenaient alors l'éloquent Gerbier, Target, Tronchet, Thouret et Portalis. »

34. DISCIPLINE. (Limites du pouvoir disciplinaire.) — Extrait d'un journal : « Un jeune avocat qui donne les plus brillantes espérances, M. de Laserve, est dans ce moment l'objet des investigations du conseil de discipline des avocats, pour avoir composé et livré à l'impression un écrit intitulé : *De la Royauté selon les lois divines révélées, les lois naturelles et la Charte constitutionnelle.* Tout le barreau se demande si une semblable inquisition rentre dans les attributions déjà trop étendues du conseil de discipline de l'ordre des avocats. Le décret du 14 décembre 1810 fixe les attributions de ce conseil ; on y voit qu'il est chargé de maintenir *les principes de probité et de délicatesse* qui font la base de leur profession ; de punir par la voie de discipline les *infractions ou les fautes* commises dans leur exercice, et de porter une attention particulière sur les *mœurs et la conduite* des jeunes stagiaires. Mais on n'y voit nulle part que les *opinions politiques* des avocats seront soumises à la critique de ce conseil de discipline ; qu'il exercera sa censure sur les livres qu'ils publieront, et qu'ainsi la liberté de penser et d'écrire, qui existe pour tout le monde, sera interdite aux membres d'un ordre qui a toujours revendiqué son indépendance comme le premier de ses droits.

» S'il en était autrement, pourrait-on être avocat sans danger ? Une partie de l'ordre pourrait disposer du sort de l'autre. Un conseil d'ultras, nommé par un procureur général ultra, pourrait poursuivre pour cause d'opinion tous les avocats constitutionnels ; l'année d'après, une autre organisation pourrait fournir à ceux-ci l'occasion de prendre leur revanche... N'est-il pas plus raisonnable de dire que le conseil de discipline n'a d'inspection sur les opinions des avocats qu'autant qu'ils font et disent quelque chose de répréhensible dans l'exercice de leurs fonctions ; que leur conduite ne peut

44.

être censurée que sous le rapport de la morale, de la probité, de la délicatesse, et non sous le point de vue des
doctrines ou des opinions politiques ? » Voyez, ci-devant,
page 573 du *Pouvoir disciplinaire.*

35. — Le conseil de discipline des avocats de Tarbes a
rendu, le 2 janvier, la décision suivante :

« Considérant que la profession d'avocat étant le privilége de
défendre devant les magistrats du pays, la fortune, l'honneur et
la vie des citoyens, soumet ceux qui l'exercent à des obligations
et à des devoirs dont ils sont comptables envers la société et
l'honneur de leur ordre ; qu'ainsi une probité sévère, un noble désintéressement, la soumission aux lois, le respect pour
le trône et les pouvoirs constitutionnels, la fidélité du serment, doivent être, dans toutes les pratiques de leur vie, des
principes, ou pour mieux dire, des conditions inséparables de
la qualité et des droits dont ils sont investis ;

» Mais considérant, qu'abstraction faite de ce qui émane de
leur ministère ou de ce qui peut directement ou indirectement y toucher par des faits ou des actes publics, de nature
à en compromettre la dignité et la considération, ils demeurent, comme tous les autres citoyens, les maîtres de leur vie
privée, et qu'ils n'en doivent compte qu'à Dieu et à leur conscience, lorsque, d'ailleurs, ils n'ont pas offensé les lois posi-
tives ;

» Considérant, d'une manière spéciale, que si l'action de
jouer publiquement la comédie avec des artistes dramatiques,
de s'associer par-là à leur existence aventureuse, de s'exposer aux caprices et à la censure de toutes les classes, est an-
thipathique avec les habitudes, les devoirs et la profession de
l'avocat, il ne peut être considéré comme dérogeant aux unes,
blessant les autres, et devenant justiciable de son ordre,
lorsque dans le sein d'une société particulière et honorablement composée, il se livre *accidentellement*, à un délassement qui n'a pour but qu'une œuvre d'humanité et de charité chrétienne ;

» Considérant que des renseignemens le plus scrupuleusement recueillis, résultent, avec certitude, les faits suivans :

» Les avocats inculpés se réunirent à plusieurs de leurs concitoyens dans l'objet d'une souscription pour les Grecs. La liste fut par eux formée des principaux fonctionnaires publics et de ce que la cité offre de plus recommandable. Pour rendre la bienfaisance plus facile et plus fructueuse, on crut utile de lui donner l'attrait d'une réunion et d'un divertissement honnête. Sept à huit commissaires, autres que les avocats inculpés, allèrent recevoir, à domicile, l'adhésion unanime des personnes portées sur la liste, et des offrandes qui furent d'autant plus spontanées et généreuses, qu'il fut expliqué et que chacun fut convaincu que l'esprit de parti était étranger à ce projet. Mme. et Mlle. Briden, femme et fille du directeur de la troupe de Bayonne, résidant alors à Bagnères, en ayant eu connaissance, sollicitèrent d'y concourir, sans rétribution. L'une est mère de famille, généralement estimée ; l'autre une très-jeune personne élevée avec une attentive réserve : leur secours fut agréé. Les pièces choisies ne contenaient rien qui blessât la décence et les bienséances extérieures qui doivent toujours être gardées entre les deux sexes : aucune affiche ne fut ni apposée, ni distribuée. La salle, où la représentation eut lieu est la propriété d'un des souscripteurs. Elle a souvent servi à des réunions particulières, et quelquefois, sur l'invitation de l'autorité, à des fêtes ayant le plus auguste objet : les souscripteurs et les membres de leurs familles y furent seuls admis. Les dames étaient reçues à la porte par des commissaires. L'ordre le plus parfait régna, et toutes les convenances furent observées ;

» Considérant, les choses s'étant ainsi passées, que cet acte de la conduite des avocats inculpés appartient à la liberté nécessaire de la vie privée, et qu'il ne peut tomber sous la surveillance et la juridiction du conseil de discipline de l'ordre ;

» Par ces motifs, le conseil de discipline renvoie MM.... de la plainte portée contre eux par M. le procureur général. » (*Gazette des Tribunaux*, 23 *janvier*, 1827.)

36. — La juridiction de discipline qui appartient aux conseils de discipline de l'Ordre des avocats n'est pas exclusive

de la juridiction des tribunaux. — Ainsi les avocats sont comme les avoués passibles de peines de discipline de la part des tribunaux, en cas d'inconvenance dans leurs plaidoiries. (Arrêts de cassat. du 24 avril 1820. — Sirey, t. 20, 1ʳᵉ. part., p. 297.)

37. — En 1829, arrêt de la cour d'assises qui, sur le propos d'un accusé (Mᵉ. Berryer, avocat, étant absent), le renvoie au conseil de discipline avec des considérations qui préjugent contre lui. Le conseil de discipline se saisit, déclare la plainte mal fondée, et par un considérant exprime *sa douleur* de la manière dont l'opposition lui a été renvoyée par *une sorte d'arrêt de mise en accusation*. La cour s'en offense, et ordonne par arrêt la suppression de ce considérant et l'inscription de l'arrêt sur les registres. (*Nota benè*, nous n'en avons point.) Opposition des avocats. Le bâtonnier et le conseil paraissent devant la cour, chambre assemblée à huis clos, protestent de leur respect, mais déclarent persister dans leur opposition. Arrêt qui admet la forme, mais confirme le fond. Pourvoi en cassation pour excès de pouvoir. Cet excès est reconnu par M. l'avocat général Laplagne-Barris qui conclut à la cassation ; mais la cour rejette par *fin de non-recevoir*, attendu que les décisions en matière de discipline ne sont pas susceptibles de recours en cassation. — *Quid juris*, cependant si une cour (toujours dans l'hypothèse d'un *excès de pouvoir*) avait ordonné qu'on lui fît excuse en une forme extraordinaire. V. g. en forme d'amende honorable, etc., faudrait-il donc exécuter ?—V. article de Berville. *Journal de Paris*, du 13 mai 1829, Mermilliod dans la *Gazette des Tribunaux* du 16 mai.

38. Enquête. Les avocats ont le droit comme les avoués d'assister leurs cliens et d'être présens aux enquêtes qui se font devant un juge-commissaire. (Arrêt de Rouen du 26 décembre 1827. — Sirey, t. 28, 2ᵉ. part., p. 136.)

39. Étranger. *Un étranger peut-il être admis à l'exercice de la profession d'avocat ?*

Le conseil de discipline de l'ordre des avocats à la cour royale de Grenoble a décidé la négative.

Voici le texte de la décision qu'elle a rendue le 6 février 1830 :

« Considérant que l'exercice de la profession d'avocat inté-resse essentiellement l'ordre public ; que les droits, les pré-rogatives et les devoirs de l'avocat exigent qu'il jouisse ou qu'il soit susceptible de jouir, non-seulement des droits ci-vils, mais encore des droits politiques ; qu'il est accidentel-lement appelé à concourir, en France, à l'administration de la justice, soit comme juge, soit comme remplaçant les offi-ciers du ministère public, soit comme juré ; que nul ne peut être magistrat qu'il n'ait été préalablement reçu avocat ;

» Considérant que l'avocat, lors de sa réception, prête, comme les fonctionnaires publics, le serment de fidélité au roi et d'obéissance à la charte constitutionnelle, en même temps qu'il jure de remplir les devoirs particuliers de sa pro-fession ; qu'en conséquence, lorsqu'il est appelé à exercer des fonctions judiciaires, il n'est point soumis, avant de siéger, à prêter le serment prescrit aux magistrats ;

» Considérant que l'étranger ne peut participer en France à l'exercice des fonctions publiques, ni être soumis à promettre fidélité à un souverain qui n'est pas le sien, et à une charte constitutionnelle qui détermine les rapports qui existent entre le prince et les sujets, qui règlent la forme du gouvernement et autres choses essentiellement politiques dans lesquelles l'étranger ne doit pas s'immiscer ;

» Considérant que les anciennes ordonnances, édits et dé-clarations, notamment ceux du 26 février 1680, du mois de mars 1707 et du 14 mai 1724, en autorisant les étrangers à venir étudier et prendre des grades dans les universités de France, déclarent expressément que les degrés par eux obte-nus ne pourront leur servir dans le royaume ; qu'en consé-quence, M. Merlin, dans son *Répertoire de Jurisprudence*, au mot *étranger*, § 1er., enseigne comme doctrine constante que les étrangers ne peuvent être reçus au serment d'avocat, et il en donne pour motif : 1°. que les étrangers ne peuvent posséder ni office, ni bénéfice, ni faire aucune fonction pu-blique dans le royaume ; 2°. qu'on ne leur confère même des degrés qu'à la charge de n'en pas faire usage en France ; il cite un arrêt du parlement de Metz, sous la date du 22 février 1729, portant défenses aux seigneurs hauts, moyens et bas justiciers, et aux maires et gens de justice, d'admettre aucun étranger à postuler;

» Considérant que les lois nouvelles loin d'avoir dérogé à ces principes les ont confirmés par l'absence des dispositions contraires; que M. le conseiller d'État Fourcroy, exposant au corps législatif les motifs de la loi du 22 ventôse an XII (13 mars 1804) relative aux écoles de droit, déclarait qu'elle *était destinée à rétablir toutes les institutions scientifiques que des temps malheureux avaient anéanties;* que si les art. 14, 15 et 16 de cette loi disposent, 1°. « que les docteurs » et licenciés en droit, reçus dans les anciennes universités de » France ou des pays réunis, seront considérés comme doc-» teurs et licenciés en droit, à la charge seulement de faire » viser leurs lettres; 2°. qu'il en sera de même des docteurs » et licenciés reçus dans les universités étrangères, et qui » exerceront lors de la publication de la loi, depuis plus de » six mois, la profession d'homme de loi plaidant ou consul-» tant près l'un des tribunaux de la république, ou auront » été inscrits sur le tableau des avocats près une cour souve-» raine de France, un présidial, un bailliage ou une séné-» chaussée; 3°. qu'on comptera à ceux qui auront étudié dans » les mêmes universités, avant la publication de la loi, et en » rapporteront la preuve, leur temps d'étude dont ils justi-» fieront. » Ces dispositions transitoires, que le législateur qualifie de *particulières* et *exceptionnelles*, n'avaient en vue que les Français qui avaient anciennement étudié dans les universités du royaume ou dans les universités étrangères; et le même orateur du conseil d'État en justifiait les motifs en disant que *dans l'intention de préparer pour l'avenir une garantie des bonnes études du droit, il était important de ne pas perdre ce qui pouvait être acquis dans le passé.*

« Considérant que plus la profession d'avocat est noble et indépendante, plus elle commande l'estime, plus elle fait occuper un rang distingué dans la société; plus aussi il est convenable qu'elle ne puisse pas être exercée par un étranger incapable de remplir, en France, les moindres fonctions publiques, comme, par exemple, d'être témoin dans un acte authentique quelconque.

» Considérant que l'avocat, dépositaire de la confiance de ses cliens, de leurs secrets les plus importans, de leurs titres de fortune les plus précieux, doit leur présenter une garantie non pas seulement personnelle, mais encore morale, de famille, de position sociale, que ne saurait offrir un étranger; que les conseils de discipline auxquels il appartient d'empêcher que des individus, indignes de la profession d'avocat, soient admis à l'exercer, ne pourraient pas porter sur la conduite antérieure d'un étranger une investigation suffisante pour s'assurer qu'imbu des principes de probité, de délicatesse indispensables à l'avocat, il n'a surtout jamais forfait à l'honneur.

» Considérant que les raisons d'ordre public, de convenance, d'intérêt privé, se pressent ainsi pour maintenir l'ancienne prohibition aux étrangers d'exercer en France la profession d'avocat.

» Par ces motifs, etc. »

40. EXPÉDIENT (Causes jugées par expédient). « J'ai entendu, dit Papon, en l'audience de M. Dumesnil, avocat du roi, que la puissance de vider causes par expédient n'appartient qu'aux avocats des cours souveraines. (*Recueil d'arrêts*, liv. 6, tit. 2, n°. 2.)

41. — L'opposition formée par un procureur à un arrêt contradictoire, passé par deux avocats, n'est pas recevable, et les frais de l'opposition sont à la charge du procureur. (Arrêt du 3 juillet 1764. — Denizart, v°. *Avocat*, § 5.)

42. HONORAIRES. « Ce n'est qu'en France, dit un jurisconsulte anglais, que les avocats ayant conçu dès l'origine la ridicule prétention de représenter les anciens patrons de Rome, ont à leur exemple, érigé en principe que le *patronage de l'avocat* devait être gratuit, et qu'il devait tout au plus se contenter d'*oblations volontaires* que son client daignerait lui offrir s'il n'était pas tout-à-fait ingrat. Cette manière de voir est à la fois ridicule et injuste. Elle est ridicule,

» car il est évident que les avocats de France, pas plus que ceux
» du reste de l'Europe, ne sont pas la continuation des patri-
» ciens de Rome, qui étaient des hommes d'une toute autre
» importance. Elle est injuste; car toute peine mérite salaire :
» et même pour les patriciens romains, il ne faut pas croire
» que leur patronage civil ou politique fût entièrement gra-
» tuit. Pour se convaincre du contraire, il suffirait d'énumé-
» rer tous les droits utiles et honorifiques du patronage, dont
» plusieurs même, dans les états modernes, sont devenus le
» type de plusieurs droits féodaux. La profession d'avocat
» exige de longues études, des travaux assidus. Elle ne peut
» guère être exercée que par des hommes sans fortune, nés
» avec d'heureuses dispositions et dont les parens s'épuisent à
» leur donner de l'instruction en vue des succès qu'ils peu-
» vent obtenir un jour. Arrivés au terme de leurs études,
» pourquoi leur serait-il défendu d'exiger le juste tribut de
» leurs peines? Il est fort commode aux riches, à ceux qui
» exercent les professions les plus lucratives, *d'imposer ainsi*
» *à une classe d'hommes instruits et laborieux, l'obligation*
» *de travailler gratuitement pour le reste de la société.* On
» pense et on agit autrement chez nous, où certes le barreau
» n'est point inférieur en lumières et en vertus au barreau de
» France ou de tout autre pays. On trouve très-naturel qu'a-
» près avoir exercé sa profession quelques années, et suivi les
» assises des comtés, un avocat illustre par une nombreuse
» clientelle se retire avec une grande fortune, et entre en-
» suite à la chambre des Communes, où il consacre le reste
» de sa carrière à la défense des droits publics. Il n'y a qu'une
» vanité ridicule, une fausse idée de grandeur et un préjugé
» encroûté, qui puisse faire penser autrement. » (*Manual*
practice of the Chancery.)

— Il est possible que l'usage dont parle l'Anglais ne soit
qu'un préjugé; mais ce préjugé a eu une salutaire influence
sur la splendeur du barreau français. On ne prétend pas,
en France, qu'un avocat n'a pas droit à un honoraire pour prix
de ses travaux. Jamais on n'a refusé d'en allouer à ceux qui
en ont réclamé. Dans plusieurs barreaux, ces réclamations

sont même tolérées. Mais le barreau de Paris s'est montré plus sévère; et non-seulement autrefois, mais encore aujourd'hui, tout avocat à la Cour qui actionnerait un client en paiement d'honoraires serait rayé du tableau.

Du reste, s'il est défendu d'exiger, il est permis de recevoir tout ce que le client veut bien assigner pour prix aux services de son avocat, en raison de ses peines et de l'importance des travaux.

43. — Un avocat aurait, à la rigueur, le droit de forcer son client à reconnaître ses travaux. Mais il est de police au barreau, que celui qui formerait une telle action serait dans le cas de la radiation. Cependant les gens du roi ont quelquefois conclu d'office au paiement des honoraires des avocats. La chose est arrivée au parlement de Paris, le 15 mars 1766, sur les conclusions de M. Barentin, avocat général.

44. — Les avocats ont action contre leurs cliens pour paiement de leurs honoraires. (Arrêt de Grenoble du 30 juillet 1821. — Sirey, t. 22, 2ᵉ. part, p. 147.)

45. — Honoraires de l'avocat que l'avoué est autorisé à employer en taxe pour les répéter de la partie adverse. Tarif en matière civile, décret du 16 février 1811, art. 67, 68, 69, 70, 80, 82, 140.

46. — Les honoraires dus par les parties aux avocats chargés du soin de leur défense, ne doivent pas être restreints à la taxe établie par le tarif. — Cette taxe a pour objet seulement de fixer la somme due par la partie qui succombe, et non d'apprécier les soins de l'avocat, appréciation qui doit être faite selon l'importance et la difficulté du travail. (Arrêt de Limoges du 10 août 1819. — Sirey, t. 29, 2ᵉ. part. p. 287.)

47. — La décision d'un conseil de discipline qui réduit les honoraires d'un avocat n'est pas susceptible d'être attaquée par appel. Il n'en est pas comme d'une décision qui aurait prononcé son interdiction ou sa radiation du tableau. (Arrêt de Nîmes du 30 juillet 1825. — Sirey, t. 26, 2ᵉ. part., p. 67.)

48 — Souvent dixmés par les solliciteurs. V *Solliciteurs, Quittance.*

49. Impression. Dans aucun cas les chambres des avoués ne peuvent ordonner l'impression des arrêtés de police et de discipline intérieure. (Arrêté du 13 frimaire an 9. Répert. de jurispr. v°. *Chambre des avoués*, p. 524.)

C'est une juridiction de famille donc les actes sont secrets de leur nature, et ne doivent pas tourner à diffamation publique. — Cette raison est applicable à toutes les juridictions disciplinaires. V. *Presse.*

50. Incompatibilités. Cicéron, même pendant son consulat, plaidait des causes privées. Villemain, p. LXII. Préf. *de la rép.*

Pair admis au stage. Séance du 27 mai 1830. M. de Kergorlai. V. *Titre nobiliaire.*

51. — La profession d'avocat est, en général, incompatible avec toute profession qui peut faire l'occupation principale d'un homme; elle l'est avec les charges érigées en titre d'office; elle l'est avec les places qui rendent subalterne et auxquelles il y a des gages attachés.

Le barreau de Paris s'est montré très-sévère à cet égard; s'il conservait sur le tableau les pourvus de charges de secrétaires du roi, c'était sous la condition de n'en pas faire les fonctions pour l'expédition des lettres.

Les seules exceptions que l'on admettait étaient en faveur des secrétaires du sceau, et des intendans des finances de Monsieur et de Monsieur le comte d'Artois, et en faveur des avocats qui possédaient des charges de conseillers, de procureur du roi, ou avocat du roi, dans les tribunaux inférieurs. (Denizart, v°, *Avocat*, § VIII, n°. 2.)

52. — Les fonctions d'avocat ne sont point incompatibles avec celles de professeur en droit. (Arrêt du 6 septembre 1777.)

Quid si ce professeur est en même temps membre du conseil de l'université, et à ce titre (soldé à part), membre du tribunal administratif et judiciaire de l'université? — Malgré un exemple du contraire, j'ai toujours pensé qu'alors un tel fonctionnaire ne pouvait pas rester sur le tableau.

53. — On ne pouvait cumuler les fonctions d'avocats et

celles de procureurs; un arrêt du 31 mars 1751, sur les conclusions de M. d'Ormesson, ordonne que dans six mois les procureurs de Compiègne seront tenus d'opter s'ils entendent exercer la profession d'avocat, ou continuer les fonctions de leur office de procureur, et jusqu'à ladite option leur fait défense d'exercer la profession d'avocat.

54. — Par arrêt du 10 mars 1619, il a été dit que M⁰. Lebourdoin n'exercerait point la charge d'avocat, tant qu'il exercerait celle de greffier.

55. — L'avocat qui embrassait l'état de procureur ne pouvait plus faire aucune des fonctions qui dépendaient de sa profession. (Arrêt du 18 janvier 1749.)

56. INDÉPENDANCE DE L'AVOCAT. En matière civile (à la différence de ce qui se pratique en matière criminelle). Les avocats peuvent refuser de prêter leur ministère, même dans les causes qu'ils ont conseillées. — On ne peut, du reste, leur demander compte des motifs de leur refus; ce serait gêner la liberté et l'indépendance inhérentes à la profession d'avocat. (Consultation rédigée à Paris, par M⁰. Tardif, et signée par les principaux avocats. — Arrêt conforme de la cour royale de Riom du 11 juillet 1828. — Sirey, t. 28, 2⁰. part., p. 233.) V. *Défense d'office.*

57. INJURES. V. *Intervention, Mémoires, Plaidoiries, Juges.*

58. INTERVENTION. L'intervention dans une cause peut avoir lieu de la part de l'avocat de l'une des parties, pour demander la répression des injures dirigées contre lui dans les mémoires imprimés et signifiés par l'autre partie. (Arrêt de Rouen du 25 mars 1808. — Sirey, t. 7, 2⁰. part., p. 1027.)

59. JUGES. Il leur est défendu de maltraiter les avocats de parole. (Arrêt du parlement du 21 janvier 1741, du parlement de Bretagne; journal de ce parlement, t. 3, p. 342.)

Nec enim licet magistratibus aliquid injuriosè facere nec dicere.

Aussi la *Gazette des Tribunaux*, en enregistrant l'injure, livrerait les paroles du juge à l'appréciation de tous les hommes sensés.

Voyez la Table des matières au mot *Dumoulin.*

60. Libéralités. L'incapacité de recevoir des libéralités que l'ordonnance de 1539 prononce contre les administrateurs, ne s'étend point aux avocats. Par arrêt du 7 mars 1652, un legs fait à un avocat fut confirmé sur les conclusions de M. l'avocat général Talon, qui observa « que la prétendue incapacité des avocats, pour recevoir des legs, est une mauvaise sentence qui ne doit point être répandue dans le barreau, parce que la pureté du ministère des avocats est détachée des mauvaises impressions qui ont..... excité la prohibition. »

« Ce serait déshonorer un corps illustre, disait M. d'Aguesseau sur une question semblable, une profession aussi noble que celle des avocats, que de la regarder, comme formant en général, et en conséquence de la seule qualité d'avocat, une incapacité de recevoir des donations. La pureté, la grandeur, la dignité de leur ministère, semblent même dissiper les soupçons, et ne pas permettre qu'on les confonde avec ceux dont l'ordonnance de 1539 a parlé. C'est ce qui a été jugé par plusieurs arrêts par rapport à des legs universels. »

61. — Un avocat peut être l'objet d'une libéralité, dans le testament de son client ; il suffit qu'il jouisse de la réputation d'un homme de bien et qu'il ne paraisse ou qu'on ne puisse prouver aucune suggestion de sa part, pour qu'on ne doive pas le priver de la libéralité qui lui est acquise. (Arrêts des 7 mars et 12 mai 1755. — 8 mars 1769.) Le Code civil ne prononce aucune incapacité contre les avocats, ils peuvent donc recevoir d'après l'article 902.

62. Liste civile. Le roi plaidant par procureur doit-il prendre *avocat* ? La loi du 8 novembre 1814 semble l'en dispenser en chargeant de sa défense les officiers du ministère public, qu'on appelle aussi les *gens du roi* ; et de fait, dans l'affaire Desgraviers, M. Mars, substitut en première instance et M. Quéquet avocat général, sur l'appel, ont seuls porté la parole pour le roi.

Mais, sur le renvoi de la cause à Orléans, Me. Gairal, avocat, s'est présenté pour la liste civile. De même dans l'affaire contre M. Peysson de Bacot, et depuis dans tous les

autres procès soit de la liste civile, soit de la maison du roi ;
par exemple, dans le procès de Ducis, directeur de l'Opéra-
Comique, contre M. le duc de Choiseul.

63. Mémoires. Un avocat qui rédige un mémoire renfer-
mant des faits graves contre un individu, qui lui ont été
fournis par son client, qui ne le fait imprimer qu'après en
avoir remis la minute à ce dernier, le lui avoir fait lire,
après en avoir obtenu un pouvoir d'imprimer le mémoire,
lui avoir fait parapher chaque épreuve, a pris toutes les précautions de nature à mettre sa conduite à l'abri de toute critique. (Arrêt du 16 janvier 1765.)

64. — (Suppression de). Voyez, dans la *Gazette des Tribunaux* du 13 juillet 1827, un arrêt en faveur de M. Routhier, avocat en cassation, dont la consultation avait été
supprimée pour faits prétendus diffamatoires, *exposés dans
un mémoire à consulter, signé de la partie.* V. *Responsabilité.*

65. — Un avocat qui se livre, avec connaissance de cause,
à l'injure, peut être pris à partie, et encourir non-seulement
des dommages-intérêts, mais encore une interdiction.

Le sieur Roi de Prenelle, ayant eu à se plaindre de plusieurs
mémoires injurieux répandus contre lui dans le public, de la
part du sieur Deschamps, négociant, et de Me. Mannory,
avocat au parlement, qui les avait signés ; par arrêt du
28 août 1761, tous ces mémoires furent supprimés comme
contraires à l'honneur et à la réputation du sieur Prenelle.
Deschamps et l'avocat furent condamnés à 500 livres de dommages-intérêts et aux dépens, même solidairement, avec défense de récidiver sous peine de punition exemplaire et même
corporelle. Il fut en outre ordonné que l'arrêt serait imprimé
et affiché. (Répert. Vo. *Avocat.*)

66. — Un autre avocat du parlement de Paris, chargé de
la défense d'un père qui s'opposait au mariage de sa fille,
s'avisa de faire un mémoire extrêmement injurieux à sa partie adverse ; mais, par arrêt du 20 mai 1748, il lui fut fait
défenses de composer à l'avenir de pareils mémoires et de
les signer. Il fut même dit que dès ce moment il demeu-

rerait rayé du tableau des avocats, et il fut permis de faire imprimer l'arrêt. (RÉPERT. vᵒ. *Avocat.*)

67. — Un avocat du parlement de Bretagne, dûment atteint et convaincu du crime de calomnie, et d'être l'auteur des mémoires imprimés, ainsi que des notes marginales manuscrites produites au procès, qu'il avait distribuées et fait distribuer, fut condamné, par arrêt du 17 octobre 1743, à un bannissement de dix ans hors du ressort du parlement, avec défense de récidiver et d'enfreindre son ban, *à peine des galères.* Il fut de plus interdit à perpétuité de toute fonction d'avocat dans ce même ressort, et condamné à trois livres d'amende envers le roi. (RÉPERT. vᵒ. *Avocat.*)

68. MINISTÈRE PUBLIC. Voyez *Suppléant.*

69. NATIONALITÉ. L'exercice de la profession d'avocat devant un tribunal étranger, sans autorisation du roi, ne fait pas perdre la qualité de Français. (Arrêt de Montpellier du 12 juillet 1826. — Sirey, t. 27, 2ᵉ. part., p. 227.) Voy. *Étranger.*

70. OPPOSITION. L'avocat condamné par défaut par une cour d'assises, à une peine de discipline (à la radiation du tableau) est recevable à attaquer l'arrêt par voie d'opposition. (Arrêt de cassat. du 20 février 1823.)

71. PAIR DE FRANCE. Peut être admis au stage. Il n'y a pas *incompatibilité.* On a objecté que, comme pair, il pouvait être appelé à juger; mais il a été répliqué que la chambre des pairs n'était pas une *cour de justice permanente,* mais seulement *temporaire,* et *occasionnellement.* Que cela est si vrai que plusieurs pairs sont ailleurs conseillers ou présidens de cour royale ou de cassation; qu'ainsi ceux qui ne sont que pairs ne sont pas plus incapables de plaider que l'avocat qui, en certains cas, est appelé à siéger comme juge.

En point de fait, M. Roy, pair de France, est resté quelque temps sur le tableau; le fils de M. le comte Lanjuinais a fait son stage : M. le comte de Kergorlai, appelé à la pairie par la mort de son père, n'en a pas moins demandé en 1830, à être admis au stage qu'il fait actuellement. Noble école, où les jeunes pairs s'exercent dans la défense des intérêts privés, à la défense des intérêts publics, et préludent aux combats de la tribune par ceux du barreau !

Voyez *Suppléans.* Voyez aussi *Tableau*, *Titre nobiliaire*, *Avocat.*

72. PERMIS DE PLAIDER HORS DU RESSORT. Refus fait par M. Peyronnet de permettre à deux avocats de Paris d'aller défendre à Colmar les accusés qui les avaient choisis. Les accusés ont succombé ;..... il s'agissait d'une prétendue conspiration !.....

En 1822, on a refusé à Mᵉ. Mérilhou d'aller défendre Berton.

En 1830, on a refusé à Mᵉ. Berville d'aller à Lille défendre l'éditeur de l'Echo du Nord, sous prétexte « qu'il y avait à » Lille assez de bons avocats pour défendre l'accusé. » — Évidemment la question n'était pas là. — Mᵉ. Berville alors s'est chargé de la défense *comme ami*, et la cour l'a admis à plaider...

Chaque fois qu'on m'a demandé mon visa de bâtonnier pour obtenir l'autorisation du ministre, j'ai toujours mis : « Le conseil est d'avis que l'autorisation *doit être accordée.* »

73. PLAIDOIRIE. L'Avocat est maître du choix de ses moyens. Dans une espèce rapportée par la Gazette des Tribunaux, des 5 et 6 avril 1830, où le client qui avait perdu son procès voulait en reporter la responsabilité sur l'avocat qui, disait-il, n'avait pas *plaidé tous ses moyens*, le tribunal de 1ʳᵉ. instance de la Seine a débouté le plaignant de sa demande : « Attendu » que le ministère de l'avocat est libre ; que s'il doit défendre » avec zèle les intérêts qui lui sont confiés, il est également » de son devoir de ne présenter et de ne développer devant » les magistrats que les moyens *qui lui paraissent fondés*, » soit en fait, soit en droit. »

74. PLAIDOIRIE (Conclusions). L'avocat qui plaide au fond, omettant de plaider en la forme, sur une nullité proposée par requête signifiée, ne se départ point de la demande en nullité, surtout si l'avocat adverse ayant plaidé le premier n'avait parlé que sur le fond.

L'état d'une contestation est fixé, moins par la plaidoirie

I. 45

des avocats que par les conclusions signifiées. (Arrêt de cassation, du 3o mai 1810).

75. PLAIDOIRIES. Un arrêt du parlement de Rennes, du 21 janvier 1741, portant règlement pour les juridictions des regnaires et prévôté de Treguier, porte : art. 1ᵉʳ. « Que les avocats s'exprimeront, soit en plaidant de mémoire, soit en lisant les plaidoyers, en termes modérés et avec le respect dû aux juges. Leur fait défense d'interrompre les audiences et d'y apporter du trouble ; fait également défenses *aux juges* de les maltraiter de paroles. » (*Journal du parlement de Bretagne*, tom. 3, pag. 342). — *Non probris, sed rationibus decertandum.*

76. — La partie qui se croit blessée des expressions employées contre elle, dans la plaidoirie d'un avocat, doit en demander sur-le-champ réparation à l'audience, si elle croit devoir le faire, et si les magistrats jugent à propos de l'écouter. Des expressions plus ou moins ménagées dans la chaleur de la plaidoirie, ne peuvent jamais dégénérer en crime, former un corps de délit contre l'avocat, ni servir après coup de matière ou de prétexte à une accusation criminelle. Les conséquences en seraient trop dangereuses pour la liberté du barreau.... (Conclusions de M. l'avocat général Portail et arrêt conforme, rendu en la Tournelle le 21 janvier 1707.) Voy. *Police d'audience, Avoués.*

77. PIÈCES (Remise de). *Sufficit advocato affirmare litteras tradidisse vel reddidisse absque aliâ probatione. Joan. Galli*, quæst. 369.

Per arrestum fuit dictum pro magistro Clemente Petro de Reliac, advocato parlamenti contrà priorem Nostræ Dominæ-de-Campis, quod aliäs non tenebatur docere de redditione cujusdam litteræ quam pensionnario quod per affirmationem quam fecerat super redditione factá dictæ litteræ ipsi procuratori, licet confiteretur habuisse dictam litteram. Bouchel, Bibliot. du Droit français. vᵒ. *Advocat*, pag. 83, 1ʳᵉ. col.

78. — (Remise de). Un avocat doit être cru sur sa déclaration, à l'égard de la remise des pièces qui lui ont été

confiées, et il ne peut point être interrogé sur faits et articles, relativement aux affaires dont on l'a chargé comme avocat, et qui ont été traitées dans son cabinet. (Arrêt du parlement de Paris, du 28 décembre 1782). Voy. *Communication de pièces.*

79. POLICE D'AUDIENCE. L'avocat qui, dans une plaidoirie, manquerait au respect dû au tribunal, ne peut être réprimé à titre de police d'audience, qu'autant que la décision répressive est prise instantanément, en présence du public et pendant la durée de l'audience. — Si le tribunal qui aurait été offensé par un avocat, dans sa plaidoirie, rend contre lui un jugement au bout de quelques jours, ce jugement a le caráctère, non d'un acte de police d'audience, mais d'un jugement disciplinaire; en ce cas, il y a nécessité que le jugement soit précédé de l'ajournement et de la défense de l'avocat inculpé, comme aussi de l'avis préalable du bâtonnier, le tout à peine de nullité. (Arrêt de Grenoble, du 7 juillet 1828; Sirey, tom. 28, 2ᵉ. partie, pag. 62.) Voy. *Plaidoiries.*

80. POSTULATION. La Cour, après un long délibéré, a rendu, contrairement aux conclusions du ministère public, un arrêt ainsi motivé :

« Attendu que le décret du 19 juillet 1810 n'attribue pas aux faits de postulation les caractères de délits ou de crimes, tels qu'ils sont déterminés par la loi pénale;

» Attendu qu'à l'égard des avocats l'ordonnance royale du 20 novembre 1822 a prescrit des règles particulières; que cette ordonnance, rendue dans l'intérêt de l'Ordre des avocats, pour soutenir l'honneur de cette profession, a eu pour objet de continuer la tradition des conseils de discipline, particulièrement chargés de connaître des infractions et fautes commises par les membres de l'ordre; que l'exercice du droit attribué aux conseils de discipline n'est limité que dans le cas où les avocats commettent une faute à l'audience, ou lorsqu'ils sont poursuivis pour la répression d'actes qui constitueraient des délits ou des crimes; que, dans tous les autres cas, les conseils de discipline ont un droit de surveillance; que dès lors ils doivent connaître, *avant tout*, des contra-

45.

ventions reprochées à l'avocat dans l'exercice de sa profession ; et par conséquent, de la faute très-grave qu'il commettrait en se rendant coupable de postulation, sauf le droit réservé au ministère public, de relever appel de la décision du conseil de discipline ;

» D'où il suit qu'en rejetant le déclinatoire proposé par Mosnier-Lafarge, avocat en exercice, et sa demande en renvoi devant le conseil de discipline, la Cour royale de Limoges a violé l'article 15 de l'ordonnance de 1822, et faussement appliqué l'article 18 de la même ordonnance et le décret de 1810 ;

» La cour casse et annule l'arrêt rendu par la cour royale de Limoges. » (*Du* 28 *décembre* 1810.)

81. Préséance. Les avocats, exerçant au même siège, qui entrent concurremment et au même instant à l'ouverture de l'audience, sont tenus de se placer suivant l'ordre de leur réception. Ceux qui n'entrent qu'après l'audience ouverte et les plaidoiries commencées, ne peuvent déplacer les avocats qui auraient déjà pris les premières places, quoique plus jeunes en réception ; leur prétention troublerait l'audience. (Arrêt rendu sur les conclusions de M. l'avocat général Séguier le 10 mai 1780.) Voy. *Barreau.*

82. Presse (liberté de la). Mémoires et consultations d'avocats ont toujours été exempts de *censure préalable*. Le projet de loi (dit de justice et d'amour) présenté en janvier 1827, renfermait dans son article 12 un attentat à ce droit, qui n'est autre que ce droit de la *défense naturelle par écrit*. Il souleva le barreau. (Voyez ma lettre à ce sujet dans la *Gazette des tribunaux*, du 23 janvier.)

83. Quittance. L'ordonnance de 1667 et celle de 1673, concernant les épices, veulent que les avocats mettent sur leurs écritures le reçu de leurs honoraires ; mais les avocats, offensés des dispositions de ces ordonnances, se sont toujours maintenus dans l'usage de ne donner aucun reçu. (*Répert. de Jurisp.*, v". *avocat*, § XIV.) Voy. *Honoraires.*

84. « Radiation. C'est sur la nature de leur constitution

qu'est fondé le droit que les avocats ont eu en tout temps de retrancher leurs confrères du tableau, sans observer aucunes formes et sans être obligé de dire les causes de leur jugement. Ils n'ôtent point à celui qui est exclu le titre d'avocat, qu'il tient de la loi, et dont il ne peut être privé que pour une prévarication solennellement jugée. Cette radiation annonce seulement qu'ils renoncent à communiquer avec lui ; qu'ils ne le reconnaissent plus pour confrère. C'est ainsi qu'un ami rompt avec son ami, qui s'est attiré cette disgrâce par une infidélité. » (Ancienne constitution de l'Ordre des avocats.)

85. — La profession du barreau exigeant dans celui qui l'exerce une réputation à l'abri de tout reproche. Des confrères pourraient exclure de leur association l'avocat qui aurait éprouvé une condamnation humiliante. (Arrêt du 25 avril 1736.) Voy. *Démission.*

86. Rédactions d'actes. Autrefois il était défendu à un avocat, sous peine d'amende, d'écrire de sa main un acte sous seing-privé, dans lequel il n'était point partie. (Un grand nombre d'arrêts du conseil l'ont décidé ainsi.) Cette défense n'a pas été renouvelée de nos jours ; et elle ne devait pas l'être. En effet, la meilleure consultation sur un acte projeté est souvent d'en donner le modèle. Ce n'est donc plus qu'une question d'*étiquette*, de savoir si on peut signer le modèle même, ou s'il faut le faire recopier.

87. Réparation. Un avocat, M⁰. Jumelin, ayant été l'objet d'une accusation exprimée dans les requêtes, en termes injurieux à sa réputation, la cour des aides, par arrêt du 18 mai 1741, déclara l'accusation calomnieuse, ordonna la radiation des expressions injurieuses, condamna la partie à se trouver à la communauté des avocats et procureurs, et là, en présence du bâtonnier et de quatre personnes choisies par M⁰. Jumelin, à déclarer qu'elle tient M⁰. Jumelin pour homme d'honneur et à lui faire excuse ; elle la condamna en outre en 3000 livres de dommages-intérêts.

88. Réprimande. Pendant les débats relatifs à un accusé, il n'est pas permis d'introduire un débat particulier contre son défenseur ; d'entendre des témoins contre lui et de le répri-

mander à raison de ces témoignages. (Arrêt de cassation du 25 janvier 1806 ; Sirey, tom. 6, 2e. part., p. 86.)

89. RESPONSABILITÉ. L'avocat qui a écrit et plaidé des faits calomnieux, par ordre de son client, n'est tenu personnellement d'aucuns dommages-intérêts. (Paris, 13 prairial an XIII; Sirey, tom. 2, 2e. partie, pag. 800.) Voy. *Plaidoirie, Impression, Mémoires, Procès.*

90. SECRET. Les avocats ne sont dispensés de déposer sur ce qu'ils ont appris de leurs cliens dans leur cabinet, qu'autant qu'il s'agit de choses confidentielles, et lorsque la déposition pourrait être réputée une révélation et trahison du secret du cabinet. (Arrêt de la cour royale de Rouen du 5 août 1816. — Sirey, tom. 16, 2e. part., pag. 384.)

91. — Un avocat ne peut être forcé à déposer comme témoin dans les affaires sur lesquelles il ne sait rien qu'en qualité de conseil ; la confiance de son client lui est nécessaire pour qu'il puisse s'acquitter de ses importantes fonctions. La confiance ne peut être où le secret n'est point assuré. (Arrêt rendu conformément aux conclusions de M. l'avocat général Gilbert, le 27 janvier 1728.)

92. TÉMOIN. Lorsque le conseil de l'accusé est appelé aux débats comme témoin, il doit, à peine de nullité, être remplacé dans ses fonctions de défenseur par un autre conseil, pendant tout le temps nécessaire à son audition. (Arrêt de cassation du 4 janvier 1821 ; Dalloz, v^o. *Défense,* p. 561.)

93. — Un avocat ne peut être obligé de déposer en justice sur des faits qui ne lui ont été confiés qu'à raison de son ministère. (Arrêt de Rouen du 9 juin 1825; Sirey, tom. 27, pag. 44.)

94. — L'avocat appelé en justice à déposer sur des faits dont il a eu connaissance dans l'exercice de son ministère, peut, avant de prêter le serment prescrit par la loi de dire vérité, annoncer qu'il ne se considérera pas comme obligé, par ce serment, à déclarer comme témoin ce qu'il ne sait que comme avocat. — En un tel cas, il ne peut être condamné à l'amende, faute d'avoir voulu prêter un serment

pur et simple. (Arrêt de cassat. du 20 juillet 1826. — Sirey, tom. 29, 1ʳᵉ. part., pag. 77.)

95. — L'avocat cité comme témoin devant une cour d'assises peut être astreint à prêter le serment prescrit par la loi, quoiqu'il déclare qu'en sa qualité d'avocat il ne croit pas devoir déposer, si d'ailleurs les juges restreignent la déposition à faire par ce témoin aux faits qui seraient venus à sa connaissance autrement que dans l'exercice de sa profession d'avocat. (Arrêt de cassat. du 14 septembre 1827 ; Sirey, tom. 28, 1ʳᵉ. partie, pag. 391.)

96. — Les avocats des parties ne sont pas incapables d'être témoins en matière criminelle ou correctionnelle ; seulement ils ne sont pas tenus de révéler ce qu'ils ont appris par suite de la confiance qui leur a été accordée. (Arrêt de cassat. du 22 juillet 1828 ; Sirey, tom. 28, 1ʳᵉ. part., pag. 270.)

97. SERMENT D'AVOCAT. L'ancien serment des avocats, tel qu'il est rapporté par Bouchel, renfermait 23 articles, dont voici les principaux :

1. Quod diligenter et fideliter istud officium exercebunt.

2. Quod ab initio, vel ex post facto, cùm viderint causam esse injustam statìm eam dimittent.

3. Quod in causis quas fovebunt, si viderint tangi jus regium, ipsi de hoc curiam admonebunt.

7. Quod causas quas suscipient, citò expedient pro posse suo.

11. Quod non paxiscentur de quotâ parte litis.

12. Quod licet plures sint advocati in unâ causâ unus tantummodò loquatur.

19. Et est sciendum quòd nullus advocatus ad patrocinandum recipietur, nisi sit juratus et in rotulo nominum advocatorum scriptus ; et prohibet curia ne ipsi ingerant se ad patrocinandum, nisi sint jurati.

20. .... Curia eisdem injungit.... ut replicationes seu duplicationes inutiles et supervacuas omittendo, licet illi pro quibus suum impendunt patrocinium, sœpiùs eos molestent et velint hoc fieri, quibus obtemperare non debent, propter eorum honorem et ut curiæ pareant in hâc parte.

98. Formule de serment exigée au Parlement de Paris des licenciés d'Avignon :

« Vous jurez de garder et observer les arrêts et règlemens
» de la cour, et les lois du royaume, *touchant le droit civil*
» *et canonique, et les libertés de l'Église gallicane.* »

Serment de 1810. Voyez page 573.
. de 1822. Voyez page 614.

Serment provisoire de juillet 1830 :

« Je jure fidélité à la Charte, obéissance aux lois de l'état
» et au lieutenant-général du royaume. »

10 août. Serment définitif : « Fidélité au roi (Louis-
» Philippe Ier.), et obéissance à la Charte (amendée). »

99. — L'acte de prestation de serment prescrit aux avocats par les décrets des 31 mai 1807 et 6 juillet 1810, n'est pas passible du droit fixe de 15 francs, lorsque l'avocat était déjà entré en fonction et avait prêté un premier serment. Cet acte n'est passible que du droit fixe d'un franc. (Arrêt de cassat. du 17 avril 1816. — Sirey, t. 17, 1re. part., p. 11.)

100. — (Choix des causes.) C'est un devoir pour tous les avocats de ne soumettre aux tribunaux que les causes qui leur paraissent justes et fondées. — Cette obligation lie également les avocats à la cour de cassation et les avocats attachés aux autres cours et tribunaux. (Arrêt de cassat. du 6 juillet 1813. — Sirey, t. 13, 1re. part., p. 419.) V. *Défense d'office,*
Indépendance de l'avocat.

101. Société. L'avocat ne peut s'associer pour acquérir, conjointement avec son client, des biens dont ce dernier poursuit l'expropriation forcée. — Dans ce cas, la société est réputée léonine et frauduleuse. — Elle ne peut produire d'effet, encore qu'elle ait reçu son exécution et qu'elle ait été confirmée par une transaction ayant pour but d'en couvrir les vices. (Arrêt de Besançon, du 15 thermidor an XIII. — Sirey, t. 7, 2e. part., p. 800.)

102. Solliciteurs (Agens d'affaires). « Qui ne s'abstiendront pas toujours qu'ils ne butinent quelquefois sur ce que leur maître leur aura commandé de donner à son avocat. »
(Remontrances d'un jeune avocat qui a recueilli les raisons

des anciens, dans Bouchel, au mot *Advocat.*) V. *Honoraires.*

io3. STAGE. V. *Avoué*, *Tableau.*

104. STAGIAIRE. « Les avocats en stage ne sont pas moins avocats que ceux qui sont inscrits sur le tableau; les uns et les autres ont reçu ce caractère après leur serment, les uns et les autres sont liés par les mêmes fonctions; ils plaident, ils consultent, ils communiquent ensemble. Leur fraternité est assez reconnue par la manière dont se fait le tableau. En effet, on y est placé non pas seulement à la date de l'inscription, mais au jour où le stage a été commencé; en sorte que, les deux temps se trouvant ainsi confondus, le noviciat et l'inscription sur le tableau ne forment qu'une seule et même admission. » (Ancienne constitution de l'ordre des avocats.)

io5. SUPPLÉANCE. Un jugement auquel a concouru un avoué, à défaut de juges et d'avocats, doit, à *peine de nullité*, constater en termes exprès que tous les juges et avocats qui devaient siéger avant l'avoué ont été appelés, et que l'avoué n'a siégé *qu'à leur défaut.* (Arrêt de Riom du 20 juin 1825; Sirey, t. 26, 2ᵉ. part., p. 113.)

106. — L'avocat qui, après s'être fait avoué, abandonne ces fonctions pour revenir à sa première profession, ne peut tant qu'il n'a pas été admis à l'exercice de cette profession être appelé pour compléter le nombre des juges du tribunal. — Le jugement auquel il prendrait part avant cette admission, serait essentiellement nul, comme rendu par un individu sans caractère légal pour y participer. (Arrêt de Besançon du 18 juillet 1828; Sirey, t. 29, p. 147, 2ᵉ. part.)

107. — Une cour royale peut appeler des avocats pour se compléter, même lorsqu'elle tient une audience solennelle.

Dans ce cas, il n'est pas nécessaire de faire prêter aux avocats qu'elle appelle le serment prescrit aux magistrats. (Arrêt de cassat. du 8 décembre 1813; Sirey, t. 21, 1ʳᵉ. p., p. 280.)

108. — Les juges ou suppléans peuvent seuls être appelés à remplir en remplacement les fonctions du ministère public. En conséquence, est nul le jugement lors duquel ces fonctions ont été remplies par un avocat. (Arrêt d'Aix du 16 novembre 1824; Sirey, t. 25, 2ᵉ. part., p. 306.)

109. Suppressions. V. *Mémoires.*

110. Tableau. « Un des principes les plus essentiels de la constitution de l'ordre est que l'entrée en soit ouverte à quiconque se croit des dispositions pour le barreau. Limiter le nombre des sujets serait une atteinte à la liberté de l'ordre, en l'assujettissant à la mesure d'une certaine composition, ce serait de plus un avant-coureur certain de sa décadence. La nature n'accorde pas à tous les hommes le don de l'éloquence, ni cet amour de l'étude, ce sens droit, cette vive intelligence, cette justesse délicate qui sont nécessaires pour l'étude et pour l'application du droit. Dans un millier de sujets qui font profession de l'éloquence et des lois, on compte une poignée de jurisconsultes et quelquefois un orateur. En fixant le nombre des avocats, on risquerait de se priver précisément de ceux qui peut-être apporteraient des dispositions dignes de ce titre. » (Ancienne constitution de l'ordre des avocats.)

111. — (Exclusion de certaines classes). « Rien n'est plus propre à diminuer le barreau que d'en interdire l'entrée à certaines classes de personnes, telles que les ecclésiastiques, les sujets qui ont passé trente ans, ceux qui ont exercé la charge de procureur, etc. Mais les exclusions doivent tendre seulement à une meilleure composition de l'ordre, et non à sa dépopulation qui entraînerait infailliblement des suites fâcheuses. Pour concilier ces deux objets, il ne faut prononcer que des exclusions particulières contre les aspirans qui paraissent le mériter personnellement. Il serait téméraire d'en établir de générales, parce que de quelque âge qu'on soit et de quelque classe qu'on sorte, on peut apporter des dispositions et des talens capables d'honorer le barreau. Il n'y a d'exclusion absolue à prononcer que contre deux sortes de gens, ce sont premièrement ceux dont les anciens emplois les ont assujettis à des engagemens qui les exposent pendant trop long-temps à la contrainte par corps, ce sont ensuite ceux qui, ayant rempli des places dénuées de considération, pourraient, dans l'esprit du vulgaire, nuire à la considération de l'ordre. Mais pourquoi exclure indistinctement tout homme

dont la première jeunesse est écoulée ? L'âge mûrit les talens ainsi que les vertus, et l'on pourrait citer plusieurs avocats encore existans, qui, pour s'être présentés un peu tard dans la carrière, l'ont néanmoins parcourue avec distinction, en laissant derrière eux la plupart de ceux qui les avaient précédés ? Pourquoi exclure les ecclésiastiques, dont on a droit d'attendre des mœurs pures et un esprit cultivé ? N'est-ce pas dégrader la profession du barreau, que de la rendre incompatible avec le sacerdoce ? Privilége qui le distingue des autres états et forme un de ses rapports avec la magistrature. » (Ancienne constitution de l'ordre des avocats.)

112. TABLEAU (De l'admission au). Extrait d'un écrit ayant pour titre : *Réflexions d'un militaire sur la profession d'avocat*, brochure in-8°., imprimée à Londres, 1781. (Paris.)

« ... Le public est toujours étonné quand il apprend qu'un procureur est devenu avocat ; il ne comprend pas qu'un homme qui souvent ignore les premiers élémens de sa langue, qui depuis sa jeunesse ne s'est appliqué qu'à des actes de forme, et à des requêtes dans lesquelles il est défendu de traiter les questions de droit, soit admis dans une profession qui exige la connaissance des lois, des règles de l'éloquence, de l'histoire, du droit public, etc. Je ne dis pas qu'il n'y ait parmi les procureurs des sujets éclairés, et qui auraient pu briller dans la profession d'avocat, s'ils l'avaient embrassée : j'en connais qui ont le goût de la bonne littérature, qui méritent l'estime générale ; mais il n'y en a point qui aient étudié les lois avec cette étendue nécessaire à l'avocat.

» Ce n'est donc point à titre de mépris qu'il faut les refuser, mais parce qu'ils sont inadmissibles dans une profession qui demande des sujets toujours occupés de s'en rendre dignes et capables.

» Il faut également en écarter tous les secrétaires ; je n'en excepterais que celui de la chancellerie et du sceau : il ne perd point l'honneur de la confraternité ; il reste au tableau dans lequel il est choisi pour remplir cette place importante et distinguée. Ceux du parquet, qui, dans leur jeunesse, se seraient destinés au barreau, qui ne l'auraient quitté que par des circonstances connues, qui se seraient comportés avec honneur et désintéressement dans leur nouveau poste, sont faits pour y rentrer, quand ils quitteront *volontairement* leur emploi du parquet : mais j'éloignerais tous ceux que Frédéric nomme *sangsues et des reptiles dangereux* (1); ils sont accoutumés à de trop grands profits pour se contenter de modiques honoraires : insatiables dans l'opulence, que seraient-ils dans la médiocrité attachée à une profession qui se distingue par son désintéressement et sa délicatesse ?

» Si j'avais l'honneur d'être sur le tableau, j'en écarterais, avec le même soin, tous les employés; leurs travaux ont été trop étrangers à ceux de la profession, et les qualités qui les distinguent dans leurs emplois ne sont pas celles qui caractérisent l'avocat. J'éloignerais surtout ces pères de famille, qui, dénués de ressources, se présentent au barreau sous la considération qu'ils ont une femme et des enfans à alimenter; je leur représenterais que la profession d'avocat n'est point lucrative, qu'elle leur serait d'un faible secours, et qu'elle les exposerait à commettre des abus que, comme membre de l'ordre et ami de l'humanité, je serais intéressé et même obligé de prévenir.

» Je n'admettrais point non plus les intendans des grands seigneurs : ayant vécu dans la dépendance, et souvent obligés de se prêter à des opérations équivoques, ils n'ont pas cette élévation, cette noble confiance que l'avocat puise dans l'étude des lois, et dans l'application qu'il en fait contre tous ceux qui lui paraissent coupables. Trop exposés à la souplesse, aux basses complaisances, aux ressources de l'intrigue, de l'adulation et de la fortune, ils ne seront jamais propres à une profession aussi indépendante dans son exercice qu'elle est désintéressée dans ses récompenses.

» L'expérience prouve que tous les avocats qui, dès leur jeunesse, ne se sont pas destinés à leur profession, ne parviennent jamais à une réputation distinguée; ils se bornent aux

---

(1) Heineccius les appelle des Vautours en toge : *Vultures togati.*

liaisons qu'ils avaient avant leur admission. Les procureurs vivent avec leurs anciens confrères, dont ils arrachent la confiance par leur familiarité.

» Les employés conservent leurs relations dans les bureaux, et ne perdent jamais l'espoir d'y rentrer, à moins qu'ils n'y aient démérité.

» Les intendans ne changent que la forme de leur soumission et de leur dépendance. Avant leur admission au tableau, ils s'annonçaient comme faisant les affaires de telles et telles grandes maisons; depuis, ils s'en disent les conseils : mais, dans la vérité, ils ne sont que ce qu'ils étaient. Depuis leur transfiguration extérieure, ils reçoivent des ordres moins publics, mais également avilissans pour un avocat; ils parcourent les terres, sous le prétexte de prendre des éclaircissemens pour la défense de quelques droits, tandis qu'ils ne s'occupent que de la même administration qu'ils avaient. Cela est si vrai, que les seigneurs auxquels ils sont attachés, sous le titre infidèle de conseils, ont toujours des conseils choisis parmi les anciens avocats. Ces derniers n'ignorent pas toujours l'emploi avilissant de leurs nouveaux confrères; mais ils en sont protecteurs, parce que souvent ils les ont présentés pour les faire agréer de l'ordre.

» Il se commet, à ce sujet, bien des abus Ceux qui ont le désir d'entrer au barreau, et qui ont quelques causes de réprobation, ne manquent jamais de se préparer des protecteurs. Ils s'adressent aux anciens avocats; ils les consultent souvent sur des questions imaginées à dessein. Accoutumés à les voir, et trompés par les dehors, ces hommes sans défiance, parce qu'ils sont honnêtes, se croient obligés de protéger ces intrigans, qui ne sont admis que par la considération que l'on a pour les patrons.

» Il est pressant de fermer l'entrée du barreau à la multitude, si l'on veut conserver la considération due à l'ordre des avocats. On y parviendra, en prenant pour règle, dont les exceptions doivent être rares, de n'admettre au stage que les sujets qui, dès leur jeunesse, se sont voués à la profession. Tout aspirant qui sera parvenu à l'âge de vingt-cinq ans, et qui ne

prouvera pas qu'il s'est occupé des connaissances nécessaires à
son exercice, doit être refusé.

» Un autre moyen de s'assurer si un sujet est digne d'être
avocat, sera d'obliger, à peine d'exclusion, tous les stagiaires
à former entre eux des conférences; l'exemple des bons sujets
formera le cœur et dirigera la conduite des autres : par cette
communication habituelle, la députation sera en état de distinguer ceux qu'il en faudra éloigner.

» Par ces précautions indispensables, on épurera l'ordre;
les citoyens trouveront dans les membres des défenseurs zélés,
purs, et recommandables par leurs talens et leurs mœurs.

» On ne sera plus exposé à donner sa confiance à ces hommes d'intrigue, ces demi-savans qui se décorent d'un titre
qu'ils avilissent. L'ordre des avocats sera, en un mot, ce qu'il
doit être et ce qu'il est par le plus grand nombre de ses membres, une assemblée de citoyens vertueux, instruits et respectables, qui mériteront les épithètes que Cicéron donnait
aux orateurs : *Viri probi, et dicendi periti.* »

Note. « L'auteur (1) apprend avec satisfaction que la députation de MM. les avocats est pénétrée de ces principes. Elle
s'occupe journellement des moyens de proscrire ceux qui
cherchent à entrer au barreau sans en avoir les vertus. Le
discours de M. Laget Bardelin, prononcé le 9 mai, annonce
un plan de réforme générale. Ce chef, aussi respectable par
ses mœurs que connu par ses lumières, ne se contenta pas
d'exprimer les sentimens et les vues qui l'ont animé pendant
son exercice, *il invita ses successeurs à le surpasser*, si cela
était possible, *par de nouveaux soins, dans l'examen de
ceux qui veulent embrasser cette intéressante profession.*
Qu'il est beau de voir des anciens quitter l'emploi utile et considérable, mérité par leurs talens, pour ne s'occuper que
des moyens de faire régner le bon ordre, et de ne présenter au public que des défenseurs dignes de l'être? Dira-t-on,
comme la plupart des proscrits le font, que l'intérêt person-

(1) Le militaire auteur de cet écrit.

nel dicte la réforme dont on s'occupe ? Les anciens craignent-ils la rivalité de ces stagiaires que personne ne connaît encore ? Peut-on voir d'autres motifs dans leur vigilance , que le bien public , l'amour de l'ordre , et l'on peut ajouter leur devoir ?...... »

Observation. Dans l'état actuel des choses , l'usage du conseil de discipline est d'admettre au tableau les avoués qui se sont distingués dans l'exercice de leur profession par leur moralité et leur capacité.

Mais on n'admet pas les agens d'affaires non plus que quelques autres personnes qu'on peut ranger dans cette catégorie.

113. Les avocats en cassation qui , après avoir vendu leur charge, désirent se faire porter sur le tableau des avocats , n'y sont pas portés *de plano* ; ils sont d'abord admis au stage.

On admet le secrétaire général de la chancellerie , et les commis qui ont le rang de *chefs de division.*

114. Un pair de France peut-il être admis sur le tableau ? Il le peut sans aucun doute. V. *Pair de France.*

115. TABLEAU. Les avocats sont-ils tellement maîtres de leur tableau qu'il leur soit libre de refuser ceux qui peuvent leur déplaire , ou même de supprimer ceux dont ils croient avoir lieu d'être mécontens , et cela de leur seule autorité, sans être obligés de rendre raison à personne de leur conduite à cet égard.

Le chancelier Poyet ne put jamais forcer les avocats à le rétablir parmi eux.

Il en fut de même d'un lieutenant civil du Châtelet de Paris ; il ne put obtenir qu'ils communiqueraient avec lui.

M. Delabédoyère , qui avait été avocat général à la cour des aides de Paris , éprouva le même refus.

116. — Un avocat au parlement de Paris ayant été rayé du tableau par une délibération du mois de février 1775, suivie d'un arrêt d'homologation, cet avocat s'est cru fondé à se pourvoir par opposition contre un arrêt ; mais , par un autre arrêt rendu contradictoirement avec les gens du roi, le 19 mars de la même année , il a été déclaré non-recevable dans son opposition.

117. Les avocats du siége de Poitiers, ayant refusé d'admettre parmi eux le sieur Robelein, ce dernier se pourvut au même parlement qui, par arrêt contradictoire de la même année 1775, ordonna qu'il serait inscrit au tableau suivant son rang.

Nota. Cet arrêt a-t-il reçu son exécution?.....

118. Un des priviléges essentiels à l'Ordre des avocats, c'est d'inscrire ou de maintenir sur le tableau de l'ordre, tels confrères qu'il juge convenables, sans que l'autorité ait à s'immiscer dans cette opération. — A cet égard, l'ordonnance du 22 novembre a maintenu ou rétabli l'Ordre des avocats, dans tous ses droits, honneurs et prérogatives.

119. Les procureurs généraux ne peuvent appeler des décisions du conseil de discipline, que dans le cas où ces décisions statuent sur des fautes ou infractions imputées à des avocats; ils sont non-recevables lorsqu'elles prononcent seulement sur des difficultés relatives au maintien, à l'admission, ou à la non-admission de quelques avocats au tableau. (Arrêt de Grenoble du 17 juillet 1823. — Arrêt d'Amiens du 28 janvier 1824. — Sirey, t. 24, 2e. part., p. 66.)

120. — Un avocat n'a pas droit à être maintenu sur le tableau des avocats d'une cour royale, s'il cesse d'avoir sa résidence et un cabinet convenable dans la ville même où siége la cour royale, encore qu'il ait son domicile près d'un tribunal ressortissant à la cour. (Arrêt d'Aix du 2 avril 1822. —Sirey, t. 22, 2e. part., p. 298.)

121. Le Tableau ne comprend que les avocats admis jusqu'au 31 décembre qui précède le dépôt au greffe, lors même que ce dépôt n'aurait lieu que quelques mois plus tard.

122. Témoin. Avocat appelé en témoignage contre son client. V. *Secret.*

123. Titres nobiliaires. Avocat noble peut s'en prévaloir ailleurs; mais, au palais et sur le tableau, il n'est connu que par son nom propre. En 1830, on a retranché du tableau un titre qui avait été introduit par mégarde.

124. Tribunaux militaires. Les avocats sont moralement obligés de défendre tout accusé, même devant les tribunaux

militaires; mais ils ne sont pas tenus de faire approuver les motifs de leur refus, par les tribunaux militaires, comme ils sont obligés de les faire approuver par les cours d'assises. — C'est au conseil de discipline de leur ordre qu'ils doivent soumettre les motifs de leur refus, s'ils en sont requis par ce conseil. (Arrêt de cassat. du 13 juillet 1825. — Sirey, t. 25, 1re. part., p. 418.) V. *Défense d'office.*

Le 11 août 1830, une nombreuse députation des avocats ayant été admise à présenter au Roi les hommages de l'Ordre, M. Dupin aîné, bâtonnier, s'est exprimé en ces termes :

« SIRE,

» Nous venons offrir au Roi les respects et les hommages » d'un Ordre où le duc d'Orléans a trouvé des amis, des » conseils et des défenseurs. Je suis heureux d'en être ici » l'organe. Sire, votre cause est la nôtre; c'est celle des » lois. On les avait violées ! vous les avez rétablies. En les » invoquant, nous emploierons tous nos efforts à les main- » tenir. V. M. et son auguste famille peuvent compter sur » notre amour et sur notre inébranlable fidélité. »

S. M. a répondu :

« Messieurs, je vous remercie des vœux que vous venez » d'exprimer. Je ne pourrais mieux faire, pour rendre mes » sentimens, que de répéter tout ce qui vient de sortir de la » bouche de votre Bâtonnier. Je m'applaudis des circonstan- » ces qui font que vous l'avez en ce moment pour organe. » Membre de mon conseil privé depuis plusieurs années, » assistant à toutes les délibérations de ce conseil, il a connu » toutes mes affaires, tous mes sentimens; il sait (et votre » vénérable doyen, M. Delacroix-Frainville, que je vois avec » grand plaisir à ses côtés le sait aussi) à quel point je chéris » la liberté, quel respect je professe pour les lois, combien » je suis dévoué à la patrie ! Je vous promets que dorénavant » la justice sera rendue avec fermeté, et surtout qu'il y aura » sincérité dans l'application des lois. » Ce sont les seuls moyens de rendre la confiance à la » nation et de prévenir le retour des maux auxquels je me » félicite d'avoir participé à mettre un terme. »

L'affluence des affaires n'ayant pas permis de discuter et d'arrêter l'ordonnance définitive sur la profession d'avocat et la discipline du barreau, les avocats ont désiré du moins qu'une ordonnance provisoire redressât dès à présent les deux points qui faisaient le plus grief à la profession, et contre lequel nous n'avons cessé de nous élever; savoir : l'élection directe du bâtonnier et du conseil de discipline par l'assemblée de l'Ordre, et le droit d'aller plaider dans tous les ressorts sans *exeat* ou permission de plaider. Voici le texte de cette première ordonnance, à laquelle je suis extrêmement heureux d'avoir concouru avec mon estimable collègue, M. Dupont de l'Eure :

« LOUIS-PHILIPPE, Roi des Français, à tous présent et à venir, salut :

» Sur le rapport de notre garde des sceaux, ministre secrétaire d'état au département de la justice,

» Vu la loi du 22 ventôse an XII, le décret du 14 décembre 1810, et l'ordonnance du 20 novembre 1822;

» Considérant que de justes et nombreuses réclamations se sont élevées depuis long-temps contre les dispositions réglementaires qui régissent l'exercice de la profession d'avocat;

» Qu'une organisation définitive exige nécessairement quelques délais;

» Que néanmoins il importe de faire cesser dès ce moment, par des dispositions provisoires, les abus les plus graves et les plus universellement sentis.

» Prenant en considération à cet égard les vœux exprimés par un grand nombre de barreaux de France,

» Avons ordonné et ordonnons ce qui suit :

» Art. 1er. A compter de la publication de la présente ordonnance, les conseils de discipline seront élus directement par l'assemblée de l'Ordre, composée de tous les avocats inscrits au tableau. L'élection aura lieu par scrutin de liste et à la majorité relative des membres présens.

» 2. Les conseils de discipline seront provisoirement composés de cinq membres dans les siéges où le nombre des avocats inscrits sera inférieur à trente, y compris ceux où les fonctions desdits conseils ont été jusqu'à ce jour exercées par les tribunaux; de sept, si le nombre des avocats est de trente à cinquante; de neuf, si ce nombre est de cinquante à cent; de quinze, s'il est de cent ou au-dessus; de vingt-et-un à Paris.

» 3. Le bâtonnier de l'Ordre sera élu par la même assemblée et par scrutin séparé, à la majorité absolue, avant l'élection du conseil de discipline.

» 4. A compter de la même époque, tout avocat inscrit au tableau pourra plaider devant toutes les cours royales et tous les tribunaux du royaume, sans avoir besoin d'aucune autorisation, sauf les dispositions de l'art. 295 du Code d'instruction criminelle.

» 5. Il sera procédé, dans le plus court délai possible, à la révision définitive des lois et règlemens concernant l'exercice de la profession d'avocat.

» Notre garde des sceaux, ministre secrétaire d'état au département de la justice, est chargé de l'exécution de la présente ordonnance.

» *Paris*, 27 août 1830.

» *Signé* LOUIS-PHILIPPE.

» Par le Roi :

» Le garde des sceaux, ministre secrétaire d'état au département de la justice,

» *Signé* DUPONT DE L'EURE. »

TABLE

DES MATIÈRES

CONTENUES DANS CE VOLUME.

Nota. L'astérisque * indique que les mêmes mots doivent être consultés dans la dernière partie intitulée : *Mélanges et arrêts divers.*

A.

B.

C.

D.

E.

J.

L.

M.

N.

O.

P.

R.

S.

T.

V.

U.

FIN DE LA TABLE DES MATIÈRES DU PREMIER VOLUME.

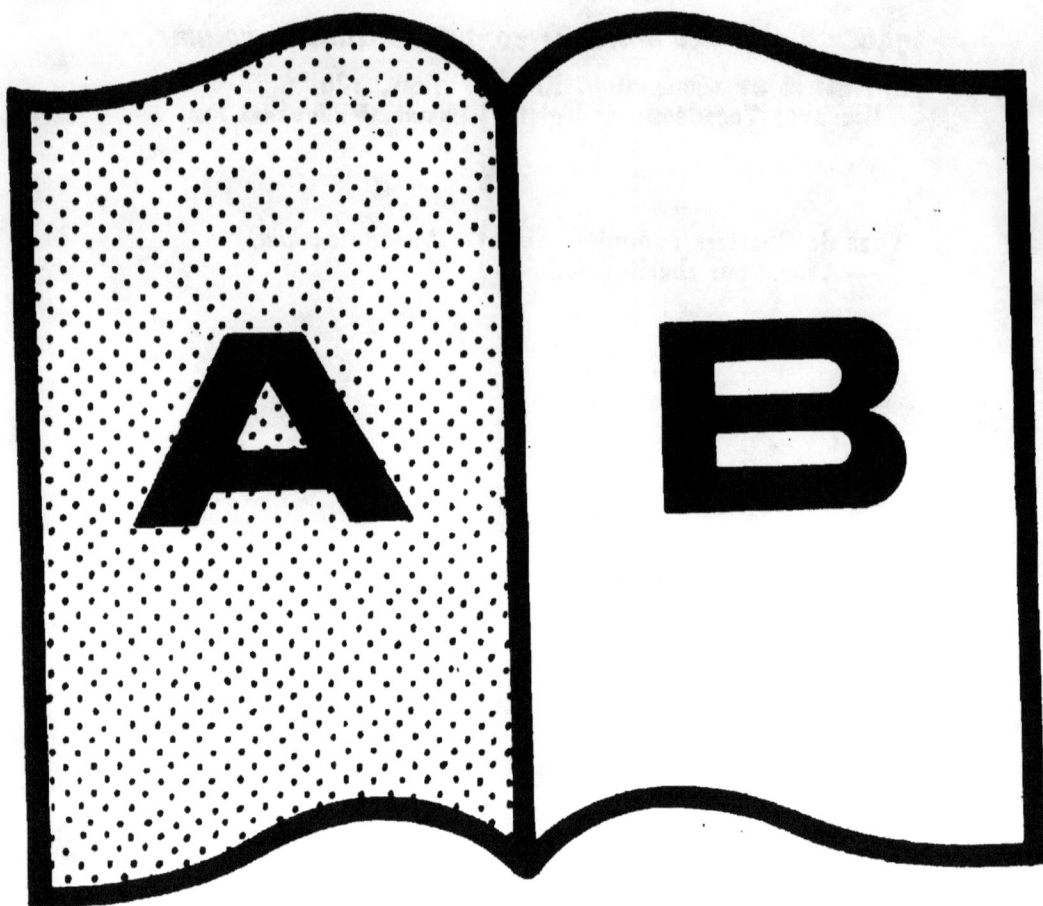

Contraste insuffisant

NF Z 43-120-14